Landesrecht
Nordrhein-Westfalen

Klausurenbuch

Öffentliches Recht in Nordrhein-Westfalen

Verfassungsrecht
Kommunalrecht
Polizei- und Ordnungsrecht
Öffentliches Baurecht

von

Univ.-Prof. Dr. iur. Johannes Dietlein
Heinrich-Heine-Universität Düsseldorf

Univ.-Prof. Dr. iur. Johannes Hellermann
Universität Bielefeld

3. Auflage 2021

C.H.BECK

beck.de

ISBN 978 3 406 76463 9

© 2021 Verlag C. H. Beck oHG
Wilhelmstraße 9, 80801 München
Druckerei: C. H. Beck Nördlingen
(Adresse wie Verlag)

Satz: jürgen ullrich typosatz, 86720 Nördlingen
Umschlaggestaltung: Druckerei C. H. Beck Nördlingen

CO₂
neutral

chbeck.de/nachhaltig

Gedruckt auf säurefreiem, alterungsbeständigem Papier
(hergestellt aus chlorfrei gebleichtem Zellstoff)

Vorwort

Übung macht den Meister! Das bekannte Sprichwort gilt auch und zumal für den erfolgreichen Vortrag und die erfolgreiche Klausur in der ersten juristischen Prüfung. Gerade im Staats- und Verwaltungsrecht kommt es entscheidend darauf an, die Kenntnisse des materiellen Rechts mit den „handwerklichen" Fertigkeiten der Fallbearbeitung zu einem überzeugenden Gesamtpaket zusammenzuführen. In diesem Sinne lag es nahe, dem zeitgleich in der achten Auflage erscheinenden Lehrbuch „*Öffentliches Recht in Nordrhein-Westfalen*" ein *Klausurenbuch* an die Seite zu stellen, das die handwerklichen Aspekte der Fallbearbeitung mit der Wiederholung und Vertiefung des Rechtsstoffes verbindet. Die im Jahre 2009 erschienene Erstauflage dieses Werks hat unter den Studierenden sowie den Rechtsreferendarinnen und Rechtsreferendaren im Lande eine sehr positive Aufnahme gefunden, so dass nunmehr die dritte, grundlegend überarbeitete und erweiterte Auflage vorgelegt werden kann.

Eine wesentliche Neuerung der vorliegenden dritten Auflage besteht darin, dass das Übungsbuch neben den traditionellen Klausuren nunmehr auch die in der ersten Prüfung bedeutsamen Vorträge als eigene Kategorie aufgreift und mit Musterfällen in den Bereichen des Verfassungsrechts, des Kommunal-, Polizei- und Baurechts behandelt. Eine weitere wichtige Neuerung bilden die erstmals eingefügten „Klausurentipps" am Ende einer jeden Fallbearbeitung, mit denen auf typische Klausurenkonstellationen im Umfeld des jeweiligen Falles hingewiesen wird.

Mit der Abdeckung aller Pflichtfachbereiche des nordrhein-westfälischen Staats- und Verwaltungsrechts eignet sich das Klausurenbuch zur Vorbereitung und Begleitung der universitären Zwischenprüfungen, der Übungen im öffentlichen Recht ebenso wie zur Vorbereitung auf die erste und zweite juristische Prüfung.

Ein besonderer Dank gilt den Mitarbeiterinnen und Mitarbeitern des Lehrstuhls für Öffentliches Recht und Verwaltungslehre der Heinrich-Heine-Universität Düsseldorf, namentlich Herrn Akademischen Rat *Sascha Peters*, Herrn wiss. Mit. Assessor *Lennart Förster*, Herrn wiss. Mit. *Lukas Struß*, Herrn wiss. Mit. *Martin Leißing*, Frau wiss. Mit. *Katharina-Isabelle Prenzel* und Herrn studHK *Lucas Walge,* sowie den Mitarbeiterinnen und Mitarbeitern des Lehrstuhls für Öffentliches Recht, Finanz- und Steuerrecht an der Universität Bielefeld, Herrn wiss. Mit. *Julius Bockermann*, Herrn wiss. Mit. *Robert Gmeiner,* Frau studHK *Christina Huf*, Frau studHK *Franziska Peitzmeier*, Herrn studHK *Leon Scherff* und Frau studHK *Laura Wagner*.

Für Hinweise und Anregungen zur Neuauflage bleiben die Verfasser immer dankbar.

Düsseldorf/Bielefeld im Oktober 2020

Johannes Dietlein
Johannes Hellermann

Inhaltsverzeichnis

§ 3. Polizei- und Ordnungsrecht

gebrauch) – subjektiv-öffentliches Recht – Schutz vor Immissionen – Ermessenreduzierung auf Null

§ 4. Öffentliches Baurecht

hältnis der Baugenehmigung zu Genehmigungserfordernissen nach sonstigen
öffentlich-rechtlichen Bestimmungen

Bauaufsichtliche Beseitigungsverfügung – bauliche Anlage im bauordnungs-
und bauplanungsrechtlichen Sinne – Werbeanlagen – formelle und materielle
Illegalität – Miteigentümer als Störer – Vollstreckung bauaufsichtlicher Verfügungen – Rechtsnachfolge

Einstweiliger Rechtsschutz – Regelungsanordnung – Baugenehmigung – Nutzungsänderung – Bauordnungsrecht – Gefährdung der öffentlichen Sicherheit

§ 1. Verfassungsrecht

Fall 1: Werkfeuerwehr – für Externe verboten?

Behandelte Themen: Landesgrundrechte – Berufsfreiheit – Zitiergebot – Landesverfassungsbeschwerde – Subsidiarität – Beschwerdefrist

Sachverhalt

Die Gewährleistung vorbeugender und abwehrender Maßnahmen zum Schutz der
Bevölkerung bei Brandgefahren, Unglücksfällen und Katastrophen war in Nordrhein-
Westfalen bislang im Feuerschutzhilfegesetz (FSHG NRW) geregelt. Da das FSHG
NRW nicht mehr dem aktuellen Entwicklungsstand des Brand- und Katastrophen-
schutzes entsprach, entschied sich der Landtag zu einer grundlegenden Reform, in deren Zuge das FSHG NRW durch das Gesetz über den Brandschutz, die Hilfeleistung
und den Katastrophenschutz (BHKG NRW) ersetzt wurde. Ebenso wie das Vorgänger-
gesetz enthält der neue § 16 BHKG NRW eine Regelung zu den sog. „Werkfeuerwehren", deren Errichtung bestimmten Unternehmen vorgeschrieben werden kann.
Die Regelung lautet im Wesentlichen:

§ 16 Werkfeuerwehren

*(1) Werkfeuerwehren sind staatlich angeordnete oder anerkannte Feuerwehren. Die Be-
zirksregierung verpflichtet Betriebe oder Einrichtungen, bei denen die Gefahr eines Brandes
oder einer Explosion besonders groß ist oder bei denen in einem Schadensfall eine große Anzahl von Personen gefährdet wird, eine Werkfeuerwehr aufzustellen und zu unterhalten. Die
Werkfeuerwehr besteht in der Regel aus hauptamtlichen Kräften.*

*(2) Die Leistungsfähigkeit der Werkfeuerwehr muss sich an den von dem Betrieb oder der
Einrichtung ausgehenden Gefahren orientieren. Sie muss in Aufbau, Ausstattung und Ausbildung den an öffentliche Feuerwehren gestellten Anforderungen entsprechen. Die Angehörigen der Werkfeuerwehr müssen dem Betrieb oder der Einrichtung angehören, für welche die
Werkfeuerwehr eingerichtet worden ist. Sie müssen neben der erforderlichen fachlichen Qualifikation insbesondere über Kenntnisse der Örtlichkeit, der Produktions- und Betriebsabläufe,
der betrieblichen Gefahren sowie Schutzmaßnahmen und der besonderen Einsatzmittel ver-
fügen.*

Aus § 16 Abs. 2 S. 3 BHKG NRW folgt, dass die Angehörigen der Werkfeuerwehr
– wie auch schon bislang – dem Betrieb oder der Einrichtung angehören müssen, für
welche die Werkfeuerwehr eingerichtet worden ist. In Betrieben oder Einrichtungen
mit Werkfeuerwehren obliegt dann den Werkfeuerwehren die Aufgabe des abwehren-
den Brandschutzes und der Hilfeleistung. Mit Blick auf die Aufgaben der Werkfeuerwehren werden öffentliche Feuerwehren in der Regel nur eingesetzt, wenn sie ange-
fordert werden. Nach dem Willen des Gesetzgebers soll mit der Regelung sichergestellt
werden, dass das Personal der Werkfeuerwehr über die für die Wahrnehmung seiner
Aufgabe erforderlichen Kenntnisse und Erfahrungen verfügt; zugleich soll ein besonderes Vertrauensverhältnis der Werkfeuerwehr zu den weiteren Betriebsangehörigen gewährleistet werden.

Die U-GmbH ist ein bundesweit operierendes Unternehmen für Sicherheitsdienst-leistungen. Sie hat sich insbesondere auf gewerbliche Schutzdienstleistungen im Bereich des betrieblichen Brandschutzes spezialisiert. Dabei bietet sie insbesondere die Über-nahme von Betriebs- und Werkfeuerwehrleistungen an. Zu diesem Zweck beschäftigt die U-GmbH ausgebildete Fachleute, die dann bei ihren Auftraggebern Brandschutzauf-gaben als „betriebsfremde" Feuerwehrleute wahrnehmen. Die U-GmbH sieht sich durch die Neuregelung des § 16 Abs. 2 S. 3 BHKG NRW in Nordrhein-Westfalen aus ihrem beruflichen Betätigungsfeld gedrängt und will gerichtlich gegen das Gesetz vor-gehen.

Zwar habe bereits das alte FSHG NRW eine parallele Regelung zu Werkfeuerweh-ren enthalten. In dem ursprünglich in den Landtag eingebrachten Entwurf für das neue BHKG NRW sei aber – was zutrifft – auf die Bindung der Werkfeuerwehren an be-triebszugehörige Personen zunächst verzichtet worden. Diese Ausschlussregelung sei erst in den Ausschussberatungen im Landtag wieder in den Gesetzentwurf aufgenom-men worden. Trotz der inhaltlichen Übereinstimmung der Regelung mit derjenigen des alten FSHG NRW ergebe sich für das BHKG NRW zudem insoweit ein abwei-chender Regelungskontext, als das neue Gesetz – was zutrifft – nunmehr für alle Feu-erwehren einheitliche Qualifikationsstandards verlange. Eine Rechtfertigung für die strikte Bindung der Werkfeuerwehren an Betriebszugehörige bestehe vor diesem Hin-tergrund nicht mehr. Zudem sei – was ebenfalls zutrifft – auch in den anderen Ländern eine entsprechende Betriebsbindung nahezu durchgängig nicht vorgesehen; dies belege, dass diese Beschränkung der Berufsfreiheit nicht erforderlich sei. Die These der Geset-zesbegründung, dass betriebszugehörige Feuerwehrleute die Gewähr für hohe Motiva-tion, stets aktuelle Ortskenntnisse und eine höhere personelle Kontinuität gewährleis-ten, sei vorgeschoben. Belastbare wissenschaftliche Untersuchungsergebnisse hierzu bestünden – was zutrifft – nicht. Nicht zuletzt habe es der Landesgesetzgeber versäumt, Art. 4 Abs. 1 LV NRW i. V. m. Art. 12 Abs. 1 GG im BHKG NRW als eingeschränktes Grundrecht zu zitieren.

Hätte eine (innerhalb eines Jahres ab Inkrafttreten des BHKG NRW eingelegte) Ver-fassungsbeschwerde zum VerfGH NRW Aussicht auf Erfolg?

Bearbeitungshinweis: Auf alle im Sachverhalt aufgeworfenen Rechtsfragen ist – erforderlichenfalls hilfsgutachterlich – einzugehen. Auf die Verletzung von Grundrech-ten auf Seiten der zur Errichtung von Werkfeuerwehren verpflichteten Einrichtungen und Unternehmen sowie auf Seiten betriebsfremder Feuerwehrleute ist nicht einzuge-hen.

Gliederung

Lösungsvorschlag

Im Verfahren vor dem VerfGH NRW gilt das sog. „Enumerationsprinzip": Die Anrufung des VerfGH NRW ist nur über spezielle, enumerativ aufgeführte Verfahrensarten möglich. Als einschlägige Rechtsschutzform kommt hier allein die Verfassungsbeschwerde nach Art. 75 Nr. 5a LV NRW, § 12 Nr. 9, §§ 53 ff. VerfGHG NRW in Betracht. Diese hat Erfolg, wenn sie zulässig und begründet ist.

> **Klausurtipp:** Das Enumerationsprinzip kann auch als erster Prüfungspunkt „Zuständigkeit des VerfGH NRW" im Rahmen der Zulässigkeit angesprochen werden.

A. Zulässigkeit

I. Beschwerdefähigkeit

Zunächst müsste die U-GmbH beschwerdefähig sein. Nach Art. 75 Nr. 5a LV NRW, § 53 Abs. 1 VerfGHG NRW kann die Verfassungsbeschwerde von „jedermann" bzw. „jedem" erhoben werden. „Jedermann" meint dabei alle Träger von (in der Landesverfassung garantierten) Grundrechten und grundrechtsgleichen Rechten, wobei natürliche Personen stets Grundrechtsträger sind. Die U-GmbH kann als juristische Person des Privatrechts nach Art. 19 Abs. 3 GG, der über Art. 4 Abs. 1 LV NRW als Landesverfassungsrecht rezipiert ist,[1] Trägerin von Grundrechten sein und ist in der Folge beschwerdefähig.

Sofern man – wie vereinzelt angenommen[2] – an dieser Stelle überdies eine Grundrechtsberechtigung speziell hinsichtlich des geltend gemachten Grundrechtes verlangt, ist dies in Ansehung des Art. 4 Abs. 1 LV NRW i.V.m. Art. 12 Abs. 1 GG unzweifelhaft der Fall, so dass der Streit keiner Entscheidung bedarf.

II. Prozessfähigkeit

Die U-GmbH müsste weiterhin prozessfähig sein. Für die U-GmbH, die als juristische Person selbst nicht handlungsfähig ist, handelt ihr gesetzlicher Vertreter, mithin der Geschäftsführer (vgl. § 35 Abs. 1 S. 1 GmbHG).

Vertiefung: Die Prozessfähigkeit ist im VerfGHG NRW nicht eigenständig geregelt. Die Prozessordnungen für das Verfahren vor den Fachgerichten nehmen hierbei Bezug zur Geschäftsfähigkeit (vgl. etwa §§ 51, 52 ZPO); diese Regelungen sind allerdings nicht ohne Weiteres im Verfassungsbeschwerdeverfahren anwendbar. Regelmäßig werden bei einer volljährigen, geschäftsfähigen Person keine Probleme bestehen. Bei juristischen Personen gelten die speziellen Regelungen zur Vertretung der juristischen Person auch im Verfassungsprozess.

III. Beschwerdegegenstand

Zudem müsste ein tauglicher Beschwerdegegenstand vorliegen. Als Beschwerdegegenstand kommt nach Art. 75 Nr. 5a LV NRW, § 53 Abs. 1 VerfGHG NRW jeder Akt der öffentlichen Gewalt des Landes in Betracht. Alle Akte der Landesstaatsgewalt, also von Gesetzgebung, Verwaltung und Gerichtsbarkeit des Landes können damit Gegenstand einer Individualverfassungsbeschwerde zum VerfGH NRW sein.[3]

Vertiefung: Auch verfassungsändernde Landesgesetze können Gegenstand einer Individualverfassungsbeschwerde zum VerfGH NRW sein. Zudem kann auch ein staatliches Unterlassen vor dem VerfGH NRW mit der Individualverfassungsbeschwerde angegriffen werden (vgl. nur § 55 Abs. 4 VerfGHG NRW). Dagegen sind Hoheitsakte des Bundes, anderer Bundesländer oder der Europäischen Union kein tauglicher Angriffsgegenstand einer Individualverfassungsbeschwerde zum VerfGH NRW; dies ist Folge der auf den eigenen Verfassungsraum begrenz-

---

[1] *Heusch*, in: Heusch/Schönenbroicher, LV NRW, 2. Aufl. 2020, Art. 75 Rn. 59; *Wittreck*, in: Schlacke/Wittreck, Landesrecht NRW, 2. Aufl 2020, § 1 Rn. 65; zur Genese der Rezeptionsnorm des Art. 4 Abs. 1 GG vgl. *Dietlein*, in: Merten/Papier, Handbuch der Grundrechte, Bd. VIII, 2017, § 254 Rn. 12 ff.

[2] Vgl. dazu etwa *Heusch*, in: Heusch/Schönenbroicher, LV NRW, 2. Aufl. 2020, Art. 75 Rn. 58.

[3] ÖffR NRW, § 1 Rn. 255; *Brandts*, NWVBl. 2020, Sonderheft, 14 (15); *Heusch*, in: Heusch/Schönenbroicher, LV NRW, 2. Aufl. 2020, Art. 75 Rn. 62.

ten Regelungsbefugnis des Landesgesetzgebers.[4] Grundsätzlich ausgeschlossen ist die Verfassungsbeschwerde auch dann, wenn die öffentliche Gewalt des Landes Bundesrecht ausführt oder anwendet; anders liegt es allerdings, soweit es um die Auslegung von Prozessrecht des Bundes durch ein Gericht des Landes geht (vgl. § 53 Abs. 2 VerfGHG NRW).[5] Auch hier unterliegt der VerfGH NRW dann allerdings engen grundgesetzlichen Bindungen, wenn er die über Art. 4 Abs. 1 LV NRW rezipierten Justizgrundrechte zur Anwendung bringt.[6] Die Auslegung oder Anwendung materiellen Bundesrechts durch die Landesstaatsgewalt ist der Überprüfung durch den VerfGH NRW dagegen entzogen.[7]

Vorliegend richtet sich die Verfassungsbeschwerde gegen ein vom Landtag erlassenes formelles Gesetz. Dieses stellt einen Akt der öffentlichen Gewalt des Landes und damit einen tauglichen Beschwerdegegenstand dar.

IV. Beschwerdebefugnis

Weiterhin müsste die U-GmbH beschwerdebefugt sein. Das ist nach Art. 75 Nr. 5a LV NRW, § 53 Abs. 1 VerfGHG NRW dann der Fall, wenn die U-GmbH geltend macht (und geltend machen kann), durch den angegriffenen Hoheitsakt, hier die Neuregelung des § 16 BHKG NRW in einem ihrer in der Landesverfassung NRW verbürgten Grundrechte verletzt zu sein und sie zudem selbst, gegenwärtig und unmittelbar betroffen ist.

1. Mögliche Grundrechtsverletzung

Eine Grundrechtsverletzung der U-GmbH müsste danach jedenfalls „möglich" erscheinen, was anzunehmen ist, wenn nicht von vornherein und nach jeder nur erdenklichen Betrachtungsweise ausgeschlossen werden kann, dass der Beschwerdeführer durch den angegriffenen Akt in seinen Grundrechten verletzt wird („Möglichkeitstheorie").[8]

Als verletztes Grundrecht kommt hier insbesondere die Berufsfreiheit in Betracht, die nach Art. 4 Abs. 1 LV NRW i. V. m. Art. 12 Abs. 1 GG (i. V. m. Art. 19 Abs. 3 GG) als eigenständiges Landesgrundrecht gewährleistet wird. Mit § 16 Abs. 2 S. 3 BHKG NRW wird die Vorgabe einer Betriebszugehörigkeit aller Werkfeuerwehrleute geregelt. Dies beschränkt die Möglichkeiten der Anbieter gewerblicher Schutzdienstleistungen, Leistungen im Bereich des betrieblichen Brandschutzes anzubieten, sodass die Möglichkeit einer Verletzung der Berufsfreiheit dieser Anbieter durch die gesetzliche Regelung nicht von vornherein und nach jeder nur erdenklichen Betrachtungsweise ausgeschlossen erscheint.

---

[4] *Brandts*, NWVBl. 2020, Sonderheft, 14 (15) unter Verweis auf BVerfGE 96, 345 (369); *Mayen*, NWVBl. 2019, 265 (267).

[5] Vgl. ÖffR NRW, § 1 Rn. 255; ausführlich zur Thematik *Heusch*, NWVBl. 2020, 177 ff.; *Brandts*, NWVBl. 2020, Sonderheft, 14 (16 f.); *Gmeiner*, NWVBl. 2019, 366; *Mayen*, NWVBl. 2019, 265 (268).

[6] Näher ÖffR NRW, § 1 Rn. 255.

[7] Vgl. VerfGH NRW, BeckRS 2019, 11559 Rn. 25; BeckRS 2020, 1921 Rn. 10; *Brandts*, NWVBl. 2020, Sonderheft, 14 (17).

[8] ÖffR NRW, § 1 Rn. 256; *Brandts*, NWVBl. 2020, Sonderheft, 14 (16).

Nicht in Betracht kommen dürfte dagegen eine Verletzung der Eigentumsfreiheit aus Art. 4 Abs. 1 LV NRW i. V. m. Art. 14 GG. Auch wenn dieses Grundrecht nach vielfach vertretener Auffassung auch den Schutz des eingerichteten und ausgeübten Gewerbebetriebs umfasst,[9] geht es hier nicht darum, dass das bestehende Unternehmen der U-GmbH sanktioniert wird. Vielmehr beschränken sich die Wirkungen des mit der Verfassungsbeschwerde angegriffenen Landesgesetzes darauf, dass der U-GmbH ein weiteres Expansionsfeld verschlossen bleibt. Es geht also nicht um das „Erworbene", sondern um den „Erwerb". Dieser aber wird speziell durch Art. 4 Abs. 1 LV NRW i. V. m. Art. 12 Abs. 1 GG geschützt.[10] Die Eigentumsgarantie ist insofern sachlich nicht einschlägig.

Ebenfalls nicht einschlägig sind die im Grundgesetz gewährleisteten Grundrechte, die aufgrund der getrennten Verfassungsräume von Bund und Ländern nicht selbst originärer Maßstab im Verfahren vor einem Landesverfassungsgericht sein können.[11]

2. Eigene, gegenwärtige und unmittelbare Betroffenheit

Zudem müsste die U-GmbH auch selbst, gegenwärtig und unmittelbar betroffen sein.[12]

a) Eigene Betroffenheit

Die U-GmbH muss zunächst selbst, d.h. in eigenen Rechten betroffen sein. Dies erfordert eine enge rechtliche Beziehung zwischen dem angegriffenen Gesetz und einer etwaigen Grundrechtsposition des Beschwerdeführers.[13] Die U-GmbH ist zwar hier nicht unmittelbar Adressatin der Vorgabe einer Betriebszugehörigkeit aller Werkfeuerwehrleute. Allerdings wird die U-GmbH als unternehmerischer Anbieter entsprechender Dienstleistungen auch in ihren Grundrechten nachteilig betroffen und letztlich vom Markt der Werkfeuerwehrdienstleistungen ausgeschlossen.[14] Die U-GmbH ist damit von der Regelung selbst betroffen.

Vertiefung: Mit dem Erfordernis der Selbstbetroffenheit sollen „Popularverfassungsbeschwerden" vermieden werden. Zwar ist jedermann beschwerdeberechtigt; er soll aber im eigenen Namen nur die Verletzung seiner eigenen Grundrechte geltend machen können. Es gibt also in aller Regel keine Prozessstandschaft bei der Verfassungsbeschwerde.[15] Das schließt natürlich nicht aus, dass – etwa als gesetzlicher Vertreter – fremde Rechte in fremdem Namen geltend gemacht werden können. Dies ist allerdings eine Frage der Prozessfähigkeit.

---

[9] Vgl. dazu *Sachs*, Verfassungsrecht II – Grundrechte, 3. Aufl. 2017, Kap. 26 Rn. 6.
[10] BVerfGE 126, 112 (135 f.); *Axer*, in: BeckOK GG, 43. Edition (Stand: 12/2019), Art. 12 Rn. 27.
[11] ÖffR NRW, § 1 Rn. 261; *Mayen*, NWVBl. 2019, 265 (270).
[12] VerfGH NRW, BeckRS 2019, 20059 Rn. 10 ff.; BeckRS 2020, 189 Rn. 7; ÖffR NRW, § 1 Rn. 256; *Brandts*, NWVBl. 2020, Sonderheft, 14 (16).
[13] VerfGH NRW, BeckRS 2020, 189 Rn. 10.
[14] Zur Möglichkeit einer Selbstbetroffenheit bei mittelbaren Adressaten bzw. Nicht-Adressaten vgl. zusammenfassend *Hillgruber/ Goos*, Verfassungsprozessrecht, 5. Aufl. 2020, Rn. 271 ff.
[15] ÖffR NRW, § 1 Rn. 256; *Brandts*, NWVBl. 2020, Sonderheft, 14 (16).

b) Gegenwärtige Betroffenheit

Der Beschwerdeführer muss weiterhin gegenwärtig vom Angriffsgegenstand betroffen sein. Eine gegenwärtige Betroffenheit liegt vor, wenn die angegriffene Vorschrift auf die Grundrechte des Beschwerdeführers aktuell und nicht nur potentiell wirkt und klar abzusehen ist, dass und wie sich die Regelung auswirkt.[16] Hier ist jedenfalls klar abzusehen, dass die U-GmbH durch die bereits in Kraft getretene Regelung des § 16 Abs. 2 S. 3 BHKG NRW externe Werkfeuerwehrdienstleistungen nicht (mehr) anbieten kann, sodass ihre Grundrechtspositionen aktuell betroffen sind.

c) Unmittelbare Betroffenheit

Weiterhin müsste die U-GmbH von der angegriffenen Regelung in § 16 Abs. 2 S. 3 BHKG NRW unmittelbar betroffen sein. Ein Beschwerdeführer ist dann von einem Gesetz unmittelbar betroffen, wenn dieses in seine Rechte eingreift, ohne dass zu seiner Durchführung rechtsnotwendig oder auch nur nach der tatsächlichen Verwaltungspraxis ein besonderer, selbstständig gerichtlich angreifbarer Vollziehungsakt erforderlich ist. Dies ist insbesondere der Fall, wenn die angegriffene Vorschrift kraft Gesetzes eine zeitlich und inhaltlich genau bestimmte Verpflichtung begründet, die bereits bei Erlass des Gesetzes spürbare Rechtsfolgen mit sich bringt.[17]

Fraglich ist, ob hier eine unmittelbare Betroffenheit gegeben ist. Denn die U-GmbH selbst ist nicht Adressatin der angegriffenen Regelung. § 16 Abs. 1 S. 2 BHKG NRW verpflichtet lediglich Inhaber bestimmter Betriebe, nach entsprechender Verfügung der Bezirksregierung eine Werkfeuerwehr aus Betriebsangehörigen bereitzustellen. Auf die Anbieter externer Werkfeuerwehrdienstleistungen wirkt sich die Regelung nur mittelbar aus, da für diese infolge des Betriebszugehörigkeitserfordernisses ein wesentliches Betätigungsfeld verschlossen bleibt. Allein der Umstand, dass der Beschwerdeführer nicht Adressat der grundrechtsbeeinträchtigenden Maßnahme ist, lässt das prozessuale Kriterium der Unmittelbarkeit indes nicht entfallen. Denn die Unmittelbarkeit zielt hier (anders als im Zusammenhang mit dem Eingriffsbegriff) allein auf die Frage etwaiger, gesondert angreifbarer Vollzugsakte.

Allerdings ergeben sich auch hier Probleme. Denn die Pflicht zur Errichtung einer Werkfeuerwehr muss nach der Regelungskonzeption des § 16 Abs. 1 S. 2 BHKG NRW immer erst durch Verfügung konkretisiert werden. Insofern ist zu überlegen, ob die U-GmbH nicht gegen die jeweiligen Verfügungen vorgehen müsste, um sich ihren Markt offen zu halten. Allerdings ist hier zu beachten, dass sich eine Verfügung zur Aufstellung einer Werkfeuerwehr nicht an die U-GmbH, sondern an den jeweiligen Betriebsinhaber richten würde. Es ist insofern schon fraglich, ob die U-GmbH vom Erlass entsprechender Verfügungen überhaupt Kenntnis erhalten würde. Zudem wäre die U-GmbH dann gehalten, gegen eine Vielzahl entsprechender Verfügungen vorzugehen, was ihr kaum zumutbar erscheint. Schließlich ist in Rechnung zu stellen, dass die gesetzliche Regelung ein Tätigwerden der U-GmbH im Bereich externer Werkfeuerwehrdienstleistungen letztlich vollständig ausschließt und sie damit – auch ohne ein Abwarten entsprechender Umsetzungsakte – bereits jetzt zu entscheidenden wirtschaft-

---

[16] BVerfGE 146, 71 (110 Rn. 117); *Hillgruber/Goos*, Verfassungsprozessrecht, 5. Aufl. 2020, Rn. 276.

[17] Vgl. VerfGH NRW, BeckRS 2019, 20059 Rn. 14; *Hillgruber/Goos*, Verfassungsprozessecht, 5. Aufl. 2020, Rn. 281.

lichen Dispositionen zwingt.[18] Insofern ist bereits zum jetzigen Zeitpunkt von einer unmittelbaren Betroffenheit der U-GmbH auszugehen.

3. Zwischenergebnis

Eine Verletzung der U-GmbH in ihrer Berufsfreiheit aus Art. 4 Abs. 1 LV NRW i.V.m. Art. 12 Abs. 1 GG (i. V. m. Art. 19 Abs. 3 GG) erscheint möglich und die U-GmbH ist zudem selbst, gegenwärtig und unmittelbar betroffen. Die U-GmbH ist somit beschwerdebefugt.

V. Rechtswegerschöpfung

Nach § 54 S. 1 VerfGHG NRW kann die Verfassungsbeschwerde erst nach Erschöpfung des Rechtswegs erhoben werden, wenn gegen die behauptete Verletzung der Rechtsweg zulässig ist. Gegen ein Parlamentsgesetz ist kein „Rechtsweg" zu den Fachgerichten gegeben, da die Fachgerichte insofern keine Verwerfungskompetenz haben (vgl. Art. 100 Abs. 1 GG). Das Gebot der Rechtswegerschöpfung greift damit hier nicht.[19]

Vertiefung: Der Begriff des Rechtswegs zielt auf die sog. Fachgerichtsbarkeiten (ordentliche Gerichtsbarkeit, Arbeits-, Sozial-, Verwaltungs- und Finanzgerichtsbarkeit). Das BVerfG sowie die Landesverfassungsgerichte sind keine derartigen Fachgerichte. Bei den Verfahren vor dem VerfGH NRW handelt es sich um außerordentliche Rechtsbehelfe außerhalb bzw. oberhalb des Rechtsweges zu den Fachgerichten. Zu beachten ist, dass das Verwerfungsmonopol nicht für Rechtsverordnungen und Satzungen gilt; hier steht dementsprechend auch der fachgerichtliche Rechtsweg offen (insbesondere § 47 Abs. 1 Nr. 2 VwGO i. V. m. § 109a JustG NRW).[20]

VI. Grundsatz der Subsidiarität der Verfassungsbeschwerde

Des Weiteren müsste auch der Grundsatz der Subsidiarität der Verfassungsbeschwerde gewahrt sein. Neben dem Gebot der Rechtswegerschöpfung gilt – ebenso wie bei der Verfassungsbeschwerde zum BVerfG – der allgemeine Subsidiaritätsgrundsatz, demzufolge auch dort, wo ein genuiner „Rechtsweg" nicht eröffnet ist, zunächst ggf. über „Umwege" fachgerichtlicher Rechtsschutz auch gegen Parlamentsgesetze nachgesucht werden muss.

Vertiefung: Neben diesen insbesondere auf die Rechtssatzverfassungsbeschwerde zugeschnittenen Anforderungen folgt aus dem Grundsatz der Subsidiarität der Verfassungsbeschwerde auch, dass ein Beschwerdeführer dort, wo ein fachgerichtli-

---

[18] Vgl. zu diesen Ausnahmeerwägungen im Zusammenhang mit der Unmittelbarkeit der Betroffenheit *Hillgruber / Goos*, Verfassungsprozessrecht, 5. Aufl. 2020, Rn. 283 f.

[19] Hierzu und allg. zu den Anforderungen des Gebots der Rechtswegerschöpfung nach § 54 S. 1 VerfGHG NRW ÖffR NRW, § 1 Rn. 257; *Brandts*, NWVBl. 2020, Sonderheft, 14 (17 f.).

[20] Vgl. dazu insbesondere VerfGH NRW, BeckRS 2020, 5458 Rn. 6; BeckRS 2020, 5479 Rn. 6; *Brandts*, NWVBl. 2020, Sonderheft, 14 (18).

cher Rechtsweg eröffnet ist, der Beschwerdeführer diesen nicht lediglich formell erschöpfen, sondern zugleich auch alle ihm nach Lage der Sache zur Verfügung stehenden prozessualen Möglichkeiten ergreifen muss, um die geltend gemachte Grundrechtsverletzung im Rahmen des fachgerichtlichen Verfahrens zu verhindern oder zu beseitigen. Insofern können sich bei der Urteilsverfassungsbeschwerde aus dem Grundsatz der Subsidiarität der Verfassungsbeschwerde auch Anforderungen an die Art und Weise der Rechtswegerschöpfung ergeben.[21] Die konkrete Reichweite der einen Beschwerdeführer treffenden Obliegenheiten im fachgerichtlichen Verfahren ist umstritten.[22]

Die Verfassungsbeschwerde ist trotz des fehlenden Rechtswegs dann subsidiär, wenn der Beschwerdeführer die mögliche Grundrechtsverletzung durch andere wirksame und ihm zumutbare Vorgehensweisen vermeiden oder beenden könnte. Er hat mithin alle nach Lage der Sache zur Verfügung stehenden prozessualen Möglichkeiten zu ergreifen, um die geltend gemachte Grundrechtsverletzung in dem unmittelbar mit ihr zusammenhängenden sachnächsten Verfahren zu verhindern oder zu beseitigen.[23]

Hinweis: Die Subsidiaritätsvoraussetzungen sind gesetzlich nicht niedergelegt, sondern vom BVerfG (und daran anknüpfend vom VerfGH NRW) in eigener Regie entwickelt worden.[24]

Bereits oben wurde im Kontext der „Unmittelbarkeit" der Betroffenheit die Variante eines isolierten Vorgehens gegen jede Einzelanordnung der Bezirksregierung zur Errichtung einer Werkfeuerwehr als unzumutbar zurückgewiesen. Gleiches muss dann im hiesigen Kontext gelten. Eine stets denkbare Variante könnte aber der Umweg über eine Feststellungsklage zum Verwaltungsgericht nach § 43 Abs. 1 Var. 1 VwGO sein. So könnte die U-GmbH ggf. die Feststellung begehren, dass das Land nicht berechtigt ist, ihr die Übernahme von Werkfeuerwehrleistungen zu verbieten. Die Verfassungsmäßigkeit des Gesetzes wäre insoweit dann nur eine (wenn auch entscheidende) Vorfrage zur Klärung dieses Rechtsverhältnisses, die dann ggf. zu einer Vorlage des Gesetzes nach Art. 100 Abs. 1 GG führen könnte. Hierin läge auch keine „Umgehung" des Verwerfungsmonopols des BVerfG bzw. des VerfGH NRW gegenüber Parlamentsgesetzen. Denn sofern das Verwaltungsgericht von der Verfassungswidrigkeit des Gesetzes ausginge, müsste es das Verfahren aussetzen und das Gesetz dem BVerfG bzw. dem VerfGH NRW vorlegen (Art. 100 Abs. 1 GG).[25]

Freilich steht der Subsidiaritätsgrundsatz immer unter dem Vorbehalt der Zumutbarkeit eines solchen „Umweges". Die Erhebung einer Feststellungsklage ist dem Be-

---

[21] Vgl. BVerfG, BeckRS 2016, 45912 Rn. 1; *Niesler*, in: BeckOK BVerfGG, 9. Edition (Stand: 7/2020), § 90 Abs. 2 Rn. 55 f.

[22] Vgl. zu den Grenzen etwa *Lenz/Hansel*, BVerfGG, 2. Aufl. 2015, § 90 Rn. 492; *Bethge*, in: Maunz/Schmidt-Bleibtreu/Klein/Bethge, BVerfGG, 53. EL (2/2018), § 90 Rn. 419 ff.

[23] VerfGH NRW, NVwZ-RR 2020, 329 (329 f.); ÖffR NRW, § 1 Rn. 257; *Brandts*, NWVBl. 2020, Sonderheft, 14 (17); *Mayen*, NWVBl. 2018, 265 (270).

[24] Näher dazu *Lenz/Hansel*, BVerfGG, 2. Aufl. 2015, § 90 Rn. 452; *Peters/Markus*, JuS 2013, 887.

[25] Vgl. *Barczak*, DVBl. 2019, 1040 ff. m. w. N., BVerfGE 145, 20 (54 Rn. 85); 150, 309 (326 ff. Rn. 40 ff.).

schwerdeführer dabei in der Regel dann zuzumuten, wenn sie für den VerfGH NRW einen prozessualen Mehrwert darstellt. Das ist dann der Fall, wenn von einem fachgerichtlichen Verfahren eine weitere Sachverhaltsaufklärung zu erwarten ist oder die Beantwortung der verfassungsrechtlichen Fragen erheblich von der fachgerichtlichen Anwendung des einfachen Rechts abhängt.[26] Hier betrifft die Verfassungsbeschwerde der U-GmbH eine genuin verfassungsrechtliche Frage, nämlich die Verfassungsmäßigkeit der gesetzlichen Vorgabe der Betriebszugehörigkeit aller Werkfeuerwehrleute; eine weitere tatbestandliche und rechtliche Klärung wäre im Rahmen einer verwaltungsgerichtlichen Feststellungsklage nicht zu erreichen, sodass dieser Umweg hier nicht zumutbar erscheint.

Klausurtipp: Die Frage, wie weit der Subsidiaritätsgrundsatz reicht, ist im Einzelnen höchst umstritten; hier wäre ggf. auch eine abweichende Auslegung vertretbar. In der Fallbearbeitung reicht es regelmäßig aus, wenn Sie – wie hier – kurz erläutern, was unter dem Grundsatz der Subsidiarität der Verfassungsbeschwerde zu verstehen ist und dass dieser ggf. die Erhebung einer verwaltungsgerichtlichen Feststellungsklage, die dann in eine konkrete Normenkontrolle mündet, gebietet, soweit von dem fachgerichtlichen Verfahren ein „Mehrwert" für das verfassungsgerichtliche Verfahren zu erwarten ist. Unter diese „Mehrwert"-Frage ist sodann zu subsumieren, wobei vertiefte Ausführungen hier regelmäßig nicht erwartet werden dürften und nicht selten verschiedene Ergebnisse vertretbar sein werden.

Gleiches gilt letztlich im Hinblick auf die theoretische Möglichkeit, ggf. erst einmal gegen das neue Gesetz zu verstoßen, um dann gegen behördliche Untersagungsverfügungen fachgerichtlich zu klagen. So erscheint es kaum denkbar, dass ein Unternehmer die U-GmbH angesichts der klaren Gesetzeslage beauftragen würde.

Vertiefung: Auch das Subsidiaritätserfordernis, zunächst behördliche Vollzugsakte abzuwarten und gegen diese dann fachgerichtlichen Rechtsschutz zu ersuchen, wird in der Rspr. des BVerfG durch Zumutbarkeitsgesichtspunkte begrenzt. So verlangt der Grundsatz der Subsidiarität nicht, dass Betroffene vor Erhebung einer Verfassungsbeschwerde gegen eine straf- oder bußgeldbewehrte Rechtsnorm verstoßen und sich dem Risiko einer entsprechenden Ahndung aussetzen müssen, um dann im Straf- oder Bußgeldverfahren die Verfassungswidrigkeit der Norm geltend machen zu können.[27] Allerdings wird hier zur Wahrung des Subsidiaritätsgrundsatzes die Möglichkeit vorbeugenden vorläufigen Rechtsschutzes in Betracht zu ziehen sein.[28]

Damit steht der Grundsatz der Subsidiarität der Verfassungsbeschwerde der Zulässigkeit nicht entgegen.

---

[26] BVerfGE 145, 20 (54 Rn. 85); 150, 309 (326 ff. Rn. 40 ff.).

[27] Vgl. BVerfGE 81, 70 (82 f.); 138, 261 (272 Rn. 23); NVwZ-RR 2016, 1 (3); *Hillgruber/Goos*, Verfassungsprozessrecht, 5. Aufl. 2020, Rn. 316.

[28] Vgl. BVerfGE 145, 20 (54 f. Rn. 86); 150, 309 (327 f. Rn. 45).

VII. Subsidiarität gegenüber der Verfassungsbeschwerde zum BVerfG

Nach § 53 Abs. 1 Hs. 2 VerfGHG NRW ist die Individualverfassungsbeschwerde zum VerfGH NRW nur zulässig, soweit nicht Verfassungsbeschwerde zum Bundesverfassungsgericht erhoben ist oder wird. Die Individualverfassungsbeschwerde zum VerfGH NRW ist damit gegenüber einer Individualverfassungsbeschwerde zum BVerfG subsidiär.[29] Die U-GmbH hat hier weder bereits das BVerfG angerufen, noch ist eine entsprechende Absicht während des laufenden Verfahrens vor dem VerfGH NRW auf Grundlage des Sachverhalts erkennbar. Allein die Möglichkeit, Verfassungsbeschwerde zum BVerfG zu erheben, führt nicht zur Unzulässigkeit einer Landesverfassungsbeschwerde.[30]

VIII. Form

Mangels entgegenstehender Angaben im Sachverhalt ist davon auszugehen, dass die Form der Verfassungsbeschwerde gewahrt ist.

Vertiefung: In der Praxis sind die gesetzlichen Begründungsanforderungen nach § 18 Abs. 1 S. 2 Hs. 1, § 55 Abs. 1 S. 1, Abs. 4 VerfGHG NRW ein sehr bedeutsames Element der Zulässigkeitsprüfung, an der eine Vielzahl von Verfassungsbeschwerden scheitert.[31] In der Fallbearbeitung spielt dieser Punkt indes i.d.R. keine bzw. nur eine untergeordnete Rolle.

IX. Frist

Schließlich müsste die U-GmbH die Verfassungsbeschwerde fristgerecht erhoben haben. Richtet sich die Verfassungsbeschwerde gegen ein Gesetz, kann sie gem. § 55 Abs. 3 VerfGHG NRW nur binnen eines Jahres seit dem Inkrafttreten des Gesetzes erhoben werden. Hier hat die U-GmbH innerhalb eines Jahres ab Inkrafttreten des BHKG NRW Verfassungsbeschwerde zum VerfGH NRW erhoben (vgl. Fallfrage), sodass die Fristanforderungen zunächst gewahrt erscheinen.

Zweifel an der Fristwahrung könnten sich hier allerdings daraus ergeben, dass § 16 BHKG NRW nur eine Regelung wiederholt, die bereits im früheren FSHG NRW getroffen worden war. Insofern erscheint fraglich, ob hier ohne Weiteres auf das Inkrafttreten der Neuregelung abgestellt werden kann. Eine Gesetzesänderung vermag dabei die Ausschlussfrist des § 55 Abs. 3 VerfGHG NRW nur dann neu in Gang zu setzen, wenn sich das materielle Gewicht der angegriffenen Regelung durch die Gesetzesänderung geändert hat oder sonst durch die Normänderung eine neue Beschwer entsteht. Das kann etwa der Fall sein, wenn durch die Änderung der Norm ihr Anwendungsbe-

---

[29] Dazu näher ÖffR NRW, § 1 Rn. 258; *Heusch*, in: Heusch/Schönenbroicher, LV NRW, 2. Aufl. 2020, Art. 75 Rn. 75 f.; *Mayen*, NWVBl. 2019, 265 (270); *Pauli*, DÖV 2019, 271 (274 f.).

[30] *Brandts*, NWVBl. 2020, Sonderheft, 14 (16); *Mayen*, NWVBl. 2019, 265 (270); *Wedel/Klenke/Hollands*, NVwZ 2019, 125 (126).

[31] Näher zu den Begründungsanforderungen *Brandts*, NWVBl. 2020, Sonderheft, 14 (18 f.); *Heusch*, in: Heusch/Schönenbroicher, LV NRW, 2. Aufl. 2020, Art. 75 Rn. 78 f.

reich (z. B. durch die Präzisierung eines Legalbegriffs) eindeutiger als bisher begrenzt und der Vorschrift damit ein neuer Inhalt gegeben wird oder sich durch die Gesetzes-änderung ein erweiterter Anwendungsbereich der Norm ergibt; eine fristauslösende Änderung kann auch darin begründet sein, dass die Vorschrift durch die Änderung an-derer Vorschriften derart in ein neues gesetzliches Umfeld eingebettet wird, dass auch von der Anwendung der unveränderten Vorschrift neue belastende Wirkungen ausge-hen können.[32] Die inhaltlich unveränderte (oder rein redaktionell angepasste) Fortfüh-rung einer Regelung führt ansonsten aber nicht zu einem Neuanlauf der Beschwerde-frist, selbst wenn der Gesetzgeber die Bestimmung anlässlich der Änderung anderer Bestimmungen desselben Gesetzes erneut in seinen Willen aufgenommen hat oder das Gesetz nunmehr einen anderen Namen trägt.[33]

Ausweislich des Sachverhalts ist die hier unmittelbar streitgegenständliche Regelung zur Betriebszugehörigkeit der Werkfeuerwehr in § 16 Abs. 2 S. 3 BHKG NRW be-reits in inhaltsgleicher Form im vormaligen FSHG NRW enthalten gewesen. Der Neuerlass der Regelung im BHKG NRW löst damit den Lauf der Beschwerdefrist nicht erneut aus. Etwas anderes könnte sich aber immerhin dann ergeben, wenn die einschlägige Regelung durch einen veränderten gesetzlichen Kontext als „Neurege-lung" einzuordnen wäre. Hier könnte überlegt werden, ob der Umstand, dass fortan alle Feuerwehrleute dieselbe Ausbildung machen müssen, einen veränderten Kontext herbeiführt. Dass dadurch freilich das normative Gewicht des neugefassten Werkange-hörigkeitserfordernisses verändert würde, ist nicht erkennbar.

Vertiefung: Nach zutreffender Auffassung des VerfGH NRW gilt die Jahresfrist auch dann unverändert, wenn der Beschwerdeführer erst nach deren Ablauf erstmals selbst von der fraglichen Regelung betroffen ist und deshalb mangels Beschwer gar nicht innerhalb der Beschwerdefrist Verfassungsbeschwerde hätte erheben können. Das führt insbesondere nicht zu einer verfassungswidrigen Beeinträchtigung des Rechtsschutzes, da dem Beschwerdeführer i.d.R. noch die Möglichkeit der Erhebung einer Urteilsverfassungsbeschwerde nach Beschreiten des fachgerichtlichen Rechtswegs gegen Umsetzungsakte verbleibt.[34]

Auch der Umstand, dass im Gesetzgebungsverfahren zwischenzeitlich die Streichung der Regelungen zur Werkfeuerwehr erwogen wurde und die Regelung erst im Laufe des Gesetzgebungsverfahrens wieder in den Gesetzentwurf aufgenommen wurde, führt nicht zu einem Neuanlaufen der Beschwerdefrist.[35] Es kommt in dem maßgeblichen Regelungsvergleich allein auf die vom Parlament beschlossenen Gesetze, nicht aber auf Entwurfsfassungen im Gesetzgebungsverfahren an.

Die Verfassungsbeschwerde ist daher nicht fristgemäß erhoben worden.

---

[32] Vgl. *Peters*, in: Barczak, BVerfGG, 2018, § 93 Rn. 140 ff.; *Brandts*, NWVBl. 2020, Sonderheft, 14 (19); VerfGH NRW, NVwZ-RR 2020, 89 (90 Rn. 23 ff.); BVerfG, NVwZ-RR 2017, 433 (434 Rn. 7) m. w. N.

[33] Vgl. VerfGH NRW, NVwZ-RR 2020, 89 (90 Rn. 27); *Peters*, in: Barczak, BVerfGG, 2018, § 93 Rn. 141; vgl. kritisch in Bezug auf die Bestimmung eines rein redaktionellen bzw. klarstel-lenden Charakters einer Gesetzesänderung *Bonhage/Dieterich*, NVwZ 2017, 1352 ff.

[34] Vgl. VerfGH NRW, NVwZ-RR 2020, 89 (90 f. Rn. 31 ff.); *Brandts*, NWVBl. 2020, Sonder-heft, 14 (19); *Peters*, in: Barczak, BVerfGG, 2018, § 93 Rn. 137.

[35] Vgl. BVerfG, BeckRS 2017, 104101 Rn. 16; *Bonhage/Dieterich*, NVwZ 2017, 1352 (1355).

X. Zwischenergebnis

Die Verfassungsbeschwerde ist unzulässig.

Hinweis: Das auch bei der Individualverfassungsbeschwerde grundsätzlich zu fordernde Rechtsschutzbedürfnis ist bei Vorliegen der sonstigen Zulässigkeitsvoraussetzungen i. d. R. indiziert und entfällt allenfalls in Ausnahmesituationen.[36]

B. Begründetheit (Hilfsgutachten)

Die Verfassungsbeschwerde ist begründet, wenn die U-GmbH durch die angegriffene Neuregelung des BHKG NRW in einem ihrer durch die LV NRW gewährleisteten Grundrechte verletzt wird. Hier kommt eine Verletzung der Berufsfreiheit der U-GmbH (Art. 4 Abs. 1 LV NRW i. V. m. Art. 12 Abs. 1 GG) in Betracht.

I. Schutzbereich

Zunächst müsste der Schutzbereich der Berufsfreiheit des Art. 4 Abs. 1 LV NRW i. V. m. Art. 12 Abs. 1 GG in sachlicher und personeller Hinsicht eröffnet sein.

1. Sachlicher Schutzbereich

Das Landesgrundrecht der Berufsfreiheit schützt in sachlicher Hinsicht neben der freien Berufswahl auch die freie Berufsausübung.[37]

Hinweis: Dieser Umfang des Schutzbereiches ergibt sich zwar nicht unmittelbar aus dem Wortlaut von Art. 12 Abs. 1 GG; dass Art. 12 Abs. 1 GG ein „einheitliches" Grundrecht der Berufsfreiheit, das sowohl die Berufswahlfreiheit als auch die Berufsausübungsfreiheit beinhaltet, umfasst, ist in Rspr. und Literatur allerdings weitgehend anerkannt.

Unter Beruf ist dabei jede auf Erwerb gerichtete Tätigkeit zu verstehen, die auf Dauer angelegt ist und die der Schaffung und Aufrechterhaltung einer Lebensgrundlage dient.[38]

Hinweis: Auch wenn Landesgrundrechte aufgrund der getrennten Verfassungsräume von Bund und Ländern grundsätzlich autonom auszulegen sind, ergeben sich keinerlei Ansatzpunkte für einen von der parallelen Bundesgarantie abweichenden Gewährleistungsgehalt der Norm. Der Auslegung von Landesgrundrechten setzt das Grundgesetz immerhin insoweit Grenzen, als ihnen kein mit den Bundesgrundrechten unvereinbarer Inhalt beigemessen werden darf. Das BVerfG

---

[36] Vgl. dazu *Brandts*, NWVBl. 2020, Sonderheft, 14 (19); *Heusch*, in: Heusch/Schönenbroicher, LV NRW, 2. Aufl. 2020, Art. 75 Rn. 78 f.

[37] Vgl. BVerfGE 145, 20 (67 Rn. 120); *Wieland*, in: Dreier, GG, 3. Aufl. 2013, Art. 12 Rn. 48 m. w. N.

[38] BVerfGE 145, 20 (67 Rn. 120) m. w. N.; *Mann*, in: Sachs, GG, 8. Aufl. 2018, Art. 12 Rn. 45; *Wieland*, in: Dreier, GG, 3. Aufl. 2013, Art. 12 Rn. 33 ff.

entnimmt diese schon aus Art. 1 Abs. 3 GG folgende Konsequenz namentlich der Übergangsregelung des Art. 142 GG.[39] Ferner ist bei der Auslegung auch von Landesgrundrechten der Vorrang des Bundesrechts (Art. 31 GG) zu beachten. Soweit dieser Vorrang nicht beachtet wird und auch im Rahmen einer bundesrechtskonformen Auslegung des Landesgrundrechts nicht gewährleistet werden kann, führt dies zur Unanwendbarkeit der Landesnorm, die dann gem. Art. 100 Abs. 1 GG dem BVerfG vorzulegen ist.[40]

Der Schutz der Berufsfreiheit beschränkt sich auch nicht auf bestimmte vorab fixierte Berufsbilder, sondern umschließt auch autonom definierte Berufe.[41] Die U-GmbH möchte die Tätigkeit als externer Anbieter von Werkfeuerwehrdienstleistungen dauerhaft anbieten und sich damit eine nicht nur vorübergehende Einnahmequelle erschließen; die betreffende Tätigkeit kann insoweit durchaus als Beruf in Betracht kommen. Dabei kommt es an dieser Stelle (noch) nicht darauf an, ob die Tätigkeit hier bereits als eigenständiger Beruf zu bewerten ist oder nur als Angebots- bzw. Ausübungsvariante eines breiter aufgestellten Berufs als Dienstleister im Bereich Unternehmenssicherheit.[42]

Zu prüfen bleibt aber, ob die Tätigkeit im Bereich der Werkfeuerwehr womöglich durch das im BHKG NRW formulierte Verbot einer entsprechenden gewerblichen Tätigkeit aus dem Schutzgegenstand des Art. 4 Abs. 1 LV NRW i.V.m. Art. 12 Abs. 1 GG auszuschließen ist.[43] Dies ist nach heute gesicherter Rechtsauslegung abzulehnen.[44] Der einfache Gesetzgeber steht im Rang „unter" den Grundrechten. Ihm kommt nicht die Befugnis zu, die Reichweite des Schutzgegenstandes eines Grundrechts durch einfachrechtliche Regelungen zu verkürzen oder auch zu erweitern. Auf die einfachrechtliche Erlaubtheit einer gewerblichen Betätigung kann es bei der Einordnung einer Tätigkeit als Beruf i.S.d. Art. 4 Abs. 1 LV NRW i.V.m. Art. 12 Abs. 1 GG also nicht ankommen. Ausgeschlossen sind nach h.M. allenfalls schlechthin gemeinschaftsschädigende Betätigungen.[45] Eine solche liegt hier aber offensichtlich nicht vor.

Überlegt werden könnte allenfalls, ob der sachliche Schutzbereich des Art. 4 Abs. 1 LV NRW i.V.m. Art. 12 Abs. 1 GG deshalb nicht berührt ist, weil Feuerwehrtätigkeiten – ähnlich der Armee oder der Polizei – als „genuin-hoheitliche Verwaltungsmonopole" einzustufen wären, es sich mithin um Tätigkeiten handelte, die notwendigerweise der Staat als Hoheitsträger auszuüben hat. Hintergrund dieser Sonderdogmatik für genuin-hoheitliche Verwaltungsmonopole ist, dass für derartige Tätigkeiten ein Funktionsvorbehalt des Staates in Art. 33 Abs. 4 GG niedergelegt ist, dem es zuwiderliefe, wenn man derartige Tätigkeiten zugleich dem Schutzgegenstand der Berufsfreiheit zuordnen würde.[46] Ob die Aufgaben und die Tätigkeit einer Werkfeuerwehr in diesem Sinne allerdings einem genuin-hoheitlichen Verwaltungsmonopol zugeordnet werden können,

---

[39] Vgl. BVerfGE 96, 345 (364 ff.); vgl. dazu auch *Mayen*, NWVBl. 2019, 265 (268 f.).

[40] Vgl. dazu ÖffR NRW, § 1 Rn. 24 ff.; *Mayen*, NWVBl. 2019, 265 (269).

[41] Vgl. BVerfGE 145, 20 (67 Rn. 120) m.w.N.

[42] Dazu noch unten B. III. 1.

[43] Zu diesem Ansatz noch BVerfGE 7, 377 (397); 32, 311 (317); 48, 376 (388); 68, 272 (281); 81, 70 (85).

[44] Zusammenfassend *Mann*, in: Sachs, GG, 8. Aufl. 2018, Art. 12 Rn. 52 m.w.N.; vgl. auch BVerfGE 115, 276 (300 f.).

[45] Vgl. BVerfGE 115, 176 (301); 117, 126 (137); *Ruffert*, in: BeckOK GG, 43. Edition (5/2020), Art. 12 Rn. 42; kritisch dazu *Dietlein*, in: Stern, Staatsrecht IV/1, 2006, S. 1791.

[46] Vgl. dazu *Mann*, in: Sachs, GG, 8. Aufl. 2018, Art. 12 Rn. 55 ff. m.w.N.

erscheint äußerst fraglich. Hiergegen spricht schon, dass das Gesetz diese Tätigkeit ohnehin Privaten überantwortet – nämlich den betreffenden Betriebsinhabern. Damit gehört die Werkfeuerwehr richtigerweise nicht in den Bereich eines genuin-hoheitlichen Verwaltungsmonopols. Art. 12 Abs. 1 GG (i. V. m. Art. 4 Abs. 1 LV NRW) ist daher auf die Tätigkeit der U-GmbH anwendbar.

2. Personeller Schutzbereich

Daneben müsste der personelle Schutzbereich der Berufsfreiheit für die U-GmbH eröffnet sein. Das Grundrecht aus Art. 12 GG kann auch kooperativ wahrgenommen werden (Art. 4 Abs. 1 LV NRW i. V. m. Art. 19 Abs. 3 GG); die Berufsfreiheit ist wesensmäßig auch auf juristische Personen des Privatrechts – wie die U-GmbH – anwendbar.[47]

Die Berufsfreiheit ist nach Maßgabe von Art. 12 Abs. 1 GG ein sog. Deutschen-Grundrecht. Ihre personelle Reichweite ist daher auch als über Art. 4 Abs. 1 LV NRW rezipiertes Landesgrundrecht auf Deutsche i. S. d. Grundgesetzes, also jedenfalls alle Personen, die die deutsche Staatsangehörigkeit haben (vgl. Art. 116 GG), beschränkt.[48] Mangels entgegenstehender Angaben im Sachverhalt ist davon auszugehen, dass die U-GmbH ihren Sitz in Deutschland hat und damit insgesamt dem persönlichen Schutzbereich des Art. 4 Abs. 1 LV NRW i. V. m. Art. 12 Abs. 1 GG unterfällt.

3. Zwischenergebnis

Der Schutzbereich der Berufsfreiheit des Art. 4 Abs. 1 LV NRW i. V. m. Art. 12 Abs. 1 GG ist in sachlicher und personeller Hinsicht eröffnet.

II. Eingriff

Zudem müsste ein Eingriff in den Schutzbereich der Berufsfreiheit vorliegen. Als Eingriff ist jedenfalls jede finale (zielgerichtete), unmittelbare, rechtsförmliche und auf den Betroffenen imperativ (also durch Befehl und Zwang) einwirkende Maßnahme anzusehen (sog. klassischer Eingriffsbegriff).[49]

Hier wird mit der Regelung des § 16 Abs. 2 S. 3 BHKG NRW rechtsförmlich und imperativ vorgegeben, dass die Angehörigen der Werkfeuerwehr dem Betrieb oder der Einrichtung angehören müssen, für welche die Werkfeuerwehr eingerichtet worden ist. Das knüpft an die in § 16 Abs. 1 BHKG NRW geregelte Pflicht von Betrieben oder Einrichtungen, bei denen die Gefahr eines Brandes oder einer Explosion besonders groß ist oder bei denen in einem Schadensfall eine große Anzahl von Personen gefährdet wird, eine Werkfeuerwehr zu errichten, an. Das Gesetz regelt also lediglich eine Feuerwehrpflicht der Betriebsinhaber und deren nähere Ausgestaltung. Die U-GmbH selbst ist nicht Inhaberin eines solchen Betriebs oder einer solchen Einrichtung, sondern will diesen Betrieben bzw. Einrichtungen gewerbliche Schutzdienstleistungen im Bereich des betrieblichen Brandschutzes anbieten. Insofern ist sie von der Regelung des § 16 Abs. 2 S. 3 BHKG NRW nicht direkt angesprochen. Ein Eingriff

---

[47] *Manssen*, in: von Mangoldt/Klein/Starck, GG, 7. Aufl. 2018, Art. 12 Rn. 268 ff.

[48] ÖffR NRW, § 1 Rn. 254; *Dietlein*, in: Merten/Papier, Handbuch der Grundrechte, Bd. VIII, 2017, § 254 Rn. 53 f.

[49] *Voßkuhle/Kaiser*, JuS 2009, 313; *Hobusch*, JA 2019, 278 (278 f.); *Sachs*, Verfassungsrecht II – Grundrechte, 3. Aufl. 2017, Kap. 8 Rn. 6.

im Sinne des „klassischen" Eingriffsbegriffs ist damit mangels Unmittelbarkeit nicht gegeben.

Allerdings ist inzwischen anerkannt, dass auch sonstiges dem Staat zurechenbares Verhalten, das die vier Merkmale des klassischen Eingriffsbegriffs nicht erfüllt, aber das ein grundrechtlich geschütztes Verhalten erschwert oder unmöglich macht bzw. ein grundrechtlich geschütztes Rechtsgut beeinträchtigt, also freiheitsverkürzende Wirkung hat, als Grundrechtseingriff rechtfertigungsbedürftig ist (sog. moderner Eingriffsbegriff).[50] Das erfasst insbesondere mittelbare und faktische Eingriffe.[51] Hier führt die in der Regelung enthaltene Vorgabe, dass die Angehörigen der Werkfeuerwehr dem Betrieb oder der Einrichtung, für die die Werkfeuerwehr eingerichtet wurde, angehören müssen, zu mittelbaren Beeinträchtigungen auf Seiten der gewerblichen Anbieter von Werkfeuerwehrleistungen. Denn letztlich ergibt sich aus der eigenen Feuerwehrpflicht der Betriebsinhaber ein Ausschluss privater Anbieter entsprechender Dienstleistungen. Dies wird man als einen dem Staat zurechenbaren mittelbaren Grundrechtseingriff werten müssen.

Das gilt auch, soweit man bei einem Eingriff in die Berufsfreiheit zusätzlich noch das Vorliegen einer „berufsregelnden Tendenz" verlangt. Eine solche liegt vor, wenn eine staatliche Maßnahme auf eine Berufsregelung abzielt (subjektiv berufsregelnde Tendenz) oder sich auf die Tätigkeit zumindest unmittelbar spezifisch auswirkt (objektiv berufsregelnde Tendenz).[52] Hier wirkt sich die Regelung zur Betriebszugehörigkeit der Werkfeuerwehr – wenn man nicht bereits eine unmittelbar auf die berufliche Betätigung der U-GmbH abzielende Wirkung annehmen will – jedenfalls typischerweise dahingehend aus, dass (ausschließlich) betriebsexterne Anbieter von Werkfeuerwehrleistungen vom diesbezüglichen Markt ausgeschlossen werden und knüpft damit gerade an eine erwerbswirtschaftliche bzw. gewerbliche Tätigkeit an. Eine objektiv berufsregelnde Tendenz ist damit gegeben; ein Grundrechtseingriff liegt folglich vor.

Vertiefung: Die berufsregelnde Tendenz fehlt etwa bei Maßnahmen, die zwar auch berufliche Tätigkeiten beschränken, aber inhaltlich keinerlei spezifischen beruflichen Bezug aufweisen. Beispielhaft kann auf verkehrsrechtliche Regelungen (Ampel, Geschwindigkeitsbeschränkungen) verwiesen werden, die zwar auch Berufskraftfahrer treffen (Taxifahrer), gleichwohl keinen spezifischen Berufsbezug aufweisen.

III. Verfassungsrechtliche Rechtfertigung

Der Eingriff könnte aber verfassungsrechtlich gerechtfertigt sein. Hierzu müsste das Grundrecht der Berufsfreiheit aus Art. 4 Abs. 1 LV NRW i. V. m. Art. 12 Abs. 1 GG einem geschriebenen oder ungeschriebenen Begrenzungsvorbehalt unterliegen und das schrankenziehende Gesetz müsste sowohl formell als auch materiell verfassungsgemäß sein.

---

[50] Vgl. *Voßkuhle/ Kaiser*, JuS 2009, 313; *Hobusch*, JA 2019, 278 (279); *Sachs*, Verfassungsrecht II – Grundrechte, 3. Aufl. 2017, Kap. 8 Rn. 15 ff.

[51] *Voßkuhle/ Kaiser*, JuS 2009, 313; *Hobusch*, JA 2019, 278 (279).

[52] Vgl. BVerfGE 123, 90 (110); 129, 208 (266 f.); 137, 350 (376 f. Rn. 69); *Sachs*, Verfassungsrecht II – Grundrechte, 3. Aufl. 2017, Kap. 24 Rn. 8 und 27.

1. Begrenzungsvorbehalt (Einschränkbarkeit von Art. 4 Abs. 1 LV NRW i. V. m. Art. 12 Abs. 1 GG)

Hinsichtlich der Eingriffsrechtfertigung stellt sich zunächst die Frage nach dem einschlägigen Begrenzungsvorbehalt. Die Einschränkbarkeit ergibt sich aus dem Regelungsvorbehalt des Art. 4 Abs. 1 LV NRW i. V. m. Art. 12 Abs. 1 S. 2 GG. Dieser legitimiert seinem Wortlaut nach zunächst nur (beschränkende) Regelungen der „Berufsausübung". Ob der Begrenzungsvorbehalt auch Beschränkungen des Berufszugangs erfasst, ist str. Teilweise wird mit Blick auf den einheitlichen Schutzgegenstand des Grundrechts davon ausgegangen, der Regelungsvorbehalt des Art. 12 Abs. 1 S. 2 GG erstrecke sich auf das gesamte Grundrecht, erfasse also nicht nur die Berufsausübung, sondern auch den Berufszugang.[53] Unter Hinweis auf den klaren Wortlaut von Art. 12 Abs. 1 S. 2 GG („Ausübung kann geregelt werden") will die Gegenauffassung Regelungen, die den Berufszugang beschränken, nur nach Maßgabe eines verfassungsimmanenten Begrenzungsvorbehalts zulassen; Beschränkungen des Berufszugangs wären dann nur zum Schutz kollidierender Verfassungsgüter (hier z.B. Schutz von Leben und Gesundheit der Bürger) zulässig.[54] Fraglich ist indes, ob dieser Streit hier geklärt werden muss.

Klausurtipp: Ein Streitentscheid ist nur erforderlich, wenn es für die Lösung des Falles darauf ankommt. Die Frage, ob Art. 4 Abs. 1 LV NRW i. V. m. Art. 12 Abs. 1 S. 2 GG einen tragfähigen Begrenzungsvorbehalt darstellt, stellt sich also nur bei einer Einordnung der Regelung zur Betriebszugehörigkeitspflicht der Werkfeuerwehr als Berufszugangsbeschränkung. Eine Entscheidung ist also entbehrlich, wenn es sich bei der angegriffenen Regelung ohnehin lediglich um eine Berufsausübungsregelung handelt, für die nach beiden Auffassungen in Art. 12 Abs. 1 S. 2 GG (i. V. m. Art. 4 Abs. 1 LV NRW) ein tauglicher Begrenzungsvorbehalt geregelt ist. Dagegen entfällt ein Streitentscheid nicht schon mit Blick darauf, dass auch bei Berufszugangsregelungen nach beiden Auffassungen eine Einschränkung der Berufsfreiheit durch den Gesetzgeber zulässig ist. Denn beide Ansätze ziehen für solche Eingriffe ganz unterschiedliche Rechtfertigungsanforderungen nach sich: Während die herrschende Auslegung des Art. 12 Abs. 1 S. 2 GG gesetzliche Beschränkungen des „Ob" auch dort für zulässig hält, wo es nicht um den Schutz kollidierender Verfassungsgüter geht, akzeptiert die Gegenmeinung Beschränkungen des „Ob" der Berufstätigkeit ausschließlich zum Schutz kollidierender Verfassungsgüter.

Zu prüfen ist damit, ob es hier lediglich um die „Berufsausübung" – also um das „Wie" der beruflichen Betätigung – geht oder ob hier nicht letztlich der Zugang zum Beruf der Werkfeuerwehr in Nordrhein-Westfalen komplett gesperrt wird und die angegriffene Regelung damit letztlich als Berufszugangsregelung einzuordnen ist. Dies hängt davon ab, ob U als Brandschutzdienstleister für Werkfeuerwehrleistungen einen eigenen Beruf ausübt oder ob diese Spezialisierung lediglich eine Ausübungsvariante des Berufs des Sicherheitsdienstleisters darstellt.

---

[53] BVerfGE 7, 398 (402 f.); 84, 133 (148); *Manssen*, in: von Mangoldt/Klein/Starck, GG, 7. Aufl. 2018, Art. 12 Rn. 104; *Sachs*, Verfassungsrecht II – Grundrechte, 3. Aufl. 2017, Kap. 24 Rn. 33 ff.

[54] Vgl. dazu etwa *Hufen*, NJW 1994, 2913 (2917).

Dabei ist im Ausgangspunkt hervorzuheben, dass Art. 12 Abs. 1 GG (i. V. m. Art. 4 Abs. 1 LV NRW) grundsätzlich ein „autonomes Berufsprägungsrecht" anerkennt und damit jedem Einzelnen freistellt, wie er seinen Beruf definieren will.[55] Insofern ist es durchaus denkbar, dass ein Einzelner seine berufliche Tätigkeit speziell auf das Angebot der Bereitstellung externer betrieblicher Brandschutzdienstleistungen für gefährdete Unternehmen ausrichten will und den Schwerpunkt seiner Tätigkeit deshalb auf die Übernahme von Werkfeuerwehraufgaben legt; diese Tätigkeitsausrichtung wirkte dann jedenfalls individuell berufsbildprägend.

Gegen die Einordnung der Werkfeuerwehr als eigenen Beruf spricht allerdings, dass es sich hierbei regelmäßig nur um eine Angebotsfacette privater Sicherheitsdienstleistungen handeln wird. Hinzu kommt, dass für Anbieter von gewerblichen Schutzdienstleistungen im Bereich des betrieblichen Brandschutzes eine Tätigkeit nicht generell unmöglich ist, sondern nur in solchen Betrieben und Einrichtungen, bei denen die Gefahr eines Brandes oder einer Explosion besonders groß ist oder bei denen in einem Schadensfall eine große Anzahl von Personen gefährdet wird und die deshalb durch § 16 BHKG NRW zur Einrichtung einer eigenen Werkfeuerwehr verpflichtet werden. Zudem ist auch eine Tätigkeit als externer Feuerwehrdienstleister in gefährdeten Unternehmen von Gesetzes wegen nicht generell untersagt, sondern nur dann, wenn seitens der Bezirksregierung die Errichtung einer (werks-)eigenen Feuerwehr im Einzelfall angeordnet wurde. Damit wird die Tätigkeit als Anbieter gewerblicher Schutzdienstleistungen im Bereich des betrieblichen Brandschutzes – und auch die Tätigkeit der U-GmbH – nicht generell unmöglich gemacht, sondern nur innerhalb von bestimmten – freilich durchaus relevanten – Tätigkeitsgebieten. Dem Umstand, dass durch die Regelung ein wesentliches Betätigungsfeld für Anbieter gewerblicher Schutzdienstleistungen im Bereich des betrieblichen Brandschutzes verschlossen bleibt, kann auch bei Einordnung als Berufsausübungsregelung auf Ebene der Verhältnismäßigkeit Rechnung getragen werden.[56]

> **Hinweis:** Wäre ein Streitentscheid erforderlich, wäre zusätzlich zu beachten, dass im Bereich der landesgrundrechtlichen Gewährleistung der Berufsfreiheit durchaus auch eine strengere Auslegung des Begrenzungsvorbehalts aus Art. 4 Abs. 1 LV NRW i. V. m. Art. 12 Abs. 1 S. 2 GG denkbar wäre. Denn als Mindestgarantie lässt Art. 12 GG durchaus Spielraum für eine landesverfassungsrechtliche Verstärkung des Grundrechtsschutzes gegenüber der Landesstaatsgewalt.

2. Verfassungsmäßigkeit des Eingriffsgesetzes

Die Regelung des Werkangehörigkeitserfordernisses in § 16 Abs. 2 S. 3 BHKG NRW muss den Begrenzungsvorbehalt des Art. 12 Abs. 1 S. 2 GG i. V. m. Art. 4 Abs. 1 LV NRW in verfassungsmäßiger Weise aktualisieren. Zu prüfen ist damit die formelle (und materielle) Verfassungsmäßigkeit des Gesetzes.

a) Formelle Verfassungsmäßigkeit des Eingriffsgesetzes

Die Regelung des Werkangehörigkeitserfordernisses muss zunächst formell verfassungsmäßig sein.

---

[55] Vgl. BVerfGE 145, 20 (67 Rn. 120) m. w. N.
[56] Unten B. III. 2. b) bb).

aa) Gesetzgebungskompetenz

Die formelle Verfassungsmäßigkeit des Eingriffsgesetzes erfordert zunächst grundsätzlich, dass dem Land zum Erlass der Regelung die Gesetzgebungskompetenz zusteht.

Fraglich ist allerdings, ob die Wahrung der Gesetzgebungskompetenz im Verfahren der Verfassungsbeschwerde zum VerfGH NRW geprüft werden kann. Denn Prüfungsmaßstab im landesverfassungsgerichtlichen Verfahren kann, da der VerfGH NRW „Hüter der Landesverfassung" ist, nur die Landesverfassung sein. Die Gesetzgebungskompetenzen finden sich indes zunächst in Art. 70 ff. GG, die für sich genommen kein zulässiger Prüfungsmaßstab vor dem VerfGH NRW sind. Indes geht der VerfGH NRW in langjähriger Rechtsprechung davon aus, dass die Art. 70 ff. GG über Art. 1 Abs. 1 S. 1 LV NRW in das Landesverfassungsrecht rezipiert wurden und damit zugleich Bestandteil der Landesverfassung sind.[57] Vor diesem Hintergrund sind hier Art. 1 Abs. 1 S. 1 LV i. V. m. Art. 70 ff. GG als Maßstab einschlägig.

Hiernach ist das Land Nordrhein-Westfalen gesetzgebungsbefugt, solange das Grundgesetz dem Bund keine Regelungszuständigkeit zuweist (Art. 1 Abs. 1 S. 1 LV NRW i. V. m. Art. 70 Abs. 1 GG). Dies ist im Bereich des Brandschutzes nicht der Fall. Das Land NRW ist daher gesetzgebungsbefugt.

bb) Gesetzgebungsverfahren

Zum Gesetzgebungsverfahren liegen keine näheren Sachverhaltsangaben vor, so dass von dessen Verfassungsmäßigkeit auszugehen ist.

cc) Zitiergebot

Daneben könnte ein Verstoß gegen das Zitiergebot vorliegen. Auch das Zitiergebot des Art. 19 Abs. 1 S. 2 GG ist allerdings als Bundesnorm zunächst nicht Maßstab für ein Landesverfassungsgericht. Die Rezeptionsnorm des Art. 4 Abs. 1 LV NRW erstreckt sich aber zutreffender Weise nicht nur auf die materiellen Grundrechtsgewährleistungen, sondern erfasst auch die akzessorischen Verfassungsbindungen für gesetzliche Grundrechtseingriffe, sodass auch das Zitiergebot des Art. 19 Abs. 1 S. 2 GG in das Landesverfassungsrecht übernommen wird.[58]

Das Zitiergebot nach Art. 4 Abs. 1 LV NRW i. V. m. Art. 19 Abs. 1 S. 2 GG fordert, dass ein grundrechtseinschränkendes Gesetz das eingeschränkte Grundrecht unter Angabe des Artikels nennt. Allerdings wird regelmäßig angenommen, dass die Anknüpfung des Zitiergebots an eine „Grundrechtseinschränkung" seinen Anwendungsbereich auf solche Grundrechte beschränkt, die auf Grund eines besonderen Gesetzesvorbehalts „eingeschränkt" werden dürfen. Dagegen sollen die Bindungen des Zitiergebots dort nicht greifen, wo der Gesetzgeber nur in einem Grundrecht ausdrückliche Regelungsvorbehalte aktualisiert.[59] Nach der Formulierung des Art. 12 Abs. 1 S. 2 GG steht hier nur eine „Regelung der Ausübung" in Rede. Das Zitiergebot ist danach für Art. 4 Abs. 1 LV NRW i. V. m. Art. 12 Abs. 1 GG nicht einschlägig und folglich hier auch nicht verletzt.

---

[57] Vgl. VerfGH NRW, NVwZ 1993, 57 ff.; anders in Bezug auf eine Parallelregelung in der BremLV BVerfGE 103, 332 ff.; hierzu auch *Dietlein*, FS VerfGH NRW, 2002, S. 203 (217 f.).

[58] ÖffR NRW, § 1 Rn. 28; umfassend dazu *Gmeiner*, NWVBl. 2019, 273 ff.

[59] Vgl. dazu im Zusammenhang mit Art. 12 Abs. 1 GG BVerfGE 13, 79 (122); 28, 36 (46); 64, 72 (79); *Huber*, in: von Mangoldt/Klein/Starck, GG, 7. Aufl. 2018, Art. 19 Rn. 71 ff.; ausführlich und kritisch *Remmert*, in: Maunz/Dürig, GG, 52. EL (Stand: 5/2008), Art. 19 Rn. 52 ff.

Hinweis: Vor diesem Hintergrund kann hier offen bleiben, ob die landesverfassungsrechtliche Rezeption des Zitiergebots notwendig dazu führt, dass ein Landesgesetz neben dem beschränkten Bundesgrundrecht zugleich das beschränkte Landesgrundrecht benennen muss.

b) Materielle Verfassungsmäßigkeit des Eingriffsgesetzes

Die Regelung des Werkangehörigkeitserfordernisses muss weiterhin materiell verfassungsmäßig sein. Das ist der Fall, wenn ein hinreichend tragfähiger, legitimer Gemeinwohlgrund verfolgt wird und der Grundsatz der Verhältnismäßigkeit gewahrt bleibt.

aa) Legitime Gemeinwohlzwecke

Zunächst müsste ein hinreichend tragfähiger, legitimer Gemeinwohlzweck vorliegen. Dabei ist zu sehen, dass das BVerfG für das Parallelgrundrecht aus Art. 12 Abs. 1 GG eine dynamische Anpassung der Rechtfertigungsanforderungen je nach Eingriffsintensität vornimmt und die Anforderungen an Beschränkungen des Berufszugangs (des „Ob" der beruflichen Tätigkeit) dabei höher ansetzt als die Anforderungen für bloße Berufsausübungsregelungen (das „Wie" einer zugelassenen Tätigkeit). Hierbei differenziert das Gericht nochmals zwischen Berufszugangsbeschränkungen, die objektiver Natur sind, also keinen Bezug zu Eigenschaften oder Fähigkeiten einzelner Personen aufweisen (z. B. Kontingente), und solchen Berufszugangsbeschränkungen, die an derartigen subjektiven Merkmalen ansetzen (z. B. berufliche Qualifikation, körperliche Eignung).

Vertiefung: Für die Einordnung als subjektive Berufszugangsbeschränkung kommt es nicht darauf an, ob der Einzelne Einfluss auf das Kriterium hat. Auch Alter und Gesundheit können subjektive Zugangsbeschränkungen sein.

In der – allerdings nur grobrastigen – Dogmatik der tradierten, heute allerdings nur noch selten statisch angewendeten „Drei-Stufen-Lehre" werden diese Anforderungen wie folgt präzisiert: Für bloße Berufsausübungsregelungen reicht grundsätzlich jedes legitime Gemeinwohlinteresse, für subjektive Berufszugangsbeschränkungen bedarf es eines „wichtigen" Gemeinwohlinteresses, für objektive Berufszugangsbeschränkungen bedarf es eines „überragend wichtigen" Gemeinschaftsinteresses.[60] Auch wenn das BVerfG und mit ihm die Literatur die Anforderungen an das Gewicht von zur Rechtfertigung herangezogenen Gemeinwohlzielen zunehmend in den Verhältnismäßigkeitsgrundsatz integriert und somit an die individuelle Belastungswirkung angekoppelt hat,[61] ist doch jedenfalls weiterhin gesichert, dass an objektive Berufsausübungsregelungen gesteigerte Anforderungen im Hinblick auf legitime Gemeinwohlziele zu stellen sind.[62] Diese Parameter erscheinen für die Handhabung des landesverfassungsrechtlichen Parallelgrundrechts der Berufsfreiheit übertragbar.

Oben wurde bereits festgestellt, dass es sich bei dem Werkangehörigkeitserfordernis formal gesehen um eine bloße Berufsausübungsregelung handelt. Insofern könnte man

---

[60] Vgl. grundlegend BVerfGE 7, 377 (405 ff.); dazu Manssen, in: von Mangoldt/Klein/Starck, GG, 7. Aufl. 2018, Art. 12 Rn. 139 ff.; *Mann/Worthmann*, JuS 2013, 385 (390).

[61] Vgl. dazu *Manssen*, in: von Mangoldt/Klein/Starck, GG, 7. Aufl. 2018, Art. 12 Rn. 146 ff. m. w. N.

[62] So ausdrücklich BVerfGE 145, 20 (67 Rn. 121).

im Ausgangspunkt jeden legitimen Gemeinwohlzweck für die Rechtfertigung ausreichen lassen. Allerdings führt die Regelung dazu, dass Anbietern gewerblicher Schutzdienstleistungen im Bereich des betrieblichen Brandschutzes ein wesentliches Betätigungsfeld verschlossen bleibt. In ihrer praktischen Konsequenz verwehrt die Regelung Unternehmen wie der U-GmbH, in Nordrhein-Westfalen überhaupt Betriebs- und Werkfeuerwehrleistungen zu erbringen. Denn dort, wo ein tatsächliches Bedürfnis zur Erbringung dieser Dienstleistungen besteht, wird durch Entscheidung der Behörde die Errichtung einer werkeigenen Feuerwehr angeordnet werden. Die Norm hat damit jedenfalls faktisch die Wirkung einer Zugangsbeschränkung, sodass vieles dafür spricht, auch hier eine Rechtfertigung nur aus gesteigerten Gemeinwohlgründen zuzulassen.[63]

Letztlich kann diese Frage allerdings offen bleiben. Die angegriffene Regelung zum Werkangehörigkeitserfordernis in § 16 Abs. 2 S. 3 BHKG NRW soll nach dem Willen des Gesetzgebers sicherstellen, dass das Personal der Werkfeuerwehr über die für die Wahrnehmung der Aufgabe erforderlichen (auch werkspezifischen) Kenntnisse und Erfahrungen verfügt und ein besonderes Vertrauensverhältnis der Werkfeuerwehr zu den weiteren Betriebsangehörigen gewährleistet. Die Regelung zielt damit auf eine leistungsfähige und zuverlässige Brandbekämpfung in besonders gefährdeten Betrieben und damit auf die Verbesserung der Voraussetzungen zur Abwehr der Gefahren eines Brandes oder einer Explosion bzw. eines sonstigen Schadensfalles. Sie verfolgt letztlich das Ziel des Schutzes von Leib und Leben der sonstigen Werkangestellten sowie der umliegenden Bevölkerung und damit überragend wichtige Gemeinwohlziele. Ein hinreichend tragfähiger, legitimer Gemeinwohlzweck ist damit auch unter Berücksichtigung der besonderen Belastungsintensität des Werkangehörigkeitserfordernisses gegeben.

bb) Verhältnismäßigkeit

Schließlich muss die Regelung des Werkangehörigkeitserfordernisses dem Grundsatz der Verhältnismäßigkeit genügen. Der Eingriff muss zur Erreichung eines legitimen Eingriffsziels geeignet sein und darf nicht weiter gehen, als es die Gemeinwohlbelange erfordern; ferner müssen Eingriffszweck und Eingriffsintensität in einem angemessenen Verhältnis stehen. Zu prüfen sind also Geeignetheit, Erforderlichkeit und Angemessenheit der Maßnahme.[64]

(1) Geeignetheit

Zunächst müsste das Werkangehörigkeitserfordernis zur Erreichung der Ziele des Gesundheits- und Lebensschutzes geeignet sein. Das ist dann der Fall, wenn die Regelung den verfolgten Zweck wenigstens fördert, sich die Maßnahme als „Schritt in die richtige Richtung" erweist.[65] Insofern ist zu beachten, dass dem Gesetzgeber bei Zweifeln über die Geeignetheit ein weiter Einschätzungsspielraum zusteht.[66] Wenn die Angehörigen der Werkfeuerwehr unmittelbar dem gefährdeten Unternehmen angehören, wird dadurch nach der nicht offenkundig fehlsamen Einschätzung des Gesetzge-

---

[63] Zu einer Flexibilisierung der Rechtfertigungsanforderungen mit Beispielen aus der Rspr. *Mann*, in: Sachs, GG, 8. Aufl. 2018, Art. 12 Rn. 146 ff.

[64] Allg. zur Verhältnismäßigkeitsprüfung vgl. *Daiber*, JA 2020, 37.

[65] Vgl. BVerfGE 145, 20 (78 Rn. 149); *Manssen*, in: von Mangoldt/Klein/Starck, GG, 7. Aufl. 2018, Art. 12 Rn. 132 und 135.

[66] Vgl. BVerfGE 145, 20 (78 Rn. 149); *Manssen*, in: von Mangoldt/Klein/Starck, GG, 7. Aufl. 2018, Art. 12 Rn. 133; allg. auch *Sachs*, Verfassungsrecht II – Grundrechte, 3. Aufl. 2017, Kap. 10 Rn. 42.

bers – neben den ohnehin bestehenden Anforderungen an die fachliche Eignung – die Orts- und Gefährdungskenntnis des eingesetzten Personals verbessert. Diese sind unmittelbar mit den Gegebenheiten vor Ort und ihren Besonderheiten vertraut, was in Einsatzsituationen ein schnelleres und punktgenaueres Einschreiten fördern kann. Insbesondere kann so auch die Aktualität der Ortskenntnisse bei sich ändernden Verhältnissen sichergestellt werden. Zwar werden Ortskenntnisse nach § 16 Abs. 2 S. 4 BHKG NRW bereits als notwendige Qualifikation für Werkfeuerwehrleute geregelt; es ist aber jedenfalls nachvollziehbar, dass die Betriebszugehörigkeit diese Qualifikation weiter fördern kann. Zudem besteht durch das vom Gesetzgeber nachvollziehbar angenommene besondere Vertrauensverhältnis der Werkfeuerwehr zu weiteren Betriebsangehörigen die gesteigerte Möglichkeit, dass die Werkfeuerwehr schon frühzeitig in (potentielle) Gefahrensituationen eingebunden wird und damit die Realisierung von Brand- oder Explosionsgefahren oder sonstigen Schadensereignissen besser verhütet werden kann. In diesem Zusammenhang erscheint die gesetzgeberische Einschätzung, dass eine Betriebszugehörigkeit personelle Kontinuität gewährleisten und die Identifikation mit dem Arbeitsplatz und damit die Motivation der Feuerwehrleute steigern könne, nicht offensichtlich fehlsam. Auch wenn hierzu – wie von der U-GmbH gerügt – keine wissenschaftlichen Untersuchungsergebnisse vorliegen, durfte der Landesgesetzgeber im Rahmen seines Einschätzungs- und Prognosespielraums danach von der Eignung zur Verbesserung des Schutzes von Leben und Gesundheit ausgehen.

(2) Erforderlichkeit
Ferner müsste das Werkangehörigkeitserfordernis erforderlich sein. Eine Maßnahme ist erforderlich, wenn es kein gleich geeignetes milderes Mittel gibt, sie also unter allen gleich geeigneten Mitteln dasjenige darstellt, das den Grundrechtsträger am wenigsten belastet.[67] Auch bei der Bewertung, ob ein alternatives Mittel milder und gleich geeignet ist, kommt dem Gesetzgeber ein Einschätzungs- und Prognosespielraum zu.[68] Diese Einschätzungsprärogative ist erst dann überschritten, wenn die Wertungen des Gesetzgebers „offenkundig fehlsam" sind, also allen Erfahrungssätzen widersprechen oder sogar schon widerlegt sind.

Vertiefung: Der Einschätzungs- und Prognosespielraum des Gesetzgebers spielt im Rahmen der Verhältnismäßigkeitsprüfung bei Rechtssatzverfassungsbeschwerden eine ganz entscheidende Rolle. Weder bei etwaigen Gefahreinschätzungen im Kontext der Gemeinwohlkonkretisierung noch bei der Frage der Eignung bzw. der „gleichen Eignung" eines alternativen Regelungsansatzes, wie sie im Rahmen der Erforderlichkeitsprüfung gefordert ist, darf das BVerfG nicht offenkundig fehlsame Einschätzungen des Gesetzgebers durch eigene, ebenso ungesicherte Einschätzungen ersetzen. Zu beachten ist, dass diese Maßstäbe nicht in das Verwaltungsrecht übertragen werden dürfen; hier wird die Frage der Geeignetheit und Erforderlichkeit einer behördlichen Maßnahme von den Gerichten vollständig durchgeprüft.

Als alternatives Mittel käme hier eine Marktöffnung unter Wahrung einheitlicher Qualifikationsstandards in Betracht. Insofern könnte erwogen werden, dass dann für alle

---

[67] Vgl. BVerfGE 70, 84 (109); 75, 246 (269); 80, 1 (30); *Manssen*, in: von Mangoldt/Klein/Starck, GG, 7. Aufl. 2018, Art. 12 Rn. 137.
[68] Vgl. BVerfGE 145, 20 (80 Rn. 153) m. w. N.; *Manssen*, in: von Mangoldt/Klein/Starck, GG, 7. Aufl. 2018, Art. 12 Rn. 137.

Feuerwehren einschließlich (werkexterner) Werkfeuerwehren die gleiche fachliche Eignung und damit auch eine einheitliche Funktionsfähigkeit gewährleistet wäre, ohne dass externe Dienstleister ausgeschlossen wären. Allerdings erscheint fraglich, ob diese – mildere – Regelungsalternative auf Grundlage der Gefahreinschätzung des Gesetzgebers als gleich geeignet angesehen werden kann. So ist zu berücksichtigen, dass der Landesgesetzgeber mit dem Werkangehörigkeitserfordernis gerade auch die Kenntnis der besonderen Gegebenheiten vor Ort und der betriebsspezifischen Gefahren gewährleisten wollte. Es ist nicht ersichtlich, dass die gesetzgeberische Einschätzung, dieses Ziel könne durch eine – einheitliche Qualifikationsstandards ergänzende – Betriebszugehörigkeit besser gewährleistet werden, offensichtlich fehlsam wäre. Vielmehr erscheint die Einschätzung des Gesetzgebers zu den Vorteilen einer betriebszugehörigen Werkfeuerwehr noch vertretbar. Es liegt also kein gleich geeignetes Mittel vor.

Soweit die U-GmbH im Zusammenhang mit der Erforderlichkeit darauf verweist, dass in anderen Ländern eine Betriebsbindung der Werkfeuerwehr nahezu durchgängig nicht vorgesehen sei, führt dies nicht zu einer anderen Bewertung. Es wird schon aus dem Sachverhalt nicht ersichtlich, ob die anderen Länder bei dem Verzicht auf eine Werkangehörigkeitsklausel überhaupt dieselben Ziele wie der nordrhein-westfälische Landesgesetzgeber verfolgen oder ob diese mit ihren Regelungen lediglich die Qualifikation des eingesetzten Personals gewährleisten wollen. Im Übrigen führt bereits die Eigenständigkeit der Länder im Bundesstaat dazu, dass jedes Land seine eigenen Regelungsziele autonom bestimmen und die Einschätzung von zu regulierender Gefahrenlage und Wirksamkeit verschiedener in Betracht kommender Regulierungsmittel autonom vornehmen darf, ohne an anderweitige Wertungen gebunden zu sein.[69]

> **Hinweis:** In bestimmten Ausnahmefällen kann ein Landesgesetzgeber im Rahmen seines Einschätzungsspielraums allerdings gehalten sein, sich mit den Erkenntnissen aus abweichenden Regulierungsansätzen anderer Länder auseinanderzusetzen, um eine belastbare Prognoseentscheidung zu treffen.[70]

Im Ergebnis ist damit von der Erforderlichkeit des Werkangehörigkeitserfordernisses auszugehen.

(3) Angemessenheit (Verhältnismäßigkeit i. e. S.)

Zuletzt müsste das in § 16 Abs. 2 S. 3 BHKG NRW geregelte Erfordernis der Werkzugehörigkeit von Werkfeuerwehrleuten auch angemessen, d. h. verhältnismäßig im engeren Sinne sein. Hier ist zu prüfen, ob die Nachteile, die den externen Anbietern durch den faktischen Ausschluss von der Erbringung entsprechender Dienstleistungen entstehen, möglicherweise außer Verhältnis zu dem verfolgten Zweck des Schutzes vor Brandgefahren stehen. Insoweit ist zunächst zu konstatieren, dass es hier um einen durchaus gravierenden Eingriff zulasten kommerzieller Anbieter geht, der dementsprechend durch gewichtige Aspekte des Gemeinwohls gerechtfertigt sein muss. Allerdings zielt die Regelung – wie gezeigt[71] – letztlich auf den Schutz von Leben und

---

[69] Vgl. *Kempny*, NVwZ 2014, 191; *Sachs/Jasper*, JuS 2016, 769 (771); s. auch *Kischel*, in: BeckOK GG, 43. Edition (Stand: 5/2020), Art. 3 Rn. 103.

[70] Vgl. dazu – im Zusammenhang mit der verfassungsrechtlichen Rechtfertigung von Sperrklauseln – *Dietlein/Riedel*, Zugangshürden im Kommunalwahlrecht, 2012, S. 33 m. w. N. aus der Rspr.

[71] Oben B. III. 2. b) aa).

Gesundheit und damit höchstwertiger Interessen. Wenn es um den Schutz höchstwertiger Güter geht, wird man selbst geringfügige, nach der verfassungsgemäßen Einschätzung des Gesetzgebers als gegeben zu unterstellende Sicherheitsvorteile für hinreichend erachten müssen, um ggf. wirtschaftlich stärker belastende Maßnahmen zu rechtfertigen. Mit Blick auf die Grundrechtsbeeinträchtigung externer Anbieter ist die Regelung damit verhältnismäßig im engeren Sinne.

(4) Zwischenergebnis

Das Werkzugehörigkeitserfordernis ist verhältnismäßig.

cc) Zwischenergebnis

§ 16 Abs. 2 S. 3 BHKG NRW ist folglich materiell verfassungsmäßig.

c) Zwischenergebnis

Das Eingriffsgesetz ist danach formell und materiell und somit insgesamt verfassungsgemäß.

3. Zwischenergebnis

Der Eingriff in die Berufsfreiheit ist damit gerechtfertigt.

IV. Zwischenergebnis

Eine Verletzung von Art. 4 Abs. 1 LV NRW i.V.m. Art. 12 Abs. 1 GG liegt damit nicht vor.

C. Ergebnis

Die Verfassungsbeschwerde ist unzulässig. Sie hätte auch in der Sache keinen Erfolg.

Weiterführender Klausurtipp:

Prüfungsmaßstab der Urteilsverfassungsbeschwerde

Der hier behandelte Fall der sog. Rechtssatzverfassungsbeschwerde unterscheidet sich grundlegend von dem Klausurentypus einer sog. Urteilsverfassungsbeschwerde, die sich gegen gerichtliche Entscheidungen – bei Verfassungsbeschwerden zum VerfGH NRW von Gerichten der Landes NRW – richtet. Bei derartigen Urteilsverfassungsbeschwerden ist darauf zu achten, dass es in der Begründetheitsprüfung allein auf die Verletzung „spezifischen Verfassungsrechts" ankommt, wohingegen die einfachgesetzliche Richtigkeit der zu prüfenden fachgerichtlichen Entscheidung nicht Gegenstand der verfassungsgerichtlichen Kontrolle ist – die Verfassungsgerichtsbarkeit ist keine „Superrevision". Hinsichtlich der Prüfung einer spezifischen Verfassungsrechtsverletzung hat das BVerfG eine umfangreiche Kasuistik entwickelt, deren Fokus vor allem auf der Frage liegt, ob eine verfassungswidrige Norm angewendet wurde oder ob das Fachgericht bei der Auslegung und Anwendung einfachrechtlicher Normen die Bedeutung und Reichweite der Grundrechte grundlegend verkannt hat. Vereinfachend werden der Urteilsverfassungsbeschwerde in der Klausurenpraxis oft die bekannten Prüfungsstufen der

Rechtssatzverfassungsbeschwerde zugrunde gelegt (wobei dann inzident auch die Verfassungsmäßigkeit des angewendeten Gesetzes zu prüfen ist). Dieses Vorgehen deckt sich im Ergebnis weitgehend mit der sog. „Schumann'schen Formel", derzufolge die Urteilsverfassungsbeschwerde begründet ist, „wenn der angefochtene Richterspruch eine Rechtsfolge annimmt, die der einfache Gesetzgeber nicht als Norm erlassen dürfte" (*Schumann*, Verfassungs- und Menschenrechtsbeschwerde gegen richterliche Entscheidungen, 1963, S. 207). Vorsicht erscheint allerdings bei der Urteilsverfassungsbeschwerde in Bezug auf zivilrechtliche Entscheidungen geboten. Hier bleibt zu beachten, dass den Grundrechten insoweit nur eine „mittelbare Drittwirkung" zukommt. Ein Übergleiten in eine klassisch abwehrrechtliche Prüfung ist insofern dogmatisch nicht zulässig; die Prüfung ist hier vielmehr darauf zu fokussieren, ob das Fachgericht den Schutzbereich eines Grundrechts grundsätzlich verkannt hat oder es im Rahmen der (durch das einfache Recht eröffneten) Abwägung einer Fehlgewichtung eines Grundrechts unterliegt. Für die Landesverfassungsbeschwerde ist ferner § 53 Abs. 2 VerfGHG NRW zu berücksichtigen, demzufolge die Verfassungsbeschwerde unzulässig ist, wenn die öffentliche Gewalt – im hiesigen Kontext also ein Gericht des Landes – „Bundesrecht ausführt oder anwendet, es sei denn, die Anwendung betrifft Prozessrecht des Bundes durch ein Gericht des Landes".

Fall 2: „Das Asia-Restaurant nebenan"

Behandelte Themen: Urteilsverfassungsbeschwerde zum VerfGH NRW – Ausführung/Anwendung von materiellem Bundesrecht durch öffentliche Gewalt des Landes – Eigentumsgrundrecht – Treu und Glauben als ungeschriebene Begrenzung von Eigentümerrechten im Nachbarverhältnis

Sachverhalt

In einer Siedlung in der nordrhein-westfälischen Stadt S, für die ein Bebauungsplan nicht besteht, ist E Eigentümer eines Grundstücks, das mit einem von ihm mit seiner Familie bewohnten Einfamilienhaus bebaut ist. Die nähere Umgebung entspricht einem allgemeinen Wohngebiet; Restaurants oder Gaststätten finden sich dort bislang nicht. An das Grundstück des E grenzt ein bislang unbebautes größeres Grundstück an.

Nunmehr beabsichtigt dessen Eigentümer N, auf diesem Nachbargrundstück ein zweistöckiges Haus zu errichten. Die ihm am 10. Februar 2019 von der Stadt S erteilte Baugenehmigung lässt im Erdgeschoss ein asiatisches Restaurant zu, für das 196 Gastplätze und ein täglicher Betrieb bis 24 Uhr vorgesehen sind, im oberen Stockwerk eine Wohnung für N und seine Familie. Weiterhin umfasst die Baugenehmigung die Anlage von Parkplätzen und die Errichtung einer 2,20 Meter hohen Sichtschutzmauer, die die Parkplätze zum Grundstück des E hin begrenzt.

Wenige Wochen später bemerkt E, der von der Bauordnungsbehörde keine Mitteilung über die N erteilte Baugenehmigung erhalten hat, dass auf dem Grundstück des N die Bauarbeiten begonnen haben. Einem dort angebrachten Schild entnimmt er, dass an dieser Stelle in Kürze ein asiatisches Restaurant entstehen soll; das gefällt ihm gar nicht, denn er befürchtet, dass dessen Gäste noch spät in der Nacht Lärm verursachen werden und die Küche Gerüche asiatischer Speisen emittieren wird. Zudem stellt er beim Blick auf die entstehende Parkplatzfläche fest, dass die diese begrenzende Sichtschutzmauer die bauordnungsrechtlich vorgeschriebene Abstandsfläche zu seinem Grundstück nicht einhält, wodurch E wegen der geringeren Belüftung und Belichtung sein Grundstück beeinträchtigt sieht.

Daher erhebt E im September 2019, kurz vor der Inbetriebnahme des Restaurants, vor dem zuständigen Verwaltungsgericht Klage gegen die dem N erteilte Baugenehmigung. In dem Verfahren wird zum einen darüber gestritten, ob durch das genehmigte Asia-Restaurant der aus § 34 BauGB folgende Gebietserhaltungsanspruch des E verletzt wird; E ist der Auffassung, dass das Asia-Restaurant insbesondere auf Grund seines speziellen Angebots und der Größe erkennbar darauf angelegt sei, dass es vor allem von gebietsfremden, mit Kraftfahrzeugen anfahrenden Gästen und nicht etwa in erheblichem Umfang von den Bewohnern des Quartiers frequentiert wird, weshalb es fehl am Platze sei. Zum andern wird über die Abstandsflächenfrage gestritten. Das Verwaltungsgericht stellt fest, dass die Baugenehmigung die Sichtschutzmauer unter Verletzung des Abstandsflächengebots zugelassen hat. Der im Verfahren beigeladene N weist allerdings – in der Sache zutreffend – darauf hin, dass auch E bei der Bebauung seines Grundstücks vor einigen Jahren die vorgeschriebene Abstandsfläche zu seinem Grundstück hin nicht beachtet hat; wer sich selbst so verhalte, könne vom Nachbarn schwerlich die Einhaltung des Abstandsgebots einfordern. E wiederum hält dem entgegen, dass die Bebauung seines Grundstücks durch eine bestandskräftige Baugenehmigung gedeckt sei.

Das Verwaltungsgericht weist die Klage des E zurück. Es kommt zu der Einschätzung, dass die geplante Gaststätte eine in dem Gebiet zulässige Nutzung darstelle. Die in der Baugenehmigung zugelassene Unterschreitung der Abstandsfläche müsse E, nachdem er sich selbst nicht an die Abstandsgebote gehalten habe, im Rahmen nachbarschaftlicher Rücksichtnahme nach Treu und Glauben hinnehmen. Die daraus folgende Beschränkung seines Eigentumsrechts zugunsten der Parkmöglichkeiten auf dem Grundstück des N sei, wie sich auch aus den § 6 BauO NRW zu entnehmenden Wertungen ablesen lasse, E auch zumutbar.

Die Beschwerde des E gegen die Nichtzulassung der Berufung durch das Verwaltungsgericht bleibt vor dem Oberverwaltungsgericht ohne Erfolg. Daraufhin erhebt E form- und fristgerecht eine gegen die Entscheidungen des Verwaltungsgerichts und des Oberverwaltungsgerichts gerichtete Verfassungsbeschwerde vor dem Verfassungsgerichtshof für das Land Nordrhein-Westfalen. Zur Begründung trägt er vor, die gerichtlichen Entscheidungen hätten Art. 4 Abs. 1 LV NRW i. V.m. Art. 14 Abs. 1 GG verletzt, indem sie einen Gebietserhaltungsanspruch aus § 34 BauGB abgelehnt und die Unterschreitung der Abstandsflächen gebilligt hätten; jenseits der gesetzlichen Vorgaben des § 6 BauO NRW gebe es keinen Raum mehr für ungeschriebene Inhalts- und Schrankenbestimmungen aus Treu und Glauben.

Hat die Verfassungsbeschwerde Aussicht auf Erfolg?

Gliederung

Lösungsvorschlag

Die Verfassungsbeschwerde des E hat Aussicht auf Erfolg, soweit sie zulässig und begründet ist.

A. Zulässigkeit

I. Zuständigkeit

Nach dem insoweit geltenden Enumerationsprinzip ist die Anrufung des VerfGH NRW nur in einer der statthaften Verfahrensarten zulässig. Die Zuständigkeit des VerfGH NRW für das hier einschlägige Verfahren der Individualverfassungseschwerde folgt aus Art. 75 Nr. 5a LV NRW, §§ 12 Nr. 9, 53 ff. VerfGHG NRW.

II. Beschwerde- und Prozessfähigkeit

Beschwerdefähig in diesem Verfahren ist nach Art. 75 Nr. 5a LV NRW, § 53 Abs. 1 VerfGHG NRW jedermann bzw. jeder. Darunter fallen alle Träger von landesverfassungsrechtlich garantierten Grundrechten. Als natürliche Person ist E Träger von Landesgrundrechten, insbesondere auch des hier in Rede stehenden landesverfassungsrechtlich garantierten Eigentumsgrundrechts (Art. 4 Abs. 1 LV NRW i. V. m. Art. 14 Abs. 1 GG) und somit beschwerdeberechtigt.

Anhaltspunkte dafür, dass E nicht prozessfähig wäre, gibt der Sachverhalt nicht.

III. Beschwerdegegenstand

Es müsste ein tauglicher Beschwerdegegenstand vorliegen.

1. Akt öffentlicher Gewalt des Landes

Nach Art. 75 Nr. 5a LV NRW, § 53 Abs. 1 VerfGHG NRW ist das jeder Akt der öffentlichen Gewalt des Landes. Öffentliche Gewalt in diesem Sinne ist „der Staat in seiner Einheit, repräsentiert durch irgendein Organ".[1] Damit umfasst der Begriff der öffentlichen Gewalt in Art. 75 Nr. 5a LV NRW als prozessuales Gegenstück zu Art. 4 Abs. 1 LV NRW i. V. m. Art. 1 Abs. 3 GG[2] die Legislative, Exekutive und Judikative.

Die von E angegriffene letztinstanzliche verwaltungsgerichtliche Entscheidung, gegen die er als Beschwerdeführer sich jedenfalls wenden muss, sowie das vorangegangene Urteil des Verwaltungsgerichts, das er darüber hinaus auch zum Gegenstand seiner Verfassungsbeschwerde machen kann,[3] sind somit als judikative Akte der öffentlichen Gewalt des Landes ein tauglicher Beschwerdegegenstand. Auch die zugrunde liegende Baugenehmigung hätte E in den Beschwerdegegenstand seiner Verfassungsbeschwerde einbeziehen können.

2. Einschränkung durch die Bundesrechtsklausel

Gemäß § 53 Abs. 2 VerfGHG NRW ist die Landesverfassungsbeschwerde jedoch nur zulässig gegen solche Akte der Landesstaatsgewalt, die nicht auf der Ausführung oder

---

[1] Vgl. BVerfGE 4, 27 (30), zum vergleichbaren § 90 Abs. 1 BVerfGG.

[2] So für Art. 93 Abs. 1 Nr. 4a GG im Verhältnis zu Art. 1 Abs. 3 GG etwa *Voßkuhle*, in: von Mangoldt/Klein/Starck, Grundgesetz, 8. Aufl. 2018, Art. 93 Rn. 164.

[3] Vgl. *Grünewald*, in: Walter/Grünewald, BeckOK BVerfGG (9. Edition, Stand: 1.1.2020), § 90 Rn. 54 f.

Anwendung von Bundesrecht beruhen, es sei denn, es handelt sich um Bundesprozess-recht (sog. Bundesrechtsklausel). Dieser einfachgesetzliche Ausschluss der landesver-fassungsgerichtlichen Kontrolle von Akten der Landesstaatsgewalt, denen materielles Bundesrecht zugrunde liegt, ist mit Blick auf den später eingefügten Art. 75 Nr. 5a LV NRW, der eine solche Einschränkung der Individualverfassungsbeschwerde weder vor-sieht noch ausdrücklich dazu ermächtigt, verfassungsrechtlich nicht unproblematisch;[4] der VerfGH NRW[5] und die vorherrschende Auffassung[6] sehen darin jedoch eine ver-fassungsrechtlich zulässige einfachgesetzliche Konkretisierung.

> **Vertiefung:** Die Bundesrechtsklausel knüpft an den Akt der Landesstaatsgewalt an und kann – wie hier – als Konkretisierung des tauglichen Beschwerdegegen-standes präsentiert werden. Der Sache nach geht es um eine Einschränkung der Überprüfungsbefugnis des Landesverfassungsgerichts im Hinblick auf Akte der Landesstaatsgewalt, die von § 53 Abs. 2 VerfGH NRW nicht nur als Einschränkung des Prüfungsmaßstabs im Rahmen der Begründetheit, sondern als Zulässigkeitsan-forderung ausgestaltet ist.
>
> Mit dieser Regelung wollte der verfassungsändernde Gesetzgeber dem Um-stand Rechnung tragen, dass verfassungsrechtlich nicht abschließend geklärt ist, inwieweit Landesverfassungsgerichte die Ausführung oder Anwendung von Bun-desrecht durch das Land am Maßstab des Landesverfassungsrechts überprüfen dür-fen. Die Ausnahme des § 53 Abs. 2 Hs. 2 VerfGHG NRW, die die Kontrolle der Anwendung des Prozessrechts des Bundes durch Gerichte des Landes am Maßstab der nach Art. 4 Abs. 1 LV NRW rezipierten Justizgrundrechte zulässt, beruht auf der Anerkennung dieser Überprüfungskompetenz durch das Bundesverfassungsge-richt.[7] Ob der Ausschluss der landesverfassungsgerichtlichen Kontrolle in Bezug auf materielles Bundesrecht verfassungsrechtlich zwingend ist, ist umstritten.

Die Bundesrechtsklausel könnte der Zulässigkeit der Verfassungsbeschwerde entge-genstehen, soweit E rügt, dass sein Grundrecht aus Art. 4 Abs. 1 LV NRW i. V. m. Art. 14 Abs. 1 GG durch die Verneinung des Gebietserhaltungsanspruchs aus § 34 BauGB verletzt worden sei. Bei § 34 BauGB handelt es sich um eine Norm des Bun-desrecht, die keine prozessualen, sondern materiell-rechtliche Vorgaben enthält. Inso-weit ist die Verfassungsbeschwerde daher unzulässig.

Soweit E die Verletzung des Art. 4 Abs. 1 LV NRW i. V. m. Art. 14 Abs. 1 GG rügt, liegt dem die Anwendung und Ausführung von § 6 BauO NRW und damit Landes-recht zugrunde. Der Zulässigkeit könnte aber entgegenstehen, dass das Verwaltungsge-richt und das Oberverwaltungsgericht zu seiner Auslegung und Anwendung den Grundsatz von Treu und Glauben herangezogen haben. Dabei handelt es sich um einen allgemeinen Rechtsgrundsatz des Verwaltungsrechts, der jedenfalls auch bundesrechtli-cher Natur ist. Jedoch ist er ausschließlich weder dem Bundes- noch dem Landesrecht zuzurechnen. Maßgeblich ist, ob er der Ergänzung des Bundes- oder Landesrechts dient. Da die Verwaltungsgerichte ihn hier zur Ergänzung des landesrechtlichen Ab-standsgebots nach § 6 BauO NRW herangezogen haben, ist er hier dem Landesrecht

---

[4] Für die Annahme von Verfassungswidrigkeit *Gmeiner*, NWVBl. 2019, 366 ff.
[5] Vgl. etwa VerfGH NRW, Beschl. v. 16.6.2020 – VerfGH 42/20.VB-2, Rn. 10 (juris).
[6] *Brandts*, NWVBl. 2020, 14 (17); *Heusch*, NWVBl. 2019, 177 (185).
[7] Vgl. LT-Drs. 17/2122, S. 25, unter Hinweis auf BVerfGE 96, 345 (372 ff.).

zuzurechnen.[8] Soweit E eine Verletzung des Eigentumsrechts durch die Anwendung des § 6 BauO NRW rügt, ist die Jurisdiktionsgewalt des VerfGH NRW somit nicht ausgeschlossen und die Verfassungsbeschwerde insoweit nicht unzulässig.

3. Zwischenergebnis

Die Verfassungsbeschwerde ist somit insoweit nach § 53 Abs. 2 VerfGHG NRW unzulässig, wie E eine Verletzung des Art. 4 Abs. 1 LV NRW i. V. m. Art. 14 Abs. 1 GG durch die fraglichen Akte der Landesstaatsgewalt durch unzutreffende Auslegung und Anwendung von § 34 BauGB rügt.

IV. Beschwerdebefugnis

Des Weiteren müsste E beschwerdebefugt sein. Das setzt nach Art. 75 Nr. 5a LV NRW, § 53 Abs. 1 VerfGHG NRW voraus, dass E geltend machen kann, durch den angegriffenen Akt öffentlicher Gewalt des Landes in einem seiner landesverfassungsrechtlich garantierten Grundrechte verletzt zu sein, und durch den fraglichen Hoheitsakt selbst, gegenwärtig und unmittelbar betroffen ist.

Die Verletzung in einem Grundrecht der Landesverfassung muss aufgrund des Vortrags des Beschwerdeführers möglich erscheinen.[9] E rügt eine Verletzung des Art. 4 Abs. 1 LV NRW i. V. m. Art. 14 Abs. 1 GG. Durch Art. 4 Abs. 1 LV NRW werden jedenfalls die in Art. 1 bis 19 GG normierten Grundrechte in die Landesverfassung inkorporiert;[10] davon ist auch das von E als verletzt gerügte Eigentumsgrundrecht aus Art. 14 Abs. 1 GG umfasst. E rügt die Verletzung des Eigentumsgrundrechts durch die (behördliche und) gerichtliche Zulassung der Unterschreitung des bauordnungsrechtlichen Abstandsgebots, d.h. des in § 6 BauO NRW vorgesehenen Mindestabstandes. Es ist nicht ausgeschlossen, dass er dadurch in seinem Eigentumsgrundrecht verletzt ist, da die Beeinträchtigung gesetzlich nicht vorgesehen ist. Eine Grundrechtsverletzung erscheint daher möglich.

E ist durch das gegen ihn gerichtete und rechtskräftige Urteil selbst, gegenwärtig und unmittelbar betroffen.

> **Klausurtipp:** Die eigene, gegenwärtige und unmittelbare Betroffenheit ist bei Urteilsverfassungsbeschwerden, die sich gegen an den Beschwerdeführer adressierte (behördliche und) gerichtliche Hoheitsakte richten, regelmäßig unproblematisch zu bejahen. Anders verhält es sich bei Rechtssatzverfassungsbeschwerden, wo vor allem die – praktisch allein hier relevante – Unmittelbarkeit, d.h. die Frage, ob die angegriffene Norm noch eines besonderen Vollziehungsaktes bedarf, häufig genauere Untersuchung erfordert.

V. Rechtswegerschöpfung und Grundsatz der Subsidiarität

E müsste den Rechtsweg erschöpft haben (§ 54 S. 1 VerfGHG NRW). Dafür muss E alle prozessualen Möglichkeiten ergreifen, um die Grundrechtsverletzung im fachge-

---

[8] VerfGH NRW, BauR 2020, 627 (629 f.).
[9] VerfGH NRW, NWVBl. 2019, 374 (375).
[10] VerfGH NRW, NWVBl. 2019, 374 (376).

richtlichen Verfahren zu verhindern.[11] Das OVG hat die Berufung gegen das verwaltungsgerichtliche Urteil nicht zugelassen. Nach § 152 Abs. 1 VwGO sind die Entscheidungen des OVG – mit den hier nicht einschlägigen Ausnahmen – unanfechtbar. Die Entscheidung über die Berufungszulassung durch das OVG kann demnach nicht mehr angefochten und keiner weiteren Überprüfung durch das BVerwG zugeführt werden.[12] Damit stehen E keine prozessualen Möglichkeiten mehr zur Verfügung, um die behauptete Grundrechtsverletzung im fachgerichtlichen Verfahren zu beseitigen. Er hat damit den Rechtsweg erschöpft.

Aus dem – dem Gebot der Rechtswegerschöpfung zugrunde liegenden, grundsätzlich aber auch darüber hinaus zu beachtenden – Grundsatz der Subsidiarität ergeben sich hier keine besonderen weiteren Anforderungen.

Klausurtipp: Der Grundsatz der Subsidiarität verlangt, dass der Beschwerdeführer über die Erschöpfung des Rechtswegs hinaus alle nach Lage der Sache zur Verfügung stehenden prozessualen Möglichkeiten ergreift, um die geltend gemachte Grundrechtsverletzung in dem unmittelbar mit ihr zusammenhängenden sachnächsten Verfahren vor Anrufung des BVerfG zu verhindern oder zu beseitigen.[13] Hieraus werden für die Zulässigkeit von Urteilsverfassungsbeschwerden gewisse, im Einzelnen nicht unumstrittene Anforderungen insbesondere an das Verhalten des Beschwerdeführers innerhalb des fachgerichtlichen Rechtswegs abgeleitet.[14] Größere Bedeutung noch erlangt der Grundsatz der Subsidiarität bei Rechtssatzverfassungsbeschwerden, soweit (nämlich bei formellen Gesetzen) kein Rechtsweg eröffnet ist.

VI. Subsidiarität gegenüber der Verfassungsbeschwerde zum BVerfG

Die in § 53 Abs. 1 Hs. 2 VerfGHG NRW angeordnete Subsidiarität gegenüber der Verfassungsbeschwerde zum BVerfG steht, da E ausschließlich vor dem VerfGH NRW Verfassungsbeschwerde erhoben hat und keine Verfassungsbeschwerde in derselben Sache beim BVerfG anhängig ist, der Zulässigkeit nicht entgegen.[15]

VII. Ordnungsgemäßer Antrag und Frist

E hat die Verfassungsbeschwerde form- (§§ 18 Abs. 1, 55 Abs. 4 VerfGHG NRW) und fristgerecht (§ 55 Abs. 1 S. 1 VerfGHG NRW) erhoben.

VIII. Allgemeines Rechtsschutzbedürfnis

Aufgrund der Beschwerdebefugnis und der Rechtswegerschöpfung ist das allgemeine Rechtsschutzbedürfnis indiziert.[16]

---

[11] VerfGH NRW, Beschl. v. 12.11.2019 - VerfGH 47/19.VB-3, Rn. 15 (juris).

[12] Vgl. BVerwG, Beschl. v. 19.9.2011 – 7 B 50/11, Rn. 6 (juris).

[13] BVerfGE 68, 384 (388 f.); 107, 395 (414); 114, 1 (32); VerfGH NRW, NVwZ-RR 2020, 329 (329 f.).

[14] Vgl. *Hellmann*, in: Barczak (Hrsg.) BVerfGG, 2018, § 90 Rn. 391 ff.

[15] Vgl. dazu VerfGH NRW, Beschl. v. 24.9.2019 – VerfGH 11/19.VB-1, Rn. 1 f. (juris); Beschl. v. 12.11.2019 – VerfGH 11/19.VB-1, Rn. 8 (juris).

[16] *Walter*, in: Maunz/Dürig, Grundgesetz, Stand: 84. Erg.-Lfg. 2018, Art. 93 Rn. 390.

IX. Zwischenergebnis

Die Verfassungsbeschwerde des E ist unzulässig, soweit er die Ablehnung eines Gebietserhaltungsanspruchs in Anwendung von § 34 BauGB rügt; im Übrigen, soweit eine Verletzung des Eigentumsgrundrechts durch eine Missachtung des bauordnungsrechtlichen Abstandsgebots geltend gemacht wird, ist sie zulässig.

B. Begründetheit

Soweit sie zulässig ist, ist die Verfassungsbeschwerde weiterhin begründet, wenn E durch die angegriffenen Akte der öffentlichen Gewalt des Landes in einem seiner durch die Landesverfassung gewährten Grundrechte verletzt ist. In Betracht kommt allein eine Verletzung in seinem Eigentumsgrundrecht, das gemäß Art. 4 Abs. 1 LV NRW i. V. m. Art. 14 Abs. 1 GG landesverfassungsrechtlich verbürgt ist. Die angegriffenen Gerichtsentscheidungen begründen einen verfassungsgerichtlich festzustellenden Verstoß gegen dieses Grundrecht jedoch nur dann, wenn ein spezifisch verfassungsrechtlicher Fehler vorliegt. Das setzt voraus, dass gerade die Grundrechte der Landesverfassung nicht beachtet wurden. Es genügt nicht, dass die Entscheidungen nach einfachem Recht fehlerhaft sind, denn die Auslegung des einfachen Rechts und seine Anwendung auf den einzelnen Fall sind Sache der dafür allgemein zuständigen Gerichte und der Nachprüfung durch den VerfGH NRW entzogen.[17]

> **Klausurtipp:** Einleitende Bemerkungen zu dem – auf spezifisch verfassungsrechtliche Fehler beschränkten – Prüfungsmaßstab, wie ihn der VerfGH NRW im Anschluss an das BVerfG zugrunde legt, sind bei Urteilsverfassungsbeschwerden angezeigt. Allerdings auch nur dort: Bei Rechtssatzverfassungsbeschwerden tritt das Erfordernis, bloß einfachrechtliche Fehler bei der Auslegung und Anwendung des einfachen Rechts für unbeachtlich zu erklären, nicht auf.

I. Schutzbereich des Eigentumsgrundrechts

Zunächst müsste der Schutzbereich des Art. 14 Abs. 1 GG eröffnet sein.

1. Personeller Schutzbereich

In personeller Hinsicht wirft der Schutzbereich, da es sich bei Art. 4 Abs. 1 LV NRW i. V. m. Art. 14 Abs. 1 GG um ein Jedermanns-Recht handelt, so dass E als natürliche Person sich ohne weiteres darauf berufen kann, kein Problem auf.

2. Sachlicher Schutzbereich

Weiterhin müsste auch der sachliche Schutzbereich eröffnet sein.

Dies setzt voraus, dass das Eigentum des E betroffen ist. Als Eigentum gelten alle vermögenswerten Rechte, die dem Berechtigten von der Rechtsordnung in der Weise

---

[17] Vgl. VerfGH NRW, Beschl. v. 14.1.2020 – VerfGH 44/19.BB-3, Rn. 17 (juris); Beschl. v. 31.3.2020 – VerfGH 14/20.VB-1, Rn. 6 (juris).

zugeordnet sind, dass er die damit verbundenen Befugnisse nach eigenverantwortlicher Entscheidung zu seinem privaten Nutzen ausüben darf.[18] Unter den Eigentumsbegriff i. S. v. Art. 4 Abs. 1 LV NRW i. V. m. Art. 14 Abs. 1 GG fallen danach jedenfalls alle durch das Zivilrecht einer Person zugeordneten Vermögenswerte.[19] Das Grundstück als Vermögenswert (vgl. § 925 BGB) ist E über § 903 S. 1 BGB zivilrechtlich zugeordnet. Sein Grundstück stellt somit Eigentum im Sinne des Landesgrundrechts dar.

Nach Art. 14 Abs. 1 S. 2 GG werden Inhalt und Schranken des Eigentums durch die Gesetze bestimmt. Wie das Bundesverfassungsgericht zu Art. 14 Abs. 1 GG ausgeführt hat, folgt daraus, dass sich erst aus einer Zusammenschau aller in einem bestimmten Zeitpunkt geltenden, die Eigentümerstellung regelnden gesetzlichen Vorschriften des Privat- wie auch des öffentlichen Rechts ergibt, welche Befugnisse einem Eigentümer zu diesem bestimmten Zeitpunkt konkret zustehen bzw. welche nicht zu seinem Eigentumsrecht gehören.[20] Die Reichweite der eigentumsgrundrechtlich erfassten Befugnisse des Grundeigentümers ergibt sich danach auch aus den einschlägigen öffentlich-rechtlichen, insbesondere auch baurechtlichen Vorschriften. Die bauordnungsrechtlichen Vorschriften über die einzuhaltenden Abstandsflächen, die sowohl dem Schutz des fraglichen Gebäudes selbst wie auch dem benachbarter Gebäude dienen, indem sie ausreichende Versorgung mit Luft und Tageslicht, Brandschutz und auch nötige Bewegungsfreiheit sowie einen ausreichenden, erdrückende oder beengende Wirkungen von Gebäuden ausschließenden Sozialabstand sichern,[21] wird man danach zu den eigentumskonkretisierenden Regelungen zu zählen haben. Der Anspruch auf Einhaltung der gesetzlichen Abstandsgebote ist danach von der Eigentumsgarantie des Grundeigentümers mitumfasst.

Der sachliche Schutzbereich ist folglich eröffnet.

II. Eingriff

In das eigentumsgrundrechtlich geschützte Eigentum des E könnte hier durch die angegriffenen verwaltungsgerichtlichen Entscheidungen eingegriffen worden sein. Indem sie die Baugenehmigung für die Sichtschutzmauer, die nach der gesetzlichen Regelung des § 6 Abs. 1 S. 2 Nr. 1 BauO NRW unzulässig wäre,[22] gebilligt haben, haben sie die Eigentümerbefugnisse des E, die – wie gerade gesehen – den Anspruch auf Einhaltung der Abstandsgebote einschließen, verkürzt. Ein Eingriff in die Eigentumsfreiheit des E aus Art. 4 Abs. 1 i. V. m. Art. 14 Abs. 1 S. 1 GG liegt somit vor.

Klausurtipp: Die Lösungshinweise folgen dem heute wohl vorherrschenden dreistufigen Aufbau der Prüfung von grundrechtlichen Freiheitsrechten, der (1.) die Eröffnung des Schutzbereichs, (2.) den Eingriff und (3.) die verfassungsrechtliche Rechtfertigung untersucht. Bei der Wahl dieses Prüfungsaufbaus sollte man darauf achten, allzu große, unnötige Wiederholungen bei der Behandlung des Schutzbereichs einerseits, des Eingriffs andererseits – wie sie in Klausuren nicht selten vorkommen, wenn dieselben Aspekte der Freiheitsverkürzung mal aus Schutzbereichs-, mal aus Eingriffsperspektive dargestellt werden – zu vermeiden.

---

[18] BVerfGE 83, 201 (208 f.); 89, 1 (6); 97, 350 (371).
[19] Vgl. BVerfGE 1, 264 (278); 70, 191 (199); 98, 17 (35), zum Bundesgrundrecht.
[20] BVerfGE 58, 300 (336).
[21] OVG NRW, BauR 2004, 314 (314 f.).
[22] Vgl. OVG NRW, BauR 1990, 341 (342).

Alternativ ist auch ein zweistufiger Prüfungsaufbau angängig, der (1.) nach dem Eingriff in den Schutzbereich und (2.) nach dessen verfassungsrechtlicher Rechtfertigung untergliedert. Dieser erscheint systematisch sogar insofern stimmiger, als er auf einer ersten Ebene zunächst fragt, ob der fragliche Hoheitsakt, der Beschwerdegegenstand, als Eingriff in das Freiheitsrecht vor diesem verfassungsrechtlich rechtfertigungsbedürftig ist, und dann ggf. auf einer zweiten Ebene eben diese verfassungsrechtliche Rechtfertigung untersucht.

III. Verfassungsrechtliche Rechtfertigung

Damit stellt sich die Frage, ob dieser gerichtliche Eingriff in das Eigentumsgrundrecht des E verfassungsrechtlich gerechtfertigt ist. Da es sich schon wegen einer fehlenden Eigentumsentziehung nicht um eine Enteignung i. S. v. Art. 4 Abs. 1 LV NRW i. V. m. Art. 14 Abs. 3 GG handelt, ist insoweit Art. 4 Abs. 1 LV NRW i. V. m. Art. 14 Abs. 1 S. 2 GG maßgeblich. Die mit dem Eingriff vorgenommene Inhalts- und Schrankenbestimmung muss dem Grundsatz der Verhältnismäßigkeit genügen, der bei Art. 14 GG jedoch wegen der sog. Sozialbindung des Eigentums (Art. 14 Abs. 2 GG) von besonderer Struktur ist.[23] Nach der Rechtsprechung des Bundesverfassungsgerichts müssen Inhalts- und Schrankenbestimmungen sowohl der grundgesetzlichen Anerkennung des Privateigentums durch Art. 14 Abs. 1 S. 1 GG als auch der Sozialpflichtigkeit des Eigentums (Art. 14 Abs. 2 GG) Rechnung tragen; dabei sind die schutzwürdigen Interessen der Beteiligten in einen gerechten Ausgleich und in ein ausgewogenes Verhältnis zu bringen.

Klausurtipp: An dieser Stelle der gutachtlichen Prüfung wird die – häufig, obwohl dort gutachtlich streng genommen noch nicht relevant, auch schon beim Eingriff thematisierte – Frage bedeutsam, ob der Eigentumseingriff eine Enteignung oder einen sonstigen Eigentumseingriff, namentlich eine Inhalts- und Schrankenbestimmung nach Art. 4 Abs. 1 LV NRW i. V. m. Art. 14 Abs. 1 S. 2 GG darstellt; denn für die Enteignung gelten spezielle, aus Art. 4 Abs. 1 LV NRW i. V. m. Art. 14 Abs. 3 GG folgende Rechtfertigungsanforderungen. Eine nähere Erörterung erübrigt sich hier, da eine Enteignung offenkundig nicht vorliegt.

Vertiefung: Eine Enteignung ist die durch Rechtsakt erfolgende, zielgerichtete (zumindest teilweise) Entziehung einer grundrechtlich geschützten Eigentumsposition unter Übertragung des Eigentums auf einen anderen, die auf die Erfüllung öffentlicher Aufgaben gerichtet ist.[24] Die Frage, ob die Enteignung notwendig ein Güterbeschaffungsakt ist, also begrifflich die Übertragung des Eigentums auf einen anderen erfordert, war lange umstritten und auch in der Rechtsprechung des BVerfG ungeklärt; das BVerfG hat diese Frage jüngst mit ausführlicher und überzeugender Begründung bejaht.[25] Es ist zu beachten: Begrifflich setzt die Enteignung voraus, dass die Eigentumsentziehung und -übertragung durch Gemeinwohlgründe motiviert ist; ob hinreichende rechtfertigende Gründe des Wohls der Allgemeinheit vorliegen, ist eine Frage der Rechtsfertigung der Enteignung.

---

[23] *Kingreen / Poscher*, Grundrechte – Staatsrecht II, 35. Aufl. 2019, Rn. 1079.
[24] BVerfGE 143, 246 (333).
[25] BVerfGE 143, 246 (333 ff.).

1. Verhältnismäßigkeit der gesetzlichen Abstandsflächenregelung

Die verfassungsrechtliche Rechtfertigung der gesetzlichen Abstandsflächenregelung in § 6 BauO NRW bedarf hier keiner näheren Erörterung. Sie sichert die ausreichende Belüftung und Belichtung der Grundstücke[26] und bringt dieses Eigentümerinteresse in einen Ausgleich mit dem Interesse an der baulichen Nutzbarkeit der Grundstücke, dessen Ausgeglichenheit vorliegend nicht in Frage gestellt wird und auch nicht fraglich erscheint.

2. Zulässigkeit der Beschränkung von Eigentümerrechten durch den Grundsatz von Treu und Glauben

Fraglich ist aber, ob die Ausübung des Anspruchs auf Einhaltung der gesetzlich vorgeschriebenen Abstandsflächen – wie die Verwaltungsgerichte in ihren angegriffenen Entscheidungen angenommen haben – durch den Grundsatz von Treu und Glauben ausgeschlossen sein kann.[27]

a) Geltung des Grundsatzes im öffentlichen Baurecht

Die Geltung des Grundsatzes von Treu und Glauben ist zwar hinsichtlich der Grundlage, die teils in einem übergeordneten Rechtsprinzip, teils in Art. 20 Abs. 3 GG gesehen wird,[28] umstritten; jedoch besteht Einigkeit, dass er in der gesamten Rechtsordnung und damit auch im Öffentlichen Recht[29] Anwendung findet und weder mit dem Verfassungsrecht noch mit den einfachen Gesetzen unvereinbar ist. Als allgemeiner Rechtsgrundsatz kann er der Ausübung eines Rechts entgegenstehen, wenn ein Anspruch materiell-rechtlich zwar entstanden ist und der Inhalt des Rechtes auch der Ausübung entspricht, der scheinbar Berechtigte sich aber auf ein Recht stützt, das ihm in Wirklichkeit so nicht mehr zusteht, weil es inzwischen voll oder zeitweise erloschen oder inhaltlich völlig entwertet ist.[30] Dadurch schützt der Grundsatz, dass auf die berechtigten Interessen des anderen Teils in billiger Weise Rücksicht genommen wird.[31] Der Grundsatz von Treu und Glauben gilt daher auch als eine verfassungsrechtlich unbedenkliche Inhalts- und Schrankenbestimmung im Sinne von Art. 14 Abs. 1 S. 2 GG; hier wird dieser Grundsatz in der Weise konkretisiert, dass eine Einschränkung von Eigentumsbefugnissen im nachbarlichen Gemeinschaftsverhältnis in begrenzten Ausnahmefällen auch über die gesetzlich ausdrücklich geregelten Fälle hinaus erfolgen und insoweit die Ausübung eines an sich bestehenden Rechts unzulässig sein kann.[32]

b) Anwendung des Grundsatzes

Die Anwendung des Grundsatzes von Treu und Glauben im konkreten Einzelfall dürfte schließlich nicht unvereinbar sein mit Inhalt und Tragweite des E nach Art. 14 Abs. 1 S. 1 GG zustehenden grundrechtlichen Eigentumsschutzes.

---

[26] *Kockler*, in: BeckOK BauR NRW, Stand: 4. Ed. 2020, § 6 Rn. 1.

[27] OVG NRW, BauR 2004, 62 (64).

[28] Zum Streitstand: *Looschelders/Olzen*, in: Staudinger, BGB, Neubearbeitung 2019, § 242 Rn. 1141.

[29] BVerwGE 3, 199 (202); 111, 162 (172); BVerwG, NVwZ-RR 2003, 874 (875); speziell zum Baurecht: *Looschelders/Olzen*, in: Staudinger, BGB, Neubearbeitung 2019, § 242 Rn. 1148.

[30] OVG NRW, BauR 2004, 62 (64).

[31] Vgl. zu § 242 BGB: *Mansel*, in: Jauernig, BGB, 17. Aufl. 2018, § 242 Rn. 3; s. auch: BGHZ 94, 344 (351 f.).

[32] BVerfG, Beschl. v. 10.11.1988 – 1 BvR 1215/88, Rn. 2 (juris); VerfGH NRW, BauR 2020, 627 (630).

Für die Zulässigkeit des Rückgriffs auf den Grundsatz von Treu und Glauben spricht zunächst, dass E seinerseits die gebotene Abstandsfläche nicht eingehalten hat. Damit hat auch er die Verschlechterung von Belüftung und Belichtung des Grundstücks zu vertreten. Selbst wenn die N zur Unterschreitung des Abstandsgebots ermächtigende Baugenehmigung aufgehoben würde, könnte der gesetzlich gewollte Abstand zwischen den Gebäuden bzw. Anlagen auf den Grundstücken von E und N wegen des von E zu verantwortenden Verstoßes gegen die Abstandsgebote nicht mehr hergestellt werden. Die Berufung auf das Abstandsgebot erscheint danach im nachbarlichen Verhältnis treuwidrig.

Fraglich ist, ob – wie von E geltend gemacht – die bestandskräftige Genehmigung des Gebäudes auf seinem Grundstück der Anwendung des Grundsatzes von Treu und Glauben im nachbarlichen Gemeinschaftsverhältnis entgegensteht. Die hierdurch erfolgte formelle Legalisierung vermittelt jedoch nur Bestandsschutz gegenüber der Baubehörde, während es im Nachbarverhältnis allein auf die materiellrechtliche Lage ankommt; die Baugenehmigung ändert insoweit nichts an der faktischen Nichteinhaltung der gesetzlichen Abstandsfläche gegenüber dem Nachbarn.[33]

Schließlich dürfte die Belastung, die für E aus der Anwendung des Grundsatzes von Treu und Glauben folgt, im Lichte von Art. 14 Abs. 1 S. 1 GG nicht unangemessen sein. Hierfür kann auf § 6 Abs. 8 Nr. 1 BauO NRW hingewiesen werden, wonach Garagen abstandsflächenprivilegiert sind. Diese bauordnungsrechtliche Ausnahme ist als eine verhältnismäßige Einschränkung des Eigentumsrechts anerkannt, weil sie dem legitimen Zweck dient, die bessere Ausnutzung des nicht beliebig vermehrbaren Baugrunds zu fördern und parkende Kraftfahrzeuge im Interesse des fließenden Verkehrs von den öffentlichen Verkehrsflächen fernzuhalten.[34] Hätte N nicht Parkplätze mit einer umgebenden Mauer, sondern Garagen errichten wollen, wäre sein Vorhaben danach privilegiert gewesen. Die Wertung des § 6 Abs. 8 Nr. 1 BauO NRW kann daher auf den vorliegenden Fall übertragen werden. E die Berufung auf die Abstandsflächenregelung gegenüber dem Vorhaben des N zu versagen, ist danach nicht unangemessen.

IV. Zwischenergebnis

Die angegriffenen verwaltungsgerichtlichen Entscheidungen stellen zwar, indem sie N die Errichtung einer Sichtschutzmauer unter Unterschreitung der gesetzlichen Abstandsflächenregelung gestatten, einen Eingriff in das Eigentumsgrundrecht des E dar. Dieser Eingriff ist jedoch verfassungsrechtlich gerechtfertigt.

Die Verfassungsbeschwerde ist insoweit unbegründet.

C. Ergebnis

Die Verfassungsbeschwerde ist unzulässig, soweit E die Verletzung des Art. 4 Abs. 1 LV NRW i. V. m. Art. 14 Abs. 1 S. 1 GG durch die Ablehnung eines Gebietserhaltungsanspruchs aus § 34 BauGB rügt. Im Übrigen, soweit sie eine Grundrechtsverletzung wegen Missachtung der gesetzlichen Abstandsflächenregelung rügt, ist sie zwar zulässig, aber unbegründet. Die Verfassungsbeschwerde des E hat demnach insgesamt keine Aussicht auf Erfolg.

---

[33] VerfGH NRW, BauR 2020, 627 (630).
[34] BayVerfGHE 62, 235 Rn. 51 = NVwZ 2010, 580 (581).

Weiterführende Klausurentipps: Die vorliegende Klausur thematisiert als ein zentrales Problem die Reichweite landesverfassungsgerichtlicher Kontrolle mit Blick auf die Anwendung von Bundesrecht. Ein weitere, ebenfalls fallgeeignete Facette dieses Problems wirft die Frage auf, ob ein Landesverfassungsgericht die Entscheidung eines Gerichts des Landes am Maßstab der Landesgrundrechte überprüfen darf, soweit diese durch ein Bundesgericht in der Sache bestätigt oder nach Zurückweisung unter Bindung an die Maßstäbe einer bundesgerichtlichen Entscheidung ergangen ist. Das Bundesverfassungsgericht sieht in solchen Konstellationen die Landesverfassungsbeschwerde ausgeschlossen, weil die behauptete Rechtsverletzung hier aus der Ausübung öffentlicher Gewalt des Bundes, nicht des Landes folge.[35]

---

[35] Vgl. BVerfGE 96, 345 (371); nach *Brandts*, NWVBl. 2020, 14 (15 f.), liegt hierzu bislang noch keine Äußerung des VerfGH NRW vor.

Fall 3: „Videoüberwachung"

Behandelte Themen: Normenkontrollantrag – Landesverfassungsgerichtliche Kontrolle von Gesetzgebungskompetenzen nach dem Grundgesetz – Abgrenzung präventiv/repressiv bei Videoüberwachung – Vereinbarkeit von Videoüberwachung mit Art. 4 Abs. 2 LV NRW

Sachverhalt

Die P-Fraktion ist seit der letzten Landtagswahl mit einer Stärke von gut 25 Prozent der Gesamtsitze im nordrhein-westfälischen Landtag vertreten. Selbsterklärtes Hauptanliegen der die Fraktion tragenden P-Partei ist die Stärkung der Bürgerrechte; insbesondere kämpft sie gegen die – ihrer Ansicht nach zwischenzeitlich übermäßig gewordene – staatliche Überwachung der Bürgerinnen und Bürger.

Als eine Ausprägung dieser staatlichen Überwachung sieht die Fraktion die Regelung des § 15a PolG NRW an, wonach die Polizei öffentliche Orte und Plätze unter dort näher geregelten Voraussetzungen mit Videokameras überwachen und die Bilder aufzeichnen darf. Nachdem die Vorschrift Ende 2018 novelliert worden ist, möchte die P-Fraktion sie vom Verfassungsgerichtshof für das Land Nordrhein-Westfalen (VerfGH NRW) überprüfen lassen. Hierzu sichert sie sich die Unterstützung der G-Fraktion, die schon seit mehreren Legislaturperioden durchgängig und auch jetzt mit rund 10 Prozent der Sitze im Landtag vertreten ist; sie hatte schon gegen die lange Jahre zurückliegende Aufnahme der Ursprungsfassung des § 15a PolG gestimmt und war stets von der Verfassungswidrigkeit der Norm überzeugt.

Nun stellen die Abgeordneten beider Fraktionen zusammen einen Antrag beim VerfGH NRW, mit dem sie die Verfassungswidrigkeit und Nichtigkeit des § 15a PolG NRW feststellen lassen möchten. Zur Begründung führen sie aus, dass die Norm schon aus formellen Gründen keinen Bestand haben könne: Sie diene ihrem Wortlaut nach der vorbeugenden Bekämpfung von Straftaten und damit nicht der Gefahrenabwehr, sondern dem Strafverfahren; daher unterfalle eine solche Regelung der Gesetzgebungskompetenz des Bundes, der von dieser durch den Erlass der StPO abschließend Gebrauch gemacht habe, was sich insbesondere aus § 6 EGStPO ergebe. Materiellrechtlich verstoße die Ermächtigung zu Videoaufnahmen und -aufzeichnungen in § 15a Abs. 1 S. 1, Abs. 2 PolG NRW außerdem gegen den grundrechtlichen Datenschutz, da durch die Videoüberwachung jeder Bürger, unabhängig davon, ob er sich etwas zu Schulden habe kommen lassen oder nicht, aufgezeichnet werde. Dies sei rechtsstaatlich gesehen nicht in Ordnung. Jedenfalls solange von einem Bürger keine Gefahr ausgehe, müsse dieser sich im gesamten öffentlichen Raum bewegen können, ohne Grundrechtseingriffe durch Videoaufnahmen fürchten zu müssen.

Die Landesregierung und die Mehrheit des Landtages treten dem Antrag entgegen: Dieser sei schon wegen des großen zeitlichen Abstands zur erstmaligen Aufnahme bzw. zur letzten Novellierung des § 15a PolG NRW nicht zulässig; es könne schon aus Gründen der Rechtssicherheit nicht sein, dass ein Gesetz auch noch Jahre nach seinem Inkrafttreten für verfassungswidrig erklärt werde. Weiterhin überzeugten die Ausführungen zur formellen Verfassungsmäßigkeit nicht: Der VerfGH NRW sei nicht zur Prüfung der grundgesetzlichen Gesetzgebungskompetenzen befugt, da diese kein Teil des Landesverfassungsrechts seien; nur weil die Landesverfassung das Land als einen Teil des

Gesamtstaates beschreibe, könne man daraus nicht schließen, dass die Landesverfassung die Bundesverfassung als einen ungeschriebenen Bestandteil in sich aufnehme. Schließlich sei es für den deutschen Bundesstaat kennzeichnend, dass die Länder aus sich heraus Eigenstaatlichkeit besitzen und diese nicht vom Bundesstaat ableiten; das offenbare sich nicht zuletzt in ihren Verfassungen, die sie – abgesehen von den Vorgaben des Art. 28 Abs. 1 GG – unabhängig vom Bund ausgestalten könnten. Schließlich sei § 15a PolG NRW auch mit dem grundrechtlichen Datenschutz vereinbar.

Erstatten Sie ein Gutachten zu den Erfolgsaussichten des Antrags der P- und der G-Fraktion, das alle aufgeworfenen Rechtsfragen – erforderlichenfalls hilfsgutachtlich – erörtert!

Gliederung

A. Zulässigkeit
    I. Zuständigkeit des VerfGH NRW
    II. Antragsberechtigung
    III. Antragsgegenstand
    IV. Antragsbefugnis
    V. Frist
    VI. Form
    VII. Ergebnis
B. Begründetheit
    I. Formelle Verfassungsmäßigkeit
       1. Verstoß gegen die Landesverfassung wegen mangelnder Gesetzgebungskompetenz?
         a) Prüfungskompetenz des VerfGH
           aa) Art. 70 ff. GG als Bestandteil der Landesverfassung
           bb) Landesverfassungsrechtliche Inkorporation der Art. 70 ff. GG
         b) Gesetzgebungskompetenz für die Videoüberwachung
       2. Gesetzgebungsverfahren
    II. Materielle Verfassungsmäßigkeit
       1. Vereinbarkeit mit Art. 4 Abs. 2 LV NRW
         a) Eingriff in den Schutzbereich
         b) Verfassungsrechtliche Rechtfertigung
           aa) Bestimmtheitsgebot
           bb) Verhältnismäßigkeit
       2. Vereinbarkeit mit dem Recht auf informationelle Selbstbestimmung
C. Endergebnis

Lösungsvorschlag

Der gemeinsame Antrag der Abgeordneten der P- und der G-Fraktion hat Aussicht auf Erfolg, soweit er zulässig und begründet ist.

A. Zulässigkeit

I. Zuständigkeit des VerfGH NRW

Bei dem von den Abgeordneten der Fraktionen angestrebten Verfahren könnte es sich um eine abstrakte Normenkontrolle handeln, für die der VerfGH NRW gemäß Art. 75 Nr. 3 LV NRW, §§ 12 Nr. 6, 47 ff. VerfGHG NRW zuständig ist.

II. Antragsberechtigung

Antragsberechtigt sind gemäß Art. 75 Nr. 3 LV NRW die Landesregierung oder ein Drittel der Mitglieder des Landtages. Damit sind einzelne Fraktionen selbst nicht erfasst, also auch nicht die P- und die G-Fraktion. Antragsberechtigt könnten jedoch die einzelnen Abgeordneten beider Fraktionen sein, wenn sie zusammen ein Drittel der Mitglieder des Landtages stellen. Da die beiden Fraktionen zusammen 35 Prozent der Mitglieder des Landtages stellen, sind die einzelnen Abgeordneten der beiden Fraktionen daher antragsberechtigt.

III. Antragsgegenstand

Antragsgegenstand kann nach Art. 75 Nr. 3 LV NRW lediglich Landesrecht sein. Bei § 15a PolG NRW handelt es sich um ein formelles Landesgesetz und damit um einen tauglichen Antragsgegenstand.

IV. Antragsbefugnis

Die Antragsbefugnis setzt nach § 47 lit. a VerfGHG NRW voraus, dass der Antragsteller die zu überprüfende Norm wegen ihrer Unvereinbarkeit mit der Landesverfassung für nichtig hält. Dies ist hier laut Sachverhalt der Fall. Daher kann dahinstehen, ob auch bloße Zweifel an der Vereinbarkeit einer Norm mit der Landesverfassung ausreichen würden, wie es Art. 75 Nr. 3 LV NRW vorsieht.[1]

V. Frist

Für das Verfahren der abstrakten Normenkontrolle ist eine Antragsfrist nicht vorgesehen. Die von der Landesregierung erhobenen Bedenken greifen daher insofern nicht durch.

Allenfalls denkbar wäre eine Verwirkung des Antragsrechts.[2] Für deren Vorliegen sind hier aber keine Anhaltspunkte gegeben, zumal die Abgeordneten der P-Fraktion gerade erstmalig im Landtag eingezogen sind und die G-Fraktion bisher nie die für eine Antragstellung im Verfahren der abstrakten Normenkontrolle erforderliche Anzahl an Abgeordneten gestellt hat.

Klausurtipp: Ebenso gut vertretbar wäre auch, eine etwaige Verwirkung unter dem – dann zu besonders auszuweisenden – Punkt des Rechtsschutzbedürfnisses zu thematisieren.

---

[1] Zu dem parallelen Problem bzgl. Art. 93 Abs. 1 Nr. 2 GG, § 76 Abs. 1 Nr. 1 BVerfGG vgl. *Schlaich/Korioth*, Das Bundesverfassungsgericht, 11. Aufl. 2018, Rn. 130.
[2] *Pestalozza*, Verfassungsprozeßrecht, 3. Aufl. 1991, § 8 Rn. 14.

VI. Form

Von einem die Vorgaben des § 18 Abs. 1 VerfGHG NRW einhaltenden Antrag, der schriftlich gestellt und begründet ist und die entsprechenden Beweismittel angibt, ist auszugehen.

VII. Ergebnis

Damit ist der Antrag der Mitglieder der P- und G-Fraktion als Normenkontrollantrag vor dem VerfGH NRW zulässig.

B. Begründetheit

Der Antrag ist begründet, soweit § 15a PolG NRW mit der Verfassung des Landes Nordrhein-Westfalen förmlich oder sachlich unvereinbar ist. Der anzuwendende Prüfungsmaßstab ist allein die Landesverfassung (Art. 75 Nr. 3 LV NRW, § 49 S. 1 VerfGHG NRW).

I. Formelle Verfassungsmäßigkeit

1. Verstoß gegen die Landesverfassung wegen mangelnder Gesetzgebungskompetenz?

Fraglich ist zunächst, ob § 15a PolG NRW wegen mangelnder Gesetzgebungskompetenz des Landes gegen die Landesverfassung verstößt. Die Landesverfassung selbst enthält jedoch keine Regelung darüber, ob für bestimmte Materien eine Landesgesetzgebungskompetenz besteht oder nicht besteht. Eine solche Regelung findet sich allein in Art. 70 ff. GG. Ein vom VerfGH NRW festzustellender Verstoß könnte sich allenfalls daraus ergeben, dass der Landesgesetzgeber die in Art. 70 ff. GG vorgenommene Aufteilung der Gesetzgebungszuständigkeiten zwischen Bund und Ländern nicht beachtet hat.

a) Prüfungskompetenz des VerfGH

Hierfür wäre jedoch zunächst erforderlich, dass der VerfGH NRW überhaupt befugt ist, die Einhaltung von Normen des Grundgesetzes, insbesondere der Art. 70 ff. GG durch den Landesgesetzgeber zu überprüfen. Da nach Art. 75 Nr. 3 LV NRW, § 49 S. 1 VerfGHG NRW als Maßstab der landesverfassungsgerichtlichen Überprüfung allein Landesverfassungsrecht herangezogen werden darf, genügt dafür nicht, dass der Landesgesetzgeber – was selbstverständlich der Fall ist – die Art. 70 ff. GG als bundesverfassungsrechtliche Vorgabe zu beachten hat. Vielmehr ist erforderlich, dass die Regelungen der Art. 70 ff. GG zugleich als landesverfassungsrechtliche Normen anzusehen sind.

aa) Art. 70 ff. GG als Bestandteil der Landesverfassung

Das Bundesverfassungsgericht hat in einer frühen Entscheidung angenommen, dass die Verfassungen der Bundesländer nicht allein in den (Landes-)Verfassungsurkunden enthalten seien, sondern dass auch Bestimmungen der Bundesverfassung in sie hineinwirkten und Bestandteil auch der Landesverfassung seien; erst beide Elemente zusammen machten die Verfassung eines Gliedstaates aus (sog. „Bestandteilstheorie“).[3] Dafür könnte u. a. auch die Vorschrift des Art. 100 Abs. 3 GG sprechen, die geradezu voraussetzt, dass die Auslegung des Grundgesetzes auch Gegenstand der landesverfassungsgerichtlichen Prüfung sein kann.[4] In der Folge sind etwa Art. 5 Abs. 1 S. 2 GG und Art. 21 GG als solche Bestandteilsnormen anerkannt worden.[5]

Die Konstruktion solcher Bestandteilsnormen steht jedoch mit der grundsätzlichen Annahme in Konflikt, dass im Bundesstaat des Grundgesetzes Bund und Länder jeweils Eigenstaatlichkeit genießen und ihre Verfassungsräume grundsätzlich selbständig nebeneinander stehen.[6] Auch den Ländern kommt grundsätzlich Verfassungsautonomie zu; sie können – in dem von Art. 28 Abs. 1 GG vorgegebenen Rahmen – ihr Verfassungsrecht nach eigenem Ermessen ausgestalten.[7] Dass Art. 28 Abs. 1 GG diese Autonomie durch Homogenitätsvorgaben einschränkt, bekräftigt eher den Einwand gegen die Bestandteilstheorie; denn Art. 28 Abs. 1 GG wird allgemein als eine sog. Normativbestimmung verstanden, die den Ländern normative Vorgaben für ihre Verfassungs- und Rechtsordnung macht und insofern für die Länder, aber gerade nicht in den Ländern wirkt, so dass die dort genannten Grundsätze kein unmittelbares Landes(verfassungs)recht sind.[8]

bb) Landesverfassungsrechtliche Inkorporation der Art. 70 ff. GG

Die grundgesetzlichen Bestimmungen zur Verteilung der Gesetzgebungskompetenzen in den Art. 70 ff. GG können deshalb nur dann zu einem Bestandteil der Landesverfassungen geworden sein, wenn die Landesverfassung selbst sie inkorporiert hat. Eine landesverfassungsrechtliche Rezeptionsnorm, die die Art. 70 ff. GG ausdrücklich in die Landesverfassung aufnähme, findet sich jedoch nicht. Als eine solche Öffnungsklausel kommt allein Art. 1 Abs. 1 S. 1 LV NRW, der Nordrhein-Westfalen als einen Gliedstaat der Bundesrepublik definiert, in Betracht.

Einzelne Landesverfassungsgerichte[9] und auch das Bundesverfassungsgericht in einer frühen Entscheidung[10] haben angenommen, dass solche landesverfassungsrechtlichen Gliedstaatsklauseln eine hinreichende Grundlage für die Annahme einer Inkorporation der grundgesetzlichen Gesetzgebungskompetenzverteilungsregelungen abgeben. Auch der VerfGH NRW hat diese Regelungen, gestützt auf Art. 1 Abs. 1 S. 1 LV NRW, zu einem Teil des materiellen Landesverfassungsrechts erklärt.[11] Zur Begründung wird darauf verwiesen, dass nur so sichergestellt sei, dass die Gesetzgebungsbefugnisse eines Landes mit dessen Grundstruktur als Land der Bundesrepublik Deutschland in Einklang stehen.[12] Die Gesetzgebungskompetenzen seien wesensnotwendig mitzudenken-

---

[3] BVerfGE 1, 208 (232); krit. hierzu *Dietlein* in: Bertrams (Hrsg.), Verfassungsgerichtsbarkeit in Nordrhein-Westfalen. Festschrift zum 50-jährigen Bestehen des Verfassungsgerichtshofs für das Land Nordrhein-Westfalen, 2002, S. 203 (S. 216 f.).

[4] BVerfGE 1, 208 (232).

[5] Vgl. BVerfGE 1, 208 (227); 13, 54 (79 f.); 85, 353 (359).

[6] Vgl. BVerfGE 6, 376 (381 f.); 36, 342 (361); 60, 175 (209).

[7] Vgl. BVerfGE 4, 178 (189); 9, 268 (279); 60, 175 (209); 64, 301 (317); BVerfG, DVBl. 2008, 236 (238).

[8] *Hellermann*, in: BeckOK-GG 42. Ed. (Stand: Dezember 2019), Art. 28 Rn. 3. Aus diesem Grund krit. zur Bestandteilstheorie etwa *Dreier*, in: Dreier, GG, 3. Aufl. 2015, Art. 28 Rn. 50; *Pieroth*, in: Jarass/Pieroth, GG, 15. Aufl. 2018, Art. 28 Rn. 1.

[9] HessStGH, DÖV 1982, 320 (320); SächsVerfGH, Urt. v. 10.7.2003, Vf. 43-II-00, Rn. 182, zitiert nach juris.

[10] BVerfGE 60, 175 (206).

[11] VerfGH NRW, NVwZ 1993, 57 (59).

[12] SächsVerfGH, Urt. v. 10.7.2003, Vf. 43-II-00, Rn. 182, zitiert nach juris.

der, ihre Grenzen festlegender Inhalt der Landesverfassungen. Sie steckten ganz wesentlich den Raum ab, der einem Bundesland für seine Gesetzgebung zur Verfügung steht[13] und seien damit „Grenzrecht für beide Teilrechtsordnungen"[14]. Auch wäre andernfalls eine sinnvolle Anwendung der landesverfassungsgerichtlichen Verfahrensart der Normenkontrolle nicht möglich, da zur Prüfung in diesem Verfahren ganz wesentlich die Reichweite der Gesetzgebungskompetenzen gehöre.[15]

Dem steht jedoch entgegen, dass durch Art. 70 ff. GG sowohl Bund als auch die Länder unmittelbar kraft Bundesverfassungsrecht berechtigt und verpflichtet sind, sodass es keiner Transformation in die Landesverfassung bedarf; die Normen der Art. 70 ff. GG sind also – selbstverständlich – auch von der Landesstaatsgewalt als Bundesverfassungsrecht zu beachten. Für die Kontrolle der Einhaltung stehen die bundesverfassungsgerichtlichen Verfahren zur Verfügung. Damit können die Gesetzgebungskompetenzen ihre Funktion als „Scharnier der bundesstaatlichen Ordnung"[16] erfüllen, ohne dass es der Inkorporation in die Landesverfassung bedürfte. Wollte man gleichwohl eine solche Inkorporation herleiten, bedürfte es dafür – vor dem Hintergrund der Annahme, dass die Verfassungsräume von Bund und Ländern getrennt sind und den Ländern Verfassungsautonomie zukommt – einer klaren Anordnung der Landesverfassung. Dass die Gliedstaatsklauseln in ihrer Allgemeinheit und Unbestimmtheit dafür keine hinreichende Grundlage abgeben, haben in der jüngeren Vergangenheit – teils in Abkehr von früherer Rechtsprechung – auch das Bundesverfassungsgericht[17] und verschiedene Landesverfassungsgerichte[18] angenommen. Die deutlich besseren Gründe sprechen somit – entgegen der Auffassung des VerfGH NRW – gegen eine Inkorporation der Gesetzgebungskompetenzen in die Landesverfassung.

Vertiefung: Wenn der VerfGH NRW zu der Einschätzung käme, die Gesetzgebungskompetenzen seien kein Bestandteil der Landesverfassung NRW und daher auch nicht von ihm zu prüfen, es fehle jedoch nach Art. 70 ff. GG an der Gesetzgebungskompetenz, müsste der VerfGH NRW den Antrag zurückweisen. Auch eine Aussetzung des Verfahrens und eine Vorlage an das Bundesverfassungsgericht nach Art. 100 Abs. 1 GG käme in diesem Fall nicht in Betracht. Dies wäre nur zulässig, wenn die Vorlagefrage für das zu entscheidende Verfahren vor dem VerfGH entscheidungserheblich wäre. Dies ist hier jedoch nicht der Fall, da die Gesetzgebungskompetenzen nicht als Bestandteil der Landesverfassung anzusehen sind und damit für die Entscheidung des VerfGH NRW, also die Frage der Vereinbarkeit des § 15a PolG NRW mit der Landesverfassung, keine Rolle spielen. Die verfassungsgerichtliche Klärung der Kompetenzfrage könnte nur mit einem entsprechenden Antrag an das BVerfG erreicht werden.

Die Art. 70 ff. GG sind somit kein Bestandteil der Landesverfassung, so dass dem VerfGH NRW insoweit keine Prüfungsbefugnis zusteht.

---

[13] HessStGH, DÖV 1982, 320 (320).
[14] *Löwer*, NdsVBl. 2010, 138 (143).
[15] *Caspar*, NordÖR 2008, 193 (195).
[16] BremStGH, NordÖR 2013, 357 (359).
[17] BVerfGE 103, 332 (357 f.).
[18] Vgl. HessStGH, DVBl. 2004, 1022 (1031); BremStGH, NordÖR 2013, 357 (360).

Klausurtipp: Hat man eine Prüfungskompetenz des VerfGH NRW hinsichtlich der Gesetzgebungskompetenz des Landesgesetzgebers abgelehnt, ist (allein!) der nachfolgende Abschnitt im Wege eines Hilfsgutachtens zu prüfen. Die formellen Fragen des Gesetzgebungsverfahrens und die materielle Vereinbarkeit von § 15a PolG NRW mit der LV NRW bleiben in jedem Fall vom VerfGH NRW zu prüfen und sind deshalb auch hier nicht hilfsgutachtlich zu erörtern.

b) Gesetzgebungskompetenz für die Videoüberwachung

Hilfsgutachtlich bleibt zu prüfen, ob nach den Art. 70 ff. GG dem Land oder dem Bund die Gesetzgebungskompetenz für die hier fragliche Regelung der Videoüberwachung öffentlicher Orte zusteht. Grundsätzlich sind nach Art. 70 GG die Länder für die Gesetzgebung zuständig, soweit das Grundgesetz nicht dem Bund die Gesetzgebungsbefugnisse verleiht. Hier könnte die Gesetzgebungszuständigkeit des Landes gemäß Art. 74 Abs. 1 Nr. 1 i. V. m. Art. 72 Abs. 1 GG ausgeschlossen sein. Das ist dann der Fall, wenn die in § 15a PolG NRW getroffene Regelung der konkurrierenden Gesetzgebungszuständigkeit des Bundes für das gerichtliche Verfahren, wozu auch das Strafverfolgungsverfahren als das unmittelbare Vorfeld des (straf-)gerichtlichen Verfahrens zählt, unterfällt, und der Bund von dieser insoweit auch Gebrauch gemacht hat.

Gegen die Annahme einer hierauf gestützten konkurrierenden Bundesgesetzgebungszuständigkeit spricht zunächst, dass der Hauptzweck der Videoüberwachung in der Gefahrenabwehr und damit in einem Rechtsgebiet zu sehen ist, das zu den ureigenen der Landesgesetzgebungskompetenzen gehört. Zwar werden durch die Kameras keine konkreten Gefahren abgewehrt, gleichwohl wird aber davon auszugehen sein, dass eine Videoüberwachung an „gefährlichen Orten" zumindest dazu beitragen kann, Gefahren an diesen Orten abzuwehren – z. B. dadurch, dass einzelne Straftaten nun nicht mehr vor den (Video-)Augen der Polizei begangen werden. Zudem normiert § 15a Abs. 1 PolG NRW ausdrücklich, dass die Videoüberwachung nur zur Verhütung von Straftaten und damit zur Gefahrenvorsorge zulässig ist. „Das Tatbestandsmerkmal der Verhütung von Straftaten erfasst Maßnahmen, die drohende Rechtsgutverletzungen von vornherein und in einem Stadium verhindern sollen, in dem es noch nicht zu strafwürdigem Unrecht gekommen ist."[19] Auch diese Gefahrenvorsorge wird vom Begriff der Gefahrenabwehr erfasst[20] und ist damit zumindest insoweit der Landesgesetzgebungskompetenz zuzuschreiben.[21]

Wie sich insbesondere § 15a Abs. 2 PolG NRW entnehmen lässt, der die längere Speicherung der Bilder vorsieht, wenn sie für Zwecke der Strafverfolgung benötigt werden, ist die Regelung jedoch nicht auf das Gefahrenabwehrziel beschränkt, Straftaten zu verhüten und deren Abwehr vorzubereiten, sondern sie soll auch dazu dienen, die künftige Verfolgung von Straftaten zu ermöglichen. Insofern ist sie zwar keine Regelung eines konkreten Strafverfolgungsverfahrens; sie dient damit jedoch auch der sog. Strafverfolgungsvorsorge, d. h. der zukünftigen Durchführung der Strafverfolgung in Bezug auf mögliche spätere bzw. später bekanntwerdende Straftaten.[22] Auch diese Strafverfolgungsvorsorge wird nach h. M. und Rspr. kompetenzmäßig dem gerichtlichen Verfahren des

---

[19] BVerfGE 113, 348 (369).
[20] BVerwGE 141, 329 (335).
[21] *Holtwisch*, RuP 2003, 34 (34 f.).
[22] BVerwGE 141, 329 (336).

Art. 74 Abs. 1 Nr. 1 GG zugerechnet.[23] Hierauf gestützt hat der Bundesgesetzgeber z. B. mit §§ 81b Alt. 2, 81g StPO Normen geschaffen, die – zumindest auch – der Strafverfolgungsvorsorge dienen. Hiervon ausgehend sind die Länder jedoch gemäß Art. 72 Abs. 1 GG nur insoweit von der Gesetzgebung ausgeschlossen, wie der Bund von seiner konkurrierenden Gesetzgebungszuständigkeit abschließend Gebrauch gemacht hat.

Wenn der Bund – wie hier für den Bereich der Strafverfolgungsvorsorge – von seiner Kompetenz teilweise Gebrauch gemacht hat, ist aus der bundesgesetzlichen Regelung selbst zu ermitteln, ob diese erschöpfend ist oder den Ländern noch Raum für eigene Regelungen lässt; wobei auch die absichtsvolle Nicht-Regelung eines Sachverhaltes im Gesetz die Sperrwirkung des Art. 72 Abs. 1 GG auslösen kann.[24] In diesem Sinne ist zu erwägen, ob §§ 81b Alt. 2 oder 81g StPO eine solche Sperrwirkung intendieren; dies könnte insbesondere aus § 81b Alt. 2 StPO folgen, der eine bundesgesetzliche Ermächtigung zur Anfertigung von Lichtbildaufnahmen zu erkennungsdienstlichen Zwecken, also für künftige Strafverfahren, enthält. § 81b StPO erfasst jedoch keine verdachtsunabhängigen Videoaufnahmen,[25] wie § 15a PolG NRW sie regelt, so dass insoweit eine anschließende bundesgesetzliche Regelung hier nicht vorliegt. Den Strafverfolgungsvorsorgeregelungen der StPO, insbesondere § 81b Alt. 2 GG kommt danach jedenfalls keine abschließende Wirkung zu.[26] Weiterhin könnte sich eine abschließende Bundesregelung aus § 6 EGStPO i. V. m. der StPO ergeben, wonach alle (straf-) prozessrechtlichen Vorschriften in den Ländern mit dem Inkrafttreten der StPO außer Kraft treten. Dies dürfte jedoch nur für prozessrechtliche Vorschriften über Maßnahmen in der konkreten, auf einen bestimmten Anfangsverdacht gestützten Strafverfolgung gelten; nicht von § 6 EGStPO erfasst sind hingegen die hier einschlägigen Maßnahmen der Strafverfolgungsvorsorge.[27] Die bundesgesetzlichen Regelungen der Strafverfolgungsvorsorge entfalten danach mit Blick auf die landesgesetzliche Regelung des § 15a PolG NRW keine Sperrwirkung nach Art. 72 Abs. 1 GG.

Auch soweit die Regelung des § 15a PolG NRW nicht dem Zweck der Gefahrenvorsorge, sondern dem der Strafverfolgungsvorsorge dient, steht dem Land somit die Gesetzgebungskompetenz zu.

> **Klausurtipp:** Die Unterscheidung zwischen präventivem Handeln der Polizei („Gefahrenabwehr") und repressivem Handeln („Strafverfolgung") ist grundlegend für die verfassungsrechtliche, insbesondere kompetentielle Beurteilung gesetzlicher Regelungen des Handelns von Polizeibehörden (und auch für die einfachrechtliche Beurteilung). Abgrenzungsprobleme – wie hier – ergeben sich, wo Polizeigesetze auch die Zwecke der Straftatenverhütung bzw. der Straftatenvorsorge und insbesondere der Strafverfolgungsvorsorge verfolgen (vgl. ÖffR NRW, § 3 Rn. 9).

2. Gesetzgebungsverfahren

Es ist davon auszugehen, dass sowohl das Gesetzgebungsverfahren wie auch die Verkündung des Gesetzes ordnungsgemäß erfolgt sind.

---

[23] BVerfGE 113, 348 (369); BVerwGE 141, 329 (336 f.). Ablehnend etwa *Pieroth*, in: Jarass/Pieroth, GG, 15. Aufl. 2018, Art. 74 Rn. 8.
[24] So bereits BVerfGE 32, 319 (327).
[25] Vgl. *Goers*, in: Graf, Beck-OK StPO (Edition 36, Januar 2020), § 81b Rn. 3.1.
[26] BVerwGE 141, 329 (339).
[27] BVerwGE 141, 329 (339).

II. Materielle Verfassungsmäßigkeit

In materiell-verfassungsrechtlicher Hinsicht könnte § 15a PolG NRW gegen Grundrechte der Landesverfassung verstoßen.

Vertiefung: Wie Art. 142 GG widerspiegelt, geht das Grundgesetz davon aus, dass Grundrechte sowohl durch das Grundgesetz wie auch durch die Landesverfassungen gewährleistet werden (vgl. ÖffR NRW, § 1 Rn. 21). In NRW ist die maßgebliche Norm Art. 4 LV NRW: Art. 4 Abs. 1 LV übernimmt die Grundrechte des GG als unmittelbar geltendes Landesrecht in die LV NRW (vgl. dazu näher ÖffR NRW, § 1 Rn. 23 ff.), und der später eingefügte Art. 4 Abs. 2 LV NRW garantiert explizit den Grundrechtsschutz personenbezogener Daten. Die Landesstaatsgewalt ist also grundsätzlich sowohl Bundes- wie auch Landesgrundrechten unterworfen. Für das Verhältnis von Bundes- und Landesgrundrechten ordnet Art. 142 GG an, dass mit den Art. 1 bis 18 GG übereinstimmende landesgrundrechtliche Bestimmungen – ungeachtet des Art. 31 GG – in Kraft bleiben (vgl. näher zu Art. 31, 142 GG ÖffR NRW, § 1 Rn. 22). Prüfungsmaßstab im landesverfassungsgerichtlichen Verfahren sind allein die landesverfassungsrechtlich gewährleisteten Grundrechte.

1. Vereinbarkeit mit Art. 4 Abs. 2 LV NRW

In Betracht kommt ein Verstoß gegen das in Art. 4 Abs. 2 LV NRW ausdrücklich gewährleistete Grundrecht zum Schutz personenbezogener Daten. Dieses Datenschutz-Grundrecht des Art. 4 Abs. 2 LV NRW ist nach Art. 142 GG grundsätzlich auch neben den grundgesetzlichen Grundrechten anwendbar. § 15a PolG NRW verstößt dagegen, wenn die Norm einen Eingriff in den Schutzbereich des Grundrechtes darstellt, der verfassungsrechtlich nicht gerechtfertigt ist.

Klausurtipp: Da das in Art. 4 Abs. 2 LV NRW enthaltene Datenschutz-Grundrecht speziell in der Landesverfassung geregelt ist, erscheint es sinnvoll, dieses vor dem – gemäß Art. 4 Abs. 1 LV NRW aus Art. 2 Abs. 1 GG übernommenen, dort nicht explizit geregelten – Recht auf informationelle Selbstbestimmung (dazu anschließend) zu prüfen.

a) Eingriff in den Schutzbereich

Zunächst müsste der Schutzbereich des Datenschutz-Grundrechts eröffnet sein. Geschützt sind nach dem Wortlaut personenbezogene Daten. Dieser Begriff ist weit zu verstehen, daher kommt es auch nicht auf die Sensibilität der Daten an. Erfasst ist insbesondere die Erfassung von Alltagsdaten, aber auch deren weitere Speicherung, Verarbeitung, Nutzung etc.[28] Durch die Aufzeichnung und Speicherung von Videoaufnahmen einzelner natürlicher Personen an öffentlichen Orten werden Informationen über diese (nämlich zu welchem Zeitpunkt sie sich an welchem öffentlichen Ort aufgehal-

---

[28] *Menzel,* in: Löwer/Tettinger, Kommentar zur Verfassung des Landes NRW, 2002, Art. 4 Rn. 26.

ten haben) erfasst. Insoweit sind personenbezogene Daten betroffen. Dem steht auch nicht entgegen, dass die Daten an öffentlich zugänglichen Orten aufgezeichnet werden, da auch solche Alltagsdaten vom Schutzbereich erfasst sind.

Ein Eingriff in diesen Schutzbereich kann durch die Erhebung, Speicherung, Verwendung oder Weitergabe personenbezogener Daten erfolgen.[29] Die von § 15a PolG NRW ausgesprochene Ermächtigung zur Aufzeichnung sowie zur daran anschließenden Speicherung von Bildaufnahmen, die sich nicht auf Übersichtsaufnahmen von Plätzen mit einer Vielzahl von Personen beschränkt, sondern auch Nahaufnahmen von Einzelpersonen und deshalb fraglos personenbezogene Daten erfasst, stellt deshalb einen Eingriff dar. Die früher streitige Frage, ob die *offene* Videoüberwachung überhaupt einen Grundrechtseingriff darstellen kann, ist eindeutig zu bejahen.[30] Auch die Annahme eines Grundrechtsverzichts der von der offenen Videoüberwachung betroffenen Personen durch das bewusste Betreten der überwachten Bereiche überzeugt nicht, da ein solcher Verzicht dessen Freiwilligkeit voraussetzen würde; dies aber ist zumindest hinsichtlich wichtiger Orte und Plätze einer Stadt wohl nicht anzunehmen.[31]

b) Verfassungsrechtliche Rechtfertigung

Der Eingriff in das Grundrecht könnte jedoch gerechtfertigt sein. Der in Art. 4 Abs. 2 S. 1 LV NRW ausdrücklich formulierte Vorbehalt des Gesetzes ist durch § 15a PolG NRW, der ein formelles Landesgesetz ist, gewahrt. Näher zu untersuchen ist, ob § 15a PolG NRW die weiteren verfassungsrechtlichen Anforderungen (die sog. Schranken-Schranken) einhält.

aa) Bestimmtheitsgebot

Zunächst müsste das Bestimmtheitsgebot, das sicherstellen soll, dass der betroffene Bürger sich auf belastende Maßnahmen einstellen kann, die gesetzesausführende Verwaltung für ihr Verhalten steuernde und begrenzende Handlungsmaßstäbe vorfindet und die Gerichte die Rechtskontrolle durchführen können,[32] beachtet sein. Der Gesetzgeber hat insbesondere Anlass, Zweck und Grenzen des Eingriffs hinreichend bereichsspezifisch, präzise und normenklar festzulegen.[33] Für Eingriffe in das (grundgesetzliche) Recht auf informationelle Selbstbestimmung hat das Bestimmtheitsgebot zudem die Funktion, insbesondere auch den möglichen Verwendungszweck der betroffenen Information sicherzustellen.[34] § 15a PolG NRW regelt sowohl die Reichweite des Eingriffs, indem die Norm die Überwachung auf Orte beschränkt, an denen wiederholt Straftaten begangen wurden, als auch die zulässige Zweckbestimmung, indem die Datenerhebung und -speicherung zur Verhütung von Straftaten und – wie Abs. 2 zum Ausdruck bringt – auch zur Strafverfolgungsvorsorge zugelassen wird. Daher ergeben sich mit Blick auf das Bestimmtheitsgebot keine verfassungsrechtlichen Bedenken.

bb) Verhältnismäßigkeit

Es bleibt die Einhaltung des Verhältnismäßigkeitsgrundsatzes zu untersuchen.

Dieser setzt zunächst einen legitimen Zweck voraus, wobei Art. 4 Abs. 2 S. 2 LV NRW verschärfend einen im überwiegenden Interesse der Allgemeinheit liegenden

---

[29] Vgl. BVerfGE 65, 1 (43); 84, 239 (279).

[30] *Waldhoff,* JuS 2013, 94 (95).

[31] *Röger/Stephan,* NWVBl. 2001, 201 (207).

[32] BVerwGE 141, 329 (341).

[33] BVerfGE 120, 378 (408).

[34] BVerfGE 115, 320 (365); 120, 378 (408).

Zweck verlangt. Als solcher ist hier jedoch der Zweck der Verhütung von Straftaten, also der Gefahrenabwehr sowie der Strafverfolgungsvorsorge anzusehen. Damit dient § 15a PolG NRW einem legitimen, im überwiegenden Interesse der Allgemeinheit liegenden Zweck.

Dass die Videoüberwachung geeignet ist, die Erreichung dieses legitimen Zwecks zu befördern, ist nicht zweifelhaft. Durch das aufgezeichnete Videomaterial können potentielle Straftäter erkannt und ermittelt werden. Zudem können einzelne Straftäter durch die Überwachung von der Begehung von Straftaten an den überwachten Orten abgeschreckt werden. Dass die Videoüberwachung wohl nicht zu einem dauerhaften Rückgang der Kriminalität führt, sondern eher zu einer Verdrängung in Bereiche, die nicht überwacht sind, stellt die Geeignetheit nicht in Frage, da § 15a PolG NRW nicht auf eine flächendeckende Reduzierung der Kriminalität ausgelegt ist.[35]

Im Rahmen der Erforderlichkeit ist nach einem milderen, gleich wirksamen Mittel zu fragen. Als ein solches ist an die Aufstockung der vor Ort tätigen Polizeibeamten zu denken, die eine Videoüberwachung ggf. entbehrlich machen würden. Allerdings sind einem solchen erhöhten Personaleinsatz finanzielle Grenzen gesetzt. Außerdem können Kameras, jedenfalls wenn sie erhöht angebracht und mit einer Zoomfunktion ausgestattet sind, zu einer besseren Übersicht führen, als sie der Polizeibeamte vor Ort hätte. Auch die Erforderlichkeit ist demnach zu bejahen.

Fraglich ist schließlich, ob die Norm auch angemessen ist. Hierzu dürfen das beeinträchtigte Rechtsgut und das zu schützende nicht außer Verhältnis stehen. Es stehen sich einerseits das Recht auf Schutz der personenbezogenen Daten einzelner natürlicher Personen und andererseits das Allgemeininteresse an der Gefahrenabwehr sowie der Strafverfolgungsvorsorge gegenüber. Aufgabe des Gesetzgebers ist es, zwischen diesem Individual- und dem Allgemeininteresse einen angemessenen Ausgleich herzustellen.[36] Zwar stellt die anlasslose Überwachung des öffentlichen Straßenraums einen erheblichen Grundrechtseingriff dar, insbesondere für Menschen, die gezwungen sind, sich aus persönlichen oder beruflichen Gründen der Überwachung häufig auszusetzen. Der verfolgte Zweck, nämlich die Gefahrenabwehr sowie die Strafverfolgungsvorsorge, dient jedoch in ebenso großem Maße nicht nur dem öffentlichen Interesse an der Sicherheit, sondern auch dem Individualrechtsschutz, insofern damit Eingriffe in hochwertige Rechtsgüter wie Leben und körperliche Unversehrtheit abgewehrt werden sollen.[37] Zudem droht nach § 15a PolG NRW keine grenzenlose Überwachung des öffentlichen Straßenraumes, da die Ermächtigung auf solche Orte beschränkt ist, an denen in der Vergangenheit wiederholt Straftaten begangen worden sind und die dies auch künftig begünstigen, und zudem voraussetzt, dass Tatsachen die Annahme rechtfertigen, dass dort auch künftig Straftaten begangen werden. Der Videoüberwachung kommt damit ein Ausnahmecharakter zu. Die Eingriffsintensität wird zudem dadurch gemindert, dass die Überwachung offen erfolgen muss (§ 15a Abs. 1 S. 2 PolG NRW). Schließlich ist auch die Regelung zur Speicherung der Videodaten über einen Zeitraum von 14 Tagen oder – wenn sie zur Verfolgung von Straftaten benötigt werden – auch darüber hinaus als angemessen zu betrachten. Außer Betracht bleiben muss hier zunächst die sich an die Speicherung anschließende konkrete Verwendung, beispielsweise in einem Strafverfahren, da es sich hierbei um einen weiteren eigenständigen Grundrechtseingriff handelt, der eigenständig zu bewerten wäre.[38] Vor dem Hinter-

---

[35] *Röger/Stephan*, NWVBl. 2001, 201 (207).
[36] BVerwGE 141, 329 (344).
[37] BVerwGE 141, 329 (344).
[38] BVerwGE 141, 329 (345).

grund, dass begangene Straftaten häufig erst verspätet angezeigt werden und auch die Ermittlungen häufig einige Zeit benötigen, ist es noch als angemessen zu sehen, die Aufnahmen zunächst pauschal 14 Tage zu speichern.[39] Auch die unbefristete Speicherung der Daten, soweit sie zur Strafverfolgung benötigt werden, ist nicht zu beanstanden, da bei Vorliegen eines entsprechenden (konkreten) Tatverdachtes das staatliche Verfolgungsinteresse das Interesse der Betroffenen an einer zeitnahen Löschung überwiegt.[40]

Damit ist der in § 15a PolG NRW liegende Eingriff in den Schutzbereich des Datenschutz-Grundrechts aus Art. 4 Abs. 2 LV NRW gerechtfertigt.[41]

2. Vereinbarkeit mit dem Recht auf informationelle Selbstbestimmung

§ 15a PolG NRW könnte weiterhin gegen das grundrechtlich geschützte Recht auf informationelle Selbstbestimmung verstoßen, das in Art. 2 Abs. 1 i.V.m. Art. 1 Abs. 1 GG *grundgesetzlich* gewährleistet ist, gemäß Art. 4 Abs. 1 LV NRW jedoch zugleich auch Bestandteil der Landesverfassung und unmittelbar geltendes Landesrecht ist, so dass es im vorliegenden landesverfassungsgerichtlichen Verfahren tauglicher Prüfungsmaßstab ist. Da dieses Grundrecht dem Grundrecht aus Art. 4 Abs. 2 LV NRW im Wesentlichen vergleichbare, nicht darüber hinausgehende Anforderungen an die grundrechtliche Rechtfertigung des § 15a PolG NRW stellt, liegt jedoch auch insoweit kein Grundrechtsverstoß vor.

C. Endergebnis

§ 15a PolG NRW ist weder formell noch materiell unvereinbar mit der Landesverfassung, so dass der Antrag der Abgeordneten der P- und G-Fraktion zwar zulässig, aber unbegründet ist.

Weiterführende Klausurentipps: Informationelle Eingriffsmaßnahmen aus Gründen der Gefahrenabwehr sind immer wieder streitanfällig und damit auch klausurträchtig. Weitere bekannte Problemfälle betreffen etwa die städtische Videoüberwachung eines besonders gefährdeten Kunstwerks im öffentlichen Raum (BVerfG, NVwZ 2007, 688) oder – besonders aktuell – die automatisierte KfZ-Kennzeichenkontrolle durch die Polizei (vgl. BVerfGE 150, 244).

---

[39] BVerwGE 141, 329 (345), hat eine Regelung zur pauschalen Speicherung von einem Monat als noch mit dem Verhältnismäßigkeitsgrundsatz vereinbar erklärt.
[40] BVerwGE 141, 329 (346).
[41] A. A. *Holtwisch*, RuP 2003, 34 (36 f.).

Fall 4: „Blaulichtmeile und Shopping am Sonntag"

Behandelte Themen: Verwaltungsgerichtliche Normenkontrolle – Ladenöffnungsgesetz – Verfassungsgarantie des Sonn- und Feiertagsschutzes – verfassungskonforme Auslegung

Sachverhalt

In der kreisfreien nordrhein-westfälischen Stadt S findet seit einigen Jahren jeweils an einem Sonntag im Jahr die sog. „Blaulichtmeile" statt. Bei diesem Event werden an verschiedenen Stellen der Innenstadt Einsatzfahrzeuge von unterschiedlichen Organisationen, Behörden und Vereinigungen präsentiert, u. a. Fahrzeuge der Berufsfeuerwehr, des THW, der Bundespolizei, des Deutschen Roten Kreuzes und des Malteser Hilfsdienstes. Ziel dieser Veranstaltung ist es, die Bevölkerung über die verschiedenen Einsatz- und Berufsfelder der Aussteller zu informieren und interessierte Zuschauer als mögliche zukünftige Arbeitskräfte zu gewinnen. Anlässlich der auch in 2020 vorgesehenen „Blaulichtmeile" plant der Verein „City-Management e.V." die Einrichtung eines verkaufsoffenen Sonntags für den 26. April 2020; er stellt bei der Stadt S einen entsprechenden Antrag, in welchem ein bestimmtes Areal rund um die „Blaulichtmeile" mit ca. 150 Verkaufsstätten für die Verkaufsöffnung ausgewiesen wird.

In einer ersten Beratung beschließt der Rat der Stadt, die verschiedenen interessierten und zuständigen Organisationen zu dem Vorhaben anzuhören und auch die Bezirksvertretung und den Hauptausschuss im Verfahren zu beteiligen. Nachdem das erfolgt ist, beschließt der Rat am 13. Februar 2020 mit Stimmenmehrheit eine Ordnungsbehördliche Verordnung über die Öffnung der fraglichen Verkaufsstellen anlässlich der „Blaulichtmeile" am Sonntag, 26. April 2020, von 13.00 Uhr bis 18.00 Uhr. Zur Begründung wird in den Akten ausgeführt, dass das gesetzlich geforderte öffentliche Interesse an der Sonntagsöffnung schon deshalb bestehe, weil sie dem Erhalt und der Stärkung eines vielfältigen stationären Einzelhandelsangebotes im Wettbewerb mit dem Onlinehandel diene und für den Erhalt und die Stärkung der zentralen Versorgungsbereiche sowie für die Belebung der Innenstadt von M förderlich sei; nach der – den Materialien in der Tat zu entnehmenden – Regelungsabsicht des Gesetzgebers, Ladenöffnungen an Sonn- und Feiertagen unbürokratisch in größerem Umfang zuzulassen, sei das Rechtfertigung genug. Für den 26. April 2020 komme hinzu, dass die Ladenöffnung im räumlichen und zeitlichen Zusammenhang mit der Veranstaltung „Blaulichtmeile" stehe. Die Verordnung wird sodann ordnungsgemäß im Amtsblatt von S veröffentlicht.

Die – als nicht eingetragener Verein organisierte – Gewerkschaft G, die auch etliche vom verkaufsoffenen Sonntag betroffene Arbeitnehmer vertritt, steht der geplanten Verkaufsöffnung vor allem im Hinblick auf die verfassungsrechtlich gewährleistete Arbeitsruhe an Sonn- und Feiertagen, die sie auch für ihre gewerkschaftliche Betätigung als hilfreich ansieht, kritisch gegenüber. Ihrer Ansicht nach ergibt sich aus dem Ladenöffnungskonzept nicht, dass die Veranstaltung „Blaulichtmeile" den öffentlichen Charakter des Tages entscheidend prägt. Dies aber laufe den verfassungsrechtlichen Anforderungen zuwider; danach stehe eine Veranstaltung bzgl. des öffentlichen Charakters des Tages nur dann im Vordergrund, wenn das durch die Ladenöffnung ausgelöste Besucherinteresse hinter dem Besucherinteresse an der Veranstaltung selbst zurücktrete,

was anhand einer durch die Stadt vorzunehmenden vergleichenden Prognose abzu-
schätzen sei; eine solche Prognose habe S – was zutrifft – überhaupt nicht durchgeführt. Vielmehr sei aufgrund der hohen Anzahl der geöffneten Geschäfte zu befürchten,
dass die Verkaufsöffnung selbst erhebliche Besucherströme anziehe, die die für die Blaulichtmeile erwarteten Besucherzahlen sogar übertreffen könnten. Darüber hinaus gebe
es keine besondere Rechtfertigung für die Ladenöffnung gerade am 26. April mit
Rücksicht auf die Stärkung und Entwicklung eines vielfältigen Einzelhandels, den Erhalt, die Stärkung oder Entwicklung zentraler Versorgungsbereiche und die Belebung
der Innenstadt. Überhaupt würden die für diese Fälle vorgesehenen einfachgesetzlichen
Bestimmungen im Ladenöffnungsgesetz dem Regel-Ausnahmeverhältnis von arbeitsfreien und verkaufsoffenen Sonntagen nicht gerecht. Deshalb will G die Verordnung
der M überprüfen lassen und stellt beim zuständigen Oberverwaltungsgericht am
17. April 2020 einen entsprechenden Antrag. Auch nachdem die Blaulichtmeile wie
geplant stattgefunden hat und zugleich der verkaufsoffene Sonntag durchgeführt worden ist, verfolgt G ihren Antrag weiter.

S weist die Kritik der G an der Verkaufsöffnung zurück. Sie hält den von G gestellten
Antrag schon für unzulässig, da G inzwischen bereits das erforderliche Feststellungsinteresse fehle. Jedenfalls aber sei der Antrag unbegründet. Die einfachgesetzlichen
Ausnahmebestimmungen, deren Voraussetzungen vorlägen, seien insgesamt verfassungsgemäß, da dem Gesetzgeber ein weiter Beurteilungsspielraum zustehe. Im Übrigen
handele es sich bei der Blaulichtmeile um eine in dieser Art und Weise deutschlandweit
einzigartige Veranstaltung, weshalb mit einem entsprechend hohen Besucheraufkom-
men zu rechnen sei. Da der räumliche Bereich der Verkaufsöffnung unmittelbar an die
Veranstaltungsfläche der Blaulichtmeile angrenze, sei der räumliche Bezug zwischen
Verkaufsöffnungsfläche und Veranstaltungsfläche gegeben. Eine vergleichende Besucherprognose sei weder gesetzlich vorgesehen noch verfassungsrechtlich gefordert.

Hat der Antrag der G Aussicht auf Erfolg?

Gliederung

Lösungsvorschlag

Mit ihrem Antrag begehrt G die Überprüfung der Gültigkeit der ordnungsbehördlichen Verordnung der S. Hierfür kommt allein eine verwaltungsgerichtliche Normenkontrolle (§ 47 VwGO) in Betracht. Ein solcher Antrag der G hat Aussicht auf Erfolg, wenn er zulässig und begründet ist.

A. Zulässigkeit

I. Verwaltungsrechtsweg

Da das Oberverwaltungsgericht nach § 47 Abs. 1 VwGO im Rahmen seiner Gerichtsbarkeit entscheidet, müsste zunächst der Verwaltungsrechtsweg eröffnet sein. Da eine aufdrängende Sonderzuweisung nicht in Betracht kommt, könnte dieser nach der verwaltungsgerichtlichen Generalklausel des § 40 Abs. 1 VwGO eröffnet sein. Die danach zunächst erforderliche öffentlich-rechtliche Streitigkeit soll grundsätzlich vorliegen, wenn die streitentscheidenden Normen dem öffentlichen Recht zuzurechnen sind; wenn der Streitgegenstand in der Gültigkeit einer Rechtsnorm, hier einer Satzungsnorm besteht, gilt die Streitigkeit – in einer diesen Obersatz modifizierenden Formulierung – dann als öffentlich-rechtlich, wenn es um einen Rechtssatz geht, zu dessen Vollzug im Verwaltungsrechtsweg anfechtbare Verwaltungsakte ergehen oder aus dessen Anwendung sich sonstige öffentlich-rechtliche Streitigkeiten ergeben können.[1] Da die hier streitige ordnungsbehördliche Verordnung ggf. durch Verwaltungsakte vollzogen wird, liegt hier eine öffentlich-rechtliche Streitigkeit vor. Diese ist, da keine Streitigkeit zwischen Verfassungsorganen über Verfassungsrecht vorliegt, auch nichtverfassungsrechtlicher Art. Da keine abdrängende Sonderzuweisung eingreift, ist der Verwaltungsrechtsweg eröffnet.

II. Statthafte Antragsart

Die nach dem maßgeblichen Begehren der G in Betracht kommende Verfahrensart der verwaltungsgerichtlichen Normenkontrolle gemäß § 47 VwGO ist zum einen schon bundesrechtlich statthaft, wenn die Überprüfung der Gültigkeit von Satzungen nach dem BauGB oder von Verordnungen nach § 246 Abs. 2 BauGB begehrt wird (§ 47 Abs. 1 Nr. 1 VwGO). Das ist hier, da eine ordnungsbehördliche Verordnung zur Überprüfung gestellt wird, nicht der Fall.

Darüber hinaus sind nach § 47 Abs. 1 Nr. 2 VwGO auch sonstige im Rang unter dem Landesgesetz stehende Rechtsvorschriften tauglicher Antragsgegenstand, sofern das Landesrecht dies bestimmt. Von dieser bundesrechtlich eröffneten Option hat der Landesgesetzgeber durch den am 1. Januar 2019 in Kraft getretenen § 109a JustG NRW für ab dem 1. Januar 2019 bekannt gemachte Rechtsvorschriften (vgl. § 133 Abs. 3 S. 2 JustG NRW) Gebrauch gemacht. Bei der ordnungsbehördlichen Verordnung der S handelt es sich um eine nach dem 1. Januar 2019 bekannt gemachte Rechtsvorschrift im Rang unter dem Landesgesetz. Der Antrag ist also nach § 47 Abs. 1 Nr. 2 VwGO i. V. m. § 109a JustG NRW statthaft.

---

[1] BVerwGE 99, 88 (96); vgl. *Kahl*, JA 2005, 280 (281).

III. Antragsberechtigung

Die Antragsberechtigung im Normenkontrollverfahren kann G nach § 47 Abs. 2 S. 1 VwGO als juristischer Person zustehen. G ist als nicht eingetragener Verein keine (voll rechtsfähige) juristische Person. In Analogie zu § 61 Nr. 2 VwGO soll die Antragsberechtigung jedoch auch teilrechtsfähigen Personenvereinigungen zustehen.[2] Dementsprechend wird als nicht eingetragenen Vereinen organisierten Gewerkschaften, denen jedenfalls das Recht aus Art. 9 Abs. 3 GG zusteht, die Antragsberechtigung nach § 47 Abs. 2 S. 1 VwGO zuerkannt.[3]

IV. Antragsbefugnis

Nach § 47 Abs. 2 S. 1 Hs. 1 VwGO muss G weiterhin antragsbefugt sein, d. h. geltend machen können, durch die Rechtsvorschrift oder deren Anwendung in ihren Rechten verletzt zu sein oder in absehbarer Zeit verletzt zu werden. Fraglich ist also, ob hier Rechtspositionen der G möglicherweise verletzt sind. Eine mögliche Verletzung von Rechten der von ihr vertretenen Beschäftigten kann sie insofern nicht geltend machen, da § 47 Abs. 2 S. 1 VwGO eine Prozessstandschaft nicht zulässt; Vereinigungen können sich deshalb, auch wenn die Wahrnehmung der Mitgliederinteressen als satzungsmäßige Aufgabe festgelegt ist, auf Mitgliederrechte nicht berufen.[4] In Betracht kommt jedoch eine mögliche Verletzung in einem eigenen Recht der G. Nach der verwaltungsgerichtlichen Rechtsprechung dient die gesetzliche Ausgestaltung des Sonntagsschutzes auch dem Schutz des Interesses von Vereinigungen und Gewerkschaften am Erhalt günstiger Rahmenbedingungen für gemeinschaftliches Tun und ist in diesem Sinne drittschützend. Der im Ladenöffnungsrecht konkretisierte objektivrechtliche Schutzauftrag auf Grund der Sonn- und Feiertagsgarantie (Art. 140 GG i. V. m. Art. 139 WRV) ist auf die Stärkung derjenigen Grundrechte angelegt, die in besonderem Maße auf Tage der Arbeitsruhe und der seelischen Erhebung angewiesen sind; dazu zählt auch die grundrechtlich geschützte Koalitionsfreiheit (Art. 9 Abs. 3 GG). Für die mögliche Verletzung in diesem eigenen Recht genügt, dass die Sonntagsladenöffnung sich negativ auf die Grundrechtsverwirklichung einer im Dienstleistungsbereich engagierten Gewerkschaft auswirken kann, was vor allem mit Blick auf die Gesamtbelastung gewerkschaftlicher Arbeit durch divergierende sonntägliche Ladenöffnungen in den einzelnen Gemeinden des Landes bejaht wird.[5]

V. Beteiligten- und Prozessfähigkeit

Die G ist nach § 47 Abs. 2 S. 1 i. V. m. § 61 Nr. 2 VwGO beteiligtenfähig. Die Stadt S ist als die Körperschaft, die die Rechtsvorschrift erlassen hat, nach § 47 Abs. 2 S. 2 VwGO beteiligtenfähig.

Die Beteiligten müssen sich im Verfahren vor dem Oberverwaltungsgericht nach § 67 Abs. 4 S. 1 VwGO durch Prozessbevollmächtigte vertreten lassen, die nach § 67

---

[2] *Schenke*, Verwaltungsprozessrecht, 16. Aufl. 2019, Rn. 886 Fn. 30.

[3] BVerwG, NVwZ 2017, 1713 (1714); OVG NRW, NWVBl. 2020, 71 (72).

[4] BVerwG, NVwZ 1991, 778 (779).

[5] Vgl. BVerwG, NVwZ 2016, 689 (690 f.); NVwZ 2017, 1713 (1714); OVG NRW, NWVBl. 2020, 71 (72). Mit beachtenswerten Gründen krit. zur Herleitung grundrechtlicher Ansprüche auf Sonntagsruhe *Dietlein*, in: FS Morlok, 2019, S. 125 (126 ff.).

Abs. 4 S. 4 VwGO jedoch auch Beschäftigte der Gemeinde sein können, sofern sie die Befähigung zum Richteramt haben.

VI. Zuständiges Gericht

Zuständiges Gericht ist nach § 47 Abs. 1 VwGO i. V. m. § 109a JustG NRW das OVG Münster.

VII. Antragsfrist und Form

Nach § 47 Abs. 2 S. 1 VwGO ist der Antrag binnen eines Jahres nach Bekanntmachung zu stellen. Diese Jahresfrist ist von G eingehalten worden.

Vertiefung: Anstelle der 1997 eingeführten Antragsfrist von zwei Jahren besteht seit dem 1. Januar 2007 für den Normenkontrollantrag eine Antragsfrist von einem Jahr ab Bekanntmachung, die mit der Rügefrist in § 215 BauGB korrespondiert (vgl. ÖffR NRW, § 4 Rn. 113).

Der Normenkontrollantrag ist nach § 81 Abs. 1 S. 1 VwGO schriftlich beim OVG Münster zu erheben.

VIII. Rechtsschutzbedürfnis

Fraglich ist, ob das erforderliche Rechtsschutz- bzw. Normenkontrollinteresse der G besteht. Voraussetzung dafür ist, dass die geltend gemachte (mögliche) Rechtsverletzung durch die Feststellung der Unwirksamkeit der angegriffenen Norm noch verhindert, beseitigt oder wenigstens gemindert werden kann.[6] Daran könnte es fehlen, weil die Ladenöffnung am 26. April 2020 inzwischen erfolgt und abgeschlossen ist. Trotz Erledigung der fraglichen Norm wird ein schutzwürdiges Interesse an einer Sachentscheidung aber bejaht, wenn eine auf kurzfristige Geltung angelegte Norm während des Normenkontrollverfahrens zwar außer Kraft tritt, jedoch weiterhin Wirkungen entfalten konnte oder künftig mit vergleichbaren Regelungen zu rechnen ist.[7] Der letztgenannte Grund besteht, da auch in den kommenden Jahren anlässlich der regelmäßig stattfindenden „Blaulichtmeile" in der Stadt S mit einer sonntäglichen Ladenöffnung zu rechnen ist. Das nötige Rechtsschutzinteresse ist also zu bejahen.

IX. Zwischenergebnis

Der Normenkontrollantrag der G gegen die ordnungsbehördliche Verordnung der Stadt S ist vor dem OVG Münster zulässig.

---

[6] *Schenke*, Verwaltungsprozessrecht, 16. Aufl. 2019, Rn. 901.
[7] BVerwG, NVwZ-RR 2002, 152 (152 f.); GewArch 2019, 204; OVG NRW, NWVBl. 2020, 71 (72).

B. Begründetheit

Der Normenkontrollantrag der G ist nach § 47 Abs. 5 VwGO begründet, wenn die angegriffene Verordnung der Stadt S formell oder materiell rechtswidrig ist und dieser Fehler auch beachtlich ist.

Vertiefung: Als objektives Kontrollverfahren ist das Normenkontrollverfahren nach § 47 VwGO – anders als etwa die Anfechtungsklage (vgl. §§ 42 Abs. 1 und 2, 113 Abs. 1 S. 1 VwGO) – nicht allein auf die Überprüfung der Verletzung subjektiver Rechte des Antragstellers beschränkt. Der Prüfungsumfang erstreckt sich vielmehr auf alle formellen oder materiellen Fehler der angegriffenen Rechtsvorschrift.

Rechtsgrundlage für die Verordnung ist § 6 Abs. 4, Abs. 1 LÖG NRW.

I. Formelle Rechtmäßigkeit

Die Zuständigkeit der Stadt S als örtliche Ordnungsbehörde (§ 3 Abs. 1 OBG NRW) folgt aus § 6 Abs. 4 S. 1 LÖG NRW. Die Organzuständigkeit des Rates für die Beschlussfassung über die Verordnung ergibt sich aus §§ 27 Abs. 4 S. 1 OBG NRW, 41 Abs. 1 S. 2 lit. f GO NRW.

Dem besonderen Anhörungserfordernis gemäß § 6 Abs. 4 S. 7 LÖG NRW ist, wie dem Sachverhalt entnommen werden kann, im Verfahren Genüge getan worden.

Die ordnungsbehördliche Verordnung ist schließlich laut Sachverhalt auch ordnungsgemäß bekannt gemacht worden.

Sie ist formell rechtmäßig.

II. Materielle Rechtmäßigkeit

Die ordnungsbehördliche Verordnung müsste auch materiell rechtmäßig sein. Dazu müsste sie den materiellrechtlichen Vorgaben des § 6 LÖG NRW genügen. Die höchstzulässige Dauer von 5 Stunden ab 13.00 Uhr (§ 6 Abs. 1 S. 1 LÖG NRW) ist gewahrt. Anhaltspunkte dafür, dass die Begrenzung auf höchstens acht, nicht unmittelbar aufeinanderfolgende Sonn- oder Feiertage (§ 6 Abs. 1 S. 1 LÖG NRW) sowie die Beschränkung auf höchstens 16 Sonn- und Feiertag je Kalenderjahr im Gemeindegebiet (§ 6 Abs. 4 S. 3 LÖG NRW) nicht eingehalten wäre, gibt der Sachverhalt nicht. Die Einschränkungen für Adventssonntage (§ 6 Abs. 4 S. 4 und 5 LÖG NRW) sind nicht einschlägig, ebenso der Ausschluss bestimmter Tage von der sonn- und feiertäglichen Ladenöffnung nach § 6 Abs. 5 LÖG NRW. Fraglich ist allein, ob die verordnete Ladenöffnung am 26. April 2020 im öffentlichen Interesse gemäß § 6 Abs. 1 S. 1 bis 3 LÖG NRW erfolgt ist. Nach der Begründung zu der Verordnung wird das erforderliche öffentliche Interesse primär auf § 6 Abs. 1 S. 2 Nr. 2 bis 4 LÖG NRW und ergänzend auf § 6 Abs. 1 S. 2 Nr. 1 (i. V. m. S. 3) LÖG NRW gestützt.

Klausurtipp: Im Folgenden wird – ausnahmsweise abweichend von der Reihenfolge der gesetzlichen Regelung, der ansonsten sinnvollerweise zu folgen wäre – zunächst § 6 Abs. 1 S. 2 Nr. 2 bis 4 LÖG NRW und erst dann § 6 Abs. 1 S. 2 Nr. 1 (i. V. m. S. 3) LÖG NRW geprüft. Dies rechtfertigt sich daraus, dass die S ihre Verordnung laut Sachverhalt vornehmlich auf die erstgenannten Rechtfertigungstatbestände stützt, und erscheint zudem vorteilhaft in der Darstellung des Lösungswegs. Auf Letzteres Rücksicht zu nehmen, ist in der Klausur durchaus legitim. Selbstverständlich ist aber eine Prüfung entlang der Reihenfolge der gesetzlichen Rechtfertigungstatbestände gleichermaßen angängig.

1. § 6 Abs. 1 S. 2 Nr. 2 LÖG NRW

a) Vorliegen der gesetzlichen Voraussetzungen

Die sonntägliche Ladenöffnung durch die ordnungsbehördliche Verordnung der S könnte bereits – wie die S in der Verordnungsbegründung annimmt – nach § 6 Abs. 1 S. 2 Nr. 2 LÖG NRW zulässig sein. Danach liegt ein öffentliches Interesse insbesondere vor, wenn die Öffnung dem Erhalt, der Stärkung oder der Entwicklung eines vielfältigen stationären Einzelhandelsangebots dient.

Für das Vorliegen dieser tatbestandlichen Voraussetzungen spricht, dass die Sonntagsöffnung von Einzelhandelsgeschäften regelmäßig beträchtliche Umsätze für die beteiligten Verkaufsstellen verspricht. Aus eben diesem Grund werden Sonntagsöffnungen vom Handel (und auch von Kommunen zugunsten ihres Einzelhandels) befürwortet und gewünscht. Weil eine Umsatzsteigerung hilft, das stationäre Einzelhandelsangebot in der Kommune zu erhalten, zu stärken und/oder zu entwickeln, wird man das Vorliegen der gesetzlichen Voraussetzungen – zunächst – zu bejahen haben.

b) Vereinbarkeit mit Art. 140 GG i. V. m. Art. 139 WRV

Es ist aber zu prüfen, ob § 6 Abs. 1 S. 2 Nr. 2 LÖG NRW in dieser Auslegung mit den verfassungsrechtlichen Vorgaben zum Sonn- und Feiertagsschutz (Art. 140 GG i. V. m. Art. 139 WRV) vereinbar ist.

Bei Art. 140 GG i. V. m. Art. 139 WRV handelt es sich um eine institutionelle Garantie zum Schutz der Sonn- und Feiertage als Tagen der Arbeitsruhe und der seelischen Erhebung. Wie schon im Wortlaut („gesetzlich geschützt") zum Ausdruck kommt, bedarf die Garantie als institutionelle Garantie der gesetzlichen Ausgestaltung. Im Rahmen seiner Ausgestaltungsbefugnis darf der Gesetzgeber auch andere Belange als den Schutz der Arbeitsruhe und der seelischen Erhebung zur Geltung bringen. Art. 140 GG i. V. m. Art. 139 WRV enthält jedoch einen Schutzauftrag an den Gesetzgeber, der für die Arbeit an Sonn- und Feiertagen unter anderem ein Regel-Ausnahme-Verhältnis statuiert. Danach muss der ausgestaltende Gesetzgeber in jedem Fall ein hinreichendes Niveau des Sonn- und Feiertagsschutzes wahren. Grundsätzlich hat die typische „werktägliche Geschäftigkeit" an Sonn- und Feiertagen zu ruhen. Der verfassungsrechtlich garantierte Sonn- und Feiertagsschutz ist nur begrenzt einschränkbar; Ausnahmen vom grundsätzlichen Verbot der Ladenöffnung werden nur für zulässig erachtet, wenn für sie – jenseits unbeachtlicher bloßer wirtschaftlicher Umsatzinteressen und alltäglicher Erwerbsinteressen – ein dem Sonntagsschutz gerecht werdender Sachgrund gegeben ist.[8]

---

[8] Vgl. BVerfGE 87, 363 (393); 111, 10 (50 ff.), 125, 39 (87).

Ausnahmen sind daher nur zur Wahrung höher- oder gleichwertiger Rechtsgüter oder auch aus hinreichend gewichtigen Sachgründen gerechtfertigt, die ein Arbeiten „trotz des Sonntags" aus gesellschaftlichen oder technischen Gründen notwendig machen oder als Arbeit „für den Sonntag" den Bürgern eine individuelle Gestaltung des arbeitsfreien Sonn- und Feiertags ermöglichen sollen.[9]

Ob § 6 Abs. 1 S. 2 Nr. 2 LÖG NRW danach hinreichende Sachgründe für eine Ausnahme von der Sonn- und Feiertagsruhe zugrunde liegen, erscheint fraglich. Die Ausnahme zielt darauf, dass der Handel selbst auf Grund der Anziehungskraft der Ladenöffnung Besucher anlocken soll, die nicht schon aus anderen Gründen „wegen des Sonntags" anwesend sind, und damit selbst den Rechtfertigungsgrund für die ausnahmsweise Ladenöffnung gerade durch das Ausdehnen werktäglicher Geschäftigkeit auf Sonn- und Feiertage schaffen soll. Die dadurch geförderten Umsatzinteressen des Handels und Konsuminteressen der Kunden können eine Durchbrechung des verfassungsrechtlichen Sonn- und Feiertagsschutzes nicht rechtfertigen. Verfassungsrechtlich bedarf es einer tatbestandlichen Begrenzung auf hinreichend gewichtige Ausnahmefallgestaltungen zur Absicherung des Regel-Ausnahme-Verhältnisses.[10] Allein die zahlenmäßige Beschränkung nach § 6 Abs. 1 und 4 LÖG NRW reicht zu dessen Wahrung nicht. Hinreichend gewichtige Gründe für eine Durchbrechung des Sonn- und Feiertagsschutzes sieht das OVG Münster nur dann, wenn und soweit der in § 6 Abs. 1 S. 2 Nr. 2 LÖG NRW geschützte Belang konkret gefährdet erscheint oder wenigstens nachweisbaren besonderen standortbedingten Wettbewerbsnachteilen unterliegt; es müssen besondere örtliche Problemlagen belegbar gegeben sein, die eine Durchbrechung der Arbeitsruhe sowie eine Begünstigung bestimmter Verkaufsstellen auch unter dem Gesichtspunkt der gebotenen Wettbewerbsneutralität rechtfertigen können, und es bedarf es zudem eines schlüssig verfolgten Gesamtkonzepts, im Rahmen dessen verkaufsoffene Sonntage geeignet erscheinen, den damit verfolgten legitimen Zielen jenseits des Umsatzinteresses des Handels zu dienen.[11]

Da § 6 Abs. 1 S. 2 Nr. 2 LÖG NRW eine solche Einschränkung auf hinreichend gewichtige Ausnahmefallgestaltungen jedenfalls nicht ausdrücklich vorsieht, stellt sich die Frage, ob die Norm wegen Verstoßes gegen Art. 140 GG i. V. m. Art. 139 WRV verfassungswidrig ist. Sie ist verfassungswidrig, wenn sie nicht in einer Weise verfassungskonform ausgelegt werden kann, die den verfassungsrechtlichen Anforderungen genügt. Einer solchen verfassungskonformen Auslegung könnte entgegenstehen, dass der Gesetzgeber gerade das Anliegen verfolgt hat, Ladenöffnungen an Sonn- und Feiertagen unbürokratisch in größerem Umfang zuzulassen. Diesem Anliegen kann nach Auffassung des OVG Münster jedoch auch bei einer verfassungsrechtlich gebotenen restriktiven Auslegung von § 6 Abs. 1 S. 2 Nr. 2 LÖG NRW hinreichend Rechnung getragen werden, so dass die gesetzgeberische Regelungsintention eine verfassungskonforme Interpretation nicht ausschließt.[12]

Das führt zu der Frage, ob die Voraussetzungen des § 6 Abs. 1 S. 2 Nr. 2 LÖG NRW in dieser verfassungskonformen restriktiven Auslegung beim Erlass der ordnungsbehördlichen Verfügung des Stadt S erfüllt gewesen sind. Eine konkrete Gefährdung oder nachweisbare besondere standortbedingte Wettbewerbsnachteile des Einzelhandels, auf Grund derer belegbar eine besondere örtliche Problemlage gegeben wäre, und ein schlüssiges Gesamtkonzept, in dessen Rahmen verkaufsoffene Sonntage über das Um-

---

[9] OVG NRW, NWVBl. 2020, 71 (73).
[10] OVG NRW, NWVBl. 2020, 71 (77).
[11] OVG NRW, NWVBl. 2020, 71 (78).
[12] OVG NRW, NWVBl. 2020, 71 (79).

satzinteresse hinaus hinreichend gewichtige legitime Ziele verfolgen könnten, hat es jedoch nicht gegeben. In der gebotenen verfassungskonformen Auslegung rechtfertigt § 6 Abs. 1 S. 2 Nr. 2 LÖG NRW die ordnungsbehördliche Verordnung der Stadt S daher nicht.

2. § 6 Abs. 1 S. 2 Nr. 3 LÖG NRW

Die Stadt S verweist zur Rechtfertigung ihrer Verordnung weiter auf § 6 Abs. 1 S. 2 Nr. 3 LÖG NRW. Danach liegt ein öffentliches Interesse insbesondere vor, wenn die Öffnung dem Erhalt, der Stärkung oder der Entwicklung zentraler Versorgungsbereiche dient. Da die sonntägliche Ladenöffnung schon durch den zusätzlichen Umsatz die zentralen Versorgungsbereiche begünstigt, lassen sich bei einer der generellen gesetzgeberischen Regelungsabsicht folgenden Auslegung dieser Norm auch diese Voraussetzungen im Falle der Verordnung der Stadt S bejahen.

Jedoch mangelt es § 6 Abs. 1 S. 2 Nr. 3 LÖG NRW – ebenso wie § 6 Abs. 1 S. 2 Nr. 2 LÖG NRW – an einer ausdrücklichen tatbestandlichen Einschränkung auf hinreichend gewichtige Ausnahmefallgestaltungen. Deshalb bedarf auch diese Vorschrift, um den Anforderungen des Art. 140 GG i. V. m. Art. 139 WRV zu genügen, einer restriktiven verfassungskonformen Auslegung, wonach sie in der Regel nur dann herangezogen werden kann, wenn aus anderen Gründen ohnehin mit einem besonderen Besucherinteresse zu rechnen ist und über den davon erfassten Bereich hinaus zum Ausgleich besonderer örtlicher Problemlagen oder struktureller Standortnachteile der Freigabebereich auf hiervon betroffene Bereiche erweitert werden soll.[13] In dieser verfassungskonformen, restriktiven Interpretation deckt auch § 6 Abs. 1 S. 2 Nr. 3 LÖG NRW den Erlass der ordnungsbehördlichen Verordnung der Stadt S nicht.

3. § 6 Abs. 1 S. 2 Nr. 4 LÖG NRW

Dasselbe gilt schließlich auch für § 6 Abs. 1 S. 2 Nr. 4 LÖG NRW, wonach das öffentliche Interesse darauf gründen kann, dass die sonntägliche Ladenöffnung der Belebung der Innenstädte, Ortskerne, Stadt- oder Ortsteilzentren dient. In der auch hier gebotenen, entsprechenden verfassungskonformen Auslegung[14] rechtfertigt auch diese Bestimmung die ordnungsbehördliche Verordnung der Stadt S nicht.

4. § 6 Abs. 1 S. 2 Nr. 1 i. V. m. S. 3 LÖG NRW

Die ordnungsbehördliche Verordnung der Stadt S kann danach nur noch auf § 6 Abs. 1 S. 2 Nr. 1 i. V. m. S. 3 LÖG NRW gestützt werden.

a) Vorliegen der gesetzlichen Voraussetzungen

Nach § 6 Abs. 1 S. 2 Nr. 1, S. 3 LÖG NRW liegt ein öffentliches Interesse insbesondere vor, wenn die Öffnung im Zusammenhang mit örtlichen Festen, Märkten, Messen oder ähnlichen Veranstaltungen erfolgt, wobei das Vorliegen eines Zusammenhangs vermutet wird, wenn die Ladenöffnung in räumlicher Nähe zur örtlichen Veranstaltung sowie am selben Tag erfolgt.

Tatbestandlich ist danach zunächst das Stattfinden eines örtlichen Fests, eines Marktes, einer Messe oder einer ähnlichen Veranstaltung vorausgesetzt. Davon sind immer schon gesetzlich nur Veranstaltungen erfasst, die einen beträchtlichen Besucherstrom

---

[13] OVG NRW, NWVBl. 2020, 71 (73, 77).
[14] OVG NRW, NWVBl. 2020, 71 (73).

anziehen, so dass der Besucherstrom also nicht erst durch die Offenhaltung der Verkaufsstellen ausgelöst wird.[15] Dass die Blaulichtmeile eine einen beträchtlichen Besucherstrom anziehende Veranstaltung in diesem Sinne sein würde, konnte die Stadt S schon auf Grund ihrer mehrjährigen Erfahrung mit dieser Veranstaltung annehmen.

In § 6 Abs. 1 S. 3 LÖG NRW ist die Vermutung eines Zusammenhangs der Ladenöffnung mit dieser Veranstaltung niedergelegt. Auf diese Vermutung kann der Verordnungsgeber sich bei einer Veranstaltung, die einen beträchtlichen Besucherstrom anzieht, stützen, sofern die Ladenöffnung sich im Wesentlichen auf das unmittelbare Umfeld der Veranstaltung bezieht und zeitgleich mit ihr stattfindet.[16] Das war hier, da die Ladenöffnung nur Verkaufsstellen rund um die „Blaulichtmeile" erfasste und zeitlich mit der Veranstaltung übereinstimmte, der Fall.

Nach den gesetzlichen Vorgaben des § 6 Abs. 1 S. 2 Nr. 1 i. V. m. S. 3 LÖG NRW konnte die Stadt S daher die ordnungsbehördliche Verordnung erlassen.

b) Vereinbarkeit mit Art. 140 GG i. V. m. Art. 139 WRV

Auch insofern bleibt aber zu prüfen, ob § 6 Abs. 1 S. 2 Nr. 1, S. 3 LÖG NRW in der dabei zugrunde gelegten Auslegung mit den verfassungsrechtlichen Vorgaben zum Sonn- und Feiertagsschutz (Art. 140 GG i. V. m. Art. 139 WRV) übereinstimmt.

Wie gesehen folgt aus dieser Verfassungsgarantie ein Schutzauftrag an den Gesetzgeber, der für die Arbeit an Sonn- und Feiertagen ein Regel-Ausnahme-Verhältnis statuiert. Daraus folgt insbesondere, dass die typische „werktägliche Geschäftigkeit" an Sonn- und Feiertagen grundsätzlich zu ruhen hat und Ausnahmen vom grundsätzlichen Verbot der Ladenöffnung nur zulässig sind, soweit für sie - jenseits unbeachtlicher bloßer wirtschaftlicher Umsatzinteressen und alltäglicher Erwerbsinteressen - ein dem Sonntagsschutz gerecht werdender Sachgrund gegeben ist. Bei Sonntagsöffnungen aus besonderem Anlass, wie § 6 Abs. 1 S. 2 Nr. 1, S. 3 LÖG NRW sie regelt, ist deshalb verfassungsrechtlich geboten, dass die Ladenöffnung ihre Rechtfertigung nicht primär in sich selbst, d. h. in den damit verbundenen Umsatz- und Konsumerwartungen, sondern gerade in der in der Veranstaltung, mit der sie in Zusammenhang steht, findet; die anlassgebende Veranstaltung – und nicht die Ladenöffnung – muss das öffentliche Bild des betreffenden Sonntags prägen. Dies setzt voraus, dass die öffentliche Wirkung der Veranstaltung gegenüber der durch die Ladenöffnung ausgelösten, typisch werktäglichen Geschäftigkeit im Vordergrund steht, so dass die Ladenöffnung nur als Annex zur Veranstaltung erscheint.[17] Das wiederum setzt voraus, dass diese Veranstaltung nach Charakter, Größe und Zuschnitt ein hinreichendes Gewicht hat, um den öffentlichen Charakter des Tages zu prägen, um so die mit der jeweiligen Ladenöffnung beabsichtigte Ausnahme von der verfassungsrechtlichen Regel der Sonn- und Feiertagsruhe rechtfertigen zu können.[18]

Fraglich ist, ob § 6 Abs. 1 S. 2 Nr. 1, S. 3 LÖG NRW den verfassungsrechtlichen Anforderungen an die Feststellung dieses die bloß kommerziellen Interessen übertrumpfenden, prägenden Charakters der sonntäglichen Veranstaltung genügt. Nach Auffassung des Bundesverwaltungsgericht fordert die Verfassungsgarantie des Sonn- und Feiertagsschutzes einen prognostischen Vergleich der von der Veranstaltung und der von einer bloßen Ladenöffnung angezogenen Besucherzahlen und verlangt, dass die Veranstaltung nach einer bei Erlass der Norm anzustellenden Prognose für sich genommen –

---

[15] BVerwG, GewArch 1990, 143; OVG NRW, NWVBl. 2020, 71 (74).

[16] OVG NRW, NWVBl. 2020, 71 (75).

[17] Vgl. BVerfGE 125, 39 (99 f.); BVerwG, NVwZ 2019, 964 (966).

[18] OVG NRW, NWVBl. 2020, 71 (74).

auch ohne die Ladenöffnung – einen erheblichen Besucherstrom anzieht, der die bei einer alleinigen Ladenöffnung – ohne die Veranstaltung – zu erwartende Besucherzahl übersteigt.[19] Eine solche Vergleichsprognose hat die Stadt S hier nicht vorgenommen, so dass die von ihr erlassene ordnungsbehördliche Verordnung nach diesen Maßstäben den verfassungsrechtlichen bzw. den verfassungskonform ausgelegten gesetzlichen Anforderungen nicht genügen würde. Das OVG Münster hat der Auffassung des Bundesverwaltungsgerichts jedoch entgegengehalten, dass dem Gesetzgeber im Rahmen der ihm obliegenden Schutzpflicht zur Wahrung der Arbeitsruhe an Sonn- und Feiertagen ein weiter Einschätzungs-, Wertungs- und Gestaltungsspielraum zukomme; eine Verletzung einer solchen Schutzpflicht könne nur festgestellt werden, wenn Schutzvorkehrungen entweder überhaupt nicht getroffen sind, wenn die getroffenen Regelungen und Maßnahmen offensichtlich ungeeignet oder völlig unzulänglich sind, das gebotene Schutzziel zu erreichen, oder wenn sie erheblich hinter dem Schutzziel zurückbleiben.[20] Danach kann der Gesetzgeber auch vom Erfordernis einer vergleichenden Besucherprognose absehen, wie der nordrhein-westfälische Gesetzgeber es beabsichtigt hat, und er kann auch ein anderes Schutzkonzept vorsehen, solange auf andere Weise vertretbar angenommen wird, dass das öffentliche Bild des Tages durch die Anlassveranstaltung geprägt wird und hierdurch der Ausnahmecharakter einer sonn- oder feiertäglichen Ladenöffnung im Ergebnis gewahrt bleibt.[21]

Diese verfassungsrechtliche Anforderung hat auf der Grundlage von § 6 Abs. 1 S. 2 Nr. 1, S. 3 LÖG NRW die Stadt S zwar nicht durch Vornahme einer vergleichenden Besucherprognose, aber auf andere Weise erfüllt. Sie durfte auf Grund der nach der Erfahrung der Vorjahre erwartbaren Besucherzahlen, aber auch mit Rücksicht auf das besondere, auffallende Erscheinungsbild der „Blaulichtmeile" mit den vielen großen, z. T. mit Blaulicht ausgerüsteten Fahrzeugen davon ausgehen, dass diese Veranstaltung eine maßgeblich prägende Wirkung entfalten würde.[22]

Die Stadt S konnte deshalb gestützt auf § 6 Abs. 1 S. 2 Nr. 1, S. 3 LÖG die ordnungsbehördliche Verordnung zur Ladenöffnung anlässlich der „Blaulichtmeile" erlassen.

5. Zwischenergebnis

Die ordnungsbehördliche Verordnung der Stadt S ist materiell rechtmäßig.

C. Ergebnis

Der Normenkontrollantrag der G ist zwar zulässig, aber unbegründet und deshalb ohne Erfolgsaussicht.

Weiterführende Klausurentipps: Ein grundrechtlicher Anspruch auf Wahrung des verfassungsrechtlichen Schutzauftrags zugunsten der Arbeitsruhe an Sonn- und Feiertagen wird, gestützt auf Art. 4 Abs. 1 und 2 GG, auch den Kirchen zuerkannt.[23]

---

[19] BVerwG, NVwZ 2019, 964 (966).
[20] OVG NRW, NWVBl. 2020, 71 (75).
[21] OVG NRW, NWVBl. 2020, 71 (75).
[22] Vgl. OVG NRW, NWVBl. 2020, 71 (80).
[23] Vgl. BVerfGE 125, 39 (73 ff.).

Gestützt auf Art. 4 Abs. 1 und 2 GG für Kirchen, auf Art. 9 Abs. 3 GG für Gewerkschaften kann die Wahrung des verfassungsrechtlich gebotenen Sonn- und Feiertagsschutzes auch mittels Verfassungsbeschwerde überprüft werden. Soweit die Ladenöffnung nach den gesetzlichen Vorgaben durch Rechtsverordnung erfolgt, ist zu beachten, dass die verwaltungsgerichtliche Normenkontrolle nach § 47 VwGO als Rechtsweg i.S.v. § 90 Abs. 2 BVerfGG gilt.[24]

Zuletzt sind auch die Grenzen des Sonn- und Feiertagsschutzes, insbesondere des Schutzes sog. stiller Feiertage (Karfreitag), mit Blick auf entgegenstehende Freiheitsrechte (Glaubens- und Gewissensfreiheit, Versammlungsfreiheit) Gegenstand verfassungsgerichtliche Entscheidung geworden.[25]

---

[24] BVerfGE 70, 35 (53 f.); BVerfG, Nichtannahmebeschluss vom 24. April 2020, 1 BvR 900/20 (juris), Rn. 4 f.
[25] Vgl. BVerfGE 143, 161.

Fall 5: „Kleine Anfrage"

Behandelte Themen: Organstreitverfahren – parlamentarisches Frage- und Informationsrecht – Regierungsverantwortlichkeit für Träger mittelbarer Landesverwaltung – Landes- und Bundesgrundrechte – Grundrechtsträgerschaft juristischer Personen des öffentlichen Rechts – Schutz vertraulicher Informationen über Staatsunternehmen als verfassungsrechtlicher Staatswohlbelang

Sachverhalt

W ist ein Wasserverband, der seine Rechtsgrundlage in einem nordrhein-westfälischen Landesgesetz (W-Gesetz) hat. Nach §§ 1, 5 W-Gesetz ist er eine Körperschaft des öffentlichen Rechts, deren Mitglieder das Land NRW, kreisfreie Städte und Kreise sowie Unternehmen und sonstige Träger der öffentlichen Wasserversorgung im fraglichen Verbandsgebiet sind. Nach § 10 W-Gesetz steht ihm das Recht der Selbstverwaltung zu; als Organe sind eine Verbandsversammlung, der Verbandsrat und ein Vorstand vorgesehen. Nach § 34 W-Gesetz steht der W unter der Aufsicht des Landes, die vom Umweltministerium ausgeübt wird; sie hat sicherzustellen, dass der W die ihm obliegenden Aufgaben und Pflichten im Einklang mit dem geltenden Recht erfüllt. Zu den Aufgaben des W gehört nach § 2 W-Gesetz auch die Abwasserbeseitigung im Verbandsgebiet.

In Wahrnehmung dieser Aufgabe hat der W eine neue, große Abwasserbehandlungsanlage errichten lassen. Mit der Ausführung dieses Projekts ist die kleine oppositionelle O-Fraktion im Landtag von NRW unzufrieden. Sie ist der Auffassung, dass die Art und Weise der Errichtung der Abwasserbehandlungsanlage zwar rechtlich nicht zu beanstanden sei, der W es aber versäumt habe, bei deren Errichtung zugleich auch eine funktional damit verbundene Energieerzeugungsanlage zu errichten, wie das W-Gesetz es in der Tat zugelassen hätte, wie W nach Zeitungsberichten auch erwogen hatte und wie es nach Auffassung der O-Fraktion ökologisch und wirtschaftlich sinnvoll gewesen wäre. Die O-Fraktion richtet deshalb an die Landesregierung eine „Kleine Anfrage" mit folgender Frage:

> „Ist die Landesregierung der Auffassung, dass der Wasserverband W es bei der jüngst erfolgten Errichtung einer Abwasserbehandlungsanlage versäumt hat, zugleich eine damit funktional zusammenhängende, ökologisch und wirtschaftlich sinnvolle Energieerzeugungsanlage zu errichten?"

In ihrer fristgerechten schriftlichen Antwort auf die „Kleine Anfrage" hat die Landesregierung auf diese Frage hin über die allgemein bekannten Tatschen hinaus eine sachliche Auskunft verweigert. Die ökologische und wirtschaftliche Beurteilung des Bauvorhabens der W liege – wie aus dem W-Gesetz folge – außerhalb ihres Verantwortungsbereichs und ihrer Auskunftspflicht. Außerdem stehe der gewünschten Auskunft, vor allem soweit es um Auskunft über die zugrunde liegenden wirtschaftlichen Gründe für die Entscheidung des W gehe, der Schutz von Betriebs- und Geschäftsgeheimnissen des W, der in wirtschaftlicher Konkurrenz insbesondere zu anderen Energieerzeugern stehe, entgegen.

Die O-Fraktion hält die Antwort der Landesregierung für unzureichend. Sie stellt deshalb form- und fristgerecht einen gegen die Landesregierung gerichteten Antrag beim Verfassungsgerichtshof des Landes. Sie begründet diesen Antrag wie folgt: Ihr stehe nach der Geschäftsordnung des Landtags, aber auch nach der Landesverfassung ein Recht auf sachliche Beantwortung der Frage zu. Das Gericht sei aufgerufen, die von der Regierung in ihrer Antwort geltend gemachten Verweigerungsgründe – und nur diese, denn nur mit diesen könne sie, die O-Fraktion, sich auseinandersetzen – zu prüfen. Diese aber seien unzureichend. Für die Geschäftsführung des W müsse die Landesregierung Verantwortung übernehmen und deshalb auch dem Landtag gegenüber Auskunft geben; die Berufung auf einen Schutz von Betriebs- und Geschäftsgeheimnissen des W komme nicht in Betracht.

Die Landesregierung bestreitet den Anspruch der O-Fraktion schon nach der Geschäftsordnung, erst recht nach der Landesverfassung. Diese sehe ausdrücklich bestimmte Kontrollinstrumente des Parlaments gegenüber der Landesregierung vor, namentlich das dem Parlament insgesamt zustehende sog. Zitierrecht; einen Informationsanspruch einer jeden Fraktion kenne die Verfassung nicht. Im Übrigen bekräftigt sie ihre ursprünglich mitgeteilten Verweigerungsgründe, fordert aber auch das Gericht auf, von Amts wegen eventuelle weitere Verweigerungsgründe zu erwägen.

Hat der Antrag der O-Fraktion Aussicht auf Erfolg?

Auszug aus der Geschäftsordnung des Landtags Nordrhein-Westfalen (GO LT NRW)

§ 65 (Anwesenheit der Mitglieder der Landesregierung)

(1) Der Landtag und seine Ausschüsse können die Anwesenheit jedes Mitgliedes der Landesregierung verlangen.

(2) Jedes Mitglied des Landtags kann die Anwesenheit von Mitgliedern der Landesregierung an den Beratungen des Landtags beantragen. Vor der Abstimmung über diesen Antrag ist die Beratung nur zu eröffnen, wenn eine Fraktion oder ein Viertel der Mitglieder des Landtags es verlangen.

§ 89 (Einbringung von Großen Anfragen)

(1) Große Anfragen an die Landesregierung sind der Präsidentin bzw. dem Präsidenten schriftlich einzureichen. Sie müssen kurz, sachlich und bestimmt gefasst sein und können mit einer kurzen Begründung versehen werden.

(2) Frageberechtigt sind eine Fraktion oder sieben Mitglieder des Landtags.

§ 92 (Kleine Anfragen)

(1) Jedes Mitglied des Landtags kann von der Landesregierung durch Kleine Anfragen Auskünfte verlangen.

(2) …

(3) Die Anfragen werden verteilt. Die Präsidentin bzw. der Präsident übermittelt sie unverzüglich der Landesregierung zur schriftlichen Beantwortung binnen einer Frist von vier Wochen.

(4) Auch die schriftlichen Antworten werden verteilt. Eine Beratung findet nicht statt.

Gliederung

aa) Art. 4 Abs. 2 LV NRW,   cc) Art. 4 Abs. 1 LV NRW
    Art. 4 Abs. 1 LV NRW   i. V. m. Art. 14 GG/
    i. V. m. Art. 2 Abs. 1   Art. 14 GG
    GG/Art. 2 Abs. 1 GG   dd) Das staatliche Geheim-
bb) Art. 4 Abs. 1 LV NRW   haltungsinteresse als
    i. V. m. Art. 12 Abs. 1   verfassungsrechtlicher
    GG/Art. 12 Abs. 1   Staatswohlbelang
    GG   C. Ergebnis

Lösungsvorschlag

Der Antrag der O-Fraktion an den Verfassungsgerichtshof für das Land NRW hat
Erfolg, wenn er zulässig und begründet ist.

A. Zulässigkeit

I. Statthafte Verfahrensart

Da für den Zugang zum Verfassungsgerichtshof – wie auch zum Bundesverfassungs-
gericht – das Enumerationsprinzip gilt,[1] ist der Antrag nur zulässig, wenn eine statthafte
Antragsart in Betracht kommt. Die statthaften Verfahrensarten ergeben sich aus Art. 75
LV NRW, § 12 VerfGHG NRW. Nach dem Begehren der O-Fraktion kommt hier al-
lein ein Organstreitverfahren nach Art. 75 Nr. 2 LV NRW, §§ 12 Nr. 5, 43 ff. VerfGHG
NRW in Betracht.

> **Klausurtipp:** Das Organstreitverfahren vor dem Verfassungsgerichtshof gemäß
> Art. 75 Nr. 2 LV NRW, § 43 ff. VerfGHG NRW ist eng an das Organstreitver-
> fahren vor dem Bundesverfassungsgericht gemäß Art. 93 Abs. 1 Nr. 1 GG, §§ 63 ff.
> BVerfGG angelehnt, so dass dessen Zulässigkeitsvoraussetzungen im Wesentli-
> chen nur zu übertragen sind (vgl. *Pestalozza*, Verfassungsprozeßrecht, 1991, § 29
> Rn. 23).

II. Parteifähigkeit

Sowohl Antragsteller wie auch Antragsgegner müssen gemäß Art. 75 Nr. 2 LV NRW,
§ 43 VerfGHG NRW parteifähig sein. Parteifähig sind danach oberste Landesorgane
sowie andere Beteiligte, die durch die Landesverfassung oder in der Geschäftsordnung
eines obersten Verfassungsorgans mit eigenen Rechten ausgestattet sind. Die antragstel-
lende O-Fraktion könnte als ein solcher anderer Beteiligter, namentlich als mit eigenen
Rechten ausgestatteter Teil eines obersten Landesorgans (vgl. § 43 VerfGHG NRW),
nämlich des Landtags parteifähig sein. Ob der Landtagsfraktion eigene Rechte aus der
Landesverfassung zustehen, erscheint, da ihr jedenfalls explizit keine Rechte verliehen
werden, fraglich; sie ist jedoch jedenfalls durch die GO LT NRW mit zahlreichen eigenen Rechten, z.B. in § 89 Abs. 2 GO LT NRW, ausgestattet und daher parteifähig.[2] Die

---

[1] ÖffR NRW, § 1 Rn. 215.
[2] VerfGH NRW, OVGE 24, 296 (305).

Parteifähigkeit der Landesregierung als Antragsgegner folgt aus ihrer Stellung als oberstes Landesorgan.

III. Antragsgegenstand

Gegenstand des Antrags muss eine – rechtserhebliche – Maßnahme oder auch Unterlassung des Antragsgegners sein (§ 44 Abs. 1 VerfGHG NRW). Als solche kommt hier die Antwort der Landesregierung auf die Kleine Anfrage in Betracht. Zwar kommt einer solchen Auskunft ihrem Gehalt als solchem nach keine Rechtserheblichkeit zu.[3] Mit Blick auf die – umstrittene – hinreichende Erfüllung eines verfassungsrechtlichen Informationsanspruchs der O-Fraktion ist die Rechtserheblichkeit der Antwort der Landesregierung jedoch zu bejahen. Sie ist daher tauglicher Antragsgegenstand.

IV. Antragsbefugnis

Weiter müsste die O-Fraktion antragsbefugt sein, d.h. geltend machen können, dass sie oder das Organ, dem sie angehört, durch die beanstandete Maßnahme des Antragsgegners in durch die Verfassung übertragenen Rechten oder Pflichten verletzt oder unmittelbar gefährdet sind (§ 44 Abs. 1 VerfGHG NRW), was die Möglichkeit einer Rechtsverletzung voraussetzt. Fraglich ist hier, ob eine Verletzung der O-Fraktion in eigenen Rechten möglich erscheint.

Die O-Fraktion will sich insoweit zunächst auf ihr zustehende Rechte aus der GO LT NRW, namentlich auf § 92 GO LT NRW berufen. Da Art. 75 Nr. 2 LV NRW, § 44 Abs. 1 VerfGHG NRW jedoch auf verfassungsrechtliche Rechte und Pflichten verweisen, kommen durch eine Geschäftsordnung verliehene Rechte jedenfalls nicht als solche für die Begründung der Antragsbefugnis in Betracht, sondern allenfalls insoweit, wie sie landesverfassungsrechtliche Rechte konkretisieren.[4]

Voraussetzung ist also, dass ein aus der Landesverfassung ableitbares Recht der Fraktion auf Beantwortung ihrer Frage verletzt sein kann. Explizit verleiht die Landesverfassung den Fraktionen ein solches Recht nicht. Erwägenswert erscheint zunächst die Herleitung eines solchen – möglicherweise verletzten – Rechts der Fraktion aus Art. 45 Abs. 2 LV NRW. Das dort normierte Zitierrecht umfasst nach vorherrschender Auffassung nicht nur einen Anspruch auf Erscheinen der Regierungsmitglieder, sondern auch einen Anspruch darauf, in der parlamentarischen Debatte Rede und Antwort zu stehen;[5] das lässt sich der Sache nach möglicherweise auch noch auf die schriftliche Beantwortung von parlamentarischen Fragen erstrecken. Träger dieses Rechts sind jedoch allein der Landtag insgesamt und seine Ausschüsse, nicht aber die einzelnen Fraktionen, die lediglich einen entsprechenden Antrag stellen können, wie auch § 65 GO LT NRW verdeutlicht. Art. 45 Abs. 2 LV NRW scheidet aus diesem Grunde für die Begründung der Antragsbefugnis aus. Das möglicherweise verletzte eigene Recht der O-Fraktion könnte jedoch ableitbar sein aus den Rechten, die Art. 30 Abs. 2 LV NRW, der das freie Mandat gewährt,[6] den einzelnen Abgeordneten verleiht; hierzu zählen insbesondere auch die sog. parlamentarischen Mitwirkungsrechte, zu denen auch ein Fragerecht und ein korrespondierender Informationsanspruch gegenüber der Landesregie-

---

[3] Vgl. BVerfGE 13, 123 (125).
[4] Vgl. ÖffR NRW, § 1 Rn. 220; *Pestalozza*, Verfassungsprozeßrecht, 1991, § 29 Rn. 27.
[5] VerfGH NRW, NVwZ 1994, 678 (678).
[6] VerfGH NRW, NVwZ 1994, 678 (678); ÖffR NRW, § 1 Rn. 93.

rung gehören.[7] Es erscheint weiter auch möglich, dass ein solches den einzelnen Abgeordneten verfassungsmäßig zustehendes Fragerecht von Verfassungs wegen auch den Fraktionen als einem Zusammenschluss von Abgeordneten zuzusprechen ist.[8] Schließlich erscheint auch eine Verletzung eines solchen verfassungsmäßigen Rechts der O-Fraktion durch die unvollständige Beantwortung seitens der Landesregierung nicht ausgeschlossen.

Klausurtipp: Die Prüfung einer möglichen Verletzung eigener verfassungsmäßiger Rechte der O-Fraktion ist hier nur unvollständig durchgeführt und damit im Übrigen auf die Begründetheitsprüfung verwiesen. Es erschiene auch vertretbar, das Bestehen eines verfassungsmäßigen Rechts bereits hier abschließend rechtlich zu untersuchen und der Begründetheitsprüfung nur die Untersuchung einer *Verletzung* dieses Rechts im vorliegenden Fall vorzubehalten.

Es erübrigt sich hier die Untersuchung einer möglichen Verletzung von verfassungsmäßigen Rechten des Landtags, die die O-Fraktion nach § 44 Abs. 1 VerfGHG NRW prozessstandschaftlich wahrnehmen könnte (vgl. VerfGH NRW, OVGE 24, 296 [306]). Eine solche Geltendmachung von Rechten des Landtags als des obersten Landesorgans, dem die Fraktion angehört, kommt hier nicht in Betracht, ist aber zur Begründung der Antragsbefugnis auch nicht erforderlich.

V. Form und Frist

Laut Sachverhalt genügt der Antrag der O-Fraktion den Form- und Begründungserfordernissen der §§ 18 Abs. 1, 44 Abs. 2 VerfGHG NRW und ist die Frist von sechs Monaten nach Bekanntwerden der beanstandeten Maßnahme (§ 44 Abs. 3 VerfGHG NRW) gewahrt worden.

Damit ist der Antrag der O-Fraktion zulässig.

B. Begründetheit

Der Antrag ist begründet, wenn und soweit die beanstandete Maßnahme des Antragsgegners, hier die Antwort der Landesregierung auf die Kleine Anfrage, verfassungsmäßige Rechte der antragstellenden O-Fraktion verletzt.

I. Grundsätzliches Bestehen eines verfassungsmäßigen Fragerechts der Fraktion

Das setzt zunächst voraus, dass überhaupt ein verfassungsmäßiges Fragerecht der Fraktion mit einem korrespondierenden Informationsanspruch gegen die Landesregierung besteht. Die Landesverfassung begründet – wie bereits gesehen – einen solchen Anspruch der Landtagsfraktionen nicht explizit. Er könnte sich jedoch aus der Gewährleistung des sog. freien Mandats des einzelnen Abgeordneten in Art. 30 Abs. 2 LV NRW herleiten lassen.

---

[7] VerfGH NRW, NVwZ 1994, 678 (679); BVerfGE 70, 324 (355); vgl. ÖffR NRW, § 1 Rn. 103.
[8] Vgl. BayVerfGH, NVwZ 2007, 204 (205); BVerfGE 147, 50 Rn. 168.

1. Fragerecht des einzelnen Abgeordneten

Dann müsste aus Art. 30 Abs. 2 LV NRW zunächst zugunsten des einzelnen Abgeordneten auch ein Fragerecht gegenüber der Landesregierung folgen.

Dass die verfassungsrechtliche Gewährleistung des freien Mandats des Landtagsabgeordneten auch die einzelnen nicht ausdrücklich benannten parlamentarischen Mitwirkungsbefugnisse mitumschließt, deren er zur effektiven Ausübung des Mandats bedarf, ist anerkannt.[9] Abgeordnete bedürfen aber auch einer umfassenden Information, um ihre Aufgaben angemessen erfüllen zu können. Folgerichtig ist aus dem Status des Abgeordneten auch ein Fragerecht gegenüber der Regierung mit einem korrespondierenden Informationsanspruch abzuleiten.[10]

Dieser Zuerkennung eines Fragerechts des einzelnen Abgeordneten ist entgegengehalten worden, dass die Verfassung nur dem Parlament ein Fragerecht zuspreche.[11] Dieses lässt sich für das Parlament aus dem Zitierrecht des Art. 45 Abs. 2 LV NRW, der Art. 43 Abs. 1 GG entspricht, ableiten.[12] Die Annahme, dass deshalb allein dem Parlament ein Fragerecht zustehe, trägt jedoch schon der Angewiesenheit jedes einzelnen Abgeordneten auf die nötigen Informationen nicht hinreichend Rechnung; zudem verkennt sie die Bedeutung des Fragerechts des einzelnen Abgeordneten für den Schutz der parlamentarischen Minderheit und das Recht auf Ausübung parlamentarischer Opposition und damit für die Ausübung der Kontrollfunktion des Parlaments gegenüber der Regierung.[13] Deshalb schließt der für das Parlament bestehende Informationsanspruch das aus dem Status des einzelnen Abgeordneten folgende Fragerecht nicht aus.

2. Fragerecht der Fraktionen

Fraglich ist, ob aus dem danach anzunehmenden verfassungsrechtlichen Fragerecht des einzelnen Abgeordneten auch ein verfassungsrechtliches Recht der einzelnen Fraktion abzuleiten ist. Dafür spricht, dass die Fraktion als Zusammenschluss einzelner Abgeordneter (vgl. § 1 Abs. 2 FraktG) der effektiven Wahrnehmung des Mandats durch die Abgeordneten dienen soll.[14] Folgerichtig wird angenommen, dass ihr ebenso wie dem einzelnen Abgeordneten im Organstreitverfahren geltend zu machende, aus der verfassungsrechtlichen Gewährleistung des freien Mandats abzuleitende eigene Rechte zustehen können.[15] Der Fraktion ist danach auch ein aus Art. 30 Abs. 2 LV NRW abzuleitendes Fragerecht zuzuerkennen.[16]

Fraglich könnte sein, ob dieses Recht durch die Regelungen in §§ 89 Abs. 2, 92 Abs. 1 GO LT NRW beschränkt wird. Dagegen steht jedoch schon die erkennbare Regelungsabsicht dieser Geschäftsordnungsregelungen, die nicht auf eine Einschrän-

---

[9] Vgl. BVerfGE 80, 188 (217 ff.); 84, 304 (321); VerfGH NRW, NVwZ 1994, 678 (678); vgl. ÖffR NRW, § 1 Rn. 103.

[10] Vgl. VerfGH NRW, NVwZ 1994, 678 (679); BVerfGE 80, 188 (218); ÖffR NRW, § 1 Rn. 103.

[11] *Vogelgesang*, ZRP 1988, 5.

[12] VerfGH NRW, NVwZ 1994, 678 (678); *Menzel*, in: Löwer/Tettinger, Kommentar zur Verfassung des Landes NRW, 2002, Art. 45 Rn. 20.

[13] Vgl. VerfGH NRW, NVwZ 1994, 678 (679).

[14] Vgl. BVerfGE 80, 188 (218); 84, 304 (322), dazu, dass deshalb aus Art. 38 Abs. 1 S. 2 GG ein Recht der einzelnen Abgeordneten zum Zusammenschluss in einer Fraktion abgeleitet wird.

[15] Vgl. BVerfGE 124, 161 (187); *Maurer*, Staatsrecht I, 6. Aufl. 2010, § 13 Rn. 108, mit Blick auf Art. 38 Abs. 1 S. 2 GG.

[16] Vgl. BayVerfGHE 54, 62 (72 f.); BayVerfGH, NVwZ 2007, 204 (205); BVerfGE 147, 50 Rn. 168.

kung der Fraktionsrechte, sondern auf eine Einschränkung der Rechte des einzelnen Abgeordneten abzielen, indem sie ihm das Instrument der Großen Anfrage vorenthalten wollen. Im Übrigen muss die Geschäftsordnung ihrerseits die verfassungsrechtlichen Vorgaben beachten und kann nicht aus sich heraus verfassungsrechtliche Rechte beseitigen.

Ein verfassungsrechtliches Fragerecht der O-Fraktion ist demnach, hergeleitet aus Art. 30 Abs. 2 LV NRW, grundsätzlich anzuerkennen.

II. Grenzen des Frage- und Informationsrechts

Fraglich ist aber, ob es gegenüber diesem verfassungsmäßigen Frage- und Informationsrecht zureichende Gründe für eine Auskunftsverweigerung der Landesregierung gibt.

Klausurtipp: Nach der Verfassungsrechtsprechung (vgl. VerfGH NRW, NVwZ-RR 2009, 41 [43]) stehen Antwortpflicht und Antwortverweigerung in einem verfassungsrechtlichen Regel-Ausnahme-Verhältnis. Eine Ausnahme soll im Einzelfall gerechtfertigt sein können
- im Hinblick auf die Funktion des parlamentarischen Fragerechts, das durch die wahrgenommene Parlamentsaufgabe und deshalb im Bereich der Regierungskontrolle auf den Verantwortungsbereich der Landesregierung begrenzt ist,
- durch das Gebot der Rücksichtnahme gegenüber den anderen Verfassungsorganen, hier namentlich der Landesregierung,
- durch die Verpflichtung zur Beachtung entgegenstehender Grundrechte (privater) Dritter.

1. Beschränkung auf von der Regierung geltend gemachte Gründe

Zu untersuchen ist zunächst, ob die in Betracht kommenden Verweigerungsgründe von vornherein – wie die O-Fraktion im Gegensatz zur Landesregierung annimmt – auf die von der Landesregierung in ihrer Antwort geltend gemachten Gründe beschränkt sind. Eine solche Beschränkung könnte sich aus dem verfassungsrechtlichen Regel-Ausnahme-Verhältnis, in dem das prinzipiell gegebene parlamentarische Fragerecht und die Antwortverweigerung stehen, als verfahrensmäßige Sicherung ableiten lassen; denn nur die Offenlegung der Gründe für die Ablehnung macht diese für den Fragesteller nachvollziehbar und macht es ihm möglich, gegebenenfalls in eine politische Auseinandersetzung über die Ablehnung einzutreten. Aus diesem Grund wird in der Tat angenommen, dass nur die von der Regierung in ihrer Antwort geltend gemachten Gründe Grundlage der richterlichen Beurteilung sein können.[17]

2. Tragfähigkeit der von der Regierung geltend gemachten Gründe

Zu untersuchen ist somit, ob die von der Landesregierung geltend gemachten Gründe eine Verweigerung weitergehender Auskünfte rechtfertigen können.

---

[17] VerfGH NRW, NVwZ 1994, 678 (681); NVwZ-RR 2009, 41 (43); BayVerfGH, NVwZ 2007, 204 (205); BVerfGE 147, 50 Rn. 259.

a) Sachliche Reichweite des Frage- und Informationsrechts

In der Sache könnte hier zunächst der Einwand der Landesregierung entgegenstehen, dass sich das verfassungsrechtliche Frage- und Informationsrecht seiner sachlichen Reichweite nach nicht auf die erbetene Auskunft erstrecke, weil das fragliche Verhalten des W außerhalb des Verantwortungsbereichs der Landesregierung liege.

Dieser Einwand ist zum einen nur dann erheblich, wenn das verfassungsmäßige Fragerecht der Fraktion gegenüber der Regierung an deren Verantwortungsbereich zugleich auch seine Grenze findet. Eine solche sachliche Beschränkung der Reichweite des Fragerechts könnte sich aus seiner Funktion, die seiner Herleitung aus Art. 30 Abs. 2 LV NRW zugrunde liegt, ergeben. Das Fragerecht erfüllt danach keinen Selbstzweck, sondern hat das Ziel, die Arbeit der Abgeordneten zu erleichtern.[18] Da es als Minderheitenrecht in erster Linie der Informationsgewinnung zum Zweck der Kontrolle der Regierung dient, kann es sich nur auf Bereiche erstrecken, für die die Regierung verantwortlich ist.[19]

Damit ist zum anderen zu klären, ob die geforderte Auskunft noch vom Verantwortungsbereich der Landesregierung umfasst ist. Dies wäre nicht der Fall, wenn eine solche Verantwortlichkeit gegenüber dem Parlament überhaupt nur für das Regierungshandeln im engeren Sinne bestünde. Die parlamentarische Verantwortlichkeit der Regierung erstreckt sich jedoch darüber hinaus auch auf Regierungsverantwortung mit Blick auf jeden politischen Bereich, in dem die Staatsregierung oder eines ihrer Mitglieder in seinem Aufgabenbereich tätig geworden ist oder sich geäußert hat, sowie auf jeden Bereich, in dem die Regierung oder eines ihrer Mitglieder kraft rechtlicher Vorschriften tätig werden kann.[20] Daraus folgt, dass eine umfassende Regierungsverantwortlichkeit wegen der mit dem Hierarchieprinzip verbundenen Möglichkeiten der Aufsicht, von Weisungen und Eintrittsrechten auch für nachgeordnete Behörden besteht, so dass insoweit auch eine umfassende, die Recht-, aber auch Zweckmäßigkeit umfassende Auskunftspflicht der Regierung besteht.[21] Hier könnte jedoch anderes gelten, weil der W keine nachgeordnete Behörde, sondern (Selbstverwaltungs-)Körperschaft des öffentlichen Rechts ist und im Verhältnis der Landesregierung zu den Körperschaften des öffentlichen Rechts nicht die mit dem Hierarchieprinzip verbundenen umfassenden Kontroll- und Einwirkungsmöglichkeiten bestehen, die Kontroll- und Einwirkungsmöglichkeiten vielmehr von den bestehenden rechtlichen Vorgaben abhängen. Zwar hat das Bundesverfassungsgericht jüngst mit Blick auf die Aufgabenwahrnehmung in privatrechtlichen Organisationsformen betont, dass die Verantwortlichkeit der Regierung nicht auf die ihr gesetzlich eingeräumten Einwirkungs- und Kontrollrechte beschränkt sei und sich nicht nur auf ihre Amtsführung im Sinne einer Rechenschafts- und Einstandspflicht für eigenes Handeln beziehe;[22] sie erstrecke sich aus Gründen der gebotenen demokratischen Legitimation – auch ungeachtet möglicherweise demokratisch defizitärer Einwirkungs- und Kontrollrechte – auch auf die Geschäftstätigkeit des Unternehmens.[23] Es erscheint aber fragwürdig, diese Annahme

---

[18] VerfGH NRW, NVwZ 1994, 678 (679).

[19] BayVerfGHE 54, 62 (74); NVwZ 2007, 204 (205); VerfG LSA, NVwZ 2000, 671 (672); BVerfGE 147, 50 Rn. 214.

[20] BayVerfGH, NVwZ 2007, 204 (205).

[21] BayVerfGH, NVwZ 2007, 204 (206); BVerfGE 147, 50 Rn. 215.

[22] BVerfGE 147, 50 Rn. 220, unter ausdrücklicher Abweichung von VerfG LSA, NVwZ 2000, 671 (672), und BayVerfGH, NVwZ 2007, 204 (205 f.); SächsVerfGH, Beschl. v. 05.11.2009 – 133-I-08, Rn. 107 ff. (juris).

[23] BVerfGE 147, 50 Rn. 221 ff.

ohne weiteres auf Selbstverwaltungskörperschaften des öffentlichen Rechts zu übertragen, bei denen die gebotene demokratische Legitimation von Verfassungs wegen gerade nicht nach dem Hierarchiemodell der Ministerialverwaltung hergestellt werden muss, sondern der eingeräumten funktionalen Selbstverwaltung Rechnung tragen darf.[24] Die – demokratisch begründete – Verantwortlichkeit der Landesregierung erscheint insoweit durch die demokratisch gebotene, gesetzlich vorgesehene staatliche Aufsicht begrenzt, die jedoch ausdrücklich auf eine Rechtsaufsicht beschränkt ist. Demnach ist die Landesregierung in Bezug auf den W nur verantwortlich und auf eine parlamentarische Anfrage hin auskunftspflichtig, soweit die Handhabung der Rechtsaufsicht durch das Umweltministerium bzw. ein rechtsaufsichtlich relevantes Verhalten des W Gegenstand der Frage ist.[25] Die Frage nach der ökologischen und wirtschaftlichen Sinnhaftigkeit der gleichzeitigen Errichtung einer Energieerzeugungsanlage zielt aber nicht auf einen möglichen Rechtsverstoß des W, sondern allein auf ein möglicherweise unvorteilhaftes Handeln. Die darauf gerichtete Überwachung einzelner ist jedoch allein Sache der dafür zuständigen Organe des W, nicht aber der staatlichen Aufsicht. Diese Frage liegt daher jenseits des Bereichs der Regierungsverantwortung und damit auch außerhalb der Auskunftspflicht der Landesregierung.

Klausurtipp: Eine abweichende Beurteilung erscheint insbesondere mit Rücksicht auf die jüngere Rechtsprechung des Bundesverfassungsgerichts,[26] die in bewusster Abweichung von früheren landesverfassungsgerichtlichen Entscheidungen den Verantwortungsbereich der Regierung umfassender versteht, gut vertretbar.

b) Schutz der Betriebs- und Geschäftsgeheimnisse des W

Weiterhin könnte der Schutz von Betriebs- und Geschäftsgeheimnissen des W einem Auskunftsanspruch entgegenstehen. Das würde, da das Fragerecht der O-Fraktion verfassungsrechtlich begründet ist und deshalb auch nur auf verfassungsrechtlicher Ebene Beschränkungen erfahren kann,[27] voraussetzen, dass insoweit ein verfassungsrechtlicher Schutz greift. Begrenzungen des Auskunftsanspruchs können sich dabei aus Grundrechten, und zwar sowohl aus landes- wie aus bundesverfassungsrechtlichen Grundrechtsgewährleistungen, oder auch aus sonstigen verfassungsrechtlichen Gründen ergeben.

aa) Art. 4 Abs. 2 LV NRW, Art. 4 Abs. 1 LV NRW i. V. m. Art. 2 Abs. 1 GG/ Art. 2 Abs. 1 GG

Das Datenschutz-Grundrecht des Art. 4 Abs. 2 LV NRW sowie das Grundrecht auf informationelle Selbstbestimmung aus Art. 4 Abs. 2 LV NRW, Art. 2 Abs. 1 i. V. m. Art. 1 Abs. 1 GG bzw. unmittelbar aus Art. 2 Abs. 1 i. V. m. Art. 1 Abs. 1 GG scheiden insoweit aus, da nur persönliche Daten,[28] nicht aber Betriebs- und Geschäftsgeheimnisse geschützt werden.

---

[24] Vgl. BVerfGE 107, 59 (91 ff.).
[25] Vgl. BayVerfGH, NVwZ 2007, 204 (207).
[26] BVerfGE 147, 50 Rn. 214 ff.
[27] Vgl. VerfGH NRW, NVwZ-RR 2009, 41 (43); BayVerfGH, NVwZ 2007, 204 (208).
[28] BVerfGE 113, 29 (46).

bb) Art. 4 Abs. 1 LV NRW i. V. m. Art. 12 Abs. 1 GG/Art. 12 Abs. 1 GG

In Betracht kommt jedoch ein Schutz durch das Grundrecht der Berufsfreiheit, das in Art. 4 Abs. 1 LV NRW i. V. m. Art. 12 Abs. 1 GG bzw. unmittelbar in Art. 12 Abs. 1 GG gewährleistet ist.

Tatbestandlich umfasst es den Schutz von Betriebs- und Geschäftsgeheimnissen.[29]

Fraglich ist jedoch, ob der W Träger dieses Grundrechts ist. Das beurteilt sich, da der W eine juristische Person ist, nach Art. 19 Abs. 3 GG, und zwar auch mit Blick auf die landesverfassungsrechtliche Gewährleistung nach Art. 4 Abs. 1 LV NRW i. V. m. Art. 12 Abs. 1 GG, da nach Art. 4 Abs. 1 LV NRW Art. 19 Abs. 3 GG auch landesverfassungs-rechtlich maßgeblich ist.[30] Danach ist die Grundrechtsträgerschaft zweifelhaft, weil der W eine juristische Person des öffentlichen Rechts ist. Einer der – für öffentlich-rechtlich verfasste Religionsgemeinschaften, Rundfunkanstalten und Hochschulen – allgemein anerkannten Ausnahmefälle der Grundrechtsträgerschaft[31] liegt insoweit nicht vor. Eine weitergehende Grundrechtsträgerschaft juristischer Personen des öffentlichen Rechts will eine Mindermeinung insoweit anerkennen, wie eine juristische Person des öffentlichen Rechts sich in einer sog. grundrechtstypischen Gefährdungslage befin-det, d. h. wo sie der Hoheitsgewalt eines anderen Trägers hoheitlicher Gewalt in glei-cher Weise wie auch ein Privater unterworfen ist.[32] Ob das hier der Fall ist, ist nicht einfach zu entscheiden.[33] Einerseits nimmt der W wie auch private Abwasserbeseiti-gungs- und Energieerzeugungsunternehmen und in Konkurrenz mit ihnen am wirt-schaftlichen Verkehr teil; die offenzulegenden Daten entstammen auch dieser wirt-schaftlichen Betätigung und können für das weitere Tätigwerden dort relevant sein. Andererseits ist der W aber Körperschaft des öffentlichen Rechts und unterliegt als solche einer besonderen staatlichen Aufsicht, die die Grundlage dafür ist, dass grund-sätzlich auch der Informationsanspruch einer Landtagsfraktion sich auf diese Daten erstrecken kann. Das spricht dafür, dass der W hier nicht in gleicher Weise wie private Unternehmen, sondern in spezifischer Weise der Landesstaatsgewalt unterworfen ist. Nach vorherrschender Auffassung in Rechtsprechung und Literatur entfällt ohne-hin jenseits der anerkannten Ausnahmefälle eine Grundrechtsträgerschaft juristischer Personen des öffentlichen Rechts.[34] Danach ist der W nicht Träger des Grundrechts aus Art. 4 Abs. 1 LV NRW i. V. m. Art. 12 Abs. 1 GG bzw. unmittelbar aus Art. 12 Abs. 1 GG.

cc) Art. 4 Abs. 1 LV NRW i. V. m. Art. 14 GG/Art. 14 GG

Weiter könnte auch das durch Art. 4 Abs. 1 LV NRW i. V. m. Art. 14 GG bzw. durch Art. 14 GG garantierte Eigentumsgrundrecht Anwendung finden, das grundsätzlich auch den Schutz von Betriebs- und Geschäftsgeheimnissen einschließen soll.[35] Ob hier ein danach geschütztes Geschäftsgeheimnis vorliegt, kann aber offen bleiben, da es jedenfalls auch insoweit an einer Grundrechtsträgerschaft des W fehlt.

---

[29] BVerfGE 115 (229 f.).

[30] *Menzel*, in: Löwer/Tettinger, Kommentar zur Verfassung des Landes NRW, 2002, Art. 4 Rn. 17 (Stichwort: Art. 19 GG).

[31] Vgl. *Jarass*, in: Jarass/Pieroth, GG, 16. Aufl. 2020, Art. 19 Rn. 26 f.

[32] Vgl. *Dreier*, in: Dreier, GG, Bd. 1, 3. Aufl. 2013, Art. 19 III Rn. 33, 55.

[33] Vgl. BayVerfGH, NVwZ 2007, 204 (208), wo dies in Bezug auf eine Anstalt des öffentlichen Rechts offen gelassen wird.

[34] Vgl. BVerfGE 45, 63 (78 ff.); 61, 82 (101 ff.); 89, 17 (47); 147, 50 Rn. 238 ff.; *Sachs*, in: Sachs, GG, 8. Aufl. 2018, Art. 19 Rn. 92. Vgl. auch BVerfGE 75, 192 (200), zu den Sparkassen.

[35] Vgl. *Jarass*, in: Jarass/Pieroth, GG, 16. Aufl. 2020, Art. 14 Rn. 9a.

Eine Beschränkung des Fragerechts der O-Fraktion mit Rücksicht auf grundrechtlich geschützte Interessen des W kommt danach nicht in Betracht.

Klausurtipp: Wollte man – nicht unvertretbar – die Grundrechtsträgerschaft des
W hier gleichwohl anerkennen, würde schließlich jedenfalls ein Überwiegen des
parlamentarischen Informationsinteresses gegenüber dem grundrechtlichen Ge-
heimnisschutz anzunehmen sein (vgl. BayVerfGH, NVwZ 2007, 204 [208]).

dd) Das staatliche Geheimhaltungsinteresse als verfassungsrechtlicher Staats-wohlbelang

Nach der Rechtsprechung des Bundesverfassungsgerichts ist das Interesse des Staates
am Schutz vertraulicher Informationen von Unternehmen, die ihm gehören oder an
denen er beteiligt ist, zwar nicht grundrechtlich geschützt, wohl aber als verfassungsrechtlicher Staatswohlbelang; es besteht ein verfassungsrechtlich anerkennenswertes öffentliches Interesse am Schutz ihrer Betriebs- und Geschäftsgeheimnisse.[36] Dieser verfassungsrechtliche Staatswohlbelang ist grundsätzlich geeignet, den verfassungsrechtlich
verbürgten Informationsanspruch der Fraktion einzuschränken. Dies würde aber ein
Überwiegen des verfassungsrechtlich geschützten Geheimhaltungsinteresses voraussetzen. Das ist nicht erkennbar, so dass der Informationsanspruch auch hierdurch nicht
ausgeschlossen wird.

C. Ergebnis

Damit ist der Antrag der O-Fraktion im Organstreitverfahren vor dem Verfassungsgerichtshof NRW zulässig, jedoch unbegründet; zwar steht der begehrten Auskunft
kein Grundrechtsschutz oder sonstiger verfassungsrechtlicher Schutz von Betriebs- und
Geschäftsgeheimnissen des W entgegen, doch liegt sie – nach der hier vertretenen Auffassung – außerhalb der sachlichen Reichweite des Frage- und Informationsrechts, so
dass die Landesregierung die Auskunft verweigern durfte.

Weiterführende Klausurentipps: Durch das Urteil des Bundesverfassungsgerichts zur 13. Atomgesetz-Novelle 2011 („Atomausstieg") ist ein weiterer interes-
santer Aspekt der Diskussion um die Grundrechtsfähigkeit öffentlicher Unternehmen in den Blickpunkt gerückt worden, nämlich die Frage, ob ausländische
Staatsunternehmen sich nach Art. 19 Abs. 3 GG auf die Grundrechte des Grundgesetzes berufen können.[37]

---

[36] BVerfGE 147, 50 Rn. 281 ff.
[37] Vgl. BVerfGE 143, 264 Rn. 184 ff.

§ 2. Kommunalrecht

Fall 6: „Kommunalwahlrecht für alle" (Vortrag)

Behandelte Themen: Verfassungsänderung – Homogenitätsprinzip – demokratisches Prinzip – Volkssouveränität – verfassungsgerichtliche Rechtsbehelfe

Ausgangsfall

Inmitten des Wahlkampfs zu den bevorstehenden Landtagswahlen kündigt der Justizminister des Landes NRW an, in der kommenden Wahlperiode eine Verfassungsänderung auf den Weg bringen zu wollen, mit der allen in NRW ansässigen Ausländern, und zwar sowohl EU-Ausländern als auch Nicht-EU-Ausländern, das uneingeschränkte (aktive und passive) Wahlrecht bei Kommunalwahlen eingeräumt wird. Hierzu soll Art. 78 LV NRW um folgenden Absatz 5 erweitert werden:

> *„Bei den Wahlen in den Gemeinden und Kreisen sind unabhängig von ihrer Staatsangehörigkeit alle Personen, die ihren Hauptwohnsitz im Gebiet der Gemeinde oder des Kreises haben, wahlberechtigt und wählbar."*

In den Oppositionsfraktionen im Landtag gibt es erhebliche Zweifel, ob eine derartige Änderung der Landesverfassung materiell zulässig wäre. Die F-Fraktion verweist hierbei zum einen auf die sog. Identitätsgarantie des Art. 69 Abs. 1 S. 2 LV NRW, derzufolge jede Änderung der Landesverfassung auf die Wahrung der Grundsätze des republikanischen, demokratischen und sozialen Rechtsstaats im Sinne des Grundgesetzes verpflichtet ist. Der demokratische Grundsatz basiere aber entscheidend auf der Idee der Volkssouveränität, mit der ein Ausländerwahlrecht nicht vereinbar sei. Parallele Bedenken hegt die F-Fraktion an der Vereinbarkeit der geplanten Neuregelung insbesondere mit Art. 28 Abs. 1 GG. Der Justizminister hält dagegen, dass Art. 28 Abs. 1 S. 3 GG ja schon selbst ein Ausländerwahlrecht vorsehe, wenn auch bislang nur für EU-Ausländer. Zudem formuliere Art. 28 Abs. 1 S. 1 GG lediglich eine Bindung an „Grundsätze", was schon begrifflich Ausnahmen im Einzelfall ermögliche. Art. 69 Abs. 1 S. 2 LV NRW könne zudem schon deshalb kein Maßstab für Verfassungsänderungen sein, weil die Norm – was zutrifft – erst 2002 in die Landesverfassung eingefügt worden sei. Sie könne dementsprechend auch jederzeit wieder aufgehoben oder eingeschränkt werden. Prüfungsmaßstab könne insoweit allenfalls Art. 1 Abs. 1 S. 1 LV NRW sein, der – nach der hier zugrunde zu legenden Rechtsprechung des Verfassungsgerichtshofs[1] – die Homogenitätsregelung des Art. 28 Abs. 1 GG rezipiert und damit als Bestandteil der Landesverfassung normiert.

Die F-Fraktion bittet um kurzgutachterliche Klärung, ob das geplante „Kommunalwahlrecht für alle" gegen das Grundgesetz und bzw. oder gegen die Landesverfassung verstößt.

Fortsetzung

Bei den Landtagswahlen erhalten die bisherigen Regierungsparteien erneut die Mehrheit, so dass die Landesregierung nunmehr ihr Wahlversprechen umsetzen will.

---

[1] VerfGH NRW, NWVBl. 1999, 383 (383 f.); 2009, 185 (186); ÖffR NRW, § 1 Rn. 14.

Schon nach kurzer Zeit legt die Regierung einen Gesetzentwurf zur Änderung der Landesverfassung vor.

Die F-Fraktion, die in dem neu gewählten Landtag ein Drittel der Sitze einnimmt, bittet um Klärung, mit welchem verfassungsgerichtlichen Rechtsbehelf sie gegen die geplante Verfassungsänderung vorgehen kann.

Gliederung

Lösungsvorschlag

A. Ausgangsfall: Materielle Prüfung des Änderungsvorschlags

Materielle Grenzen für verfassungsändernde Gesetze des Landes NRW können sich sowohl aus dem Bundesverfassungsrecht (sub I.) als auch aus der Landesverfassung NRW ergeben, die in Art. 69 Abs. 1 S. 2 LV NRW auf die Grundsätze des Art. 28 Abs. 1 S. 1 GG als Rahmen und Grenze für (landes-)verfassungsändernde Gesetze ver-weist (sub II.).

I. Grundgesetzliche Vorgaben

1. Bindungen der Landesverfassungsgesetzgebung

Die Verfassungsgesetzgebung auf Länderebene sieht sich nicht geringen Bindungen durch das Grundgesetz ausgesetzt. Diese dienen dem Ziel, einen Gleichlauf in den wesentlichen Grundfragen des Gemeinwesens sicherzustellen und Normwidersprüche zwischen Bundes- und Landesebene zu vermeiden. Neben der allgemeinen Kollisionsregel des Art. 31 GG, wonach Bundesrecht (jedweden Ranges) abweichendes Landesrecht (jedweden Ranges) bricht, sowie neben der Bindung auch der Landesverfassungsgesetzgebung an die Grundrechte des Grundgesetzes (Art. 1 Abs. 3 GG) finden sich homogenitätssichernde Vorgaben namentlich in Art. 28 Abs. 1 GG und – bezogen auf die Landesgrundrechte – in Art. 142 GG.[2] Diese Vorgaben, die auch die originäre Verfassunggebung auf Landesebene treffen, verdeutlichen den eigenen Charakter der Verfassungshoheit der Länder, die nicht mit der generellen Ungebundenheit der verfassunggebenden Gewalt des Bundes (pouvoir constituant) vergleichbar ist.[3]

Im vorliegenden Kontext stellt sich die Frage der Vereinbarkeit der geplanten Änderung der Landesverfassung mit den Homogenitätsvorgaben des Art. 28 Abs. 1 S. 1 GG. Nach diesen Vorgaben muss die verfassungsmäßige Ordnung in den Ländern u. a. den demokratischen Grundsätzen des Grundgesetzes entsprechen. Als Normativbestimmung mit Richtliniencharakter formuliert Art. 28 Abs. 1 S. 1 GG unmittelbare Bindungen für die Landesverfassungsgesetzgebung. Eine Verletzung der Normativbestimmung bewirkt ipso iure die Unwirksamkeit einer gegenläufigen Landesnorm.[4]

2. Bindung an die demokratischen Grundsätze i. S. d. Grundgesetzes

Die Ausdehnung des Kommunalwahlrechts auf alle Ausländer könnte eine Verletzung der demokratischen Grundsätze i. S. d. Art. 28 Abs. 1 S. 1 GG darstellen. Art. 20 Abs. 2 S. 1 GG verlangt, dass alle Staatsgewalt vom „Volke" ausgehen und damit durch das Volk legitimiert werden muss. Soweit daher mit dem Begriff „Volke" allein deutsche Staatsangehörige gemeint sein sollten, könnte die Eröffnung eines generellen Kommunalwahlrechts für Ausländer womöglich gegen den demokratischen Grundsatz der Volkssouveränität aus Art. 20 Abs. 2 S. 1 GG verstoßen.

a) Volksbegriff

Für eine Auslegung des Volksbegriffes im Sinne einer Begrenzung auf die deutschen Staatsangehörigen spricht insbesondere die Präambel des Grundgesetzes, in der mehrfach explizit auf das „Deutsche Volk" bzw. auf „die Deutschen" abgestellt wird. In gleicher Weise spricht Art. 146 GG von der Möglichkeit, dass sich das „deutsche Volk" in freier Selbstbestimmung eine neue Verfassung geben kann. Nach dem Grundsatz der Einheit der Verfassung spricht alles dafür, dass das Grundgesetz, wenn es vom „Volk" spricht, das deutsche Volk i. S. d. Verbundes der deutschen Staatsangehörigen meint.[5]

---

[2] Grundlegend hierzu BVerfGE 96, 345 (365); siehe auch ÖffR NRW, § 1 Rn. 21 ff.

[3] Eingehend hierzu ÖffR NRW, § 1 Rn. 11 f.

[4] Vgl. BVerfGE 83, 37 (59); *Hellermann*, in: BeckOK GG, 43. Edition (Stand: 5/2020), Art. 28 Rn. 3.

[5] H. M., vgl. nur BVerfGE 83, 37 (53); ÖffR NRW, § 1 Rn. 75.

b) Kommunales Ausländerwahlrecht als genereller Verstoß gegen die Volkssouveränität?

Gegen die Annahme, dass eine Beteiligung von Ausländern an Kommunalwahlen von vornherein gegen den demokratischen Grundsatz der Volkssouveränität verstoße, könnte allerdings sprechen, dass Art. 28 Abs. 1 S. 3 GG explizit ein Wahlrecht von EU-Ausländern bei Wahlen in den Gemeinden und Kreisen vorsieht. Diese nachträglich in das Grundgesetz eingefügte Bestimmung enthält damit eine Modifikation des Grundsatzes der Volkssouveränität, die sich nach wohl einhelliger Meinung im Rahmen des durch Art. 79 Abs. 3 GG eröffneten Spielraums für Änderungen des Grundgesetzes bewegt.[6] Wenn aber das Grundgesetz in diesem Sinne Raum für eine Beteiligung von Ausländern an Kommunalwahlen belässt, könnte bezweifelt werden, ob durch eine zusätzliche Erweiterung des Ausländerwahlrechts in der Verfassung eines Landes tatsächlich bereits die demokratischen „Grundsätze" des Grundgesetzes i. S. d. Art. 28 Abs. 1 S. 1 GG berührt werden.

c) Konkretisierung des demokratischen Prinzips durch Art. 28 Abs. 1 S. 2 und 3 GG

Andererseits ist zu beachten, dass das Grundgesetz in Art. 28 Abs. 1 S. 2 und 3 GG bereits eine eigene Entscheidung zu der Frage trifft, wer in den Gemeinden und Kreisen zur Teilnahme an den Wahlen berechtigt und damit als Legitimationssubjekt anzusehen ist, nämlich die deutschen Staatsangehörigen als „Volk" in den Kreisen und Gemeinden (Art. 28 Abs. 1 S. 2 GG) und die Angehörigen von EU-Mitgliedstaaten (Art. 28 Abs. 1 S. 3 GG). Diese Regelungsvorgaben einschließlich der dort verankerten Wahlrechtsgrundsätze zielen erkennbar auf eine länderübergreifende Synchronisation der demokratischen Legitimationsanforderungen im föderalen Staat des Grundgesetzes.[7] Vor diesem Hintergrund müssen die Festlegungen in Art. 28 Abs. 1 S. 2 und 3 GG als verbindliche Konkretisierung des demokratischen Prinzips im Sinne des Grundgesetzes nach Art. 28 Abs. 1 S. 1 GG verstanden werden.[8]

Die Beschränkung der Wahlberechtigung bei Gemeinderats- und Kreistagswahlen auf deutsche Staatsangehörige sowie EU-Ausländer zählt damit zu den demokratischen Grundsätzen i. S. d. Art. 28 Abs. 1 S. 1 GG.

d) Spielräume aufgrund einer nur „grundsätzlichen" Bindung?

Immerhin bliebe zu überlegen, ob die durch Art. 28 Abs. 1 S. 1 GG vorgegebene Bindung der verfassungsmäßigen Ordnung in den Ländern an die demokratischen Grundsätze des Grundgesetzes möglicherweise nur als „grundsätzliche" Bindung zu verstehen ist, die dem verfassungsändernden Gesetzgeber des Landes Spielräume für Abweichungen im Detail vermittelt. Hiergegen spricht indes, dass in Art. 28 Abs. 1 S. 1 GG nicht von einer „grundsätzlichen Bindung", sondern von einer Bindung an „Grundsätze" die Rede ist. Danach betrifft die Bindung zwar nur das „Grundsätzliche". Dieses Grundsätzliche wird aber ausnahmslos geschützt, so dass Sonderwege der Länder im Bereich dieser Grundsätze ausgeschlossen sind.[9] Allein diese Sicht entspricht auch der Zielsetzung des Art. 28 Abs. 1 GG, die demokratischen Legitimationsanforderungen im Föderalstaat des

---

[6] BVerfGE 83, 37 (50 ff.); *Mehde,* in: Maunz/Dürig, GG, 90. EL (Stand: 8/2019), Art. 28 Abs. 1 Rn. 126; *Hellermann,* in: BeckOK GG, 43. Edition (Stand: 5/2020), Art. 28 Rn. 17.3.

[7] Vgl. BVerfGE 90, 60 (84); *Hellermann,* in: BeckOK GG, 43. Edition (Stand: 5/2020), Art. 28 Rn. 2.

[8] H. M., eingehend hierzu *Dietlein,* in: Lib. Amicorum für D. Ehlers, 2015, S. 39 (44 ff.).

[9] ÖffR NRW, § 1 Rn. 70.

Grundgesetzes zu synchronisieren. Soweit daher das Grundgesetz die Teilnahme an den Wahlen zu den Gemeinderäten und Kreistagen auf deutsche Staatsangehörige und EU-Ausländer beschränkt, ist der verfassungsändernde Gesetzgeber des Landes nach Art. 28 Abs. 1 S. 1 GG nicht befugt, eine hierüber hinausgehende Teilnahme von Nicht-EU-Ausländern an Gemeinderatswahlen und Kreistagswahlen vorzusehen.

> **Vertiefung:** Eine andere Frage ist, ob der verfassungsändernde Gesetzgeber des *Bundes* befugt wäre, die Teilnahme an Kommunalwahlen in Art. 28 Abs. 1 S. 3 GG auch für Nicht-EU-Ausländer zu eröffnen und damit die Homogenitätsbindungen für die Länder zu modifizieren. Diese insbesondere nach Art. 79 Abs. 3 GG zu entscheidende Frage wird im Schrifttum unterschiedlich beantwortet,[10] kann hier aber offenbleiben.

3. Ergebnis

Die angedachte Änderung der Landesverfassung verstößt gegen Art. 28 Abs. 1 S. 1 GG und wäre damit grundgesetzwidrig.

II. Landesverfassungsrechtliche Vorgaben

1. Art. 69 Abs. 1 S. 2 LV als verbindlicher Prüfungsmaßstab?

Die geplante Änderung der Landesverfassung könnte zudem gegen Art. 69 Abs. 1 S. 2 LV NRW verstoßen. Allerdings stellt sich vorab die Frage, ob Art. 69 Abs. 1 S. 2 LV NRW überhaupt als einschlägiger Prüfungsmaßstab anzusehen ist. Hiergegen spricht prima facie, dass die Norm erst nachträglich durch den verfassungsändernden Gesetzgeber eingefügt wurde. Dieser Umstand lässt die Schlussfolgerung zu, dass die Norm durch den verfassungsändernden Gesetzgeber auch jederzeit wieder aufgehoben werden könnte und damit nicht als Maßstab für spätere Änderungen der Landesverfassung taugt.[11] Insbesondere könnte die Kodifikation einer Regelung, die den Anforderungen des Art. 69 Abs. 1 S. 2 LV NRW nicht oder nicht vollumfänglich genügte, womöglich als inzidente Teilaufhebung des Art. 69 Abs. 1 S. 2 LV NRW bzw. als „lex specialis" interpretiert werden. Anderes würde sich immerhin ergeben, wenn die dort genannte Bindung an die demokratischen Grundsätze des Grundgesetzes ohnehin bestünde und die Normierung des Art. 69 Abs. 1 S. 2 LV NRW vor diesem Hintergrund nur deklaratorischer Natur wäre. Wegen der grundsätzlich getrennten Verfassungsräume des Bundes und der Länder kann dies zwar nicht durch einen Verweis auf Art. 28 Abs. 1 GG begründet werden. Ein solcher deklaratorischer Charakter der Norm könnte sich allerdings daraus ergeben, dass Art. 1 Abs. 1 S. 1 LV NRW nach der hier zugrunde zu legenden Rechtsprechung des VerfGH NRW die Regelung des Art. 28 Abs. 1 GG ohnehin zugleich als Norm des Landesverfassungsrechts rezipiert hat. Diese landesverfassungsrechtliche Rezeption des Art. 28 Abs. 1 GG kann nur so verstanden werden,

---

[10] Gegen eine solche Befugnis des verfassungsändernden Gesetzgebers des Bundes etwa *Dietlein*, in: BeckOK GG, 43. Edition (Stand: 5/2020), Art. 79 Rn. 34.2; dafür *Burgi*, Kommunalrecht, 6. Aufl. 2019, § 11 Rn. 21.

[11] *Günther*, in: Heusch/Schönenbroicher, LV NRW, 2. Aufl. 2020, Art. 69 Rn. 11; *Mann*, in: Löwer/Tettinger, LV NRW, 2002, Art. 69 Rn. 18.

dass hierdurch alle landesstaatliche Gewalt – einschließlich der verfassungsändernden Landesgesetzgebung – (zusätzlich) kraft Landesverfassungsrechts verpflichtet wird, die in Art. 28 Abs. 1 GG formulierten Grundsätze zu achten. Vor diesem Hintergrund wiederholt Art. 69 Abs. 1 S. 2 LV NRW speziell für den verfassungsändernden Gesetzgeber des Landes die sich bereits aus Art. 1 Abs. 1 S. 1 LV NRW i. V. m. Art. 28 Abs. 1 GG ergebenden Bindungen. Die Norm ist damit ungeachtet ihrer erst nachträglichen Kodifikation tauglicher Prüfungsmaßstab für Änderungen der Landesverfassung.

2. Verstoß gegen Art. 69 Abs. 1 S. 2 LV NRW

Indem Art. 69 Abs. 1 S. 2 LV NRW explizit auf die demokratischen Grundsätze „im Sinne des Grundgesetzes für die Bundesrepublik Deutschland" abstellt, ist von einer Kongruenz mit der Prüfung des Art. 28 Abs. 1 S. 1 GG in Bezug auf Prüfungsmaßstab und das Prüfungsergebnis auszugehen. Für eine divergierende Auslegung besteht kein Raum. Da – wie oben dargelegt – von einer Verletzung des Art. 28 Abs. 1 S. 1 GG durch die geplante Verfassungsänderung auszugehen ist, ergibt sich hieraus zugleich eine Verletzung des Art. 69 Abs. 1 S. 2 LV NRW.

B. Fortsetzung: Verfassungsgerichtlicher Rechtsbehelf gegen die geplante Verfassungsänderung

Gegen verfassungsändernde Gesetze sind Rechtsbehelfe allein zu den Verfassungsgerichten des Bundes (sub. I.) und der Länder, hier des Landes NRW (sub. II.), denkbar.

I. Rechtsbehelfe zum BVerfG

1. Organstreit

Nicht in Betracht kommt ein Organstreit zum BVerfG nach Art. 93 Abs. 1 Nr. 1 GG i. V. m. § 13 Nr. 5, §§ 63 ff. BVerfGG, da hier eine Antragsberechtigung für Verfassungsorgane oder Organteile eines Landes nicht besteht.

2. Abstrakte Normenkontrolle

Auch eine abstrakte Normenkontrolle zum BVerfG nach Art. 93 Abs. 1 Nr. 2 GG i. V. m. § 13 Nr. 6, §§ 76 ff. BVerfGG entfällt, da hiernach seitens der Länder allein die jeweilige Landesregierung, nicht aber eine Landtagsfraktion antragsbefugt ist.

II. Rechtsbehelfe zum VerfGH NRW

1. Organstreit

Auch ein Organstreit zum VerfGH NRW nach Art. 75 Nr. 2 LV NRW i. V. m. § 12 Nr. 5, §§ 43 ff. VerfGHG NRW[12] dürfte entfallen. Zwar ist eine Antragsberechtigung einzelner Fraktionen denkbar.[13] Indes dient das Organstreitverfahren nach § 44 Abs. 1 VerfGHG NRW der Sicherung eigener organschaftlicher Rechte. Auf die organschaftlichen Rechte einer Landtagsfraktion hat eine Änderung des Kommunalwahlrechts aller-

---

[12] ÖffR NRW, § 1 Rn. 216 ff.
[13] VerfGH NRW, OVGE 55, 285 (286); *Heusch*, in: Heusch/Schönenbroicher, LV NRW, 2. Aufl. 2020, Art. 75 Rn. 26.

dings keine Auswirkungen. Der F-Fraktion geht es hier allein um eine Rechtmäßigkeitsprüfung der geplanten Verfassungsänderung, für die das Organstreitverfahren nicht zur Verfügung steht.

2. Abstrakte Normenkontrolle

Statthaft könnte dagegen die abstrakte Normenkontrolle nach § 75 Nr. 3 LV NRW i. V. m. § 12 Nr. 6, §§ 47 ff. VerfGHG NRW sein.[14] Danach entscheidet der VerfGH NRW auf Antrag der Landesregierung oder eines Drittels der Mitglieder des Landtags über die Vereinbarkeit von Landesrecht mit der Landesverfassung.

a) Verfahrensbeteiligte

Das Antragsquorum kann die F-Fraktion mit ihren eigenen Mitgliedern erreichen, da sie ein Drittel der Mitglieder des Landtags stellt.

b) Antragsgegenstand

aa) Verfassungsänderndes Gesetz als Gegenstand des Normenkontrollantrags

Fraglich könnte immerhin sein, ob ein verfassungsänderndes Gesetz überhaupt Gegenstand eines Normenkontrollantrags sein kann. Zwar ist der Wortlaut des Art. 75 Nr. 3 LV NRW („Landesrecht") durchaus offen für die Einbeziehung auch von verfassungsändernden Gesetzen. Gegen die Einbeziehung von solchen Gesetzen könnte aber sprechen, dass im Rahmen des Normenkontrollverfahrens gem. Art. 75 Nr. 3 LV NRW „die Vereinbarkeit von Landesrecht mit dieser Verfassung" überprüft werden soll. Eine statthafte Normenkontrolle eines verfassungsändernden Gesetzes setzte also voraus, dass dieses Landesrecht überhaupt mit der Verfassung unvereinbar sein kann („verfassungswidriges Verfassungsrecht"). Bei verfassungsändernden Gesetzen könnte hier womöglich entgegengehalten werden, dass die Normen der Landesverfassung gerade den Prüfungsmaßstab der abstrakten Normenkontrolle bilden und damit nicht zugleich ihr Prüfungsgegenstand sein können. Allerdings würde eine solche Sichtweise den grundlegenden Unterschied zwischen der genuinen Verfassungsgesetzgebung und der verfassungsändernden Gesetzgebung übergehen, die ihrerseits durchaus Bindungen des Verfassungsrechts unterworfen sein kann. Wie bereits herausgearbeitet, enthält die Landesverfassung denn auch mit Art. 69 Abs. 1 S. 2 LV NRW einen Maßstab, an dem verfassungsändernde Gesetze zu messen sind. Es erschiene widersinnig, wenn die LV NRW einen solchen Maßstab aufstellte, diesem aber die Justiziabilität verweigerte. Damit lässt sich feststellen, dass auch verfassungsändernde Gesetze Prüfungsgegenstand einer abstrakten Normenkontrolle sein können.[15]

bb) Keine „präventive" Normenkontrolle

Allerdings kann Prüfungsgegenstand nur eine bereits verkündete Norm sein,[16] sodass die F mit einem Normenkontrollantrag jedenfalls zuwarten müsste, bis der Justizminister bzw. der Landtag sein Vorhaben tatsächlich umgesetzt hat. Eine „präventive" Normenkontrolle kommt nicht in Betracht.

---

[14] ÖffR NRW, § 1 Rn. 224 ff.
[15] *Heusch*, in: Heusch/Schönenbroicher, LV NRW, 2. Aufl. 2020, Art. 75 Rn. 48.
[16] In Kraft getreten muss sie hingegen noch nicht sein; ÖffR NRW, § 1 Rn. 227; *Heusch*, in: Heusch/Schönenbroicher, LV NRW, 2. Aufl. 2020, Art. 75 Rn. 47; *Mann*, in: Löwer/Tettinger, LV NRW, 2002, Art. 75 Rn. 19.

c) Antragsbefugnis

Die F-Fraktion ist auch antragsbefugt. Sie geht von der Verfassungswidrigkeit der Neuregelung aus, so dass die Vorgaben des Art. 75 Nr. 3 LV NRW sowie des § 47 lit. a VerfGHG NRW erfüllt sind.

> **Vertiefung:** Während Art. 75 Nr. 3 LV NRW die abstrakte Normenkontrolle bei „Meinungsverschiedenheiten oder Zweifeln" über die Vereinbarkeit von Landesrecht mit der Landesverfassung zulässt, fordert § 47 VerfGHG NRW, dass der Antragsteller die Norm für „nichtig halten" muss bzw. dass sie aus gleichem Grunde von einem Organ des Landes nicht angewandt wurde. Der Vorrang der Verfassung vor dem einfachen Gesetz gebietet, den weniger strengen Maßstab des Art. 75 Nr. 3 LV NRW ausreichen zu lassen. Gemeinhin wird insoweit eine verfassungskonforme Auslegung des § 47 VerfGHG NRW für hinreichend erachtet; denkbar wäre aber auch, § 47 VerfGHG NRW als unvereinbar mit Art. 75 Nr. 3 LV NRW anzusehen (weiterführend ÖffR NRW, § 1 Rn. 228; *Heusch*, in: Heusch/Schönenbroicher, LV NRW, 2. Aufl. 2020, Art. 75 Rn. 51). Die Problematik ist im vorliegenden Kontext ohne Ergebnisrelevanz.

d) Form/Frist

Die Wahrung der Schriftform (§ 18 Abs. 1 S. 1 VerfGHG NRW) kann unterstellt werden. Eine Fristvorgabe macht das VerfGHG NRW für die abstrakte Normenkontrolle nicht.

3. Ergebnis

Die Verfassungsänderung kann seitens der F-Fraktion grundsätzlich zum Gegenstand einer abstrakten Normenkontrolle vor dem VerfGH NRW gemacht werden. Allerdings hat die F zunächst die Verkündung des Gesetzes abzuwarten.

> **Weiterführender Klausurtipp:**
>
> Die Probleme der Teilnahme von Ausländern an Wahlen stellen sich in entsprechender Weise für die Teilnahme von Ausländern an (Volks-)Abstimmungen (vgl. Art. 20 Abs. 2 GG). Auf der kommunalen Ebene ergibt sich hierbei das Zusatzproblem, dass Art. 28 Abs. 1 S. 3 GG eine Teilnahme von EU-Ausländern allein bei Wahlen, nicht aber bei den in Art. 20 Abs. 2 S. 2 GG von Wahlen getrennt gehaltenen Abstimmungen vorsieht. Bei dieser Differenzierung handelt es sich indes, wie unter Fall 11 (Bürgerbegehren) eingehend dargestellt, um eine bloße sprachliche Ungereimtheit, die bei systematisch-teleologischer Betrachtung durch eine erweiternde Auslegung des Art. 28 Abs. 1 S. 3 GG aufzulösen ist. Umgekehrt bleibt es indes dabei, dass Nicht-EU-Ausländern in Anbetracht der grundgesetzlichen Vorgaben die Teilnahme an Volksabstimmungen auf kommunaler Ebene landesrechtlich nicht eröffnet werden kann. Die Frage einer möglichen Ergänzung des Art. 28 Abs. 1 GG um eine generelle Teilnahmemöglichkeit von Ausländern an Bürgerbegehren und Bürgerentscheiden dürfte parallel zu der oben diskutierten Frage nach einem allgemeinen kommunalen Ausländerwahlrecht zu lösen sein.

Fall 7: „Ewiger Streit um die kommunale Sperrklausel"

Behandelte Themen: Wahlrechtsgleichheit – Sperrklauseln – Homogenitätsprinzip – Organstreitverfahren – Landesverfassungsbeschwerde

Sachverhalt

Die Wahl der Gemeinderatsmitglieder erfolgt in Nordrhein-Westfalen traditionell in einem Mischsystem aus vorgeschalteter Mehrheitswahl und ausgleichender Verhältniswahl. Die Zahl der zu wählenden Gemeinderatsmitglieder ist dabei doppelt so groß wie die Zahl der Wahlbezirke. Jeder Wähler hat eine Stimme. Mit ihr wählt er zum einen im Wahlbezirk einen „Direktkandidaten" und zum anderen, falls der Bewerber von einer Partei oder Wählergruppe aufgestellt ist, die von dieser Partei oder Wählergruppe für das Wahlgebiet aufgestellte Reserveliste. Als Direktkandidat ist derjenige Bewerber gewählt, der die (relative) Mehrheit der Stimmen auf sich vereinigt. Die verbleibenden Ratssitze werden auf die an der Listenwahl teilnehmenden Parteien und Wählergruppen entsprechend ihrem jeweiligen Anteil an der Gesamtzahl der abgegebenen gültigen Stimmen unter Anrechnung der in den Wahlbezirken errungenen Direktmandate verteilt (sog. Verhältnisausgleich).

In der Vergangenheit sah das nordrhein-westfälische Kommunalwahlgesetz immer wieder sog. Sperrklauseln vor, nach denen Parteien und Wählergruppen, die weniger als einen bestimmten Anteil der Gesamtstimmen im Wahlgebiet erhalten hatten, nicht am Verhältnisausgleich über die Reservelisten teilnahmen. Nachdem der VerfGH NRW derartige Sperrklauseln für Gemeinderats- und Kreistagswahlen mehrfach als unvereinbar mit der Landesverfassung NRW beanstandet hatte, beschließt der Landtag NRW mit verfassungsändernder Mehrheit in einem ordnungsgemäßen Verfahren, eine 2,5%-Sperrklausel für Kommunalwahlen unmittelbar in die Verfassung für das Land Nordrhein-Westfalen aufzunehmen. Mit dem Gesetz zur Änderung der Verfassung für das Land Nordrhein-Westfalen wird an Art. 78 Abs. 1 LV NRW ein neuer Satz 3 angefügt, der lautet:

> *„Wahlvorschläge, nach deren Ergebnis sich die Sitzanteile in den Räten der Gemeinden und den Kreistagen bestimmen, werden nur berücksichtigt, wenn sie mindestens 2,5 vom Hundert der insgesamt abgegebenen gültigen Stimmen erhalten haben."*

Die erneute Regelung einer Sperrklausel sei erforderlich, da der Wegfall der früheren Sperrklausel zu einer sich fortwährend verstärkenden Zersplitterung der Kommunalvertretungen geführt habe und die Handlungsfähigkeit der Räte und Kreistage hierdurch beeinträchtigt oder jedenfalls in hohem Maße gefährdet werde. Infolge der stark gestiegenen Zahl von Einzelmandatsträgern und nicht fraktionsfähigen Gruppen könnten sich Tagesordnungen und Sitzungen in einem unvertretbaren Maß in die Länge ziehen. Auch führe das Fehlen einer Sperrklausel zu einem überproportionalen Einfluss kleiner und kleinster Gruppierungen bei der Entscheidungsfindung im Rat bzw. im Kreistag. Nähere Darlegungen zu der konkreten Entwicklung der Zusammensetzung der Räte und Kreistage und deren Arbeitsweise in der Zeit seit der Aufhebung der Sperrklausel durch den VerfGH NRW macht der verfassungsändernde Gesetzgeber nicht. Immerhin fügt er als weitere Begründung hinzu, die Sperrklausel erschwere radikalen Splittergruppen den Einzug in die Räte und Kreistage. Durch die Normierung der Sperrklausel als Verfassungsnorm bestünden keine Zweifel mehr an ihrer Vereinbarkeit mit der Landesverfassung.

Der Landesverband der in zahlreichen Gemeinderäten und Kreistagen über Mandatsinhaber vertretenen P-Partei, der als nichtrechtsfähiger Verein organisiert ist, sieht sich durch die Neuregelung in seinem Recht auf Wahlrechtsgleichheit verletzt. Die Einführung von Sperrklauseln unterliege strengen verfassungsrechtlichen Rechtfertigungsanforderungen, die vorliegend nicht gewahrt seien. Diese Bindungen könnten nicht einfach dadurch abgestreift werden, dass die Sperrklausel nunmehr unmittelbar in die Landesverfassung hineingeschrieben werde. Das gelte zumal vor dem Hintergrund, dass die Wahlrechtsgleichheit als Homogenitätsvorgabe für die verfassungsmäßige Ordnung in den Ländern in Art. 28 Abs. 1 S. 2 GG ausdrücklich geregelt sei und vom VerfGH NRW – was zutrifft – seit langem über Art. 1 Abs. 1 S. 1 LV NRW als in das Landesverfassungsrecht rezipiert angesehen werde. Auch die seit dem Jahre 2002 in Art. 69 Abs. 1 S. 2 LV NRW explizit normierte Bindung des verfassungsändernden Gesetzgebers an die demokratischen Grundsätze des Grundgesetzes setze der verfassungsunmittelbaren Regelung einer Sperrklausel Grenzen. Die Annahme des verfassungsändernden Gesetzgebers, ohne eine Sperrklausel sei die Funktionsfähigkeit der Kommunalvertretungen nicht mehr gewährleistet, sei nicht fundiert; der Gesetzgeber habe weder die Erfahrungen seit Aufhebung der Sperrklausel durch den VerfGH NRW in seine Prognose einbezogen noch näher dargelegt, inwiefern die Präsenz kleinerer Parteien und Wählergruppen in den Kommunalvertretungen deren Funktionsfähigkeit beeinträchtige. Die von ihm zur Rechtfertigung angeführten Gründe seien insofern nicht tragfähig.

1. Kann sich der Landesverband der P-Partei erfolgreich mit einem Organstreitverfahren vor dem VerfGH NRW gegen die Einführung der neuen Sperrklausel zur Wehr setzen?
2. Wäre eine Verfassungsbeschwerde des Landesverbands der P-Partei zum VerfGH NRW gegen die Einführung der neuen Sperrklausel zulässig?

Bearbeitungshinweis: Eine Vereinbarkeit der Sperrklausel mit dem Grundsatz der Chancengleichheit der Parteien ist nicht zu prüfen.

Gliederung

Frage 1: Organstreitverfahren vor dem VerfGH NRW gegen die Einführung der Sperrklausel

A. Zulässigkeit
  I. Zuständigkeit des VerfGH NRW
  II. Parteifähigkeit
    1. P-Partei
    2. Landtag
  III. Antragsgegenstand
  IV. Antragsbefugnis
  V. Form und Frist
  VI. Zwischenergebnis
B. Begründetheit
  I. Bestimmung des Prüfungsmaßstabs
  II. Bestimmung der materiellen (Prüfungs-)Vorgaben für Verfassungsänderungen
  III. Eingriff in die Wahlrechtsgleichheit
  IV. Eingriffsrechtfertigung
    1. Rechtfertigungsanforderungen
    2. Vorliegen eines besonderen, sachlich legitimierten, zwingenden Grundes
      a) Ausschluss radikaler Parteien
      b) Sicherung der Funktionsfähigkeit der Kommunalvertretungen
      c) Verhinderung eines überproportionalen Einflusses kleiner Parteien und Wählervereinigungen
      d) Zwischenergebnis
    3. Zwischenergebnis
  V. Zwischenergebnis
C. Ergebnis

Frage 2: Zulässigkeit einer Verfassungsbeschwerde des Landesverbands der P-Partei zum VerfGH NRW

A. Zuständigkeit des VerfGH NRW   C. Ergebnis
B. Beschwerdefähigkeit

Lösungsvorschlag

Frage 1: Organstreitverfahren vor dem VerfGH NRW gegen die Einführung der Sperrklausel

Ein vom Landesverband der P-Partei beim VerfGH NRW gem. Art. 75 Nr. 2 LV NRW, § 12 Nr. 5, §§ 43 ff. VerfGHG NRW eingeleitetes Organstreitverfahren hat Erfolg, wenn der Antrag zulässig und soweit er begründet ist.

A. Zulässigkeit

I. Zuständigkeit des VerfGH NRW

Der VerfGH NRW ist gem. Art. 75 Nr. 2 LV NRW, § 12 Nr. 5, §§ 43 ff. VerfGHG NRW für landesverfassungsrechtliche Organstreitverfahren zuständig.

II. Parteifähigkeit

Zudem müssten der Landesverband der P-Partei als Antragsteller und der Landtag als Antragsgegner im Sinne von Art. 75 Nr. 2 LV NRW, § 43 VerfGHG NRW parteifähig sein.

1. P-Partei

Fraglich ist zunächst, ob der Landesverband der P-Partei im Organstreitverfahren vor dem VerfGH NRW parteifähig ist. § 43 VerfGHG NRW legt fest, dass Antragsteller und Antragsgegner nur die obersten Landesorgane und die in der Verfassung oder in einer Geschäftsordnung mit eigenen Rechten ausgestatteten Teile dieser Organe sein können. Der Landesverband der P-Partei ist kein oberstes Landesorgan oder Teil eines solchen und damit nach Maßgabe von § 43 VerfGHG NRW nicht antragsberechtigt.

Vertiefung: Oberste Landesorgane sind der Landtag, die Landesregierung und der Ministerpräsident; Minister als Organteile der Landesregierung sowie als Organteile des Landtags der Landtagspräsident, der Ältestenrat, die Fraktionen, die Untersuchungsausschüsse sowie andere in der Geschäftsordnung des Landtags mit eigenen Rechten ausgestattete Ausschüsse; einzelne Abgeordnete und Gruppen von Abgeordneten sind ebenfalls im Organstreitverfahren parteifähig.[1] Der VerfGH NRW ist zwar auch oberstes Landesorgan, im Organstreitverfahren aber nicht antragsberechtigt, da er sonst in eigener Sache entscheiden müsste.[2]

Allerdings ist zu beachten, dass nach Art. 75 Nr. 2 LV NRW neben den obersten Landesorganen auch „andere Beteiligte, die durch diese Verfassung oder in der Ge-

---

[1] *Heusch*, in: Heusch/Schönenbroicher, LV NRW, 2. Aufl. 2020, Art. 75 Rn. 26; *Pieroth*, FS VerfGH NRW, 2002, S. 103 (107).

[2] So im Zusammenhang mit dem BVerfG auch *Engels*, Jura 2010, 421 (422) unter Verweis auf BVerfGE 60, 175 (202); *Geis/Meier*, JuS 2011, 699 (701).

schäftsordnung eines obersten Landesorgans mit eigenen Rechten ausgestattet sind" im Organstreitverfahren antragsberechtigt und damit parteifähig sind. Auf Ebene des einfachen Rechts wird der Kreis der Antragsberechtigten folglich enger definiert als auf Ebene des Landesverfassungsrechts.

Ob sich die Parteifähigkeit in diesem Fall allein nach Maßgabe von Art. 75 Nr. 2 LV NRW bestimmt oder ob § 43 VerfGHG NRW eine den Regelungsauftrag des Art. 76 Abs. 3 LV NRW umsetzende und die Vorgaben des Art. 75 Nr. 2 LV NRW lediglich konkretisierende Verfahrensvorschrift darstellt, ist umstritten.

Einer Entscheidung bedarf es jedoch nur, wenn der Landesverband der P-Partei überhaupt als anderer Beteiligter i. S. d. Art. 75 Nr. 2 LV NRW anzusehen wäre. Andere Beteiligte in diesem Sinne sind Rechtsträger, die nach Rang und Funktion den obersten Landesorganen insofern gleichstehen, als auch sie verfassungsrechtliche Rechte und Pflichten haben und dadurch wie die obersten Landesorgane berufen sind, an der Bildung des Staatswillens mitzuwirken.[3] Der Landesverband der P-Partei müsste in der Landesverfassung in diesem Sinne mit eigenen Rechten ausgestattet sein. Insofern könnte auf den landesverfassungsrechtlichen Status der Parteien abgestellt werden. Ein solcher ergibt sich jedoch aus der Landesverfassung nicht ausdrücklich. Allerdings könnte die Gewährleistung der Chancengleichheit der Parteien aus Art. 21 GG auch auf Ebene des Landesverfassungsrechts Bedeutung erlangen. Insofern wird teilweise von einem „Hineinwirken" des Art. 21 GG in das Landesverfassungsrecht dergestalt ausgegangen, dass dessen Grundsätze als Landesverfassungsrecht unmittelbar auch in den Ländern gelten.[4] Andere lehnen ein automatisches Hineinwirken von Bundesverfassungsrecht in das Landesverfassungsrecht ab, sehen Art. 21 GG aber als über die Gliedstaatsklausel des Art. 1 Abs. 1 S. 1 LV NRW in das Landesverfassungsrecht rezipiert an; insofern ist davon auszugehen, dass die Landesverfassung mit ihrem Bekenntnis zur Gliedstaatlichkeit in Art. 1 Abs. 1 S. 1 LV NRW zugleich die für einen Parteienstaat zentrale Garantie des Art. 21 GG zum Bestandteil der Landesverfassung macht.[5] Unabhängig davon, welcher Ansicht man folgen will, wäre ein verfassungsrechtlicher Status der Parteien landesverfassungsrechtlich gewährleistet.

Vertiefung: In der Sache ist die Theorie eines „Hineinwirkens" grundgesetzlicher Normen in die Landesverfassung abzulehnen; es handelt sich um eine unverhüllte Zweckkonstruktion zur Erweiterung der landesverfassungsgerichtlichen Kontrollbefugnisse, die weder mit den Grundprinzipien der Rechtsquellenlehre noch mit dem Grundsatz der getrennten Verfassungsräume von Bund und Ländern in Einklang zu bringen ist.[6] Es bedarf damit immer einer konkreten landesverfassungsrechtlichen Rezeptionsnorm, die in der Gliedstaatsklausel des Art. 1 Abs. 1 S. 1 LV NRW zu sehen ist.

Dieser Status umfasst den Auftrag politischer Parteien, bei der politischen Willensbildung des Volkes vornehmlich im Bereich und im Vorfeld von Wahlen mitzuwirken

---

[3] ÖffR NRW, § 1 Rn. 218; *Mann*, in: Löwer/Tettinger, LV NRW, 2002, Art. 75 Rn. 15; VerfGH NRW, OVGE 24, 296 (305).

[4] BVerfGE 103, 332 (352 f.); 120, 82 (104); VerfGH NRW, NVwZ 2009, 1101; NVwZ 2018, 159 (160 Rn. 47).

[5] *Dietlein*, FS VerfGH NRW 2002, S. 203 (216 ff.); *Tettinger*, in: Löwer/Tettinger, LV NRW, 2002, Vorb. Art. 1–3 Rn. 7 ff.; vgl. auch VerfGH NRW, NVwZ 2000, 666 (667).

[6] ÖffR NRW, § 1 Rn. 18 f.; *Dietlein*, FS VerfGH NRW, 2002, S. 203 (216); kritisch auch *Heusch*, in: Heusch/Schönenbroicher, LV NRW, 2. Aufl. 2020, Art. 1 Rn. 22 und Art. 75 Rn. 16.

und schließt ihr Recht auf Chancengleichheit ein.[7] Zum verfassungsrechtlichen Status der politischen Parteien gehört zum anderen ihr Recht auf Wahlgleichheit.[8] Dieses ist auf Ebene des Landesverfassungsrechts ausdrücklich in Art. 78 Abs. 1 S. 2 LV NRW gewährleistet. Der Grundsatz der Wahlrechtsgleichheit wird zudem – ebenso wie die anderen Wahlrechtsgrundsätze – im Bereich der Länder und Gemeinden durch das objektiv-rechtliche Verfassungsgebot des Art. 28 Abs. 1 S. 2 GG gewährleistet, dessen Geltung als Landesverfassungsrecht Art. 1 Abs. 1 S. 1 LV NRW vermittelt.[9] Der Grundsatz der Wahlrechtsgleichheit ist zudem Ausprägung des Demokratieprinzips, das auf der Ebene des Landesverfassungsrechts durch Art. 2 LV NRW gewährleistet ist.[10] Dem Landesverband der P-Partei stehen danach eigenständige durch die Landesverfassung garantierte Rechte zu. Er ist daher als „anderer Beteiligter" im Sinne des Art. 75 Nr. 2 LV NRW anzusehen.

Damit bleibt zu klären, ob sich die Antragsberechtigung im Organstreitverfahren nach der einfach-rechtlichen Konkretisierung in § 43 VerfGHG NRW richtet und dem Landesverband der P-Partei folglich die Parteifähigkeit fehlt oder ob die weitere Regelung des Art. 75 Nr. 2 LV NRW, nach der eine Parteifähigkeit des Landesverbandes der P-Partei gegeben wäre, zum Zuge kommt. Schon normhierarchisch erscheint es notwendig, der verfassungsunmittelbaren, weiteren Regelung des Art. 75 Nr. 2 LV NRW den Vorrang einzuräumen; die Einschränkung des Kreises der Antragsberechtigten in § 43 VerfGHG NRW („können nur") ist insofern mit höherrangigem Landesverfassungsrecht unvereinbar.[11] Der Kreis der Antragsberechtigten im Organstreitverfahren wird daher nicht durch § 43 VerfGHG NRW beschränkt, sondern erstreckt sich nach Maßgabe des Art. 75 Nr. 2 LV NRW über die in § 43 VerfGHG NRW ausdrücklich benannten Fälle hinaus auf die mit eigenem verfassungsrechtlichen Status ausgestatteten „anderen Beteiligten". Nach tradierter Sichtweise üben die Parteien im Rahmen ihres verfassungsrechtlichen Status quasi die Funktionen eines Verfassungsorgans aus, sodass es auch materiell sachgerecht erscheine, ihnen eine Antragsberechtigung im Rahmen des landesverfassungsgerichtlichen Organstreitverfahrens zuzubilligen.[12] Ein Verweis politischer Parteien auf die Verfassungsbeschwerde würde der Geltendmachung ihres spezifischen verfassungsrechtlichen Status nicht gerecht.[13]

Vertiefung: Die Möglichkeit der Geltendmachung des verfassungsrechtlichen Status der Parteien im Wege des Organstreits ist umstritten; während das BVerfG und der VerfGH NRW mit Teilen der Literatur von einer Antragsberechtigung politischer Parteien im Organstreitverfahren ausgehen,[14] wird in der Literatur teilweise das Verfassungsbeschwerdeverfahren als vorzugswürdig erachtet.[15]

---

[7] VerfGH NRW, NVwZ 2009, 1101.

[8] *Heusch*, in: Heusch/Schönenbroicher, LV NRW, 2. Aufl. 2020, Art. 75 Rn. 34.

[9] Vgl. ÖffR NRW, § 1 Rn. 14; VerfGH NRW, NVwZ 2000, 666 (667); NWVBl. 2009, 185 (186).

[10] Vgl. VerfGH NRW, NVwZ 2000, 666 (667).

[11] Wie hier zu Parallelproblematik im Verfassungsprozessrecht des Bundes vgl. *Engels*, Jura 2010, 420 (421); *Hillgruber/Goos*, 5. Aufl. 2020, Rn. 421 ff.; a. A. *Mann*, in: Löwer/Tettinger, LV NRW, 2002, Art. 75 Rn. 15: ergänzende Auslegung von § 43 VerfGHG NRW „im Lichte" des Art. 75 Nr. 2 LV NRW; ähnl. auch *Pieroth*, FS VerfGH NRW, 2002, S. 103 (109).

[12] Vgl. *Heusch*, in: Heusch/Schönenbroicher, LV NRW, 2. Aufl. 2020, Art. 75 Rn. 26; *Pieroth*, FS VerfGH NRW, 2002, S. 103 (109); VerfGH NRW, NVWZ 2000, 666.

[13] Vgl. dazu auch noch unten Frage 2 B.

[14] BVerfGE 148, 11 (19 Rn. 27); VerfGH NRW, BeckRS 2017, 132343 Rn. 37; *Engels*, Jura 2010, 420 (423); *Hillgruber/Goos*, Verfassungsprozessrecht, 5. Aufl. 2020, Rn. 423 f.

[15] Vgl. nur *Schlaich/Korioth*, Das BVerfG, 11. Aufl. 2018, Rn. 92 m. w. N.

Politische Parteien können danach die behauptete Verletzung ihres verfassungsrechtlichen Status durch ein Verfassungsorgan im Organstreit geltend machen. Der Landesverband der P-Partei kann folglich als politische Partei Beteiligter eines Organstreitverfahrens sein, soweit es um die Geltendmachung einer spezifisch organschaftlichen
Rechtsbetroffenheit geht[16], und ist damit parteifähig.

> **Vertiefung:** Anders als Organteile i. S. d. § 43 VerfGHG NRW können „andere
> Beteiligte" nur eigene Rechte, nicht aber Rechte des Organs, dem sie angehören,
> im Wege des Organstreits geltend machen.[17]

2. Landtag

Der Landtag ist als oberstes Landesorgan (Verfassungsorgan) gem. Art. 75 Nr. 2 LV
NRW, § 43 VerfGHG NRW parteifähig.

III. Antragsgegenstand

Antragsgegenstand muss gem. § 44 Abs. 1 VerfGHG NRW eine rechtserhebliche
Maßnahme oder Unterlassung des Antragsgegners sein. Als solche kommen auch
Normsetzungsakte, hier die Einführung der verfassungsunmittelbaren Sperrklausel auf-
grund des Gesetzes zur Änderung der Verfassung für das Land Nordrhein-Westfalen, in
Betracht.[18] Diese Maßnahme des Landtags stellt einen tauglichen Antragsgegenstand
dar.

IV. Antragsbefugnis

Nach § 44 Abs. 1 VerfGHG NRW muss der Landesverband der P-Partei geltend machen können, durch ein Verhalten des Antragsgegners in seinen Rechten verletzt oder
unmittelbar gefährdet zu sein. Dies setzt die Möglichkeit einer Rechtsverletzung voraus.
Hier könnte aufgrund der verfassungsunmittelbaren Normierung der 2,5%-Sperr-
klausel das Recht der P-Partei auf Wahlrechtsgleichheit verletzt sein. Der Grundsatz der
gleichen Wahl sichert die vom Demokratieprinzip vorausgesetzte Egalität der Staatsbürger.[19] Er gebietet, dass alle Staatsbürger das aktive und passive Wahlrecht möglichst in formal gleicher Weise ausüben können.[20] Daraus folgt für das Wahlgesetz, dass jede Stimme –
im Rahmen des jeweiligen Wahlsystems – das gleiche Gewicht haben muss; die Stimme
eines jeden Wahlberechtigten muss damit grundsätzlich den gleichen Zählwert und –
bei der Verhältniswahl bzw. gemischten Wahlsystemen – den gleichen Erfolgswert ha-

---

[16] VerfGH NRW, NVwZ-RR 2003, 83 (84); NWVBl. 2004, 192 (193); NVwZ 2009, 1101;
BeckRS 2017, 132343 Rn. 35; *Pieroth*, FS VerfGH NRW, 2002, S. 103 (111).

[17] *Hillgruber/ Goos*, Verfassungsprozessrecht, 5. Aufl. 2020, Rn. 440.

[18] Vgl. *Geis/ Maier*, JuS 2011, 699 (702); *Pieroth*, FS VerfGH NRW, 2002, S. 103 (110).

[19] *Butzer*, in: BeckOK GG, 43. Edition (Stand: 5/2020), Art. 38 Rn. 75; *Müller*, in: von Mangoldt/
Klein/Starck, GG, 7. Aufl. 2018, Art. 38 Rn. 142; BVerfGE 120, 82 (102); 121, 266 (295).

[20] *Dietlein/ Riedel*, Zugangshürden im Kommunalwahlrecht, 2012, S. 24; *Voßkuhle/ Kaufhold*, JuS
2013, 1078 (1079); BVerfGE 120, 82 (102); 146, 327 (349 Rn. 59); VerfGH NRW, NVwZ 2009,
449; NVwZ 2018, 159 (162 Rn. 67); BeckRS 2019, 32591 Rn. 137.

ben.[21] Durch die Regelung einer Sperrklausel, die bestimmte Stimmen bei der Sitzverteilung unberücksichtigt lässt, bleiben die entsprechenden Stimmen ohne Erfolgswert; eine Beeinträchtigung der Wahlrechtsgleichheit erscheint damit jedenfalls möglich. Nach dem Antragsvorbringen ist die Verletzung des landesverfassungsrechtlichen Rechts des Landesverbandes der P-Partei auf Wahlrechtsgleichheit aufgrund der Normierung der 2,5%-Sperrklausel in der Landesverfassung nicht schlechterdings ausgeschlossen.

Der Landesverband der P-Partei ist daher antragsbefugt.

V. Form und Frist

Mangels entgegenstehender Angaben im Sachverhalt ist davon auszugehen, dass der Landesverband der P-Partei den Antrag innerhalb der Sechs-Monats-Frist des § 44 Abs. 3 VerfGHG NRW und entsprechend den Formanforderungen der §§ 18 Abs. 1, 44 Abs. 2 VerfGHG NRW beim VerfGH NRW stellen wird.

VI. Zwischenergebnis

Der Antrag des Landesverbands der P-Partei ist zulässig.

Hinweis: Ob eine sog. Konfrontationsobliegenheit, nach der der Antragsteller den Konflikt, dessen Bereinigung er im kontradiktorischen Verfahren des Organstreits vor dem VerfGH NRW begehrt, zuvor für den Antragsgegner erkennbar machen muss,[22] als Element des Rechtsschutzbedürfnisses auch in Fällen wie diesem besteht, in dem sich das Organstreitverfahren gegen einen Gesetzgebungsakt richtet, erscheint nicht eindeutig und ist bislang in der verfassungsgerichtlichen Rspr. noch nicht geklärt. Jedenfalls könnte mangels entsprechender Angaben im Sachverhalt hier nicht davon ausgegangen werden, dass der Landesverband der P-Partei eine solche Beanstandung unterlassen hätte. Insofern dürfte hier noch davon ausgegangen werden, dass der Landesverband der P-Partei die formale Anforderung gewahrt hat und keine Bedenken gegen das Rechtsschutzbedürfnis bestehen.

B. Begründetheit

Der Antrag ist begründet, soweit die Einführung einer verfassungsunmittelbaren Sperrklausel für Kommunalwahlen durch den Landtag verfassungsmäßige Rechte des Landesverbands der P-Partei verletzt.

I. Bestimmung des Prüfungsmaßstabs

Dabei bedarf es zunächst der näheren Konturierung des Prüfungsmaßstabs des VerfGH NRW im Organstreitverfahren. Dieser ist nach Art. 75 Nr. 2 LV NRW, §§ 12

---

[21] *Butzer*, in: BeckOK GG, 43. Edition (Stand: 5/2020), Art. 38 Rn. 75; *Magiera*, in: Sachs, GG, 8. Aufl. 2018, Art. 38 Rn. 95; ÖffR NRW, § 1 Rn. 86; *Morlok/Kühr*, JuS 2012, 385 (387); *Voßkuhle/Kaufhold*, JuS 2013, 1078 (1079).
[22] Vgl. BVerfG, NVwZ 2018, 572; NVwZ 2019, 1755 (1756 f.); VerfGH NRW, BeckRS 2020, 4659 Rn. 33 ff.; dazu *Brocker*, NVwZ 2019, 1759; *Sachs*, JuS 2017, 1234 (1234 f.).

Nr. 5, 44 Abs. 1 und 2 VerfGHG NRW allein das Landesverfassungsrecht. Vorschriften des Grundgesetzes können als solche nur zur Prüfung herangezogen werden, wenn sie durch die Landesverfassung rezipiert werden und damit selbst Teil des Landesverfassungsrechts sind.

Vertiefung: Teilweise wird darüber hinaus angenommen, dass Vorschriften des Grundgesetzes auch dann geprüft werden können, wenn sie ausnahmsweise als ungeschriebene Bestandteile in die Landesverfassung hineinwirken.[23] Diese sog. Bestandteilstheorie erscheint dogmatisch kaum haltbar.[24]

In Betracht kommt hier eine Verletzung des Rechts der P-Partei auf Gleichheit der Wahl.

Hinweis: Da der Grundsatz der Chancengleichheit der Parteien nach dem Bearbeitungshinweis nicht zu prüfen ist, bedarf es diesbezüglich keiner Ausführungen.

Allerdings normiert der hier streitgegenständliche Art. 78 Abs. 1 S. 3 LV NRW eine verfassungsunmittelbare Sperrklausel. Damit wird die Wahlrechtsgleichheit bereits auf Verfassungsebene – hier konkret durch verfassungsänderndes Gesetz – eingeschränkt bzw. ausgestaltet.[25] Der VerfGH NRW kann einen hierdurch bewirkten Verfassungsverstoß und eine damit einhergehende Verletzung der P-Partei daher nur feststellen, wenn die verfassungsunmittelbare Normierung der Sperrklausel in Art. 78 Abs. 1 S. 3 LV NRW durch verfassungsänderndes Gesetz ihrerseits gegen die Landesverfassung verstößt.

Als höherrangiger, landesverfassungsrechtlicher Prüfungsmaßstab für die vorliegende Änderung der Landesverfassung könnte hier Art. 69 Abs. 1 S. 2 LV NRW in Betracht kommen. Nach dieser Vorschrift sind Änderungen der Landesverfassung, die den Grundsätzen des republikanischen, demokratischen und sozialen Rechtsstaates im Sinne des Grundgesetzes für die Bundesrepublik Deutschland widersprechen, unzulässig. Die Regelung normiert folglich inhaltliche Schranken der Verfassungsänderung und bindet insoweit den verfassungsändernden Gesetzgeber des Landes.[26]

Allerdings könnte einer Anwendung des Art. 69 Abs. 1 S. 2 LV NRW als höherrangige Kontrollnorm entgegenstehen, dass die Norm erst nachträglich im Jahre 2002 in die Landesverfassung aufgenommen wurde. Sie ist also ihrerseits das Werk des (lediglich) verfassungsändernden Gesetzgebers und kann insoweit keinen höheren Rang gegenüber späteren Akten des verfassungsändernden Gesetzgebers beanspruchen. Vor diesem Hintergrund ließe sich argumentieren, dass der verfassungsändernde Gesetzgeber das, was er durch verfassungsänderndes Gesetz einführen kann, grundsätzlich auch wieder durch verfassungsänderndes Gesetz aufheben kann. In diesem Sinne könnte dann etwa die Normierung

---

[23] Oben Frage 1 A. II. 1.

[24] Eingehend ÖffR NRW, § 1 Rn. 23 ff.; s. auch *Dietlein*, FS VerfGH NRW, 2002, S. 203 (216 ff.).

[25] Vgl. VerfGH NRW, NVwZ 2018, 159 (160 Rn. 47).

[26] VerfGH NRW, NVwZ 2018, 159 (160 Rn. 49); *Günther*, in: Heusch/Schönenbroicher, LV NRW, 2. Aufl. 2020, Art. 69 Rn. 9.

einer mit Art. 69 Abs. 1 S. 2 LV NRW unvereinbaren Landesverfassungsnorm als konkludente (und partielle) Aufhebung des Art. 69 Abs. 1 S. 2 LV NRW anzusehen sein.[27]

Immerhin ergibt sich hier die Besonderheit, dass sich die Vorgaben des Art. 69 Abs. 1 S. 2 LV NRW inhaltlich mit jenen des Art. 28 Abs. 1 S. 1 GG decken, der als grundgesetzliche Norm uneingeschränkte Bindung auch für den verfassungsändernden Gesetzgeber eines Landes beansprucht.[28] Art. 69 Abs. 1 S. 2 LV NRW schafft insofern – im Ergebnis – keine neuen Bindungen für den verfassungsändernden Gesetzgeber. Ob hieraus die Befugnis des verfassungsändernden Gesetzgebers abgeleitet werden kann, nachfolgenden Verfassungsänderungen nachträglich auch auf Landesebene Grenzen zu setzen, erscheint fraglich. Denn mit einer solchen Argumentation würde letztlich die Eigenständigkeit der Verfassungsräume des Bundes und der Länder infrage gestellt. Allein der Umstand, dass das Bundesrecht Grenzen setzt, vermittelt dem verfassungsändernden Gesetzgeber nicht die Befugnis, künftigen Änderungen der Landesverfassung aus eigener Macht Grenzen zu setzen.

Allerdings könnte sich das Problem dadurch auflösen, dass die Homogenitätsbindungen des Art. 28 Abs. 1 GG über die Rezeptionsnorm des Art. 1 Abs. 1 S. 1 LV NRW bereits durch den Verfassunggeber selbst – mit einer hierdurch bewirkten Bindung aller (auch verfassungsändernden) Gesetzgebung im Lande – in die Landesverfassung NRW überführt wurden. Legte man diese Auslegung zugrunde, war die später erfolgte Kodifikation des Art. 69 Abs. 1 S. 2 LV NRW lediglich deklaratorischer Natur. Sie formuliert also lediglich diejenigen Bindungen des verfassungsändernden Landesgesetzgebers aus, die die Landesverfassung selbst durch Übernahme der Homogenitätspflichten des Art. 28 Abs. 1 GG normiert hat.[29] In diesem Lichte kann und muss Art. 69 Abs. 1 S. 2 LV NRW dann aber auch Prüfungsmaßstab für nachfolgende Änderungen der Landesverfassung sein.[30]

Hinweis: Da nach dem Bearbeitungshinweis die Vereinbarkeit der verfassungsunmittelbaren Sperrklausel mit dem Recht auf Chancengleichheit der Parteien nicht zu prüfen ist, bedarf es an dieser Stelle keiner Erörterung, ob ihm Vorrang vor sonstigem Landesverfassungsrecht zukäme.[31] Anderenfalls wäre näher zu prüfen und zu begründen, ob und weshalb auch der landesverfassungsrechtlich rezipierte[32] Grundsatz der Chancengleichheit der Parteien höherrangiges Landesverfassungsrecht und damit ebenfalls einen tauglichen Prüfungsmaßstab für Änderungen der Landesverfassung darstellt.[33] In der Sache ergäben sich aus dem Grundsatz der

---

[27] Vgl. dazu ÖffR NRW, § 1 Rn. 14.

[28] So VerfGH NRW, NVwZ 2018, 159 (161 Rn. 56); ÖffR NRW, § 1 Rn. 14; *Günther*, in: Heusch/Schönenbroicher, LV NRW, 2. Aufl. 2020, Art. 69 Rn. 9.

[29] Vgl. auch ÖffR NRW, § 1 Rn. 14.

[30] Vgl. in diese Richtung etwa *Barczak*, NWVBl. 2017, 133 (135); *Michael*, Verfassungsunmittelbare Sperrklauseln auf Landesebene, 2015, S. 103 f.

[31] Offenlassend insofern auch VerfGH NRW, NVwZ 2018, 159 (161 Rn. 57); zur Heranziehung der Chancengleichheit politischer Parteien als (einfachem) landesverfassungsrechtlichem Maßstab (gestützt auf ein Hineinwirken von Art. 21 GG in das Landesverfassungsrecht) vgl. VerfGH NRW, NVwZ 2009, 1096 (1099) und (nunmehr auch als originär eigenem landesverfassungsrechtlichem Maßstab) VerfGH NRW, Beschl. vom 20. Juni 2020 – 63/20.VB-2 –, juris, Rn. 49; auch BVerfGE 120, 82 (104).

[32] Vgl. oben Frage 1 A.2.

[33] Dafür etwa *Barczak*, NWVBl. 2017, 133 (135); gegen einen Vorrang eines landesverfassungsrechtlichen Grundsatzes der Chancengleichheit der Parteien vor sonstigem Landesverfassungs-

Chancengleichheit der Parteien gegenüber dem hier heranzuziehenden Grundsatz der Wahlrechtsgleichheit keine weiterreichenden Bindungen des landesverfassungsändernden Gesetzgebers.[34]

II. Bestimmung der materiellen (Prüfungs-)Vorgaben für Verfassungsänderungen

Fraglich ist, welche konkreten Bindungen sich aus Art. 69 Abs. 1 S. 2 LV NRW für
den landesverfassungsändernden Gesetzgeber ergeben. Nach Art. 69 Abs. 1 S. 2 LV
NRW sind Änderungen der Verfassung, die den Grundsätzen des republikanischen, demokratischen und sozialen Rechtsstaats im Sinne des Grundgesetzes widersprechen,
unzulässig. Die Vorschrift greift insoweit die Formulierung des Art. 28 Abs. 1 S. 1 GG
auf und inkorporiert die dort normierten grundgesetzlichen Homogenitätsvorgaben in
das Landesverfassungsrecht.[35]

Vertiefung: Grundsätzlich gilt nach Art. 28 Abs. 1 S. 1 GG, dass die verfassungsmäßige Ordnung in den Ländern den verfassungsrechtlichen Grundentscheidun-
gen des Grundgesetzes entsprechen muss. Homogenität i.S.d. Art. 28 Abs. 1 GG
bedeutet weder Konformität noch Uniformität, sondern sie setzt die Verfassungsautonomie der Länder voraus und fordert nur ein Mindestmaß an Übereinstimmung (im Grundsätzlichen).[36] Soweit es um die Wahrung des „Grundsätzlichen"
geht, bleibt die Bindung der Länder allerdings eine ausnahmslose und nicht nur
eine „grundsätzliche".[37]

Art. 69 Abs. 1 S. 2 LV NRW benennt die Bindung an die „Grundsätze" des demokratischen Rechtsstaates als unabänderlichen Identitätskern der Landesverfassung. Es bedarf
deshalb noch der näheren Bestimmung des konkreten Gehalts dieser Grundsätze.[38]

Diese grundsätzlichen demokratierechtlichen Homogenitätsvorgaben des Art. 28
Abs. 1 S. 1 GG, die Art. 69 Abs. 1 S. 2 LV NRW – wie gezeigt[39] – in Bezug nimmt,
werden durch Art. 28 Abs. 1 S. 2 GG partiell konkretisiert. Das in Art. 28 Abs. 1
S. 1 GG verankerte demokratische Prinzip findet hinsichtlich der Existenz und der
Wahl von Volksvertretungen in den Ländern, Kreisen und Gemeinden durch die Vorga-
ben in Art. 28 Abs. 1 S. 2 GG seine Ausgestaltung.[40] Art. 28 Abs. 1 S. 2 GG schreibt

---

recht etwa *Roth*, Verfassungsmäßigkeit der Einführung einer 3%-Sperrklausel bei Kommunalwahlen durch Verfassungsänderung, insbesondere für das Land Nordrhein-Westfalen, 2015,
S. 83 f.; HmbVerfG, NVwZ 2016, 381 (382 f. Rn. 49 ff.); BlnVerfGH, DVBl. 2013, 848 (850).

[34] VerfGH NRW, NVwZ 2018, 159 (161 Rn. 57); zur Parallelität der Gewährleistungen auch
BVerfGE 129, 300 (320); 135, 259 (285 f. Rn. 50).

[35] VerfGH NRW, NVwZ 2018, 159 (161 Rn. 59); *Grawert*, Verfassung NRW, 3. Aufl. 2012,
Art. 69 Erl. 2.

[36] ÖffR NRW, § 1 Rn. 13; *Günther*, in: Heusch/Schönenbroicher, LV NRW, 2. Aufl. 2020,
Art. 69 Rn. 9.

[37] *Dietlein*, Liber amicorum für D. Ehlers, 2015, S. 39 (47); ÖffR NRW, § 1 Rn. 13.

[38] Zum mehrdeutigen Charakter des Begriffs der Grundsätze und den konkreten Bindungs-
folgen von Art. 28 Abs. 1 GG vgl. ÖffR NRW, § 1 Rn. 70.

[39] Oben Frage 1 B.I.

[40] VerfGH NRW, NVwZ 2018, 159 (162 Rn. 63); BVerfGE 83, 37 (55); ÖffR NRW, § 1 Rn. 72.

insofern das Gebot der Wahlrechtsgleichheit auch für Landtags-, Kreistags- und Gemeinderatswahlen verbindlich fest und dient der Synchronisierung der demokratischen
Legitimationsgrundlagen im Bundesstaat. Nur in den Grenzen des Art. 28 Abs. 1 S. 2
GG hat der Landesgesetzgeber einen eigenen Spielraum zur Ausgestaltung der Wahlen
zu den Volksvertretungen.[41]

Damit ist freilich nicht abschließend geklärt, ob die speziellen Homogenitätsanforde-
rungen des Art. 28 Abs. 1 S. 2 GG für die Wahl von Volksvertretungen in den Kreisen
und Gemeinden zugleich auch Eingang in die Identitätsgarantie des Art. 69 Abs. 1
S. 2 LV NRW gefunden haben. Dagegen könnte sprechen, dass Art. 69 Abs. 1 S. 2
LV NRW den Gehalt der Regelung des Art. 28 Abs. 1 S. 2 GG – anders als dessen
Satz 1 – nicht ausdrücklich in seinen Wortlaut aufnimmt. Allerdings enthält der Wortlaut von Art. 69 Abs. 1 S. 2 LV NRW auch keinen exklusiven Verweis auf nur einen
bestimmten Satz des Art. 28 Abs. 1 GG, sondern nimmt in allgemeiner Form Bezug auf
die „Grundsätze des demokratischen Rechtsstaates im Sinne des Grundgesetzes". Zu
den grundgesetzlich näher festgelegten Grundsätzen des demokratischen Rechtsstaates
gehören – wie gezeigt – gerade auch die konkretisierenden Vorgaben des Art. 28 Abs. 1
S. 2 GG. Der Wortlaut von Art. 69 Abs. 1 S. 2 LV NRW ist damit offen für eine
Rezeption der speziellen Homogenitätsvorgaben für die Wahl von Volksvertretungen in
den Kreisen und Gemeinden. In systematischer Hinsicht ist Art. 69 Abs. 1 S. 2 LV
NRW eng verknüpft mit der Reichweite der bundesverfassungsrechtlichen Homogeni-
tätsanforderungen des Art. 28 Abs. 1 GG, die die Zulässigkeit der nachträglichen landesverfassungsrechtlichen Identitätsgarantie maßgeblich gewährleistet.[42] Auch dies spricht
für einen Gleichlauf der landesverfassungsrechtlichen Identitätsvorgaben mit den durch
das Grundgesetz gezogenen Grenzen der Ausgestaltung der Landesverfassung und daher für eine Einbeziehung der Vorgaben von Art. 28 Abs. 1 S. 2 GG in den Regelungs-
bereich von Art. 69 Abs. 1 S. 2 LV NRW.[43]

> **Hinweis:** Ergänzend könnte hier auch noch auf den Grundsatz der Bundestreue
> abgestellt werden, dem der Gleichlauf der landesverfassungsrechtlichen und grund-
> gesetzlichen Grenzen für die Ausgestaltung der Landesverfassung am besten ge-
> recht wird.[44]

Mit Blick auf den Sinn und Zweck von Art. 69 Abs. 1 S. 2 LV NRW, der maßgeblich darin besteht, die Homogenitätsvorgaben des Art. 28 Abs. 1 GG und die daraus folgenden Grenzen für Änderungen der Landesverfassung in das Landesverfassungsrecht
zu übernehmen,[45] erscheint es ebenfalls überzeugend, die das Demokratieprinzip für
die Wahl von Volksvertretungen in den Kreisen und Gemeinden konkretisierende Regelung des Art. 28 Abs. 1 S. 2 GG zu den demokratischen Grundsätzen im Sinne des
Art. 69 Abs. 1 S. 2 LV NRW zu rechnen.

---

[41] VerfGH NRW, NVwZ 2018, 159 (162 Rn. 63); *Barczak*, NWVBl. 2017, 133 (136); a. A. aber
Michael, Verfassungsunmittelbare Sperrklauseln auf Landesebene, 2015, 127 f., der die Bindung des
Landesverfassungsgebers auf Art. 28 Abs. 1 S. 1 GG beschränkt sieht.

[42] Oben B.I.

[43] So auch VerfGH NRW, NVwZ 2018, 159 (162 Rn. 62).

[44] Dazu VerfGH NRW, NVwZ 2018, 159 (162 Rn. 62); ÖffR NRW, § 1 Rn. 72 und 89; a. A.
aber *Michael*, Verfassungsunmittelbare Sperrklauseln auf Landesebene, 2015, S. 95 ff.

[45] Vgl. VerfGH NRW, NVwZ 2018, 159 (162 Rn. 64) unter Verweis auf LT-Drs. 13/462, S. 7
und 9.

Damit wird durch Art. 69 Abs. 1 S. 2 LV NRW auch Art. 28 Abs. 1 S. 2 GG in das Landesverfassungsrecht einbezogen.[46] Im Ergebnis deckt sich die landesverfassungsrechtliche Bindung an die Grundsätze des demokratischen Rechtsstaates im Sinne des Grundgesetzes, die Art. 69 Abs. 1 S. 2 LV NRW dem verfassungsändernden Gesetzgeber auferlegt, mit den grundgesetzlichen Bindungen aus Art. 28 Abs. 1 S. 1 und 2 GG.[47]

Vertiefung: Art. 69 Abs. 1 S. 2 LV NRW stellt nach Auffassung des VerfGH NRW damit eine relative, auf verbindliche grundgesetzliche Vorgaben für die Verfassungsordnungen der Länder bezogene Unabänderlichkeitsbestimmung dar, die die sich aus dem Grundgesetz ergebenden Beschränkungen der Freiheit der Länder, die Grundlagen ihres staatlichen Lebens selbst zu bestimmen, auf Ebene der Landesverfassung nachzeichnet.[48] Eröffnet sich den Ländern auf Ebene des Grundgesetzes ein größerer Gestaltungsspielraum, weil die Homogenitätsvorgaben des Art. 28 Abs. 1 GG im Wege einer (die Grenzen des Art. 79 Abs. 3 GG wahrenden) Verfassungsänderung gelockert werden, vergrößert sich in diesem Umfang automatisch auch der von Art. 69 Abs. 1 S. 2 LV NRW näher bestimmte Rahmen zulässiger Verfassungsänderung.[49]

Das Gebot der Wahlrechtsgleichheit ist damit ein verbindliches Teilelement des demokratischen Grundsatzes aus Art. 28 Abs. 1 S. 1 GG, wie er durch Art. 69 Abs. 1 S. 2 LV NRW als Maßstab für Änderungen der Landesverfassung übernommen wird. Damit bleibt dem Land Nordrhein-Westfalen auch im Wege einer Änderung der Landesverfassung kein größerer Gestaltungsspielraum für Eingriffe in die Wahlrechtsgleichheit als auf einfachrechtlicher Ebene. Auf welcher Ebene der landesrechtlichen Normenhierarchie das Wahlrecht geregelt wird, ist für die Geltung und Direktionskraft der Wahlrechtsgrundsätze vielmehr ohne Belang.[50]

Vertiefung: Art. 28 Abs. 1 S. 2 GG enthält eine für die Länder verbindliche und über Art. 69 Abs. 1 S. 2 LV NRW in das Landesverfassungsrecht inkorporierte (und von Art. 78 Abs. 1 S. 2 LV NRW „einfach"-landesverfassungsrechtlich eigenständig festgeschriebene) Wiederholung der Wahlrechtsgrundsätze des Art. 38 Abs. 1 S. 1 GG. Die Wahlrechtsgrundsätze auf Bundes- und auf Landesebene sind inhaltlich identisch.[51]

---

[46] Vgl. VerfGH NRW, NVwZ 2018, 159 (161 Rn. 65); *Günther*, in: Heusch/Schönenbroicher, LV NRW, 2. Aufl. 2020, Art. 69 Rn. 9; *Heusch/Dickten*, NVwZ 2018, 1265 (1267).
[47] ÖffR NRW, § 1 Rn. 72 und 89; ebenso VerfGH NRW, NVwZ 2018, 159 (161 Rn. 60).
[48] Vgl. VerfGH NRW, NVwZ 2018, 159 (162 Rn. 65).
[49] VerfGH NRW, NVwZ 2018, 159 (162 Rn. 65); die Relativität des von Art. 69 Abs. 1 S. 2 LV NRW bewirkten Ewigkeitsschutzes besteht nach Auffassung des VerfGH NRW sowohl in sachlicher als auch in zeitlicher Hinsicht.
[50] VerfGH NRW, NVwZ 2018, 159 (164 f. Rn. 81 ff.); a. A. aber *Roth*, Verfassungsmäßigkeit der Einführung einer 3%-Sperrklausel bei Kommunalwahlen durch Verfassungsänderung, insbesondere für das Land Nordrhein-Westfalen, 2015, S. 86 ff., 106 ff.; *Michael*, Verfassungsunmittelbare Sperrklauseln auf Landesebene, 2015, S. 107 ff.
[51] VerfGH NRW, NVwZ 2018, 159 (162 Rn. 66 f.); BVerfGE 120, 82 (102); *Dietlein/Riedel*, Zugangshürden im Kommunalwahlrecht, 2012, S. 24; *Grzeszick/Rauber*, BayVBl. 2018, 577 (583).

III. Eingriff in die Wahlrechtsgleichheit

Der Grundsatz der gleichen Wahl ist wegen des Zusammenhangs mit dem egalitären Demokratieprinzip im Sinne einer strengen und formalen Gleichheit zu verstehen.[52] Aus ihm folgt für einfach-gesetzliche Wahlvorschriften, dass die Stimme eines jeden Wahlberechtigten grundsätzlich den gleichen Zählwert und auch die gleiche rechtliche Erfolgschance haben muss; alle Wähler sollen mit der Stimme, die sie abgeben, den gleichen Einfluss auf das Wahlergebnis haben.[53] Bei der Verhältniswahl – und auch bei gemischten Wahlsystemen mit Elementen der Verhältniswahl – verlangt der Grundsatz der Wahlrechtsgleichheit darüber hinaus, dass jeder Wähler mit seiner Stimme auch den gleichen Einfluss auf die Zusammensetzung der zu wählenden Vertretung haben muss.[54] Zur Zählwert- und Erfolgschancengleichheit tritt dann die Erfolgswertgleichheit hinzu.[55]

> **Vertiefung:** Die Wahlgleichheit wirkt sich im Mehrheitswahlsystem und im Verhältniswahlsystem jeweils unterschiedlich aus. Dem Zweck der Mehrheitswahl entspricht es, dass nur die für den Mehrheitskandidaten abgegebenen Stimmen zur Mandatszuteilung führen. Die auf den Minderheitskandidaten entfallenden Stimmen bleiben hingegen bei der Vergabe der Mandate unberücksichtigt. Die Wahlgleichheit fordert hier über den gleichen Zählwert aller Stimmen hinaus nur, dass bei der Wahl alle Wähler auf der Grundlage möglichst gleich großer Wahlkreise und von daher mit annähernd gleichem Stimmgewicht am Kreationsvorgang teilnehmen können. Ziel des Verhältniswahlsystems ist es dagegen, dass alle Parteien in einem den errungenen Stimmenanteilen entsprechenden Verhältnis in dem zu wählenden Organ vertreten sind.[56]

Nordrhein-Westfalen hat sich nach den Angaben des Sachverhalts im geltenden einfachen Recht für die Kommunalwahlen auf ein Mischsystem aus vorgeschalteter Mehrheitswahl und ausgleichender Verhältniswahl festgelegt. Die im Kommunalwahlrecht bestehende Möglichkeit der Erringung von Direktmandaten stellt keine Durchbrechung des Verhältniswahlsystems dar. Die Wählerstimme gilt zugleich als Votum für die Liste und die Mandate, die unter Anrechnung der errungenen Direktsitze nach der Gesamtstimmenzahl verteilt werden. Mit der Entscheidung für ein solches wesentliche Elemente der Verhältniswahl inkorporierendes Wahlsystem ist der Gesetzgeber daran gebunden, sowohl die Zähl- als auch die Erfolgswertgleichheit der Wählerstimmen sicherzustellen.

Zu prüfen bleibt, ob die in Art. 78 Abs. 1 S. 3 LV NRW geregelte 2,5%-Sperrklausel nach diesen Maßgaben die Wahlrechtsgleichheit beeinträchtigt. Während der Zählwert aller Wählerstimmen von der Sperrklausel unberührt bleibt, führt die Sperrklausel auf der

---

[52] BVerfGE 120, 82 (102); 146, 327 (349 Rn. 59); VerfGH NRW, NVwZ 2009, 449; NVwZ 2018, 159 (162 Rn. 67); BeckRS 2019, 32591 Rn. 137.

[53] BVerfGE 120, 82 (102); 146, 327 (350 Rn. 59); VerfGH NRW, NVwZ 2018, 159 (162 Rn. 67); BeckRS 2019, 32591 Rn. 134.

[54] BVerfGE 120, 82 (102); 146, 327 (350 Rn. 59); VerfGH NRW, NVwZ 2018, 159 (163 Rn. 68); BeckRS 2019, 32591 Rn. 134.

[55] BVerfGE 120, 82 (103); 146, 327 (350 Rn. 59); VerfGH NRW, NVwZ 2018, 159 (163 Rn. 68); BeckRS 2019, 32591 Rn. 134.

[56] Vgl. BVerfGE 120, 82 (103); VerfGH NRW, NVwZ 2018, 159 (163 Rn. 68); BeckRS 2019, 32591 Rn. 135.

Ebene des Erfolgswertes der Wählerstimmen dazu, dass nur diejenigen Wählerstimmen, welche für Parteien abgegeben worden sind, die mehr als 2,5% der Stimmen erhalten haben, Einfluss auf die Sitzverteilung nach dem Verhältnisausgleich haben. Dagegen bleiben diejenigen Wählerstimmen, die für Parteien abgegeben worden sind, die an der Sperrklausel scheitern, ohne Erfolg. Den Wählerstimmen wird damit erst nach Überschreiten einer prozentualen Hürde ein Erfolgswert zugemessen; wird die Hürde unterschritten, nimmt die Sperrklausel den Stimmen insoweit ihren Erfolgswert.[57] Die Stimmen werden damit hinsichtlich ihres Erfolgswerts ungleich behandelt, je nachdem, ob die Stimme für eine Partei abgegeben wurde, die mehr als 2,5% der Stimmen auf sich vereinigen konnte, oder für eine Partei, die an der Sperrklausel gescheitert ist.[58] Die Sperrklausel enthält danach eine Beschränkung der Wahlrechtsgleichheit, die auch für den verfassungsändernden Gesetzgeber des Landes legitimationsbedürftig ist.

IV. Eingriffsrechtfertigung

Zu prüfen ist damit, ob die Einschränkung des Grundsatzes der Gleichheit der Wahl aufgrund der 2,5%-Sperrklausel gerechtfertigt ist.

1. Rechtfertigungsanforderungen

Die Wahlrechtsgleichheit unterliegt – jedenfalls soweit es um eine Beeinträchtigung der Erfolgswertgleichheit geht – keinem absoluten Differerenzierungsverbot.[59] Bei der Ausgestaltung des Wahlrechts verbleibt dem Gesetzgeber aufgrund des formalen Charakters des Grundsatzes der Wahlgleichheit allerdings nur ein enger Spielraum für Differenzierungen; für die diesbezügliche Rechtfertigungsprüfung ist ein strenger Maßstab anzulegen.[60] Differenzierungen bedürfen zu ihrer Rechtfertigung stets eines besonderen, sachlich legitimierten, zwingenden Grundes.[61]

Vertiefung: Dabei muss sich die Differenzierung nicht als „zwangsläufig" oder „notwendig" darstellen; es genügt, wenn die Differenzierungsgründe durch die Verfassung legitimiert und von einem Gewicht sind, das der Wahlgleichheit „die Waage halten kann". Insofern genügen auch zureichende, aus der Natur des Sachbereichs der Wahl der Volksvertretung sich ergebende Gründe.[62] Gegen den Grundsatz der Wahlrechtsgleichheit wird verstoßen, wenn der Gesetzgeber mit der Regelung ein Ziel verfolgt, das er bei der Ausgestaltung des Wahlrechts nicht verfolgen darf.[63]

---

[57] *Heusch/Dickten*, NVwZ 2018, 1265 (1267); *Morlok/Kühr*, JuS 2012, 385; *Voßkuhle/Kaufhold*, JuS 2013, 1078 (1079).

[58] Vgl. dazu auch BVerfGE 120, 82 (105 f.); *Dietlein/Riedel*, Zugangshürden im Kommunalwahlrecht, 2012, S. 31.

[59] BVerfGE 120, 82 (106); 146, 327 (350 Rn. 61); VerfGH NRW, NVwZ 2018, 159 (163 Rn. 71); zur generellen Unzulässigkeit einer Beeinträchtigung der Zählwertgleichheit vgl. *Voßkuhle/Kaufhold*, JuS 2013, 1078 (1079); *Magiera*, in: Sachs, GG, 8. Aufl. 2018, Art. 38 Rn. 98.

[60] BVerfGE 120, 82 (106); 146, 327 (350 Rn. 61); VerfGH NRW, NVwZ 2018, 159 (163 Rn. 71).

[61] VerfGH NRW, NVwZ 2018, 159 (163 Rn. 71); ähnlich auch BVerfGE 120, 82 (106); 146, 327 (351 Rn. 61); *Heusch/Dickten*, NVwZ 2018, 1265 (1267); *Magiera*, in: Sachs, GG, 8. Aufl. 2018, Art. 38 Rn. 98.

[62] So ausdrücklich BVerfGE 120, 82 (107); vgl. auch VerfGH NRW, NVwZ 2018, 159 (163 Rn. 71).

[63] BVerfGE 120, 82 (107); *Dietlein/Riedel*, Zugangshürden im Kommunalwahlrecht, 2012, S. 35; *Magiera*, in: Sachs, GG, 8. Aufl. 2018, Art. 38 Rn. 98.

2. Vorliegen eines besonderen, sachlich legitimierten, zwingenden Grundes

Der verfassungsändernde Gesetzgeber hat sich bei der Einführung der verfassungsunmittelbaren Sperrklausel ausweislich des Sachverhalts auf verschiedene Erwägungen gestützt: Zum einen wollte er mit der Einführung der Sperrklausel einer Beeinträchtigung der Funktions- und Handlungsfähigkeit der Räte und Kreistage durch die Zersplitterung der Kommunalvertretungen entgegenwirken. Daneben zielt der Gesetzgeber darauf, einem überproportionalen Einfluss kleiner und kleinster Gruppierungen bei der Entscheidungsfindung im Rat bzw. im Kreistag entgegenzuwirken und so die Integrationsfunktion der Wahlen zu sichern. Auch will der Gesetzgeber ausweislich der im Sachverhalt angegebenen Gesetzesbegründung radikalen Splittergruppen den Einzug in die Räte und Kreistage erschweren.

Ob es sich hierbei um besondere, sachlich legitimierte, zwingende Gründe handelt, die den vorliegenden Eingriff in die Wahlrechtsgleichheit rechtfertigen können, erscheint fraglich.

Hinweis: Soweit Sperrklauseln für die Wahlen zum Deutschen Bundestag und zum Landtag NRW damit gerechtfertigt werden und werden können, dass den jeweiligen Parlamenten in einem parlamentarischen Regierungssystem die Aufgabe zukommt, eine Regierung zu kreieren und zu tragen,[64] greift dieser zwingende Gemeinwohlgrund jedenfalls in NRW auf kommunaler Ebene nicht durch. So kommt den kommunalen Vertretungskörperschaften eine vergleichbare Kreationsfunktion nicht zu. Namentlich die Bürgermeister und Landräte werden im System der Süddeutschen Ratsverfassung, dem Nordrhein-Westfalen seit 1994 folgt, unmittelbar durch die Bürger gewählt und sind nicht in vergleichbarer Weise vom Vertrauen der Vertretungskörperschaft abhängig.[65]

a) Ausschluss radikaler Parteien

Erhebliche Bedenken bestehen zumal insoweit, als sich der verfassungsändernde Gesetzgeber zur Rechtfertigung der verfassungsunmittelbaren Sperrklausel auf den Gedanken des Ausschlusses radikaler Parteien stützt. Entgegenzuhalten ist hier, dass für die Bekämpfung verfassungswidriger Parteien das Verfahren nach Art. 21 Abs. 4 GG zur Verfügung steht. Das in der Regelung zum Ausdruck kommende Parteienprivileg verbietet im Umkehrschluss die staatliche Bekämpfung einer politischen Partei, solange das BVerfG sie nicht durch Urteil für verfassungswidrig erklärt und aufgelöst (bzw. den Ausschluss von der staatlichen Finanzierung festgestellt) hat.[66] Der Wahlgesetzgeber darf deshalb nicht über eine wie auch immer geartete Sperrklausel bestimmte Parteien wegen ihrer inhaltlichen Ausrichtung gezielt von ihrer Mitwirkung an der politischen Willensbildung ausschließen. Die Sperrklausel kann folglich nicht mit dem Zweck ge-

---

[64] Dazu BVerfGE 129, 300 (335 f.); *Morlok*, in: Dreier, GG, 3. Aufl. 2015, Art. 38 Rn. 112; vgl. auch *Müller*, in: von Mangoldt/Klein/Starck, GG, 7. Aufl. 2018, Art. 38 Rn. 150 ff.

[65] Vgl. dazu *Dietlein/Riedel*, Zugangshürden im Kommunalwahlrecht, 2012, S. 39 ff.; *Grzeszick/ Rauber*, BayVBl. 2018, 577 (582); *Mehde*, VerwArch 2018, 336 (341 f.); *Morlok/Kühr*, JuS 2012, 385 (391); *Voßkuhle/Kaufhold*, JuS 2013, 1078 (1080).

[66] BVerfGE 111, 382 (410), 120, 82 (107); *Butzer*, in: BeckOK GG, 43. Edition (Stand: 5/2020), Art. 38 Rn. 76; *Straßburger*, JA 2020, 116 (122); vgl. allg. zum Parteienprivileg auch *Morlok*, Jura 2013, 317 (318).

rechtfertigt werden, verfassungsfeindliche oder (rechts-)extremistische Parteien von der Beteiligung an kommunalen Vertretungsorganen fernzuhalten.[67]

> **Hinweis:** Zudem trifft die Sperrklausel alle Parteien und kommunale Wählervereinigungen gleichermaßen und wirkt nicht nur gegen (vom Gesetzgeber unerwünschte) extremistische Parteien,[68] sodass auch die Eignung zur Zielerreichung in Frage stehen dürfte. Mangelnde Größe ist kein Indikator für Radikalität.

b) Sicherung der Funktionsfähigkeit der Kommunalvertretungen

Verfassungsrechtlich legitim könnte dagegen das Ziel der Sicherung der Funktionsfähigkeit der Kommunalvertretungen sein.[69] Eine Wahl hat nicht nur das Ziel, überhaupt eine Volksvertretung zu schaffen, sondern sie soll auch ein funktionierendes Vertretungsorgan hervorbringen.[70] Eine große Zahl kleiner Parteien und Wählervereinigungen in einer Volksvertretung könnte unter Umständen durchaus zu ernsthaften Beeinträchtigungen in ihrer Handlungsfähigkeit führen. Ob diese allgemeinen Überlegungen bereits hinreichen, um ein Interventionsrecht des verfassungsändernden Gesetzgebers zu legitimieren, erscheint indes fraglich. So ist zu berücksichtigen, dass der Gesetzgeber bei der Ordnung des Wahlverfahrens – zumindest politisch betrachtet – immer auch „in eigener Sache" tätig wird und seine Regelungen die Bedingungen des politischen Wettbewerbs berühren.[71] Die Ausgestaltung des Wahlrechts und die diesbezüglichen Prognosen des Gesetzgebers müssen insoweit einer strengeren Verfassungskontrolle unterworfen werden.

Vor diesem Hintergrund kann der durch eine Sperrklausel bewirkte schwerwiegende Eingriff in die Wahlrechtsgleichheit nicht schon unter Aspekten der bloßen Vorsorge gegen Gefahren für die Funktionsfähigkeit gerechtfertigt werden. Erforderlich sind vielmehr mit einiger Wahrscheinlichkeit zu erwartende, konkret absehbare Funktionsstörungen.[72] Dabei ist es Sache des Gesetzgebers, alle zur Einschätzung des Vorliegens einer Funktionsstörung relevanten Gesichtspunkte heranzuziehen, abzuwägen und seine Prognose nachvollziehbar zu begründen.[73] Insbesondere muss er für die zu erstellende Prognose alle in rechtlicher und tatsächlicher Hinsicht für die Einschätzung des Vorliegens einer Funktionsunfähigkeit relevanten Gesichtspunkte heranziehen und abwägen und darf sich nicht mit einer abstrakten, schematischen Beurteilung begnügen.[74] Die Prognose muss nachvollziehbar begründet und auf die tatsächlichen Entwicklun-

---

[67] BVerfGE 120, 82 (109); *Dietlein/Riedel*, Zugangshürden im Kommunalwahlrecht, 2012, S. 36 f.; *Puhl*, FS Isensee, 2007, 441 (456), *Straßburger*, JA 2020, 116 (122).

[68] So auch BVerfGE 120, 82 (109).

[69] BVerfGE 120, 82 (107); 146, 327 (351 Rn. 62); VerfGH NRW, NVwZ 2018, 159 (163 Rn. 71); ausführlich *Mehde*, VerwArch 2018, 336 (339 ff.).

[70] BVerfGE 146, 327 (351 Rn. 62); *Krüper*, ZRP 2014, 130 (131); *Barczak*, NWVBl. 2017, 133 (139).

[71] Vgl. dazu *Morlok/Kühr*, JuS 2012, 385 (389); kritisch *Mehde*, VerwArch 2018, 336 (349).

[72] VerfGH NRW, NVwZ 2018, 159 (164 Rn. 76); *Elster*, NWVBl. 2018, 139 (141); näher zum Begriff der Funktionsstörung *Dietlein/Riedel*, Zugangshürden im Kommunalwahlrecht, 2012, S. 45 f.

[73] VerfGH NRW, NVwZ 2018, 159 (166 Rn. 95); *Dietlein/Riedel*, Zugangshürden im Kommunalwahlrecht, 2012, S. 38; *Heusch/Duikers*, NWVBl. 2018, 313 (314); *Schönenbroicher*, in: Heusch/Schönenbroicher, LV NRW, 2. Aufl. 2020, Art. 78 Rn. 31 f.

[74] VerfGH NRW, NVwZ 2018, 159 (164 Rn. 79); *Schönenbroicher*, in: Heusch/Schönenbroicher, LV NRW, 2. Aufl. 2020, Art. 78 Rn. 31 f.; *Heusch/Duikers*, NWVBl. 2018, 313 (314); kritisch *Mehde*, VerwArch 2018, 336 (350 f.).

gen gerichtet sein, deren Eintritt der Gesetzgeber ohne die in Rede stehende Wahlrechtsbestimmung konkret erwartet.[75] Er hat sich dabei an der konkreten Funktion des zu wählenden Organs und den konkreten Arbeitsbedingungen zu orientieren, von denen die Wahrscheinlichkeit des Eintritts von Funktionsstörungen abhängt.[76] Der Gesetzgeber darf dabei insbesondere nicht bei der Feststellung stehen bleiben, ohne Sperrklausel begünstige das Verhältniswahlrecht das Aufkommen kleinerer Parteien und Wählergruppen.[77] Die bloße Schwerfälligkeit der Meinungsbildung aufgrund der Präsenz kleiner Parteien in einer Volksvertretung allein darf der Gesetzgeber nicht mit einer Funktionsstörung oder einer Funktionsunfähigkeit gleichsetzen; sie ist kein legitimer Grund für Beschränkungen der Wahlrechtsgleichheit, sondern vielmehr als notwendige Folge demokratischer Debatte und Kompromisssuche hinzunehmen.[78]

Die vorliegend angestellte Prognose des Gesetzgebers enthält keine konkreten Erwägungen hinsichtlich der Wahrscheinlichkeit einer Funktionsbeeinträchtigung der Kommunalvertretungen ohne eine entsprechende Sperrklausel. Insbesondere hat sich der Gesetzgeber nicht mit der Entwicklung der Verhältnisse in den Kommunalvertretungen nach dem Wegfall der früheren einfach-rechtlichen Sperrklausel auseinandergesetzt und diese Erfahrungen nicht differenziert bewertet. Auch fehlt es ausweislich des Sachverhalts an empirischen Befunden zu etwaigen Funktionsstörungen in kommunalen Volksvertretungen. Allein der Verweis auf die hohe Zahl von Einzelmandatsträgern und Gruppen belegt lediglich die zunehmende Heterogenität der Zusammensetzung der Kommunalvertretung und eine mögliche Erschwerung der Meinungsbildung. Sie vermag aber ohne konkrete Befunde zu Störungen der Beratungs- und Entscheidungsabläufe, Entscheidungsausfällen oder mit den Instrumenten der Geschäftsordnung nicht mehr beherrschbaren übermäßigen Verzögerungen der Entscheidungsfindung die Prognose praktischer Funktionsstörungen oder -gefährdungen noch nicht zu tragen.[79] Auch ist nicht nachvollziehbar dargelegt, dass es zu funktionsrelevanten Beeinträchtigungen der Entscheidungsfähigkeit der Kommunalvertretungen kommt. Die gesetzgeberische Prognose entbehrt damit einer tragfähigen, in tatsächlicher und rechtlicher Sicht vollständigen und nachvollziehbaren Grundlage. Der verfassungsändernde Gesetzgeber hat folglich zur Gefahr des Eintritts einer Funktionsstörung oder einer Funktionsunfähigkeit keine ausreichenden Feststellungen getroffen, sodass auch an dieser Stelle von einem Vorliegen eines besonderen, sachlich legitimierten, zwingenden Grundes zur Rechtfertigung der Beeinträchtigung des Grundsatzes der Wahlrechtsgleichheit durch die verfassungsunmittelbare Normierung der 2,5%-Sperrklausel nicht ausgegangen werden darf.

c) Verhinderung eines überproportionalen Einflusses kleiner Parteien und Wählervereinigungen

Weiterhin ist zu prüfen, ob die vom verfassungsändernden Gesetzgeber zur Rechtfertigung ergänzend herangezogene Erwägung, zu verhindern, dass Vertreter kleiner

---

[75] VerfGH NRW, NVwZ 2018, 159 (164 Rn. 79); *Barczak*, NWVBl. 2017, 133 (140).

[76] BVerfGE 146, 327 (351 f. Rn. 62); VerfGH NRW, NVwZ 2018, 159 (163 Rn. 72); zurückhaltend zur Möglichkeit des Eintritts von Funktionsstörungen *Dietlein/Riedel*, Zugangshürden im Kommunalwahlrecht, 2012, S. 46 ff.

[77] VerfGH NRW, NVwZ 2018, 159 (164 Rn. 80); *Barczak*, NWVBl. 2017, 133 (139 f.).

[78] VerfGH NRW, NVwZ 2018, 159 (164 Rn. 76); *Elster*, NWVBl. 2018, 139 (141); *Kramer/Bahr/Hinrichsen/Voß*, DÖV 2017, 353 (360).

[79] Vgl. VerfGH NRW, NVwZ 2018, 159 (168 Rn. 117). Der VerfGH NRW verlangt (ausnahmsweise) sogar, die Entwicklungen und Erfahrungen in anderen Bundesländern in die eigene Prognose miteinzubeziehen.

Parteien und Wählervereinigungen einen gemessen am Wahlerfolg überproportionalen Einfluss auf Entscheidungen erlangen, einen tauglichen Rechtfertigungsgrund darstellt. Die Sicherung des Charakters der Wahl als Integrationsvorgang bei der politischen Willensbildung des Volkes stellt im Ausgangspunkt ein legitimes Differenzierungsziel dar.[80] Allerdings kann nicht davon ausgegangen werden, dass es diese Erwägung rechtfertigen kann, kleineren Parteien und Wählervereinigungen den Einzug in die Kommunalvertretungen zu verwehren und die Bandbreite des politischen Meinungsspektrums zu reduzieren.[81] Vielmehr stellt es ein allgemeines Phänomen einer Koalitionsbildung – in Parlamenten wie in Kommunalvertretungen – dar, dass ein kleinerer Koalitionspartner bei der notwendigen Kompromissfindung einen größeren Einfluss auf anstehende Sach- oder Personalentscheidungen erlangt, als er seiner zahlenmäßigen Beteiligung entspricht.[82] Zudem hat der verfassungsändernde Gesetzgeber seine Erwägungen auch hier nicht nachvollziehbar auf empirische Daten dazu gestützt, ob und ggf. in welchem Umfang kleinen Parteien und Wählervereinigungen eine solche Rolle als notwendiger Mehrheitsbeschaffer in der kommunalen Praxis tatsächlich oder jedenfalls mit hinreichender Wahrscheinlichkeit zuwächst. Die Verhinderung eines überproportionalen Einflusses kleiner Parteien und Wählervereinigungen stellt damit keinen besonderen, sachlich legitimierten, zwingenden Grund zur Rechtfertigung der Beeinträchtigung des Grundsatzes der Wahlrechtsgleichheit dar.

Vertiefung: Auch das ergänzend in Betracht kommende Ziel, kommunenübergreifende Ungleichbehandlungen durch die in Abhängigkeit von der Bevölkerungszahl unterschiedlichen Größen der Kommunalvertretungen, die letztlich die Wirkung faktischer Zugangshürden hätten, einzuebnen und damit eine Gleichstellungswirkung zu erzielen, vermag eine Rechtfertigung in der Sache nicht zu vermitteln.[83] Da der Sachverhalt insofern ohnehin keine Anhaltspunkte bot, waren diesbezügliche Ausführungen hier nicht erforderlich.

d) Zwischenergebnis

Somit fehlt es an einer Rechtfertigung für die mit der Sperrklausel verbundene Beeinträchtigung der Wahlrechtsgleichheit.

Vertiefung: Neben dem Vorliegen eines besonderen, sachlich legitimierten, zwingenden Grundes ist weiterhin erforderlich, dass differenzierende Regelungen zur Verfolgung dieses Zwecks geeignet und erforderlich sind.[84] Das Erfordernis einer Angemessenheitsprüfung wird vom BVerfG und vom VerfGH NRW nicht aus-

---

[80] BVerfGE 120, 82 (107); 146, 327 (351 Rn. 62); VerfGH NRW, NVwZ 2018, 159 (163 Rn. 71); *Dietlein/Riedel*, Zugangshürden im Kommunalwahlrecht, 2012, S. 43 f.

[81] VerfGH NRW, NVwZ 2018, 159 (169 Rn. 121); *Elster*, NWVBl. 2018, 139 (141). Zu dieser Frage bereits *Dietlein*, in: Stern, Das Staatsrecht der Bundesrepublik Deutschland, Bd. IV/2, 2011, S. 209 f.

[82] VerfGH NRW, NVwZ 2018, 159 (169 Rn. 124); *Elster*, NWVBl. 2018, 139 (141).

[83] Vgl. dazu VerfGH NRW, NVwZ 2018, 159 (169 Rn. 125 f.); *Dietlein/Riedel*, Zugangshürden im Kommunalwahlrecht, 2012, S. 75 f.; *Elster*, NWVBl. 2018, 139 (140).

[84] Vgl. BVerfGE 120, 82 (107); 146, 327 (352 Rn. 64); VerfGH NRW, NVwZ 2018, 159 (163 Rn. 72).

drücklich hervorgehoben; in der Sache dürfte es zur Rechtfertigung des Eingriffs in die Wahlrechtsgleichheit indes auch einer Angemessenheitsprüfung und damit einer Abwägung bedürfen.[85] Die verfassungsrechtliche Rechtfertigung richtet sich daher auch danach, mit welcher Intensität in die Wahlrechtsgleichheit eingegriffen wird. Hier waren auf Grundlage des Sachverhalts Anhaltspunkte für eine weitere (hilfsgutachterliche) Prüfung dieser zusätzlichen Rechtfertigungsanforderungen nicht erkennbar, sodass diesbezügliche Ausführungen hier nicht erforderlich erscheinen.

3. Zwischenergebnis

Die Einschränkung des Grundsatzes der Gleichheit der Wahl aufgrund der verfassungsunmittelbaren 2,5%-Sperrklausel ist damit nicht gerechtfertigt.

V. Zwischenergebnis

Die verfassungsunmittelbare Normierung der 2,5%-Sperrklausel ist mit Art. 69 Abs. 1 S. 2 LV NRW unvereinbar. Der Landesverband der P-Partei ist folglich in seinem Recht auf Wahlrechtsgleichheit verletzt.

C. Ergebnis

Der Antrag des Landesverbandes der P-Partei ist zulässig und begründet; er wird daher Erfolg haben.

Frage 2: Zulässigkeit einer Verfassungsbeschwerde des Landesverbands der P-Partei zum VerfGH NRW

Eine Verfassungsbeschwerde des Landesverbands der P-Partei zum VerfGH NRW gegen die Einführung der neuen Sperrklausel ist zulässig, wenn alle Sachentscheidungsvoraussetzungen dieser Verfahrensart erfüllt sind.[86]

A. Zuständigkeit des VerfGH NRW

Zunächst müsste der VerfGH NRW zuständig sein. Gem. Art. 75 Nr. 5a LV NRW i. V. m. § 12 Nr. 9, §§ 53 ff. VerfGHG NRW entscheidet der Verfassungsgerichtshof über Verfassungsbeschwerden, die von jedem mit der Behauptung erhoben werden können, durch die öffentliche Gewalt des Landes in einem seiner in der Landesverfassung enthaltenen Rechte verletzt zu sein. Damit ist der VerfGH NRW für eine Verfassungsbeschwerde des Landesverbands der P-Partei zuständig.

B. Beschwerdefähigkeit

Darüber hinaus müsste der Landesverband der P-Partei beschwerdefähig sein. Beschwerdefähig ist gem. Art. 75 Nr. 5a LV NRW, § 12 Nr. 9, § 53 Abs. 1 VerfGHG NRW

---

[85] *Dietlein/Riedel*, Zugangshürden im Kommunalwahlrecht, 2012, S. 37; *Kramer/Bahr/Hinrichsen/Voß*, DÖV 2017, 353 (356); *Straßburger*, JA 2020, 116 (123 f.).

[86] Zum Prüfungsaufbau der Landesverfassungsbeschwerde vgl. ÖffR NRW, § 1 Rn. 252 ff.

„jeder", d. h. jeder Träger von (Landes-)Grundrechten oder (landes-)grundrechtsglei-
chen Rechten.

Dazu zählen neben den natürlichen Personen auch inländische juristische Personen,
soweit das gerügte Grundrecht seinem Wesen nach auch auf sie anwendbar ist, vgl.
Art. 4 Abs. 1 LV NRW i. V. m. Art. 19 Abs. 3 GG. Fraglich ist, ob dies beim Landesverband der P-Partei der Fall ist.

Es müsste sich bei ihm zunächst um eine „inländische juristische Person" i. S. d. Ver-
fassungsprozessrechts handeln. Dem könnte zunächst die Nichtrechtsfähigkeit des Landesverbands der P-Partei entgegenstehen. Dies führte jedoch dazu, dass der Begriff der
juristischen Person i. S. d. Art. 4 Abs. 1 LV NRW i. V. m. Art. 19 Abs. 3 GG unzulässig
verengt würde. Aus Art. 4 Abs. 1 LV NRW i. V. m. Art. 19 Abs. 3 GG darf nicht geschlossen werden, dass nur Personengruppen, die allgemeine Rechtsfähigkeit besitzen,
Träger von Grundrechten sein können und dass deshalb lediglich sie zur Verfassungsbeschwerde befugt sind. Art. 4 Abs. 1 LV NRW i. V. m. Art. 19 Abs. 3 GG soll vielmehr
klarstellen, dass nicht nur natürliche Personen grundrechtsfähig sind, sondern sogar juristische Personen, obwohl sie nicht notwendig Vereinigungen von natürlichen Personen sind. Dies muss aus grundgesetzlicher Perspektive dann aber auch dort gelten, wo
nach der einfach-gesetzlichen Rechtslage Personenvereinigungen taugliches Zuord-
nungssubjekt von Rechten sind, also Teilrechtsfähigkeit besitzen, ohne dass es darauf
ankäme, ob sie allgemeine Rechtsfähigkeit besitzen oder nicht. In diesem Rahmen
kann dann auch ein nichtrechtsfähiger Verein Verfassungsbeschwerde erheben.[87] Die
einfachgesetzliche Nichtrechtsfähigkeit eines Vereins steht seiner Grundrechtsberechtigung somit nicht entgegen. Beim Landesverband der P-Partei handelt es sich damit um
eine „inländische juristische Person".

Fraglich ist jedoch, ob sich politische Parteien überhaupt – und falls ja, unter welchen Umständen – auf Grundrechte berufen können. Speziell für politische Parteien ist
nämlich zu beachten, dass diesen nach deutschem Verfassungsverständnis eine Art
„Doppelnatur" zukommt. So werden Parteien auch als Akteure des Verfassungslebens
und damit gleichsam als staatliche Funktionseinheiten angesprochen.[88] Sachgerecht ist
daher eine „alternative" verfassungsprozessuale Stellung. Eine Beschwerdefähigkeit des
Landesverbands der P-Partei ist somit dann zu verneinen, wenn und soweit er seinen
besonderen verfassungsrechtlichen Status geltend macht. Dieser ist im Verfahren des
Organstreits zu verteidigen; eine Verfassungsbeschwerde kommt insoweit nicht in
Betracht.[89] Grundrechte, die den Parteien unabhängig von ihrem besonderen verfassungsrechtlichen Status wie jedermann zustehen, sind dagegen nicht Bestandteil des
besonderen verfassungsrechtlich geschützten Rechtsstellung von Parteien und können
deshalb nicht im Wege des Organstreits, sondern lediglich über die Verfassungsbeschwerde geltend gemacht werden.[90] Eine Beschwerdefähigkeit von Parteien im Verfahren der Individualverfassungsbeschwerde besteht danach lediglich insoweit, als Parteien nicht in ihrem besonderen verfassungsrechtlichen Status betroffen sind, sondern
originär in ihren Grundrechten.

---

[87] *Dreier*, in: Dreier, GG, 3. Aufl. 2015, Art. 19 Abs. 3 Rn. 49 ff.; *Enders*, in: BeckOK GG,
43. Edition (Stand: 5/2020), Art. 19 Rn. 35; *Sachs*, in: Sachs, GG, 8. Aufl. 2018, Art. 19 Rn. 62 ff.

[88] *Dreier*, in: Dreier, GG, 3. Aufl. 2015, Art. 21 Rn. 22 f.

[89] Vgl. ÖffR NRW, § 1 Rn. 218; *Hillgruber/Goos*, Verfassungsprozessrecht, 5. Aufl. 2020,
Rn. 423 f. und 465; BVerfGE 4, 27 (30 ff.); 84, 290 (299); 111, 54 (81); 121, 30 (56).

[90] Vgl. BVerfGE 4, 27 (30 ff.); 84, 290 (299); 111, 54 (81); 121, 30 (56); kritisch zur Möglichkeit
einer Berufung auf Grundrechte insoweit *Huber*, in: von Mangoldt/Klein/Starck, GG, 7. Aufl.
2018, Art. 19 Rn. 242.

Vertiefung: Die zugrundeliegende Sichtweise entstammt der Weimarer Zeit, als es die Verfassungsbeschwerde nicht gab und den Parteien auf diese Weise Zugang zu den Gerichten eröffnet wurde. Im neueren Schrifttum wird die Fortführung dieser Rechtsprechung mit Blick darauf, dass die Parteien als frei gebildete, im gesellschaftlich-politischen Bereich wurzelnde und in den Bereich der institutionalisierten Staatlichkeit nur hineinzuwirken berufene Gruppen zu qualifizieren sind und ihnen im Kontext des Grundgesetzes auch der Weg der Verfassungsbeschwerde offensteht, nicht selten als verfehlt eingestuft.[91] Gerade die verfassungsrechtliche Gewährleistung des spezifischen verfassungsrechtlichen Status der Parteien außerhalb der im Verfassungsbeschwerdeverfahren rügefähigen Rechte spricht freilich für die hier dargestellte gegenteilige Ansicht.[92]

Der Landesverband der P-Partei rügt eine mögliche Beeinträchtigung seiner Wahlrechtsgleichheit durch den Landtag NRW. Mithin geht es um die Verteidigung des verfassungsrechtlichen Status der P-Partei gegenüber einem Verfassungsorgan. Dieser kann nur im Organstreitverfahren, nicht aber im Wege der Verfassungsbeschwerde geltend gemacht werden. Damit ist der Landesverband der P-Partei im Verfahren der Individualverfassungsbeschwerde hier nicht beschwerdefähig.

C. Ergebnis

Eine Verfassungsbeschwerde des Landesverbands der P-Partei gegen die Einführung der neuen Sperrklausel ist unzulässig.

Weiterführende Klausurtipps:

Einfachgesetzliche Sperrklauseln für Kommunalwahlen

Fallgestaltungen um die Einführung kommunaler Sperrklauseln müssen nicht zwangsläufig Kodifikationen auf landesverfassungsrechtlicher Ebene betreffen, sondern können auch auf die Prüfung der Verfassungsmäßigkeit einfachgesetzlich angeordneter Sperrklauseln (im Kommunalwahlgesetz) abzielen. Soweit es hierbei um die Vereinbarkeit mit der Landesverfassung NRW geht (z.B. im Rahmen eines Organstreitverfahrens durch politische Parteien zum VerfGH NRW), kommt der auf eine Änderung des formellen Verfassungsrechts bezogene Art. 69 Abs. 1 S. 2 LV NRW als Prüfungsmaßstab nicht in Betracht. Auch Art. 31 Abs. 1 LV NRW ist nicht heranzuziehen, da er Gleichheitsanforderungen lediglich für die Landtagswahlen festlegt. Der VerfGH NRW ist in der Vergangenheit allerdings davon ausgegangen, dass sowohl Art. 28 Abs. 1 GG als auch Art. 21 GG Prüfungsmaßstab auch vor dem Landesverfassungsgericht sein können (s. oben Frage 1, A. II. 1.). Zusätzlich wurde der Grundsatz der Wahlrechtsgleichheit zwischenzeitlich explizit in Art. 78 Abs. 1 S. 2 LV NRW abgesichert (vgl. GV.NRW 19/2016, S. 442). Insoweit kämen mit Blick auf den Grundsatz der Wahlrechtsgleichheit sowie die Chancengleichheit der politischen Parteien parallele Erwägungen zum Tragen

---

[91] *Schlaich/Korioth*, Das Bundesverfassungsgericht, 11. Aufl. 2018, Rn. 92.
[92] Vgl. dazu auch *Hillgruber/Goos*, Verfassungsprozessrecht, 5. Aufl. 2020, Rn. 424.

(eingehend VerfGH NRW, NVwZ 2000, 666 ff. und NVwZ 2009, 449 ff.; aus der Literatur *Mehde*, VerwArch 2018, 336; *Dietlein/Riedel*, Zugangshürden im Kommunalwahlrecht, 2012).

Verfassungsunmittelbare Sperrklauseln für Bezirksversammlungen und für (sonstige) Gemeindeverbände

Eine weitere Besonderheit ergibt sich für (weiterhin gültige) verfassungsunmittelbare Sperrklauseln für die Wahlen zu Bezirksvertretungen und sonstigen Gemeindeverbänden nach Art. 78 Abs. 1 S. 3 LV NRW. Hier findet Art. 28 Abs. 1 S. 2 GG nach der überzeugenden Auffassung des VerfGH NRW keine Anwendung, da es sich nicht um „Volksvertretungen" im Sinne dieser Bestimmung handelt (VerfGH NRW, NVwZ 2018, 159 (170 Rn. 131 ff.)). Aufgrund der Anknüpfung der Bindung des verfassungsändernden Landesgesetzgebers nach Art. 69 Abs. 1 S. 2 LV NRW an die Reichweite von Art. 28 Abs. 1 GG sind die Anforderungen für die verfassungsunmittelbare Regelung deshalb gelockert; eine Bindung besteht lediglich an das demokratische Prinzip des Art. 28 Abs. 1 S. 1 GG im Allgemeinen. Zwar ist die Wahlrechtsgleichheit eine Ausprägung des Demokratieprinzips; allerdings eröffnet der auf die Wahrung von „Grundsätzen" gerichtete Art. 28 Abs. 1 S. 1 GG den Ländern jenseits der konkretisierenden Vorgaben des Satzes 2 einen größeren Spielraum für differenzierende Regelungen. Dem verfassungsändernden Landesgesetzgeber bleibt hier deshalb ein eigener Gestaltungsspielraum für sachgerechte Differenzierungen beim Erfolgswert der Stimmen. In Bezug auf Wahlen zu Bezirksvertretungen und zum Regionalverband Ruhr sind ihm Differenzierungen beim Erfolgswert der Stimmen, wie sie mit einer zur Sicherung der Funktionsfähigkeit einer Volksvertretung dienenden, maßvollen Sperrklausel verbunden sind, deshalb auch unabhängig von konkret zu erwartenden Funktionsstörungen und den prozeduralen Anforderungen an eine darauf bezogene Prognose gestattet (vgl. VerfGH NRW, NVwZ 2018, 159 (171)).

Sperrklauseln bei genuinen „Parlamentswahlen"

Bitte behalten Sie im Auge, dass die Sperrklauselthematik ein klassisches Klausurenthema auch des Staatsorganisationsrechts ist. Hinsichtlich der Parlamentswahlen im Bund und im Land Nordrhein-Westfalen liefert dabei das „parlamentarische Regierungssystem", also die Abhängigkeit der jeweiligen Regierung vom Vertrauen des Parlaments und damit zugleich von stabilen Mehrheiten innerhalb des Parlaments, den entscheidenden „zwingenden Grund" für die mit einer Sperrklausel einhergehenden Einschränkungen der Wahlrechtsgleichheit (vgl. nur BVerfGE 146, 327 (353 Rn. 67) m. w. N.). Insofern erachtet die Rechtsprechung hier (auch einfach-rechtliche) Sperrklauseln im Bereich von 5% ohne den Nachweis von mit einiger Wahrscheinlichkeit zu erwartenden Funktionsstörungen für zulässig. Dagegen hält das BVerfG Sperrklauseln für die Wahlen zum Europäischen Parlament mit Blick auf dessen spezifische Arbeitsbedingungen sowie seine Aufgabenstellung in umstrittenen Entscheidungen für unzulässig (vgl. BVerfGE 129, 300 (324 ff.); 135, 259 (291 ff. Rn. 63 ff.); zur möglicherweise veränderten Rechtslage durch den geänderten EU-Direktwahlakt vgl. *Boehl*, ZG 2019, 234; *Haratsch*, EuGRZ 2019, 177 ff.).

Fall 8: „Kommunale Neugliederung"

Behandelte Themen: Kommunalverfassungsbeschwerde – Fusionierung von Gemeinden – Selbstverwaltungsrecht – materieller Prüfungsmaßstab – subjektive Rechtsstellungsgarantie – Gemeinwohlkonkretisierung

Sachverhalt

Um die zunehmende Verschuldung der Kommunen einzudämmen, hält es die Landesregierung für notwendig, eine landesweite Gemeindereform in Nordrhein-Westfalen durchzuführen. Nach dem politischen Konzept der Landesregierung sollen kleinere Gemeinden zur dauerhaften Sicherung ihrer Leistungsfähigkeit zusammengeschlossen werden. Die abstrakten Leitbilder und Leitlinien der Neugliederung werden in einem mit einem Vorlauf von drei Jahren beschlossenen „Grundsätze-Gesetz" (GrG) festgelegt, das später im Rahmen der konkreten Neugliederungsgesetze umgesetzt werden sollen. Das GrG schreibt die Zusammenlegung von Gemeinden vor, die weniger als 15.000 Einwohner haben. Angaben dazu, wie es zur Festlegung dieser Mindesteinwohnerzahl kam, enthält das Gesetz bzw. dessen Begründung nicht. Immerhin schreibt das GrG zugleich vor, von einer Zusammenlegung abzusehen, wenn besondere – im Gesetz näher ausgeführte – Gründe entgegenstehen oder die Leistungsfähigkeit der betroffenen Gemeinden aus anderen Gründen als gesichert anzusehen ist. Als gesichert gilt die Leistungsfähigkeit, wenn die Pro-Kopf-Verschuldung der Einwohner im Mittel der letzten 25 Jahre unter 1.000 Euro lag. Soweit zur Sicherung der Leistungsfähigkeit der Gemeinden Zwangszusammenschlüsse notwendig sind, soll für die Auswahl der zusammen zu legenden Gemeinden den jeweiligen Pendlerverflechtungen maßgebliche Bedeutung zukommen. Das Gesetz bietet den Gemeinden, die weniger als 15.000 Einwohner aufweisen, zudem eine zweijährige „Schonfrist", um freiwillige Zusammenschlüsse mit Nachbargemeinden zu erwirken.

Die Gemeinde G weist eine Einwohnerzahl von 12.000 auf. Gespräche mit den Nachbargemeinden N und O, die jeweils um die 20.000 Einwohner aufweisen, verlaufen ergebnislos. Beide Nachbargemeinden stehen auf dem Standpunkt, dass sie als leistungsfähige Gemeinden mit mehr als 15.000 Einwohnern ohnehin nicht zu einem Zusammenschluss verpflichtet werden könnten. Ein freiwilliges Zusammengehen mit leistungsschwachen Gemeinden komme für sie nicht in Betracht. Nach Ablauf der „Freiwilligkeitsphase" erlässt der Landtag ein erstes Neugliederungsgesetz, das die zwangsweise Fusion der Gemeinden G und O zur Gemeinde „Groß-O" vorsieht. In der amtlichen Begründung findet sich der Hinweis, dass der Zusammenschluss den beiden betroffenen Gemeinden „ausschließlich Vorteile" bringe und daher als Pilotprojekt vorgezogen werden soll. Hinsichtlich der übrigen Kommunen des Landes sollen geeignete Neugliederungsentscheidungen „in den Folgejahren" getroffen werden. Bezüglich der von den betroffenen Gemeinden vergeblich eingeforderten parlamentarischen Anhörung verweist der Landtag auf eine von der Landesregierung zuvor durchgeführte Anhörung der Gemeinden G und O, deren Ergebnisse im Gesetzgebungsverfahren berücksichtigt worden seien.

G ist empört und will sich gerichtlich zur Wehr setzen. Sie betrachtet ihre „Vorab-Auflösung" als eklatanten Verstoß gegen das Gebot kommunaler Gleichbehandlung. Das Vorpreschen des Gesetzgebers hindere zudem ein landesweit koordiniertes Vorgehen, zumal – was zutrifft – die Gemeinde O auch an anderer Stelle Grenzberührungen mit Gemeinden unterhalb der 15.000 Einwohnergrenze aufgewiesen habe, so dass eine Gesamtlösung geboten gewesen sei. Ohnehin seien die Parameter des GrG offenkundig sachwidrig und habe eine ordnungsgemäße Abwägungsentscheidung im konkreten Fall nicht stattgefunden. Zudem weist G darauf hin, dass die Pendlerverflechtungen zwischen den Gemeinden G und N – was zutrifft – deutlich intensiver ausfallen als die Pendlerverflechtungen zwischen den Gemeinden G und O. In jedem Fall aber sei der Zusammenschluss schon deshalb unverhältnismäßig, weil es zur Sicherung der Leistungsfähigkeit ausgereicht hätte, die beiden Gemeinden in geeigneten Bereichen zur Kooperation zu verpflichten. G verweist nicht zuletzt auf die Europäische Charta der kommunalen Selbstverwaltung vom 15. Oktober 1985.

Kann die Gemeinde G das Fusionsgesetz vor dem VerfGH NRW erfolgreich angreifen?

Gliederung

Lösungsvorschlag

A. Zulässigkeit

I. Statthafte Verfahrensart

Verfahren vor dem Verfassungsgerichtshof unterliegen – wie oben (Fall 1) dargestellt – dem sog. Enumerationsprinzip, sind also nicht generell eröffnet, sondern nur dort, wo ein statthafter Rechtsbehelf zur Verfügung steht. Für die Prüfung von Gesetzen auf Antrag einer kommunalen Gebietskörperschaft steht das Verfahren der kommunalen Verfassungs- beschwerde nach Art. 75 Nr. 4 LV NRW i. V. m. § 12 Nr. 8, § 52 VerfGHG NRW zur Ver- fügung, dessen Zulässigkeit zu prüfen ist.

> **Vertiefung:** Parallel hierzu kennt Art. 93 Abs. 1 Nr. 4b GG die kommunale Ver- fassungsbeschwerde zum BVerfG, die allerdings – obgleich Prüfungsmaßstab dort das Grundgesetz, hier die Landesverfassung NRW ist – nur statthaft ist, soweit nicht Beschwerde beim Landesverfassungsgericht erhoben werden kann. Letzteres ist in NRW nur insoweit denkbar, als es um Eingriffe durch Bundesrecht geht, da Bundesrecht einer Kontrolle am Maßstab des Landesverfassungsrechts nicht zu- gänglich ist (arg. e Art. 31 GG).

II. Antragsberechtigung/Beteiligtenfähigkeit

Die Gemeinde G müsste zunächst antragsberechtigt sein. Das Antragsrecht zur Erhe- bung einer kommunalen Verfassungsbeschwerde kommt nach § 52 VerfGHG NRW den Gemeinden und Gemeindeverbänden zu.[1] Die Gemeinde G ist damit grundsätzlich antragsberechtigt.

> **Vertiefung:** Der Begriff des Gemeindeverbands in § 52 VerfGHG NRW weicht im Einzelfall vom verwaltungsrechtlichen Sprachgebrauch ab. Der VerfGH ver- langt – in Anlehnung an Art. 78 Abs. 2 LV NRW („alleinige Träger der öffentli- chen Verwaltung in ihrem Gebiet") – die Ausstattung mit einem gewissen Min- destmaß an Sachaufgaben. Eine solche Aufgabenausstattung wird für die Kreise und Landschaftsverbände angenommen (VerfGH NRW, NVwZ-RR 2001, 617), nicht aber für die zur Wahrnehmung einzelner Aufgaben gegründeten Zweckver- bände, auch wenn diese in § 5 Abs. 2 GkG NRW als Gemeindeverbände bezeich- net werden.

Der Antragsberechtigung der G könnte allerdings entgegenstehen, dass die Gemein- de G mit Inkrafttreten des umstrittenen Fusionsgesetzes untergegangen ist und damit ihre rechtliche Existenz verloren hat. So impliziert der Begriff der Fusion – anders etwa als der Begriff der „Eingliederung" oder „Eingemeindung" – den Untergang aller fu- sionierten Rechtspersonen und die Schaffung einer neuen Rechtsperson. Würde man ein Antragsrecht der G aus diesem Grunde verneinen, besäße G allerdings keine Mög- lichkeit, sich gegen eine womöglich verfassungswidrige Auflösung zur Wehr zu setzen. Dieses Ergebnis wäre mit der Verfassungsgarantie der kommunalen Selbstverwaltung nicht vereinbar. Folgerichtig muss die Fortexistenz der betreffenden Gemeinde zur Geltendmachung ihrer Verteidigungsrechte auch nach Inkrafttreten des Fusionsgesetzes als gegeben unterstellt werden.[2] Aufgelöste Gemeinden bleiben also antragsberechtigt, soweit es um die Klärung der Verfassungsmäßigkeit ihrer Auflösung geht.

---

[1] ÖffR NRW, § 1 Rn. 244.
[2] Vgl. VerfGH NRW, OVGE 26, 270 (271); eingehend hierzu etwa *Heusch*, in: Heusch/ Schönenbroicher, Landesverfassung NRW, 2. Aufl. 2020, Art. 75 Rn. 93 m. w. N.

III. Prozessfähigkeit

Fraglich könnte sein, ob die Gemeinde G prozessfähig, also in der Lage ist, die erforderlichen Prozesshandlungen vorzunehmen. Im Lichte der verfassungsrechtlichen Rechtsschutzmöglichkeiten ist ungeachtet der erfolgten Fusionierung davon auszugehen, dass die kommunalrechtlichen Außenvertretungsbefugnisse (ebenso die sonstigen Vorgaben für die interne Willensbildung innerhalb einer Gemeinde) im Grundsatz fortgelten, so dass die notwendigen Prozesshandlungen grundsätzlich von dem nach geltendem Recht vertretungsberechtigten Organ durchzuführen sind. Dementsprechend ist primär an eine Vertretung der Gemeinde durch den Bürgermeister zu denken (§ 63 Abs. 1 S. 1 GO NRW).

Vertiefung: Probleme ergeben sich, wenn der Bürgermeister als (Wahl-)Beamter auf Zeit in den Dienst der fusionierten oder aufnehmenden Körperschaft übergetreten ist (s. auch § 16 Abs. 4 BeamtStG). Denn da das vertretungsbefugte Organ in diesem Falle die Existenzberechtigung seines neuen Dienstherrn in Zweifel ziehen müsste, wird hier i. d. R. ein Fall der Interessenkollision vorliegen, der zu einer Verhinderung des Organs führt. In einem derartigen Falle wäre zunächst an eine Vertretungsbefugnis durch den zuständigen Stellvertreter, widrigenfalls an eine Vertretung unmittelbar durch die kommunale Vertretungskörperschaft selbst zu denken. Zu beachten ist schließlich, dass die Entscheidung über ein verfassungsgerichtliches Vorgehen regelmäßig nicht mehr als Geschäft der „laufenden Verwaltung" angesehen werden kann, so dass diese durch eine Ratsentscheidung legitimiert werden muss.

IV. Postulationsfähigkeit

Während des Verfahrens kann (in der mündlichen Verhandlung muss) sich die Gemeinde durch einen Rechtsanwalt oder einen Rechtslehrer an einer deutschen Hochschule vertreten lassen (§ 17 Abs. 1 S. 1 VerfGHG NRW). Alternativ steht den Gemeinden gemäß § 17 Abs. 2 S. 2 VerfGHG NRW auch das Recht zu, sich durch einen ihrer Beamten vertreten zu lassen, soweit dieser die Befähigung zum Richteramt oder für die Laufbahn des höheren allgemeinen Verwaltungsdienstes besitzt.

V. Beschwerdegegenstand

Gemäß § 52 Abs. 1 VerfGHG NRW ist die kommunale Verfassungsbeschwerde gegen sämtliche (materiellen) Landesgesetze (mit Ausnahme der Landesverfassung) zulässig. Das Neugliederungsgesetz ist als formelles Gesetz ergangen und somit ein zulässiger Beschwerdegegenstand.

Vertiefung: Theoretisch denkbar, wenngleich vom konkreten Begehren nicht erfasst, wäre auch eine eigenständige kommunale Verfassungsbeschwerde gegen das vorab erlassene Grundsätze-Gesetz, das ebenfalls den Rang einfachen Landesrechts einnimmt. Die Landesverfassungsgerichte haben insoweit eine Beschwerdebefugnis der abstrakt betroffenen Gemeinden durchaus anerkannt (VerfG Bbg., LKV 2002, 573 [575]). Zum Zeitpunkt der (umsetzenden) Neugliederungsgesetze wird aller-

dings die Beschwerdefrist des VerfGHG NRW (§ 52 Abs. 2: ein Jahr) regelmäßig ver-
strichen sein, so dass ein zeitlich paralleles Vorgehen auch gegen das Grundsätze-
Gesetz nach Erlass eines konkreten Fusionsgesetzes regelmäßig nicht möglich sein
wird.

VI. Beschwerdebefugnis

Als „Normenkontrolle mit beschränkter Antragsbefugnis" knüpft § 52 Abs. 1
VerfGHG NRW das Antragsrecht einer Gemeinde an die Möglichkeit, durch das Gesetz in dem verfassungsmäßigen „Recht der Selbstverwaltung" nach Art. 78 f. LV NRW
verletzt zu sein. Nach tradiertem Verständnis muss die Gemeinde durch die angefochtene Regelung selbst, unmittelbar und gegenwärtig betroffen sein. Für den Fall der
gesetzlichen Auflösung einer Gemeinde ist die „Möglichkeit" einer eigenen, gegenwärtigen und unmittelbaren Verletzung der durch Art. 78 f. LV NRW eingeräumten kommunalen Selbstverwaltungsrechte regelmäßig zu bejahen. Insbesondere gilt auch insoweit die im Rahmen der Antragsberechtigung dargestellte Fortbestandsfiktion.[3]

Klausurtipp: Das Erfordernis der „Unmittelbarkeit" der Betroffenheit ist im
Rahmen der kommunalen Verfassungsbeschwerde zurückhaltend zu handhaben.
Denn dient das Unmittelbarkeitserfordernis bei der Individualverfassungsbeschwerde dazu, soweit möglich zunächst eine fachgerichtliche Entscheidung zu
erwirken, die anschließend im Rahmen einer Urteilsverfassungsbeschwerde angegriffen werden kann, entfällt diese Möglichkeit bei der kommunalen Verfassungsbeschwerde, die ein bloßes Normenkontrollverfahren ist und keine Prüfung von Gerichtsentscheidungen ermöglicht. Eine unmittelbare Betroffenheit
entfällt insofern nicht bereits dann, wenn weitere Vollzugsakte notwendig sind,
sondern nur dann, wenn ein Vollzug durch Normsetzung erfolgt und diese
normativen Vollzugsakte ihrerseits im Wege der kommunalen Verfassungsbeschwerde angreifbar sind. In dem hier maßgeblichen Neugliederungsstreit bleibt
schließlich prozessrechtlich zu beachten, dass es den Gemeinden obliegt, in ihrem Antrag diejenigen Tatsachen vorzutragen, die eine Verletzung eigener Rechte als zumindest möglich erscheinen lassen (vgl. *Tettinger,* in: Löwer/Tettinger,
Kommentar zur Verfassung NRW, 2002, Art. 75 Rn. 32). Allein die Behauptung
der Verfassungswidrigkeit eines Gesetzes reicht danach nicht aus.

Nicht abgeleitet werden kann eine Beschwerdebefugnis aus der Europäischen Charta
der kommunalen Selbstverwaltung vom 15. Oktober 1985,[4] da die Charta – ungeachtet der Frage, ob ihr überhaupt subjektive Rechte zu Gunsten der Gemeinden entnommen werden können – jedenfalls nicht (unmittelbarer) Prüfungsmaßstab der natio-
nalen Verfassungsgerichte ist.[5]

---

[3] Vgl. statt aller *Tettinger,* in: Löwer/Tettinger, Kommentar zur Verfassung NRW, 2002, Art. 75
Rn. 33.
[4] Im Internet abrufbar unter http://conventions.coe.int/Treaty/ger/Treaties/Html/122.
htm, Abruf am 12.02.2020.
[5] Vgl. zu einen entsprechenden – erfolglosen – Vorbringen LVerfG LSA, BeckRS 2009, 33217.
Zu beachten bleibt freilich die sog. „Völkerrechtsfreundlichkeit" der Verfassungsordnung des

VII. Rechtswegerschöpfung/Subsidiarität

Anders als die Kommunalverfassungsbeschwerde zum BVerfG unterliegt die Kommunalverfassungsbeschwerde zum VerfGH NRW nicht dem Erfordernis der Rechtswegerschöpfung, wobei ein Rechtsweg gegen formelle Gesetze ohnehin nicht bestünde. Auch eine sonstige Subsidiarität[6] des verfassungsgerichtlichen Rechtsschutzes besteht nicht.

VIII. Form/Antragsfrist

Das Verfahren ist schriftlich mit Begründung zu beantragen, § 18 Abs. 1 VerfGHG NRW. Die Antragsfrist beträgt ein Jahr ab Inkrafttreten der Vorschrift (§ 52 Abs. 2 VerfGHG NRW). Beide Voraussetzungen sind hier erfüllt. Die Kommunalverfassungsbeschwerde ist damit zulässig.

Vertiefung: Soweit im Schrifttum teilweise die Auffassung vertreten wird, dass die Fristvorgaben bei territorialen Neugliederungen dann nicht zur Anwendung kommen könnten, wenn sich erst später herausstellt, dass die Gebietsreformregelungen den Gemeinwohlzwecken zuwider laufen (*Grupp*, in: Festschrift Stern, 1997, S. 1099 (1111 f.)), kann dies nicht überzeugen. Denn da es sich bei Neugliederungsentscheidungen um Prognoseentscheidungen handelt, kommt es hinsichtlich der Verfassungsmäßigkeit des Gesetzes allein auf die Tragfähigkeit der Prognose „ex ante" an. Eine nachträglich abweichende Entwicklung führt nicht zur Verfassungswidrigkeit der Prognose bzw. des Gesetzes. Eine Notwendigkeit, die Fristen zu verändern besteht daher nicht. Wie hier i. Erg. auch SaarlVerfGH, NVwZ 1994, 481 f.: „Dem Sinn der Fortbestehensfiktion ist Genüge getan, wenn der aufgelösten Gemeinde die Möglichkeit gegeben wird, innerhalb der vom Gesetz vorgesehenen Frist ihre Auflösung mit der Verfassungsbeschwerde anzugreifen."

B. Begründetheit

Die Kommunalverfassungsbeschwerde ist begründet, wenn und soweit das Fusionsgesetz gegen „die Vorschriften der Landesverfassung über das Recht der Selbstverwaltung" verstößt. Über den Wortlaut des § 52 Abs. 1 VerfGHG NRW hinaus („Recht der Selbstverwaltung") dienen dem Landesverfassungsgericht als Prüfungsmaßstab neben der verfassungsrechtlichen Selbstverwaltungsgarantie aus Art. 78 f. LV NRW und dem ihr immanenten Gebot interkommunaler Gleichbehandlung auch diejenigen Verfassungsvorschriften, die ihrem Inhalt nach das verfassungsrechtliche Bild der Selbstverwaltung mitzubestimmen geeignet sind.[7] Damit können auch allgemeine Verfassungsgrundsätze wie das aus dem Rechtsstaatsprinzip resultierende Willkürverbot oder das Demokratieprinzip als Prüfungsmaßstab herangezogen werden.[8]

Grundgesetzes, die es durchaus gebietet, völkerrechtliche Pflichten bei der Auslegung und Anwendung nationaler Normen – einschließlich solcher des Verfassungsrechts – zu berücksichtigen.

[6] Vgl. hierzu im Kontext von Individualverfassungsbeschwerden *Hillgruber/Goos*, Verfassungsprozessrecht, 3. Aufl. 2015, § 3 Rn. 216 ff.

[7] St. Rspr. seit BVerfGE 1, 161 (181).

[8] VerfGH NRW, OVGE 39, 292 (293 ff.); 39, 315 (317).

I. Institutionelle Rechtssubjektgarantie

Rückt man die verschiedenen Garantieebenen des Art. 78 Abs. 2 LV NRW ins Blickfeld,[9] stellt sich zunächst die Frage der Vereinbarkeit des Fusionsgesetzes mit der institutionellen Rechtssubjektgarantie des Art. 78 LV NRW.

Die institutionelle Rechtssubjektgarantie[10] sichert die Existenz der Gemeinden (und Gemeindeverbände) als notwendigen Baustein des staatlichen Organisationsgefüges. Der Gesetzgeber ist danach verfassungsrechtlich verpflichtet, Gemeinden und Gemeindeverbände als kommunale Gebietskörperschaften vorzusehen und aufrecht zu erhalten. Freilich werden die Gemeinden durch diese institutionelle Rechtssubjektgarantie nur „institutionell", also lediglich „der Gattung nach" geschützt. Nicht geschützt ist demgegenüber der Bestand jeder einzelnen Gemeinde. Die Auflösung einzelner Gemeinden bleibt damit solange ohne Relevanz, wie es den Typus „Gemeinde" als Gebietskörperschaft mit originärer Zuständigkeit zur autonomen Regelung aller Angelegenheiten der örtlichen Gemeinschaft gibt.

Die fusionsbedingte Auflösung der Gemeinde G beeinträchtigt daher die aus Art. 78 Abs. 2 LV NRW abzuleitende institutionelle Rechtssubjektgarantie nicht.

II. Objektive Rechtsinstitutionsgarantie

Durch das Neugliederungsgesetz nicht betroffen ist auch die sog. objektive Rechtsinstitutionsgarantie[11] aus Art. 78, 79 LV NRW. Diese Garantie ist von vornherein nicht auf die physische Existenz der Gemeinden bezogen, sondern schützt die Funktionsfähigkeit des den Gemeinden durch die Verfassung zuerkannten Selbstverwaltungsrechts. Mit der Auflösung einer einzelnen Gemeinde wird das Recht der (jeweils existierenden) Gemeinden, die Angelegenheiten des örtlichen Wirkungskreises in eigener Verantwortung zu regeln, nicht tangiert.

III. Aufgabengarantie

Erkennbar ebenfalls nicht betroffen ist weiter die verfassungsrechtliche Aufgabengarantie[12] des Art. 78 Abs. 2 LV NRW, mit der die Gemeinden für ihr Gebiet zum alleinigen Träger der öffentlichen Verwaltung erklärt werden. Diese mit Art. 28 Abs. 2 S. 1 GG inhaltsgleiche verfassungsunmittelbar zugewiesene Wahrnehmungszuständigkeit für alle „Angelegenheiten der örtlichen Gemeinschaft" wird durch die Auflösung einer einzelnen Gemeinde nicht in Frage gestellt.

IV. Beschränkt subjektive Rechtsstellungsgarantie

Es könnte allerdings eine Verletzung der beschränkt subjektiven Rechtsstellungsgarantie der G vorliegen. So haben Rechtsprechung und Literatur den Gemeinden jenseits der institutionellen Rechtssubjektgarantie sowie der objektiven Rechtsinstitutionsgarantie, die beide ohnehin als vorrangig objektive Staatsaufbauprinzipien inter-

---

[9] ÖffR NRW, § 1 Rn. 175 ff.
[10] ÖffR NRW, § 1 Rn. 175 f.
[11] ÖffR NRW, § 1 Rn. 178.
[12] ÖffR NRW, § 1 Rn. 181 ff.

pretiert werden, mit der Verfassungsgarantie der kommunalen Selbstverwaltung seit jeher auch individuelle verfassungsrechtliche Abwehrrechte in Bezug auf Interventionen
des Gesetzgebers in den Bestand einzelner Gemeinden zuerkannt; dies auch und zumal
für den Fall der vollständigen Auflösung einer einzelnen Gemeinde.[13]

Die Verfassungsmäßigkeit der gesetzlichen Auflösung einer Gemeinde wird dabei
von der Rechtsprechung davon abhängig gemacht, dass die einzelne Gemeinde vorab
ergebnisoffen angehört wurde sowie das auflösende Gesetz der Gemeinwohlverwirklichung dient.[14]

Vertiefung: Die hiermit angesprochene Problematik ist von der in der Rastede-
Entscheidung (BVerfGE 79, 127) behandelten Thematik der Hochzonung örtlicher Angelegenheiten strikt zu trennen. Soweit hiernach für die Hochzonung örtlicher Angelegenheiten auf höhere (kommunale) Einheiten besonders strenge Anforderungen zu stellen sind, insbesondere Ziele der Verwaltungseffizienz und der
Kostenersparnis nicht für legitim erachtet werden und bei der Verhältnismäßigkeitsprüfung überdies ein Überwiegen der Gemeinwohlgründe verlangt wird, finden diese Parameter auf die Abschaffung bzw. Fusionierung von Gemeinden nach
h. M. keine Anwendung. Soweit dies darauf gegründet wird, dass die Dezentralität
der Aufgabenwahrnehmung durch Neugliederungsmaßnahmen nicht tangiert
wird, kann dies bei materieller Betrachtung der Interessenlage freilich nicht uneingeschränkt überzeugen. Denn die „örtliche Überschaubarkeit" als Lebenselexier der kommunalen Selbstverwaltung wird nicht nur durch die vertikale Hochzonung einzelner Aufgaben in Frage gestellt, sondern auch und erst recht durch
die horizonale „Zusammenführung" vormals eigenständiger Gemeinden zu
Groß- oder Megagemeinden. Insofern dürfte die bisherige Rechtsprechung den
gemeindlichen Schutzbedürfnissen gegenüber gesetzlichen Neugliederungsmaßnahmen nur eingeschränkt gerecht werden (s. *Dietlein u. a.*, Zwangsfusion von
Gemeinden, 2013, S. 34).

1. Formelle Verfassungsmäßigkeit: Anhörungserfordernis

Zu prüfen ist damit zunächst, ob hier die erforderliche Anhörung durchgeführt wurde.

Ein Anhörungsmangel könnte darin liegen, dass der Landtag die Anhörung nicht
selbst durchgeführt hat, sondern lediglich die Ergebnisse einer von der Landesregierung
durchgeführten Anhörung berücksichtigt hat. Ob ein solcher Rückgriff auf eine von
der Regierung durchgeführte Anhörung hinreichen kann, erscheint fraglich.

Zur Lösung dieser Frage sind Sinn und Zweck der Anhörung zu ermitteln: Die Anhörung durch den Gesetzgeber dient zunächst dem Zweck, dem Gesetzgeber eine
möglichst breite Informationsgrundlage für eine sachgerechte Entscheidung zu verschaffen. Insoweit könnte überlegt werden, die Art und Weise der Anhörung ganz der
Entscheidung des Gesetzgebers zu überlassen, der ggf. selbst klären muss, ob und inwieweit ein Informationsbedürfnis besteht.[15] Allerdings soll die Anhörung zugleich die

---

[13] *Stern*, in: BK-GG, Art. 28 (Zweitbearb.) Rn. 174 ff.; *Mehde*, in: Maunz/Dürig, GG, Art. 28
Rn. 153 f.

[14] Vgl. etwa VerfGH NRW, OVGE 31, 284; 28, 291 f. – st. Rspr.; ÖffR NRW, § 1 Rn. 176.

[15] In diesem Sinne etwa VerfGH RLP, DÖV 1969, 560 (568); KommJur 2015, 335 (337).

in der Praxis regelmäßig dominierende Stellung der Gubernative kompensieren, von der de facto die wesentlichen Entscheidungen für eine kommunale Gebietsreform vorab getroffen werden. Schließlich geht es bei der Anhörung darum, den fusionsbedrohten Gemeinden die Möglichkeit einzuräumen, vor der Entscheidung des Neugliederungsgesetzgebers „ihre Meinungen und ihre etwaigen Einwendungen gegen die geplante Gebietsänderung darzulegen und so auf den weiteren Verlauf des Gesetzgebungsverfahrens sowie seinen Ausgang Einfluss nehmen zu können".[16] Mit dieser prozeduralen Einbindung der Gemeinden soll verhindert werden, dass die Gemeinden „zum bloßen Objekt staatlichen Handelns" werden.[17] Gerade die letztgenannten Aspekte – Sicherung eines eigenen „ungefilterten" Eindrucks des Landesgesetzgebers sowie die Sicherung einer Kooperation zwischen Gemeinde und Parlament – sprechen dafür, eine Anhörung unmittelbar durch den Landtag für unabdingbar zu erachten.

Das hier gewählte Verfahren der bloßen Berücksichtigung früherer Anhörungsergebnisse genügt damit dem Zweck des Anhörungserfordernisses nicht. Das Fusionsgesetz ist damit bereits wegen Verletzung des Anhörungserfordernisses als verfassungswidrig einzustufen.

2. Materielle Verfassungsmäßigkeit: Gemeinwohlkonkretisierung

Unabhängig von dem festzustellenden Anhörungsdefizit ist weiter zu prüfen, ob das Fusionsgesetz den materiellen Rechtfertigungserfordernissen genügt, also durch Gründe des öffentlichen Wohls legitimiert wird.

Hierzu ist zunächst zu klären, wann eine Rechtfertigung durch Gemeinwohlgründe vorliegt. Probleme ergeben sich dabei insoweit, als der Landesverfassung ein abschließendes „Gemeinwohlprogramm" nicht entnommen werden kann. Zwar enthält die Landesverfassung durchaus beachtliche Grundaussagen zur Gemeinwohlidee, letztlich aber wird die Konkretisierung des Gemeinwohls in weitem Umfange dem demokratischen Prozess überlassen, namentlich also dem Gesetzgeber selbst. Auch wenn der Gemeinwohlbegriff damit keineswegs einer rein politischen Dezision überlassen ist, weist er gleichwohl eine nicht unerhebliche dynamische und situationsbezogene Komponente auf, womit neben den verfassungsrechtlichen Steuerungsvorgaben zugleich Raum für politische Gestaltung eröffnet wird. Für die vorliegende Fragestellung ergibt sich aus dieser „Offenheit des Gemeinwohlbegriffes" die Konsequenz, dass „die Festlegung von Gründen des öffentlichen Wohls vorrangig Sache des demokratisch legitimierten Parlaments (ist)." Dem Gesetzgeber steht es frei, „die für ihn maßgeblichen Gemeinwohlgründe im Rahmen der verfassungsrechtlichen Vorgaben zu bestimmen und an ihnen die konkrete Neugliederung auszurichten".[18] Allerdings kommt dem Gesetzgeber hierbei keine unkontrollierte Freiheit zu. Entsprechend den einzelnen Konkretisierungsstufen der Gemeinwohlverwirklichung haben die Landesverfassungsgerichte vielmehr ein korrespondierendes Prüfungsprogramm entwickelt, das umso konkreter wird, je mehr sich die Neugliederungsentscheidung weg von der Festlegung abstrakter Parameter hin zu einer konkreten Neugliederungsmaßnahme verlagert. Die neuere Rechtsprechung differenziert hierbei zwischen drei Konkretisierungsstufen des Gemeinwohls:[19]

---

[16] VerfGH RLP, DÖV 1969, 568.
[17] BVerfGE 107, 1 (24); 59, 216 (227 f.); 50, 195 (202). Ebenso etwa LVerfG LSA, SächsVBl. 1994, 238 (239).
[18] ThürVerfGH, NVwZ-RR 1997, 639 (641), s. auch VerfGH NRW, OVGE 28, 291 (292).
[19] Hierzu und zum Folgenden ThürVerfGH, NVwZ-RR 1997, 639 (642).

Konkretisierungsstufe 1 bezieht sich auf den Entschluss des Gesetzgebers, überhaupt in eine grundlegende Umgestaltung der kommunalen Ebene einzutreten. Sie umfasst hierbei einerseits die gesetzgeberische Motivation, andererseits die Einschätzung des Gesetzgebers, dass eine Kommunalreform notwendig ist. Eine gerichtliche Beanstandung kommt hier (nur) dann in Betracht, wenn dem Entschluss zur Neugliederung sachfremde Zwecke oder offensichtlich fehlsame Einschätzungen zugrunde liegen.

Konkretisierungsstufe 2 betrifft die Festlegung der Leitbilder und Leitlinien im GrG, die bei der nachfolgenden Umsetzung der Neugliederung die künftige Struktur der Selbstverwaltungskörperschaften festlegen und deren Umgestaltung im Einzelfall dirigieren sollen. Auch auf dieser zweiten Ebene billigt die Verfassungsjudikatur dem Gesetzgeber einen breiten Spielraum zu. Die Kontrolle beschränkt sich im Ergebnis darauf festzustellen, „ob das Leitbild und die Leitlinien mit der Verfassung vereinbar sind, ob der Gesetzgeber bei der Bestimmung des Leitbildes und der Leitlinien sich aufdrängende Gemeinwohlaspekte übersehen hat, ob die dem Leitbild oder den Leitlinien zugrundliegenden Erkenntnisse nicht unzutreffend und die Leitlinien nicht offensichtlich ungeeignet sind und ob sie der Verwirklichung des gesetzgeberischen Reformzieles dienen".[20]

Eine „intensivere verfassungsgerichtliche Kontrolle"[21] setzt damit erst auf der dritten und letzten Konkretisierungsstufe ein, also bei dem konkreten Umsetzung- bzw. Fusionsgesetz. Hier ist insbesondere zu prüfen, ob

– der Gesetzgeber den maßgeblichen Sachverhalt zutreffend und vollständig ermittelt hat,
– der Gesetzgeber im Rahmen seiner Prognosen die zur Verfügung stehenden Erkenntnisquellen ausgeschöpft hat,
– er den ermittelten Sachverhalt seiner gesetzlichen Entscheidung zugrunde gelegt hat und die Vor- und Nachteile der Neugliederungsentscheidung in die Abwägung eingestellt hat,
– die Gewichtungen im Rahmen der Abwägung vertretbar und insbesondere mit den Gewichtungen in den Leitbildern und Leitlinien sowie verfassungsrechtlichen Vorgaben kompatibel sind,
– die Maßnahme dem durch die Leitbilder und Leitlinien konfigurierten System entspricht und
– die Neugliederungsmaßnahme geeignet, erforderlich und zumutbar ist.

Vertiefung: Auch im Kontext dieser letzten Ebene der Gemeinwohlkonkretisierung bleiben freilich begrenzte Einschätzungsspielräume des Gesetzgebers. So etwa hinsichtlich der Gewichtung einzelner Belange[22] oder hinsichtlich der – womöglich unsicheren – Eignung einer gewählten Neugliederungsmaßnahme.[23] Gleichwohl ergeben sich zugleich sehr präzise und gerichtlich voll nachkontrollierbare Handlungsaufträge an den Neugliederungsgesetzgeber, die im Hinblick auf jede einzelne Neugliederungsmaßnahme sorgsam wahrgenommen werden müssen und deren unzureichende Erfüllung zur gerichtlichen Aufhebung einer von der betroffenen Gemeinde gerügten Neugliederungsmaßnahme führen muss.

---

[20] ThürVerfGH, NVwZ-RR 1997, 639 (643).
[21] So der ThürVerfGH, a. a. O.
[22] Vgl. SächsVerfGH, SächsVBl. 1994, 226 (229 f.); 1995, 131 (134 f.); ThürVerfGH, NVwZ-RR 1997, 639 (645).
[23] Vgl. BVerfGE 83, 130 (140 ff.); 90, 145 (182 ff.); ThürVerfGH, a. a. O., S. 644.

Nachfolgend ist daher zu prüfen, ob die gesetzliche Gemeinwohlkonkretisierung den dargestellten verfassungsrechtlichen Anforderungen genügt.

a) Prüfungsstufe 1: Gesetzgeberische Motivation

Nach dem oben dargestellten Prüfungsschema ist zunächst die gesetzgeberische Motivation für die Kommunalreform zu untersuchen, wobei es hier lediglich darum geht, sachfremden Zielsetzungen oder offensichtlich fehlsamen Einschätzungen entgegen zu treten. Diesbezügliche Bedenken ergeben sich hier nicht: Das Ziel, den demographischen und finanziellen Herausforderungen zu begegnen, ist als solches nicht zu beanstanden.

b) Prüfungsstufe 2: Die Leitbilder und Leitlinien der Reform

Weniger eindeutig ist indes bereits, ob die dem Fusionsgesetz zugrunde liegenden Leitbilder und Leitlinien der Reform den verfassungsrechtlichen Anforderungen an die Gemeinwohlkonkretisierung genügen können.

aa) Präklusion von Angriffen gegen die Leitbilder?

Insoweit stellt sich allerdings verfahrensrechtlich die Frage, ob im Rahmen der Prüfung des konkreten Fusionsgesetzes die allgemeinen Parameter des GrG überhaupt noch einer verfassungsgerichtlichen Kontrolle zugänglich sind. Hiergegen könnte sprechen, dass die Leitbilder und Leitlinien in einem eigenständigen Gesetz ergangen sind, das – wie dargelegt – für sich genommen nicht Gegenstand der kommunalen Verfassungsbeschwerde ist und aufgrund Fristablaufes (s. § 52 Abs. 2 VerfGHG NRW) auch nicht (mehr) sein kann. Mit dieser – jedenfalls aus Sicht der Gemeinden eingetretenen – „Unanfechtbarkeit" des GrG könnten auch sämtliche aus dem GrG abgeleiteten Einwände gegen das konkrete Neugliederungsgesetz „präkludiert" sein, mit der Folge, dass sich die Gemeinde auf Mängel der Leitbilder und Leitlinien nicht mehr berufen könnte.[24]

Gegen eine derartige Auslegung ergeben sich freilich erhebliche Bedenken:

Zunächst ist festzustellen, dass eine materielle Präklusion aufgrund des damit verbundenen Eingriffs in die Rechtssphäre der Gemeinde einer (formal-)gesetzlichen Grundlage bedürfte. An einer solchen Grundlage fehlt es hier. Weiter ist zu bemerken, dass das GrG nicht in eine dem Verwaltungsakt vergleichbare „Bestandskraft" erwächst, sondern auch weiterhin im Wege der abstrakten oder konkreten Normenkontrolle einer gerichtlichen Kontrolle zugänglich bleibt. Insofern liefe die Idee einer „Unanfechtbarkeit" bzw. „Bestandskraft" des GrG ins Leere. Hinzu kommt der Umstand, dass die Festlegung von Leitbildern und Leitlinien regelmäßig noch nicht den „Verdichtungs"- bzw. „Individualisierungsgrad" aufweisen wird, der gerichtliche Schritte durch einzelne Kommunen angezeigt und womöglich sogar zulässig erscheinen ließe. Offenkundig ist auch das Missbrauchspotenzial einer unterstellten Präklusion, die hiermit Wege eröffnete, durch eine formale Abschichtung gesetzgeberischer Entscheidungen den verfassungsmäßigen Rechtsschutz der Gemeinden und Gemeindeverbände zumindest faktisch auszuhöhlen. Nicht zuletzt führt die Idee einer Präklusion zu dem auch unter prozessökonomischen Aspekten wenig sinnvollen Ergebnis, dass sämtliche potenziell fusionsbedrohten Kommunen zur Vermeidung einer möglichen Präklusion eigener Rechte gehalten wären, rein vorsorglich und „ins Blaue hinein" alle zur Verfügung ste-

---

[24] So LVerfG LSA, BeckRS 2009, 33217, Abs. 2.1.2.

henden verfassungsgerichtlichen Rechtsbehelfe bereits in einer Phase des Neugliederungsverfahrens in Anspruch zu nehmen, in der die eigene Betroffenheit von konkreten Neugliederungsmaßnahmen völlig offen ist.

Dieses Ergebnis kann nicht überzeugen. Vielmehr ist im Gegenteil davon auszugehen, dass ein Gesetz (hier das Fusionsgesetz), welches verfassungswidrige (Leit-)Ziele umsetzt, nicht dadurch verfassungsgemäß wird, dass die mit ihm verwirklichten Ziele zuvor abstrakt in einem anderen Gesetz niedergelegt wurden. Bei etwaigen verfassungswidrigen Defiziten des GrG handelt es sich somit letztlich um „weiterfressende Mängel", die sich notwendig in den konkreten Umsetzungsgesetzen fortsetzen und diese ebenfalls verfassungswidrig machten.

Vertiefung: Diese Bewertung wird auch nicht durch die prozessrechtliche Tatsache in Frage gestellt, dass die Verfassungsgerichte in neuerer Zeit vielfach bereits die potenzielle Bedrohung durch Zwangsfusionen ausreichen lassen, um eine „unmittelbare" gemeindliche Beschwerdebefugnis auch gegen die abstrakte Festlegung von Leitbildern und Leitlinien einer Reform zu bejahen.[25] Denn die Annahme einer diesbezüglichen Beschwerdebefugnis gründet sich nicht auf die Idee einer formalrechtlichen „Durchgriffswirkung" abstrakter Reform-Leitbilder und Leitlinien, wie dies zudem mit der Verneinung korrespondierender Anhörungsrechte unvereinbar wäre, sondern auf die praktische Erwägung, dass potenziell fusionsbedrohte Gemeinden im Einzelfall bereits durch die politische Wirkung der Grundsätze-Gesetzgebung in der Ausübung ihrer Selbstverwaltungsrechte beeinträchtigt und genötigt werden könnten, ihre Rechtsposition – z.B. durch die Einleitung freiwilliger Fusionsverhandlungen – zu schmälern oder – mit der Einwilligung in eine freiwillige Fusion – gar vollständig aufzugeben (VerfG Bbg., LKV 2002, 573 (575), wonach sich derartige Regelungen „gegenwärtig und unmittelbar auf den kommunalpolitischen (!) Bewegungsspielraum" potenziell betroffener Gemeinden auswirken).

Als Ergebnis bleibt damit festzustellen, dass als formaler Beschwerdegegenstand der kommunalen Verfassungsbeschwerde einer aufgelösten Gemeinde das konkrete Fusionsgesetz in Betracht kommt, etwaige verfassungsrechtliche Mängel des vorgeschalteten Grundsätze-Gesetzes aber – losgelöst von einer möglichen isolierten Anfechtung dieses Gesetzes – stets und notwendig auf die Verfassungsmäßigkeit des konkreten Neugliederungsgesetzes durchschlagen und dieses gleichsam „infizieren". Folgerichtig werden die Gemeinden im Rahmen etwaiger Normenkontrollklagen gegen ihre Auflösung zugleich die oben gegen das GrG geltend gemachten Bedenken zur Geltung bringen können.

bb) Verfassungsmäßigkeit der Leitlinie „Stärkung durch räumliche Vergrößerung"

Sind somit im Rahmen der Prüfung des konkreten Neugliederungsgesetzes auch die hiermit umgesetzten Leitbilder des GrG einer Prüfung zugänglich, stellt sich zunächst die Frage, ob die Grundidee des GrG, die Leistungsfähigkeit von Gemeinden durch deren räumliche Vergrößerung zu steigern, allgemeinen Rationalitätsanforderungen genü-

---

[25] Vgl. etwa VerfG Bbg., LKV 2002, 573 (575).

gen kann. So ist darauf hinzuweisen, dass die zugrunde liegende ökonomische Theorie in der Wissenschaft durchaus beachtliche Kritik erfahren hat.[26] Danach sind die Kosten der Gemeindeverwaltung zu einem erheblichen Teil bedingt etwa durch die jeweilige Siedlungsstruktur, durch die Ordnung der Betriebsabläufe, aber auch durch sonstige exogene Faktoren. Die bislang h.M. geht gleichwohl von einer hinreichenden Rationalität dieser These aus, die daher auch verfassungsgerichtlich bislang nicht beanstandet wurde.[27]

cc) Verfassungsmäßigkeit von Mindesteinwohnerzahlen

Unabhängig von der Frage nach der allgemeinen Korrelation von Größe und Wirtschaftlichkeit könnte aber die Frage aufgeworfen werden, ob die Festlegung der Mindesteinwohnerzahl von 15.000 als rationaler Maßstab der Gemeinwohlkonkretisierung anzuerkennen ist. Soweit es hierbei zunächst um die allgemeine Zwecktauglichkeit von Mindesteinwohnerzahlen geht, ist diese von der Rechtsprechung grundsätzlich gebilligt worden. Dies allerdings mit der Einschränkung, dass der statische Ansatz von Mindesteinwohnerzahlen durch „dynamische" Regulative, insbesondere durch einzelfallbezogene Ausnahmetatbestände, abgefedert bzw. ausgeglichen werden muss.[28] Diesem Erfordernis wird das vorliegende Grundsätze-Gesetz durchaus gerecht, so dass die Grundentscheidung zugunsten bestimmter Regel-Mindesteinwohnerzahlen insoweit verfassungsgerichtlich Bestand haben würde.

Fraglich bleibt aber, ob die konkrete Festlegung der Mindesteinwohnerzahl auf 15.000 Einwohner eine hinreichende sachlich-rationale Grundlage findet.[29] Da sich das Gesetz mitsamt der gesetzlichen Begründung hinsichtlich der Festlegung „ausschweigen", ist davon auszugehen, dass es sich um eine rein „gegriffene" Zahl handelt. Die willkürliche Fixierung einer Mindesteinwohnerzahl kann aber den verfassungsrechtlichen Anforderungen an eine rationale Gemeinwohlkonkretisierung nicht genügen.

Die Leitbildfixierung ist insoweit als verfassungswidrig einzustufen und schlägt ohne Weiteres auch auf das konkrete Neugliederungsgesetz durch.

dd) Maßstab der Pro-Kopf-Verschuldung

Nach Maßgabe der oben dargestellten Prüfungskriterien stellt sich weiter die Frage nach der Rationalität und Zwecktauglichkeit des im GrG vorgegebenen Pro-Kopf-Verschuldungsmaßstabes. Denn die dort vorgegebene Leitlinie, dass die Frage der finanziellen Leistungskraft von einer Pro-Kopf-Verschuldungsrate im Mittel der vergangenen 25 Jahre zu bemessen ist, dürfte kaum geeignet erscheinen, einen plausiblen Maßstab für die finanzielle Leistungsfähigkeit einer Gemeinde zu liefern. In Wahrheit handelt es sich um einen allein vergangenheitsbezogenen Maßstab, der letztlich keinerlei Öffnung in Gegenwart und Zukunft vorsieht. So würde etwa die Leistungsfähigkeit einer Gemeinde, die nach 20 defizitären Jahren ihren Haushalt konsolidiert hat und nunmehr nachhaltig günstige Pro-Kopf-Raten entwickelt hat, ungünstiger bewertet als die Leistungsfähigkeit einer Gemeinde, die sich nach 20 „guten" Jahren seit fünf Jahren in einer defizitären Situation ohne Verbesserungsoption befindet. Hinsichtlich des Ziels der Sicherung von Leistungsfähigkeit kann ein solcher Maßstab nur als „evident ungeeignet"

---

[26] Vgl. *Dietlein u. a.*, Zwangsfusion von Gemeinden, 2013, S. 42 ff.; *Haug*, Wirtschaft im Wandel, Heft 10/2011, S. 347.

[27] Vgl. etwa VerfG Bbg., LKV 2002, 573 (575).

[28] S. VerfG Bbg., LKV 2002, 573 (576).

[29] Zu diesem Rationalitätserfordernis etwa LVerfG LSA, LVG 12/08, Rn. 46.

angesehen werden, so dass auch hier eine Verletzung der Anforderungen an einer verfassungsmäßige Gemeinwohlkonkretisierung festzustellen ist, die auf das Umsetzungsgesetz durchschlägt.

c) Prüfungsstufe 3: Die konkrete Fusionsentscheidung

Losgelöst von der Prüfung der Leitlinien und Leitbilder ist schließlich auf der dritten Stufe eine intensive Prüfung der konkreten Fusionsentscheidung vorzunehmen. Zu prüfen ist hierbei neben einer ordnungsgemäßen Abwägung aller maßgeblichen Gemeinwohlaspekte sowie der Wahrung der Verhältnismäßigkeit insbesondere, ob der Gesetzgeber im Rahmen der von ihm selbst entwickelten Leitbilder und Leitlinien geblieben oder von diesen ohne sachlichen Grund abgewichen ist. Auch insoweit ergeben sich in Ansehung der konkreten Fallkonstellation nicht unerhebliche Bedenken:

aa) Abwägung der Gemeinwohlaspekte

Wie oben dargestellt, kommt dem Gesetzgeber bei der Konkretisierung des Gemeinwohls ein nicht unerheblicher, gerichtlich nur einschränkbar nachprüfbarer Einschätzungsspielraum zu, der freilich an die Beachtung grundlegender prozeduraler Voraussetzungen geknüpft ist. Zu den prozeduralen Anforderungen an eine ordnungsgemäße Gemeinwohlkonkretisierung gehört nach den oben dargelegten Grundsätzen vor allem, dass der Gesetzgeber den Sachverhalt umfassend ermittelt und hieran anschließend die Vor- und Nachteile der Neugliederungsentscheidung in die Abwägung einstellt. Ob der Gesetzgeber diesen Anforderungen im vorliegenden Fall in der gebotenen Weise Rechnung getragen hat, erscheint fraglich. Als kritisch erweist sich insoweit namentlich der Hinweis in der amtlichen Begründung, wonach die Fusionsentscheidung „ausschließlich Vorteile" bringe. Dieser Hinweis lässt den Schluss zu, dass der Gesetzgeber etwaige Nachteile infolge einer Fusion nicht zu erkennen vermochte. Sollten derartige Nachteile in Wahrheit aber vorliegen, müsste von einer defizitären Abwägungsentscheidung ausgegangen werden, die damit den prozeduralen Anforderungen an die Gemeinwohlkonkretisierung nicht genügte.[30]

Ein solcher, vom Gesetzgeber augenscheinlich nicht beachteter Nachteil liegt hier aber darin, dass mit der Zusammenlegung des Gebietes der Gemeinden G und O notwendig eine „Verdünnung" des örtlichen Substrates einhergeht. So reduzieren sich aufgrund der erheblichen flächenmäßigen bzw. einwohnermäßigen Erweiterung der Gemeinde zugleich die Möglichkeiten der bürgerschaftlichen Partizipation in der neu fusionierten Gemeinde, weiterhin verringert sich die „Überschaubarkeit" des Raumes als eigentlichem „Lebenselexier" der gemeindlichen Selbstverwaltung. Hierbei handelt es sich um einen potentiellen Nachteil für die kommunale Selbstverwaltung, der als solcher erkannt und in die Abwägung eingestellt werden muss.[31] Indem der Gesetzgeber diesen Aspekt hier explizit außer Acht gelassen hat, ist seine Abwägungsentscheidung offenkundig fehlerhaft.

Aufgrund der fehlerhaften Gemeinwohlkonkretisierung ist das Fusionsgesetz damit auch „für sich genommen" als verfassungswidrig anzusehen.

bb) Verhältnismäßigkeitsfragen

Die Auflösung der Gemeinde G könnte zudem unverhältnismäßig sein. So fehlte es namentlich an der Erforderlichkeit der Zusammenlegung, wenn sich die vom Gesetzge-

---

[30] Vgl. zu einer solchen Konstellation etwa VerfGH MV, LKV 2007, 457 ff.
[31] Zutreffend für Kreisgebietsreformen VerfGH MV, LKV 2007, 457 ff.

ber mit der Zusammenlegung angestrebten Kostenvorteile – wie von den Gemeinden G und O vorgebracht – bereits durch bloße Kooperationen hätten realisieren lassen. Ob die Gemeinden mit diesem – nicht näher substantiierten – Vortrag durchdringen können, erscheint allerdings fraglich. So geht es hier um Prognoseentscheidungen hinsichtlich der künftigen Kostenentwicklung, hinsichtlich derer die Verfassungsgerichte dem Gesetzgeber einen nur begrenzt nachprüfbaren Prognosespielraum einräumen. Konkrete Ansatzpunkte, aufgrund derer die gesetzgeberische Prognoseentscheidung hier erschüttert werden könnte, hat G nicht vorgetragen. Vor diesem Hintergrund wird die allgemeine Aussage, die vom Gesetzgeber anvisierten Kostenersparnisse könnten auch durch Kooperationen realisiert werden, nicht hinreichen, um die Verfassungsmäßigkeit des Neugliederungsgesetzes in Zweifel zu ziehen.

cc) Bindung an die Leitlinien und Leitbilder

Die mit dem Fusionsgesetz vorgenommene Gemeinwohlkonkretisierung könnte die verfassungsrechtlichen Anforderungen schließlich auch dadurch verfehlen, dass der Gesetzgeber ohne sachlichen Grund von den von ihm selbst festgelegten Leitbildern und Leitlinien für die anstehende Gesamtreform abgewichen ist. In dieser Hinsicht liefert der Sachverhalt zahlreichen Ansatzpunkte für eine vertiefte Prüfung.

(1) So ist etwa nach den tatsächlichen Feststellungen des vorliegenden Falles davon auszugehen, dass nachhaltige Pendlerverflechtungen zwischen den zu fusionierenden Gemeinden G und O nicht bestehen. Die Fusionierung beider Gemeinden steht damit in offenem Gegensatz zu dem mit dem Grundsätze-Gesetz verfolgten Ziel, die Fusionen an Pendlerverflechtungen zu orientieren. Indem der Gesetzgeber die von ihm selbst gesetzten Leitlinien ohne sachlich nachvollziehbaren Grund verlassen hat, ist von der Verfassungswidrigkeit der Gemeinwohlkonkretisierungen sowie der auf dieser Basis vorgenommenen Zusammenlegung der Gemeinden G und O auszugehen.[32]

(2) Ferner könnte die Auflösung der Gemeinde O auch insoweit im Gegensatz zu den im Grundsätze-Gesetz festgelegten Leitlinien stehen, als dort eine Zusammenlegung nur für Gemeinden vorgesehen ist, die weniger als 15.000 Einwohner aufweisen, während es sich bei O um eine Gemeinde mit deutlich mehr als 15.000 Einwohnern handelt. Es stellt sich daher die Frage, ob das Grundsätze-Gesetz ein Unterschreiten der 15.000 Einwohner-Grenze jeweils für beide zusammen zu legenden Gemeinden vorschreibt, oder ob es ausreicht, wenn bereits eine Gemeinde diese Grenze unterschreitet. Letzteres wird mitunter mit der Theorie der sog. „passiven Fusionspflicht"[33] unterstellt. Maßgeblich kann freilich allein die konkrete Regelung des einschlägigen Maßstäbe-Gesetzes sein, das hier seiner Formulierung nach so zu verstehen ist, dass nur solche Gemeinden unter die Fusionspflicht fallen, die beide unterhalb der Einwohner-Mindestzahl liegen (a. A. vertretbar). Die vom Gesetzgeber unterstellte „passive" Fusionspflicht steht insoweit in Widerspruch zu den Vorgaben des Grundsätze-Gesetzes und führt ebenfalls zur Verfassungswidrigkeit der Gemeinwohlkonkretisierung.

(3) Schließlich könnte das Fusionsgesetz auch insoweit von den Leitlinien des Grundsätze-Gesetzes abweichen, als dieses von einer landesweit abgestimmten Neugliederung ausgeht, wohingegen das zeitliche Vorpreschen des Landesgesetzgebers in Bezug auf die Gemeinden G und O dazu führt, dass ein geschlossenes Konzept nicht mehr realisierbar ist. Denn wenn man davon ausgeht, dass im Rahmen einer landesweiten Neugliederung

---

[32] Zu einer vergleichbaren Konstellation (Stärkung von Unterzentren als Leitbild) Sächs-VerfGH, LKV 2000, 21.
[33] Hierzu VerfGH RLP, AS 12, 239 (251).

jede örtliche Neugliederungsmaßnahme in den überregionalen Kontext eingepasst sein muss, bedarf es vor der Umsetzung einzelner Maßnahmen eines geschlossenen Gesamtkonzeptes.[34]

Indem der Gesetzgeber hinsichtlich der Gemeinden G und O von der vorherigen Entwicklung eines überregionalen Gesamtkonzeptes abgesehen und damit eine überregional abgestimmte Lösung von vornherein blockiert hat, stellt er sich in Widerspruch zu dem auf die Erarbeitung einer Gesamtlösung zugeschnittenen Grundsätze-Gesetz. Auch insoweit ist daher von der Verfassungswidrigkeit der Gemeinwohlkonkretisierung auszugehen. Dieser Mangel des Gesetzes dürfte zugleich eine Verletzung des Gebotes der interkommunalen Gleichbehandlung beinhalten, wie er gelegentlich als eigenständiger Prüfungsmaßstab angesehen wird.

C. Ergebnis

Als Gesamtergebnis ist festzuhalten, dass der Gesetzgeber sowohl die verfassungsrechtlichen Anhörungserfordernisse missachtet als auch die Gemeinwohlkonkretisierung nicht in verfassungskonformer Weise durchgeführt hat. Damit wird die Gemeinde G in ihrer subjektiven Rechtsstellungsgarantie aus Art. 78 f. LV NRW verletzt. Die kommunale Verfassungsbeschwerde der Gemeinde G gegen das Neugliederungsgesetz ist zulässig und begründet.

Weiterführender Klausurtipp:

Aufgabenhochzonungen

Ein weiterer klausurrelevanter Fall einer kommunalen Verfassungsbeschwerde ist die Abwehr einer sog. Aufgabenhochzonung. Der Eingriff findet dabei nicht wie bei einer Gebietsreform auf horizontaler Ebene durch eine Gemeindefusion statt, sondern auf vertikaler Ebene dahingehend, dass eine der Gemeinde obliegende Aufgabe aus ihrem Zuständigkeitsbereich herausgelöst und auf eine höhere Ebene (etwa auf Kreisebene) „hochgezont" wird. Beeinträchtigt wird dementsprechend nicht die beschränkt-individuelle Rechtssubjektsgarantie, sondern die Aufgabengarantie der Gemeinde, welche als grundsätzliches Konzept der Selbstverwaltung die Allzuständigkeit für örtliche Aufgaben vorsieht. Wenn eine solche örtliche Aufgabe entzogen wird, wirkt die Aufgabengarantie wie ein Eingriffsabwehrrecht, weshalb sich die Ausgestaltungsbefugnis des Gesetzgebers zum Begrenzungsvorbehalt wandelt (BVerfG, NVwZ 2015, 728 (730)). Neben einer gesetzlichen Grundlage bedarf es für die Verfassungsmäßigkeit einer Aufgabenhochzonung eines legitimen Gemeinwohlinteresses, wobei die Verwaltungsvereinfachung und die Kostenersparnis aus sich heraus nicht genügen (BVerfG, NVwZ 1989, 347 (350)). Weiterhin wird eine Aufgabenhochzonung durch den Grundsatz der Verhältnismäßigkeit beschränkt (so explizit BVerfG, NVwZ 2015, 728 (730)).

---

[34] *Dietlein*, LKRZ 2013, 313 (317).

Fall 9: „Streit um das städtische Internetportal"

Behandelte Themen: Gemeindliche Einrichtungen – Betreibermodell – Zugangs- und Verschaffungsanspruch – Sonderbenutzung

Sachverhalt

Der „Kreis Unabhängiger Bürger" (KUB) ist ein Zusammenschluss von Bürgern der in NRW gelegenen kreisfreien Stadt B, denen die „Verbesserung der Lebensverhältnisse vor Ort" ein Anliegen ist. Der „KUB" beabsichtigt, an der nächsten Gemeindewahl teilzunehmen. Er ist nach eigenen Angaben politisch „links" orientiert sowie sozial geprägt und fordert u. a. den „Austritt der Stadt aus der EU". In der Vergangenheit sind einzelne Vorstandsmitglieder des „KUB" wegen Beleidigung angezeigt worden.

Um interessierte Bürger über seine Ansichten zu informieren, möchte der „KUB" einen „Klartext" mit Veranstaltungshinweisen auf der stadteigenen Homepage veröffentlichen. Dieser Text kritisiert die Globalisierung der Märkte und Handelsströme und weist – eingehend recherchiert – darauf hin, dass durch die globale Vernetzung soziale Ungerechtigkeit auch zu einem Thema „vor Ort" geworden sei. So seien etwa in der eigenen Stadt Teppich- und Textilprodukte zu kaufen, die durch Kinderarbeit hergestellt wurden.

Die Stadt B hat die IT-Infrastruktur auf eine zulässigerweise errichtete IT-GmbH, eine hundertprozentige Tochtergesellschaft, ausgegliedert. Diese ist auch für die Pflege und Verwaltung des städtischen Internetportals zuständig. Der Geschäftsführer der IT-GmbH lehnt, obgleich noch Speicherkapazitäten frei sind, einen Vertragsabschluss mit dem „KUB" ab. Zur Begründung verweist er auf die durch Ratsbeschluss festgelegte Aufgabe der kommunalen Internetseite. Danach soll die Homepage neben Informationen zur Stadt(geschichte) auch einen Veranstaltungskalender beinhalten, der die Gemeindeeinwohner über aktuelle Termine in B informiert. Explizit heißt es in diesem Ratsbeschluss, dass kommunale Gruppen ihre Programmhinweise im offiziellen Internetportal nur dann präsentieren dürfen, wenn sie Angelegenheiten der örtlichen Gemeinschaft betreffen oder einen Bezug zum Gemeindeleben aufweisen. Des Weiteren stellt der Geschäftsführer darauf ab, dass die Gefahr bestehe, dass der „KUB" den Internet-Auftritt zur Begehung von Straftaten und zur Verbreitung verfassungsfeindlicher Thesen missbrauchen und so dem Ansehen der Stadt schaden würde.

Nachdem auch die Stadt B ein Einlenken ablehnt, entschließt sich der „KUB" dazu, Klage vor dem Verwaltungsgericht gegen die Stadt zu erheben. Er weist zutreffend darauf hin, dass die städtischen Internetseiten in den letzten Jahren für verschiedene allgemeinpolitische Hinweise, beispielsweise für Warnungen vor Alkohol- und Tabakprodukten, durch andere Gruppierungen genutzt worden seien. Ferner ist er der Meinung, dass die Stadt „das Strafrecht" nichts angehe.

Zu prüfen sind die Erfolgsaussichten der Klage unter allen im Sachverhalt angesprochenen rechtlichen Gesichtspunkten.

Gliederung

Lösungsvorschlag

Die Klage des „KUB" hat Erfolg, wenn sie zulässig und begründet ist.

A. Zulässigkeit

I. Eröffnung des Verwaltungsrechtswegs

Mangels aufdrängender Sonderzuweisung ist der Verwaltungsrechtsweg nach § 40 Abs. 1 S. 1 VwGO eröffnet, wenn es sich um eine öffentlich-rechtliche Streitigkeit nichtverfassungsrechtlicher Art handelt und keine abdrängende Sonderzuweisung besteht. Problematisch könnte hier die Einordnung als öffentlich-rechtliche Streitigkeit sein. Sie liegt vor, wenn öffentlich-rechtliche Normen, die einen Träger hoheitlicher Gewalt in dieser Funktion berechtigten bzw. verpflichten („modifizierte Subjektstheorie"), streitentscheidend sind.[1]

---

[1] Modifizierte Subjekts- bzw. Sonderrechtstheorie; vgl. *Burgi,* Rechtsregime, in: Hoffmann-Riem/Schmidt-Aßmann/Vosskuhle (Hrsg.), Grundlagen des Verwaltungsrechts I, 2. Aufl. 2012, § 18.

Der „KUB" möchte hier nicht etwa die IT-GmbH, sondern die Stadt B in Anspruch nehmen, um seinen Text auf der städtischen Homepage unterzubringen. Streitentscheidende Norm könnte danach § 8 Abs. 2 GO NRW sein, der als Verpflichtungssubjekt notwendig die Gemeinde nennt und somit „Sonderrecht des Staates" ist. Fraglich könnte immerhin die Anwendbarkeit des § 8 Abs. 2 GO NRW sein, der eine Einrichtungsträgerschaft der Gemeinde voraussetzt und daher auf den vorliegenden Fall nicht zu passen scheint. So hat die Stadt nicht nur eine private Nutzungsform für die Homepage gewählt, sondern überdies eine privatrechtliche Organisationsform für den Einrichtungsträger.[2] Bei einer solchen „Betreibermodell" ist es in erster Linie die GmbH, die über die „Veröffentlichung", d.h. über den erstrebten Benutzungszugang, zu entscheiden hat. § 8 Abs. 2 GO NRW scheint insoweit womöglich nicht mehr entscheidungserheblich.

Indes ist heute geklärt, dass § 8 Abs. 2 GO NRW auch im Rahmen sog. Betreibermodelle Anwendung findet, bei denen die Gemeinde die Einrichtungsträgerschaft nicht selbst wahrnimmt, sondern – wie hier - über eine private Eigengesellschaft (sog. Organisationsprivatisierung) oder einen privaten Dritten (sog. funktionelle Privatisierung) wahrnehmen lässt. In diesen Fällen wandelt sich der kommunalrechtliche Zulassungsanspruch des Anspruchsstellers aus § 8 Abs. 2 GO NRW in einen sog. Verschaffungsanspruch gegenüber der Gemeinde. Das heißt, die Stadt oder Gemeinde wird dann durch § 8 Abs. 2 GO NRW verpflichtet, auf „ihren" Einrichtungsträger einzuwirken, so dass dieser dem Anspruchsberechtigten i.R.d. Widmung und des geltenden Rechts Zugang zu der öffentlichen Einrichtung verschafft.[3] Der gemeinderechtliche – und damit öffentlich-rechtliche – Zulassungsanspruch des „KUB" gegen die Gemeinde bleibt damit grundsätzlich auch dann bestehen, wenn die Homepage von einer privatrechtlich organisierten Firma erstellt wird, jedenfalls dann, wenn eine Beherrschung zu 100% (wie hier) vorliegt.

Auch die privatrechtliche Ausgestaltung des Nutzungsverhältnisses ist insoweit unproblematisch, da es vorliegend um das „Ob" des Zugangs geht, nicht um das „Wie" der Nutzung. Nach diesem „Zweistufen-Konzept" ist die Frage, ob überhaupt Zugang gewährt werden muss, öffentlich-rechtlich zu beurteilen, während sich die Frage des „Wie" der Nutzung nach dem jeweils einschlägigen Nutzungsregime bestimmt. Für das „Ob" bleibt es damit bei der Anwendung des § 8 Abs. 2 GO NRW. Eine öffentlich-rechtliche Streitigkeit liegt daher vor. Der Streit ist mangels doppelter Verfassungsunmittelbarkeit (kein Streit von Verfassungsorganen über Verfassungsrecht) auch nichtverfassungsrechtlicher Art. Eine abdrängende Sonderzuweisung liegt ebenfalls nicht vor. Der Verwaltungsrechtsweg ist gemäß § 40 Abs. 1 S. 1 VwGO eröffnet.

II. Statthafte Klageart

Die statthafte Klageart richtet sich gemäß § 88 VwGO nach dem Begehren des Klägers. Der „KUB" macht hier einen Anspruch auf Benutzung der Homepage geltend. Für die Geltendmachung des Zulassungsanspruchs wäre eine Verpflichtungsklage nach § 42 Abs. 1 Var. 2 VwGO dann statthaft, wenn sich das klägerische Begehren auf den Erlass eines Verwaltungsakts gemäß § 35 S. 1 VwVfG NRW richten würde.[4] Im Regelfall wird die Frage nach dem „Ob" der Zulassung zu einer öffentlichen Einrichtung durch

---

[2] Sog. mittelbare Einrichtungsverwaltung, vgl. ÖffR NRW, § 2 Rn. 256, 261.
[3] BVerwG, NJW 1990, 134; NVwZ 1991, 59 und ÖffR NRW, § 2 Rn. 277.
[4] Vgl. ÖffR NRW, § 2 Rn. 279.

den Erlass eines Verwaltungsakts zu beantworten sein. Denn die Entscheidung über die Gewährung hinsichtlich der Benutzung setzt eine Rechtsfolge. Vorliegend kann die Stadt wegen der privatrechtlichen Organisationsform des IT-Betreibers die Zulassung des „KUB" zur Nutzung der Homepage allerdings nicht durch eine eigene Zulassungsentscheidung als Verwaltungsakt bewirken. Vielmehr wird sie auf die zuständigen Entscheidungsträger bei der IT-GmbH einwirken müssen, dem Zugangsanspruch Rechnung zu tragen. Dies kann – soweit informelle Gespräche nicht hinreichen sollten – ggf. durch eine hier nicht näher zu bestimmende Inpflichtnahme der Vertreter der Gemeinde in den Gremien der GmbH erfolgen (z. B. im fakultativen Aufsichtsrat, vgl. § 113 Abs. 1 S. 1 und 2 GO NRW).[5] Das Rechtsschutzbegehren zielt somit auf ein schlichthoheitliches Handeln ohne Verwaltungsakts-Qualität, weshalb eine Verpflichtungsklage ausscheidet.

Die Vornahme einer schlicht-hoheitlichen Handlung, Duldung oder Unterlassung, die nicht im Erlass eines Verwaltungsaktes besteht und einen solchen auch nicht voraussetzt, ist mittels einer allgemeinen Leistungsklage zu erwirken. Diese ist zwar nicht ausdrücklich in der VwGO geregelt, aber an einigen Stellen vorausgesetzt (vgl. §§ 43 Abs. 2 S. 1, 111 VwGO). Die Stadt ist daher mittels einer allgemeinen Leistungsklage dazu zu verpflichten, gegenüber der von ihr zu 100 % beherrschten IT-GmbH aktiv zu werden.

Hinweis: Nach h. M. wäre alternativ auch eine Feststellungsklage statthaft, mit der festgestellt werden könnte, dass die Stadt gegenüber dem „KUB" verpflichtet ist, auf den Einrichtungsträger in genannter Weise einzuwirken. Die Subsidiarität der Feststellungsklage nach § 43 Abs. 2 VwGO kommt hier nicht zur Anwendung, da weder eine Umgehung von Sachentscheidungsvoraussetzungen einer VA-Klage droht (Frist!), noch zu befürchten ist, dass die öffentliche Hand einem Feststellungsurteil nicht folgen würde und daher womöglich eine spätere zusätzliche Leistungsklage drohte.

III. Klagebefugnis

Auch für eine allgemeine Leistungsklage ist die Klagebefugnis analog § 42 Abs. 2 VwGO Sachurteilsvoraussetzung, um sog. Popularklagen auszuschließen. Eine Verletzung eigener Rechte wäre insbesondere dann gegeben, wenn der „KUB" einen Anspruch auf Zugang zur städtischen Homepage haben sollte. Ein möglicher Anspruch für die Präsentation seines „Klartext"-Manuskripts auf der städtischen Homepage könnte dem „KUB" aus § 8 Abs. 2 GO NRW zustehen. Damit ist er klagebefugt.

IV. Keine weiteren besonderen Voraussetzungen?

Bei der allgemeinen Leistungsklage besteht mangels Verwaltungsakts weder das Erfordernis eines Vorverfahrens (vgl. § 68 VwGO) noch die Pflicht zur Beachtung der Klagefrist nach § 74 VwGO.

---

[5] Zu den denkbaren Einwirkungen etwa VG Schleswig, BeckRS 2006, 26567; zu der Möglichkeit einer Anweisung bei satzungsmäßiger Grundlage in der städtischen Gesellschaft BVerwG NJW 2011, 3735.

V. Richtiger Klagegegner

Richtigerweise ist die Klage gegen die Stadt B erhoben worden (Rechtsträgerprinzip).

VI. Beteiligten- und Prozessfähigkeit

1. Auf Klägerseite

Als Kläger ist der „KUB" gemäß § 61 Nr. 1 Var. 1 VwGO dann beteiligtenfähig, wenn er eine juristische Person ist oder dieser zumindest gleichsteht. Nach dem Sachverhalt ist der „KUB" kein eingetragener Verein gemäß §§ 21 ff. BGB. Aus historischen Gründen[6] sind sowohl die klassischen politischen Parteien als auch die Gewerkschaften teilweise als nicht rechtsfähige Vereine (vgl. § 54 BGB) organisiert. Erst über § 3 PartG werden diese Parteien mit juristischen Personen gleichgestellt und sind sodann in einem verwaltungsprozessualen Verfahren gemäß § 61 Nr. 1 Fall 1 VwGO beteiligtenfähig.

Fraglich ist, ob der „KUB" als eine politische Partei i. S. d. § 2 Abs. 1 PartG zu qualifizieren ist. Nach der Legaldefinition des § 2 Abs. 1 PartG[7] ist dafür u. a. entscheidend, dass sich natürliche Personen dauernd oder längerfristig mit dem Ziel zusammenschließen, durch eine Parlamentsrepräsentation Einfluss auf die politische Willensbildung im Bund oder Land zu nehmen.

Die im „KUB" organisierten Bürger streben für die nächste Kommunalwahl eine politische Beteiligung an. Im Allgemeinen ist es der Qualifizierung einer politischen Gruppe als Partei nicht abträglich, wenn ihre Einflussnahme auf die politische Willensbildung erst für eine noch vorausliegende Bundes- oder Landtagswahl geplant ist,[8] ebenso wie es prinzipiell nicht erforderlich ist, dass eine Partei ein umfassendes Programm zur gesamten Gestaltung des Staats- und Gesellschaftssystems präsentiert, weshalb landespolitische Themen, wie Vorschläge zur Kultur- oder Schulpolitik durchaus ausreichen können. Dem eindeutigen Wortlaut des § 2 Abs. 1 PartG genügt aber eine lediglich auf die kommunalpolitische Ebene beschränkte Zielsetzung nicht. Deshalb ist der „KUB" nicht als Partei i. S. d. § 2 Abs. 1 PartG einzustufen und damit nicht gemäß § 61 Nr. 1 Var. 1 VwGO beteiligtenfähig.

Als Zusammenschluss von Wahlberechtigten ist der „KUB" vielmehr als eine „Wählergruppe" gemäß § 15 Abs. 1 S. 2 KWahlG NRW zu qualifizieren. Gruppen, die sich in ihrer politischen Tätigkeit auf die jeweilige Kommune konzentrieren, werden auch als „Rathaus-" oder „Kommunalpartei"[9] bezeichnet. Diese sind keine Parteien i. S. d. § 2 Abs. 1 PartG bzw. Art. 21 GG.[10]

Als Personenmehrheit könnte der „KUB" aber gemäß § 61 Nr. 2 VwGO als „Vereinigung, der ein Recht zusteht", beteiligtenfähig sein.[11] Das Recht ergibt sich vorlie-

---

[6] Vgl. *Morlok*, in: Dreier, GG, 3. Aufl. 2015, Art. 21 Rn. 1 ff., 5.

[7] Vgl. BVerfGE 89, 266 ff.

[8] Vgl. BVerfGE 74, 96 ff.

[9] Allgemein zu diesen *von Arnim*, DVBl. 1999, 417 ff.

[10] BVerfGE 6, 367 (372 f.); 24, 260 ff.; 69, 92 (104); 91, 262 (267). A. A. teilweise in der Lit., vgl. *Streinz*, in: von Mangoldt/Klein/Starck, GG, 7. Aufl. 2018, Art. 21 Rn. 59; *Pieroth*, in: Jarass/Pieroth, GG, 15. Aufl. 2018, Art. 21 Rn. 10.

[11] Vgl. ÖffR NRW, § 2 Rn. 285.

gend aus § 8 Abs. 2 GO NRW. Somit ist der „KUB" gemäß § 61 Nr. 2 VwGO beteiligtenfähig und wird gemäß § 62 Abs. 3 VwGO (wie ein nicht rechtsfähiger Verein gemäß §§ 54, 26 Abs. 2 S. 1 BGB) durch seinen Vorstand vertreten.

2. Auf Beklagtenseite

Die beklagte Stadt ist gemäß § 61 Abs. 1 Nr. 1 Var. 1 VwGO beteiligtenfähig und wird gemäß § 63 Abs. 1 S. 1 GO NRW durch ihren Oberbürgermeister vertreten.[12]

VII. Zuständigkeit des Gerichts

Sachlich (vgl. § 45 VwGO) ist das Verwaltungsgericht zuständig. Die örtliche Zuständigkeit ergibt sich aus § 52 Nr. 5 VwGO i. V. m. § 17 Nr. 4 JustG NRW.

VIII. Rechtsschutzbedürfnis

Der „KUB" hat sich erfolglos mit der GmbH auseinandergesetzt und die Stadtverwaltung hat das Anliegen des „KUB" ebenfalls abschlägig beschieden. Damit liegt unstreitig das Rechtsschutzbedürfnis vor.

IX. Zwischenergebnis

Die allgemeine Leistungsklage des „KUB" ist somit zulässig.

B. Begründetheit

Die Klage des „KUB" ist dann begründet, wenn der kommunalen Wählervereinigung ein Anspruch auf Nutzung der Homepage zusteht.

I. Mögliche Anspruchsgrundlagen

Als Anspruchsgrundlagen kommen § 5 Abs. 1 S. 1 PartG, § 8 Abs. 2 GO NRW und ein (ungeschriebener) Anspruch auf ermessensfehlerfreie Entscheidung über eine sog. Sonderbenutzung in Betracht.

II. § 5 Abs. 1 S. 1 PartG

Ein direkter Anspruch des „KUB" aus § 5 Abs. 1 S. 1 PartG scheidet schon deshalb aus, weil die kommunale Wählervereinigung keine Partei i. S. v. § 2 Abs. 1 PartG ist (vgl. A VI 1).

Möglicherweise kommt aber eine analoge Anwendung des § 5 Abs. 1 S. 1 PartG in Betracht. Hiergegen spricht indes, dass § 5 PartG keine selbstständige Anspruchsgrundlage ist, sondern den Träger einer öffentlichen Einrichtung nur zur Gleichbehandlung von Parteien bei der Gewährung des Umfangs von zur Verfügung gestellten Leistungen verpflichtet (sog. Prinzip der abgestuften Chancengleichheit; vgl. § 5 Abs. 1 S. 2 PartG).

---

[12] Vgl. § 40 Abs. 2 GO NRW und ÖffR NRW, § 2 Rn. 195.

Ansatzpunkte für eine relevante Ungleichbehandlung ergeben sich insoweit nicht. Entsprechendes gilt, soweit Art. 28 Abs. 1 S. 2 bzw. Abs. 2 GG den insbesondere für Belange der örtlichen Ebene eintretenden Wählervereinigungen ein Recht auf Chancengleichheit gewährleistet, wenn sie im Vorfeld von Wahlen einer Partei vergleichbar an der politischen Willensbildung im kommunalen Bereich mitwirken.[13] Hier steht die Internet-Präsentation des „KUB" nämlich weder zeitlich noch inhaltlich in unmittelbarem Zusammenhang mit der nächsten Kommunalwahl, so dass der „KUB" nicht auf eine entsprechende Anwendung des § 5 PartG rekurrieren kann.

III. § 8 Abs. 2 GO NRW

Aus § 8 Abs. 2 GO NRW hat der „KUB" dann einen Anspruch auf Benutzung bzw. Verschaffung der Nutzung der Homepage, wenn es sich bei der Homepage um eine öffentliche Einrichtung handelt (1.), der „KUB" Anspruchsberechtigter ist (2.) und die geplante Nutzung im Rahmen des geltenden Rechts sowie im Rahmen der vorhandenen Kapazitäten (3.) erfolgt.[14]

1. Öffentliche Einrichtung

a) Einrichtung

Bei der Homepage müsste es sich um eine öffentliche Einrichtung i. S. v. § 8 Abs. 2 GO NRW handeln. Der Begriff der öffentlichen „Einrichtung" umfasst alle personellen Kräfte und sächlichen Mittel, die von der Gemeinde zu Zwecken der Daseinsvorsorge bereitgestellt und unterhalten werden, um der bestimmungsgemäßen Nutzung durch die Einwohner der Gemeinde zu dienen.[15] Es kommt dabei nicht auf eine räumlich-gegenständliche Ausgestaltung oder gar Verselbstständigung an, so dass auch eine Internetseite eine öffentliche „Einrichtung" sein kann.

> **Hinweis:** Auch „ideelle" Einheiten wie etwa Chöre oder Festspielgruppen („Oberammergauer Passionsspiele") können in diesem Sinne kommunale Einrichtungen sein, soweit sie der – hier kulturellen – Daseinsvorsorge der Bürger dienen. Weitere typische kommunale Einrichtungen sind die der Kommunikation oder Unterhaltung dienenden Einheiten (beispielsweise Mehrzweckhallen und Bibliotheken). Kommunale Einrichtungen iS. des § 8 Abs. 1 und 2 GO NRW sind zu unterscheiden von öffentlichen Sachen im Gemeingebrauch (wichtigstes Beispiel: Straßen und Wege), öffentlichen Sachen im Verwaltungsgebrauch (z. B. Rathaus) und Sachen im Finanzvermögen der Gemeinde (v. a. Grundstücke); vgl. ÖffR NRW, § 2 Rn. 325 ff., 330.

b) Öffentlich

Durch Widmung erfahren potenzielle Einrichtungen eine „öffentliche" Zweckbestimmung. Eine Widmung kann auf unterschiedliche Weise erfolgen: entweder förmlich (beispielsweise durch Ratsbeschluss und Satzung) oder durch faktische Indienst-

---

[13] BVerfGE 69, 92 (110); 104, 14 (20).
[14] Vgl. ÖffR NRW, § 2 Rn. 268 ff.
[15] Vgl. ÖffR NRW, § 2 Rn. 250.

stellung.[16] Die Widmung muss den Willen der Gemeinde erkennen lassen, „ihre" Einrichtung im öffentlichen Interesse zu unterhalten und der allgemeinen Benutzung durch die Einwohner zur Verfügung zu stellen. Nach dem Gemeinderatsbeschluss der Stadtverwaltung (vgl. § 41 Abs. 1 S. 2 lit. m GO NRW) soll das Internetportal den kommunalen Gruppen die Möglichkeit geben, die Einwohner über Veranstaltungen mit gemeindlichem Bezug zu informieren. Die Stadt hat ihre Webseite damit (einem begrenzten Teil) der Allgemeinheit, nämlich den in der Stadt B ansässigen Gruppen, als Informationsmedium zur Verfügung gestellt und deren Berichterstattung über gemeindespezifische Themen gewidmet. Zudem hat sie ihr Internetangebot durch die Freischaltung und fortdauernde Internetpräsenz konkludent der Online-Nutzung durch die Gemeindeeinwohner gewidmet, damit diese ständig örtliche Nachrichten aufrufen können. Dadurch, dass dort der städtischen Bevölkerung laufend Informationen über Angelegenheiten der örtlichen Gemeinschaft zur Verfügung stehen, vollzieht die Stadt auch Öffentlichkeitsarbeit und erfüllt damit eine ihr obliegende öffentliche Aufgabe (vgl. § 23 Abs. 1 S. 1 GO NRW).

Vertiefung: Bei Internetseiten sind wie bei gemeindlichen Festen oder Märkten zwei „Nutzungsverhältnisse" voneinander zu unterscheiden: Die passive Benutzung der Webseite durch den Internetnutzer, der sich selbst informiert, und die aktive Verwendung durch denjenigen Nutzer, der beispielsweise durch das Setzen eines Links das Informationsangebot einer Internetseite erweitert.

Allerdings könnten sich gegen eine „öffentliche" Einordnung der Webseite Bedenken daraus ergeben, dass der nichtöffentliche Teil eines gemeindlichen Amtsblatts in der Rechtsprechung teilweise als Verwaltungseinrichtung qualifiziert worden ist, die damit von einer gemeindlichen Einrichtung zu trennen ist.[17] Prinzipiell lassen sich die beiden Informationsinstrumente jedoch aufgrund mediumspezifischer Strukturunterschiede nicht ohne weiteres miteinander vergleichen. Die auf der Homepage zu findenden Informationen sind vielmehr als Weiterentwicklung von gedruckten gemeindlichen Informationsschriften oder Branchenverzeichnissen zu bewerten, welche von der Rechtsprechung als öffentliche Einrichtung qualifiziert worden sind.[18] Zudem belegt die durch Ratsbeschluss festgelegte Widmung – wie soeben geschildert – ausdrücklich, dass die Stadt B in einem öffentlich-rechtlichen Kontext handeln will.

Gegen eine Einordnung der Homepage als „öffentliche" Einrichtung könnte daher allenfalls noch sprechen, dass sie von der privatrechtlich organisierten IT-GmbH erstellt und gepflegt wird. Wenn sich eine Gemeinde im Rahmen der ihr zustehenden Wahlfreiheit bei der Organisation ihrer Einrichtungen für einen privaten Rechtsträger entscheidet, liegt eine „öffentliche" Einrichtung dann vor, wenn und soweit gemeindeeigene Einflussmöglichkeiten auf die Führung dieser Einrichtung existieren. Durchsetzbare Mitwirkungs- und Entscheidungsbefugnisse bestehen regelmäßig in Fällen der Organisations- und funktionalen Privatisierung.[19]

---

[16] Vgl. BayVGH, DÖV 2003, 819 ff.; näher ÖffR NRW, § 2 Rn. 251.

[17] Vgl. VG Leipzig, NVwZ-RR 2000, 380 ff.

[18] Vgl. VG Minden, NJW 1992, 523; *Ott/Raming*, BayVBl. 2003, 454 ff.; *Frey*, DÖV 2005, 411 ff.; *Duckstein/Gramlich*, SächsVBl. 2004, 121 ff.; zur Nutzungsmöglichkeit einer kommunalen Internet-Domain OVG NRW, MMR 2015, 775.

[19] Vgl. ÖffR NRW, § 2 Rn. 256.

Vertiefung: Bei der sog. Organisationsprivatisierung schaltet die Kommune eine mit eigener Rechtspersönlichkeit ausgestattete private Gesellschaft (zumeist eine GmbH) als Träger ein, deren Anteile allerdings vollumfänglich bei der Gemeinde liegen (sog. „Eigengesellschaft"). Die Privatisierung ist rein „formeller" Art. Teilweise wird aus diesem Grunde sogar eine unmittelbare Anwendbarkeit des Zugangsanspruchs aus § 8 Abs. 2 GO NRW gegen den Betreiber für möglich erachtet. Bei der „funktionalen" Privatisierung ist der Betreiber dagegen ein selbständiger Dritter, der allerdings regelmäßig vertraglichen Bindungen gegenüber der Gemeinde unterliegt. Von anderer Art ist die sog. „materielle Privatisierung", die dazu führt, dass die Einrichtung nicht mehr als gemeindliche Einrichtung geführt wird, sondern als privates Unternehmen. Zugangsansprüche aus § 8 Abs. 2 GO NRW gibt es in letzterem Falle nicht mehr, auch nicht als „Verschaffungsansprüche" (vgl. ÖffR NRW, § 2 Rn. 419).

Die IT-GmbH ist eine hundertprozentige Tochtergesellschaft der Stadt, weshalb diese nach h. M.[20] durch gesellschaftsrechtliche Maßnahmen auf satzungsmäßiger Grundlage vollumfänglich auf deren Geschäftsführung einwirken kann (und infolge kommunalrechtlicher Verpflichtungen, vgl. etwa §§ 108 Abs. 2 und 4, 112 und 113 GO NRW, einwirken muss), um etwa einen Zulassungsanspruch durchzusetzen (vgl. A I u. II). Die Stadt B besitzt daher die Letztentscheidungskompetenz und übt die erforderliche Sachherrschaft aus. Danach steht der Einordnung der Homepage als „öffentliche" Einrichtung die privatrechtliche Struktur der IT-GmbH nicht entgegen. Letztlich ist für den Begriff der öffentlichen Einrichtung nicht die Rechtsform, sondern die gemeindliche Widmung ausschlaggebend.[21] Bei der städtischen Homepage handelt es sich somit um eine öffentliche Einrichtung i. S. d. § 8 Abs. 2 GO NRW.

2. Anspruchsberechtigung

Die kommunale Wählervereinigung „wohnt" nicht wie ein Einwohner in der Stadt B und ist damit nicht gemäß § 8 Abs. 2 GO NRW anspruchsberechtigt.[22]

Vertiefung: Ortsfremde haben grundsätzlich keinen Anspruch auf Zulassung zu einer öffentlichen Einrichtung. Auch wenn die Gemeinde objektiv-rechtlich nach pflichtgemäßem Ermessen entscheiden kann, ob sie einem außenstehenden Dritten Zugang gewährt, wird man eine drittschützende Wirkung dieser (ungeschriebenen) objektiven Norm nicht annehmen können. Ortsfremde haben insoweit keinen (einfachrechtlichen) Anspruch auf fehlerfreie Ermessensausübung (sehr str.). Immerhin aber kann sich aus dem allgemeinen Gleichheitssatz des Art. 3 Abs. 1 GG ein Anspruch auf Überlassung ergeben, wenn und soweit die Gemeinde in der Vergangenheit für ähnliche Situationen den Zugang ermöglicht hat, vgl. noch B IV, und näher ÖffR NRW, § 2 Rn. 356 ff.

---

[20] BVerwG, NJW 2011, 3735; krit. etwa *Zöllner/Noack* in: Baumbach/Hueck, GmbHG, 22. Aufl. 2019, § 52 Rn. 130.
[21] Vgl. etwa *Dietlein*, JURA 2002, 445.
[22] Zur Abgrenzung von „Einwohner" und „Bürger" vgl. § 21 Abs. 1 und 2 GO NRW.

Den Einwohnern gleichgestellt sind über § 8 Abs. 4 GO NRW Personenvereinigungen, wenn sie, wie der „KUB", als Zusammenschluss der Bürger ihren Sitz in der Stadt haben.

Allerdings wird teilweise die Auffassung vertreten, dass der durch § 8 Abs. 4 GO NRW erweiterte Anspruch nur dann besteht, wenn die Nutzung der öffentlichen Einrichtung ein „örtliches Gepräge" aufweist.[23] Der globalisierungskritische Inhalt des „Klartextes" bezieht sich hauptsächlich auf weltweite Wirtschaftszusammenhänge, betrifft also ein weit über die Stadtgrenzen hinausreichendes Thema, so dass der geforderte Örtlichkeitsbezug u.U. fehlt. Allerdings sollte generell zur Vermeidung von Abgrenzungsschwierigkeiten und ggf. umfangreichen Ermittlungen allein auf die Ortsansässigkeit der jeweiligen juristischen Person bzw. Personenvereinigung abgestellt werden.[24] Denn Zielrichtung des § 8 Abs. 4 GO NRW ist es, den dort Genannten einen – mit Gemeindeeinwohnern vergleichbaren – Anspruch einzuräumen. Im Übrigen würden ansonsten Veranstaltungen mit überörtlichem Gepräge (beispielsweise Landes- oder Bundesparteitage organisiert von einem Ortsverband) in der Praxis stark erschwert.[25] Damit ist der „KUB" Anspruchsberechtigter gemäß § 8 Abs. 2 und 4 GO NRW.

3. Im Rahmen der Widmung

Der Zulassungsanspruch des „KUB" könnte jedoch durch das im Ratsbeschluss festgelegte Nutzungsspektrum der Homepage begrenzt und dadurch hier im Ergebnis womöglich ausgeschlossen sein. Danach müssen nämlich die auf der Homepage publizierten Texte einen gemeindespezifischen Bezug aufweisen. Grundsätzlich ist es zulässig, dass eine Gemeinde den Zugang und die Art der Benutzung ihrer öffentlichen Einrichtung durch die Widmung näher modifiziert (vgl. zuvor B III 1 b). Sie kann sowohl die Zulassungsentscheidung als auch das Nutzungsrecht auf den von ihr verbindlich vorgegebenen Nutzungsrahmen beschränken, soweit dies nicht willkürlich geschieht.

Vorab ist zu klären, ob es für den Benutzungsanspruch des „KUB" überhaupt noch auf den Ratsbeschluss ankommt. Indem auf der Homepage in der Vergangenheit mehrfach Warnhinweise zu Alkohol- und Tabakprodukten veröffentlicht worden sind, könnte der Widmungsrahmen konkludent erweitert worden sein.[26] Grundsätzlich ist eine Änderung der Widmung einer öffentlichen Einrichtung förmlich oder konkludent, beispielsweise durch eine spezifisch ausgeübte „Vergabepraxis", auch im Nachhinein möglich. Allerdings kann eine Widmungsänderung – ebenso wie eine (Teil-)Entwidmung – als actus contrarius nur in der Form, in der auch die Widmung selbst erfolgt ist, stattfinden. Vorliegend genügt also eine bloß konkludente Widmungserweiterung durch Aufnahme von Warnhinweisen anderer Gruppierungen nicht, um den durch Ratsbeschluss, also förmlich festgelegten Widmungsrahmen der Stadthomepage zu erweitern. Davon zu unterscheiden ist, ob die frühere Zulassung von Warnhinweisen einen Anspruch auf ermessensfehlerfreie Entscheidung außerhalb des § 8 Abs. 2 GO NRW ausgelöst hat.[27]

---

[23] VGH Bad.-Württ., NVwZ-RR 1988, 43.
[24] Vgl. ÖffR NRW, § 2 Rn. 269 f., 271.
[25] Vertiefend *Burgi,* Kommunalrecht, 6. Aufl. 2019, § 16 Rn. 21 ff.
[26] Näher *Burgi,* Kommunalrecht, 6. Aufl. 2019, § 16 Rn. 7.
[27] Vgl. unten IV. sowie ÖffR NRW, § 2 Rn. 282 ff.

Vertiefung: Dieses Prinzip hat im Straßen- und Wegerecht eine ausdrückliche gesetzliche Ausformung erfahren. Dort sind sowohl die Widmungsverfügung für eine öffentliche Verkehrsfläche (§ 6 Abs. 1 StrWG NRW) als auch deren Status-beendigung (sog. Einziehung, § 7 Abs. 1 StrWG NRW) bzw. -veränderung (sog. Umstufung, § 8 Abs. 1 StrWG NRW) ausschließlich förmlich durch eine All-gemeinverfügung gemäß § 35 S. 2 VwVfG NRW möglich; vgl. *Kühlwetter,* in: Festschrift für W. Blümel, 1999, S. 309 ff.

Hier muss nun geklärt werden, ob sich der Inhalt des „Klartextes" noch innerhalb des Widmungsrahmens hält, d. h. eine „Angelegenheit der örtlichen Gemeinschaft"[28] betrifft. Typischerweise sind dies „diejenigen Bedürfnisse und Interessen, die in der ört-lichen Gemeinschaft wurzeln oder auf sie einen spezifischen Bezug haben, die also den Gemeindeeinwohnern gerade als solchen gemeinsam sind, indem sie das Zusammenle-ben und -wohnen der Menschen in der (politischen) Gemeinde betreffen".[29] Der „KUB" könnte daher zu Recht von der Benutzung der Homepage ausgeschlossen worden sein, weil sich der „Klartext" hauptsächlich mit Fragen der Globalisierung aus-einandersetzt. Daneben weist der Text jedoch darauf hin, dass die von Kinderarbeitern hergestellten Produkte „vor Ort", also in der Stadt B selbst, zu kaufen sind bzw. dort angeboten werden. Damit besteht *auch* ein örtlicher Bezug.

Fraglich ist, ob eine solche „Gemengelage" im Rahmen der Zulassungsgrenzen der Homepage liegt. Grundsätzlich ist in Zweifelsfällen, in denen auch oder überwiegend ein überörtliches Gepräge zu erkennen ist, zumindest in dem Umfang von einer „örtlichen Angelegenheit" auszugehen, in dem der Begriff erfüllt ist.[30] Entsprechend dieser Diffe-renzierung genügt der „Klartext" den Vorgaben des Ratsbeschlusses, wie überhaupt ge-rade in der Globalisierungsdebatte der Satz „think global, act local" verbreitet ist.

Klausurtipp: An dieser Stelle ist es durchaus vertretbar, wenn sich Bearbeiter an-ders entscheiden, d. h. angesichts der „Gemengelage" den Inhalt des „Klartextes" als nicht genügend „geeignet" betrachten, um den geforderten örtlichen Bezug her-stellen zu können. Dann liegt die geplante Nutzung der Homepage durch den „KUB" außerhalb des Widmungsrahmens und der gebundene Anspruch aus § 8 Abs. 2 GO NRW scheitert, weshalb die Überlegungen ab IV. hilfsweise erfolgen.

4. Im Rahmen des geltenden Rechts

§ 8 Abs. 2 GO NRW gewährleistet einen Zulassungsanspruch nur „im Rahmen des geltenden Rechts", also soweit sich die geplante Nutzung im Rahmen des rechtlich Zulässigen und zugleich des tatsächlich Möglichen bewegt:

a) Kapazität

Es besteht grundsätzlich kein subjektives Recht des einzelnen Nutzers zur Schaffung, Aufrechterhaltung oder Erweiterung einer öffentlichen Einrichtung.[31] Deshalb kann der

---

[28] Vgl. Art. 28 Abs. 2 GG.
[29] Vgl. BVerfGE 79, 127 (151 f.); 83, 37 (59 f.); näher ÖffR NRW, § 1 Rn. 181.
[30] Vgl. *Burgi,* Kommunalrecht, 6. Aufl. 2019, § 6 Rn. 16.
[31] Vgl. ÖffR NRW, § 2 Rn. 253.

Zulassungsanspruch bzw. hier der Verschaffungsanspruch zu einer kommunalen Einrichtung (Internetseite) eine Beschränkung aus tatsächlichen Gründen erfahren. Nach dem Sachverhalt ist weder die zur Verfügung stehende Kapazitätsgrenze des Speicherplatzes erschöpft noch bestehen Anhaltspunkte für eine programmtechnische Kapazitätserschöpfung.

> **Vertiefung:** Soweit bei Zulassungsentscheidungen (wie häufig zu Wochen- oder Weihnachtsmärkten) die Zahl der Bewerber die Kapazität bzw. den tatsächlichen Platz übersteigt, wandelt sich der gebundene Anspruch eines Interessenten in einen Anspruch auf gerechte Teilhabe um (vgl. ÖffR NRW, § 2 Rn. 356 ff.). Die Gemeinde hat ihre Auswahlentscheidung sodann nach sachlichen Verteilungskriterien zu treffen (Art. 3 Abs. 1 und 12 Abs. 1 GG), wie Prioritätsprinzip, Los oder Rotation (vgl. ÖffR NRW, § 2 Rn. 344 f.). Gegen eine ablehnende Entscheidung kann der Bewerber durch Erhebung einer Verpflichtungsklage bzw. allgemeinen Leistungsklage vorgehen. Erstere ist nur dann spruchreif, wenn eine Ermessensreduzierung auf Null eingetreten ist. Ansonsten besteht ein Anspruch auf Neubescheidung gemäß § 113 Abs. 5 S. 2 VwGO (vgl. ÖffR NRW, § 2 Rn. 352).

b) Verfassungswidrigkeit?

Soweit der Verdacht besteht, dass sich eine Partei am Rand des politischen Spektrums bewegt, sind daraus aufgrund von Art. 21 GG – bis zur Feststellung ihrer Verfassungswidrigkeit durch das BVerfG – zu ihren Ungunsten keine negativen Schlüsse zu ziehen, so dass die Nichtzulassung einer Partei zu einer öffentlichen Einrichtung nicht schon mit deren Nennung in Verfassungsschutzberichten oder ihren verfassungsfeindlichen Zielen zu rechtfertigen ist.[32] Der „KUB" ist als Wählergruppe gemäß § 15 Abs. 1 S. 2 KWahlG NRW aber keine Partei i. S. d. § 2 Abs. 1 PartG (vgl. A VI 1), so dass das sog. Parteienprivileg aus Art. 21 GG hier nicht einschlägig ist.

> **Vertiefung:** Ein Parteiverbot fällt in das Entscheidungsmonopol des Bundesverfassungsgerichts gemäß Art. 21 Abs. 4 GG i. V. m. §§ 13 Nr. 2, 43 ff. BVerfGG, weshalb eine Partei nicht durch verwaltungsbehördliches Handeln verboten bzw. ausgeschlossen werden kann (BVerfGE 47, 198 ff.). Dagegen ist es Sache der vollziehenden Gewalt, politische Vereinigungen zu verbieten (Art. 9 Abs. 2 GG, §§ 3 ff. VereinsG).

Daher könnte sich eine Einschränkung der Homepage-Nutzung daraus ergeben, dass der „KUB" den „Austritt der Stadt aus der EU" fordert. Denn Art. 23 Abs. 1 GG enthält als sog. Staatszielbestimmung den rechtsverbindlichen Auftrag an die Bundesrepublik, an der Entwicklung der Europäischen Union mitzuwirken, weshalb die EU-feindliche Äußerung des „KUB" zugleich als verfassungswidrig einzustufen sein könnte. Allerdings entspricht es dem Verständnis einer freien und offenen Gesellschaft in einer streitbaren Demokratie, dass im geistigen und politischen Meinungsstreit grundsätzlich auch mit

---

[32] BVerwGE 31, 368 (369 f.); BVerfGE 57, 1 (6); 144, 20 (201); näher ÖffR NRW, § 2 Rn. 346; *Siegel/Hartwig*, NVwZ 2017, 590 (596).

dem Grundgesetz nichtkonforme Positionen vertreten werden; dies jedenfalls solange hiermit keine Angriffe auf die unantastbare Würde des Menschen (Art. 1 Abs. 1 GG) oder die freiheitlich-demokratische Grundordnung verbunden sind (vgl. Art. 20 Abs. 4 GG). Zudem legt der Gedanke des Art. 21 Abs. 2 GG, nach dem das Verdikt der Verfassungswidrigkeit über eine Partei erst dann ausgesprochen werden kann, wenn sie die freiheitliche demokratische Grundordnung beeinträchtigt oder beseitigt, wozu sie ernsthaft beabsichtigen muss, die Strukturprinzipien des Grundgesetzes (wie die im Grundgesetz konkretisierten Menschenrechte oder die Volkssouveränität) zu beseitigen, es nahe, die Forderung des „KUB" als gleichsam „zu schwach" einzustufen. Somit ist auch die Befürchtung der Stadtverwaltung, dass der Internet-Auftritt des „KUB" dem Ansehen der Stadt schade, substanzlos. Im Übrigen steht der Gemeinde kein inhaltliches Prüfungsrecht zu. Wenn sie einen ihr unliebsamen oder missbilligten, aber im Übrigen rechtmäßigen Text durch Verweigerung des Zugangs zu ihrer Homepage sanktionieren würde, käme dies einer Zensur gleich und wäre unvereinbar mit der Garantie der Meinungsfreiheit nach Art. 5 Abs. 1 S. 1 GG bzw. der Verpflichtung des Staates sich politisch, weltanschaulich und moralisch neutral zu verhalten.[33]

c) Ordnungsrechtliche Aspekte?

Ein letzter Einwand „im Rahmen des geltenden Rechts" könnte sich aus Verstößen gegen die Rechtsordnung, etwa gegen Strafvorschriften, ergeben, denn auch eine Gemeinde darf mittelbar strafbaren Handlungen nicht Vorschub leisten.[34]

Da der „KUB"-Text nach den Angaben im Sachverhalt keinen strafrechtlich relevanten Inhalt enthält, kann eine Zulassungseinschränkung nicht auf die Verletzung strafrechtlicher Vorschriften gestützt werden.

Allerdings sind in der Vergangenheit Vorstandsmitglieder des „KUB" wegen Beleidigungsdelikten angezeigt (vgl. § 158 StPO) worden. Somit ist fraglich, inwieweit die Gemeinde sich der Gefahr aussetzen muss, dass durch die Aufnahme des Textes auf ihrer Webseite Straftaten bzw. Verstöße gegen das Polizei- und Ordnungsrecht begangen werden. Denn Ausfluss des Selbstverwaltungsrechts der Gemeinde nach Art. 28 Abs. 2 GG ist nicht nur die Bereitstellung einer öffentlichen Einrichtung, sondern auch das Recht der Gemeinde „ihren" Ort zu gestalten, die sog. Einrichtungskompetenz.[35] Grundsätzlich können straf- oder ordnungsrechtliche Aspekte, die in Widerspruch zu dem gemeindlichen Interesse am Einrichtungszweck stehen, weil sie unvereinbar mit der Integrität oder Identität der gemeindlichen Einrichtung sind, die Ablehnung eines Zulassungsanspruches rechtfertigen.[36]

Die bloße Tatsache, dass Vorstandsmitglieder des „KUB" mehrfach angezeigt worden sind, sagt jedoch nichts über den tatsächlichen strafrechtlichen Gehalt dieser Vorwürfe aus (vgl. § 152 StPO) und begründet damit keine zureichende Tatsachengrundlage für eine Einschränkung des Zulassungsanspruchs des „KUB". Dessen geplante Nutzung der Homepage hält sich damit i. R. d. geltenden (Straf-)Rechts. Ohnehin gilt bis zu einer rechtskräftigen Verurteilung die Unschuldsvermutung.

5. Zwischenergebnis

Es besteht ein (Verschaffungs-) Anspruch nach § 8 Abs. 2 GO NRW.

---

[33] Vgl. VGH Bad.-Württ., DÖV 1984, 31 ff.; BVerwG, NJW 1990, 134 ff.
[34] BVerfGE 47, 198 ff.
[35] Vgl. OVG NRW, NVwZ 1995, 814.
[36] Näher hierzu *Burgi*, Kommunalrecht, 6. Aufl. 2019, § 16 Rn. 31.

IV. Exkurs: Anspruch auf Sonderbenutzung

Mit Errichtung und Betrieb einer gemeindlichen Einrichtung für die Einwohner kommt nicht nur ein gebundener Anspruch i.R.d. „Gemeinbenutzung" in Betracht (vgl. B III). Vielmehr ist, soweit der geltend gemachte Nutzungsanspruch im Einzelfall außerhalb des Widmungszwecks liegen sollte, an einen Anspruch auf ermessensfehler-freie Entscheidung über eine „Sonderbenutzung" oder an einen verfassungsunmittelba-ren Gleichbehandlungsanspruch aus Art. 3 Abs. 1 GG, zu denken.

Ein entsprechender Anspruch wäre vorliegend dann zu prüfen, wenn man – entge-gen dem hier dargestellten Lösungsvorschlag – das Ansinnen des KUB vom Wid-mungszweck des gemeindlichen Homepage nicht mehr gedeckt sähe (vgl. B III 3).

1. Charakter und Rechtsgrundlagen

Über die normative Fundierung eines Anspruchs auf Sonderbenutzung besteht aller-dings Unklarheit. Zwar ist davon auszugehen, dass ein Einrichtungträger mangels nä-herer objektiv-rechtlicher Regelung nach pflichtgemäßem Ermessen entscheiden kann, ob er die Einrichtung im Einzelfall auch für Nutzungen jenseits des Widmungszwecks freigibt. Nicht geklärt ist hiermit allerdings, ob diese objektiv-rechtliche Regelungsbe-fugnis zugleich im Sinne der Schutznormtheorie – zumindest auch - im Interesse des Einzelnen besteht und diesem damit ein subjektiv-öffentliches Recht auf fehlerfreie Ermessensentscheidung vermittelt. Eine solche drittschützende Zielsetzung kann nach hiesiger Auffassung nicht ohne Weiteres unterstellt werden. Immerhin verbleibt danach die Möglichkeit eines unmittelbar aus Art. 3 Abs. 1 GG abzuleitenden Anspruchs auf Gleichbehandlung, wenn und soweit die Gemeinde in der Vergangenheit in vergleich-baren Fällen entsprechende Nutzungen gestattet hat.

2. Voraussetzungen und Rechtsfolgen

Als derivativer Gleichbehandlungsanspruch wäre demnach ein Zugangs- bzw. Ver-schaffungsanspruch dann zu bejahen, wenn ansonsten eine Ungleichbehandlung ge-genüber anderen Nutzungsinteressenten vorläge, die nicht durch sachliche Gründe zu rechtfertigen ist. Hier dürfte eine solche Ungleichbehandlung des KUB in der Tat dro-hen. Denn die Stadt B hat ihre elektronische Plattform in den letzten Jahren mehrmals anderen kommunalen Gruppen für Warnhinweise vor den Suchtgefahren von Alkohol- und Tabakprodukten zur Verfügung gestellt. Ebenso wie das Globalisierungsthema grei-fen solche Präventionskampagnen nicht nur spezifische Angelegenheiten der örtlichen Gemeinschaft auf. Dadurch, dass die Stadt B in der Vergangenheit des Öfteren Eintra-gungen für andere (über-)örtliche Themen auf ihrer Internetseite zugelassen hat, hat sie eine bestimmte Art der Einrichtungsbenutzung in ständiger Verwaltungspraxis eröffnet. Der Artikel des „KUB" besitzt eine ähnliche Qualität wie die veröffentlichten Beiträge, so dass die eigene Zulassungspraxis die Verwaltung zur Einhaltung der selbst gesetzten Maßstäbe zwingt. Der „KUB" könnte insoweit jedenfalls einen (Verschaffungs-) An-spruch auf Sonderbenutzung geltend machen (Art. 3 Abs. 1 GG).

Die Stadt wäre daher zu verpflichten, auf die Geschäftsführung der IT-GmbH hin-sichtlich einer Veröffentlichung des „Klartextes" einzuwirken.

C. Ergebnis

Die Klage des „KUB" erweist sich damit in der Gesamtschau als zulässig und be-gründet.

Weiterführende Klausurtipps:

Prozessuale Fragen

Besondere verwaltungsprozessuale Probleme stellen sich, wenn die Kapazitäten ei-ner gemeindlichen Einrichtung (z. B. Festplatz als gemeindliche Einrichtung) für eine Zugangsgewährung zugunsten aller Berechtigten nicht ausreichen und sich der Zugangsanspruch daher materiell-rechtlich in einen Anspruch auf ermessens-fehlerfreie Auswahl reduziert. Hier richtet sich die Verpflichtungsklage folgerichtig auf fehlerfreie (Ermessens-)Entscheidung über die Verteilung der freien Ressour-cen. Sind die vorhandenen Kapazitäten bereits anderweitig vergeben worden, muss der übergangene Anspruchsinhaber die Verpflichtungsklage nach überwiegender Auffassung zusätzlich (!) – im Wege der objektiven Klagehäufung nach § 44 VwGO – mit einer (isolierten) Anfechtungsklage gegen den an einen begüns-tigten Dritte gerichteten Zulassungsbescheid kombinieren, um hierdurch einen erneut besetzbaren (offenen) Platz „freizukämpfen" (so etwa OVG Lüneburg, BeckRS 2009, 41672; *Peters*, in: BeckOK KommR NRW, 2020, GO § 8 Rn. 42; a. A. etwa ÖffR NRW, § 2 Rn. 280: unzumutbare Erschwerung des Rechtswegs). Hat sich das Zugangsbegehren zwischenzeitlich erledigt, soll aber auch in der letztgenannten Konstellation allein eine Fortsetzungsfeststellungsklage (als Fortset-zungsverpflichtungsklage analog § 113 Abs. 1 S. 4 VwGO) hinreichen.

Gewerberechtliche Zugangsansprüche

Beachten Sie, dass es parallele Klausurenkonstellationen im Gewerberecht gibt, wenn potentielle Marktanbieter ihren sondergesetzlichen Zugangsanspruch aus § 70 Abs. 2 GewO zu bestimmten Typen von Märkten (z. B. Jahrmärkte, Spezial-märkte uä.) gegen eine Gemeinde als Veranstalter dieses Marktes geltend machen. Von den pflichtfachrelevanten kommunalrechtlichen Fallkonstellationen des Zu-gangs zu gemeindlichen Einrichtungen lassen sich die gewerberechtlichen Klausu-ren leicht dadurch unterscheiden, dass § 70 Abs. 2 GewO allein für Fälle gewerbe-behördlich festgesetzter Märkte gilt (§ 69 GewO). Soweit es daher um den Zugang zu einer Einrichtung geht, die nicht als Markt nach den Regeln der Ge-werbeordnung festgesetzt wurde, ist § 8 Abs. 2 GO NRW einschlägig.

Haftungsfragen

Gerne werden Klausuren zu kommunalen Einrichtungen mit staatshaftungsrecht-lichen Fragen kombiniert. Diese werden regelmäßig so konzipiert sein, dass es im Rahmen der Nutzung einer gemeindlichen Einrichtung zu einem Schaden auf Seiten des Nutzers gekommen ist (z. B. Sturz des Besuchers eines gemeindlichen Freizeitgeländes von einer nicht verkehrssicheren Boulderwand). Hier bestimmen sich mögliche Haftungsansprüche des Nutzers gegen den Einrichtungsbetreiber nach dem einschlägigen Nutzungsregime. Ist das Benutzungsverhältnis privat-rechtlich organisiert, kommt nach h. M. nur eine privatrechtliche Haftung (aus Vertrags- oder Deliktsrecht) in Betracht (vgl. etwa BGHZ 59, 303 (305 f.); a. A. etwa *Detterbeck/Windhorst/Sproll*, Staatshaftungsrecht, 1999, § 9 Rn. 29 ff.). Bei (schlicht-)hoheitlicher Ausgestaltung kommen demgegenüber Ansprüche sowohl aus Amtshaftung (§ 839 BGB/Art. 34 GG) als auch aus „verwaltungsrechtlichem Schuldverhältnis" in Betracht. Letztgenannte Anspruchsgrundlage gilt als Ge-wohnheitsrecht oder Ausdruck eines allgemeinen Rechtsgrundsatzes und spiegelt

– wenn auch als öffentlich-rechtliche Haftungsnorm – im Wesentlichen die Regeln des Bürgerlichen (Vertrags-)Rechts. Vorteilhaft für den Geschädigten ist hierbei namentlich die Haftung des Einrichtungsbetreibers für seine Erfüllungsgehilfen entsprechend § 278 BGB. Klausurenrelevante Fragen ergeben sich bei der öffentlich-rechtlichen Ausgestaltung des Nutzungsverhältnisses auch in Bezug auf eine mögliche Beschränkbarkeit der Haftung des Einrichtungsbetreibers. Eine solche Haftungsbeschränkung ist im Hinblick auf die verbindlichen Regelungen des Amtshaftungsrechts zu verneinen, immerhin aber bei der Haftung aus verwaltungsrechtlichem Sonderverhältnis in Grenzen möglich. Zur Abgrenzung von zivilrechtlichen und öffentlich-rechtlichen Nutzungsverhältnissen ist auf die Umstände des Einzelfalles abzustellen („Nutzungsordnung" oder „AGB", „Entgelt" oder „Gebühr" etc.).

Fall 10: „Streit in der Ratssitzung"

Behandelte Themen: Kommunalverfassungsstreit – Ordnungsmaßnahmen in der Ratssitzung – Handlungsmöglichkeiten des Bürgermeisters – Ansprüche einzelner Ratsmitglieder

Sachverhalt

C ist Mitglied im Rat der nordrhein-westfälischen Stadt M. Er hält die Benutzung seines Mobiltelefons auch während der Ratssitzungen für unverzichtbar. Durch den ständigen Vibrationsalarm, die – wenn auch in leisem Tone geführten – Telefonate sowie die demonstrative Unaufmerksamkeit des C während der Gespräche fühlt sich Ratsherr P in der Ausübung seines Mandats massiv beeinträchtigt. P fordert Oberbürgermeister O auf, ein generelles Telefonierverbot im Ratssaal zu erlassen. O weist die Forderung zurück. Er erachtet ein derartiges Verbot für die Dauer der Ratssitzungen für unnötig; C telefoniere allenfalls im Flüsterton. P protestiert gegen diese „selbstherrliche Entscheidung". Ein ermahnender Ordnungsruf seitens des O bewirkt nichts; vielmehr werden die Proteste des P vehementer. Er empört sich weiterhin lautstark über die „Rastlosigkeit des modernen Menschen". Zudem beginnt er, andere Ratsherren, die seine Kritik nicht teilen, zu beschimpfen. O schließt P daraufhin von der Sitzung aus.

Nach der Ratssitzung teilt P dem O schriftlich seine Standpunkte zu den von ihm als unkorrekt empfundenen Vorgängen mit. Er verweist darauf, dass der Ausschluss schon aufgrund fehlender Grundlage in der Geschäftsordnung rechtswidrig gewesen sei. Zugleich fordert er O auf, „im Rahmen seiner Pflichten" gegen die Dauertelefonierer im Rat tätig zu werden. O beharrt auf seiner bisherigen Position. P beabsichtigt deshalb, gegen seinen Sitzungsausschluss Klage zu erheben, zumal er auch in Zukunft eine vergleichbare Beschneidung seiner Rechte als Ratsmitglied fürchtet.

O seinerseits wird ebenfalls tätig. Er bittet das städtische Rechtsamt um Rechtsrat. Er möchte wissen, ob er für die Ratssitzung überhaupt ein generelles Telefonierverbot anordnen darf bzw. hierzu (prozessual) durch ein Ratsmitglied gezwungen werden könnte.

Zu prüfen sind die Erfolgsaussichten der verwaltungsgerichtlichen Klage des P (A.). Ferner ist dem O aus der Sicht des Rechtsamts Auskunft zu erteilen (B.).

Jeweils sind alle im Sachverhalt mitgeteilten Gesichtspunkte zu berücksichtigen.

Gliederung

A. Klage gegen Sitzungsausschluss
  I. Zulässigkeit
    1. Eröffnung des Verwaltungs-
      rechtswegs
      Prüfe: Kommunalverfassungs-
      streit
    2. Statthafte Rechtsschutz-
      form
      a) Vorliegen eines Ver-
        waltungsakts?
      Prüfe: Außenwirkung
      b) Feststellungsklage

      Prüfe: Feststellungsfähiges
      Rechtsverhältnis i. S. v.
      § 43 Abs. 1 VwGO
    3. Klagebefugnis
      Prüfe: Verletzung einer wehr-
      fähigen Innenrechtsposition
    4. Klagefrist
    5. Vorverfahren/Gegen-
      vorstellung
    6. Richtiger Klagegegner
      (passive Prozessführungs-
      befugnis)

Lösungsvorschlag

A. Klage gegen Sitzungsausschluss

Die Klage des P hat Erfolg, wenn sie zulässig und soweit sie begründet ist.

I. Zulässigkeit[1]

1. Eröffnung des Verwaltungsrechtswegs

Mangels aufdrängender Sonderzuweisung richtet sich die Eröffnung des Verwaltungsrechtswegs nach der Generalklausel des § 40 Abs. 1 S. 1 VwGO. Dafür ist erforderlich, dass es sich um eine öffentlich-rechtliche Streitigkeit nichtverfassungsrechtlicher Art handelt und keine abdrängende Sonderzuweisung besteht. Eine Streitigkeit ist öffentlich-rechtlich, wenn die streitentscheidenden Normen solche des öffentlichen Rechts sind. Dies ist wiederum immer dann der Fall, wenn ein Träger hoheitlicher Gewalt als solcher einseitig berechtigt und/oder verpflichtet wird (modifizierte Subjektstheorie). P möchte die von O gegen ihn erlassene Ausschlussmaßnahme überprüfen lassen. Streitentscheidend ist für diesen Fall die Vorschrift des § 51 Abs. 1 Var. 3 GO NRW, wonach der Bürgermeister das Ordnungsrecht für Ratssitzungen innehat.[2] Diese kommunalrechtliche Vorschrift berechtigt und verpflichtet ausschließlich den Bürgermeister und stellt damit „Sonderrecht" der Verwaltung, also eine öffentlich-rechtliche Streitigkeit dar.

---

[1] Vgl. zur Zulässigkeit des Kommunalverfassungsstreits *Otto*, ZJS 2015, 381 ff.
[2] Vgl. ÖffR, § 2 Rn. 167 f.

Vertiefung: Der Bürgermeister hat gemäß § 40 Abs. 2 S. 3 GO NRW den Ratsvorsitz inne. Ihm steht neben der gegenüber den Ratsmitgliedern auszuübenden Ordnungs- auch die Sitzungsgewalt zu (gemäß § 51 Abs. 1 Var. 1 GO NRW). Diese umfasst z.B. die Festlegung der Redeordnung oder die Diskussionsleitung während der Ratssitzungen (vgl. *Rohde*, in: BeckOK KommR NRW, 2020, GO § 51 Rn. 8f.). Daneben übt er für die Dauer und den örtlichen Bereich der Ratssitzung das Hausrecht gemäß § 51 Abs. 1 Var. 4 GO NRW aus. Insoweit kann er Störungen durch externe Personen beenden; beispielsweise Zuschauer zur Ruhe mahnen, Journalisten das Mitschneiden auf Film oder Tonband verbieten und ihnen gegenüber ggf. ein Hausverbot verhängen (vgl. *Rohde*, in: BeckOK KommR NRW, 2020, GO § 51 Rn. 16). Entsprechende Maßnahmen sind wegen ihrer „Außenwirkung" als Verwaltungsakte gemäß § 35 S. 1 VwVfG NRW anzusehen. Auch außerhalb von Ratssitzungen hat der Bürgermeister für einen störungsfreien Dienstbetrieb im gesamten Rathaus Sorge zu tragen (vgl. ÖffR NRW, § 2 Rn. 169). Diese Pflicht trifft ihn in seiner Funktion als Behördenleiter. Hierzu gehört wiederum die Befugnis zum Erlass von Hausrechtsmaßnahmen gegenüber Dritten, als deren Grundlage hier die allgemeinen Grundsätze des öffentlichen Sachenrechts fungieren (näher *Papier/ Durner*, in: Ehlers/Pünder (Hrsg.), Allg.VerwR, 15. Aufl. 2016, § 39 Rn. 48ff.).

Einer öffentlich-rechtlichen Einordnung könnte hier jedoch entgegenstehen, dass P in seiner Funktion als Ratsmitglied und u.U. nicht als Privatperson betroffen ist.[3] Zwar sind die Klagearten der VwGO grundsätzlich auf die Gewährung von Rechtsschutz im Außenverhältnis (Bürger-Staat-Verhältnis; vgl. Art. 19 Abs. 4 GG) zugeschnitten. Aber es ist deshalb nicht ausgeschlossen, dass auch subjektive Positionen aus Innenrechtsverhältnissen justiziabel sein können.[4] Es ist heute allgemein anerkannt, dass die Möglichkeit einer rechtlichen Überprüfung auch von „Innenrechtsstreitigkeiten" besteht. Allerdings zeigt bereits der Begriff des „In-Sich-Prozesses" an, dass durchgehend Besonderheiten bestehen, weil die VwGO-Konzeption nicht unmittelbar passt. Konkret sind die Organe einer Gemeinde nicht hierarchisch gegliedert. Deshalb können die unterschiedlichen Kompetenzen in diesem Binnengefüge in Konflikt miteinander geraten („Kontrastorgane") und müssen sodann einer gerichtlichen Klärung zugeführt werden. Im Rahmen eines sog. Kommunalverfassungsstreits können die Organ(teil)e einer kommunalen Gebietskörperschaft die Reichweite ihrer organschaftlichen Rechte und Pflichten überprüfen lassen.[5] Der Begriff bezeichnet keine bestimmte Klageart, sondern zeigt an, dass sich bei der Anwendung der VwGO-Vorschriften Besonderheiten ergeben können.

Vertiefung: Bei einem Kommunalverfassungsstreit sind der sog. Interorganstreit, bei dem die Streitigkeit zwischen Organen der Gemeinde besteht, und der sog. Intraorganstreit zu unterscheiden. Bei Letzterem setzen sich Organteile desselben Organs bzw. ein Organteil mit dem Organ, dem es angehört, auseinander; vgl. ÖffR NRW, § 2 Rn. 205. Zum Kommunalverfassungsstreit vgl. *Rohde* in: BeckOK KommR NRW, 2020, GO § 48 Rn. 31 ff.

---

[3] Vgl. noch A I 2a.
[4] A.A.: die früher vertretene Impermeabilitätslehre; vgl. *Schnapp*, AöR 105 (1980), 243.
[5] Vgl. *Ehlers*, NVwZ 1990, 105; *Erichsen/Biermann*, JURA 1997, 157ff.; *Meister*, JA 2004, 414ff.; *Franz*, JURA 2005, 156ff.

Die Tatsache, dass die streitentscheidende Norm dem Gemeindeverfassungsrecht entnommen wird, ändert ebenfalls nichts am Eingreifen des § 40 Abs. 1 S. 1 VwGO.

Eine verfassungsrechtliche Streitigkeit i. S. d. § 40 Abs. 1 S. 1 VwGO liegt nur dann vor, wenn zwei am Verfassungsleben Beteiligte über materielles (Staats-)Verfassungsrecht streiten (sog. doppelte Verfassungsunmittelbarkeit);[6] nicht jedoch, wenn – wie hier – um einfaches Recht gestritten wird. Damit liegt auch keine verfassungsrechtliche Streitigkeit vor.

Eine abdrängende Sonderzuweisung ist nicht ersichtlich. Damit richtet sich die Eröffnung des Verwaltungsrechtswegs nach der Generalklausel des § 40 Abs. 1 S. 1 VwGO.

2. Statthafte Rechtsschutzform

Die statthafte Rechtsschutzform richtet sich gemäß § 88 VwGO nach dem Begehren des Klägers. Hinsichtlich der Überprüfung des gegen P erlassenen Sitzungsausschlusses ist wegen des eingetretenen Zeitablaufs zunächst eine Fortsetzungsfeststellungsklage gemäß § 113 Abs. 1 S. 4 VwGO zu erwägen.

a) Vorliegen eines Verwaltungsakts?

Voraussetzung hierfür ist, dass die Maßnahme des Oberbürgermeisters einen Verwaltungsakt i. S. v. § 35 S. 1 VwVfG NRW darstellt. Insoweit ist lediglich das Begriffsmerkmal der Außenwirkung fraglich.

Vertiefung: Früher ist teilweise bereits die Behördeneigenschaft gemäß § 35 S. 1 VwVfG NRW verneint worden. Denn bei dem Handeln eines kommunalen Organs gegenüber einem anderen Organ(teil) fehle es an der für das Außenverhältnis typischen Subordination (vgl. etwa *Schoch*, JuS 1987, 783 ff.). Nach § 1 Abs. 2 VwVfG NRW ist jedoch jede Stelle, die Aufgaben der öffentlichen Verwaltung wahrnimmt, als Behörde zu qualifizieren. Deshalb kann grundsätzlich auch der Bürgermeister, wenn er als Ratsvorsitzender sitzungsleitende Maßnahmen gegenüber einem Ratsmitglied verfügt, als „Behörde" i. S. v. § 35 S. 1 VwVfG NRW tätig werden.

„Außenwirkung" liegt dort vor, wo eine hoheitliche Maßnahme final gestaltend oder feststellend in die Rechtsposition eines Bürgers, also einer außerhalb der Verwaltung stehenden Person, eingreift.[7] Der Sitzungsausschluss könnte P in seiner persönlichen (Grund-)Rechtsstellung aus Art. 5 Abs. 1 S. 1 GG betreffen.

Beim Rechtsschutz gegen Ordnungsmaßnahmen ist es grundsätzlich wichtig zu unterscheiden, ob das klagende Organ in seiner mitgliedschaftlichen Rechtsstellung oder der Organwalter als natürliche Person in seinen Freiheitsgrundrechten betroffen ist.

Klausurtipp: Diese Frage darf daher nicht offengelassen werden (so aber HessVGH, NJW 2003, 2471, für das Ab- bzw. Aufhängen eines Kreuzes im Ratssaal). Genauso wenig darf von einer *gleichzeitigen* Betroffenheit in Mitgliedschafts- und Grundrechten ausgegangen werden (so aber VG Darmstadt, NJW 2003, 455;

---

[6] Vgl. *Meister*, JA 2004, 414 ff.; *Franz*, JURA 2005, 156 ff.
[7] Vgl. *Kopp/Ramsauer*, VwVfG, 20. Aufl. 2019, § 35 Rn. 124 ff.

weiterführend *Burgi,* Kommunalrecht, 6. Aufl. 2019, § 14 Rn. 15). Diese Differenzierung ist vergleichbar mit der Situation eines Beamten, an den entweder inner-
dienstliche Weisungen ohne Verwaltungsaktscharakter ergehen, wenn er als Teil des
Dienstapparates („Amtswalter") gemeint ist oder aber der als selbstständige Rechtsperson durch Verwaltungsakte betroffen wird (vgl. *Maurer/Waldhoff,* Allg. VerwR,
19. Aufl. 2017, § 9 Rn. 25 ff.; *Ruffert,* in: Ehlers/Pünder (Hrsg.), Allg. VerwR,
15. Aufl. 2016, § 21 Rn. 46 ff.; *Frenzen,* in: BeckOK KommR NRW, 2020, GO
§ 43 Rn. 9).

Ein Gemeinderatsmitglied ist wie jeder Bürger in seinem Grundrecht der Meinungsfreiheit aus Art. 5 Abs. 1 S. 1 GG berührt, wenn ihm beispielsweise das Tragen einer Plakette mit der Aufschrift „Stoppt Atomkraft" o. Ä., während der Ratssitzung untersagt wird.[8] Vorliegend ist die Ausschlussmaßnahme des Oberbürgermeisters jedoch
als ein bloß gemeinderatsinterner Vorgang zu qualifizieren, die O zur Regelung der
laufenden Ratssitzung nach § 51 Abs. 1 Var. 3 GO NRW verfügt hat. Die Maßnahme
betrifft P unmittelbar in seiner Eigenschaft als Ratsherr („fühlte sich … beeinträchtigt")
und nur hinsichtlich seiner organschaftlichen Mitwirkungsrechte, während sein kultur-
soziologisches Argument nicht im Visier der Maßnahme des O lag.[9]
Soweit P indirekt in seiner Meinungsfreiheit als Bürger betroffen sein sollte, genügt
diese lediglich mittelbar-faktische Beeinträchtigung subjektiver Rechte jedenfalls nicht
für die finale Zielrichtung des Merkmals der Außenwirkung i. S. v. § 35 S. 1 VwVfG
NRW.[10] Der Ausschluss aus der Ratssitzung besitzt damit keine Verwaltungsaktsqualität.
Eine Fortsetzungsfeststellungsklage nach § 113 Abs. 1 S. 4 VwGO scheidet folglich aus.[11]

b) Feststellungsklage

Hinsichtlich des Sitzungssausschlusses könnte daher eine Feststellungsklage gemäß § 43
Abs. 1 VwGO im Rahmen eines Kommunalverfassungsstreits einschlägig sein. Diese steht
dann zur Verfügung, wenn das (Nicht-)Bestehen eines „Rechtsverhältnisses" einer
grundsätzlichen Klärung bedarf. Unter Rechtsverhältnis versteht man die sich aus einem
konkreten Sachverhalt aufgrund einer Rechtsnorm ergebenden rechtlichen Beziehun-
gen einer Person zu einer anderen Person oder zu einer Sache.[12] Aufgrund seiner Zwi-
schenrufe und seines Protestverhaltens ist P von der Sitzung ausgeschlossen worden. O
sah sich hierzu durch § 51 Abs. 1 Var. 3 GO NRW ermächtigt. Zwischen beiden Parteien
besteht somit eine rechtliche Beziehung, die durch reines Innenrecht geprägt ist. Aber
auch Innenrechtsverhältnisse stellen klärungsbedürftige „Rechtsverhältnisse" i. S. v. § 43
Abs. 1 VwGO dar.[13] Da das Klagesystem der VwGO abschließend ist, besteht kein Anlass
für die Anerkennung einer Klage sui generis.[14] Damit ist die Feststellungsklage gemäß
§ 43 Abs. 1 VwGO hier die statthafte Rechtsschutzform.[15]

---

[8] BVerwG, NVwZ 1988, 837 f.; *Tettinger/Ennuschat,* NWVBl. 2002, 244 ff.
[9] Grundlegend OVG NRW, DVBl. 1983, 53 ff. – Rauchverbot.
[10] Vgl. *Kopp/Ramsauer,* VwVfG, 20. Aufl. 2019, § 35 Rn. 126; *Ruffert,* in: Ehlers/Pünder
(Hrsg.), Allg. VerwR, 15. Aufl. 2016, § 21 Rn. 44.
[11] Vgl. ÖffR NRW, § 2 Rn. 210.
[12] *Kopp/Schenke,* VwGO, 25. Aufl. 2019, § 43 Rn. 11.
[13] Vgl. OVG NRW, NWVBl. 2002, 381 ff.
[14] So noch OVGE NRW 27, 258 ff.; 28, 208 ff.; vgl. *Burgi,* Kommunalrecht, 6. Aufl. 2019, § 14
Rn. 10 f.
[15] Vgl. auch VG Gelsenkirchen, BeckRS 2019, 11209, Rn. 24.

Da weder die Anfechtungs- bzw. die Fortsetzungsfeststellungsklage (da kein Verwaltungsakt vorliegt, vgl. A I 2a) zur Verfügung steht, noch die allgemeine Leistungsklage (da Erledigung eingetreten ist, vgl. später B V 2) in Betracht kommt, greift der Grundsatz der Subsidiarität der Feststellungsklage gemäß § 43 Abs. 2 S. 1 VwGO nicht ein.[16]

3. Klagebefugnis

Die Vorschriften des 8. Abschnitts der VwGO gelten nur für die Anfechtungs- und Verpflichtungsklage. Dennoch wird sowohl im Rahmen einer allgemeinen Leistungsklage also auch bei einer Feststellungsklage das Erfordernis der Klagebefugnis analog § 42 Abs. 2 VwGO bejaht, um sog. Popularklagen auszuschließen.[17] Bei einem Kommunalverfassungsstreitverfahren gewinnt dieser Prüfungspunkt dadurch zusätzlich an Bedeutung, dass die „mögliche" Verletzung eigener organschaftlicher Befugnisse für sich konstitutiv ist.[18] P müsste also in einer wehrfähigen Innenrechtsposition verletzt sein. Solche zur eigenständigen Wahrnehmung zugewiesenen Organrechte („wehrfähige Innenrechtspositionen") können der Gemeindeordnung oder einer gemeindlichen Satzung bzw. Geschäftsordnung[19] zu entnehmen sein.

Vertiefung: Der Kläger eines Kommunalverfassungsstreits kann sich nur auf eigene organschaftliche Rechte berufen. Daher können Ratsmitglieder oder Fraktionen nicht in Prozessstandschaft für den Rat handeln. Ebenso wenig kann ein Ratsmitglied eine allgemeine Rechtmäßigkeitsprüfung von Ratsbeschlüssen beanspruchen. Dies kann nur im normalen Verwaltungsverfahren, etwa durch Klage eines Bürgers oder das Vorgehen der Staatsaufsicht erfolgen (vgl. ÖffR NRW, § 2 Rn. 211).

Um das kommunale Mandat wahrnehmen zu können, steht dem einzelnen Ratsmitglied eine Vielzahl an rechtlichen Kompetenzen zu, beispielsweise Rede-, Frage- (vgl. §§ 47 Abs. 2 S. 2, 55 Abs. 1 GO NRW), Antrags- (vgl. § 48 Abs. 1 S. 2 GO NRW) und Akteneinsichtsrechte (vgl. § 55 Abs. 3 und 4 GO NRW). Einen Schwerpunkt seines Mandats bildet die Teilnahme an Beratungen und Abstimmungen während der Gemeinderatssitzungen (vgl. §§ 43 Abs. 1 und 50 GO NRW). Durch den Sitzungsausschluss könnte P möglicherweise in dieser wehrfähigen Innenrechtsposition verletzt worden sein. P ist damit klagebefugt.

4. Klagefrist

Die Feststellungklage unterliegt keiner Klagefrist; § 74 VwGO gilt nur für die Anfechtungs- und Verpflichtungsklage.

5. Vorverfahren/Gegenvorstellung

Auch ein Vorverfahrenserfordernis besteht hinsichtlich der Feststellungsklage nicht. Unabhängig hiervon leitet die verwaltungsgerichtliche Rechtsprechung speziell bei kommunalen Organstreitverfahren aus dem Gebot der „Organtreue" eine Pflicht des

---

[16] Vgl. BVerwGE 77, 207 ff.
[17] *Kopp/Schenke*, VwGO, 25. Aufl. 2019, § 42 Rn. 62 f.
[18] *Suerbaum/Brüning*, JuS 2001, 992 ff.; *Franz*, JURA 2005, 156 ff.
[19] Vgl. § 47 Abs. 2 S. 1 GO NRW; ÖffR NRW, § 2 Rn. 211 f.

klagenden Organs oder Organteils ab, seine rechtliche Bewertung vorab im Rahmen einer Art „Gegenvorstellung" zum Ausdruck zu bringen, um eine interne Korrektur der umstrittenen Entscheidung durch den Klagegegner zu bewirken.[20] Auch dies ist hier geschehen.

6. Richtiger Klagegegner (passive Prozessführungsbefugnis)

Nach der Systematik der VwGO ist § 78 VwGO bei der Feststellungsklage nicht anwendbar. Auch das die Klagearten überwölbende, ungeschriebene sog. Rechtsträgerprinzip, wonach die Bürger gegen die staatlichen Träger der handelnden Organe und Behörden zu klagen haben, passt nicht, denn es geht ja gerade um einen Streit zwischen den Organen. Die Klage ist daher gegen das Organ zu richten, dem die behauptete Verletzung von Organrechten zuzurechnen ist. Passiv prozessführungsbefugt ist daher der Oberbürgermeister selbst.[21]

7. Beteiligten- und Prozessfähigkeit

a) Klägerseite

P müsste beteiligtenfähig sein. Obgleich er auch als Ratsmitglied eine „natürliche Person" bleibt, klagt er vorliegend in seiner Eigenschaft als Organteil des Gemeinderats. Er ist somit nicht gemäß § 61 Nr. 1 VwGO beteiligtenfähig. Eine Beteiligtenfähigkeit gemäß § 61 Nr. 3 VwGO scheidet ebenfalls aus, weil es in NRW keine Norm (mehr) gibt, die Behörden die Beteiligtenfähigkeit zuerkennt. Die Beteiligtenfähigkeit müsste daher nach § 61 Nr. 2 VwGO zu begründen sein. Eine unmittelbare Anwendung der Vorschrift scheidet aus, weil die Feststellungsklage hier auf der Grundlage zulässiger Rechtsfortbildung in entsprechender Anwendung eingesetzt wird (vgl. A I 2b). Eine „zweite Analogie" ergibt sich daraus, dass P in seiner Rechtsstellung als Ratsmitglied und damit bloß als ein Teil der „Vereinigung" Gemeinderat klagt. Das ihm zustehende „Recht" i. S. v. § 61 Nr. 2 VwGO folgt aus seinem Mitwirkungsrecht an Sitzungen (vgl. A I 3). Daher ist die Beteiligtenfähigkeit richtigerweise analog § 61 Nr. 2 VwGO zu begründen.[22]

Konsequenterweise ist P in seiner Rechtsstellung als Ratsmitglied und damit als Teil des Gemeinderats gemäß § 62 Abs. 1 Nr. 2 VwGO prozessfähig.[23]

b) Beklagtenseite

Dem beklagten Oberbürgermeister steht die Ordnungsgewalt aus § 51 Abs. 2 GO NRW zu. Auch bei ihm ergibt sich die Beteiligtenfähigkeit analog § 61 Nr. 2 VwGO. Seine Prozessfähigkeit ist § 62 Abs. 3 VwGO zu entnehmen; der Organwalter Bürgermeister vertritt das Organ „Bürgermeister".

8. Zuständigkeit des Gerichts

Sachlich (vgl. § 45 VwGO) ist das Verwaltungsgericht zuständig. Die örtliche Zuständigkeit bestimmt sich nach § 52 Nr. 5 VwGO i. V. m. § 17 Nr. 3 JustG NRW.

---

[20] Vgl. OVG NRW. NWVBl. 2012, 116.
[21] *Burgi,* Kommunalrecht, 6. Aufl. 2019, § 14 Rn. 12.
[22] Vgl. *Suerbaum/Brüning,* JuS 2001, 992 ff.; *Franz,* JURA 2005, 156 ff.; ÖffR NRW, § 2 Rn. 213.
[23] So auch *Otto,* ZJS 2015, 381 ff.

9. Rechtsschutzinteresse

Die Erhebung einer Feststellungsklage setzt gemäß § 43 Abs. 1 VwGO die Geltend-machung eines „berechtigten Interesses" voraus. Dafür genügt generell jedes rechtliche, wirtschaftliche oder nur ideelle Interesse,[24] wobei sich Innenrechtssubjekte von vorn-herein nur auf schutzwürdige Funktionsinteressen berufen können.[25] P macht wegen des Ausschlusses ein Rehabilitationsinteresse geltend; daneben besteht die Möglichkeit einer Wiederholungsgefahr. Das erforderliche Feststellungsinteresse liegt damit vor.

10. Zwischenergebnis

Die Klage des P ist damit zulässig.

II. Begründetheit

Die Feststellungsklage des P ist begründet, wenn das Rechtsverhältnis, das der Kläger als bestehend oder nicht bestehend festzustellen begehrt, tatsächlich besteht bzw. nicht besteht. Konkret geht es hierbei um das vom Bürgermeister behauptete Recht bzw. Rechtsverhältnis, den P des Sitzungssaales verweisen zu dürfen.

Ermächtigungsgrundlage für den Ausschluss könnte § 51 Abs. 1 Var. 2 GO NRW sein. P hat hier durch seine lautstarken Beschimpfungen und sein provozierendes Ver-halten die Sitzung beinahe zum Platzen gebracht, so dass u. U. vom Vorliegen einer er-heblichen Störung ausgegangen werden kann (vgl. noch B II). Deshalb erscheint es möglich, dass sein Ausschluss gerechtfertigt gewesen sein könnte.

> **Klausurtipp:** Die Erfüllung der einzelnen Tatbestandsmerkmale wird unter B II näher erläutert. Soweit der Bearbeiter bereits an dieser Stelle deren Vorliegen prüft, ist dies vertretbar. Praktikabler und einfacher ist es jedoch, an diesem Prüfungs-punkt direkt auf die Rechtsfolgenseite abzustellen.

Allerdings setzen § 51 Abs. 2 und 3 GO NRW den Ordnungsbefugnissen des Bür-germeisters auf der Rechtsfolgenebene Grenzen und zwar konkret im Hinblick auf die hier in Frage stehende Anordnung eines Sitzungsausschlusses. Voraussetzung für den Ausschluss eines Ratsmitgliedes von einer Ratssitzung ist nach § 51 Abs. 2 GO NRW, dass die Geschäftsordnung des Gemeinderates bestimmt, in welchen Fällen ein solcher Ausschluss erfolgt und ein diesbezüglicher Ratsbeschluss vorliegt. Nur im Ausnahmefall („falls er es für erforderlich hält", vgl. § 51 Abs. 3 S. 1 GO NRW) soll der Bürgermeis-ter selbst einen sofortigen Ausschluss gegenüber einem „renitenten" Ratsmitglied ver-fügen dürfen. Voraussetzung ist wiederum, dass die Geschäftsordnung des Rates eine Ordnungsbestimmung gemäß § 51 Abs. 2 GO NRW enthält. Existiert eine solche Ordnungsbestimmung nicht, darf nach dem Wortlaut des § 51 GO NRW weder der Rat noch der Bürgermeister eine Ausschlussmaßnahme verfügen.[26] Ob hiergegen ein-gewendet werden kann, dass dem Bürgermeister zumindest eine Art „Notbefugnis" zu-

---

[24] *Kopp/Schenke*, VwGO, 25. Aufl. 2019, § 43 Rn. 23.
[25] Vgl. *Ehlers*, NVwZ 1990, 105 (111).
[26] Vgl. *Rehn/Cronauge*, in: Rehn/Cronauge/von Lennep/Knirsch (Hrsg.), GO NRW, Stand: Juli 2019, § 51 Erläuterung III.

stehen müsse, erscheint fraglich, denn der Rat könnte jederzeit die erforderlichen normativen Grundlagen schaffen. Zudem stehen dem Bürgermeister vielfältige andere Mittel, wie allgemeine Aufforderungen zur Ruhe, Ordnungsrufe oder eine Sitzungsunterbrechung zur Verfügung, um für geordnete Sitzungsverhältnisse zu sorgen. Im vorliegenden Fall wurde von diesen Befugnissen kein Gebrauch gemacht. Ein Notrecht wird man vor diesem Hintergrund nicht annehmen können. O war daher nicht zum Sitzungsausschluss gegenüber P ermächtigt, so dass dieser rechtswidrig erfolgte. P wurde hierdurch in seinen Organrechten verletzt. Seine Feststellungsklage ist damit begründet.

III. Zwischenergebnis

Die Klage des P ist zulässig und begründet.

B. Telefonierverbot

I. Vorüberlegung

Klausurtipp: Bei einer Beratungs- bzw. Anwaltsklausur ist zuerst das Begehren des Rechtssuchenden herauszuarbeiten (vgl. § 88 VwGO). Zumeist bietet es sich daraufhin an, die materiell-rechtliche Rechtslage in einem Gutachtenteil zu überprüfen. Liegen die materiell-rechtlichen Anspruchsvoraussetzungen vor, sind sodann die Erfolgsaussichten einer prozessualen Umsetzung zu prüfen. Soweit Handlungsalternativen bestehen, sind diese mit der Interessenlage des Rechtssuchenden abzugleichen, um ihm eine rechtlich zulässige und taktisch sinnvolle Empfehlung zum weiteren Vorgehen zu geben (sog. Zweckmäßigkeitsüberlegungen; vgl. *Lewinski,* Öffentlich-rechtliche Berater- und Anwaltsklausuren im Studium, 2007).

O möchte vom städtischen Rechtsamt zum Ersten wissen, ob er ein Telefonierverbot erlassen könnte, und zum Zweiten, ob etwaige prozessuale Schritte eines Ratsmitgliedes Aussicht auf Erfolg hätten.

II. Ermächtigungsgrundlage für ein Telefonierverbot

§ 51 Abs. 1 Var. 3 GO NRW wird hier nun mit der Rechtsfolge Erlass eines „Telefonierverbots" geprüft. Der Tatbestand setzt das Vorliegen einer objektiv erheblichen Störung voraus.[27]

Das konkrete Telefonieren von C und u. U. anderen Ratsmitgliedern müsste objektiv eine Störung darstellen. Dafür genügt bereits, wenn für einen durchschnittlichen Betrachter objektiv nachvollziehbar ist, dass ein bestimmtes Verhalten subjektiv als „Störung" empfunden wird.[28] Vorliegend führte namentlich C seine Handygespräche während der Ratssitzungen. Die Arbeitsweise des Gemeinderates kennzeichnet sich dadurch, dass themenbezogene Anhörungen und Beratungen stattfinden. Die Ratsmit-

---

[27] Vgl. OVG NRW, DVBl. 1983, 53; ÖffR NRW, § 2 Rn. 168.
[28] Vgl. *Tettinger/Ennuschat,* NWVBl. 2002, 244 ff.

glieder sollen wohl informiert über die einzelnen Tagesordnungspunkte abstimmen
können. Angesichts der Informationsfülle und Verschiedenartigkeit der Themen wird
den Ratsherren ein konzentriertes Zuhören abverlangt. Die Wortbeiträge und deren
Argumente müssen nicht nur akustisch wahrgenommen, sondern auch inhaltlich nach-
vollzogen werden. Dafür ist eine ruhige und sachliche Arbeitsatmosphäre vonnöten. Te-
lefongespräche bringen jedoch eine Geräuschkulisse mit sich, die selbst bei geringer
Lautstärke („Flüsterton") der dargestellten Arbeitsweise abträglich ist. Die durch C verursachten Geräusche stellen somit objektiv eine Störung dar.

Diese Störung müsste zudem erheblich sein. Fraglich ist, wie sich der Grad der Störung beurteilen lässt. Um die divergierenden Interessen der Fraktionen in einem einheitlichen Gemeinderatsbeschluss zusammenfassen zu können, sind Diskussionen notwendig. Diese sind am effektivsten in einer ruhigen und sachlichen Atmosphäre zu
führen. Daher haben die Mitglieder eines Kollegialorgans ihr Verhalten im Interesse der
Funktionsfähigkeit des Gremiums möglichst untereinander abzustimmen, um Konflikte
zu vermeiden. Zu ihrem Verhaltenskodex gehört daher das „Gebot der gegenseitigen
Rücksichtnahme". Ob ein Verstoß gegen dieses Gebot vorliegt, hängt von einer Abwägungsentscheidung ab. In diese fließen die Belange und Interessen des begünstigten
bzw. betroffenen Ratsmitglieds einschließlich der Umstände, die ihm billigerweise zuzumuten sind, ein.[29] Die Störung selbst ist also mit der vom Betroffenen einzufordern-
den Rücksichtnahme abzugleichen. Es ist davon auszugehen, dass bereits geringfügige
Geräuschbelästigungen stören und die Konzentrationsfähigkeit der Ratsmitglieder beeinträchtigen. Die Forderung des P, von Telefongesprächen während der Ratssitzung
verschont zu bleiben, ist darum mit Blick auf die nachteiligen Auswirkungen solcher
Geräuschimmissionen nachvollziehbar. Dagegen ist es schwer nachvollziehbar, wie beispielsweise der dauertelefonierende C den Beratungen im Rat aufmerksam folgen will,
zumal er sein Informationsbedürfnis auch dadurch realisieren kann, dass er zum Telefonieren kurzfristig den Ratssaal verlässt bzw. sein Mobiltelefon in den Sitzungspausen
nutzt oder stattdessen auf einen geräuschlosen Kurznachrichtenempfang bzw. -versand
umstellt. Im Übrigen muss er auch an anderen öffentlichen Orten, wie Krankenhäu-
sern, Kinos oder Theatern, auf den Gebrauch seines Handys verzichten. Die von den
dauernden Telefongesprächen ausgehende Belästigung ist daher nicht sozialadäquat.
Gegenüber dem Interesse des P an einer geordneten und ruhigen Ratssitzung ist das
Telefonierinteresse von C nachrangig. C verstößt also gegen das Gebot der gegenseitigen Rücksichtnahme. Es liegt somit eine erhebliche Störung vor. Damit sind die tatbestandlichen Voraussetzungen für die Anordnung eines Telefonierverbots gegeben.

III. Anordnung

1. Ermessen oder Pflicht

O ist daher grundsätzlich berechtigt, ein Telefonierverbot zu erlassen. Fraglich ist, ob
darüber hinaus für O eine Pflicht besteht, ein ratsinternes Telefonierverbot zu erlassen.
Dem Bürgermeister steht zur Beseitigung von Störungen in der Ratssitzung an sich ein
weitgespannter Ermessensspielraum zu. Grundsätzlich ist er nicht verpflichtet, eine bestimmte Maßnahme zur Störungsabwehr zu ergreifen. Vielmehr kann er nach pflichtgemäßem Ermessen unter verschiedenen in Betracht kommenden Möglichkeiten das
geeignete Mittel ergreifen, um einen ungestörten Sitzungsverlauf sicherzustellen. Vor-

---

[29] *Burgi,* Kommunalrecht, 6. Aufl. 2019, § 12 Rn. 39.

liegend ist jedoch zur Beendigung der Geräuschbelästigung kein anderes Ordnungsmittel erkennbar, wenn C trotz mehrfacher Aufforderungen sein Verhalten nicht ändern würde. Das Auswahlermessen wäre dann auf Null reduziert und es käme zur Herstellung der Ruhe nur der Erlass eines Telefonierverbots in Betracht. O wäre dann gemäß § 51 Abs. 1 Var. 3 GO NRW verpflichtet, ein Telefonierverbot für die Zeit und den Ort der Ratssitzungen zu erlassen.

2. Praktische Umsetzung

O ist zu empfehlen, die Anordnung des Telefonierverbots während der nächsten Ratssitzung nicht nur öffentlich gegenüber allen Ratsmitgliedern bekannt zu machen, sondern aus Gründen der Rechtssicherheit und -klarheit auch in der Sitzungsniederschrift schriftlich zu vermerken.

IV. Störungsbeseitigungsanspruch

Fraglich ist, ob ein einzelnes Ratsmitglied die Anordnung eines Telefonierverbots verlangen kann, d.h. ob ein subjektives Recht auf ermessenfehlerfreie Entscheidung bzw., da hier eine Ermessensreduzierung auf Null vorliegt (vgl. B III 1), ein unmittelbarer Anspruch auf Erlass besteht.

Die Mitwirkung an Beratungen und der Entscheidungsfindung im Rat ist Kern der Organrechte eines jeden Ratsmitgliedes (vgl. §§ 42 ff. GO NRW). Es handelt sich dabei um wehrfähige Innenrechtspositionen des einzelnen Ratsmitgliedes (vgl. A I 3). Mit diesen Mitgliedschaftsrechten korrespondiert ein Anspruch auf deren ungestörte Wahrnehmung, der sog. innerorganisatorische Störungsbeseitigungsanspruch. Infolge dessen kann das einzelne Ratsmitglied die Einhaltung interner Verhaltensregeln fordern. Adressat dieses Anspruchs ist wiederum der Bürgermeister gemäß § 51 Abs. 1 Var. 3 GO NRW. In formeller Hinsicht setzt der innerorganisatorische Störungsbeseitigungsanspruch lediglich die Geltendmachung des als belästigend empfundenen Verhaltens durch das betroffene Ratsmitglied voraus.[30] Im vorliegenden Fall hatte P bereits während der Ratssitzung erfolglos ein Telefonierverbot beantragt und sein Begehren gegenüber O schriftlich erneuert.

V. Prozessuale Durchsetzung

Zu klären bleibt, ob den Ratsmitgliedern ein verwaltungsprozessuales Verfahren zur Verfügung stünde, um das Telefonierverbot gerichtlich zu erstreiten. Dies wird naheliegenderweise aus der Sicht des P erörtert:

1. Eröffnung des Verwaltungsrechtswegs

Für das auch hier in Betracht kommende Kommunalverfassungsstreitverfahren ist der Verwaltungsrechtsweg nach § 40 Abs. 1 S. 1 VwGO eröffnet (vgl. A I 1).

2. Statthafte Klageart

P würde den Erlass eines Telefonierverbots für die Zeit und den Ort der Ratssitzungen begehren. Zunächst ist an eine Verpflichtungsklage gemäß § 42 Abs. 1 VwGO zu

---

[30] Vgl. OVG NRW, DVBl. 1983, 53 ff.; ÖffR NRW, § 2 Rn. 167 f.

denken, die aber mangels Verwaltungsaktsqualität des zu erlassenden Telefonierverbots ausscheidet, denn diesem ermangelt es aus den oben genannten Gründen (vgl. A I 2a) an der Außenwirkung i. S. d. § 35 S. 1 VwVfG NRW (d. h. im Staat-Bürger-Verhältnis). Es kommt daher die allgemeine Leistungsklage in Betracht. Diese wird in §§ 43 Abs. 2 S. 1, 111, 113 Abs. 4 VwGO vorausgesetzt und kommt grundsätzlich dann in Betracht, wenn der Beklagte zu einem bestimmten Tun oder Unterlassen veranlasst werden soll, das nicht im Erlass eines Verwaltungsakts besteht und einen solchen auch nicht voraussetzt. Eine unmittelbare Anwendung der allgemeinen Leistungsklage scheidet im Rahmen eines Kommunalverfassungsstreits grundsätzlich aus. Im Interesse der Durchsetzung der organschaftlichen Rechte ist aber ihr Einsatz im Wege der analogen Anwendung möglich (vgl. zuvor A I 2 b).[31]

3. Klagebefugnis

Die Klagebefugnis müsste über § 51 Abs. 1 Var. 3 GO NRW zu begründen sein. Dazu muss diese Vorschrift dem P ein subjektives Recht vermitteln. Wie dargelegt, folgt aus den Mitgliedschaftsrechten des P als Ratsmitglied ein innerorganisatorischer Störungsbeseitigungsanspruch (vgl. B IV), der mit der Pflicht des O zur Gewährleistung der Sitzungsordnung gemäß § 51 Abs. 1 Var. 3 GO NRW korrespondiert.

4. Weitere Voraussetzungen

Insoweit kann auf die Ausführungen zu A I 4 bis 7 verwiesen werden.

VI. Ergebnis

Jedem Ratsmitglied stünde ein mit der allgemeinen Leistungsklage zu verfolgender Anspruch auf innerorganisatorische Störungsbeseitigung gegen den Oberbürgermeister zu. Dem O ist daher zu raten, das von P begehrte Telefonierverbot zu erlassen, um Prozesskosten (vgl. § 154 Abs. 1 VwGO) zu vermeiden.

Vertiefung: Bei der Durchführung eines Kommunalverfassungsstreits hat die Gemeinde selbst im Falle ihres Obsiegens die dem unterlegenen kommunalen Funktionsträger (ob Ratsmitglied oder Bürgermeister) entstandenen Prozesskosten zu erstatten, sofern dieser das gerichtliche Verfahrens nicht „mutwillig" aus sachfremden Gründen in Gang gesetzt hat („öffentlich-rechtlicher Erstattungsanspruch"). Die Kostentragungspflicht ist auch nicht dadurch ausgeschlossen, dass pauschale Aufwendungsersatzansprüche bestehen (vgl. §§ 45 f. GO NRW), denn diese Zuwendungen dienen nicht der Abgeltung von Prozessführungskosten (vgl. OVG Saarland, NVwZ 1982, 140 f.; OVG NRW, NWVBl. 1992, 163 ff.; Bay. VGH, KommunalPraxis BY 2006, 395). Zu den Kosten des Kommunalverfassungsstreits vgl. auch *Dietlein*, in: BeckOK KommR NRW, 2020, Systematische Einführung zum Kommunalrecht Deutschlands, Rn. 178 ff.

---

[31] OVG NRW, DVBl. 1983, 53 ff.; NWVBl. 1991, 16 ff. – Rauchverbot; OVG NRW, NWVBl. 1998, 110 – Akteneinsicht; vgl. auch ÖffR NRW, § 2 Rn. 210.

Weiterführende Klausurtipps:

Kommunalverfassungsstreit als verwaltungsrechtlicher Organstreit

Auch wenn der Kommunalverfassungsstreit zumeist als Spezifikum des Kommunalrechts angesehen wird, so ist er in Wahrheit doch nur ein Unterfall des sog. verwaltungsrechtlichen Organstreitverfahrens. Parallele Organstreitverfahren kann es folglich auch im Innenbereich anderer öffentlich-rechtlicher Selbstverwaltungsträger geben, so etwa in den Hochschulen (namentlich den „verfassten Studierendenschaften" als Gliedkörperschaften der Hochschulen), den berufsständischen Kammern oder sogar den Jagdgenossenschaften als Körperschaften des öffentlichen Rechts. Das für den Kommunalverfassungsstreit entwickelte Prüfungsraster können Sie regelmäßig auch in diesen Fällen zugrunde legen. Geben Sie allerdings acht, dass es wirklich um einen Innenrechtstreit im Sinne eines Konflikts um interne „Organzuständigkeiten" bzw. „wehrfähige Innenrechte" geht und nicht um die Verteidigung von „Außenrechten". Beispiel: Wehrt sich etwa das Studierendenparlament einer Hochschule gegen Kompetenzanmaßungen des AStA jenseits der Geschäfte der laufenden Verwaltung (§ 55 Abs. 1 HG NRW), so handelt es sich um einen Innenrechtsstreit. Wehrt sich dagegen ein Student als Zwangsmitglied der verfassten Studierendenschaft gegen Kompetenzüberschreitungen durch den AStA (vgl. etwa OVG Lüneburg, NVwZ-RR 2015, 460), liegt ein Außenrechtsstreit vor (mögliche Verletzung von Art. 2 Abs. 1 GG)!

Verwaltungsgerichtliche Normenkontrolle als Innenrechtsstreit

Nachdem NRW die verwaltungsgerichtliche Normenkontrolle nach § 47 Abs. 1 Nr. 2 VwGO vollumfänglich freigegeben hat (§ 109a JustG NRW), muss diese Rechtsschutzform auch im Kontext von Kommunalverfassungsstreitverfahren im Blick gehalten werden. Will etwa eine Gemeinderatsfraktion gegen einen Satzungsbeschluss des Rates vorgehen, durch den sie sich in ihren Innenrechten verletzt fühlt, kommt neben der Feststellungsklage, die nicht am Subsidiaritätsgrundsatz des § 43 Abs. 2 VwGO scheitert, auch eine verwaltungsgerichtliche Normenkontrolle in Betracht. Entsprechendes gilt, soweit es – über die Gesetze im materiellen Sinne hinaus – um „Binnenrechtsvorschriften" wie die Geschäftsordnungen kollegialer Gemeindeorgane geht. § 47 Abs. 1 Nr. 2 VwGO ist in Bezug auf derartige Binnenrechtsvorschriften zumindest analog anwendbar (hierzu BVerwG, JuS 2019, 286 – Waldhoff). Beachten Sie im Rahmen der verwaltungsgerichtlichen Normenkontrolle, dass in der Begründetheit allein die Rechtmäßigkeit der angegriffenen Norm zu prüfen ist, nicht mehr dagegen die Frage einer Rechtsverletzung bzw. einer Verletzung wehrfähiger Innenrechte (vgl. ÖffR NRW, § 5 Rn. 37a).

Fall 11: „Freier Domblick für freie Bürger?"

Behandelte Themen: Bürgerbegehren – Bürgerentscheid – Zulässigkeitsvoraussetzungen – Rechtsschutz gegen ablehnenden Ratsbeschluss

Sachverhalt

Die kreisfreie Stadt G ist wegen ihres prächtigen Domes seit jeher ein Anlaufpunkt für Touristen. Die Domgemeinde als Grundeigentümerin plant, auf den Domplatz eine neue Begegnungsstätte zu bauen. Alles wird so geplant, dass sich das Bauwerk in die Umgebung einfügt, auch um den baurechtlichen Anforderungen im unbeplanten Innenbereich zu genügen. Dennoch regt sich in der Stadt Unmut über das Bauprojekt, da der Blick auf den Dom teilweise eingeschränkt wird

Die ortsansässigen Bürger S und W gründen daraufhin eine Bürgerinitiative mit dem Ziel, ein Bürgerbegehren und notfalls einen Bürgerentscheid zu erzwingen, mit dem das Bauvorhaben blockiert wird.

Dazu formulieren sie die folgende Unterschriftenliste, im Rahmen derer sich S und W selbst als Vertreter des Bürgerbegehrens benennen:

„Begehren zu 1: Wir Bürgerinnen und Bürger sind gegen den Bau einer Begegnungsstätte auf dem Domplatz! Der Rat wird aufgerufen, geeignete bauplanerische Antworten auf die drohende Bausünde zu geben!

Begehren zu 2: Die Genehmigung für den Bau des Projektes wird verweigert!"

Die schriftlich formulierten Begehren sind im Übrigen ordnungsgemäß begründet und weisen eine den Anforderungen des § 26 Abs. 2 S. 5 und 6 GO NRW genügende Kostenschätzung der Verwaltung auf.

In den folgenden Wochen gelingt es der Bürgerinitiative, unter den 190.000 Einwohnern der Stadt insgesamt 7.530 Unterstützer zu gewinnen, die sich mit ihren Daten und Unterschriften in den Listen eingetragen haben. Dabei wurden 30 Unterschriften von Einwohnern türkischer Nationalität und 50 Unterschriften von Einwohnern italienischer Nationalität abgegeben. Die Vertreter des Bürgerbegehrens sehen damit das für Städte bis 200.000 Einwohner vorgegebene Quorum von 5% der Wahlberechtigten erreicht, welches unter Zugrundelegung der Anzahl von 150.000 Wahlberechtigten bei der letzten Kommunalwahl mit 7.500 Bürgerinnen und Bürgern zu beziffern sei.

Da S aus beruflichen Gründen kurzfristig aus G in eine andere Gemeinde verzogen ist, übergibt allein W dem Oberbürgermeister von G die Unterschriftenlisten mit der Aufforderung, den Rat in seiner nächsten Sitzung die Zulässigkeit des Bürgerbegehrens feststellen zu lassen. In seiner nächsten Sitzung beschließt der Rat formell ordnungsgemäß, dass das Bürgerbegehren unzulässig sei. Zur Begründung verweist der Beschluss auf die „Verfehlung des Einleitungsquorums". Ferner verstoße das Begehren auch inhaltlich gegen die Anforderungen an ein zulässiges Bürgerbegehren.

Gegen diese Entscheidung erhebt W im eigenen Namen Klage beim zuständigen Verwaltungsgericht.

Prüfen Sie – ggf. hilfsgutachterlich – die Erfolgsaussichten der erhobenen Klage unter allen im Sachverhalt aufgeworfenen Aspekten.

Bearbeitungshinweis: Dabei ist zu unterstellen, dass das Bauvorhaben baurechtlich genehmigungsbedürftig und genehmigungsfähig ist. Ferner ist zu unterstellen, dass alle Unterzeichner des Bürgerbegehrens das 16. Lebensjahr vollendet haben und – sofern der Sachverhalt keine anderslautenden Informationen enthält – die deutsche Staatsangehörigkeit besitzen.

Gliederung

Lösungsvorschlag

Die Klage hat Erfolg, wenn sie zulässig und soweit sie begründet ist.

A. Zulässigkeit

I. Eröffnung des Verwaltungsrechtswegs

Der Verwaltungsrechtsweg könnte mangels aufdrängender Sonderzuweisung gem. § 40 Abs. 1 S. 1 VwGO eröffnet sein. Erörterungsbedürftig ist hier allein das Vorliegen einer öffentlich-rechtlichen Streitigkeit. Eine Streitigkeit ist öffentlich-rechtlich, wenn die streitentscheidende Norm ein solche des öffentlichen Rechts ist, also auf der berechtigenden oder verpflichtenden Seite notwendig ausschließlich einen Hoheitsträger in dieser Funktion benennt („modifizierte Subjekttheorie"). Die Rechtmäßigkeit der streitgegenständlich versagten Zulässigkeitserklärung durch den Rat von G bestimmt sich am Maßstab der GO NRW, deren Vorschriften ausschließlich einen Träger öffentlicher Gewalt, die Gemeinde, berechtigen und/oder verpflichten und damit i. S. d. sog. modifizierten Subjektstheorie „Sonderrecht des Staates" darstellen. Der Streit ist auch nichtverfassungsrechtlicher Art, da keine Verfassungsorgane über Verfassungsrecht streiten. Eine abdrängende Sonderzuweisung besteht nicht. Folglich ist der Verwaltungsrechtsweg nach § 40 Abs. 1 S. 1 VwGO eröffnet.

II. Statthafte Klageart

Die Ermittlung der statthaften Klageart richtet sich nach dem Begehren des Klägers, vgl. § 88 VwGO. W möchte erreichen, dass der Rat gem. § 26 Abs. 6 S. 1 GO NRW die Zulässigkeit des Bürgerbegehrens feststellt. Die hierfür statthafte Klageart hängt entscheidend von dem Rechtscharakter der Feststellungentscheidung nach § 26 Abs. 6 S. 1 GO NRW ab. Stellt sich diese als Verwaltungsakt dar, begehrt der W also den Erlass eines VA, ist die Verpflichtungsklage gem. § 42 Abs. 1 Var. 2 VwGO in Gestalt der sog. Versagungsgegenklage einschlägig. Sollte es sich bei dem Ratsbeschluss dagegen um einen Innenrechtsakt handeln, wäre die allgemeine Leistungsklage oder – vorbehaltlich der Auslegung der Subsidiätsregelung des § 43 Abs. 2 VwGO – auch die Feststellungsklage die statthafte Rechtsschutzform.

Deshalb ist zunächst zu klären, ob die Feststellung der Zulässigkeit eines Bürgerbegehrens durch den Rat ein Verwaltungsakt ist. Dies richtet sich nach § 35 S. 1 VwVfG NRW. Soweit dort eine Maßnahme zur Regelung eines Einzelfalles auf dem Gebiet des öffentlichen Rechts gefordert wird, sind diese Voraussetzungen ohne Weiteres erfüllt. Fraglich erscheinen demgegenüber die ebendort weiterhin geforderte Außenwirkunggerichtetheit der Maßnahme sowie die Behördeneigenschaft des Rates als zuständiger Entscheidungsträger.

1. „Außenwirkunggerichtetheit" der Entscheidung

Die begehrte Zulassungsentscheidung des Rates müsste gem. § 35 S. 1 VwVfG NRW auf „unmittelbare Rechtswirkung nach außen" gerichtet sein. Dazu müsste sie (zumindest final) den oder die Adressaten, hier also den verbliebenen Vertreter des Bürgerbegehrens, in seiner bzw. ihrer Rechtsstellung als selbstständige Rechtssubjekte und nicht bloß als Teil der Verwaltungsorganisation tangieren. Ob dies der Fall ist, erscheint fraglich. So könnte aus dem gesetzlichen Formulierung, wonach die Bürger im Rahmen des Bürgerentscheids „anstelle des Rates" über eine Angelegenheit der Gemeinde entscheiden (§ 26 Abs. 1 S. 1 GO NRW), gefolgert werden, dass den Bürger hierbei eine quasi-organschaftliche Stellung zukommt, sie also gleichsam Teil des institutionellen Gefüges der Gemeinde werden.[1] Die Feststellungsentscheidung des Rates verbliebe dann gleichsam im Innenbereich der Gemeinde, ohne dass ihr die gem. § 35 S. 1 VwVfG NRW erforderliche Außenwirkunggerichtetheit zukäme. Der materielle Anspruch der Vertreter des Bürgerbegehrens auf Feststellung der Zulässigkeit des Bürgerbegehrens wäre dann im Wege der allgemeinen Leistungsklage oder der Feststellungsklage durchzusetzen,[2] die insoweit nach h. M. nicht durch den Subsidiaritätsgrundsatz des § 43 Abs. 2 VwGO gesperrt wäre.

> **Vertiefung:** Die Subsidiarität der Feststellungsklage nach § 43 Abs. 2 VwGO zielt zum einen darauf ab, eine Umgehung der Sachentscheidungsvoraussetzung von VA-Klagen zu vermeiden (Fristen!), zum anderen darauf, eine unnötige Doppelinanspruchnahme der Gerichte zu verhindern, soweit nämlich Feststellungsurteile im Einzelfalle nicht befolgt werden und daher ein „Nachfassen" des Klägers im Wege einer nachfolgenden Leistungsklage notwendig machen könnten. Beide Problemkonstellationen sind im Rahmen eines Kommunalverfassungsstreits nicht zu befürchten, da hier keine VA-Klagen einschlägig sind und zudem von den betroffenen Gemeindeorganen eine Beachtung von verwaltungsgerichtlichen Feststellungsurteilen zu erwarten ist. § 43 Abs. 2 VwGO wird von der h. M. dementsprechend im vorliegenden Kontext einer teleologischen Reduktion unterzogen. Leistungsklage und Feststellungsklage sind also gleichermaßen möglich.[3]

Allerdings erscheint diese Auslegung keineswegs eindeutig. Entgegenzuhalten ist zunächst die Formulierung des § 26 Abs. 1 S. 1 GO NRW, der davon spricht, dass „die Bürger … *selbst*" entscheiden. Der Wortlaut des § 26 GO NRW gibt insofern keinen Anlass für die Einordnung „des Bürgerbegehrens" als ein weiteres Gemeindeorgan neben Rat und Bürgermeister (vgl. § 40 Abs. 2 S. 1 GO NRW). Hinzu kommt, dass Organe regelmäßig durch Wahl legitimierte interne Entscheidungsträger sind (vgl. Art. 78 Abs. 1 S. 1 LV NRW), wohingegen die Bürgerschaft gerade kein durch Wahl konfiguriertes Entscheidungsgremium darstellt, sondern selbst das Legitimationssubjekt für das Handeln gemeindlicher Organe ist. Auch die Bezeichnung der plebiszitären Handlungsinstrumente als „Bürger"-Begehren und „Bürger"-Entscheid spricht für deren Zuordnung zu gesellschaftlichen Bereich und nicht zu organschaftlichen Bereich der Gemeinde. Zudem versteht der Gesetzeswortlaut unter dem „Bürgerbegehren" ausweislich des § 26 Abs. 1 GO NRW lediglich den durch die Bürger zu stellenden Antrag. Die Organstellung des im Bürgerbegehren verbundenen Teils der Bürgerschaft aus den Wirkungen des – erst in einem zweiten Schritt abzuhaltenden – Bürgerentscheids zu folgern, drängt sich ebenfalls nicht auf. Die Mitwirkung am Bürgerentscheid steht allen Bürgern der Gemeinde, nicht nur den Unterzeichnern des Bürgerbegehrens offen. Gegen eine Organstellung spricht zudem, dass weder für das „Bürgerbegehren" noch für seine Vertreter die für (Gemeinde-)Organe wesensbegründende Übertragung transitorischer Wahrnehmungszuständig-

---

[1] So BVerfG (K), NVwZ 2019, 642 (643 f.).

[2] In diesem Sinne etwa VG Gelsenkirchen, NWVBl. 2020, 83 ff.; *Beckermann*, KommJur 2019, 445; a. A. aber *Muckel*, JA 2019, 633 (635); *Dietlein/Peters*, in: BeckOK KommR NRW, 12. Edition (Stand: 6/2020), GO § 26 Rn. 75.

[3] Vgl. BVerwGE 77, 207, 211; *Möstl*, in: BeckOK VwGO, 54. Edition (Stand: 7/2020), § 43 Rn. 15, 28; *Burgi*, Kommunalrecht, 6. Aufl. 2019, § 14 Rn. 11.

keiten[4] festgestellt werden kann. Vielmehr wird mit § 26 GO NRW eine eigene, direkt-demokratische Beteiligungsmöglichkeit der Bürgerschaft installiert, die außerhalb der von der GO NRW ansonsten vorgesehen Kompetenzverteilung steht.[5] Dies wird in systematischer Hinsicht dadurch untermauert, dass die GO NRW die Regelungen zum Bürgerbegehren im „3. Teil Einwohner und Bürger" trifft.

Als weiteres Indiz dafür, dass das Bürgerbegehren nicht Teil der innergemeindlichen Kompetenzstruktur ist, kann auch § 26 Abs. 6 S. 3 GO NRW fruchtbar gemacht werden, der gerade die Möglichkeit der Rechtsbehelfseinlegung im Falle einer negativen Zulassungsentscheidung einräumt. Denn die ausdrückliche Zuweisung eines Klagerechts an Träger einer „bloßen" Innenrechtsposition kennt die GO NRW an keiner anderen Stelle. Auch die die Einlegung von Rechtsbehelfen regelnde Vorschrift des § 26 Abs. 6 S. 3 GO NRW deutet demnach darauf hin, dass das Gesetz selber von einer „Außenwirkunggerichtetheit" der Feststellungsenstscheidung des Rates iS. des § 35 S. 1 VwVfG NRW ausgeht. Sowohl mit Blick auf den gesetzlichen Wortlaut als auch auf Sinn und Zweck von § 26 GO NRW sprechen die besseren Gründe damit für die Annahme, dass die Zulässigkeitsentscheidung des Rates i. S. v. § 35 S. 1 VwVfG NRW auf Außenwirkung gerichtet ist.[6]

2. Behörde

Von einer Verwaltungsaktqualität der Feststellungsentscheidung kann gleichwohl nur dann ausgegangen werden, wenn der Rat hierbei als „Behörde" i. S. d. § 35 S. 1 VwVfG NRW tätig geworden sein sollte. Behörde i. S. v. § 35 S. 1 VwVfG NRW ist nach der Legaldefinition des § 1 Abs. 2 VwVfG NRW jede Stelle, die Aufgaben der öffentlichen Verwaltung wahrnimmt. Das VwVfG NRW geht dabei davon aus, dass eine Behörde i. S. d. Gesetzes dann vorliegt, wenn eine Einrichtung mit hinreichend organisatorischer Selbstständigkeit ausgestattet ist, d. h. der Einrichtung müssen Aufgaben der öffentlichen Verwaltung zur Wahrnehmung in eigener Verantwortlichkeit, mit Außenwirksamkeit und in eigenem Namen übertragen worden sein.[7] Eine solche Behördeneigenschaft kommt den Gemeinderäten in der Regel nicht zu. Denn bei Beschlüssen des Rates handelt es sich im Regelfall um Akte der gemeindeinternen Willensbildung (Innenrechtsakte), die zwar für den Bürgermeister verbindlich sind (vgl. § 62 Abs. 2 S. 2 GO NRW a. E.), jedoch keine Rechtsfolgen außerhalb des gemeindeinternen Raumes auszulösen vermögen. Folglich können die im Rahmen des Beschlusses behandelten öffentlichen Verwaltungsaufgaben und Sachfragen vom Rat in der Regel nicht im eigenen Namen wahrgenommen werden. Deshalb ordnet § 62 Abs. 2 S. 2 Var. 1 GO NRW an, dass Ratsbeschlüsse vom Bürgermeister vollzogen werden; dieser ist dann im Lichte des § 1 Abs. 2 VwVfG NRW die den Verwaltungsakt erlassende Behörde i. S. v. § 35 S. 1 VwVfG NRW.

Gerade für die durch § 26 Abs. 6 S. 1 GO NRW zu treffende Feststellungsentscheidung ergibt sich – wie unter 1. dargestellt – freilich etwas Anderes: Der Rat trifft hier eine Entscheidung, die über den internen Bereich hinaus unmittelbar auf die (nicht-organschaftliche) Rechtsposition der Bürgerinnen und Bürger bzw. deren Vertreter im Rahmen des Bürgerbegehrens einwirkt. Eben dieses Handeln mit Rechtswirkung nach außen führt dazu, dass dem Rat hier nicht die Qualität eines Organs, sondern die Qualität einer Be-

---

[4] Zum Organbegriff vgl. *Wolff/Bachof/Stober/Kluth*, VerwR II, 7. Aufl. 2010, § 82 Rn. 129 ff.

[5] Vgl. auch *Muckel*, JA 2019, 633 (635).

[6] Vgl. zum Ganzen OVG NRW, NVwZ-RR 2003, 448 (449); HessVGH, HGZ 2016, 240; ÖffR NRW, § 2 Rn. 134; *Dietlein/Peters*, in: BeckOK KommR NRW, 12. Edition (Stand: 6/2020), GO § 26 Rn. 75.

[7] Vgl. zum Ganzen *Kopp/Ramsauer*, VwVfG, 21. Aufl. 2020, § 1 Rn. 51 ff.

hörde i. S. d. § 35 S. 1 VwVfG NRW zukommt. Die Voraussetzungen des Verwaltungsakt-begriffes sind damit erfüllt. Die einschlägige Klageart ist die Verpflichtungsklage.

> **Vertiefung:** An dieser Stelle sei abermals darauf hingewiesen, dass das Agieren des Rates als Behörde nach § 1 Abs. 2 VwVfG NRW der absolute Ausnahmefall ist; in der Regel kann der Rat durch das Fassen eines Beschlusses nicht im eigenen Namen Rechtswirkungen außerhalb der Verwaltung herbeiführen. Eine vergleichbare Konstellation ist beispielsweise in dem Beschluss über die (Um-)Benennung einer Gemeindestraße nach § 4 Abs. 2 S. 3 StrWG NRW zu sehen. Dieser stellt für sich genommen schon eine (sachbezogene) Allgemeinverfügung gem. § 35 S. 2 Var. 2 VwVfG NRW dar, die deshalb vom Rat als Behörde erlassen wird, weil ein entsprechender Beschluss bereits unmittelbare Außenwirkung entfaltet und deshalb keiner weiteren Vollziehung mehr bedarf, er also „self-executing" ist (weitere Beispiele in ÖffR NRW, § 2 Rn. 192; vgl. hierzu auch die Entscheidung des OVG NRW, NVwZ-RR 2008, 487).

III. Klagebefugnis

1. Allgemeine Voraussetzungen

Gem. § 42 Abs. 2 VwGO müsste W geltend machen, durch die ablehnende Entscheidung des Rates in seinen Rechten verletzt zu sein. Erforderlich, aber auch ausreichend ist insoweit, dass dem Kläger ein subjektiv-öffentliches Recht zustehen kann, dessen Verletzung zumindest „möglich", also nicht von vornherein und nach jeder nur erdenklichen Betrachtungsweise ausgeschlossen erscheint („Möglichkeitstheorie").

Es erscheint nicht von vornherein ausgeschlossen, dass § 26 Abs. 1 i. V. m. § 26 Abs. 6 GO NRW im Wege der Auslegung ein subjektiv-öffentliches Recht dergestalt entnommen werden kann, dass ein Anspruch auf Feststellung der Zulässigkeit bzw. auf Durchführung des entsprechenden Bürgerentscheides besteht, wenn die gesetzlichen Vorgaben eingehalten wurden. Somit besteht durch die ablehnende Entscheidung des Rates über die Zulässigkeit des Bürgerbegehrens die Möglichkeit der Verletzung eines subjektiv-öffentlichen Rechts.

2. Rechtsinhaberschaft des W

Da W im eigenen Namen klagt, fragt sich jedoch weiterhin, ob er überhaupt Träger dieses (möglichen) Anspruchs ist. Wäre nämlich der Passus „Vertreter" in § 26 Abs. 2 S. 2 und Abs. 6 S. 3 GO NRW rechtstechnisch wie eine Stellvertretung i. S. v. § 164 Abs. 1 S. 1 BGB zu verstehen, so hätte W nicht im eigenen Namen die Klage erheben können; der Anspruch stünde dann Dritten, etwa den „Unterzeichnenden" i. S. v. § 26 Abs. 2 S. 2 GO NRW zu.

Das Gesetz äußert sich diesbezüglich nicht expressis verbis; insbesondere erklärt es die Vertreter des Bürgerbegehrens nicht ausdrücklich zu Prozessstandschaftern, also Prozessbeteiligten, die ein fremdes Recht im eigenen Namen geltend machen können. Die Frage nach der Rechtsinhaberschaft ist mithin im Wege der Auslegung von § 26 GO NRW zu beantworten.[8] Zu eruieren ist dabei insbesondere, was unter den Formulierungen in § 26

---

[8] Zum Erfordernis der individuellen Auslegung *Burgi,* Kommunalrecht, 6. Aufl. 2019, § 11 Rn. 47.

Abs. 2 S. 2 GO NRW („berechtigt sind, die Unterzeichnenden zu vertreten") und in § 26 Abs. 6 S. 3 GO NRW („können nur die Vertreter … Rechtsbehelf einlegen") zu verstehen ist.

a) Stellvertretung i. S. v. § 164 Abs. 1 S. 1 BGB?

Wie bereits erwähnt, könnte das Gesetz den Vertretern des Bürgerbegehrens eine Art Vertretungsmacht eingeräumt haben, im Rahmen derer sie befugt wären, im Namen der Unterzeichnenden einen Rechtsbehelf einzulegen. Gegen diese Interpretation lässt sich jedoch anführen, dass für den Fall einer mit § 164 Abs. 1 S. 1 BGB vergleichbaren Stellvertretung auch sämtliche Unterzeichner Beteiligte eines Verfahrens vor dem Verwaltungsgericht würden und demnach auch das Kostenrisiko im Falle eines Unterliegens trügen (vgl. § 154 Abs. 1 VwGO). Eine solche Auslegung wäre mit der Intention des Landesgesetzgebers, durch die Einführung von Bürgerbegehren und Bürgerentscheid die demokratische Partizipation auf dem Gebiet der kommunalen Selbstverwaltung zu verstärken, nicht zu vereinbaren; mit der Unterschrift bestünde für den einzelnen Unterzeichner die Besorgnis, ungewollt Beteiligter eines verwaltungsgerichtlichen Verfahrens zu werden. Im Ergebnis haben die Vertreter eines Bürgerbegehrens damit nicht die Stellung eines Stellvertreters mit Wirkung für und wider die Unterzeichnenden inne.

b) Prozessstandschaft oder eigenes Recht der Vertreter?

Als weitere Auslegungsvariante kommt eine – wie bereits betont – zwar nicht ausdrücklich angeordnete, aber u. U. im Wege der Auslegung zu gewinnende gesetzliche Prozessstandschaft in Betracht;[9] dann hätte W ein fremdes Recht im eigenen Namen geltend machen können. Fraglich ist dann jedoch, wem das fremde Recht zusteht. Bei einem Bürgerbegehren handelt es sich um einen „Antrag, an Stelle des Rates über eine Angelegenheit der Gemeinde zu entscheiden" (vgl. § 26 Abs. 1 S. 1 GO NRW); ein Antrag selbst kann jedoch nicht Inhaber eines subjektiven Rechts sein. Damit käme „nur" die Gesamtheit der Unterzeichnenden in Betracht, deren Rechte von den Vertretern im eigenen Namen geltend gemacht werden könnten.

Im Gegensatz dazu ist es auch denkbar, dass den Vertretern eines Bürgerbegehrens kraft Gesetzes ein eigenes subjektiv-öffentliches Recht eingeräumt wird.[10] Dies könnte daraus folgen, dass den Vertretern dadurch, dass sie die Möglichkeit haben, unabhängig vom Willen der übrigen Unterzeichner darüber zu befinden, ob und ggf. in welchem Umfang sie eine ablehnende Entscheidung des Rates verwaltungsprozessual angreifen wollen, eine eigenständige Rechtsposition zugewiesen worden ist. Nur ihnen könnte i. S. d. Definition eines subjektiven Rechts die Willensmacht zustehen, die mit dem Bürgerbegehren verknüpften Interessen durchzusetzen. Auch nach dieser Gesetzesauslegung könnte W daher grundsätzlich – wie geschehen – im eigenen Namen Klage gegen die Entscheidung des Rates erheben.

Diese Auslegung erscheint vorzugswürdig. Da die Vertretung nicht rechtstechnisch zu verstehen ist, ergibt es aus der verobjektivierten Sicht des Gesetzgebers keinen Sinn, den „Unterzeichnenden" ein eigenes subjektiv-öffentliches Recht einzuräumen, das diese schon wegen § 26 Abs. 6 S. 3 GO NRW aber niemals selbst (durch beauftragte „Organe" einer Personenvereinigung gleich) geltend machen können; eine Förderung und Stärkung der demokratischen Partizipation, dem hauptsächlichen Regelungsanlie-

---

[9] Vgl. *Goos*, NWVBl. 2006, 113 (116).
[10] Vgl. OVG NRW, NVwZ-RR 2003, 448 (449); ÖffR NRW, § 2 Rn. 135; *Lange*, Kommunalrecht, 2. Aufl. 2019, Kap. 9 Rn. 151.

gen des § 26 GO NRW, wäre damit wohl kaum zu erwarten. Auch kann von einer gesetzlichen Prozessstandschaft – als absoluter prozessualer Ausnahmefall – nur dann ausgegangen werden, wenn der Gesetzgeber sie explizit angeordnet hat,[11] was im Rahmen
des § 26 GO NRW jedoch nicht geschehen ist. Sämtliche (Verfahrens-)Rechte sind
demnach vollständig und unabhängig von den Unterzeichnern bei den Vertretern fo-
kussiert.

c) Zwischenergebnis

W ist Inhaber eines (möglichen) aus § 26 GO NRW erwachsenden Rechts, so dass
er grundsätzlich klagebefugt ist.

3. Alleinige Klagebefugnis des W?

Weitere Probleme betreffend die Klagebefugnis könnten ferner daraus resultieren, dass
W ohne den anderen ursprünglich benannten Vertreter S die Klage erhoben hat. Könnten
W und S nämlich die aus § 26 GO NRW erwachsenden Rechte der Vertreter nur gemeinsam (vergleichbar mit einer Gesamtvertretung) geltend machen, so wäre W alleine
nicht klagebefugt; vielmehr müsste S, um die Zulässigkeit herzustellen, der Klage beitreten. Darauf müsste dann das Verwaltungsgericht gem. § 86 Abs. 3 VwGO hinweisen und
es müsste, sollte S dem Verfahren nicht beitreten, die Klage des W für unzulässig erklären.

a) Erfordernis einer „Gesamtvertretung"?

Ausgangspunkt der folgenden Überlegungen ist also die Frage, ob die Vertreter ihre
Rechtsmacht nur gemeinsam ausüben können. Dafür spricht zunächst der im Plural
formulierte Wortlaut des § 26 Abs. 6 S. 3 GO NRW („..können nur *die* Vertreter"). Gewichtiger sind jedoch teleologische Erwägungen: § 26 Abs. 6 S. 3 GO NRW bezweckt
eine Konzentration der Verfahrensrechte („*nur die Vertreter*") und keine „prozessuale
Freifahrt" für eine Minderheit, also für einen Vertreter; dies wäre auch nicht mit den
allgemeinen Grundsätzen der Willensbildung und -betätigung innerhalb von Personenvereinigungen zu vereinbaren (vgl. etwa §§ 709, 714 BGB). Endlich kann angeführt
werden, dass auch die in § 26 Abs. 2 S. 2 GO NRW vorgenommene Beschränkung der
maximalen Vertreteranzahl auf „drei" Bürger nur dann einen Sinn ergibt, wenn die Vertreter ihr Recht nur gemeinsam ausüben können; die limitierte Anzahl gewährleistet
nämlich, dass sich die Vertreter auf einfachem Wege koordinieren und entsprechende
(Mehrheits-)Beschlüsse herbeiführen können und dass die Gemeinde mit allen Vertretern korrespondieren muss, was, bestünde eine „Einzelvertretung", schon wegen
§ 164 Abs. 3 BGB analog nicht erforderlich wäre. Sollte jeder Vertreter die aus § 26 GO
NRW erwachsende Rechtsmacht alleine und unabhängig von den übrigen ausüben
können, bestünde ein entsprechender Koordinierungsbedarf nicht; für den Gesetzgeber
hätte dann keine Veranlassung bestanden, die Vertreteranzahl zu beschränken, weil er
„Alleingänge" eines Vertreters gleichsam in Kauf genommen hätte. Nach alldem können die Vertreter ihre Rechtsstellung durch Einlegung von Widerspruch und/oder Klage nur gemeinschaftlich geltend machen.[12] Es ist daher zu prüfen, wie sich die alleinige
Klageerhebung seitens des W auswirkt.

---

[11] Vgl. etwa Art. 93 Abs. 1 Nr. 1 GG i. V. m. § 64 Abs. 1 BVerfGG (Organstreitverfahren vor dem
BVerfG).
[12] Vgl. statt vieler nur BayVGH, NVwZ-RR 2017, 252 (st. Rspr.) sowie VG Köln, NWVBl.
2000, 155 (156 f.) m. w. N.

Hinweis: Es wäre auch vertretbar anzunehmen, dass § 26 Abs. 6 S. 3 GO NRW alleine den Zweck verfolgt, die Klagebefugnis zu regeln, und damit alleine die Kompetenzfrage im Verhältnis der Vertreter zu den Unterzeichnenden (nur erstere sind eben klagebefugt) klärt; ein Erfordernis einer Gesamtvertretung bestünde dann nicht (so *Schliesky*, DVBl 1998, 169 (173)).

b) Vertreterstellung des S

Problematisch wäre die alleinige Klageerhebung durch W nach den vorangegangenen Ausführungen dann, wenn S zum Zeitpunkt der Klageerhebung ebenfalls Vertreter des Bürgerbegehrens war. Ob dies der Fall war erscheint indes fraglich.

Ausweislich des eindeutigen Wortlauts des § 26 Abs. 2 S. 2 GO NRW kann Vertreter des Bürgerbegehrens nur ein „Bürger" der Gemeinde sein, also eine Person, die gem. § 21 Abs. 2 GO NRW zu den Gemeindewahlen wahlberechtigt ist und demnach gem. § 7 KWahlG NRW in der Gemeinde seine Wohnung haben muss. Diese Anforderung erfüllt S seit seinem Wegzug aus G nicht mehr, sodass er kein Bürger der Gemeinde G mehr ist. Folglich kann er kraft Gesetzes auch kein Vertreter des Bürgerbegehrens mehr sein; er ist ipso iure aus der Vertreterstellung ausgeschieden. Dies hat wiederum zur Folge, dass S nicht mehr Inhaber des subjektiven öffentlichen Rechts aus § 26 GO NRW ist und dieses auch zusammen mit W nicht mehr hätte geltend machen können.

c) Auswirkungen auf die Rechtsstellung des W

Fraglich ist, wie sich das Ausscheiden des S aus der Riege der Vertreter auf die prozessuale Rechtsstellung von W auswirkt. Würde § 26 Abs. 6 S. 3 GO NRW stets eine Art „Gesamtvertretung" der ursprünglich auf den Unterschriftenlisten benannten Vertreter gebieten und dürften Veränderungen tatsächlicher Art nach Beginn der Phase des Unterschriftensammelns nicht berücksichtigt werden, so wäre auch W nicht mehr klagebefugt. Dann würde es aber auch vom Gesetz hingenommen, dass im Falle eines Wegzugs eines Vertreters die übrigen rechtlich handlungsunfähig würden. Ob eine solche „Starrheit" (etwa zum Schutze der Unterzeichner; dazu noch sogleich) vom Gesetz gewollt ist, ist im Wege der Auslegung zu ergründen.

§ 26 Abs. 2 S. 2 GO NRW spricht davon, dass das Bürgerbegehren bis zu drei Vertreter benennen muss; dieser Wortlaut impliziert umgekehrt, dass mindestens ein Vertreter erforderlich, aber damit auch ausreichend ist. Weiterhin ist im Lichte einer demokratie- und bürgerbegehrensfreundlichen Auslegung, die den gesetzgeberischen Gründen für die Einführung von Bürgerbegehren und Bürgerentscheid entspricht, kein Grund dafür ersichtlich, dass die aus § 26 GO NRW erwachsenden Rechte ungeachtet veränderter rechtlicher oder tatsächlicher Umstände (z. B. auch krankheitsbedingte Geschäftsunfähigkeit) stets nur den ursprünglich benannten Vertretern in ihrer Gesamtheit zustehen können. Vielmehr muss es im Ergebnis ausreichen, dass die Klage von den (noch vorhandenen) rechtlich und tatsächlich handlungsfähigen Vertretern erhoben wird. Rechtsdogmatisch wächst den verbliebenen Vertretern die Rechtsmacht des/der ausgeschiedenen Vertreter/s (vergleichbar mit dem Rechtsregime der Personengesellschaften, die sich ja gerade durch das Prinzip der sog. Selbstorganschaft auszeichnen; vgl. § 738 Abs. 1 S. 1 BGB) zu.[13] Somit ist zu konstatieren, dass W auch ohne S die Rechte aus § 26 GO NRW geltend machen kann.

---

[13] OVG NRW, NWVBl. 2004, 346; *Peters*, Ad Legendum 2014, 143 (148).

4. Zwischenergebnis

W ist klagebefugt gem. § 42 Abs. 2 VwGO.

IV. Vorverfahren

Zwar hat der W hier kein Vorverfahren abgewartet; nach § 68 Abs. 2 i. V. m. Abs. 1 S. 2 Var. 1 VwGO und § 110 Abs. 1 S. 2 JustG NRW ist die Durchführung eines Vorverfahrens nicht mehr vorgesehen.

V. Richtiger Klagegegner

Die Klage ist gem. § 78 Abs. 1 Nr. 1 VwGO gegen die Körperschaft zu richten, deren Behörde die beanstandete Maßnahme getroffen bzw. – hier - die beantragte Feststellung verweigert hat (Rechtsträgerprinzip). Da der Rat – wie gesehen – mit Blick auf § 26 Abs. 6 S. 1 GO NRW im vorliegenden Kontext ausnahmsweise als Behörde zu qualifizieren ist, ist der richtige Klagegegner die Gemeinde G.

Hinweis: Wer mit der Gegenmeinung von einer „quasi-organschaftlichen Stellung" des Bürgerbegehrens und damit vorliegend von einem Kommunalverfassungsstreit ausgeht (s. oben A.II.1.), müsste den Klagegegner konsequenterweise nach dem sog. „Funktionsträgerprinzip" bestimmen. Klagegegner wäre dann das Organ „Rat".

VI. Beteiligungs- und Prozessfähigkeit

1. Auf Klägerseite

Da W im eigenen Namen zur Durchsetzung eines eigenen Rechts und nicht etwa als Repräsentant der Gesamtheit der Unterzeichnenden klagt (siehe oben), ist er als natürliche Person gem. § 61 Nr. 1 Var. 1 VwGO beteiligungsfähig.[14] Seine Prozessfähigkeit ergibt sich aus § 62 Abs. 1 Nr. 1 VwGO.

2. Auf Beklagtenseite

Die Beteiligungsfähigkeit der Gemeinde ergibt sich aus § 61 Nr. 1 Var. 2 VwGO. Im Prozess wird sie durch ihren Oberbürgermeister vertreten, § 62 Abs. 3 VwGO i. V. m. § 63 Abs. 1 S. 1 GO NRW.

---

[14] OVG NRW, NVwZ-RR 2003, 448 (449); ÖffR NRW, § 2 Rn. 135; a. A. etwa *Goos*, NWVBl. 2006, 113 (116) m. w. N., der, davon ausgehend, dass den Vertretern kein eigenes subjektiv-öffentliches Recht zustehen kann, die Vorschrift des § 61 Nr. 2 VwGO (analog) für einschlägig hält. Immerhin könnte § 61 Nr. 2 VwGO unmittelbar einschlägig sein, wenn mehrere Vertreter nur im Verbund zu handeln befugt sind. Im Schrifttum und in der Rechtsprechung wird für die Einschlägigkeit von Nr. 2 gemeinhin ein Mindestmaß an innerer Organisation verlangt (*Kintz*, in: BeckOK VwGO, 54. Edition (Stand: 7/2020), § 61 Rn. 7; *Bier/Steinbeiß-Winkelmann*, in: Schoch/Schneider/Bier, VwGO, 37. EL (Stand: Juli 2019), § 61 Rn. 5 unter Verweis auf HessVGH, ESVGH 31, 60 (61)), das hier durchaus vorhanden sein könnte.

VII. Klagefrist

Mangels abweichender Angaben im Sachverhalt ist davon auszugehen, dass die Klagefrist des § 74 Abs. 2 VwGO gewahrt wurde.

VIII. Zuständigkeit des Gerichts

W hat laut Sachverhalt beim zuständigen Verwaltungsgericht die Klage erhoben.

IX. Zwischenergebnis

Die Klage von W ist als Verpflichtungsklage zulässig.

B. Begründetheit

Die Klage von W ist gem. § 113 Abs. 5 S. 1 VwGO begründet, soweit die Ablehnung des Verwaltungsakts rechtswidrig und W dadurch in seinen Rechten verletzt wird. Dies wäre der Fall, wenn W einen Anspruch auf die Feststellung der Zulässigkeit des Bürgerbegehrens hat.

I. Anspruchsgrundlage

Nach Sinn und Zweck von § 26 Abs. 1 i. V. m. Abs. 6 GO NRW muss den Vertretern des Bürgerbergehrens ein Anspruch auf Feststellung der Zulässigkeit eines gesetzmäßigen Bürgerbegehrens[15] bzw. ein Anspruch auf Durchführung des entsprechenden Bürgerentscheides[16] zustehen: Bei der Möglichkeit eines Bürgerbegehrens handelt es sich nämlich nicht um eine rein freiwillige und unverbindliche Leistung der Gemeinde für ihre Bürger, sondern vielmehr um ein gesetzlich vorgesehenes Verfahren der Willensäußerung und der kommunalen Rechtsetzung. Auch ergäbe die Regelung des § 26 Abs. 6 S. 3 GO NRW keinen Sinn, wenn den benannten Vertretern kein eigener „Feststellungsanspruch" zustünde.[17] Des Weiteren ist darauf hinzuweisen, dass der Rat im Rahmen von § 26 Abs. 6 S. 1 GO NRW, da ihm weder ein Beurteilungs- noch ein Ermessensspielraum eröffnet wird,[18] lediglich als Kontrollinstanz im Hinblick auf die gesetzlichen Vorgaben fungiert, so dass das hier hergeleitete subjektiv-öffentliche Recht, liegen denn dessen Voraussetzungen vor, in der Form eines gebundenen Anspruchs besteht.

II. Tatbestandliche Voraussetzungen

Klausurtipp: § 26 GO NRW enthält über mehrere Absätze verstreut zahlreiche Vorgaben für die Zulässigkeit eines Bürgerbegehrens. So finden sich in Abs. 2 zahlreiche formelle Vorgaben, in Abs. 3 Fristvorgaben (allerdings nur für sog.

---

[15] So explizit das OVG NRW, NWVBl. 2004, 346; DÖV 2014, 761.
[16] ÖffR NRW, § 2 Rn. 135.
[17] Vgl. zur ausführlichen Qualifizierung des § 26 GO NRW als subjektiv-öffentliches Recht etwa *Goos,* NWVBl. 2006, 113 (116).
[18] *Burkiczak,* DVP 2004, 56 (58); *Klenke,* NWVBl. 2002, 45 (46).

„kassatorische" (aufhebende) Bürgerbegehren, in Abs. 4 Vorgaben zu den notwendigen Quoren sowie in Abs. 1 und 5 Vorgaben zu der Frage, welche Themen überhaupt Gegenstand eines zulässigen Bürgerbegehrens sein können. Eine logische Reihung zur Prüfung dieser Vorgaben gibt es nicht. Die Bearbeiterinnen und Bearbeiter haben insoweit durchaus eigenen Gestaltungsspielraum. Denkbar wäre, die Absätze schlicht nacheinander abzuprüfen. Übersichtlicher dürfte sein, nach Themenblöcken zu differenzieren und hierbei – juristischer Übung folgend – die formalen Aspekte der Abs. 2 und 3 vorab zu prüfen, daran anschließend dann die themenbezogenen Zulässigkeitsaspekte und das Erreichen der Quoren, wobei es zwischen den beiden letztgenannten Aspekten keinen Vor- oder Nachrang gibt. Vgl. allg. zur Aufbaufrage etwa die Klausurlösungen von *Goos,* NWVBl. 2006, 113 (118 f.), und *Hartmann/Droppelmann,* Nds.VBl. 2017, 23 (27); vertiefend hierzu auch ÖffR NRW, § 2 Rn. 128.

1. Anforderungen an die Form

§ 26 Abs. 2 GO NRW formuliert ein ganzes Bündel verschiedener formeller Voraussetzungen. Dabei lässt sich dem Sachverhalt entnehmen, dass den dort genannten Erfordernissen einer Kostenschätzung der Verwaltung (S. 5 ff.), einer Begründung sowie dem Schriftlichkeitserfordernis (beide S. 1) Rechnung getragen wurden.

Die weiteren Formalia des § 26 Abs. 2 GO NRW sind einer sorgfältigen Kontrolle zu unterziehen. Hierbei geht es namentlich um die Anforderungen an die Fragestellung sowie die Richtigkeit der zugrundeliegenden Ausführungen. Denn es muss zweifelsfrei feststehen, dass diese mit ihrer Unterschrift gerade die von den Initiatoren des Bürgerbegehrens intendierte Zielsetzung unterstützen wollten.[19]

a) Frageform des Begehrens

§ 26 Abs. 2 S. 2 GO NRW verlangt zunächst, dass Gegenstand des Bürgerbegehrens eine „Frage" ist. Insoweit ist zunächst zu prüfen, ob und ggf. wie es sich auswirkt, dass beide Begehren nicht in Form einer Frage, sondern in Form einer Aussage formuliert worden ist. Bei formaler Auslegung des § 26 Abs. 2 S. 1 GO NRW könnte davon ausgegangen werden, dass der Gesetzgeber nur Fragesätze im grammatikalischen Sinne, nicht aber Aussagesätze als Grundlage eines zulässigen Bürgerbegehrens ansieht. Andererseits ist zu konstatieren, dass auch bestimmte Aussagesätze eine klare Trennung von Befürwortern oder Gegnern der Ausage ermöglichen und letztlich auch mit „Ja" und „Nein" beantwortet werden können. Kommt ihnen dann aber dieselbe Klärungsfunktion zu, erscheint es wenig überzeugend, an der Art der Formulierung anzusetzen. Für eine insoweit großzügigere Auslegung spricht auch, dass der Gesetzgeber mit der Etablierung von Bürgerbegehren und Bürgerentscheid die demokratische Partizipation auf dem Gebiet der kommunalen Selbstverwaltung fördern will. Eine gewisse „Unprofessionalität" seitens der Initiatoren ist daher zu Gunsten einer aktiveren demokratischen Partizipation hinzunehmen,[20] solange die Formulierung nicht zu Missverständnissen oder gar zu einer Täuschung der Unterzeichner führen kann. Nach Sinn und Zweck von § 26 Abs. 2 S. 1 GO NRW ist es daher – entgegen dem formalen Wortlaut – nicht erforderlich, dass tatsächlich bereits auf der Unterschriftenliste eine Frage gestellt wird, sofern aus der jeweiligen Aussage im Wege der Auslegung eine Frage entnommen wer-

---

[19] Vgl. *Ritgen,* NWVBl. 2003, 87 (88).
[20] Vgl. BayVGH, DVBl. 2012, 698 (699); *Klenke,* NWVBl. 2002, 45.

den kann und die Unterzeichner klar und eindeutig erkennen können, wofür sie ihre Unterschrift leisten.[21] Der Rat ist dann gehalten, sollte es zu einem Bürgerentscheid kommen, die entsprechende Aussage in eine Frage umzuformen.[22]

Die in den Begehren formulierte Absage an den Bau der Begegnungsstätte und deren behördliche Genehmigung könnte ebenso gut i. V. m. den Entscheidungsalternativen „Ja" oder „Nein" auch als Frage („Sind sie dafür, dass die Begegnungsstätte gebaut bzw. die Genehmigung erteilt wird?") interpretiert werden. Insoweit sind auch keine die Willensbildung der Unterzeichner beeinflussenden Unklarheiten zu besorgen. Diese können der gewählten Formulierung unzweideutig entnehmen, welche Absichten mit dem Bürgerbegehren verfolgt werden. Im Lichte von Sinn und Zweck des § 26 GO NRW war es also unschädlich, dass die Begehren nicht in Frageform formuliert worden sind.

b) Zulässigkeit mehrerer Fragen

§ 26 Abs. 2 S. 1 GO NRW spricht davon, dass das einzureichende Bürgerbegehren „die Frage" enthalten muss. Der Begriff „Frage" ist hiernach im Singular formuliert. Vor diesem Hintergrund stellt sich die weitere Frage, ob es zulässig ist, in einem Bürgerbegehren mehrere Fragen parallel zur Abstimmung zu stellen. Dagegen könnte neben dem Gesetzeswortlaut sprechen, dass es den Initiatoren ohne Weiteres möglich wäre, parallel mehrere Bürgerbegehren mit verschiedenen Unterschriftenlisten zu initiieren.

Für eine Zulässigkeit einer sog. Fragenkumulation können jedoch Sinn und Zweck von Bürgerbegehren und Bürgerentscheid, also die Ermöglichung weiterer demokratischer Partizipation, angeführt werden: Wenn es die Initiatoren aus taktischen Gründen – um möglichst viele Bürger für ihre Sache gewinnen zu können – für sinnvoll erachten, gleich mehrere Fragen aufzuwerfen, so ist diese Entscheidung zu respektieren. Zu fordern ist allerdings, dass zwischen den Fragen ein inhaltlicher Zusammenhang besteht,[23] weil andernfalls kein Grund für ein solches taktisches Verhalten besteht und sich demnach eine Fragenkumulation schlechterdings als Umgehung des Erfordernisses der erneuten Einhaltung der Voraussetzungen des § 26 Abs. 2 GO NRW erweisen würde. Der inhaltliche Zusammenhang kann dabei insbesondere auch in der Begründung zum Ausdruck kommen.

Hier beziehen sich beide Teile des Begehrens auf die baulichen Veränderungen auf dem Domplatz, es besteht also ein zulässiger inhaltlicher Zusammenhang; die vorgenommene Fragenkumulation ist mithin gesetzeskonform.

Vertiefung: Eine solche Fragenkumulation ist für die Vertreter des Bürgerbegehrens allerdings mit einem nicht unerheblichen Risiko verbunden. So geht die Rechtsprechung davon aus, dass die Unzulässigkeit auch nur einer der verschiedenen Fragen unvermeidlich zur Unzulässigkeit des Begehrens insgesamt führt, da nicht ausgeschlossen werden kann, dass die Unterstützung des Begehrens maßgeblich durch die unzulässige Frage veranlasst wurde; hierzu mit weiteren Nachweisen *Dietlein/Peters*, in: BeckOK KommR NRW, 12. Edition (Stand: 6/2020), GO § 26 Rn. 20 ff.

---

[21] ÖffR NRW, § 2 Rn. 130; *Goos,* NWVBl. 2006, 113 (118).
[22] *Ritgen,* NWVBl. 2003, 87 (90).
[23] *Ritgen,* NWVBl. 2003, 87 (90); *Ritgen,* KommJur 2007, 288 (291) m. w. N.; *Peters,* Ad Legendum 2014, 143 (147).

c) Entscheidungsgehalt/Bestimmtheit

Prüfungsbedürftig ist schließlich, ob sich aus der Formulierung des Abs. 2 („die zur Entscheidung zu bringende Frage") sowie aus Abs. 1, wonach „die Bürger … selbst entscheiden", weitergehende Anforderungen an die „Qualität" der Frage ergeben. So lässt sich den genannten Formulierungen entnehmen, dass der Bürgerentscheid stets eine konkret umsetzbare Sachentscheidung enthalten muss und sich nicht in unverbindlichen Meinungskundgabe oder bloße „Wegweisungen" und „Empfehlungen" für Sachentscheidungen der gemeindlichen Organe erschöpfen darf.[24] Insoweit ergibt sich also, dass das Aktionsspektrum eines Bürgerbegehrens enger ist als das des Rates, dem resolutionsartige Äußerungen durchaus gestattet sein können.

Fraglich ist, ob ein solch sachentscheidender Gehalt in Bezug auf den ersten Teil in Frage 1 vorliegt, mit der pauschal das Bauvorhaben auf dem Domplatz abgelehnt wird. Der Frage nach der Ablehnung des Bauvorhabens kommt ein lediglich resolutionsartiger Charakter zu, was im Rahmen eines Bürgerbegehrens nicht ausreicht. Die Frage ist insoweit unzulässig.

Aber auch der Aufforderung nach bauplanerischen „Antworten" könnte der erforderliche abschließende Entscheidungsgehalt fehlen. So indiziert der Wortlaut von § 26 Abs. 1 GO NRW, dass es nicht ausreichend ist, dem Rat durch den Bürgerentscheid lediglich allgemeine Vorgaben für eine von ihm künftig zu treffende Entscheidung zu machen. Der Bürger wird vielmehr aufgefordert, „selbst" abschließend zu entscheiden.[25] Eben dies ist aber nicht der Fall, wenn die Bürgerinnen und Bürger die Entscheidung mit gewissen Regelungsanweisungen an die zuständigen Organe zurückspielen. Vor diesem Hintergrund spricht viel für die Unzulässigkeit der Formulierung von Frage 1. Zudem impliziert der sachentscheidende Charakter der Frage ein hinreichendes Maß an Bestimmtheit der „anstelle des Rates" zu treffenden Sachentscheidung. Die Rechtsprechung legt hier zu Recht scharfe Maßstäbe an. Da die Bürgerinnen und Bürger wissen müssen, für oder gegen was sie ihre Stimme abgeben, muss Klarheit hinsichtlich des Inhalts der Frage bestehen; eine „wohlwollende Auslegung" kann es insoweit nicht geben. Insbesondere unklare, mehrdeutige oder missverständliche Fragestellungen sind danach unzulässig.[26] Allerdings darf nicht vorschnell von einer fehlenden Eigenentscheidung oder von einer unzureichender Bestimmtheit ausgegangen werden. Vielmehr sind zur Auslegung des Begehrens sämtliche den Unterzeichnern erkennbare Umstände (analog §§ 133, 157 BGB) heranzuziehen.[27] Selbst unter Anlegung dieser Maßgaben ist freilich der genaue Inhalt der vom Rat erwarteten Entscheidung kaum klar zu ermitteln. Auch dies spricht für die Unzulässigkeit der Fragestellung.

Hinweis: An dieser Stelle wäre mit kohärenter Argumentation auch die Gegenposition vertretbar. Bei dieser Bewertung wäre freilich an späterer Stelle zu klären sein, ob Frage 1 in dieser Auslegung mit dem sog. Negativkatalog des § 26 Abs. 5 S. 1 Nr. 5 GO NRW vereinbar ist (vgl. dazu unten B.II.4.c) aa)).

---

[24] OVG NRW, NWVBl. 2013, 491 (492); OVG Lüneburg, NdsVBl. 2008, 314 (315); *Aker*, VBlBW 2011, 453.
[25] OVG Koblenz, DÖV 2020, 76: OVG NRW, BeckRS 2007, 27326.
[26] OVG NRW, NWVBl. 2013, 491 (492); DÖV 2014, 761; *Dietlein/Peters*, in: BeckOK KommR NRW, 12. Edition (Stand: 6/2020), GO § 26 Rn. 19.
[27] BayVGH, DVBl. 2012, 698 (699).

d) Inhaltliche Unrichtigkeit

Wesentliche Voraussetzung dafür, dass die Bürgerinnen und Bürger eine freie Entscheidung über die gestellte Frage treffen können, ist, dass das Bürgerbegehren keine unzutreffenden oder irreführenden Aussagen enthält – sei es in der Frage, der Begründung oder in sonstigen Bereichen. Eine den Willen der Unterzeichner verfälschende inhaltliche Unrichtigkeit des Bürgerbegehrens, die zu seiner Rechtswidrigkeit führte, könnte sich aus dem in den Unterschriftslisten nicht dokumentierten späteren Wegzug des S ergeben. Dieser wurde während der gesamten Phase der Unterschriftensammlung als Vertreter des Bürgerbegehrens auf den Unterschriftenlisten aufgeführt, hat seine Vertreterstellung wie oben ausgeführt aber mit seinem Wegzug aus G verloren. Den Vertretern kommt – nicht nur bezüglich der ihnen von § 26 Abs. 6 S. 2 GO NRW eingeräumten besonderen Rechtsstellung – für den Erfolg oder Misserfolg eines Bürgerbegehrens eine besondere Bedeutung zu. So erscheint es durchaus denkbar, dass einige Bürger ihre Unterschrift auch oder gerade wegen eines benannten Vertreters geleistet haben. Demzufolge wird ein Bürgerbegehren mit dem Ausscheiden eines Vertreters während der Phase der Unterschriftensammlung inhaltlich unrichtig, was wiederum die Unzulässigkeit des Bürgerbegehrens zur Folge haben könnte. Denn nach Sinn und Zweck von § 26 Abs. 2 GO NRW kommt es gerade darauf an, eine fehlerfreie Willensäußerung der Unterzeichner zu garantieren. Gleichwohl kann eine inhaltliche Unrichtigkeit des Bürgerbegehrens im Hinblick auf die benannten Vertreter nicht per se zu einer Unzulässigkeit führen. Dies wäre vor allem dann ungerechtfertigt, wenn die nachträglich eingetretene Unrichtigkeit eine Verfälschung des Bürgerwillens nicht befürchten lässt. Es ist also eine Analyse der Umstände des Einzelfalles geboten.

Durch seinen Wegzug hat S keineswegs zum Ausdruck gebracht, dass er das Bürgerbegehren fortan für nicht mehr unterstützenswert erachtet. Der Wegzug eines Vertreters und die damit ipso iure bewirkte Anwachsung seiner Rechtsstellung zu Gunsten der/des übrigen Vertreter/s sind aus der Sicht der Unterzeichner damit (bürgerbegehrens-)neutrale Vorgänge, die keinen Anlass bieten, die durch die Abgabe der Unterschrift bekundete Unterstützung des Bürgerbegehrens wieder in Zweifel zu ziehen oder gar zu ändern.[28] Im Ergebnis führt die durch den Wegzug des S bewirkte inhaltliche Unrichtigkeit damit in Ermangelung einer Gefahr der Verfälschung des Bürgerwillens nicht zur Unzulässigkeit des Bürgerbegehrens.

Vertiefung: Bereits an den vorgenannten Anforderungen an die Form scheitern in der Praxis viele Bürgerbegehren; zur Vertiefung der hier thematisierten Probleme und weiterer Schwierigkeiten im Zusammenhang mit der Formulierung der Frage vgl. *Dietlein/Peters*, in: BeckOK KommR NRW, 12. Edition (Stand: 6/2020), GO § 26 Rn. 19 ff. mit Beispielen aus der Rechtsprechung.

2. Frist

Gem. § 26 Abs. 3 GO NRW ist bei sog. kassatorischen, d.h. auf Aufhebung eines Ratsbeschlusses gerichtete Bürgerbegehren, die Einhaltung einer Frist von sechs Wochen bzw. von drei Monaten erforderlich. Das Bürgerbegehren von W richtet sich jedoch nicht gegen einen Beschluss des Rates, sondern möchte vielmehr eine eigene, neue Entscheidung herbeiführen. Damit handelt es sich bei dem vorliegenden Bürger-

---

[28] OVG NRW, NWVBl. 2004, 346 (347).

begehren nicht um ein kassatorisches, sondern um ein sog. initiierendes Bürgerbegehren, für das es nach der gesetzlichen Konzeption des § 26 Abs. 3 GO NRW keine Frist zu wahren gilt.[29]

3. Einleitungsquorum

Des Weiteren ist zu untersuchen, ob das Bürgerbegehren den Anforderungen an das sog. Einleitungsquorum entspricht. In einem ersten Schritt muss dafür zunächst bestimmt werden, wie viele Unterzeichner generell erforderlich sind. G hat 190.000 Einwohner i. S. v. § 21 Abs. 1 GO NRW, mithin muss das Bürgerbegehren von 5 Prozent der Bürgerinnen und Bürger als Unterzeichner getragen werden, § 26 Abs. 4 S. 1, 5. Spiegelstrich GO NRW. Erforderlich sind bei 150.000 Bürgern mithin mindestens 7.500 Bürger.

Bürger ist gem. § 21 Abs. 2 GO NRW, wer zu den Gemeindewahlen wahlberechtigt ist. Dies sind gem. §§ 7, 8 KWahlG NRW deutsche Staatsangehörige sowie Staatsangehörige eines Mitgliedstaats der EU, die das 16. Lebensjahr vollendet haben, seit dem 16. Tag vor der Wahl – hier: vor der Unterschriftsleistung – im Wahlgebiet einen (Haupt-)Wohnsitz aufweisen und nicht vom Wahlrecht gem. § 8 KWahlG NRW ausgeschlossen sind.

Die Unterschriften der 30 türkischen Unterzeichner sind folgerichtig, da die Türkei kein Mitgliedstaat der EU ist, nicht von wahlberechtigten Bürgern der G geleistet worden und können bei der Berechnung des Quorums deshalb keine Berücksichtigung finden.

Die italienischen Unterzeichner sind als Staatsangehörige eines Mitgliedstaates der Europäischen Union gem. Art. 28 Abs. 1 S. 3 GG i. V. m. § 7 KWahlG NRW aktiv und passiv wahlberechtigt und daher auch Bürger i. S. v. § 21 Abs. 2 GO NRW. Deshalb erscheint es zunächst folgerichtig, sie als zur Abgabe einer entsprechenden Unterschrift berechtigt anzusehen.[30]

Gegen diese einfachgesetzlichen Regelungsvorgaben könnte sich allerdings verfassungsrechtliche Bedenken aus dem Umstand ergeben, dass der Wortlaut von Art. 28 Abs. 1 S. 3 GG lediglich davon spricht, dass Staatsangehörige von Mitgliedsstaaten der Europäischen Union sich aktiv und passiv bei Kommunal*wahlen*, also bei im Grundsatz aus mehreren Optionen bestehenden Personalentscheidungen, beteiligen dürfen. Bei Bürgerbegehren und -entscheid handelt es sich jedoch nicht um eine Wahl, sondern um eine „Abstimmung", also eine Sachentscheidung in der Kategorie von „Ja" und „Nein". Dass zwischen Wahlen und Abstimmungen zu differenzieren ist, zeigt schon die Formulierung von Art. 20 Abs. 2 S. 2 GG, der zudem die Ausübung von Staatsgewalt dem „Volke", womit das Deutsche Volk (vgl. die Präambel des GG) gemeint ist,[31] überträgt. Insofern könnte § 26 GO NRW verfassungskonform einschränkend dahin auszulegen sein, dass die Teilnahme an Bürgerbegehren nur Deutschen i. S. d. Grundgesetzes, nicht aber Staatsangehörigen der EU zusteht.[32] Dies hätte dann aber zur Folge, dass das notwendige Quorum vorliegend nicht erreicht wäre[33] und ein Anspruch auf Feststellung der Zulässigkeit des Bürgerbegehrens nicht bestünde.

---

[29] ÖffR NRW, § 2 Rn. 132.

[30] Vgl. *Klenke,* NWVBl. 2002, 45.

[31] Zum Volksbegriff des GG, der hier nur am Rande eine Rolle spielt, s. vertiefter den Kurzvortrag „Kommunalwahlrecht für alle".

[32] So *Burkiczak,* DVP 2004, 56 (60) m. w. N. in Fn. 37.

[33] Soweit die italienischen Staatsbürger bei der Berechnung des 5%- Quorums miterfasst wurden, müsste dann konsequenterweise allerdings auch die genaue Höhe des 5 %-Quorums neu berechnet werden.

Für eine solche Auslegung spricht, dass es sich bei Art. 28 Abs. 1 S. 3 GG um eine Ausnahmevorschrift im Verhältnis zur allgemeinen Regel des Art. 20 Abs. 2 GG handelt und damit Art. 28 Abs. 1 S. 3 GG – dem Wesen einer Ausnahmevorschrift entsprechend – eng verstanden und tatsächlich auf „Wahlen" beschränkt werden muss.

Gegen diese enge Auslegung spricht freilich, dass die Gemeinde- und Stadträte in ihrer mitgliedschaftlichen Zusammensetzung demokratisch auch durch die Mitwirkung der ortsansässigen EU-Ausländer bei der Kommunalwahl legitimiert werden. Dies hat aber dann – gleichsam spiegelbildlich – zur Folge, dass die vom Rat getroffenen Entscheidungen mittelbar, d.h. repräsentativ-demokratisch, auch von den wahlberechtigten EU-Ausländern mit legitimiert werden. Es wäre aber kaum nachvollziehbar und auch sinnwidrig, wenn EU-Ausländer zwar zur demokratischen Legitimation der Vertretungskörperschaften mit berufen wären, ihnen dieselbe Legitimationsbefugnis indes bestritten wird, wenn das die Bürger eine konkrete Sachfrage anstelle des Rates entscheiden; zumal ein letztendlich durchgeführter erfolgreicher Bürgerentscheid die „Wirkung eines (demokratisch einwandfrei legitimierten) Ratsbeschlusses" (§ 26 Abs. 8 S. 1 GO NRW) hat. Im Ergebnis kann Art. 28 Abs. 1 S. 3 GG mithin nur so „gelesen" werden, dass die alleinige Erwägung von Wahlen ein bloßes Redaktionsversehen darstellt und die Norm auch Abstimmungen wie Bürgerbegehren/Bürgerentscheid erfasst.[34] Eine verfassungskonforme einschränkende Auslegung von § 26 GO NRW kommt insoweit nicht in Betracht.

Demzufolge dürfen die 50 Unterschriften der italienischen Staatsangehörigen – im Gegensatz zu den 30 Unterschriften der türkischen Staatsangehörigen – zur Feststellung der Erreichung des Einleitungsquorums berücksichtigt werden. Insgesamt verbleiben somit 7500 Unterschriften; das Einleitungsquorum wurde mithin erreicht.[35]

4. Bürgerbegehrensfähige Angelegenheit

Ausgangspunkt der Prüfung ist § 26 Abs. 1 GO NRW, der verlangt, dass ein Bürgerbegehren nur auf die Herbeiführung einer Entscheidung über eine Angelegenheit der Gemeinde (a) an Stelle des Rates (b) gerichtet sein darf, wobei bestimmte Themen nach § 26 Abs. 5 GO NRW ausgeschlossen sind (c). Daraus folgt nunmehr ein dreistufiger Prüfungsablauf.

a) Angelegenheit der Gemeinde

aa) Verbandskompetenz

Fordert § 26 Abs. 1 GO NRW, dass sich das Bürgerbegehren auf eine Angelegenheit der Gemeinde bezieht, muss die Frage in die gemeindliche Verbandskompetenz fallen.[36] Die Verbandskompetenz setzt eine Angelegenheit der örtlichen Gemeinschaft im Sinne der Art. 28 Abs. 2 S. 1 GG, Art. 78 Abs. 1 LV NRW, § 2 GO NRW voraus. Damit sind solche Angelegenheiten gemeint, die in der Einwohnerschaft wurzeln und zu ihr einen spezifischen Bezug aufweisen.

---

[34] ÖffR NRW, § 2 Rn. 131 und 113; ebenso für die bayrische Parallelvorschrift BayVerfGH, BayVBl. 2014, 17 (20).

[35] Die Berücksichtigung der etwaigen Unterschrift des S vor seinem Wegzug war mangels Informationen im Sachverhalt nicht zu problematisieren. Im Übrigen führen der nachträgliche Wegzug und der damit verbundene Verlust des Bürgerstatus nicht zur Ungültigkeit der Unterschrift, da im Rahmen des Bürgerbegehrens – anders als beim Einwohnerantrag – der Zeitpunkt der Unterschrift maßgeblich ist.

[36] Vgl. *Peters*, Ad Legendum 2014, 143 (144).

Die Entscheidung über den Erlass eines Bebauungsplanes wird man – vorbehaltlich des noch zu prüfenden Verbotstatbestandes aus Abs. 5 S. 1 Nr. 5 – als örtliche Angelegenheit einstufen können. Auch die in Frage 2 angesprochene Erteilung bzw. Verweigerung einer Baugenehmigung unterfällt der Verbandskompetenz der Gemeinde. Denn soweit G als zuständige Bauaufsichtsbehörde i. S. d. § 57 Abs. 1 Nr. 3 lit. a BauO NRW für die Erteilung von Baugenehmigungen zuständig ist, handelt sie als „Ordnungsbehörde" und nimmt diese Aufgabe damit als „Pflichtaufgabe zur Erfüllung nach Weisung" wahr (§ 3 Abs. 1 Hs. 1 OBG NRW). Auch diese Pflichtaufgaben zur Erfüllung nach Weisung sind dem Wirkungskreis der Gemeinden zuzuordnen. Soweit ältere Lehrmeinungen diese als überörtliche Aufgaben im übertragenen Wirkungskreis (des Landes) eingestuft haben, dürfte sich diese Einordnung nicht mit dem in Art. 78 LV NRW, § 2 GO NRW zum Ausdruck kommenden monistischen System in Nordrhein-Westfalen vertragen.

bb) Pflichtaufgaben zur Erfüllung nach Weisung als Gegenstand eines Bürgerbegehrens?

Allein die Zuordnung zur Verbandskompetenz der Gemeinde beantwortet jedoch noch nicht die Frage, ob es sich bei Pflichtaufgaben zur Erfüllung nach Weisung um dem Bürgerbegehren und Bürgerentscheid zugängliche „Angelegenheiten der Gemeinde" i. S. v. § 26 Abs. 1 S. 1 GO NRW handelt. Anders als bei originären Selbstverwaltungsaufgaben sind die Pflichtaufgaben zur Erfüllung nach Weisung nämlich durch staatliche Weisungsbefugnisse gekennzeichnet. Vor diesem Hintergrund wird überwiegend angenommen, dass sich Bürgerbegehren und Bürgerentscheide nicht auf Angelegenheiten dieser Art beziehen dürfen.[37] Denn die Formulierung „nach Weisung" deutet darauf hin, dass den Gemeinden in diesem Aufgabensegment eine abschließende Entscheidungshoheit nicht zukommen soll. Entsprechendes ergibt sich mit Blick auf die Einordnung der kreisfreien Stadt als „unterer Bauaufsichtsbehörde" (§ 57 Abs. 1 Nr. 3 lit. a BauO NRW), die darauf hindeutet, dass die Zulassung diesbezüglicher Bürgerbegehren und -entscheide zu einem kompetenzwidrigen Übergriff in Entscheidungsbefugnisse des Landes führten.[38] Denn nach einem erfolgreichen Bürgerentscheid ließe sich eine abweichende staatliche Weisung wegen der Sperrfrist des § 26 Abs. 8 S. 2 GO NRW für einen Zeitraum von 2 Jahren nicht umsetzen. Vor diesem Hintergrund spricht in der Tat viel dafür, die Pflichtaufgaben zur Erfüllung nach Weisung aus dem Begriff der „Angelegenheiten der Gemeinde" in § 26 Abs. 1 S. 1 GO NRW auszuklammern. Die Frage 2 stellt damit schon keine bürgerbegehrensfähige Angelegenheit dar.

Hinweis: Die Frage 2 des Bürgerbegehrens scheidet aus dem weiteren Prüfungsprogramm dennoch nicht aus, da der Bearbeitungsvermerk verlangt, alle im Sachverhalt aufgeworfenen Aspekte zu begutachten. Frage 2 ist deshalb auch auf weitere Unvereinbarkeiten hin zu untersuchen.

---

[37] Str., wie hier *Huber*, AöR 126 (2001), 169 (200 f.); gegen einen prinzipiellen Ausschluss von Pflichtaufgaben zur Erfüllung nach Weisung aus dem Anwendungsbereich des Bürgerbegehrens aber *Lange*, Kommunalrecht, 2. Aufl. 2019, S. 627.
[38] So zu Recht *Huber*, AöR 120 (2001), 169 (200 f.).

b) Organkompetenz des Rates

Unabhängig hiervon stellt sich die Frage, ob die Erteilung einer Baugenehmigung der Zuständigkeit speziell des Rates nach § 41 Abs. 1 S. 1 GO NRW unterläge. So legt § 41 Abs. 3 GO NRW fest, dass „Geschäfte der laufenden Verwaltung … im Namen des Rates als auf den Bürgermeister übertragen (gelten)". Bei der Erteilung von Baugenehmigungen aber wird es sich regelmäßig um Geschäfte der laufenden Verwaltung handeln.[39] Immerhin ist aber zu beachten, dass § 41 Abs. 3 GO NRW ein sog. „Rückholrecht" des Rates normiert, das gerade auch in einem „Einzelfall" ausgeübt werden kann. Insofern ließe sich das Begehren durchaus dahin verstehen, dass die Rückholung und ablehnende Bescheidung eines Bauantrages angestrebt wird.

c) Negativkatalog des § 26 Abs. 5 S. 1 GO NRW

aa) Bauleitplanung, Nr. 5

Soweit schließlich noch die in dem ersten Begehren formulierte Frage nach einer vorhabenverhindernden Bauleitplanung im Raume steht, ergibt sich die Unzulässigkeit dieses Begehrens jedenfalls aus dem sog. „Negativkatalog" des § 26 Abs. 5 S. 1 GO NRW. Einschlägig ist hier Abs. 5 S. 1 Nr. 5, der die Aufstellung von Bauleitplänen explizit aus dem Katalog zulässiger Antragsgegenstände eines Bürgerbegehrens und Bürgerentscheides ausnimmt.[40]

bb) Ungeschriebener Ausschlussgrund

Neben den in § 26 Abs. 5 S. 1 GO NRW ausdrücklich genannten Ausschlussgründen unterliegt ein Bürgerbegehren auch den sonstigen für Ratsbeschlüsse geltenden Bindungen und damit insbesondere der rechtsstaatlichen Bindung aller vollziehenden Gewalt an Recht und Gesetz, Art. 20 Abs. 3 GG. Ein Bürgerbegehren darf deshalb nicht auf ein rechtswidriges Ziel gerichtet sein.[41] Nur was der Rat rechtmäßiger Weise entscheiden könnte, kann von den Bürgern „an Stelle des Rates" entschieden werden. Insoweit ist zu beachten, dass sich das umstrittene Bauvorhaben laut Sachverhalt in die nähere Umgebung einfügt und – wie vom Bearbeitungsvermerk vorgegeben – baurechtlich genehmigungsbedürftig und -fähig ist. Folglich besteht für den Vorhabenträger ein gebundener Anspruch auf Erteilung der Baugenehmigung aus § 74 Abs. 1 BauO. Auch wenn der Rat sein Rückholrecht (dazu oben unter B.II.4.b)) ausübte, dürfte er die Genehmigung des Bauvorhabens in der Sache nicht verweigern. Deshalb kann eine entsprechende Befugnis auch im Rahmen eines Bürgerbegehrens nicht angenommen werden. Das Begehren in Frage 2 ist somit auch unter diesem Aspekt unzulässig.

Vertiefung: Weitere Beispiele zu geschriebenen und ungeschriebenen Ausschlussgründen des § 26 Abs. 5 GO NRW in ÖffR NRW, § 2 Rn. 129a sowie bei *Dietlein/Peters*, in: BeckOK KommR NRW, 12. Edition (Stand: 6/2020), GO § 26 Rn. 46 ff.

---

[39] ÖffR NRW, § 2 Rn. 191.
[40] Zur Reichweite dieses Verbotes s. auch *Kühling/Wintermeier*, DVBl. 2012, 317 ff.; *Peters*, Ad Legendum 2014, 143 (146).
[41] BayVGH, DVBl. 2012, 698 (699); Bad.-WürttVGH, DVBl. 2015, 843 (845).

III. Zwischenergebnis

Das Bürgerbegehren des W ist damit insgesamt unzulässig. Einen Anspruch auf Feststellung seiner Zulässigkeit hat W folglich nicht. Die Klage ist unbegründet.

C. Ergebnis

Die zulässige Verpflichtungsklage ist unbegründet und wird keinen Erfolg haben.

Weiterführende Klausurtipps:

Sperrwirkung des Bürgerbegehrens und einstweiliger Rechtsschutz

Ein beliebtes Klausurthema war in der Vergangenheit die Frage nach einstweiligen Rechtsschutzmöglichkeiten der Vertreter eines Bürgerbegehrens gegen die Schaffung vollendeter Tatsachen durch die Gemeinde (z. B. Verkauf des Schwimmbades, dessen Erhaltung durchgesetzt werden soll). Mit der Einführung der sog. „Sperrwirkung" des zulässigen Bürgerbegehrens durch § 26 Abs. 6 S. 7 GO NRW hat sich diese Thematik weitgehend erledigt (hierzu ÖffR NRW, § 2 Rn. 136 f.). Zugleich aber führt die Regelung dazu, dass die Vertreter des Bürgerbegehrens nunmehr ein besonderes Interesse daran haben, die positive Zulässigkeitsentscheidung schnellstmöglich zu erhalten, um hierdurch die Sperrwirkung zu aktivieren. Vor diesem Hintergrund stellt sich die Frage, ob die Feststellung der Zulässigkeit des Bürgerbegehrens ggf. auch im Verfahren des einstweiligen Rechtsschutzes erreicht werden kann. Die Rechtsprechung bejaht dies in besonderen Ausnahmefällen, wenn nämlich die Zulässigkeit des Bürgerbegehrens überwiegend wahrscheinlich und eine gegenteilige Entscheidung im Hauptsacheverfahren praktisch ausgeschlossen ist (vgl. OVG Münster BeckRS 2017, 108848 mwN; ähnlich bereits OVG Münster BeckRS 2014, 52055). Zu den besonderen Anforderungen, die die Rechtsprechung an eine solche Entscheidung im einstweiligen Rechtsschutz stellt und zu den hiermit einhergehenden Problemen *Dietlein/Peters*, in: BeckOK NRW KommR, 12. Edition (Stand: 6/2020), GO § 26 Rn. 76.

Kassatorische Bürgerbegehren

Neben dem klassischen „initiierenden" Bürgerbegehren kann ein Bürgerbegehren auch auf die Aufhebung eines Ratsbeschlusses zielen, sog. „kassatorisches" Bürgerbegehren. Solche Bürgerbegehren unterliegen einer engen Fristbindung. Der Lauf der Frist richtet sich danach, ob der Ratsbeschluss, gegen den das Begehren gerichtet ist, der Bekanntmachung bedarf (dann Sechs-Wochen-Frist ab Bekanntmachung, § 26 Abs. 3 S. 1 GO NRW) oder nicht (dann Drei-Monats-Frist ab dem Tag nach der Sitzung, § 26 Abs. 3 S. 2 GO NRW). Das Versäumen der Frist führt zur Unzulässigkeit des Bürgerbegehrens; eine Wiedereinsetzung in den vorigen Stand nach § 32 VwVfG NRW kommt nach der Rspr. nicht in Betracht (OVG Münster, NVwZ-RR 2003 584 (586)). In der Klausursituation ist deshalb sorgfältig zu untersuchen, ob das Bürgerbegehren als kassatorisches im Sinne des § 26 Abs. 3 GO NRW einzuordnen ist. Hierbei ist entscheidend, ob das Bürgerbegehren materiell auf die Aufhebung, Änderung oder Ersetzung eines Ratsbeschlusses gerichtet ist (OVG Münster NVwZ-RR 2003, 584; zuletzt OVG Münster

BeckRS 2018, 5280). Unerheblich ist insoweit, ob die Fragestellung des Begehrens den Ratsbeschluss ausdrücklich in Bezug nimmt.

Vorabentscheidung über die Zulässigkeit

Seit neuerer Zeit besteht gem. § 26 Abs. 2 S. 7–11 GO NRW die Möglichkeit einer Vorabentscheidung über die Zulässigkeit des Bürgerbegehrens, die von den Vertretern des Bürgerbegehrens bereits vor der Sammlung der Unterstützungsunterschriften beantragt werden kann. Klausurthema kann also nicht nur – wie im Fall oben – die Zulässigkeitsentscheidung nach § 26 Abs. 6 S. 1 GO NRW, sondern auch die Entscheidung nach § 26 Abs. 2 S. 9 GO NRW sein. Die Bearbeitung der Anträge unterscheidet sich lediglich darin, dass das Unterschriftenquorum im Vorabentscheidungsverfahren nach § 26 Abs. 2 S. 8 GO NRW bei lediglich 25 unterzeichnenden Bürgern liegt (kritisch zu diesem niedrigen Quorum *Dietlein/Peters*, in: BeckOK KommR NRW, 12. Edition (Stand: 6/2020), GO § 26 Rn. 64a). Soweit die Rechtsprechung unter allerdings sehr engen Voraussetzungen auch die Möglichkeit eröffnet sieht, die Verpflichtung des Rates zur Feststellung der Zulässigkeit des Bürgerbegehrens im Wege des einstweiligen Rechtsschutzes durchzusetzen, um hierduch die Sperrwirkung nach Abs. 6 S. 7 auszulösen, dürfte dies durch die Möglichkeit der Vorabentscheidung nicht infrage gestellt sein. Denn die Vorabentscheidung löst für sich genommen eben diese Sperrwirkung nicht aus (§ 26 Abs. 6 S. 7 GO NRW).

Fall 12: „Streit in der kommunalen Familie"

Behandelte Themen: Status der Kreise – kreiskommunale Aufgaben – Kreisumlage – Klagerechte der kreisangehörigen Gemeinden

Sachverhalt

Zwischen dem nordrhein-westfälischen Kreis K und der kreisangehörigen Gemeinde G bestehen seit längerem erhebliche Spannungen. Diese gründen vor allem darauf, dass der Kreis nach Auffassung der Gemeinde wiederholt seine Kompetenzen überschritten und so die Kosten der Kreisumlage rechtswidrig in die Höhe getrieben hat. Neuerliche Auseinandersetzungen zwischen Kreis und Gemeinde entzünden sich an folgenden Projekten des Kreises:

1. Der Kreis betreibt zu Zwecken der Tourismusförderung einen Segelflugplatz; dem hierzu errichteten Eigenbetrieb will der Kreis einen „verlorenen Zuschuss" in Höhe von 50.000 Euro gewähren.
2. Der Kreis will der Gemeinde Z zur Renovierung des örtlichen Rathauses für 10 Jahre ein zinsloses Darlehen in Höhe von 10.000 Euro gewähren.
3. Der Kreis will der Gemeinde Z während der Wintermonate Logistik und Personal des Gartenamtes des Kreises zur Verfügung stellen, um den etwas verwahrlosten Kurpark der Gemeinde Z in Schuss zu bringen.

Die Gemeinde G verlangt vom Kreis, von der Realisierung der genannten Vorhaben abzusehen, da diese nicht in den Zuständigkeitsbereich des Kreises fielen. Da die Aktionen des Kreises im Wege der Kreisumlage letztlich von den kreisangehörigen Gemeinden zu tragen seien, träte de facto eine unzulässige Umverteilung gemeindlichen Vermögens ein. Zudem besitze G einen eigenen Segelflugplatz, so dass es schon deshalb nicht Aufgabe des Kreises sein könne, den anderen Gemeinden aus Mitteln des Kreises ebenfalls einen Segelflugplatz bereit zu halten. Der Kreis hält die Auffassung des Gemeinde G für abwegig. Sämtliche Tätigkeiten lägen selbstverständlich im Zuständigkeitsbereich des Kreises. Die Gewährung der Darlehen würde auf der Grundlage des Haushaltsplans erfolgen, der für „Ausgleichs- und Ergänzungsaufgaben" einen eigenen Posten vorsehe. Im Übrigen habe die Gemeinde G überhaupt keine Befugnis, die Einhaltung des Kompetenzbereichs des Kreises verlangen zu können. Dies sei alleinige Sache der Kommunalaufsicht. Der Landrat bestätigt auf Nachfrage des Bürgermeisters der G, dass die auflaufenden Kosten über die Kreisumlage gedeckt würden, die „fairerweise von allen Gemeinden gleichmäßig zu tragen" sei.

Bürgermeister B der Gemeinde G überlegt, ob er das aus seiner Sicht rechtswidrige Handeln des Kreises gerichtlich unterbinden lassen kann. Außerdem erwägt er, den nächsten Bescheid zur Kreisumlage unter Verweis auf die geltend gemachten Kompetenzüberschreitungen des Kreises gerichtlich anzugreifen.

Frage 1:

Hätte eine Klage der G gegen den Kreis K auf Unterlassung der umstrittenen Handlungen des Kreises Aussicht auf Erfolg?

Frage 2:

Wäre die Gemeinde G klagebefugt, den Kreisumlagebescheid mit Blick auf das kompetenzwidrige Tätigwerden des Kreises im Wege der Anfechtungsklage anzugreifen?

Lösungsvorschlag

Frage 1: Klage gegen den Kreis

Die Klage hat Erfolg, wenn sie zulässig und begründet ist.

A. Zulässigkeit

I. Verwaltungsrechtsweg

Eine aufdrängende Sonderzuweisung ist nicht ersichtlich. Der Rechtsweg zu den Verwaltungsgerichten könnte nach § 40 Abs. 1 S. 1 VwGO eröffnet sein. Dazu müsste eine öffentlich-rechtliche Streitigkeit nicht-verfassungsrechtlicher Art vorliegen. Nach der „modifizierten Subjekttheorie" liegt eine öffentlich-rechtliche Streitigkeit vor, wenn die streitentscheidende Norm einen Träger öffentlicher Gewalt in dieser spezifischen Funktion berechtigt oder verpflichtet. Als streitentscheidende Normen kommen hier Art. 28 Abs. 2 S. 1 und 2 GG, Art. 78 Abs. 1 und 2 LV NRW iVm. § 2 Abs. 1 S. 1 und 2 KrO NRW in Betracht. Diese berechtigen bzw. verpflichten die Kreise bzw. Gemeinden zur Selbstverwaltung bzw. als Träger der öffentlichen Verwaltung; § 2 Abs. 1 S. 1 KrO NRW bestimmt die Kreise darüber hinaus zur Wahrnehmung der auf ihr Gebiet begrenzten überörtlichen Angelegenheiten, S. 2 behält die örtlichen Angelegenheiten den Gemeinden vor. Diese Normen sind aufgrund ihrer ausschließlichen Adressierung an Hoheitsträger öffentlich-rechtlicher Natur. Es streiten auch keine Verfassungsorgane über Verfassungsrecht (sog. doppelte Verfassungsunmittelbarkeit), so dass eine verfassungsrechtliche Streitigkeit ausgeschlossen ist. Damit liegt eine öffentlich-rechtliche Streitigkeit nichtverfassungsrechtlicher Art vor. Eine abdrängende Sonderzuweisung ist nicht gegeben. Der Verwaltungsrechtsweg ist eröffnet.

Klausurtipp: In Anbetracht der Eindeutigkeit der Eröffnung empfiehlt sich hier eine komprimierte Darstellungsweise. Für das Auffinden der streitentscheidenden Norm(en) ist eine systematische Vorgehensweise anzuraten Das GG als höchstrangige Kodifikation enthält Aussagen zu Kreisen und Gemeinden in Art. 28 Abs. 2 GG. Innerhalb von NRW wiederum ist zunächst die Landesverfassung zu konsultieren, wo sich in Art. 78 Regelungen zu Gemeinden und Gemeindeverbänden finden. Da hier eine kreisangehörige Gemeinde mit ihrem Kreis streitet, liegt weiterhin ein Blick in die KrO NRW nicht fern. Hier steht die Aufgabenkompetenz des Kreises in Frage. Diese wird in § 2 KrO NRW geregelt. Da es hierzu auch keine höherrangige Vorschrift gibt, kommt ausschließlich die KrO in Frage.

II. Statthafte Klageart

Die statthafte Klageart richtet sich nach dem Klägerbegehren (§ 88 VwGO). Der Bürgermeister möchte das aus seiner Sicht rechtswidrige Handeln des Kreises unterbinden. Anfechtungs- und Verpflichtungsklage scheiden erkennbar aus. In Betracht kommt sowohl die allgemeine Leistungsklage (in der Form der Unterlassungsklage) als auch die Feststellungsklage, hier bezogen auf das von der Gemeinde geltend gemachte Rechtsverhältnis, demzufolge der Kreis gegenüber G nicht berechtigt ist, die angekündigten Maßnahmen durchzuführen. Fraglich ist, ob die Feststellungsklage hier nicht aus Gründen der Subsidiarität ausscheidet, § 43 Abs. 2 VwGO. Im Anschluss an die Rechtsprechung des BVerwG[1] sind aber bei Klagen gegenüber öffentlich-rechtlichen Körperschaften – bei denen davon auszugehen ist, dass sie auch ohne Leistungsurteil ein Feststellungsurteil beachten werden – Ausnahmen von der Subsidiarität anerkannt: Die Gründe der Subsidiarität, nämlich Vermeidung einer Umgehung der Sachentscheidungsvoraussetzungen für eine VA-Klage (Frist!) sowie die Prozessökonomie (Vermeidung von Folgeprozessen bei Nichtbeachtung des Feststellungsurteils), greifen hier richtigerweise nicht, § 43 Abs. 2 VwGO bedarf insoweit einer teleologischen Reduktion: Beide Klagearten sind daher denkbar und statthaft. Vorzugswürdig erscheint aufgrund des Klägerbegehrens – der Bürgermeister will die Handlungen des Kreises möglichst zuverlässig verhindern – die Leistungsklage in Gestalt der Unterlassungsklage. Diese Klageart ist nicht explizit geregelt, wird aber z.B. in § 43 Abs. 2 VwGO vorausgesetzt.

III. Klagebefugnis

Auch für die allgemeine Leistungsklage gilt analog § 42 Abs. 2 VwGO die Sachentscheidungsvoraussetzung der Klagebefugnis. Um klagebefugt zu sein, muss G behaupten und behaupten können, durch die umstrittenen Maßnahmen des Kreises in eigenen Rechten verletzt zu sein. Eine derartige Verletzung darf nach der sog. „Möglichkeitstheorie" nicht von vornherein und nach jeder nur erdenklichen Betrachtungsweise ausgeschlossen sein. Soweit hier zunächst an eine mögliche Verletzung gemeindlicher Zuständigkeiten zu denken ist, scheitert die Möglichkeit einer Rechtsverletzung der Gemeinde G daran, dass der Kreis nicht im Gebiet der Gemeinde G, sondern in anderen Gemeinden aktiv werden will. Die Verteidigung der Rechte dieser Gemeinden wäre eine unzulässige Prozessstandschaft. Eine Klagebefugnis der G kann insoweit nicht angenommen werden. Andererseits bleibt zu bedenken, dass die kreisangehörigen Gemeinden „gesetzliche Mitglieder" (Zwangsmitglieder) des Kreises sind. Hieraus lässt sich womöglich ein Recht jedes einzelnen Zwangsmitgliedes ableiten, von kompetenzwidrigen Maßnahmen des Kreises verschont zu bleiben. Ohne dass dies hier näher geklärt werden müsste, erscheint es jedenfalls nicht von vornherein und nach jeder nur erdenklichen Betrachtungsweise ausgeschlossen, dass der Kreis durch sein expansives

---

[1] BVerwGE 36, 179 (181); krit. etwa *Hufen*, Verwaltungsprozessrecht, 11. Aufl. 2019, § 18 Rn. 5 ff. mwN.

Handeln Rechte der Gemeinde G als gesetzliches („Zwangs"-)Mitglied des Kreises verletzt. Insofern ist die Klagebefugnis der Gemeinde G analog § 42 Abs. 2 VwGO zu bejahen.

IV. Klagegegner

Die Klage ist gemäß § 78 Abs. 1 Nr. 1 1. Hs. Var. 3 VwGO analog gegen die Körperschaft zu richten, die das betreffende Verhalten zeigt, hier also gegen den Kreis K (§ 1 Abs. 2 Var. 2 KrO NRW).

V. Beteiligten- und Prozessfähigkeit

Die Gemeinde G ist gemäß § 61 Nr. 1 Var. 2 VwGO fähig, am Verfahren beteiligt zu sein, der Kreis K nach der gleichen Vorschrift. Gemäß § 62 Abs. 3 VwGO handelt für die Gemeinde der gesetzliche Vertreter. Dies ist gemäß § 63 Abs. 1 S. 1 GO NRW der Bürgermeister. Für den Kreis ist dieselbe Regelung einschlägig. Ihn vertritt der Landrat gemäß § 42 lit. e) KrO NRW.

VI. Zuständiges Gericht

Sachlich zuständig ist gemäß § 45 VwGO das Verwaltungsgericht; örtlich das Verwaltungsgericht des Bezirks des Kreises K (§ 52 Abs. 5 VwGO).

VII. Rechtsschutzinteresse

Das Rechtsschutzinteresse der G bei einer allgemeinen Leistungsklage ist grundsätzlich zu unterstellen. Vorliegend könnte allerdings erwogen werden, die Klage der G im Sinne einer „vorbeugenden Unterlassungsklage" zu deuten, die dann ein besonderes Rechtsschutzinteresse voraussetzte. In diesem Falle wäre darzustellen, warum der G nicht mit nachträglichem Rechtsschutz ausreichend gedient sein sollte.[2] Hier bliebe als nachträglicher Rechtsschutz nur die Feststellungsklage, mit der dann die geschehene Grenzüberschreitung – mit ihren kostenrechtlichen Folgen – nicht mehr verhindert werden könnte. Auch stellte ein späterer Rechtsstreit um die kostenrechtliche Verantwortlichkeit für die umstrittenen Maßnahmen keine einfachere Maßnahme dar. Denn zum einen ist unklar, ob die G insoweit überhaupt klagebefugt ist (s. Zusatzfrage), zum anderen wäre die Kostenlast in diesem Falle erst einmal entstanden, so dass die kreisangehörigen Gemeinden womöglich im Ergebnis doch in der „Haftung" bleiben. Ein Rechtsschutzinteresse ist daher zu bejahen.

B. Begründetheit

Die Unterlassungsklage der Gemeinde G gegen den Kreis K ist begründet, wenn der Gemeinde gegen den Kreis ein materieller Unterlassungsanspruch zusteht. Zu prüfen

---

[2] Vgl. *Frenz*, Öffentliches Recht, 8. Aufl. 2019, Rn. 1045 ff., der zutreffend darauf verweist, dass diese strenge Dogmatik im Grundsatz auf den Rechtsschutz gegen Verwaltungsakte bezogen ist, während die Grenzen bei Realakten zerfließen.

ist damit zunächst, aus welcher Rechtsgrundlage heraus sich ein derartiger Unterlassungsanspruch ergeben könnte.

I. Verteidigung örtlicher Kompetenzen?

Denkbar wäre zunächst ein Abwehranspruch der G unmittelbar aus der Verfassungsgarantie der kommunalen Selbstverwaltung. Nach Art. 28 Abs. 2 S. 1 GG, § 2 Abs. 1 S. 2 KrO NRW sind die örtlichen Angelegenheiten[3] verfassungsunmittelbar den einzelnen Gemeinden zugewiesen. Unzulässige Übergriffe Dritter in diesen Kompetenzbereich, auch von Seiten des Kreises, kann die Gemeinde abwehren. Jedoch drohen laut Sachverhalt keine Übergriffe des Kreises in den Hoheitsbereich der Gemeinde G. Ein diesbezüglicher Abwehranspruch besteht daher nicht.

II. Geltendmachung mangelnder Kreiskompetenz

Es bleibt daher zu prüfen, ob die Gemeinde auch ohne Berührung des eigenen örtlichen Wirkungskreises geltend machen kann, dass der Kreis seine Kompetenzen übertritt.

Zunächst ist die einzelne Gemeinde G Teil des Gemeindeverbands „Kreis" (vgl. § 1 Abs. 1 und 2, § 2 Abs. 1 S. 1 KrO NRW), der mit eigener Rechtspersönlichkeit (§ 1 Abs. 2 KrO NRW) ausgestattet ist. Sofern es daher um die Rechtsbeziehung des Kreises zu anderen Gemeinden als der Gemeinde G geht (s. o., B I), kann nicht ohne Weiteres unterstellt werden, dass die Gemeinde G vom Kreis die Unterlassung von Handlungen gegenüber diesen dritten Gemeinden verlangen kann.

Ein Anspruch der G gegen den Kreis auf Einhaltung der Kompetenzgrenzen könnte jedoch womöglich aus dem gesetzlichen System der Kreisangehörigkeit von Gemeinden abzuleiten sein. So ist zu beachten, dass die Gemeinden Zwangsmitglieder des Kreises sind und der Kreis sein Gebiet zum Besten der angehörenden Gemeinden zu verwalten hat (vgl. § 1 Abs. 1 KrO NRW). Auch ist zu bedenken, dass der Kreis seine Aufgaben regelmäßig über die sog. Kreisumlage[4] (§ 56 KrO NRW) finanziert bzw. finanzieren lässt. Diese Umlage wird grundsätzlich zu gleichen Teilen von allen kreisangehörenden Gemeinden getragen, § 56 Abs. 1 S. 1 KrO NRW. Mit der Aufgabenwahrnehmung durch den Kreis korrespondiert also regelmäßig eine Finanzierung durch die Gemeinden. Hieraus folgt in Parallele zum Grundsatz des „organfreundlichen Verhaltens" auf Bundesebene eine Pflicht des Kreises zum gemeindefreundlichen Verhalten. Obwohl dem Kreis bei der Einschätzung überörtlicher Aufgaben im Rahmen seines eigenen (§ 1 Abs. 1 KrO NRW) Selbstverwaltungsrechts ein gerichtlich nur eingeschränkt überprüfbarer[5] Spielraum zusteht, ist er folglich verpflichtet, seine Zuständigkeit mit Rücksicht auf die angehörenden Gemeinden auszuüben. Nimmt der Kreis daher Aufgaben wahr, die nicht in seinem Zuständigkeitsbereich liegen, verstößt dies nicht nur gegen die objektive Rechtsordnung, sondern tangiert dies zugleich auch das wechselseitige, zumal finanzielle Gefüge zwischen Kreis und kreisangehörigen Gemeinden. Von daher muss den Gemeinden die Möglichkeit zukommen, sich effektiv gegen rechtswidrige Aufgabenwahrnehmung des Kreises schützen zu können.[6]

---

3 Dazu ÖffR NRW, § 1 Rn. 181.
4 ÖffR NRW, § 2 Rn. 339.
5 So OVG NRW, DVBl 2005, 652 (654).
6 OVG NRW, DVBl. 2005, 652 (654).

Ein entsprechender Abwehranspruch der kreisangehörigen Gemeinden gegen den Kreis ist also zu bejahen. Mithin kann auch die Gemeinde G geltend machen, der Kreis nehme zu Unrecht gemeindliche Aufgaben als eigene Aufgaben wahr.

Im Folgenden ist demgemäß zu prüfen, ob die einzelnen im Sachverhalt genannten Tätigkeiten in den Aufgabenbereich des Kreises fallen oder nicht.

III. Konturierung der Kreisaufgaben

Soweit es zunächst darum geht, die Zuständigkeiten der Kreise abstrakt zu bestimmen, bieten die Verfassungsnormen der Art. 28 Abs. 2 GG sowie Art. 78 f. LV NRW hierfür keine Grundlage. Denn beide Bestimmungen weisen den Kreisen – anders als dies in Bezug auf die Gemeinden der Fall ist – weder einen konkreten Aufgabenbestand (verfassungsunmittelbar) zu, noch lassen sie sich im Sinne eines – gesetzgeberisch umzusetzenden – dezentralen Aufgabenverteilungsprinzip deuten.[7] Dies gilt auch für die insoweit etwas missverständlich formulierte Regelung des Art. 78 Abs. 2 LV NRW. Allein das den Gemeindeverbänden überhaupt ein angemessener Aufgabenbestand zugewiesen werden muss, der zudem nicht allein aus Aufgaben des staatlichen Wirkungskreises bestehen darf, lässt sich den Verfassungsgarantien entnehmen. Welche Aufgaben dem Kreis dagegen konkret zukommen, muss dementsprechend der einfache Gesetzgeber festlegen. Die diesbezügliche Entscheidung hat der Gesetzgeber in § 2 Abs. 1 S. 1 KrO NRW getroffen. Nach dieser (einfachgesetzlichen!) Bestimmung sind die Kreise in NRW zuständig für die überörtlichen, auf das Kreisgebiet bezogenen Aufgaben („kreiskommunale Aufgaben"). Diese Aufgaben gliedern sich auf einerseits in sog. „Existenzaufgaben" des Kreises, die die Aufrechterhaltung, Organisation und Finanzierung des Kreises selbst betreffen, andererseits in die sog. „kreisintegralen" Aufgaben, die durch den typischen, räumlich größeren Zuschnitt des Kreisgebiets entstehen. Ob die hier umstrittenen Tätigkeiten von dieser Kompetenz umfasst sind, bedarf näherer Prüfung:

1. Unterstützung des Segelflugplatzes

Das Betreiben des Segelflugplatzes fällt nicht unter die Existenzaufgaben, könnte aber Teil der sog. kreisintegralen Aufgaben sein. Hierbei handelt sich um übergemeindliche Aufgaben, die – unabhängig von der organisatorischen und finanziellen Leistungsfähigkeit – nicht von einer einzelnen Gemeinde wahrgenommen werden könnten sowie von ihrer Reichweite her über das Gemeindegebiet herausragen.[8] Es mag zwar einzelne finanzstarke Gemeinden geben, die einen Flugplatz betreiben könnten; allerdings profitieren zahlreiche Gemeinden touristisch von dem Segelflugplatz. Bereits dies spricht für eine „Überörtlichkeit". Das Betreiben und finanzielle Unterhalten des Flugplatzes kann damit als Wahrnehmung der Kompetenz zur Tourismusförderung gesehen werden, die sich als klassische kreisintegrale Aufgabe darstellt.[9] Auch der Umstand, dass die Gemeinde G einen eigenen Segelflugplatz betreibt, steht der Einordnung des Betriebes als kreiskommunale Aufgabe nicht entgegen. So sieht § 56 Abs. 4 S. 1 KrO NRW ausdrücklich die Möglichkeit paralleler Einrichtungen auf Kreis- und Gemeindeebene vor und löst den hierdurch entstehenden Konflikt dadurch, dass die Gemeinde, die eine eigene Einrichtung betreibt, nicht zusätzlich an den Kosten der pa-

---

[7] VerfGH NRW, NWVBl 1996, 426; ÖffR NRW, § 1 Rn. 194.
[8] ÖffR NRW, § 2 Rn. 340 ff.
[9] ÖffR NRW, § 2 Rn. 341.

rallelen Kreiseinrichtung beteiligt werden darf (sog. Minderbelastung bei der Verbandsumlage).

Freilich geht es vorliegend nicht um den Betrieb der Einrichtung selbst, sondern um den „verlorenen Zuschuss" an den Eigenbetrieb. Allerdings ist ein Eigenbetrieb als finanzwirtschaftliches Sondervermögen der Gemeinde[10] ein juristisch unselbständiger Teil der Gemeinde ohne eigene Rechtspersönlichkeit,[11] so dass es letztlich doch allein um die Kosten des Betriebes der Einrichtung durch den Kreis geht. Mithin ist auch ein verlorener Zuschuss an den kreiseigenen Betrieb eine „überörtliche Angelegenheit" des Kreises. Seine Zahlung ist nicht rechtswidrig.

> **Hinweis:** Die Frage, ob die seitens des Kreises angekündigten Beteiligung auch der Gemeinde G an den Kosten für den Segelflugplatz rechtmäßig wäre oder nicht, ist hier nicht Gegenstand der Klage und daher nicht zu behandeln. Im Ergebnis wäre eine solche Kostenbeteiligung allerdings wegen des Anspruchs der G auf eine sog. „Minderbelastung" nach § 56 Abs. 4 S. 1 KrO NRW wohl unzulässig.

2. Zinsloses Darlehen

Zu prüfen ist weiter, ob die Vergabe eines zinslosen Darlehens an die Gemeinde Z auf die Kreiskompetenz aus § 2 Abs. 1 KrO NRW gestützt werden kann. Zwar handelt es sich bei der durch die Zahlung unterstützten Renovierung des örtlichen Rathauses unzweifelhaft um eine örtliche Angelegenheit; unabhängig hiervon könnte in der Vergabe finanzieller Mittel aber die Wahrnehmung einer überörtlichen „Ausgleichsaufgabe" des Kreises liegen. So wird den Kreisen neben den klassischen „überörtlichen" Aufgaben traditionell eine „Ausgleichs- und Ergänzungsaufgabe" zuerkannt,[12] wobei speziell die „Ausgleichsaufgabe" auf den Ausgleich finanzieller Ungleichheiten zwischen den Gemeinden gerichtet sei. Freilich basiert dieses Rechtsverständnis auf dem Umstand, dass in den meisten Bundesländern eine entsprechende Aufgabenzuweisung unmittelbar in die Kreisordnung übernommen wurde.[13] Eben dies ist in Nordrhein-Westfalen indes nicht geschehen. Allerdings soll es nach Auffassung der Rechtsprechung hinreichen, wenn die Ausgleichs- und Ergänzungsaufgaben wenigstens generalklauselartig fixiert sind.[14] Ob zumindest eine solche generalklauselartige Zuweisung in § 2 Abs. 1 KrO NRW enthalten ist, erscheint fraglich. Dies wird teils bejaht:[15] § 2 Abs. 1 KrO NRW sei so zu verstehen, dass „überörtliche" Aufgaben alle jene seien, die keinen ausschließlich örtlichen Bezug haben, was bei Ausgleichs- und Ergänzungsaufgaben typischerweise der Fall sei. Ob dieser Auslegung gefolgt werden kann, erscheint fraglich.[16] So ist entgegen zu halten, dass Art. 28 Abs. 2 S. 1 GG den Gemeinden ein grundrechtsgleiches Recht[17] gewährt, die örtlichen Angelegenheiten „in eigener Ver-

---

[10] § 9 Abs. 1 EigVO NRW.
[11] Vgl. ÖffR NRW, § 2 Rn. 323; vgl. § 114 Abs. 1 GO NRW, § 1 EigVO NRW.
[12] Vgl. etwa *Burgi*, Kommunalrecht, 6. Aufl. 2019, § 20 Rn. 17.
[13] Vgl. beispielhaft § 2 Abs. 3 bis 5 LKO Rheinland-Pfalz.
[14] BVerwG, NVwZ 1998, 63 (65).
[15] Vgl. *Ehlers*, DVBl. 1997, 225 (228).
[16] Eingehend zu dieser Frage *Dietlein/Lotz*, in: Gedächtnisschrift für P. J. Tettinger, 2007, S. 215 (226 f.).
[17] Vgl. Art. 93 Abs. 1 Nr. 4b GG.

antwortung" zu regeln. Dieses wird in Art. 78 Abs. 2 LV NRW sowie besonders in § 2
GO NRW konkretisiert. Danach steht den Gemeinden auf ihr Gebiet bezogen die
primäre Aufgabenwahrnehmung zu. Dem stünde es entgegen, unter „überörtlichen
Aufgaben" zugleich solche zu verstehen, die einen örtlichen Bezug aufweisen.[18] Hiermit würde den Kreisen ein Einfallstor in den genuin örtlichen Bereich eröffnet. Zudem spricht das in § 56 Abs. 4 S. 1 KrO NRW niedergelegte Gebot der finanziellen
Minderbelastung von Gemeinden, die eigene Einrichtungen neben parallelen Kreisein-
richtungen betreiben, gegen die Annahme, dass der Kreis zur Organisation und Durchführung eines autonomen Finanzausgleichs zwischen den kreisangehörigen Gemeinden berufen wäre.[19] Auch soweit mit dem Wirken des Kreises notwendig eine gewisse
Ausgleichsfunktion des Kreises einhergeht, kann hieraus jedenfalls nicht auf eine gezielte Ausgleichsaufgabe der Kreise gefolgert werden. Die Vergabe des zinslosen Kredits an
die Gemeinde Z überschreitet damit die Zuständigkeit des Kreises.[20]

3. Entsendung der Gartenbau-Mitarbeiter

Fraglich erscheint schließlich, ob die Entsendung von Arbeitern und Gerät des Kreises
in eine kreisangehörige Gemeinde als Wahrnehmung einer überörtlichen Aufgabe angesehen werden kann. Unstreitig ist die Instandsetzung des örtlichen Kurparks eine örtliche
Angelegenheit der Gemeinde Z (Art. 28 Abs. 1 S. 1 GG). Der Kreis wirkt damit über seine
Arbeiter an der Verwirklichung einer gemeindlichen Aufgabe mit. Trotz des hiermit verbundenen Übergriffs in den gemeindlichen Wirkungsbereich werden entsprechende Hil-
feleistungen der Kreise in Rechtsprechung und Literatur vielfach unter dem Begriff der
„Ergänzungsaufgabe" für rechtmäßig erachtet.[21] Als Teil der traditionellen „Ausgleichs-
und Ergänzungsaufgaben" der Kreise soll es bei der Ergänzungsaufgabe um eine zwar
zunächst örtliche Aufgabe gehen, die aber zu einer überörtlichen Aufgabe mutiere,
wenn und soweit der an sich aufgabenzuständigen Gemeinde die Leistungskraft fehle,
um die betreffende Aufgabe in eigener Kraft zu erledigen. Diese vorherrschende Auslegung des § 2 Abs. 1 KrO NRW[22] sieht sich freilich durchgreifenden Bedenken ausgesetzt.
So hängt die Einordnung einer Aufgabe als „örtlich" oder „überörtlich" unstreitig nicht
von der Leistungsfähigkeit einer Gemeinde ab.[23] Von daher wäre mit einer „Ergänzungsaufgabe" des Kreises begriffsnotwendig eine Aufgabenhochzonung verbunden, die nach
den Maßstäbe der Rastede-Rechtsprechung des BVerfG gesetzlich – hier zumindest generalklauselartig – kodifiziert und legitimiert sein müsste. Eben dies aber ist in NRW –
wie oben dargelegt – nicht geschehen. Unter den in § 2 Abs. 1 KrO NRW verwendeten
Begriff der „überörtlichen Aufgabe" lassen sich Tätigkeiten im örtlichen Wirkungskreis
dagegen – entgegen der wohl h. M. – richtigerweise nicht subsumieren.

Auch die Entsendung der Kreisarbeiter zur Erledigung örtlicher Aufgaben der Gemeinde Z überschreitet damit den Zuständigkeitsbereich des Kreises.

---

[18] Vgl hierzu *Schoch*, in: Henneke/Maurer/Schoch, Die Kreise im Bundesstaat, 1994, S. 9 (32);
Lange, Kommunalrecht, 2. Aufl. 2019, Kap. 18 Rn. 61 ff.
[19] Vgl. zu diesem Aspekt *Dietlein/Lotz*, in: Gedächtnisschrift für P. J. Tettinger, 2007, S. 215
(226 f.).
[20] A. A. vertretbar.
[21] *Burgi*, Kommunalrecht, 6. Aufl. 2019, § 20 Rn. 17.
[22] So etwa *Wansleben*, in: Held/Winkel/Wansleben, KrO § 2 Erl. 4.8 (Stand: September 2013).
[23] Vgl. BVerfGE 79, 127 (151 f.); krit. zur situativen Einordnung auch *Lange*, Kommunalrecht,
2. Aufl. 2019, Kap. 18 Rn. 73.

IV. Ergebnis

Zwar könnte der Kreis seinem Segelflugplatz einen verlorenen Zuschuss gewähren. Für die Gewährung des Darlehens und die Entsendung der Arbeiter besteht jedoch keine tragfähige gesetzliche Grundlage. Die Wahrnehmung dieser Aufgabe durch den Kreis würde sich also gegenüber den Gemeinden des Kreises und damit auch gegenüber G als rechtswidrig darstellen.

Somit ist die Unterlassungsklage zulässig und teilweise begründet: Die Gemeinde G könnte hinsichtlich des Darlehens und der Entsendung der Arbeiter erfolgreich gerichtlich die Unterlassung dieser Tätigkeiten erreichen.

Frage 2: Klagebefugnis

Gefragt ist hier allein nach der Klagebefugnis der Gemeinde G. Hierzu müsste G durch die anteilige Kostentragungspflicht auch für rechtswidrige Aktivitäten des Kreises möglicherweise in eigenen Rechten verletzt sein. Insoweit ist aber zu beachten, dass der Kreisumlagebescheid einen Kostenausgleich für finanzielle Lasten des Kreises herstellen soll. Diese finanziellen Lasten eines Kreises bestehen aber unabhängig davon, ob das Handeln des einzelnen Kreises rechtswidrig war oder nicht. Das OVG NRW[24] geht daher davon aus, dass etwaige von einer Gemeinde geltend gemachten Kompetenzüberschreitungen nichts an der Einnahmen- oder Ausgabensituation des Kreises ändern. Daher führt auch eine Kompetenzüberschreitung seitens des Kreises nicht zur Rechtswidrigkeit des diesbezüglichen Kostenansatzes des Kreisumlagebescheids. Das OVG NRW stützt seine These durch eine Betrachtung der sonst eintretenden Folgen: Könnte der Umlagebescheid in dieser Hinsicht erfolgreich angegriffen werden, müsste eine bereits gezahlte Kreisumlage anteilig zurückerstattet werden; dies würde im entsprechenden Haushaltjahr zu einer Mehrbelastung des Haushalts führen, die sofort wieder im Wege der Kreisumlage von den Gemeinden zu decken wäre.[25] Daher sei effektiver Rechtsschutz gegen rechtswidriges Einnahme- und Ausgabeverhalten des Kreises nur über den oben behandelten, insoweit „Primärrechtsschutz" gegen die Aufgabenübernahme als solche zu erhalten.[26] Liegt im Kostenansatz der Kreisumlage aber keine Verletzung gemeindlicher Rechte, muss eine Klagebefugnis verneint werden.

Hinweis: Eine abweichende Auffassung vertreten die Verwaltungsgerichte einiger anderer Länder wie etwa Bayern und Rheinland-Pfalz. Dort ist eine gemeindliche Anfechtung der Kreisumlage mit der Behauptung eines kompetenzwidrigen Handelns des Kreises möglich, s. VGH München, NVwZ-RR 1993, 574 (st. Rspr.); OVG Koblenz, DVBl 1999, 846.

---

[24] OVG NRW, DVBl 2005, 652 (653 f.).
[25] OVG NRW, a. a. O., S. 653.
[26] OVG NRW, a. a. O., S. 655.

Weiterführender Klausurtipp:

Zwangsmitgliedschaft und Klagerecht

Die Existenz eines Klagerechts kreisangehöriger Gemeinden gegen den Kreis auf Beachtung der Kompetenzgrenzen ist keineswegs ein Exot des Gemeindeverbandsrechts, sondern lediglich die sektorale Ausprägung eines allgemeinen Prinzips. So finden sich entsprechende Klagerechte wesenstypisch in den meisten Konstellationen der „gesetzlichen" Mitgliedschaft eigenständiger Rechtssubjekte in (Zwangs-) Körperschaften des öffentlichen Rechts, namentlich dann, wenn diese Zwangsmitgliedschaft Grundrechtsberechtigte trifft (z. B. die IHK-Mitgliedschaft eines örtlichen Unternehmers etc.). Manche Examensklausuren des Verwaltungsrechts betreffen denn auch Unterlassungsklagen von Zwangsmitgliedern berufs- und wirtschaftsständischer Kammern gegen ihre Kammern, aber auch Unterlassungsklagen von Studierenden als Zwangsmitglieder der Teilkörperschaft „verfasste Studierendenschaft" gegen des AStA als Organ der Studierendenschaft. Vgl. aus der Rechtsprechung zu Unterlassungsklagen gegen berufs- und wirtschaftsständische Kammern etwa BVerwGE 112, 69 ff. und 107, 169 ff.; OVG NRW, BeckRS 2003, 23515; VG Münster, BeckRS 2009, 34735; zu Klagen von Studierenden gegen den AStA etwa OVG NRW, NVwZ-RR 2001, 102; VG Osnabrück, BeckRS 2015, 54627. Vgl. hierzu auch die Examensklausur im Öffentlichen Recht: *Dietlein/Heinemann*, Ärger mit dem AStA, NWVBl. 2003, 114 ff.

§ 3. Polizei- und Ordnungsrecht

Fall 13: „Gefährliche Gefährderansprache" (Vortrag)

Behandelte Themen: Polizeilicher Subsidiaritätsgrundsatz – Straftatenprävention als polizeiliche Aufgabe – Rechtsnatur der Gefährderansprache – Gefahrenprognose – Störerverantwortlichkeit

Sachverhalt

Zwischen den Fußballvereinen der nordrhein-westfälischen kreisfreien Städte A und B besteht eine langjährige Rivalität. Die Lokalderbys zwischen den Vereinen wurden in der Vergangenheit wiederholt von schweren Ausschreitungen durch angetrunkene und gewaltbereite Anhänger der jeweiligen Clubs begleitet, die von der Polizei nicht vollumfänglich eingedämmt werden konnten. In diesem Rahmen war auch der in der Stadt A wohnhafte F – wenngleich fünf Jahre zurückliegend – wegen eines Körperverletzungsdelikts rechtskräftig verurteilt worden. Bis heute ist F zudem Mitglied in einer Hooligan-Gruppierung, deren Mitglieder immer wieder in Krawalle verstrickt waren. Im Vorfeld einer neuerlichen Begegnung der beiden Teams möchte die Polizei bereits auf potentielle Straftäter zugehen und diese auf die Pflicht zur Beachtung der Gesetze, hier namentlich der Strafgesetze, hinweisen. Zu diesem Zweck versendet der Polizeipräsident in der Stadt A folgendes Gefährderanschreiben an F:

„Sehr geehrter Herr F, nach polizeilichen Erkenntnissen wurden Sie in der Vergangenheit im Zusammenhang mit strafbaren Handlungen bei Fußballgroßereignissen festgestellt. Die Polizeibehörden sind in Bezug auf den o. g. Grund und auch für zukünftige Ereignisse angehalten, vorbeugende Maßnahmen zu ergreifen, um Straftaten zu verhindern. Speziell in Ansehung des bevorstehenden Fußballspiels zwischen den Vereinen der Städte A und B fordern wir Sie daher im Rahmen dieser Gefährderansprache auf, zur Vermeidung weiterführender Maßnahmen gegen Ihre Person keine Straftaten zu verüben, sich nicht an sogenannten „Hooligankämpfen" und Sachbeschädigungen zu beteiligen oder dazu aufzufordern, und sich an dem betreffenden Termin insgesamt von gewaltbereiten Ansammlungen im und um das Stadion herum sowie im Umfeld von Lokalen und Geschäften der Stadt B fernzuhalten. Eine Zuwiderhandlung führt zu weiteren sicherheitsbehördlichen Maßnahmen. Dazu kann auch eine mehrtägige Ingewahrsamnahme nach § 35 Abs. 1 Nr. 2 PolG NRW gehören. Hochachtungsvoll Ihre Polizeibehörde"[1]

F ist von dem Anschreiben völlig überrascht. Er hält es für unerträglich, dass ihm wegen lange zurückliegender Verfehlungen de facto verboten werde, das Derby als Zuschauer zu verfolgen. F überlegt, gerichtlich gegen die „Anordnung der Polizei" vorzugehen.

Er bittet um Prüfung, ob eine Klage Aussicht auf Erfolg hat.

Bearbeitervermerk: Einstweiliger Rechtsschutz ist nicht zu prüfen. Gehen Sie auf alle im Sachverhalt aufgeworfenen Fragen – gegebenenfalls hilfsgutachterlich – ein.

---

[1] Der Text des Gefährderanschreibens entspricht weitgehend jenem in OVG Magdeburg, NVwZ-RR 2012, 720.

Gliederung

Lösungsvorschlag

Die Klage hat Erfolg, soweit sie zulässig und begründet ist.

A. Zulässigkeit

I. Eröffnung des Verwaltungsrechtswegs

Zunächst müsste der Verwaltungsrechtsweg eröffnet sein. Mangels aufdrängender Sonderzuweisung bestimmt sich die Eröffnung des Verwaltungsrechtswegs nach der Generalklausel des § 40 Abs. 1 S. 1 VwGO. Hierzu müsste eine öffentlich-rechtliche Streitigkeit nichtverfassungsrechtlicher Art vorliegen. Eine Streitigkeit ist öffentlich-rechtlicher Art, wenn die streitentscheidende Norm eine solche des öffentlichen Rechts ist, also notwendig einen Hoheitsträger in dieser Funktion berechtigt oder verpflichtet (modifizierte Subjektstheorie). Hier handelt die Behörde auf der Grundlage des PolG NRW, welches speziell und ausschließlich die Polizei zu Eingriffsmaßnahmen berechtigt. Somit liegt eine öffentlich-rechtliche Streitigkeit vor. Es streiten auch keine Verfassungsorgane über materielles Verfassungsrecht, sodass keine doppelte Verfassungsunmittelbarkeit vorliegt. Die Streitigkeit ist folglich auch nichtverfassungsrechtlicher Art. Eine abdrängende Sonderzuweisung besteht nicht.

Der Verwaltungsrechtsweg ist gemäß § 40 Abs. 1 S. 1 VwGO eröffnet.

II. Statthafte Klageart

Die statthafte Klageart richtet sich nach dem klägerischen Begehren, § 88 VwGO. F möchte gegen die „Anordnung der Polizei" vorgehen. Daher könnte eine Anfechtungsklage nach § 42 Abs. 1 VwGO die statthafte Klageart sein. Dazu müsste das Gefährderanschreiben des Polizeipräsidenten einen Verwaltungsakt i. S. v. § 35 S. 1 VwVfG NRW darstellen. Dass es um eine hoheitliche, behördliche Maßnahme auf dem Gebiet des öffentlichen Rechts geht, erscheint unproblematisch. Fraglich ist aber das Vorliegen einer Regelung. Eine hoheitliche Maßnahme hat Regelungsgehalt, wenn sie ihrem objektiven Gehalt nach darauf gerichtet ist, eine verbindliche Rechtsfolge zu setzen, also die Rechtslage nach Erlass der Maßnahme eine andere ist als vorher.[2] Ob dies hier der Fall ist, erscheint zweifelhaft. Denn der Behörde ging es ausweislich des Sachverhaltes nur darum, die verschiedenen Adressaten der Gefährderansprache auf die allgemein bestehende Pflicht zur Beachtung der Gesetze, hier speziell der Strafgesetze, hinzuweisen. Dagegen ging es ihr nicht darum, eine konkrete Maßnahme mit regelnder Wirkung anzuordnen. In diesem Sinne wird eine Gefährderansprache im Regelfall denn auch als bloße schlichthoheitliche Maßnahme eingeordnet, gegen die eine Anfechtungsklage nicht statthaft ist.[3] Ungeachtet dieser für den Regelfall anzunehmenden Bewertung bleibt dennoch fraglich, ob die Einordnung einer Gefährderansprache oder eines Gefährderanschreibens als schlichthoheitliche Maßnahme in „schematischer Weise" unterstellt werden oder gar allein nach Maßgabe der Intention der Behörde erfolgen kann. Hiergegen spricht, dass die Frage der Handlungsform weitreichende Folgewirkungen gerade auch für den gem. Art. 19 Abs. 4 GG grundgesetzlich garantierten Rechtsschutz des betroffenen Bürgers auslöst (Klagearten, Fristen etc.) und zur Gewährleistung eines effektiven Rechtsschutzes daher einer Beantwortung anhand objektiver Kriterien bedarf. Aus diesem Blickwinkel ist dann aber davon auszugehen, dass die Frage nach der Regelungswirkung einer behördlichen Maßnahme nicht nach der Intention der Behörde zu bestimmen ist, sondern nach dem Empfängerhorizont, bezogen auf die Sicht eines „objektiven Dritten" in der Position des Empfängers. Aus diesem objektivierten Empfängerhorizont erscheint in der vorliegenden (Sonder-)Konstellation die Annahme einer Regelungswirkung der Gefährderansprache keineswegs fernliegend. So belässt es die Polizei in ihrem Schreiben nicht bei allgemeinen Hinweisen. Vielmehr erteilt sie dem F konkrete Vorgaben bezüglich seines Verhaltens, indem sie ihn auffordert, sich nicht an „Hooligankämpfen" und Sachbeschädigungen zu beteiligen und sich von gewaltbereiten Ansammlungen insgesamt fernzuhalten. Auch aufgrund des Umstandes, dass das Gefährderanschreiben die konkrete Rechtsfolge einer mehrtägigen Ingewahrsamnahme nach § 35 Abs. 1 Nr. 2 PolG NRW androht, muss die hier formulierte Gefährderansprache bei einem juristisch nicht geschulten Bürger die Vorstellung hervorrufen, dass ihm durch das Schreiben verbindliche Vorgaben gemacht werden, die von der Behörde notfalls auch durchgesetzt werden. Nach dem objektivierten Empfängerhorizont ist dementsprechend von einer Regelungswirkung des Gefährderanschreibens in Bezug auf einen konkreten Einzelfall auszugehen. Die Voraussetzungen des § 35 S. 1 VwVfG NRW sind damit gegeben. Somit liegt, abweichend vom „Normalfall" der Gefährderansprache, ausnahmsweise ein belastender Verwaltungsakt vor. Statthafte Klageart ist daher die Anfechtungsklage.[4]

---

[2] BVerwG, NVwZ 2001, 436 m. w. N.

[3] Vgl. OVG Lüneburg, NJW 2006, 391; *Graulich*, in: Lisken/Denninger, Handbuch des Polizeirechts, 6. Aufl. 2018, E Rn. 231; *Hebeler*, NVwZ 2011, 1364 (1365).

[4] OVG Magdeburg, NVwZ-RR 2012, 720 f.; vgl. auch *Graulich*, in: Lisken/Denninger, Handbuch des Polizeirechts, 6. Aufl. 2018, E Rn. 231.

Hinweis: Soweit ein Verwaltungsakt und damit die Anfechtungsklage als statthafte Rechtsschutzform verneint würde, wäre die allgemeine Leistungsklage in Form der Unterlassungsklage oder die Feststellungsklage einschlägig. Der Subsidiaritätsgrundsatz des § 43 Abs. 2 VwGO findet nach h. M. im Verhältnis zwischen allgemeiner Leistungsklage und Feststellungsklage keine Anwendung, soweit Klagegegner – wie hier – die öffentliche Hand ist.

III. Klagebefugnis

Zur Klagebefugnis müsste F geltend machen, in eigenen Rechten verletzt zu sein (§ 42 Abs. 2 VwGO). Hiernach muss eine Verletzung eigener Rechte zumindest möglich sein; sie darf nicht von vornherein nach jeder nur erdenklichen Betrachtungsweise ausscheiden. Hier ist F Adressat eines belastenden Verwaltungsaktes, so dass nach der sog. „Adressatentheorie" eine Verletzung jedenfalls der allgemeinen Handlungsfreiheit (Art. 2 Abs. 1 GG) nicht von vornherein ausgeschlossen werden kann.[5] Demgemäß ist F klagebefugt.

IV. Vorverfahren

In Nordrhein-Westfalen ist ein Vorverfahren nach § 68 Abs. 1 S. 1 VwGO gemäß § 68 Abs. 1 S. 2 VwGO i. V. m. § 110 Abs. 1 JustG NRW nicht durchzuführen.

V. Klagefrist

Die Klagefrist beträgt nach § 74 Abs. 1 S. 2 VwGO einen Monat ab der Bekanntgabe des Verwaltungsaktes. Da es ausweislich des im Sachverhalt zitierten Textes auch an einer Rechtsbehelfsbelehrung fehlt, verlängert sich die Klagefrist sogar auf ein Jahr (§ 58 Abs. 2 S. 1 VwGO). Eine Verfristung ist nicht ersichtlich.

VI. Richtiger Klagegegner

Richtiger Klagegegner ist nach § 78 Abs. 1 Nr. 1 VwGO die Körperschaft, deren Behörde den Verwaltungsakt erlassen hat (Rechtsträgerprinzip). Hier hat der Polizeipräsident der Stadt A das Schreiben versandt. Der Polizeipräsident ist nach § 2 Abs. 1 Nr. 1 POG NRW Kreispolizeibehörde im Bereich der kreisfreien Städte. Die Polizei ist gem. § 1 POG NRW Angelegenheit des Landes. Richtiger Klagegegner ist folglich das Land.

VII. Beteiligten- und Prozessfähigkeit

F ist als natürliche Person nach § 61 Nr. 1 Var. 1 VwGO beteiligten- und nach § 62 Abs. 1 Nr. 1 VwGO i. V. m. §§ 2, 104 ff. BGB prozessfähig. Das Land ist als juristische

---

[5] Zur grundrechtlichen Relevanz von Gefährderanschreiben *Kießling*, DVBl. 2012, 1210 (1211 f.); *Kreuter-Kirchhof*, AöR 139 (2014), 257 (264 ff.).

Person nach § 61 Nr. 1 Var. 2 VwGO beteiligtenfähig und handelt vor Gericht gemäß § 62 Abs. 3 VwGO vertreten durch den Polizeipräsidenten.[6]

VIII. Zuständiges Gericht

Die Zuständigkeit des Verwaltungsgerichts ergibt sich aus §§ 45, 52 Nr. 3 VwGO.

IX. Rechtsschutzbedürfnis

Mangels einfacherer und effektiverer Rechtsschutzmöglichkeit ist das Rechtsschutzbedürfnis gegeben.

X. Zwischenergebnis

Die Klage ist somit zulässig.

B. Begründetheit

Die Klage ist begründet, soweit der angegriffene Verwaltungsakt rechtswidrig ist und der Kläger hierdurch in seinen Rechten verletzt wird, § 113 Abs. 1 S. 1 VwGO. Zu prüfen ist damit zuvörderst die Rechtmäßigkeit des Gefährderanschreibens. Als belastende Maßnahme müsste sich das Gefährderanschreiben auf eine verfassungsgemäße Eingriffsermächtigung stützen können (I.) sowie formell (II.) und materiell rechtmäßig sein (III.) Im Falle der Rechtswidrigkeit ist schließlich die Verletzung eigener Rechte zu klären (IV.).

I. Ermächtigungsgrundlage

Einschlägige Ermächtigungsgrundlage könnte die polizeiliche Generalklausel des § 8 Abs. 1 PolG NRW sein. Die Generalklausel kommt nach dem Gesetzeswortlaut freilich nur (subsidiär) zur Anwendung, „soweit nicht die §§ 9 bis 46 die Befugnisse der Polizei besonders regeln". Zu prüfen ist daher, ob hier speziellere (Standard-)Ermächtigungen einschlägig sind. Zu denken wäre insoweit zunächst an eine Platzverweisung nach § 34 Abs. 1 PolG NRW. Freilich muss sich diese auf eine bestimmte Örtlichkeit beziehen, die der Betroffene (vorübergehend) zu verlassen oder nicht zu betreten hat. Hier bezieht sich die Gefährderansprache indes nicht auf einen bestimmten Ort, sondern auf bestimmte Verhaltensweisen des A, so dass die Maßnahme nicht als Platzverweisung angesehen werden kann. Aus demselben Grund entfällt auch die Einordnung der Maßnahmen als Aufenthaltsverbot iS. des § 34 Abs. 2 PolG NRW oder als Aufenthaltsvorgabe nach § 34b Abs. 1 S. 1, 3 PolG NRW. Da sonstige spezielle Eingriffsermächtigungen nicht ersichtlich sind, ist die Generalklausel des § 8 Abs. 1 PolG NRW als einschlägige Ermächtigungsgrundlage anzusehen.[7]

---

[6] Vertretungserlass NRW Gemeinsamer Runderlass des Ministerpräsidenten und der Ministerien, MBl. NRW. 2018 S. 128.

[7] *Götz/Geis*, Allgemeines Polizei- und Ordnungsrecht, 16. Aufl. 2017, § 12 Rn. 5; *Kreuter-Kirchhof*, AöR 139 (2014), 257 (277 f.); a. A. *Kießling*, DVBl. 2012, 1210 (1214, 1217). Im versammlungsrechtlichen Kontext *Trurnit*, NVwZ 2012, 1079.

II. Formelle Rechtmäßigkeit

Der Verwaltungsakt müsste formell rechtmäßig sein. Dazu müsste die zuständige Behörde gehandelt haben und es müssten die Verfahrens- und Formvorschriften eingehalten worden sein.

1. Zuständigkeit

Fraglich könnte die sachliche Zuständigkeit der Polizei sein. Denn die allgemeine Gefahrenabwehr obliegt zwar der Polizei (§ 1 Abs. 1 S. 1 PolG NRW). Allerdings gilt im Verhältnis zu den stets zuständigen Ordnungsbehörden der Subsidiaritätsgrundsatz des § 1 Abs. 1 S. 3 PolG NRW, demzufolge die Polizei in eigener Zuständigkeit neben der Ordnungsbehörde nur zuständig ist, soweit ein Eingreifen dieser Behörde nicht oder nicht rechtzeitig möglich erscheint. Freilich formuliert § 1 Abs. 1 S. 2 PolG NRW eine Ausnahme von dieser Subsidiaritätsregel insoweit, als es um die Verhütung und Vorbeugung von Straftaten geht. In diesem Bereich bleibt die Polizei also eigenständig neben anderen Behörden zuständig. Hier geht es der Polizei um Straftatenverhütung, so dass die sachliche Zuständigkeit gegeben ist.

Die örtliche Zuständigkeit des Polizeipräsidenten in der Stadt A ergibt sich aus § 7 Abs. 1 S. 1 POG NRW. Seine instanzielle Zuständigkeit folgt aus § 11 Abs. 1 Nr. 1 POG NRW i. V. m. § 2 Abs. 1 Nr. 1 POG NRW.

2. Verfahren

F wurde von dem Schreiben „überrascht". Bei lebensnaher Sachverhaltsauslegung ist somit davon auszugehen, dass hier eine vorherige Anhörung nicht erfolgt ist. Es könnte damit eine Verletzung von § 28 Abs. 1 VwVfG NRW vorliegen, denn der Verwaltungsakt greift in Rechte des F ein. Die Anhörung war hier auch nicht nach § 28 Abs. 2 Nr. 1 VwVfG NRW wegen „Gefahr im Verzuge" entbehrlich. Denn es handelt sich um eine weit im Vorfeld drohender Ereignisse durchgeführte Maßnahme. Es liegt damit ein Anhörungsmangel vor. Der Verwaltungsakt ist formell rechtswidrig. Allerdings könnte dieser Verfahrensfehler durch Nachholung der Anhörung bis zum Abschluss der ersten Instanz eines verwaltungsgerichtlichen Verfahrens nach § 45 Abs. 1 Nr. 3, Abs. 2 VwVfG NRW geheilt werden. Sonstige Verfahrensfehler sind nicht ersichtlich.

3. Form

Ein polizeilicher Verwaltungsakt unterliegt nach § 37 Abs. 2 VwVfG NRW keinen besonderen Formvorgaben. Das durch die gewählte Schriftform ausgelöste Begründungserfordernis nach § 39 Abs. 1 VwVfG NRW wurde vorliegend gewahrt.

4. Zwischenergebnis

Der Verwaltungsakt ist – vorbehaltlich einer Heilung – aufgrund fehlender Anhörung formell rechtswidrig.

III. Materielle Rechtmäßigkeit

Die beanstandete Maßnahme wäre von der Ermächtigungsgrundlage gedeckt, wenn die dortigen Tatbestandsvoraussetzungen (Gefahr für die öffentliche Sicherheit oder Ordnung und Verantwortlichkeit des F) vorlagen und die Behörde ihr auf der Rechtsfolgenseite eröffnetes Ermessen ordnungsgemäß ausgeübt hat.

1. Gefahr für die öffentliche Sicherheit oder Ordnung

Zu prüfen ist, ob eine Gefahr für die öffentliche Sicherheit oder Ordnung vorliegt. Der Begriff der öffentlichen Sicherheit umfasst als polizeiliche Schutzgüter die Unversehrtheit der objektiven Rechtsordnung, den Schutz der Individualrechtsgüter (Leben, Gesundheit, Eigentum etc.) sowie den Schutz der Einrichtungen und Veranstaltungen des Staates.[8] Unter einer Gefahr iS. des § 8 Abs. 1 PolG NRW ist eine Sachverhaltslage zu verstehen, die bei ungehindertem Ablauf in absehbarer Zeit mit hinreichender Wahrscheinlichkeit zu einem Schaden an den polizeilichen Schutzgütern führen würde.[9] Hier geht die Polizei davon aus, dass von Seiten des F mit gewalttätigem Handeln zu rechnen ist. Denkbar erschiene insoweit eine Gefahr für die Unversehrtheit der objektiven Rechtsordnung, insbesondere eine drohende Verletzung der §§ 125, 185 ff., 223 ff., 303 Abs. 1 StGB. Daneben erscheint auch eine Gefahr für die Individualrechtsgüter Leben und Gesundheit sowie Eigentum denkbar. Fraglich ist, ob von einer hinreichenden Eintrittswahrscheinlichkeit ausgegangen werden kann. Es müsste also eine hinreichend tragfähige Prognose dafür vorliegen, dass F im Kontext des anstehenden Fußballspiels erneut Straftaten begehen wird, wobei angesichts der Gewichtigkeit der drohenden Schadensereignisse keine übertrieben hohen Anforderungen an die Eintrittswahrscheinlichkeit zu stellen sind („dynamische Bestimmung der Gefahrenschwelle").

Beachte: Bei lebensnaher Sachverhaltsauslegung ist davon auszugehen, dass es bei der zu prüfenden Gefahr speziell um mögliche Gewalttätigkeiten des F geht. Weniger lebensnah, indes noch vertretbar wäre, hier zunächst nur die allgemeine Gefahr von Ausschreitungen im Rahmen des anstehenden Spiels zu prüfen und die Frage einer Verantwortlichkeit bzw. (unmittelbaren) Verursachung durch F erst unter dem Punkt Störereigenschaft/Verantwortlichkeit zu behandeln. In diesem Falle wären die hier unter dem Aspekt der tragfähigen Gefahrenprognose erörterten Fragestellungen unter dem Aspekt der Verursachung einer Gefahr durch F zu diskutieren (und zu verneinen).

Allein der Umstand, dass es im Rahmen früherer Fußballderbys zu Ausschreitungen gekommen ist, lässt keine Gefahrenprognose dahin zu, dass F im Rahmen des anstehenden Fußballspiels Straftaten begehen wird.
Ansatzpunkt für eine hinreichende Eintrittswahrscheinlichkeit könnte immerhin die Mitgliedschaft des F in einer Hooligangruppe sein. Die Mitgliedschaft in einer gewaltbereiten Gruppierung kann durchaus in die Gefahrenprognose einbezogen werden. Ob sich hierauf allerdings eine tragfähige Gefahrenprognose gründen lässt, hängt von den Umständen des Einzelfalls ab. Allein die Zugehörigkeit zu einer derartigen Gruppierung ist für sich betrachtet in der Regel keine hinreichende Grundlage.[10] Besondere Umstände können aber etwa die konkrete Einbindung in die betreffende Gruppierung oder das gruppenbezogene Verhalten in der Vergangenheit sein, ferner Hinweise in Bezug auf das konkrete Ereignis wie die Ankündigung von Straftaten oder die Aufforderung dazu. F wurde zwar wegen eines Körperverletzungsdelikts verurteilt. Insoweit ist

---

[8] Vgl. ÖffR NRW, § 3 Rn. 50 ff.
[9] ÖffR NRW, § 3 Rn. 59 ff.
[10] Vgl. OLG Braunschweig, NVwZ 2018, 1742 (1743); OVG Lüneburg, Urteil vom 26.4.2018 – 11 LC 288/16, BeckRS 2018, 11334; zur Gefahrenlage auch *Kießling*, DVBl. 2012, 1210 (1212 f.).

allerdings kein klarer Bezug zur betreffenden Gruppierung erkennbar. Ferner ist der zeitliche Abstand erheblich. Weiterhin existieren keine behördlichen Erkenntnisse bezüglich einer besonderen Einbindung des F in die Gruppendynamik. Schließlich gibt es hinsichtlich des anstehenden Fußballspiels keine Hinweise auf eine Gewaltbereitschaft des F. Eine hinreichende Verdichtung von Hinweisen auf bevorstehende Straftaten des F liegt daher nicht vor. Aus der bloßen Zugehörigkeit zu der Hooligangruppe kann mithin nicht auf eine im Einzelfall bestehende Gefahr für die öffentliche Sicherheit geschlossen werden.

Fraglich ist, ob der Umstand, dass F vor mehr als fünf Jahren wegen eines Körperverletzungsdelikts verurteilt wurde, eine belastbare Grundlage für eine entsprechende Gefahrenprognose darstellen kann. Hiergegen spricht, dass F – anders gewendet – in den letzten fünf Jahren nicht mehr auffällig geworden ist. Insbesondere kann nicht unterstellt werden, dass F in der Zwischenzeit weitere Straftaten begangen hätte, die lediglich nicht ermittelt wurden. Vor diesem Hintergrund erscheint die polizeilich bekannte Vorgeschichte des F nicht ausreichend, um eine konkrete Gefahr für die öffentliche Sicherheit annehmen zu können.[11]

Somit fehlt es bereits am Erfordernis einer konkreten Gefahr für die öffentliche Sicherheit. Anhaltspunkte für eine Gefahr für die öffentliche Ordnung, also ungeschriebene Sozialnormen, fehlen ebenfalls.

Die Verfügung ist schon aus diesem Grunde materiell rechtswidrig.

2. Verantwortlichkeit des F

Da keine Gefahr vorliegt, kann F auch nicht Verursacher einer Gefahr sein. Auch eine Störerverantwortlichkeit liegt daher nicht vor. Unterstellte man hingegen im Rahmen einer hilfsweisen Prüfung das Vorliegen einer Gefahr, wäre eine Handlungsverantwortlichkeit des F ohne Weiteres zu bejahen (§ 4 Abs. 1 PolG NRW).

3. Ermessensausübung

§ 8 Abs. 1 PolG NRW räumt der handelnden Polizeibehörde einen Ermessensspielraum ein („kann" Maßnahmen ergreifen). Nach § 3 Abs. 1 PolG NRW hat die Polizei ihre Maßnahmen nach pflichtgemäßem Ermessen zu treffen.[12] Fraglich ist, ob – ungeachtet der bereits auf tatbestandlicher Ebene festgestellten Fehler – Rechtsfehler auch bei der Ausübung des Ermessens festzustellen sind. Gem. § 40 VwVfG NRW ist hierbei zwischen einem möglichen Ermessensnichtgebrauch, einem Ermessensfehlgebrauch und einer etwaigen Ermessensüberschreitung zu unterscheiden.

a) Entschließungs- und Störerauswahlermessen

Fehler auf der Ebene des Entschließungs- und des Störerauswahlermessens sind hier nicht ersichtlich.

b) Handlungsermessen

Auf der Ebene des Handlungsermessens könnte immerhin eine Ermessensüberschreitung vorliegen, wenn und soweit die konkret gewählte Maßnahme aufgrund einer Verletzung des Verhältnismäßigkeitsgrundsatzes[13] den gesetzlichen Handlungsspielraum der Behörde überschritten haben sollte. Der Grundsatz der Verhältnismäßigkeit

---

[11] Vgl. auch *Hebeler*, NVwZ 2011, 1364 (1366).
[12] Eingehend ÖffR NRW, § 3 Rn. 118 ff.
[13] ÖffR NRW, § 3 Rn. 128 ff.

ergibt sich aus dem Rechtsstaatsprinzip (Art. 20 Abs. 3 GG) und wird durch § 2 PolG NRW auch einfachgesetzlich normiert. Die Verhältnismäßigkeit der Maßnahme setzt voraus, dass diese geeignet, erforderlich und zumutbar ist.

Das Gefährderanschreiben erscheint geeignet, präventiv die Begehung von Straftaten zu verhindern. Vollständige Zweckerreichung wird hierbei nicht verlangt; hinreichend ist, dass sich die Maßnahme als Schritt in die richtige Richtung erweist. Dies ist der Fall. Fraglich könnte aber die Erforderlichkeit der Maßnahme sein.

An ihr fehlt es, wenn gleich geeignete, aber weniger eingriffsintensive Handlungsalternativen zur Verfügung stehen. Legt man die nach dem objektiven Empfängerhorizont ermittelte Auslegung des Gefährderanschreibens als Untersagungsverfügung zugrunde, die etwa auch das Verbot der Annäherung an gewaltbereite Gruppierungen enthält,[14] käme als mildere und womöglich gleich geeignete Handlungsalternative eine auf imperative Maßnahmen verzichtende Ansprache in Betracht, wie sie dem konventionellen Verständnis einer polizeilichen „Gefährderansprache" entspricht. Allerdings erscheint die gleiche Eignung dieser Handlungsalternative, die Voraussetzung für eine Alternativprüfung im Rahmen der Erforderlichkeit ist, nicht völlig eindeutig. In keinem Falle dürfte dagegen die zeitliche Verschiebung der polizeilichen Intervention auf den Spieltag als gleichwertige Handlungsalternative einzustufen sein, da die Krawalle laut Sachverhalt zu diesem späteren Termin nach den bisherigen Erfahrungen nicht mehr vollumfänglich eingedämmt werden könnten.

> **Hinweis:** Die Bearbeiter hätten insoweit einen Beantwortungsspielraum hinsichtlich der Erforderlichkeit der Maßnahme, die hier – ungeachtet des Fehlens der tatbestandlichen Voraussetzungen für die gewählte Intervention – im Ergebnis durchaus bejaht werden könnte.

Die Zumutbarkeit der Maßnahme setzte schließlich voraus, dass die Maßnahme nicht zu einem Nachteil führen darf, der zu dem erstrebten Zweck erkennbar außer Verhältnis steht (§ 2 Abs. 2 PolG NRW). Da es hier um die Abwehr von Straftaten und von Gefahren für höchstrangige Rechtsgüter wie Leben und Gesundheit von Menschen geht, wird man eine Unzumutbarkeit nicht annehmen können.

Zusätzliche Fehler auf der Rechtsfolgenseite sind insoweit nicht gegeben.

4. Zwischenergebnis

Somit ist der Verwaltungsakt mangels Gefahrenlage materiell rechtswidrig und damit insgesamt rechtswidrig.

IV. Verletzung eigener Rechte des F

F wird durch die Verfügung auch in seinen Rechten, jedenfalls in seiner allgemeinen Handlungsfreiheit aus Art. 2 Abs. 1 GG, verletzt.

C. Ergebnis

Somit ist die Klage zulässig und begründet.

---

[14] Oben A. 2.

Weiterführende Klausurtipps:

Meldeauflagen

Als vorbeugende Maßnahme gegen gewaltbereite Hooligans wird neben der Gefährderansprache gelegentlich auch auf das Instrument der „Meldeauflage" zurückgegriffen. Derartige Meldeauflagen verpflichten den Adressaten, sich in einem bestimmten Zeitraum zu bestimmten Zeitpunkten in einer Dienststelle der Polizei oder der Ordnungsbehörde einzufinden. Sie sind damit belastende Verwaltungsakte, gegen die eine Anfechtungsklage statthaft ist. Anders als in einzelnen anderen Bundesländern (vgl. für Brandenburg etwa § 15a PolG Bbg.) existiert in Nordrhein-Westfalen keine spezielle Ermächtigungsgrundlage für Meldeauflagen. Auch die Spezialermächtigungen zur Vorladung nach § 10 Abs. 1 PolG NRW, zur Platzverweisung nach § 34 Abs. 1 S. 1 PolG NRW oder zur Aufenthaltsvorgabe nach § 34b Abs. 1 S. 1 PolG NRW decken bloße Meldeauflagen von der Rechtsfolgenseite her nicht ab (ÖffR NRW, § 2 Rn. 216). Vor diesem Hintergrund ist nach h. M. ein Rückgriff auf die polizeiliche Generalklausel möglich (BVerwG, NVwZ 2007, 1439 (1440 f.); *Beaucamp*, JA 2017, 728 (732)). Erforderlich ist damit, dass die tatbestandlichen Anforderungen der Generalklausel vorliegen und die Meldeauflage ermessensfehlerfrei angeordnet wurde.

Gefährderansprachen im versammlungsrechtlichen Kontext

Diffizile Rechtsfragen ergeben sich, wenn eine Gefährderansprache aus der maßgeblichen Empfängersicht darauf abzielt, den Betroffenen von der Teilnahme an einer zu einem späteren Zeitpunkt stattfindenden Versammlung abzuhalten. Das Versammlungsgesetz enthält insoweit richtigerweise keine einschlägige Ermächtigungsgrundlage (zum Streitstand ÖffR NRW, § 3 Rn. 307), so dass ein Rückgriff auf das Polizeigesetz NRW nicht am Vorrang bzw. der „Polizeifestigkeit" des Versammlungsgesetzes scheitern würde. Soweit dem Rückgriff auf das Polizeigesetz bislang entgegenstand, dass § 7 PolG NRW das Versammlungsgrundrecht aus Art. 8 GG nicht zitierte, ist dieses Defizit durch eine entsprechende Ergänzung des § 7 PolG NRW zwischenzeitlich behoben, so dass versammlungsbezogene Eingriffe nicht per se ausscheiden. Regelmäßig wird sich aber die Frage stellen, ob die tatbestandlichen Voraussetzungen einer polizeilichen Intervention, namentlich also eine konkrete Gefahr für die öffentliche Sicherheit oder Ordnung, als gegeben angesehen werden können. Hier stellen sich dann die bekannten Probleme in Bezug auf Gefährderansprachen, die über rein informierende Aussagen hinausgehen.

Fall 14: „Fanverbot für das Hochrisikospiel" (Vortrag)

Behandelte Themen: ordnungsbehördliche Generalklausel – Verhaltensverantwortlichkeit („Veranstalterverantwortlichkeit", „Zweckveranlasser") – Nichtstörer – Antragsbefugnis

Der FC V, der als GmbH organisiert ist, ist Ausrichter eines Fußballspiels gegen den benachbarten FC K, der ebenfalls als GmbH geführt wird. Das Spiel, das in wenigen Monaten im eigenen Stadion des V in der kreisfreien nordrhein-westfälischen Stadt S stattfinden soll, wird von den Behörden wegen schwerer Ausschreitungen bei früheren Zusammentreffen beider Mannschaften als „Hochrisikospiel" eingestuft. Mit körperlichen Auseinandersetzungen bis hin zu schweren Körperverletzungen durch gewaltbereite Hooligans aus dem Umfeld der Gastmannschaft K ist höchstwahrscheinlich zu rechnen. Da die Behörden nach fachlich nicht zu beanstandender Lagebewertung davon ausgehen, dass ein polizeiliches Eingreifen im unmittelbaren räumlichen und zeitlichen Umfeld des Spiels vermutlich nicht ausreichen wird, um die angereisten gewaltbereiten „Fans" des K unter Kontrolle zu halten, möchten sie bereits deren Anreise verhindern. Die Überlegung der Behörden ist dabei, die Veräußerung der Karten für den sog. „Gästeblock" zu verhindern. Diese rund 2000 Karten werden den jeweiligen Gastvereinen entsprechend vertraglicher Verbandsabsprachen von den gastgebenden Vereinen jeweils zum vollen „Endkunden"-Preis überlassen und von den Gastvereinen sodann – ohne eigenen Gewinn – an die eigenen Anhänger weiterverkauft. Unmittelbar vor Beginn des Kartenvorverkaufs und damit drei Monate vor Spielbeginn entscheidet sich die zuständige Ordnungsbehörde der Stadt S, der Gefahr durch ein Verbot des Verkaufs von Karten für den Gästeblock zu begegnen. Die Behörde zieht in Betracht, der K den Weiterverkauf zu untersagen, verwirft die Möglichkeit aber, da in dieser Konstellation die V noch die Möglichkeit hätte, die Karten eigenständig an Gästefans zu veräußern. Stattdessen erlässt die Behörde eine Verfügung, mit der V untersagt wird, dem Gastverein K das Kartenkontingent für den Gästeblock zu überlassen bzw. diese Karten selbst für Gästefans in den Handel zu bringen. Zugleich wird die sofortige Vollziehbarkeit der Untersagungsverfügung angeordnet. Zur Begründung verweist die Behörde auf die drohenden Gefahren des geplanten Hochrisikospiels, die effektiv nur durch eine Sperrung des Verkaufs der Karten für den Gästeblock bekämpft werden könnten. Als Veranstalter sei V für die Vermeidung von Gefahren verantwortlich. Selbst wenn man eine solche Risikoverantwortlichkeit verneine, könne V jedenfalls im Rahmen des sog. polizeilichen Notstands in Anspruch genommen werden.

Frage 1:

V bittet um Prüfung, ob die gegen ihn gerichtete Ordnungsverfügung rechtmäßig ist.

Frage 2:

K möchte zusätzlich geklärt wissen, ob er selbst – als Gastverein – die Antragsbefugnis für einen einstweiligen Rechtsschutzantrag gegen die gegen V gerichtete Verfügung besitzt.

Gliederung

Lösungsvorschlag[1]

1. Teil: Rechtmäßigkeit der Inanspruchnahme des V

Die Inanspruchnahme von V ist rechtmäßig, wenn die gegen den Verein gerichtete Verfügung auf einer tauglichen Ermächtigungsgrundlage basiert und formell wie materiell rechtmäßig ist.

1. Ermächtigungsgrundlage

Als belastende Maßnahme bedarf die gegenüber V ergangene Ordnungsverfügung nach dem Grundsatz des Vorbehalts des Gesetzes, Art. 20 Abs. 3 GG, einer Ermächtigungsgrundlage. Mangels spezialgesetzlicher Regelungen bzw. einschlägiger Standardermächtigungen ist auf die ordnungsrechtliche Generalklausel des § 14 Abs. 1 OBG NRW zurückzugreifen.

Hinweis: Der Sachverhalt bietet keinen Anlass, etwaige Eingriffsermächtigungen für Maßnahmen (z. B. Platzverweisungen uä.) gegen gewaltbereite „Fans" zu diskutieren, denn es geht allein um die gegen V gerichtete Maßnahme des Verbots der Kartenüberlassung!

2. Formelle Rechtmäßigkeit

Zweifel an der formellen Rechtmäßigkeit bestehen nicht.
Laut Sachverhalt handelte die zuständige Ordnungsbehörde.
Mangels entgegenstehender Angaben ist davon auszugehen, dass die nach § 28 Abs. 1 VwVfG NRW durchzuführende Anhörung erfolgt ist.
Ebenfalls ist von einer ordnungsgemäßen Bekanntgabe und Begründung der Ordnungsverfügung sowie der Wahrung des Schriftformerfordernisses auszugehen.

---

[1] Fall nach OVG Hamburg, NJW 2012, 1975.

Klausurtipp: Es dürfen keine Rechtsfehler in einen Sachverhalt hineingelesen werden. Wenn über Rechtsbehelfsbelehrungen, Zustellungen oder Anhörungen im Sachverhalt nichts gesagt wird, ist davon auszugehen, dass die gesetzlichen Anforderungen erfüllt wurden. Auf die Möglichkeit der Heilung einer etwa unterbliebenen Anhörung nach § 45 Abs. 1 Nr. 3, Abs. 2 VwVfG NRW sollte daher allenfalls „beiläufig" hingewiesen werden.

3. Materielle Rechtmäßigkeit

Zudem müsste die Ordnungsverfügung materiell rechtmäßig sein.

a) Gefahr für die öffentliche Sicherheit oder Ordnung

Entsprechend den tatbestandlichen Vorgaben des § 14 Abs. 1 OBG NRW müsste zunächst eine Gefahr für die öffentliche Sicherheit oder Ordnung vorliegen. Wegen des subsidiären Charakters der öffentlichen Ordnung, die bei Fehlen einschlägiger Rechtsnormen auf den Schutz ungeschriebener Sozialnormen zielt, ist vorrangig eine mögliche Gefahr für die öffentliche Sicherheit zu prüfen.

Die öffentliche Sicherheit umfasst die Unverletzlichkeit der gesamten objektiven Rechtsordnung, den Schutz individueller Rechte und Rechtsgüter sowie den Bestand des Staates und die Funktionsfähigkeit der staatlichen Einrichtungen und Veranstaltungen.[2] Hier kommt zunächst eine mögliche Verletzung der objektiven Rechtsordnung in Betracht. Nach der Lagebewertung der Behörden ist mit körperlichen Auseinandersetzungen bis hin zu schweren Körperverletzungen und damit Verstößen insbesondere gegen die §§ 223 ff. StGB zu rechnen. Hiermit einher geht zugleich eine mögliche Verletzung individueller Schutzgüter wie Leben und Gesundheit von Menschen. Davon, dass die betroffenen Personen in eine mögliche Verletzung eingewilligt hätten, kann nicht ausgegangen werden, so dass sich die Streitfrage um die Zulässigkeit eines „aufgedrängten Schutzes" nicht stellt. Damit liegt eine mögliche Beeinträchtigung des Schutzguts der öffentlichen Sicherheit vor.

Vertiefung: Zur Problematik des „aufgedrängten (Grundrechts-)Schutzes" ausführlich ÖffR NRW, § 3 Rn. 52.

Hinzukommen müsste freilich, dass die mögliche Beeinträchtigung der genannten Schutzgüter bereits die Schwelle zur „Gefahr" i. S. d. § 14 Abs. 1 OBG NRW übersteigt. Der Begriff der Gefahr meint einen Lebenssachverhalt, der bei ungehindertem Geschehensablauf in absehbarer Zeit mit hinreichender Wahrscheinlichkeit zu einem Schaden für die polizei- und ordnungsrechtlichen Schutzgüter führen wird, wobei maßgeblich die ex ante-Perspektive eines fachkundigen, besonnenen und erfahrenen Beamten ist. Zwar liegen hier keine konkreten Ankündigungen gewaltbereiter Fans vor, allerdings ist es bei früheren Zusammentreffen der beiden Mannschaften zu erheblichen Ausschreitungen gekommen und auch für die anstehende Begegnung sind Aus-

---

[2] In Anlehnung an die amtl. Begr. zu § 14 PreußPVG; die Polizei- bzw. Ordnungsgesetze mancher Bundesländer habe diese Formulierung als Legaldefinition übernommen, vgl. § 54 Nr. 1 ThürOBG, § 2 Nr. 2 BremPolG.

schreitungen bis hin zu schweren Körperverletzungen laut Sachverhalt höchstwahrscheinlich. Insofern ist bei ungehindertem Ablauf des Sachverhalts mit hinreichender Wahrscheinlichkeit in absehbarer Zeit mit den genannten Verletzungserfolgen zu rechnen. Eine Gefahr für die öffentliche Sicherheit liegt vor.

b) Störerqualität des V

Die Maßnahme müsste sich ferner gegen einen tauglichen Adressaten gerichtet haben. Zu prüfen ist damit, ob V als Störer oder im Rahmen des polizeilichen Notstandes als Nichtstörer in Anspruch genommen werden durfte.

Klausurtipp: Beachten Sie, dass die Frage nach der Störereigenschaft in der Fallbearbeitung üblicherweise der Tatbestandsseite der Ermächtigungsgrundlage zuzuordnen ist (hierzu weiterführend ÖffR NRW, § 3 Rn. 75). An dieser Stelle ist im Gutachten zu untersuchen, ob der in Anspruch Genommene von Gesetzes wegen Adressat der Maßnahme sein durfte. Erst auf Rechtsfolgeseite ist im Rahmen des Störerauswahlermessens zu überprüfen, ob die Entscheidung der Behörde zwischen gegebenenfalls mehreren in Betracht kommenden tauglichen Adressaten ermessensfehlerfrei war.

aa) Verhaltensverantwortlichkeit des V

V könnte hier Verhaltensverantwortlicher bzw. Handlungsstörer sein. Eine Verhaltensverantwortlichkeit des V läge gem. § 17 Abs. 1 OBG NRW dann vor, wenn die Gefahr durch V „verursacht" wird. Nach der tradierten Unmittelbarkeitslehre wäre hierfür ein unmittelbares Überschreiten der Gefahrenschwelle durch V zu verlangen. Teilweise wird im Schrifttum eine solche unmittelbare (Veranstalter-)Verantwortlichkeit bejaht. Der Veranstalter sei verantwortlich für alle Gefahren, die dem durch die Veranstaltung angezogenen Publikum drohen, insbesondere auch wenn die Gefahren von Teilen des Publikums selbst ausgehen. Der enge Wirkungs- und Verantwortungszusammenhang zwischen Veranstaltung und Gefahr begründe, dass der Veranstalter selbst alles Erforderliche zu deren Abwehr zu veranlassen habe (z. B. durch Ordner, Absperrungen, Kontrollen).[3] Gegen diese Ausweitung der Unmittelbarkeitslehre bestehen freilich erhebliche Bedenken. Denn unstreitig ist die Organisation und Durchführung einer Fußballveranstaltung eine von der Rechtsordnung gedeckte Betätigung, wohingegen die erwarteten Störungen aus dem gezielten Rechtsbruch Dritter resultieren. Es erscheint daher folgerichtig, eine Verantwortlichkeit des V allenfalls für veranstaltungstypische Gefahren anzunehmen, nicht aber für Rechtsbrüche Dritter.[4] Hier wird die Gefahr unmittelbar erst durch die gewaltbereiten Hooligans ausgelöst. V selbst überschreitet die Gefahrenschwelle nicht unmittelbar. Fraglich erscheint allenfalls, ob V über die umstrittene „Zweckveranlassertheorie" als verhaltensverantwortlich angesehen werden kann. Eine (objektive) Verhaltensverantwortlichkeit wird hiernach vielfach be-

---

[3] *Götz / Geis*, Allgemeines Polizei- und Ordnungsrecht, 16. Aufl. 2017, § 9 Rn. 32 f.; offenlassend VG Hamburg, BeckRS 2012, 55156.

[4] So die h. M., vgl. etwa *Gusy*, Polizei- und Ordnungsrecht, 10. Aufl. 2017, § 5 Rn. 339; *Schenke*, Polizei- und Ordnungsrecht, 10. Aufl. 2018, Rn. 246; *Schenke*, NJW 1983, 1882 (1883); *Schoch*, in: Schoch, Besonderes Verwaltungsrecht, 2018, 1. Kapitel (Polizei- und Ordnungsrecht), Rn. 364; *Siegel*, NJW 2013, 1035 (1038).

reits dann angenommen, wenn bestimmte Handlungen – sei es auch ungewollt – objektiv vorhersehbar zu einer Gefahr für die polizeilichen Schutzgüter führen. Indes machen auch die Anhänger dieser Theorie zu Recht eine Ausnahme von der sog. Veranlasserhaftung, wenn der vermeintliche Zweckveranlasser lediglich ihm zukommende Rechte ausübt oder aber die Kausalkette durch das freiverantwortliche Handeln Dritter gleichsam unterbrochen wird.[5] Hier stellt zum einen der Verkauf von Eintrittskarten eine rechtlich geschützte Handlungsbefugnis der Vereine dar, zum anderen sind die befürchteten Ausschreitungen auf die autonome Entscheidung Dritter zurückzuführen, die damit allein in ihrer Person die Gefahrenschwelle überschreiten. V kann deshalb nicht als Zweckveranlasser eingestuft werden, sodass offenbleiben kann, ob die Figur des objektiven Zweckveranlassers überhaupt geeignet ist, eine polizeiliche Verhaltensverantwortlichkeit überzeugend zu begründen.[6]

Vertiefung: Lesen Sie zur Kritik an der Figur des (objektiven) Zweckveranlassers ÖffR NRW, § 3 Rn. 80 ff.

bb) Zustandsverantwortlichkeit des V

Eine Zustandsverantwortlichkeit des V nach § 18 Abs. 1 S. 1 OBG NRW kommt ebenfalls nicht in Betracht. Danach sind die Maßnahmen gegen den Eigentümer der Sache zu richten, von der die Gefahr ausgeht. Die hier zu besorgende Gefahr ist das Ergebnis des autonomen Handelns gewaltbereiter Fans und geht nicht im Sinne des § 18 Abs. 1 S. 1 OBG NRW von einer Sache, etwa dem Stadion, aus.[6a]

cc) Inanspruchnahme des V als Nichtstörer

In Betracht kommt danach allenfalls eine Inanspruchnahme des V als „Nichtstörer". Dazu müssten die in § 19 Abs. 1 OBG NRW genannten Voraussetzungen des polizeilichen Notstandes (kumulativ) erfüllt sein. Hierzu müsste zunächst eine „gegenwärtige erhebliche Gefahr" vorliegen (Nr. 1). Dass eine Gefahr vorliegt, wurde bereits dargelegt. Da hierbei besonders hochrangige Schutzgüter auf dem Spiel stehen, wird man die Gefahr auch als „erheblich" einstufen können. Fraglich ist aber, ob die Gefahr bereits „gegenwärtig" ist.

Vertiefung: Zu den hier relevanten und weiteren Gefahrenvarianten s. ÖffR NRW, § 3 Rn. 65 ff.

Gegenwärtig ist eine Gefahr, wenn die Schadensnähe in einer Weise gesteigert ist, dass die Gefahr bereits eingetreten ist oder sich zumindest jederzeit bzw. jeden Moment realisieren kann. Eine solche zeitlich unmittelbare Nähe dürfte bei dem noch bestehen-

---

[5] *Schenke*, Polizei- und Ordnungsrecht, 10. Aufl. 2018, § 4 Rn. 245 f.; *Schoch* in: Schoch, Besonderes Verwaltungsrecht, 2018, 1. Kapitel Rn. 364.

[6] Ablehnend *Kingreen/Poscher*, Polizei- und Ordnungsrecht, 10. Aufl. 2018, § 9 Rn. 27 ff.

[6a] Eine Zustandsverantwortlichkeit ist hier äußerst fernliegend, so dass die Bearbeitung auch davon absehen könnte, diese überhaupt zu thematisieren.

den Zeitraum von drei Monaten bis zum Spiel nicht gegeben sein.[7] Allein der Umstand, dass ein früher Zugriff womöglich effektiver ist als eine behördliche Intervention erst kurz vor dem drohenden Gefahreneintritt, erlaubt keine erweiternde Interpretation des § 19 Abs. 1 Nr. 1 OBG NRW.

> **Klausurtipp:** Nach dem Vorstehenden fehlt also bereits die erste der kumulativ erforderlichen Voraussetzungen der Nichtstörerinanspruchnahme. In der gutachterlichen Fallbearbeitung dürfen die Ausführungen hier gleichwohl nicht abbrechen. Vielmehr sind auch die weiteren Ziffern des § 19 Abs. 1 OBG NRW einer Prüfung zu unterziehen, um gegebenenfalls weitere Hinderungsgründe für das Vorliegen eines polizeilichen Notstandes aufzudecken.

Zumindest erhebliche Zweifel ergeben sich auch mit Blick auf das kumulativ zu prüfende Erfordernis in Nr. 2, demzufolge Maßnahmen gegen die nach §§ 17, 18 OBG NRW Verantwortlichen nicht rechtzeitig möglich sein oder keinen Erfolg versprechen dürfen. Als Verhaltensverantwortliche nach § 17 Abs. 1 OBG NRW kommen hier die die Gefahr unmittelbar verursachenden Hooligans in Betracht. Die Behörde führt insoweit aus, dass allein die Intervention gegenüber V „effektiv" sei und kann sich hierbei auf die fachlich nicht zu beanstandende Lagebewertung berufen, nach der Maßnahmen im unmittelbaren zeitlichen und räumlichen Umfeld des Spiels nicht ausreichen werden, um Ausschreitungen zu verhindern. Dass unmittelbar gegen die Störer gerichtete Maßnahmen (gar) keinen Erfolg versprächen, lässt sich hieraus aber nicht ableiten. Die Behörde könnte insoweit auch auf Vorfeldmaßnahmen etwa in Gestalt von „Gefährderansprachen" gegenüber polizeibekannten Hooligans zurückgreifen. Bereits eine hierdurch zu erzielende Reduzierung des Aufkommens gewaltbereiter Fans könnte die Behörde in die Lage versetzen, den erwarteten Ausschreitungen rund um das Spiel gewachsen zu sein. Insoweit kann nicht davon ausgegangen werden, dass Maßnahmen gegen die Störer keinen Erfolg versprächen. Auch die zweite Voraussetzung des § 19 Abs. 1 OBG NRW liegt damit nicht vor.

> **Hinweis:** Zu § 19 Abs. 1 Nr. 2 OBG NRW kann mit entsprechender Argumentation auch ein anderes Ergebnis vertreten werden. So könnte bspw. darauf abgestellt werden, dass bei lebensnaher Auslegung die gewaltbereite Fanszene sich nicht vollständig von etwaigen Vorfeldmaßnahmen wird beeindrucken lassen und im Zusammenhang mit der fachlich nicht zu beanstandenden Lagebewertung davon auszugehen ist, dass die Behörden der Gefahr mit Maßnahmen unmittelbar gegen die Störer nicht Erfolg versprechend begegnen können.

Vor diesem Hintergrund erscheint dann auch die Vorgabe der Nr. 3 zweifelhaft, derzufolge eine Maßnahme gegen den Nichtstörer nur zulässig ist, wenn die Behörde die Gefahr nicht selbst abwehren kann.[8] Dagegen dürfte die Voraussetzung der Nr. 4 einer Inanspruchnahme des V nicht entgegenstehen.

---

[7] Ausführlich zu dieser Frage, sie jedoch im Ergebnis offenlassend OVG Hamburg, NJW 2012, 1975 (1976 f.).
[8] Vgl. zu diesem Kriterium *Wittreck,* in: BeckOK PolR NRW, 14. Edition (Stand: 1/2020), OBG § 19 Rn. 12 ff. mit Beispielen.

Insgesamt sind damit nicht alle Voraussetzungen des § 19 OBG NRW für eine Inanspruchnahme des V als Nichtstörer erfüllt. Die Verfügung ist bereits aus diesem Grunde rechtswidrig.

c) Fehlerfreie Ermessensausübung

Für den hilfsgutachterlichen Fortgang der Prüfung wird unterstellt, dass V als Nichtstörer in Anspruch genommen werden kann. Seine Inanspruchnahme ist auf etwaige Fehler bei der Ausübung des pflichtgemäßen Ermessens nach § 16 OBG NRW i. V. m. § 40 VwVfG NRW zu überprüfen.

Fehler bei der Ausübung des Entschließungsermessens sind nicht erkennbar.

Unterstellt man, eine Störerverantwortlichkeit des V besteht, stellt sich die Frage nach einer ordnungsgemäßen Ausübung des Störerauswahlermessens. Die Behörde hat vor der Auswahl des V auch eine Inanspruchnahme der K und der Hooligans erwogen, aber aus den im Sachverhalt genannten Gründen verworfen. Sie hat also überhaupt Ermessen ausgeübt (kein Nichtgebrauch). Die Auswahl des V war auch von Effektivitätsgedanken geleitet und beruht damit auf einem sachgerechten Kriterium, sodass auch kein Ermessensfehlgebrauch auf Ebene des Störerauswahlermessens vorliegt. Das Störerauswahlermessen ist damit insgesamt ordnungsgemäß ausgeübt worden.

Hier könnte aber eine fehlerhafte Ausübung des Handlungsermessens vorliegen, wenn nämlich die von der Behörde geplante Maßnahme aufgrund Unverhältnismäßigkeit als Ermessensüberschreitung i. S. d. § 114 VwGO einzustufen wäre. Unverhältnismäßig wäre die Maßnahme dann, wenn sie als nicht geeignet, nicht erforderlich oder nicht zumutbar einzustufen ist (§ 15 OBG NRW).

Zu prüfen ist damit zunächst, ob die Verbotsverfügung geeignet ist, die Gefahr von Ausschreitungen zu verhindern. Bereits dies erscheint fraglich. Denn die gewaltbereiten Fans könnten auch ohne Tickets anreisen, sich jedenfalls in den (weiteren) Stadionbereich begeben und dort die befürchteten Ausschreitungen verursachen. Allerdings dürfen die Anforderungen an die Geeignetheit einer polizei- oder ordnungsbehördlichen Maßnahme nicht überspannt werden. So genügt zur Bejahung der Geeignetheit ein „Schritt in die richtige Richtung". Den Hooligans wird mit der Maßnahme, die ein Abgabeverbot der Tickets zur Folge hat, objektiv ein wichtiger Anreiz genommen, sich in das Umfeld des Stadions und damit der gegnerischen Fans zu begeben. Von einem Schritt in die richtige Richtung ist hier also auszugehen Die Maßnahme ist daher geeignet.

Sie müsste auch erforderlich, also das mildeste unter gleich effektiven Mitteln sein (§ 15 Abs. 1 OBG NRW). Gleichermaßen effektive Mittel, die weniger eingriffsintensiv wären, sind nicht erkennbar.

Auch von der Zumutbarkeit der Maßnahme (§ 15 Abs. 2 OBG NRW) ist auszugehen, denn die Nachteile für V stehen nicht außer Verhältnis zu dem verfolgten Zweck, die Gesundheit und das Leben von Menschen zu schützen.

Die Verfügung ist daher unter Verhältnismäßigkeitsaspekten nicht zu beanstanden. Ermessensfehler liegen nicht vor.

4. Ergebnis

Die Verbotsverfügung ist materiell rechtswidrig, da V weder als Verantwortlicher noch als Nichtverantwortlicher in Anspruch genommen werden darf.

Frage 2: Antragsbefugnis des K

Da die Untersagungsverfügung von der Behörde für sofort vollziehbar erklärt wurde, wäre im einstweiligen Rechtsschutz ein Antrag auf Wiederherstellung der aufschiebenden Wirkung nach § 80 Abs. 5 S. 1 Var. 2 VwGO denkbar. Die Antragsbefugnis für einen solchen Antrag richtet sich nach § 42 Abs. 2 VwGO analog. K müsste also geltend machen und geltend machen können, durch die gegen V gerichtete Verfügung in eigenen Rechten verletzt zu sein. Diese Anforderung dient dem Ausschluss von „Popularklagen" bzw. „Jedermann-Klagen" (quivis ex populo) im verwaltungsgerichtlichen Verfahren.

Ob eine Antragsbefugnis des K analog § 42 Abs. 2 VwGO gegeben ist, erscheint fraglich. Eine Begründung der Antragsbefugnis über die sog. Adressatentheorie, nach der jeder Adressat einer belastenden Maßnahme jedenfalls in seiner allgemeinen Handlungsfreiheit aus Art. 2 Abs. 1 GG verletzt sein kann und deshalb klagebefugt ist, kann hier nicht gelingen. K ist nicht Adressat der Untersagungsverfügung und wird insoweit jedenfalls nicht unmittelbar in seinen Rechten berührt. Nicht in Betracht kommt ferner die Geltendmachung von Rechtspositionen des V durch K; hierin läge eine unzulässige Prozessstandschaft.[9]

Immerhin aber könnten sich aus dem an V gerichteten Verkaufsverbot mittelbare Belastungswirkungen für K insoweit ergeben, als durch die Verbotsverfügung ein vertraglicher Anspruch des K gegen V zunichtegemacht wird, nämlich jener auf (wenn auch kostenpflichtige) Überlassung der Gästekarten. Ob dem entgegengehalten werden kann, dass K aus der Weiterveräußerung der Gästekarten keinen wirtschaftlichen Vorteil ziehen könnte, da die Karten ohnehin zum Endkundenpreis beim gastgebenden Verein erworben werden müssen, erscheint fraglich. Die fehlende Gewinnerwartung ändert nichts daran, dass dem K eine vertragliche Anspruchsposition genommen wird. Außerdem spricht viel dafür, dass die Unterstützung durch die eigenen Fans im Rahmen kommerzieller Fußballveranstaltungen auch als wirtschaftlicher Vorteil angesehen werden kann. Insofern wird K durch das Verbot der Weitergabe von Gästekarten durchaus auch in seinen wirtschaftlichen Interessen betroffen. Die gegen V gerichtete Verfügung berührt also zwangsläufig und zielgerichtet auch die Rechtssphäre des K nachteilig.[10] Seine Antragsbefugnis ist daher im Ergebnis zu bejahen.

Weiterführender Klausurtipp:

Fälle wie der dargestellte Vortragsfall verführen den Bearbeiter schnell dazu, das augenscheinlich durchaus sinnvolle Ergebnis einer frühzeitigen Intervention zu rechtfertigen, obgleich eine präzise Subsumtion des Sachverhaltes unter die Eingriffsvoraussetzungen – hier speziell unter das Merkmal der „gegenwärtigen" Gefahr als Voraussetzung der Nichtstörer-Inanspruchnahme (§ 19 Abs. 1 Nr. 1 OBG NRW) – zu dem gegenteiligen Ergebnis führen muss. Widerstehen Sie dieser Verführung! Eben das ist die Erkenntnis des Grundsatzes vom „Vorbehalt des Gesetzes", dass die Legitimität einer Maßnahme nicht deren einfach-rechtliche Legalität ersetzt. Es ist Sache des parlamentarischen Gesetzgebers, die erforderlichen Rechtsgrundlagen für polizei- und ordnungsbehördliche Eingriffsmaßnahmen zu schaffen. An die Stelle eines „Zurechtbiegens" von Eingriffsermächtigungen muss daher in Fällen der vorliegenden Art die Forderung nach einem gesetzgeberischen Nachfassen treten.

---

[9] *Kopp/Schenke*, VwGO, 26. Aufl. 2020, § 42 Rn. 60; *Schmidt-Kötters*, in: BeckOK VwGO, 54. Edition (Stand: 7/2020), § 42 Rn. 114.

[10] Vgl. hierzu auch OVG Lüneburg, NVwZ-RR 2003, 125 (126), wonach eine Klagebefugnis von Heimbewohnern anzuerkennen ist, wenn infolge der behördlichen Rückforderung finanzieller Mittel von der Heimleitung mit einer erhöhten Beitragspflicht der Heimbewohner zu rechnen ist.

Fall 15: „Showdown in der Tiefgarage"

Behandelte Themen: Gefahrenbegriff – Gefahrenverdacht – Ingewahrsamnahme

Sachverhalt

An einem späten Freitagnachmittag gehen bei der Leitstelle des Polizeipräsidiums in der nordrhein-westfälischen kreisfreien Stadt D mehrere Notrufe ein, in denen von einem bewaffneten Mann in der Tiefgarage eines großen Supermarktes die Rede ist. Die Beamten A und B machen sich sogleich auf den Weg und treffen vor der Tiefgarage auf eine aufgeregte Menschenansammlung.

Sogleich werden sie auf einen PKW aufmerksam gemacht, in dem ein ca. 20–30 Jahre alter Mann (im Folgenden: M) in Armeeuniform sitzt und aufgeregt mit einer Schusswaffe hantiert. Einige der Anwesenden berichten, dass der M die Waffe bereits mehrfach kurz auf vorbeigehende Passanten gerichtet habe. A und B nähern sich vorsichtig dem Wagen, wobei sie zur Eigensicherung ihre Dienstwaffen bereithalten, ohne diese jedoch auf den M zu richten. In einer Entfernung von ca. 15 m zu dem Wagen finden sie hinter einer Betonwand Deckung. Das merkwürdige Verhalten des M lässt keine eindeutigen Rückschlüsse auf die Situation zu. Auch der durchaus pistolenartige Gegenstand in seiner Hand lässt sich nicht eindeutig identifizieren. Da indes nicht auszuschließen ist, dass unvermutet arglose Personen durch M bedroht oder gar gefährdet werden könnten, entschließen sich A und B einzuschreiten.

Sie fordern den M mit lautem Kommando auf, das Fahrzeug zu verlassen und die Waffe langsam auf den Boden zu legen. Zu ihrer Überraschung zuckt M völlig verängstigt zusammen und verlässt weinend das Fahrzeug. Die Waffe, die er auf den Boden legt, erweist sich als Holzspielzeugpistole. Nachdem der Mann mehrmals „Mama, Mama" ruft, wird den Beamten und den Schaulustigen klar, dass es sich bei M um einen Menschen mit geistiger und seelischer Behinderung handelt. Auf die Frage, wo seine Mutter sei, antwortet M, dass diese einkaufen sei und er im Auto auf sie warten solle. Schlagartig ändert sich daraufhin die Stimmung unter den zahlreichen Schaulustigen, die nunmehr massiven Unmut gegenüber dem groben Vorgehen der Beamten äußern. Einzelne Passanten gehen auf die Beamten zu und beschimpfen diese lautstark des menschenunwürdigen Umgangs mit M. Mehrfach wird hierbei der Vorwurf von „Nazi-Methoden" laut. Angesichts der Aufregung um ihn herum ist M mittlerweile völlig verstört und eingeschüchtert. A und B fühlen sich der zunehmend aufgeheizten und hektischen Situation nicht gewachsen. Sie beschließen daher, den Ort zu verlassen und den weiterhin nach seiner Mutter rufenden M mit auf die Wache in Obhut zu nehmen. Unter lautstarkem Protest aller Anwesenden verlassen die drei Personen mit dem Streifenwagen den Ort. Als die Mutter des M, die gleichzeitig als dessen Betreuerin bestellt ist, nach ca. fünf Minuten vom Einkauf zurückkehrt und von dem polizeilichen Einsatz in der Tiefgarage erfährt, ist sie maßlos erbost. Sie eilt zur Polizeiwache, an der sie etwa zeitgleich mit den Beamten eintrifft, und holt ihren Sohn von der Wache ab. Sogleich kündigt sie eine Klage ihres Sohnes gegen den nach ihrer Auffassung skandalösen Polizeieinsatz an.

Hat die Klage des M Aussicht auf Erfolg?

Bearbeitungshinweis: Es ist davon auszugehen, dass für M eine Betreuung i. S. d. §§ 1896 ff. BGB, aber kein Einwilligungsvorbehalt i. S. d. § 1903 BGB angeordnet ist, sodass er grds. handlungsfähig nach § 12 VwVfG NRW ist und die Behörde ihm gegenüber somit auch wirksame Verfahrenshandlungen vornehmen kann. Von einer Geschäftsunfähigkeit i. S. d. § 104 Nr. 2 BGB ist nicht auszugehen.

Gliederung

Lösungsvorschlag

Die Klage des M hat Erfolg, wenn sie zulässig und begründet ist.

A. Zulässigkeit der Klage

I. Eröffnung des Verwaltungsrechtwegs

Zunächst müsste der Verwaltungsrechtsweg eröffnet sein. Eine aufdrängende Sonderzuweisung zu den Verwaltungsgerichten besteht nicht. Die Frage des zulässigen Rechtsweges bestimmt sich damit nach der Generalklausel des § 40 Abs. 1 S. 1 VwGO.

Dann müsste eine öffentlich-rechtliche Streitigkeit nichtverfassungsrechtlicher Art vorliegen. Eine Streitigkeit ist öffentlich-rechtlicher Art, wenn die streitentscheidende Norm eine solche des öffentlichen Rechts ist, also notwendig einen Hoheitsträger in dieser Funktion berechtigt oder verpflichtet (modifizierte Subjektstheorie, „Sonderrechtslehre"). Hier handeln A und B auf der Grundlage des PolG NRW, welches die Polizei zum Eingreifen gegenüber dem Bürger berechtigt und daher dem öffentlichen Recht zuzuordnen ist. Somit liegt eine öffentlich-rechtliche Streitigkeit vor. Es streiten keine Verfassungsorgane über materielles Verfassungsrecht. Somit ist keine doppelte Verfassungsunmittelbarkeit gegeben. Daher ist die Streitigkeit nichtverfassungsrechtlicher Art.

Zweifel hinsichtlich der Zulässigkeit des Verwaltungsrechtsweges könnten sich jedoch mit Blick auf die Ingewahrsamnahme ergeben. So sieht § 36 Abs. 1 S. 1, Abs. 2 S. 1 PolG NRW eine abdrängende Sonderzuweisung an das Amtsgericht über die Zulässigkeit und Fortdauer der Freiheitsentziehung vor. Allerdings hat das Amtsgericht nur über die Rechtmäßigkeit der An- bzw. Fortdauer der Ingewahrsamnahme zu befinden, nicht aber über die Rechtmäßigkeit des Polizeieinsatzes insgesamt. Insofern bleibt für die Überprüfung der Rechtmäßigkeit einer erledigten Ingewahrsamnahme der Verwaltungsrechtsweg offen.[1]

Der Verwaltungsrechtsweg ist gemäß § 40 Abs. 1 S. 1 VwGO eröffnet.

II. Statthafte Klageart

Die statthafte Klageart richtet sich nach dem klägerischen Begehren (vgl. § 88 VwGO).

M begehrt die Feststellung der Rechtswidrigkeit des Polizeieinsatzes. Hierbei sind die verschiedenen Etappen des Einsatzes jeweils gesondert zu würdigen.

1. Aufforderung, das Fahrzeug zu verlassen und die Waffe niederzulegen

Zunächst geht es hierbei um die Aufforderung der Beamten an M, das Fahrzeug zu verlassen und die Waffe niederzulegen. Hierbei handelt es sich um eine Einzelfallanordnung mit Verwaltungsaktqualität (§ 35 S. 1 VwVfG NRW). Insbesondere konnte der Verwaltungsakt ungeachtet seiner Betreuung gegenüber dem M bekanntgegeben werden (§§ 12, 41 VwVfG NRW) und ist damit wirksam geworden (§ 43 Abs. 1 VwVfG NRW). Statthaft könnte daher die Anfechtungsklage sein. Allerdings hat sich der Verwaltungsakt mit der Erfüllung der geforderten Handlung des M erledigt. Der Verwaltungsakt ist gemäß § 43 Abs. 2 VwVfG NRW nicht mehr wirksam und damit nicht mehr zulässiger Gegenstand einer Anfechtungsklage.

---

[1] Str.; s. ÖffR NRW, § 3 Rn. 180.

In Betracht kommt daher eine Fortsetzungsfeststellungsklage nach § 113 Abs. 1 S. 4 VwGO. Problematisch ist jedoch, dass der Wortlaut des § 113 Abs. 1 S. 4 VwGO den Fall einer Erledigung vor Klageerhebung nicht erfasst. Insoweit enthält § 113 Abs. 1 S. 4 VwGO eine planwidrige Regelungslücke. Die Interessenlage des Klägers bei Erledigung eines Verwaltungsakts vor und nach Klageerhebung ist dabei weitgehend parallel zu bewerten. Somit kommt § 113 Abs. 1 S. 4 VwGO im Wege der Analogie grundsätzlich auch in Fällen der Erledigung eines Verwaltungsakts vor Klageerhebung zur Anwendung.[2] Die statthafte Klageart ist die Fortsetzungsfeststellungsklage nach § 113 Abs. 1 S. 4 VwGO analog.

2. Einsatz von Waffen

Die beiden Beamten haben im Rahmen des Einsatzes ihre Waffen bereitgehalten. Hierbei könnte es sich um die Androhung von Zwangsmitteln gegen die Person des M gehandelt haben, die VA-Qualität aufwiese und sich zwischenzeitlich erledigt hätte. Auch insoweit wäre also eine Fortsetzungsfeststellungsklage statthaft.

3. Ingewahrsamnahme

Auch die Ingewahrsamnahme stellt einen Verwaltungsakt dar, dessen Rechtmäßigkeit nach Erledigung im Wege der Fortsetzungsfeststellungsklage überprüft werden kann.

III. Klagebefugnis

Auch im Rahmen der Fortsetzungsfeststellungsklage nach § 113 Abs. 1 S. 4 VwGO analog muss in entsprechender Anwendung des § 42 Abs. 2 VwGO eine Klagebefugnis bestehen. Dies wird damit begründet, dass in diesen Fällen ebenfalls Popularklagen vermieden werden sollen. Außerdem setzt die Fortsetzungsfeststellungsklage die Ausgangsklage nur fort, sodass durch die Erledigung eines Verwaltungsaktes eine ursprünglich unzulässige Anfechtungsklage nicht als Fortsetzungsfeststellungsklage zulässig werden darf. Daher müssen auch die übrigen Zulässigkeitsvoraussetzungen der ursprünglichen Klageart weiterhin vorliegen.

Der Kläger muss geltend machen, durch die erledigten Verwaltungsakte in seinen Rechten verletzt zu sein. M kann als Adressat der Verfügungen jedenfalls geltend machen, möglicherweise in seinen Grundrechten, insbesondere denen aus Art. 2 Abs. 1, Abs. 2 S. 2 GG, verletzt zu sein.

Die Klagebefugnis des M analog § 42 Abs. 2 VwGO ist gegeben.

Vertiefung: Verdeutlichen Sie sich noch einmal den Unterschied zwischen Feststellungsinteresse (berechtigtes Interesse an der Feststellung, dass der Verwaltungsakt rechtswidrig gewesen ist, vgl. ÖffR NRW, § 5 Rn. 19) und der Klagebefugnis (Möglichkeit des Bestehens einer eigenen Rechtsverletzung, vgl. ÖffR NRW, § 5 Rn. 15).

---

[2] Vgl. aber die abweichende Situation, wenn es um die Vorbereitung eines Amtshaftungsprozesses geht. Sie wird über die besondere Sachentscheidungsvoraussetzung des Feststellungsinteresses geklärt, s. unter IV.

IV. Besonderes Feststellungsinteresse

Die Fortsetzungsfeststellungsklage bedarf in analoger Anwendung des § 113 Abs. 1 S. 4 VwGO eines besonderen Feststellungsinteresses.

Dieses liegt zumindest dann vor, wenn eine Wiederholungsgefahr besteht, die Beseitigung einer fortbestehenden Diskriminierung (Rehabilitationsinteresse) begehrt wird oder eine wesentliche Grundrechtsposition beeinträchtigt wurde.

> **Klausurtipp:** Das in diesem Zusammenhang häufig genannte Feststellungsinteresse der Vorbereitung eines Amtshaftungsprozesses greift nur, wenn sich der Verwaltungsakt erst nach Klageerhebung erledigt hat. Ansonsten muss der Amtshaftungsprozess von vornherein bei den zuständigen ordentlichen Gerichten geführt werden, die dann inzident über das Vorliegen einer Amtspflichtverletzung befinden.

Hier könnte das Feststellungsinteresse des M in der besonderen Beeinträchtigung seiner Grundrechtspositionen durch den Polizeieinsatz bestehen. Die Grundrechtsbeeinträchtigung darf jedoch nicht lediglich bloße Modalitäten der Grundrechtsausübung betreffen, sondern muss vielmehr die Verwirklichung des dem Recht zugrundeliegenden Charakters betreffen. Hier liegt darin, dass die Polizei den M mit auf das Polizeirevier nahm, ein wesentlicher Eingriff in die Handlungs- und Fortbewegungsfreiheit des M aus Art. 2 Abs. 1, Abs. 2 S. 2 GG vor. M könnte auch ein Rehabilitationsinteresse an der Feststellung haben. Er wurde unter den Augen mehrerer Zeugen von Polizisten abgeführt, was ihn wie einen Straftäter erscheinen ließ. Somit ist ein besonderes Feststellungsinteresse gegeben.

> **Klausurtipp:** Die Begründung eines besonderen Feststellungsinteresses auf Grund einer Grundrechtsbeeinträchtigung bedarf einer äußerst zurückhaltenden Handhabung; insbesondere darf diese Konstruktion über Art. 2 Abs. 1 GG als Auffanggrundrecht nicht überspannt werden.

V. Vorverfahren

Nach § 68 Abs. 1 S. 2 Var. 1 VwGO i. V. m. § 110 Abs. 1 S. 1 JustG NRW ist die Durchführung eines Vorverfahrens nicht erforderlich.

VI. Klagefrist

Es ist streitig, ob der Kläger im Rahmen einer Fortsetzungsfeststellungsklage in analoger Anwendung des § 74 Abs. 1 S. 2 VwGO an die Einhaltung einer Klagefrist gebunden ist.

Eine Entscheidung kann im vorliegenden Fall dahin stehen, da die Monatsfrist des § 74 Abs. 1 S. 2 VwGO eingehalten werden kann.

> **Vertiefung:** Vgl. zu dem Streitstand der analogen Anwendung des § 74 VwGO im Rahmen der Fortsetzungsfeststellungsklage exemplarisch einerseits BVerwGE 109, 203 (207 f.), andererseits *Kopp/Schenke*, VwGO, 26. Aufl. 2020, § 113 Rn. 128.

VII. Klagegegner

Der Klagegegner bestimmt sich bei der Fortsetzungsfeststellungsklage analog § 78 Abs. 1 Nr. 1 VwGO. Danach ist die Klage gegen den Rechtsträger der Behörde zu richten, die die Verwaltungsakte erlassen hat. Somit ist richtiger Klagegegner vorliegend das Land NRW als Rechtsträger der Polizei, vgl. § 1 POG NRW.

VIII. Beteiligten- und Prozessfähigkeit

M ist als natürliche Person nach § 61 Nr. 1 Var. 1 VwGO, das Land NRW gemäß § 61 Nr. 1 Var. 2 als juristische Person beteiligtenfähig.

Problematisch ist, ob M auch prozessfähig ist, ob ihm also die Befugnis zusteht, selbst oder durch einen Bevollmächtigten Prozesshandlungen vorzunehmen. Nach § 62 Abs. 1 Nr. 1 und 2 VwGO ist prozessfähig, wer nach bürgerlichem Recht geschäftsfähig ist bzw. wer als beschränkt Geschäftsfähiger durch Vorschriften des bürgerlichen oder öffentlichen Rechts für den Gegenstand des Verfahrens als geschäftsfähig anerkannt wird. M steht laut Bearbeitungshinweis unter Betreuung seiner Mutter, allerdings ohne Einwilligungsvorbehalt i. S. d. § 1903 BGB. Da erst die Anordnung eines solchen Vorbehalts zu Einschränkungen bei der Wahrnehmung der hierunter fallenden Angelegenheiten führt,[2a] ergibt sich im Umkehrschluss, dass die Geschäfts- und Prozessfähigkeit des M durch die Betreuung nicht in Frage gestellt wird. M ist daher prozessfähig.

Für das Land NRW handelt im Prozess als Vertreter i. S. v. § 62 Abs. 3 VwGO der zuständige Fachminister,[3] hier der Innenminister als der für die Polizei zuständige Fachminister (vgl. § 5 POG NRW), der kraft interner Delegation durch den jeweiligen Polizeipräsidenten vertreten wird.[4]

IX. Zuständiges Gericht

Die Klage ist gemäß §§ 45, 52 VwGO vor dem örtlich zuständigen Verwaltungsgericht zu erheben.

X. Zwischenergebnis

Die Klage des M ist zulässig.

B. Begründetheit

Die Fortsetzungsfeststellungsklage ist begründet, soweit die erledigten Verwaltungsakte der Beamten rechtswidrig waren und der Kläger dadurch in seinen Rechten verletzt worden ist. Hierbei ist zwischen den einzelnen Maßnahmen zu differenzieren, wobei I. die Aufforderung zu prüfen ist, das Fahrzeug zu verlassen und die Waffe niederzulegen; II. wird die Frage des Waffeneinsatzes der Beamten zu prüfen sein; III. soll schließlich der Ingewahrsamnahme des M nachgegangen werden.

[2a] *Kintz*, in: BeckOK VwGO, 54. Edition (Stand: 7/2020), § 62 Rn. 8.
[3] Vgl. *Kintz*, in: BeckOK VwGO, 54. Edition (Stand: 7/2020), § 62 Rn. 15.
[4] Vertretungserlass NRW Gemeinsamer Runderlass des Ministerpräsidenten und der Ministerien, MBl. NRW. 2018 S. 128 (Stand: 28.1.2020), Abschnitt 2 Nr. 4.

I. Aufforderung, das Fahrzeug zu verlassen und die Waffe niederzulegen

1. Ermächtigungsgrundlage

Die durchgeführte Maßnahme lässt sich von der Rechtsfolgenseite her nicht auf eine der sog. Standardermächtigungen des Polizeirechts gründen. Einschlägig ist daher die polizeiliche Generalklausel gem. § 8 Abs. 1 PolG NRW.

2. Formelle Rechtmäßigkeit

Eine (Eil-)Zuständigkeit der Polizeibeamten aus § 1 Abs. 1 S. 3 PolG NRW ist unzweifelhaft zu bejahen. Bedenken gegen die formelle Rechtmäßigkeit der Aufforderung könnten allenfalls insofern bestehen, als gemäß § 28 Abs. 1 VwVfG NRW vor einem belastenden Verwaltungsakt eine Anhörung erforderlich ist. Diese war aber im vorliegenden Fall gemäß § 28 Abs. 2 Nr. 1 VwVfG NRW wegen Gefahr im Verzug entbehrlich.
Die Maßnahme war formell rechtmäßig.

3. Materielle Rechtmäßigkeit

Die durchgeführte Maßnahme war materiell rechtmäßig, wenn − auf der Tatbestandsseite − eine Gefahr für die öffentliche Sicherheit vorgelegen und sich die Maßnahme gegen den richtigen Adressaten gerichtet hat sowie − auf der Rechtsfolgenseite − die Beamten das ihnen eingeräumte Ermessen fehlerfrei ausgeübt haben.

a) Gefahr für die öffentliche Sicherheit

Zu prüfen ist, ob das Verhalten des M in der Tiefgarage des Supermarktes als Gefahr für die öffentliche Sicherheit i. S. d. § 8 Abs. 1 PolG NRW gewertet werden kann. Der Begriff der öffentlichen Sicherheit erfasst die Unversehrtheit der objektiven Rechtsordnung, den Schutz der Individualrechtsgüter (Leben, Gesundheit, Eigentum etc.) sowie schließlich den Schutz der Einrichtungen und Veranstaltungen des Staates.[5]
Unter einer polizeilichen Gefahr für die öffentliche Sicherheit ist eine Sachverhaltslage zu verstehen, die bei ungehindertem Ablauf in absehbarer Zeit mit hinreichender Wahrscheinlichkeit zu einem Schaden an den oben genannten polizeilichen Schutzgütern führen würde.[6]

aa) Gefahr für Individualrechtsgüter (Leib und Leben)

Vorliegend ist vor allem die Möglichkeit einer Gefahr für Individualrechtsgüter zu prüfen, namentlich also eine Gefahr für das Leben und die Gesundheit der Passanten in der Tiefgarage. Der vorliegende Sachverhalt zeichnet sich indes dadurch aus, dass eine reale Gefahr für Leib und Leben der Bürger niemals bestanden hat, da ein Schaden durch die Holzspielzeugwaffe nicht bewirkt werden konnte. Insoweit könnte eine Gefahrenlage zu verneinen sein.
Allerdings darf die Frage nach dem Vorliegen einer Gefahr nicht aus der nachträglichen „ex-post-Bewertung" heraus beantwortet werden. Maßgeblich ist vielmehr der Sachverhalt, wie er sich aus der Sicht eines fähigen, sachkundigen und besonnenen Be-

---

[5] Vgl. ÖffR NRW, § 3 Rn. 50 ff.
[6] ÖffR NRW, § 3 Rn. 59 ff.

amten zum Zeitpunkt des Einsatzes darstellt.[7] Erweist sich eine bestimmte Situation dabei im Vorhinein als gefahrenträchtig, obgleich eine nachträgliche Sachverhaltsbewertung zeigt, dass eine reale Gefahr nicht bestand, liegt gleichwohl eine Gefahr im polizeilichen Sinne vor; es handelt sich dann um eine sog. „Anscheinsgefahr". Nur wenn im Vorhinein erkennbar war, dass eine reale Gefahr nicht bestand, wäre von einer sog. „Scheingefahr" auszugehen, die den Anforderungen des Gefahrenbegriffs in § 8 PolG NRW nicht genügt.

Vorliegend könnte eine Anscheinsgefahr gegeben sein. So hatten die Anrufer bei der Polizei ausgesagt, dass M eine Waffe führe. A und B konnten vor Ort ebenfalls nicht ausschließen, dass es sich bei dem von M geführten Gegenstand um eine Waffe handelt. Ob diese Umstände indes bereits ausreichten, um berechtigterweise auf eine Situation zu folgern, die bei ungehindertem Ablauf mit hinreichender Wahrscheinlichkeit in abschbarer Zeit zu einem Übergriff auf das Leben und die Gesundheit Dritter führen würde, erscheint fraglich. Zwar ist im Rahmen der vorzunehmenden Wahrscheinlichkeitsprognose eine dynamische Bewertung anzustellen, bei der die Anforderungen an die Eintrittswahrscheinlichkeit umso geringer ausfallen, je höher der bevorstehende Schaden ist. Angesichts der offensichtlich höchst ungesicherten Umstände des Falles erscheint es indes eher zweifelhaft, ob aus der ex-ante-Betrachtung bereits definitiv auf die hinreichende Wahrscheinlichkeit eines bevorstehenden Schadens gefolgert werden konnte. So legt die Sachverhaltsdarstellung nahe, dass aus Sicht der Beamten ein in tatsächlicher Hinsicht unklarer Sachverhalt vorlag, der im Sinne eines sog. Gefahrenverdachts[8] zu deuten ist: Die Beamten waren auch in der ex ante Betrachtung nicht vom Vorliegen einer realen Gefahr überzeugt, sondern hielten eine solche lediglich für möglich, ohne die Situation von Anfang an vollständig überblicken zu können. Eben diese Situation aber wird gemeinhin mit dem Begriff des „Gefahrenverdachts" bezeichnet.

Fraglich ist, ob dieser Gefahrenverdacht als Gefahr i. S. d. § 8 Abs. 1 PolG NRW gewertet werden kann. Die Behandlung des Gefahrenverdachtes ist in Rechtsprechung und Literatur nach wie vor umstritten. Teilweise wird der Gefahrenverdacht explizit unterhalb der relevanten Gefahrenschwelle verortet mit der Folge, dass den Beamten lediglich weitere „Gefahrenerforschungseingriffe" bzw. „vorläufige Maßnahmen" gestattet sein sollen, nicht aber ein unmittelbar gefahrbeseitigendes Einschreiten. Folgte man dieser Ansicht, müsste die Intervention der Beamten hier als rechtswidrig angesehen werden. Die pauschale Austrennung des Gefahrenverdachts aus dem Gefahrenbegriff des § 8 Abs. 1 PolG NRW kann indes nicht überzeugen. Vielmehr wird man auch innerhalb der Situationen des Gefahrenverdachts zu differenzieren haben. Denn auch bei einer nicht abschließend gesicherten Sachverhaltslage können sich Konstellationen ergeben, in denen ein weiteres Abwarten zum Zwecke der weiteren Sachverhaltsklärung wegen des hohen Gefährdungspotentials der Situation nicht hinnehmbar erscheint. In diesen Fällen wird die dynamisch zu interpretierende Gefahrenschwelle bereits überschritten. Zu denken ist insoweit z.B. an eine Bombendrohung, die – etwa aufgrund des wiederholten Eingehens – im Einzelfall womöglich wenig glaubhaft erscheinen mag, gleichwohl deshalb nicht ohne Weiteres ignoriert werden kann. In Fällen dieser Art muss der Polizei die Räumung eines Gebäudes oder einer Anlage auch dann möglich sein, wenn man der Drohung wenig Glauben schenken kann.

---

[7] Sog. „ex-ante-Betrachtung", vgl. ÖffR NRW, § 3 Rn. 62.
[8] Eingehend ÖffR NRW, § 3 Rn. 64; zum Streit um den Begriff des Gefahrenverdachts vgl. nur *Schenke*, JuS 2018, 505 (508 ff.).

Die vorliegende Situation erscheint insoweit durchaus vergleichbar. Denn zum einen war die Situation in der Tiefgarage in wesentlichen Punkten unklar, zum anderen aber wäre das Gefährdungspotential eines mit einer scharfen Waffe auf Dritte zielenden Mannes so hoch gewesen, dass ein weiteres Laufenlassen der Situation kaum zu verantworten war. Insoweit erscheint es gerechtfertigt, von einem Gefahrenverdacht auszugehen, der aufgrund der besonderen Umstände bereits die Qualität einer Gefahr i. S. d. § 8 Abs. 1 PolG NRW angenommen hatte. Unter dem Blickwinkel des Schutzes von Leib und Leben lag somit eine Gefahr vor.[9]

bb) Gefahr für die Unversehrtheit der objektiven Rechtsordnung (Waffenrecht)

Eine Gefahr für die öffentliche Sicherheit könnte zusätzlich mit Blick auf das Schutzgut der Unversehrtheit der objektiven Rechtsordnung gegeben sein, falls das Hantieren des M mit einer Waffenattrappe gegen Waffenrecht verstoßen haben sollte. Nach § 42a Abs. 1 Nr. 1 WaffG ist das Führen von Anscheinswaffen rechtswidrig. Nachbildungen von Schusswaffen fallen nach Anlage 1, Nr. 1.6.2 zu § 1 Abs. 4 WaffG nur unter Anscheinswaffen, wenn sie dem Aussehen von Schusswaffen entsprechen. Dies war hier nicht der Fall (Holzspielzeugpistole), so dass eine dahingehende Gefahr durch Verletzung des Waffengesetzes nicht vorlag. Immerhin legt der Sachverhalt den Schluss nahe, dass die Beamten aus des ex-ante-Perspektive zumindest von der Möglichkeit des waffenrechtswidrigen Führens einer echten Schusswaffe durch M ausgingen und ausgehen durften. Auch hier lag damit der Verdacht einer Gefahr in der Gestalt einer bereits eingetretenen Verletzung des Waffengesetzes (§ 10 Abs. 4 WaffenG) vor. Erneut stellt sich damit die Frage, ob dieser Gefahrenverdacht hier ebenfalls bereits als Gefahr i. S. d. Polizeigesetzes anzusehen ist oder noch unterhalb der Gefahrenschwelle angesiedelt werden muss, so dass lediglich weitere Aufklärungsmaßnahmen legitim gewesen wären. Dies kann unterschiedlich bewertet werden. Trennt man diesen Aspekt der Wahrung objektiver Normen von etwaigen Gefahren für Leib und Leben, die im Zweifel ein frühes Einschreiten notwendig machen, spricht mehr dafür, den hier zu prüfenden Gefahrenverdacht noch unterhalb der maßgeblichen Gefahrenschwelle anzusiedeln.

Eine Gefahr wegen der Verletzung objektiver Normen liegt daher nicht vor.

b) Adressatenfrage

M könnte als Handlungsverantwortlicher rechtmäßiger Adressat der Polizeimaßnahme sein. Dann müsste er eine Gefahr „verursacht" haben, wobei es auf das Verschulden, hier also auf die Frage der Schuldfähigkeit des M, nicht ankommt. Der Verursachungsbegriff des Polizeirechts ist grundsätzlich weit zu fassen, wobei nach der sog. „Unmittelbarkeitslehre" insbesondere diejenigen Handlungsbeiträge erfasst werden, die unmittelbar zum Überschreiten der Gefahrenschwelle geführt haben.[10] Ein solcher Handlungsbeitrag ist hinsichtlich des Hantierens des M mit der Spielzeugwaffe durchaus zu bejahen. Allenfalls könnte erwogen werden, ob die Handlungen des M deshalb nicht als Verursachung i. S. d. § 4 Abs. 1 PolG NRW in Betracht kommen, weil M womöglich in Ausübung eigener Rechte bzw. nicht pflichtwidrig gehandelt hat.[11] Aller-

---

[9] OLG Karlsruhe, VBlBW 2000, 329.
[10] ÖffR NRW, § 3 Rn. 76 ff.
[11] Vgl. zu den diesbezüglichen Abgrenzungen ÖffR NRW, § 3 Rn. 82 f.

dings wird man ein positives Recht darauf, in der Öffentlichkeit mit waffenähnlichen Gegenständen Unsicherheiten hervorzurufen, nicht annehmen können. Eine Gefahrenverursachung durch M ist daher zu bejahen.

M durfte daher als Handlungsverantwortlicher in Anspruch genommen werden.

c) Ermessensausübung

Die umstrittene Maßnahme müsste als Ermessensentscheidung („kann") schließlich auch ermessensfehlerfrei durchgeführt worden sein. Im Rahmen der nach § 8 Abs. 1 PolG NRW erforderlichen Ermessensausübung ist insoweit zu differenzieren hinsichtlich der Frage des „Ob" eines Einschreitens (sog. Entschließungsermessen), hinsichtlich des „Gegen-Wen" eines Einschreitens (sog. Störerauswahlermessen) sowie hinsichtlich des „Wie" eines Einschreitens (sog. Handlungsermessen). Eine ordnungsgemäße Ermessensausübung setzt dabei jeweils voraus, dass die Beamten ihr Ermessen überhaupt ausüben, es dem Zweck des Ermessens entsprechend ausüben sowie die Grenzen des Ermessens wahren (§ 40 VwVfG NRW).

aa) Entschließungsermessen

Hinsichtlich des „Ob" eines Einschreitens sind Fehler in der Ermessensausübung nicht ersichtlich.

bb) Störerauswahlermessen

Hinsichtlich des Störerauswahlermessens könnte ein Ermessensnichtgebrauch vorliegen, falls neben dem M weitere Störer existiert haben sollten, deren Inanspruchnahme die Beamten dann womöglich fehlerhaft nicht in Erwägung gezogen haben.

Als ein weiterer Störer könnte hier die Mutter des M in Betracht kommen. Denn auch sie hat, ohne dass Verschuldensfragen eine Rolle spielen, eine Ursache für die Gefahrenlage dadurch in Gang gesetzt, dass sie ihren Sohn mit der Spielzeugwaffe allein im Fahrzeug gelassen hat. Zwar handelte es sich gewiss nicht um die „letzte Ursache" i. S. d. Unmittelbarkeitslehre. Indes darf die Unmittelbarkeitslehre auch nicht i. S. e. „Zeitlupenbetrachtung" fehlinterpretiert werden, die stets nur auf den zeitlich letzten Akt abstellt. Entscheidend ist vielmehr der Aspekt des Überschreitens der Gefahrenschwelle; dieser könnte in der Person der Mutter insoweit erfüllt sein, als sie womöglich Vorkehrungen gegen eine Fehlinterpretation der Sachlage hätte treffen müssen. Wenn aber die Mutter als Störerin in Betracht käme, könnte in der Tat ein Ermessensnichtgebrauch vorliegen, weil die Beamten Maßnahmen gegen die Mutter von vornherein nicht in Erwägung gezogen haben.

Ebenso wie die Prüfung einer Gefahrenlage auf einer ex-ante-Betrachtung basiert, muss indes auch die Frage der Störerauswahl auf eine ex-ante-Betrachtung gegründet werden. Da aber die Beamten im Vorhinein nicht erkennen konnten, dass es sich bei M um einen Menschen mit Behinderung handelt, konnten sie auch einen etwaigen Handlungsbeitrag der Mutter nicht erkennen. Aus der ex-ante-Perspektive gab es damit nur einen Störer, den die Beamten folgerichtig ohne Verletzung ihres Störerauswahlermessens in Anspruch nehmen konnten. Insofern lag also kein Ermessensfehler vor.

cc) Handlungsermessen

Hinsichtlich des „Wie" des Einsatzes müsste die Polizei ermessensfehlerfrei i. S. d. § 40 VwVfG NRW gehandelt haben. Anhaltspunkte für einen Ermessensfehlgebrauch oder einen Ermessensnichtgebrauch bestehen nicht. Zur Vermeidung einer Ermessensüberschreitung müsste die Maßnahme insbesondere verhältnismäßig gewesen sein.[12] Die Maßnahme müsste geeignet gewesen sein, das heißt, sie müsste den Zweck gefördert haben. Zwar könnte erwogen werden, ob die Aufforderung als Maßnahme, falls tatsächlich ein Gewalttäter in dem Fahrzeug gesessen hätte, „robust" genug gewesen wäre, um diesen außer Gefecht zu setzen. Als erste und steigerungsfähige Maßnahme war die Aufforderung indes durchaus ein „Schritt in die richtige Richtung", dem damit die Geeignetheit nicht von vornherein abgesprochen werden kann. An der Erforderlichkeit besteht kein Zweifel, da weniger eingriffsintensive Maßnahme als die bloße Aufforderung, das Fahrzeug zu verlassen und die Waffe niederzulegen, nicht ersichtlich sind. Auch die Zumutbarkeit der Maßnahme ist zu bejahen, da deren Belastung des M durch die Maßnahme jedenfalls nicht außer Verhältnis zu dem erstrebten Zweck der Abwehr von Gefahren für Leib und Leben Dritter steht.

4. Zwischenergebnis

Die Aufforderung an M, das Fahrzeug zu verlassen und die Waffe niederzulegen, war rechtmäßig.

II. Waffeneinsatz gegenüber M

Als rechtfertigungsbedürftige Maßnahme gegenüber M ist womöglich auch die Bereithaltung der Schusswaffen anzusehen. So wird etwa das In-Anschlag-Gehen mit einer Dienstwaffe regelmäßig als Androhung unmittelbaren Zwanges zur Durchsetzung einer Polizeiverfügung anzusehen sein, die dann Teil des Verwaltungsvollstreckungsverfahrens ist und eine Rechtsgrundlage in den §§ 50 ff. PolG NRW finden kann.

Laut Sachverhalt sind die Beamten A und B indes mit ihren Waffen nicht in Anschlag gegangen, sondern haben diese lediglich zur Eigensicherung – also für den Fall einer späteren Eskalation – bereitgehalten. Das bloße Bereithalten einer Waffe stellt jedoch keine konkrete Maßnahme gegenüber einem Dritten dar und bedarf insoweit keiner Prüfung.

III. Ingewahrsamnahme des M

Ein freiheitsentziehender Eingriff gegenüber M stellt allerdings dessen Ingewahrsamnahme dar.

1. Ermächtigungsgrundlage

Als Rechtsgrundlage für diese Maßnahme kommt § 35 Abs. 1 Nr. 1 und 2 PolG NRW in Betracht.

2. Formelle Rechtmäßigkeit

a) Zuständigkeit

An der Eilzuständigkeit der Beamten besteht auch hier kein Zweifel (§ 1 Abs. 1 S. 3 PolG NRW).

---

[12] Zur Ermessensprüfung eingehend ÖffR NRW, § 3 Rn. 118 ff.

b) Anhörung

Zu prüfen ist, ob dem Anhörungserfordernis des § 28 Abs. 1 VwVfG NRW Rechnung getragen wurde. Hierzu müsste die Ingewahrsamnahme als belastender Verwaltungsakt angesehen werden, was richtigerweise der Fall ist. Hier könnte das Anhörungserfordernis dadurch erfüllt worden sein, dass M sich vor seiner Mitnahme auf die Wache tatsächlich geäußert hat. Ob es sich hierbei um eine Anhörung handelte, erscheint freilich nicht völlig eindeutig. Ggf. kommt insoweit erneut die Dispensregelung des § 28 Abs. 2 Nr. 1 VwVfG NRW in Betracht. Das Anhörungserfordernis ist damit im Ergebnis gewahrt.

c) Richtervorbehalt

Weiterhin müsste die Maßnahme dem sog. Richtervorbehalt genügen. Mit Blick auf ihren freiheitsentziehenden Charakter bedarf jede Ingewahrsamnahme grundsätzlich einer „unverzüglichen richterlichen Entscheidung" über Zulässigkeit und Fortdauer der Freiheitsentziehung (§ 36 Abs. 1 S. 1 PolG NRW). Diese ist hier nicht erfolgt. Ob hieraus auf die Rechtswidrigkeit der Maßnahme gefolgert werden kann, ist indes fraglich. So bedarf es einer richterlichen Entscheidung gemäß § 36 Abs. 1 S. 2 PolG NRW nicht, wenn anzunehmen ist, dass die Entscheidung erst nach dem Wegfall des Grundes der Ingewahrsamnahme ergehen würde. Hier hatte die Mutter des M ihren Sohn unmittelbar nach dessen Eintreffen bei der Wache abgeholt. Die Beamten hatten M aus dem Gewahrsam entlassen, ohne dass Zeit für eine richterliche Entscheidung gewesen wäre. Die Entbehrlichkeit der richterlichen Prüfung ergibt sich auch unter teleologischen Gesichtspunkten. Denn das Amtsgericht hat nur über die Rechtmäßigkeit der An- bzw. Fortdauer der Ingewahrsamnahme zu befinden, nicht aber über die Rechtmäßigkeit des Polizeieinsatzes insgesamt.

d) Bekanntgabe des Gewahrsamsgrundes, Benachrichtigungspflicht

Tatsächliche Anhaltspunkte, dass die Beamten ihre formelle Pflicht zur Bekanntgabe des Gewahrsamsgrundes (§ 37 Abs. 1 PolG NRW) missachtet hätten, legt der Sachverhalt nicht nahe. Auch das Benachrichtigungsgebot des § 37 Abs. 2 PolG NRW ist nicht verletzt, da die Beamten gerade erst bei der Wache eingetroffen waren, als die Mutter des M dort erschien. Dabei wird nicht verkannt, dass im vorliegenden Fall einer sog. „betreuten" Person der Sorgeberechtigte zwingend behördlicherseits informiert werden muss.

e) Zwischenergebnis

Die Ingewahrsamnahme war formell rechtmäßig.

3. Materielle Rechtmäßigkeit

Die durchgeführte Maßnahme müsste auch materiell rechtmäßig gewesen sein. Dies wäre dann der Fall, wenn – auf der Tatbestandsseite – ein hinreichender Grund für die Ingewahrsamnahme vorgelegen und sich die Maßnahme gegen den richtigen Adressaten gerichtet hat sowie – auf der Rechtsfolgenseite – die Beamten das ihnen eingeräumte Ermessen fehlerfrei ausgeübt haben.

a) Grund für die Ingewahrsamnahme

aa) Unterbindungsgewahrsam gemäß § 35 Abs. 1 Nr. 2 PolG NRW

Als Grund für die Ingewahrsamnahme des M könnte das Ziel der Verhinderung von Straftaten und Ordnungswidrigkeiten mit erheblicher Bedeutung für die Allgemeinheit

(§ 35 Abs. 1 Nr. 2 PolG NRW) in Betracht kommen.[13] Soweit hierbei zunächst auf die Person des M abgestellt wird, scheidet ein solcher Grund freilich von vornherein aus. Denn ersichtlich ging von M keinerlei reale Gefahr aus. Ob eine Wiederholung der eingetretenen Irritation ggf. dadurch hätte vermieden werden können, dass die Beamten die Spielzeugwaffe an sich genommen hätten, bedarf hier keiner Diskussion. Denn insoweit handelt es sich nicht um Straftaten oder Ordnungswidrigkeiten.

Zu prüfen bleibt allerdings, ob das Verhalten der Schaulustigen tatbestandliche Grundlage für die Ingewahrsamnahme nach § 35 Abs. 1 Nr. 2 PolG NRW sein konnte. Für die Annahme, dass es zu gewalttätigen Übergriffen auf die Beamten hätte kommen können, bietet der Sachverhalt keinen hinreichenden Anhalt. Allerdings fanden sich unter den Beschimpfungen auch strafrechtlich relevante Beleidigungen (§ 185 StGB), die noch andauern. § 35 Abs. 1 Nr. 2 PolG NRW ist daher – vorbehaltlich der Frage, ob hier ein Eingreifen „unerlässlich" ist – einschlägig.

bb) Schutzgewahrsam gemäß § 35 Abs. 1 Nr. 1 PolG NRW

Als tatbestandliche Rechtfertigung der Ingewahrsamnahme könnte weiterhin § 35 Abs. 1 Nr. 1 PolG NRW in Betracht kommen, wonach Personen in Gewahrsam genommen werden können, die sich erkennbar in einem die freie Willensbildung ausschließenden Zustand oder sonst in hilfloser Lage befinden. Eine „hilflose Lage" wird man hinsichtlich der Person des M anzunehmen haben, zumal dieser völlig verstört und eingeschüchtert war. Somit ist § 35 Abs. 1 Nr. 1 PolG NRW ebenfalls einschlägig.

b) Adressatenfrage

aa) Unterbindungsgewahrsam gemäß § 35 Abs. 1 Nr. 2 PolG NRW

§ 35 Abs. 1 Nr. 2 PolG NRW enthält keine Regelung über die Frage, ob danach eine Person auch dann in Gewahrsam genommen werden kann, wenn die Rechtsverletzung durch eine andere Person droht. Insofern könnten die allgemeinen Vorschriften über die polizeiliche Verantwortlichkeit (§§ 4–6 PolG NRW) anwendbar sein. Allerdings bestimmt Art. 5 Abs. 1 S. 2 lit. c EMRK für den Unterbindungsgewahrsam, dass die Freiheit einem Menschen nur entzogen werden kann, um die betreffende Person an der Begehung einer Straftat zu hindern. Die EMRK gilt als Bundesgesetz und bricht daher entgegenstehendes Landesrecht. Im Rahmen der geltungserhaltenden Auslegung ist § 35 Abs. 1 Nr. 2 PolG NRW folglich so zu verstehen, dass die Rechtsverletzung gerade durch denjenigen drohen muss, der in Gewahrsam genommen werden soll.[14] Da von M keinerlei Straftat oder Ordnungswidrigkeit zu befürchten ist, kann er demnach nicht nach § 35 Abs. 1 Nr. 2 PolG NRW in Anspruch genommen werden.

bb) Schutzgewahrsam gemäß § 35 Abs. 1 Nr. 1 PolG NRW

Gemäß § 35 Abs. 1 Nr. 1 PolG NRW kann eine Person in Gewahrsam genommen werden, für deren Leib oder Leben eine Gefahr droht. Es ist umstritten, ob diese Norm bereits die Verantwortlichkeit abschließend regelt, oder ob die allgemeinen Regelungen der §§ 4–6 PolG NRW zusätzlich zu beachten sind.

Geht man insofern von einer abschließenden Regelung aus,[15] dann wäre M hier ohne Weiteres richtiger Adressat der Maßnahme. Fordert man hingegen die Anwendung der

---

[13] Zu den einzelnen Anwendungsfällen des Gewahrsams ÖffR NRW, § 3 Rn. 174 ff.

[14] Vgl. OVG Bremen, NVwZ 2001, 221; *Kingreen/Poscher*, Polizei- und Ordnungsrecht, 10. Aufl. 2018, § 16 Rn. 23.

[15] *Kingreen/Poscher*, Polizei- und Ordnungsrecht, 10. Aufl. 2018, § 17 Rn. 23.

§§ 4–6 PolG NRW,[16] so könnte M nur als Nichtstörer unter den Voraussetzungen des polizeilichen Notstands gem. § 6 PolG NRW in Gewahrsam genommen werden.

Gegen eine Anwendung der §§ 4–6 PolG NRW im Rahmen des § 35 Abs. 1 Nr. 1 PolG NRW spricht, dass der Gesetzgeber die Frage der Schutzbedürftigkeit in § 35 Abs. 1 Nr. 1 PolG NRW spezieller geregelt hat. Die allgemeinen Vorschriften über die Verantwortlichkeit sind damit verdrängt. Somit ist die Maßnahme auf der Ebene der Adressatenfrage nicht zu beanstanden.

c) Ermessensprüfung

Im Rahmen des Ermessens ist insbesondere die Verhältnismäßigkeit der Ingewahrsamnahme zu prüfen. Während gegen deren Geeignetheit noch keine grundlegenden Bedenken bestehen, ist allerdings fraglich, ob die Ingewahrsamnahme erforderlich war, um Leib oder Leben des M zu schützen.

Der Sachverhalt liefert wenig Anhaltspunkte für eine solche Annahme. Im Gegenteil hätten insoweit durchaus weniger eingriffsintensive Handlungsalternativen nahe gelegen. So hätten die Beamten unschwer die Mutter des M aus dem Einkaufszentrum herausrufen lassen können und den M bis zur Rückkehr der Mutter wieder in ihrem Fahrzeug Platz nehmen lassen können, anstatt ihn auf die Wache zu geleiten. Auch gibt der Sachverhalt keinerlei Anhalt für die Annahme, dass M nach dem Polizeieinsatz der sofortigen ärztlichen Betreuung bedurfte und deshalb in polizeiliche Obhut hätte genommen werden müssen. Dessen Mitnahme auf die Wache war danach nicht erforderlich und daher unverhältnismäßig.

4. Zwischenergebnis

Die Ingewahrsamnahme war damit rechtswidrig.

IV. Verletzung in eigenen Rechten

M ist als Adressat der Ingewahrsamnahme in seinem Recht auf Fortbewegungsfreiheit aus Art. 2 Abs. 2 S. 2 GG verletzt.

C. Ergebnis

Die Klage ist nur hinsichtlich der Ingewahrsamnahme begründet; insoweit hat sie Erfolg.

Weiterführender Klausurtipp:

„Verbringungsgewahrsam"

Eine im Kontext der Ingewahrsamnahme häufiger diskutierte Problematik bildet der sog. „Verbringungsgewahrsam". Der „Verbringungsgewahrsam" ist dadurch gekennzeichnet, dass die von ihm betroffene Person nicht etwa in die Obhut der Polizei- oder Ordnungsbehörde genommen, sondern mittels eines Fahrzeugs an einen weiter gelegenen Ort „verbracht" und dort freigelassen wird. Die Dauer der Ingewahrsamnahme wird hier gleichsam durch den Zeitaufwand für die fußläufige

---

[16] Vgl. *Rachor*, in: Lisken/Denninger, Handbuch des Polizeirechts, 6. Aufl. 2018, Kap. E Rn. 497.

Rückkehr an den gewünschten Ort ersetzt. Rechtlich handelt es sich bei dem Verbringungsgewahrsam nicht um eine Ingewahrsamnahme, da es an einem Freiheitsentzug fehlt. Auch die Freiheitsbeeinträchtigung während der Beförderung enthält keine Ingewahrsamnahme im technischen Sinne, da sie nicht das Ziel der Maßnahme bildet, sondern nur das Instrument zur Durchführung der „Verbringung" darstellt. Die Verbringung kann auch nicht als Vollstreckung einer Platzverweisung gedeutet werden, da die Platzverweisung nur den Inhalt haben kann, einen Ort zu verlassen bzw. nicht zu betreten, nicht aber den Inhalt, einen bestimmten Ort aufzusuchen. Ob die Maßnahme als Vollzug einer auf die Generalklausel gegründeten Aufenthaltsvorgabe gedeutet werden kann, erscheint ebenfalls fraglich, da das Polizeigesetz mit der Ingewahrsamnahme eine spezielle Handlungsermächtigung zur Verfügung stellt, die zugleich auch die grundrechtlichen Schutzinteressen der Betroffenen mitberücksichtigt. Der „Verbringungsgewahrsam" dürfte daher mangels gesetzlicher Ermächtigung als rechtswidrig einzustufen sein. Bestätigt wird diese Sicht durch die neu in das Polizeirecht aufgenommene Ermächtigung zur „Aufenthaltsvorgabe" nach § 34b PolG. Hiernach sind Aufenthaltsvorgaben nur in extrem engen Grenzen und nur zur Abwehr terroristischer Gefahren zulässig.

Fall 16: „Spiel ohne Regeln?"

Behandelte Themen: Ordnungsgemäße Klageerhebung (ladungsfähige Anschrift) − Begriff des Verwaltungsakts − Allgemeinverfügung − Straßenrecht (Sondernutzung, Gemeingebrauch) − subjektiv-öffentliches Recht − Schutz vor Immissionen − Ermessensreduzierung auf Null

Sachverhalt

Bei dem Ordnungsamt der kreisfreien nordrhein-westfälischen Stadt S gehen seit längerem Beschwerden wegen Straßenmusik im Innenstadtbereich ein, weil die Musiker mit ihren Instrumenten samt Zubehör und Koffern den Fußgängerverkehr beeinträchtigen. Die Behörde entwickelt daraufhin ein Konzept, das sie mit „Spielregeln für das Musizieren in der Stadt S" überschreibt. Nach diesem wird das Musizieren lediglich in den weniger stark frequentierten Straßen X,Y und Z geduldet und das auch nur für die jeweils ersten 20 Minuten der angefangenen Stunde, in der Zeit von 10 bis 21 Uhr. Die neuen „Spielregeln" werden, wie auch in der Vergangenheit häufig praktiziert, durch Flugblätter in der Fußgängerzone der Stadt S und durch Plakatierungen bekannt gemacht.

Musikant M, dessen bisheriger Standort nicht in den „Spielregeln" aufgelistet ist, sieht sich in seiner Kunstfreiheit verletzt. Er möchte gegen die Neuregelung vorgehen, zumal er einen nicht unerheblichen Teil seines Einkommens durch die Straßenmusik bestreitet. Bei dem ersten Versuch einer Vorsprache bei dem zuständigen Sachbearbeiter des Ordnungsamtes trägt M sein Anliegen vor, wird aber abgewiesen. Der Geschäftsstellenbeamte, dem der M persönlich bekannt ist, weigert sich, dessen Anliegen aufzuschreiben. Als Begründung führt er aus, M habe aufgrund seiner Wohnsitzlosigkeit keine Beschwerdebefugnis. Daher verfasst M auf dem Flur der Behörde ein einseitiges Schreiben, das er mit „Einspruch" überschreibt und in dem er dezidiert seine Anliegen hinsichtlich der „Spielregeln" darlegt. Er unterschreibt dieses, fügt seine Adresse in dem Obdachlosenheim der Stadt S ein, geht in das Büro des Urkundsbeamten und legt es diesem auf den Schreibtisch. Einen Tag später fragt M telefonisch bei der Behörde nach, „ob nun alles in Ordnung sei und man sich seiner Sache annehme". Dabei wird ihm von dem Urkundsbeamten mitgeteilt, dass M aufgrund seiner Wohnsitzlosigkeit nicht mit einer Entscheidung rechnen könne. Bei einem seiner regelmäßigen Besuche in dem Obdachlosenheim der Stadt S erzählt M von seinem „misslungenen Einspruch". Daraufhin verspricht der Leiter des Heimbetriebs, ihn zu unterstützen. Aber auch dieser erfährt von dem Vorgesetzten des zuständigen Sachbearbeiters, dass die Beschwerdebefugnis aus praktischen Gründen an das Vorhandensein eines Wohnsitzes geknüpft sei. M erfährt dies drei Wochen später und will sein Problem nunmehr gerichtlich geklärt wissen. Dazu erscheint er zusammen mit dem Leiter des Heimbetriebs persönlich vor dem Verwaltungsgericht und erhebt dort Klage zur Niederschrift des Urkundsbeamten. Er verlangt „freies Spiel für freie Bürger". Der Heimleiter verspricht, eingehende Post für M weiterzuleiten.

Frage 1:

Prüfen Sie die Erfolgsaussichten der Klage des M.

Frage 2:

Die X-Straße, auf der Anwohner A wohnt, unterfällt den „Spielregeln" für das Straßenmusizieren. Nach dem Erlass der „Spielregeln" steigt die Anzahl der Straßenmusiker deutlich. Im Sommer musizieren die Straßenmusikanten auf der X-Straße stets deutlich über die in den „Spielregeln" festgelegten Zeiten hinaus. Dies geschieht unmittelbar vor dem Schlafzimmerfenster des Anwohners A, der dadurch massiv gestört wird. Er wendet sich daraufhin schriftlich an die Ordnungsbehörde und bittet diese sicherzustellen, dass die Straßenmusikanten die vorgeschriebenen Zeiten einhalten, indem ihnen „das Musizieren persönlich verboten wird", damit seine Nachtruhe nicht gestört wird. Die Behörde verweigert ein Einschreiten unter Hinweis auf ihr Entschließungsermessen.

A bittet Sie zu prüfen, inwieweit er materiell in der Lage ist, die Behörde zu einem Einschreiten gegen die Lärmbelästigung zu „zwingen".

Lösungsvorschlag

Frage 1: Erfolgsaussichten der Klage

Die Klage des M hat Erfolg, soweit sie zulässig und begründet ist.

A. Zulässigkeit

I. Verwaltungsrechtsweg

Zunächst müsste der Verwaltungsrechtsweg eröffnet sein.

Eine aufdrängende Sonderzuweisung zu den Verwaltungsgerichten besteht nicht.

Der Verwaltungsrechtsweg könnte über die Generalklausel des § 40 Abs. 1 S. 1 VwGO eröffnet sein. Dann müsste eine öffentlich-rechtliche Streitigkeit nichtverfassungsrechtlicher Art vorliegen.

Eine Streitigkeit ist öffentlich-rechtlicher Art, wenn die streitentscheidende Norm eine solche des öffentlichen Rechts ist, also notwendig einen Hoheitsträger in dieser Funktion berechtigt oder verpflichtet (modifizierte Subjektstheorie, „Sonderrechtslehre"). Die für die Lösung des vorliegenden Konflikts einschlägigen Normen sind dem nordrhein-westfälischen Ordnungsbehördengesetz, dem Straßen- und Wegegesetz des Landes Nordrhein-Westfalen oder dem Landesimmissionsschutzgesetz NRW zu entnehmen. Diese enthalten Handlungsermächtigungen speziell für bestimmte Träger der öffentlichen Gewalt. Sie sind daher ausnahmslos dem öffentlichen Recht zuzuordnen. Somit liegt eine öffentlich-rechtliche Streitigkeit vor.

Es streiten keine Verfassungsorgane über materielles Verfassungsrecht („doppelte Verfassungsunmittelbarkeit"), so dass die Streitigkeit auch nichtverfassungsrechtlicher Art ist.

Eine abdrängende Sonderzuweisung ist nicht ersichtlich.

Der Verwaltungsrechtsweg ist gemäß § 40 Abs. 1 S. 1 VwGO eröffnet.

II. Ordnungsgemäße Klageerhebung

Weiterhin müsste die Klageerhebung ordnungsgemäß i. S. d. § 81 VwGO erfolgt sein.

Gemäß § 81 Abs. 1 S. 2 VwGO kann M die Klage zur Niederschrift des Urkundsbeamten der Geschäftsstelle erheben. Die ordnungsgemäße Klageerhebung erscheint lediglich hinsichtlich der fehlenden Anschrift des Klägers problematisch (§ 82 VwGO).

Gemäß § 173 S. 1 VwGO i. V. m. § 130 Nr. 1 ZPO ist in der Klageschrift grundsätzlich eine ladungsfähige Anschrift des Klägers sowie des Beklagten anzugeben.

Mit Blick auf die Rechtsschutzgarantie des Art. 19 Abs. 4 GG genügt für Personen ohne festen Wohnsitz jedoch ausnahmsweise die Angabe eines Zustellungsbevollmächtigten oder einer anderweitigen Anschrift, unter der die Zustellungen erfolgen können.[1]

M müsste daher beispielsweise das Obdachlosenheim, in dem er regelmäßig verkehrt, oder eine anderweitige Anschrift angeben, unter der ihn gerichtliche Zustellungen erreichen können. M ist mit dem Leiter des Heimbetriebs vor dem Verwaltungsgericht erschienen. Durch die Hinterlassung der Anschrift des Obdachlosenheims als Ladungsanschrift wird dem Erfordernis des § 173 S. 1 VwGO i. V. m. § 130 Nr. 1 ZPO genüge getan.

Es liegt eine ordnungsgemäße Klageerhebung des M vor.

Vertiefung: Lesen Sie zu der Problematik der Angabe einer ladungsfähigen Anschrift bei Obdachlosen oder anderen Personen ohne festen Wohnsitz *Hufen*, JuS 2012, 1055.

---

[1] St. Rspr., vgl. etwa BSG, BeckRS 2017, 120862; BVerwG NJW 2012, 1527; BGHZ 102, 332 (336).

III. Statthafte Klageart

Die statthafte Klageart richtet sich nach dem Rechtsschutzziel bzw. dem klägerischen Begehren (vgl. § 88 VwGO). M möchte gegen die „Spielregeln" der Ordnungsbehörde der Stadt S vorgehen. Er begehrt die Abschaffung dieser Regeln.

Fraglich ist daher, welche rechtliche Qualität den „Spielregeln für das Musizieren in der Stadt S" zukommt.

In Betracht kommt deren Einordnung als Satzung nach § 19 StrWG NRW, als ordnungsbehördliche Verordnung, als Verwaltungsakt oder aber als unverbindlicher Hinweis. Während im Fall einer Satzung oder Rechtsverordnung ein Normenkontrollantrag nach § 47 VwGO einschlägig wäre, müsste M sich gegen einen unverbindlichen Hinweis mit der Feststellungsklage wehren. Im Falle eines Verwaltungsakts wäre die Anfechtungsklage statthaft.

1. Satzung

Bereits die formellen Voraussetzungen für eine Satzung i.S.d. § 19 StrWG NRW liegen in einem von der Ordnungsbehörde herausgegebenen Merkblatt erkennbar nicht vor. Gemäß § 41 Abs. 1 S. 2 lit. f GO NRW hätte eine Satzung vom Rat der Stadt S erlassen werden müssen. Das ist nicht der Fall. Auch ist nicht erkennbar, dass es dem Merkblatt darum gehen könnte, eine Sondernutzung zu gestatten. Die „Spielregeln" sind daher nicht als Satzung einzuordnen.

2. Rechtsverordnung

Es könnte sich bei den Regeln, die die Straßenmusik in der Stadt S betreffen, um eine ordnungsbehördliche Verordnung nach § 10 Abs. 4 S. 4 LImschG NRW in Verbindung mit §§ 25 ff. OBG NRW handeln. Hiergegen spricht aber bereits äußerlich, dass sich die „Spielregeln" formell nicht an die Vorgaben anlehnen und anlehnen wollen, die Inhalt und Form einer Verordnung betreffen (§§ 29, 30 OBG NRW). Zudem ging es der Gemeinde der Sache nach um die Lösung spezifisch straßenrechtlicher Probleme, nicht solcher des Immissionsschutzes. Daher ist davon auszugehen, dass der Erlass einer ordnungsbehördlichen Verordnung nicht gewollt war.

3. Verwaltungsakt

Das Merkblatt, das die „Spielregeln" für das Musizieren im Innenstadtbereich der Stadt S enthält, könnte einen Verwaltungsakt i.S.d. § 35 S. 1 VwVfG NRW darstellen. Dann müsste eine hoheitliche Maßnahme einer Behörde zur Regelung eines Einzelfalls auf dem Gebiet des öffentlichen Rechts vorliegen, die auf unmittelbare Rechtswirkung nach außen gerichtet ist.

Das Merkblatt wurde durch die Ordnungsbehörde der Stadt S erlassen. Es ist kein behördeninterner Vorgang, sondern betrifft das Verhalten von Straßenmusikern, die nicht der Behörde zugehörig sind. Auch ist es deutlich erkennbar nicht dem privat-, sondern dem öffentlich-rechtlichen Bereich zuzuordnen, da es die Nutzung einer öffentlichen Straße nach dem StrWG NRW betrifft.

Fraglich ist aber, ob dem Merkblatt Regelungswirkung zukommt. Eine Regelung iS. des § 35 S. 1 VwVfG NRW liegt vor, wenn die Maßnahme auf die Herbeiführung einer konkreten Rechtsfolge gerichtet ist, die Rechtslage nach Erlass der Anordnung also eine andere ist als vorher. Aufgrund des scheinbar „unverbindlichen" Charakters eines Merkblattes und der Bezeichnung des Konzepts als „Spielregeln" könnte man davon ausgehen, dass es lediglich um „allgemeine Hinweise" ohne Regelungsgehalt gehe. Dem steht jedoch entgegen, dass die Behörde eine konkrete Aussage darüber trifft, an welchen Stellen und zu welchen Zeiten das öffentliche Musizieren künftig nur noch hingenommen wird. Der Inhalt der Regelung liegt insoweit in der verbindlichen Verpflichtung der Behörde, von einem Einschreiten abzusehen, wenn die in dem Merkblatt genannten Voraussetzungen vorliegen. Es handelt sich um eine sog. Duldungsverfügung. Damit legt sich die Behörde darauf fest, dass sie ihr Entschließungsermessen abschließend ausgeübt hat.

Hinsichtlich der übrigen Stellen und Zeiten, die außerhalb des im Merkblatt vorgegebenen Rahmens liegen, enthält das Merkblatt unter Umständen zusätzlich eine Verbotsregelung, die ein möglicherweise bereits bestehendes gesetzliches Verbot konkretisiert. Das Merkblatt legt demnach fest, was für die Straßenmusiker im Stadtgebiet rechtens sein soll.

Fraglich ist, ob der Verwaltungsaktsqualität entgegensteht, dass die Entscheidung gerade nicht nur gegenüber einem bestimmten Musikanten, sondern gegenüber allen Musikanten, die in der Innenstadt musizieren möchten, gelten soll. Es soll eine Vielzahl von Fällen geregelt werden. Die Regelung ist nicht „konkret-individuell", wie ein Verwaltungsakt nach § 35 S. 1 VwVfG NRW, sondern „konkret-generell". Auch diese Fälle werden indes vom Verwaltungsaktbegriff des § 35 VwVfG NRW erfasst. Es liegt ein Verwaltungsakt in Form der Allgemeinverfügung nach § 35 S. 2 VwVfG NRW vor. Gegen diesen ist das klägerische Begehren des M gerichtet.

Die statthafte Klageart ist damit die Anfechtungsklage nach § 42 Abs. 1 Var. 1 VwGO.

Vertiefung: Zur Allgemeinverfügung instruktiv *Schoch*, Jura 2012, 26 ff. und *Maurer/Waldhoff*, Allgemeines Verwaltungsrecht, 19. Aufl. 2017, § 9 Rn. 30 ff. und zu vergleichbaren „Spielregeln" für Straßenkunst im öffentlichen Raum VGH Bad.-Württ., NJW 2019, 2876 (2877).

IV. Klagebefugnis

Die Notwendigkeit der Klagebefugnis ergibt sich aus § 42 Abs. 2 VwGO. Hiernach muss der Kläger die Verletzung eigener Rechte behaupten und behaupten können.

Nach der „Möglichkeitstheorie" besteht die Klagebefugnis nur dann nicht, wenn dem Kläger eindeutig und offensichtlich nach keiner denkbaren Betrachtungsweise die behaupteten Rechte zustehen können.

Es besteht jedenfalls die Möglichkeit, dass M in seiner Kunstfreiheit aus Art. 5 Abs. 3 S. 1 GG und in seiner Berufsfreiheit aus Art. 12 Abs. 1 GG dadurch verletzt wird, dass er nicht an jedem Ort zu jeder Zeit musizieren darf.

M ist daher klagebefugt.

V. Vorverfahren

Gemäß § 68 Abs. 1 S. 2 Var. 1 VwGO i. V. m. § 110 Abs. 1 S. 1 JustG NRW ist ein Vorverfahren nicht durchzuführen.

VI. Klagefrist

Gemäß § 74 Abs. 1 S. 2 VwGO muss die Anfechtungsklage binnen eines Monats nach Bekanntgabe des Verwaltungsakts erhoben werden. Die „Spielregeln für das Musizieren" sind als Allgemeinverfügung öffentlich bekanntgegeben worden, vgl. § 41 Abs. 3 und 4 VwVfG NRW.

Durch Erhebung der Klage drei Wochen später hat M die Monatsfrist gewahrt.

VII. Klagegegner

Der Klagegegner einer Anfechtungsklage bestimmt sich nach § 78 Abs. 1 Nr. 1 VwGO. Richtiger Klagegegner ist danach die Stadt S als Rechtsträger der Ordnungsbehörde.

VIII. Beteiligten- und Prozessfähigkeit

M ist als natürliche Person nach § 61 Nr. 1 Var. 1 VwGO, die kreisfreie Stadt S als juristische Person nach § 61 Nr. 1 Var. 2 VwGO beteiligtenfähig.

M ist gemäß § 62 Abs. 1 Nr. 1 VwGO prozessfähig. Für die Stadt S tritt der Oberbürgermeister als Vertreter auf, vgl. § 62 Abs. 3 VwGO sowie § 63 Abs. 1 S. 1 GO NRW.

IX. Zuständiges Gericht

Mangels abweichender Angaben im Sachverhalt ist davon auszugehen, dass M gemäß § 45 VwGO die Klage vor dem sachlich und örtlich nach § 52 VwGO zuständigen Gericht erhoben hat.

B. Begründetheit

Die Klage ist gemäß § 113 Abs. 1 S. 1 VwGO begründet, wenn der Verwaltungsakt rechtswidrig und M dadurch in seinen Rechten verletzt ist.

I. Rechtmäßigkeit des Verwaltungsakts

Ein Verwaltungsakt ist rechtmäßig, wenn er aufgrund einer wirksamen Ermächtigungsgrundlage ergangen sowie formell und materiell rechtmäßig ist.

1. Ermächtigungsgrundlage

Die durch das Ordnungsamt der Stadt S erlassenen „Spielregeln" für die Straßenmusik im Innenstadtbereich könnten ihre Ermächtigungsgrundlage sowohl in Spezialgesetzen als auch in der ordnungsbehördlichen Generalklausel finden.

Die „Spielregeln" könnten eine Maßnahme nach § 22 S. 1 StrWG NRW darstellen. Sie könnten aber auch eine Anordnung i. S. d. § 15 Abs. 1 S. 1 LImschG NRW sein. Möglicherweise liegt aber auch eine Maßnahme der Generalklausel des § 14 Abs. 1 OBG NRW vor; eine solche kommt indes nach § 1 Abs. 2 OBG NRW nur „subsidiär" in Betracht.[2]

---

[2] Vgl. dazu ÖffR NRW, § 3 Rn. 42 f.

a) § 15 Abs. 1 S. 1 LImschG NRW

Möglicherweise könnten die „Spielregeln für das Musizieren in der Stadt S" aufgrund des § 15 Abs. 1 S. 1 LImschG NRW erlassen worden sein.

Hiergegen spricht indes, dass die Ordnungsbehörde nicht in erster Linie aufgrund
der Immissionen gegen die Musikanten vorgehen will, sondern weil durch die Musiker
der „Verkehrsfluss" auf der öffentlichen Straße gestört wird.

b) § 22 S. 1 StrWG NRW

Als Ermächtigungsgrundlage kommt daher § 22 S. 1 StrWG NRW in Betracht, der
im Rahmen seiner Anwendbarkeit den Rückgriff auf die (subsidiäre) ordnungsbehördliche Generalklausel blockiert (§ 14 Abs. 2, § 1 Abs. 2 OBG NRW).

> **Hinweis:** § 10 Abs. 4 LImschG NRW kommt als Ermächtigungsgrundlage nicht
> in Betracht, da keine ordnungsbehördliche Verordnung im Sinne der §§ 25 ff.
> OBG NRW vorliegt, wie bereits oben dargelegt wurde.

2. Formelle Rechtmäßigkeit

Ein Verwaltungsakt ist formell rechtmäßig, wenn er von der zuständigen Behörde in
ordnungsgemäßem Verfahren und der vorgeschriebenen Form erlassen wurde.

a) Zuständigkeit

Zunächst müsste die zuständige Behörde gehandelt haben.

Die Zuständigkeit für eine Maßnahme nach § 22 S. 1 StrWG NRW ergibt sich aus
§§ 22 S. 1, 18 Abs. 1 S. 2, 56 Abs. 2 Nr. 3, 47 Abs. 1 StrWG NRW. Danach liegt die
Zuständigkeit bei der jeweiligen Gemeinde. Diese wird gemäß § 63 Abs. 1 S. 1 GO
NRW durch den Oberbürgermeister der Stadt S wahrgenommen, der auch von der internen Aufgabenverteilung her zuständig ist (§ 41 Abs. 3 GO NRW).

b) Verfahren

Weiterhin müsste das Verwaltungsverfahren ordnungsgemäß durchgeführt worden
sein.

aa) Anhörung

Die grundsätzlich nach § 28 Abs. 1 VwVfG NRW erforderliche Anhörung ist gemäß
§ 28 Abs. 2 Nr. 4 VwVfG NRW entbehrlich, da es sich vorliegend um eine Allgemeinverfügung handelt.

bb) Bekanntgabe

Weiterhin müsste der Verwaltungsakt gemäß § 41 Abs. 1 S. 1 VwVfG NRW den Betroffenen bekannt gemacht worden sein. Allgemeinverfügungen können auch öffentlich
bekannt gemacht werden, § 41 Abs. 3 S. 2 VwVfG NRW.

Die „Spielregeln" zum Musizieren in der Innenstadt der Stadt S wurden mittels
Flugblättern sowie Plakatierungen bekannt gemacht, wie es in der Stadt S regelmäßig
erfolgt. Es liegt ein ortsübliches Bekanntmachen i. S. d. § 41 Abs. 4 S. 1 VwVfG NRW
vor.

Das Verfahren wurde ordnungsgemäß durchgeführt.

c) Form

Schließlich ist davon auszugehen, dass die Voraussetzung des § 41 Abs. 4 S. 2 VwVfG NRW eingehalten worden ist.

Die Allgemeinverfügung entspricht somit der erforderlichen Form.

d) Zwischenergebnis

Die „Spielregeln für das öffentliche Musizieren in der Stadt S" sind formell rechtmäßig.

3. Materielle Rechtmäßigkeit

Ein Verwaltungsakt ist materiell rechtmäßig, wenn die tatbestandlichen Voraussetzungen der Ermächtigungsgrundlage erfüllt sind und das der Behörde eingeräumte Ermessen fehlerfrei ausgeübt wurde.

a) Voraussetzungen nach § 22 S. 1 StrWG NRW[3]

Für die Rechtmäßigkeit einer aktiven Duldungszusage nach § 22 S. 1 StrWG NRW müsste zunächst die Sondernutzung einer Straße ohne Erlaubnis vorgelegen haben.

Es ist daher zwischen einer erlaubnisfreien Nutzung der Straße im Rahmen des Gemeingebrauchs und der erlaubnispflichtigen Sondernutzung abzugrenzen.

Überschreitet das öffentliche Musizieren die Grenzen des Gemeingebrauchs nach § 14 StrWG NRW, liegt eine genehmigungspflichtige Sondernutzung vor. In diesem Fall könnten gemäß § 22 StrWG NRW die erforderlichen Maßnahmen zur Beendigung der Benutzung ergriffen werden, zu denen unter Umständen auch eine das illegale Spiel begrenzende und kanalisierende Duldungszusage gerechnet werden kann.

Der Gemeingebrauch ist gemäß § 14 Abs. 1 StrWG NRW von der Widmung abhängig. Kein Gemeingebrauch liegt vor, wenn die Straße nicht vorwiegend zu dem Verkehr benutzt wird, dem sie zu dienen bestimmt ist, § 14 Abs. 3 S. 1 StrWG NRW. Verkehr umfasst zunächst die reine Fortbewegung im Sinne einer Ortsveränderung, aber auch den kommunikativen Verkehr („kommunikativer Gemeingebrauch"). Schließlich umfasst die Widmung auch den „gesteigerten" Gemeingebrauch der Anlieger (§ 14a StrWG NRW).

Die Darbietung von Straßenmusik ist weder Anliegergebrauch im Sinne des § 14a StrWG NRW noch ausdrücklich dem Gemeingebrauch zugeschlagen. Fraglich ist daher, ob die Ausübung von Straßenmusik unter den „kommunikativen" Gemeingebrauch fällt und damit genehmigungsfrei zulässig ist. Unstreitig unter den Gemeingebrauch fällt etwa die Konversation zwischen Fußgängern auf dem Gehweg einer Straße oder in einer Fußgängerzone. Für örtlich verfestigte Nutzungen wie etwa das Sitzen oder Liegen auf einer Straße, aber auch das hier umstrittene Musizieren, erscheint eine derartige Zuordnung nicht eindeutig. Richtigerweise endet der Gemeingebrauch dort, wo mit einer Nutzung typischerweise Konfliktsituationen entstehen, die des Ausgleichs bedürfen.[4]

---

[3] Vergleiche insgesamt zum Straßenrecht *Steiner*, in: Steiner/Brinktrine, Besonderes Verwaltungsrecht, 9. Aufl. 2018, § 4 Rn. 119 ff. und *Axer*, in: Schoch, Besonderes Verwaltungsrecht, 2018, 6. Kapitel; zu der Auslegung des Gemeingebrauchs exemplarisch OVG NRW, NWVBl. 2012, 195.

[4] Vgl. *Axer*, in: Schoch, Besonderes Verwaltungsrecht, 2018, Kap. 6 Rn. 94; *Steiner*, in: Steiner/Brinktrine, Besonderes Verwaltungsrecht, 9. Aufl. 2018, § 4 Rn. 144 ff.

Die Darbietung von Straßenmusik führt in der Stadt S zu einer Beeinträchtigung der Anlieger und übrigen Verkehrsteilnehmer, da die Musiker mit ihren Instrumenten sowie Zubehör und Koffern einen Teil des Straßenraums beanspruchen und dadurch das Fortkommen für Fußgänger beeinträchtigt wird. Somit geht diese Inanspruchnahme der Straße über die nach der Verkehrsanschauung übliche Nutzung durch Fußgänger hinaus. Diese Bewertung wird auch durch die Grundrechte der Kunstfreiheit (Art. 5 Abs. 3 GG) und der Berufsfreiheit (Art. 12 Abs. 1 GG) nicht in Frage gestellt, die zwar gewiss auf die Regelungen des einfachen Rechts einwirken, diese aber nicht außer Kraft setzen. Im Ergebnis kann die Straßenmusik daher nicht mehr als kommunikativer Gemeingebrauch angesehen werden.

> **Hinweis:** Die Konturierung des sog. „kommunikativen Gemeingebrauchs" an Straßen ist im Einzelnen hoch umstritten und ein beliebtes Klausurthema. Hierzu zuletzt etwa *Kilian*, DÖV 2020, 1 ff.; instruktiv zu den gemeindlichen Möglichkeiten einer Freistellung bestimmter Formen von Straßenkunst von der Genehmigungspflicht für straßenrechtliche Sondernutzungen auch VG Freiburg, BeckRS 2019, 28402.

Auch wenn die Darbietung von Straßenmusik möglicherweise in der Stadt S üblich sein sollte, so verändert dies den Rechtscharakter derselben nicht, insbesondere resultiert daraus kein Kriterium zur Einordnung in die Kategorien Gemeingebrauch und Sondernutzung. Das Aufführen von Straßenmusik stellt folglich eine genehmigungspflichtige Sondernutzung dar.[4a]

Die tatbestandlichen Voraussetzungen des § 22 S. 1 StrWG NRW sind erfüllt.

b) Ermessensausübung

Weiterhin müsste die Behörde ihr Ermessen ordnungsgemäß ausgeübt haben. Die Maßnahme müsste insbesondere verhältnismäßig sein. Die in dem Merkblatt aufgeführten „Spielregeln" sind geeignet, den gewünschten Erfolg, eine Reduzierung der Beeinträchtigung des Fußgängerverkehrs, herbeizuführen. Mangels erkennbarer gleich geeigneter Mittel mit geringerer Beeinträchtigung stellen sich die „Spielregeln für das Musizieren in der Stadt S" auch als erforderlich dar. Insbesondere würde ein pauschales Verbot wohl lediglich zu einer Verlagerung des Problems führen. Die Abwägung der Belange aller Beteiligten, insbesondere der Leichtigkeit des Verkehrs und der Möglichkeit der Musikanten ihre Musik eingeschränkt darbieten zu können, lässt die Verfügung weiterhin als angemessen erscheinen. Auch das Handlungsermessen ist fehlerfrei ausgeübt worden.

II. Zwischenergebnis

Die tatbestandlichen Voraussetzungen des § 22 S. 1 StrWG NRW liegen vor. Das Ermessen wurde durch die Behörde ordnungsgemäß ausgeübt.

Die Verfügung des Ordnungsamts ist rechtmäßig auf der Grundlage des § 22 S. 1 StrWG NRW ergangen.

[4a] Mit solider Argumentation kann hier ggf. auch ein anderes Ergebnis vertreten werden.

C. Ergebnis

Die „Spielregeln für das Musizieren in der Stadt S" stellen eine rechtmäßige Allgemeinverfügung dar. Daher liegt auch keine Rechtsverletzung des M vor. Die Klage ist unbegründet.

Die Klage des M ist zulässig, aber unbegründet; sie hat keinen Erfolg.

Frage 2: Subjektives öffentliches Recht auf behördliches Einschreiten

A könnte ein ordnungsbehördliches Einschreiten gegen die Straßenmusikanten dann erzwingen, wenn ihm gesetzlich ein entsprechendes subjektives öffentliches Recht auf behördliches Einschreiten zukommt.

Vertiefung: Lesen Sie zu dem Anspruch auf polizeiliches Einschreiten ÖffR NRW, § 3 Rn. 148 ff.

A. Rechtsgrundlage

Zu prüfen ist daher, welche Norm als Rechtsgrundlage in Betracht kommt.

I. § 22 S. 1 StrWG NRW

Als Rechtsgrundlage könnte zunächst § 22 S. 1 StrWG NRW in Betracht kommen. Dann dürfte die Norm nicht lediglich eine rein objektiv-rechtliche Befugnisnorm darstellen, sondern müsste zugleich subjektiv-öffentliche Rechte zugunsten beeinträchtigter Dritter vermitteln.

Nach der verwaltungsrechtlichen „Schutznormlehre" korrespondiert einer zwingenden Norm des objektiven Rechts ein subjektiv-öffentliches Recht dann, wenn die Norm „jedenfalls auch" dem Schutz der durch sie faktisch begünstigten Person zu dienen bestimmt ist und dieser Person die Rechtsmacht zur Durchsetzung der Norm vermittelt. Dies ist durch Auslegung der Norm zu ermitteln und in aller Regel dann der Fall, wenn nach dem Wortlaut bestimmte Personen aus dem Kreis der Allgemeinheit herausgehoben werden.[5] Ein subjektiv-öffentliches Recht ist hingegen ausgeschlossen, wenn eine drittbegünstigende Wirkung rechtlich nicht beabsichtigt war, sondern sich als zufällige Nebenfolge im Sinne eines „Rechtsreflexes" darstellt. Ausnahmsweise kann schließlich eine subjektive Berechtigung auch bei individueller Schutzzielrichtung aktiv ausgeschlossen werden (str.).

§ 22 S. 1 StrWG dient nur der Sicherung der Leichtigkeit des Verkehrs und damit dem Schutz der Allgemeinheit, indem er die Einhaltung der Grenzen des Gemeingebrauchs sowie der Erlaubnis zur Sondernutzung sichert. Ein subjektives öffentliches Recht wird nicht gewährt. Diese Vorschrift ist somit nicht geeignet, einen Anspruch auf behördliches Einschreiten zu begründen.

---

[5] Vgl. BVerwGE 92, 313 (317); 94, 151 (158): *Schmidt-Kötters*, in: BeckOK VwGO, 54. Edition 2020, § 42 Rn. 155; *Maurer/Waldhoff*, AllgVerwR, 19. Aufl. 2017, § 8 Rn. 9.

II. § 15 Abs. 1 S. 1 LImschG NRW

Weiter kommt als potenzielle Anspruchsgrundlage § 15 Abs. 1 S. 1 i. V. m. § 10 Abs. 2 LImschG NRW in Betracht. Diese immissionsschutzrechtliche Befugnisnorm stellt einen zwingenden Rechtssatz des objektiven Rechts dar, der allerdings auch dem Interesse der Anwohner zu dienen bestimmt sein müsste. Dem Wortlaut nach soll § 10 Abs. 2 LImschG NRW die Belästigung anderer abwehren. Damit gemeint sind zunächst alle unbeteiligten Personen (vgl. § 10 Abs. 1 LImschG NRW), die von der Lärmeinwirkung betroffen sind. Diese nicht näher umgrenzte Zahl der Begünstigten könnte gegen die Annahme einer auch individuellen Schutzrichtung sprechen (s. o. A I.). Faktisch aus dieser Allgemeinheit herausgehoben sind allerdings die Anwohner, die sich aufgrund ihrer Ortsgebundenheit der Belästigung nicht entziehen können. Somit ist davon auszugehen, dass § 15 Abs. 1 S. 1 i. V. m. § 10 Abs. 2 LImschG NRW jedenfalls dem abgrenzbaren Personenkreis der Anwohner ein subjektives öffentliches Recht auf behördliches Einschreiten verleiht, wenn die weiteren Voraussetzungen für einen Anspruch auf Einschreiten gegeben sind.

> **Vertiefung:** Zu den Voraussetzungen subjektiv-öffentlicher Rechte ÖffR NRW, § 3 Rn. 149; *Maurer/Waldhoff*, AllgVerwR, 19. Aufl. 2017, § 8 Rn. 6 ff. sowie *Schmidt-Kötters*, in: BeckOK VwGO, 54. Edition 2020, § 42 Rn. 151 ff.; *Ramsauer*, JuS 2012, 769.

B. Voraussetzungen für Anspruch auf Einschreiten

Ein subjektives öffentliches Recht gewährt einen Anspruch auf Durchsetzung der Geltungsanordnungen der objektiven Norm. Ein subjektives Recht reicht daher nie weiter als die objektive Norm. Bei Ermessensnormen wie § 15 Abs. 1 S. 1 LImschG NRW heißt das, dass auch das subjektive öffentliche Recht grundsätzlich nur einen Anspruch auf ermessensfehlerfreie Entscheidung über ein mögliches Einschreiten vermittelt (sog. „formelles" Recht). Ein subjektives Recht auf Einschreiten kann daher nur angenommen werden, wenn die Ordnungsbehörde aufgrund des Vorliegens der tatbestandlichen Voraussetzungen der Rechtsgrundlage zu einem Einschreiten berechtigt und aufgrund einer Ermessensreduzierung „auf Null" objektiv zu einem Einschreiten verpflichtet wäre.

Das Vorliegen einer derartigen objektiven Handlungspflicht ist im Folgenden zu prüfen.

I. Formelle Rechtmäßigkeit

Ein Einschreiten der Ordnungsbehörde müsste formell zulässig sein, was hier angesichts des Vorgriffs auf eine künftige Maßnahme lediglich eine Prüfung der Zuständigkeit erfordert.

Gemäß § 14 Abs. 1, 3 LImschG NRW ist die kreisfreie Stadt S untere Immissionsschutzbehörde. Nach § 63 Abs. 1 S. 1 GO NRW handelt der Oberbürgermeister als Behörde der Stadt S.

II. Materielle Rechtmäßigkeit

Ein Anspruch auf Einschreiten der Ordnungsbehörde setzt in materieller Hinsicht voraus, dass die tatbestandlichen Voraussetzungen für ein Einschreiten gegeben sind . Weiterhin müsste das Ermessen der Behörde „auf Null" reduziert sein .

1. Tatbestand des § 15 Abs. 1 S. 1 LImschG NRW

Zunächst müssten die tatbestandlichen Voraussetzungen des § 15 Abs. 1 S. 1 LImschG NRW vorliegen.

Dann müsste ein Zustand vorliegen, der dem LImschG NRW widerspricht.

Gemäß § 10 Abs. 2 LImschG NRW dürfen Musikinstrumente auf öffentlichen Verkehrsflächen nicht benutzt werden, wenn andere hierdurch belästigt werden können. Durch das Musizieren zu einer Zeit, in der die Straßenanwohner berechtigterweise Schlaf suchen (§ 9 Abs. 1 LImschG NRW), werden diese durch die Musikdarbietungen belästigt.

Die tatbestandlichen Voraussetzungen des § 15 Abs. 1 S. 1 LImschG NRW liegen vor. Ein Einschreiten wäre tatbestandlich möglich.

2. Rechtsfolge

Ein Anspruch auf behördliches Einschreiten besteht nur, wenn das Ermessen der Behörde in objektiv-rechtlicher Sicht ausnahmsweise „auf Null" reduziert ist. Eine solche Ermessensreduzierung „auf Null" liegt vor, wenn jede andere Entscheidung als die zugunsten eines Einschreitens ermessensfehlerhaft wäre.[6]

Eine Ermessensreduzierung „auf Null" könnte hier unter dem Aspekt der sog. „Folgenbeseitigungslast" gegeben sein.[7]

Die Ordnungsbehörde hat durch den Erlass der „Spielregeln" eine Konzentration der Straßenmusiker in der X-, Y- und Z-Straße verursacht. Sie hat die Musiker durch die Duldungszusage gleichsam „angelockt". Daher obliegt es der Ordnungsbehörde, nunmehr sicherzustellen, dass die aufgestellten Regeln auch eingehalten werden. Dies ist auch tatsächlich möglich und zumutbar, da ein übermäßiger Aufwand der Ordnungsbehörde nicht vonnöten ist; es bedarf lediglich des Erlasses einer Untersagungsverfügung gegenüber den Musikanten, die die Zeiten nicht einhalten.

Auch hinsichtlich des Störerauswahlermessens ist eine Ermessensreduzierung „auf Null" gegeben. Als Verantwortliche kommen lediglich die Musiker in Betracht, die die festgelegten Zeiten zum Musizieren nicht einhalten.

Ebenso ist das Handlungsermessen „auf Null" reduziert. Vorliegend erscheint nur der Erlass einer Untersagungsverfügung gegenüber den Musikern denkbar, die gegen die „Spielregeln" verstoßen.

Es liegt insgesamt eine Ermessensreduzierung „auf Null" vor.

C. Ergebnis

A hat einen Anspruch auf Einschreiten durch die Ordnungsbehörde der Stadt S. Dieser bezieht sich auf den Erlass von Untersagungsverfügungen gegenüber Musikern, die nach 21 Uhr auf der Straße, die A bewohnt, musizieren.

---

[6] ÖffR NRW, § 3 Rn. 121.
[7] Hierzu instruktiv OVG Berlin-Brandenburg, BeckRS 2011, 52723 sowie *Korte*, in: Wolff/Bachof/Stober/Kluth, VerwR I, 13. Auflage 2017, § 52 Rn. 40 f.

Weiterführende Klausurtipps:

Anliegergebrauch („gesteigerter Gemeingebrauch")

Neben dem in § 14 StrWG NRW geregelten Gemeingebrauch, der von der erlaubnispflichtigen Sondernutzung abzugrenzen ist, kennt das StrWG NRW noch
den „Straßenanliegergebrauch" bzw. „gesteigerten Gemeingebrauch" des Anlie-
gers. Gemäß § 14a Abs. 1 StrWG NRW dürfen Eigentümer und Besitzer von
Grundstücken, die an einer öffentlichen Straße gelegen sind, innerhalb der geschlossenen Ortslage die an die Grundstücke angrenzenden Straßenteile über den
Gemeingebrauch hinaus benutzen, soweit dies zur Nutzung des Grundstücks erforderlich ist, den Gemeingebrauch nicht dauernd ausschließt oder erheblich beeinträchtigt oder in den Straßenkörper eingreift. Während das Merkmal „innerhalb der geschlossenen Ortslage" regelmäßig keine Probleme verursacht, kann sich
im Rahmen einer Klausur ein Begründungsaufwand bezüglich der Frage ergeben,
ob die über den Gemeingebrauch hinausgehende Nutzung der Straße „zur Nutzung des Grundstücks erforderlich ist". Dies ist etwa zu bejahen für das kurzzeiti-
ge Aufstellen von Abfallbehältern auf dem Gehweg zur turnusmäßigen Entleerung
(OVG Bautzen, LKV 2012, 516), nicht aber für eine geplante Bordstein- oder
Gehwegabsenkung vor dem eigenen Grundstück (VG Ansbach, BeckRS 2008,
44107).

**Wahlstände und Wahlwerbung zwischen Sondernutzung und Gemeinge-
brauch**

Klausurenträchtige Abgrenzungsfragen betreffend Gemeingebrauch oder Sondernutzung ergeben sich auch in Bezug auf Werbemaßnahmen und Werbeveranstal-
tungen in Wahlkampfzeiten. Die Verteilung von Flyern auf öffentlichen Straßen
und Plätzen wird dabei gemeinhin unter den Gemeingebrauch gefasst. Anderes
gilt nach h. M. dagegen für die Errichtung von Wahlständen mit Tischen, Schir-
men und Werbeplakaten. Für deren Errichtung bedarf es also einer Sondernut-
zungserlaubnis. Die Rechtsprechung geht dabei für Wahlkampfzeiten allerdings
regelmäßig von einer Ermessensreduzierung „auf Null" und einem hiermit korrespondierenden subjektiv-öffentlichen Recht auf Erteilung einer Sondernut-
zungserlaubnis aus (grundlegend BVerwGE 56, 56 (58 f.)).

Fall 17: „Hunde an die Leine"

Behandelte Themen: Ordnungsbehördliche Verordnung – Unselbständige Verfügung – Einstweiliger Rechtsschutz im verwaltungsgerichtlichen Verfahren

Sachverhalt

Der 75-jährige H wohnt am Ortsrand der nordrhein-westfälischen kreisangehörigen Gemeinde G, einem beliebten und in der Hauptsaison von Gästen stark frequentierten Kurort. Seit Jahrzehnten geht er mit seinen Hunden, derzeit einem 13-jährigen Langhaardackel-Rüden namens Rufus, morgens und abends stets dieselbe kleine Runde entlang des „Tiefen Flurwegs", einem landwirtschaftlichen Weg zwischen Feldern und Wiesen weit abseits des hektischen Kurbetriebes. Währenddessen mehren sich im Ort Beschwerden von Gästen, die sich durch das Umherlaufen und Betteln freilaufender Hunde im Kurbereich sowie in den diversen Straßencafés belästigt und irritiert fühlen. Auch registriert die Gemeindeverwaltung vereinzelt Probleme im Straßenverkehr, da unbeaufsichtigt umherlaufende Hunde von den belebten Fußgängerwegen im Ortskern auf die Straße ausweichen und hier Bremsmanöver passierender Fahrzeuge provozieren. Nach eingehender Diskussion der Problematik erlässt der Rat der Gemeinde G im ordnungsgemäßen Verfahren eine „Ordnungsbehördliche Verordnung über die Anleinpflicht von Hunden in der Gemeinde G". Diese wird unter der genannten Überschrift ordnungsgemäß ausgefertigt und bekannt gemacht. Die mit Datum versehene Bekanntmachung wird mit den folgenden Worten eingeleitet: „Der Rat der Gemeinde G hat für das Gebiet der Gemeinde G die nachfolgende Verordnung erlassen". In einer Präambel wird auf die Normen der gesetzlichen Grundlage zutreffend Bezug genommen. Die Bekanntmachung schließt mit dem Ausfertigungsdatum ab. Die zentrale Regelungsaussage der Verordnung lautet:

> „§ 1: Für das Ausführen von Hunden besteht eine ganzjährige Anleinpflicht im gesamten Gemeindegebiet von G."

H fühlt sich durch die ordnungsbehördliche Verordnung massiv in seinen Rechten verletzt. Er zweifelt bereits an der Regelungskompetenz der Gemeinde, da der Landesgesetzgeber die Frage von Anleinpflichten im LHundG NRW nach seiner Auffassung abschließend geregelt hat. Jedenfalls aber sei die ganzjährige Anleinpflicht schon aus Tierschutzgründen unzulässig und unverhältnismäßig, zumal sich – was zutrifft – in der „Nebensaison" von Oktober bis Februar nur sehr wenige Gäste in G aufhielten. Auch habe es – was ebenfalls zutrifft – zu keiner Zeit Verletzungen durch Hundebisse oder sonstige Unfälle gegeben. H geht daher auch weiterhin mit seinem Hund auf der gewohnten Runde „Gassi", ohne das Tier anzuleinen. Nur kurze Zeit später erhält H einen Bescheid des Ordnungsamtes, mit dem ihm untersagt wird, seinen Hund im Gemeindegebiet unangeleint auszuführen. Die Behörde ordnet formell ordnungsgemäß die sofortige Vollziehbarkeit der Verfügung an. Weiterhin wird in dem Bescheid ein Zwangsgeld von 250 Euro angedroht, das im Fall der Zuwiderhandlung fällig werde. H möchte sich gegen die „Behördenwillkür" wehren, um mit seinem Hund so schnell wie möglich wieder seine gewohnte „leinenfreie" Runde über den „Tiefen Flurweg" drehen zu können. Sein „Ersuchen" bei der Ordnungsbehörde wird jedoch mit einem abschlägigen Schreiben beantwortet. Daraufhin erhebt H fristgerecht Klage vor dem Verwaltungsgericht.

Da sich das Hauptsacheverfahren zeitlich hinzuziehen droht, erwägt H, sein Begehren zusätzlich im Wege des einstweiligen Rechtsschutzes zu verfolgen.

Er bittet um Prüfung, ob einem Antrag auf Gewährung einstweiligen Rechtsschutzes Erfolg beschieden wäre.

Gliederung

Lösungsvorschlag

A. Auslegung des Antragsbegehrens

Zunächst ist das Antragbegehren des H zu ermitteln, vgl. § 88 VwGO. Ersichtlich geht es ihm darum, gegen die Anleinpflicht speziell auf der von ihm täglich frequentierten Route entlang des „Tiefen Flurwegs" vorzugehen. Insoweit ergibt sich freilich die Besonderheit, dass die umstrittene Anleinpflicht sowohl aus der ordnungsbehördlichen Verordnung selbst als auch aus der gegen ihn gerichteten (unselbständigen) Verfügung folgt. Zwar konkretisiert die Unterlassungsverfügung als Verwaltungsakt die Rechtslage dergestalt, dass für die rechtlichen Bindungen des Einzelnen nicht mehr die abstrakte Norm, sondern allein die Verfügung maßgeblich ist. Umgekehrt gilt aber, dass die Beseitigung der durch Verfügung konkretisierten Anleinpflicht vorliegend nicht zwangsläufig zugleich zu einer Außerkraftsetzung der in der Verordnung vorgesehenen Anleinpflicht führte. Denn mit der Aufhebung bzw. der Suspendierung der Bindungen des Verwaltungsakts kommen womöglich die Regelungsanordnungen der ordnungsbehördlichen Verordnung erneut unmittelbar zur Geltung, die ebenfalls eine Leinenpflicht statuieren. Insofern richtet sich das Antragsbegehren des H zwar primär auf die Beseitigung der Verfügung bzw. – im einstweiligen Rechtsschutz – auf die Aussetzung der sofortigen Vollziehbarkeit der (Unterlassungs-)Verfügung (hierzu sub B) einschließlich der hierauf bezogenen Zwangsgeldandrohung (hierzu sub C). Zugleich wird im Anschluss an die Prüfung des Aussetzungsantrages der Frage nachzugehen sein, ob H auch den Bindungen der ordnungsbehördlichen Verordnung im Rahmen des einstweiligen Rechtsschutzes entgegentreten muss (sub D).

Im Folgenden ist mithin bei der Prüfung der Erfolgsaussichten zwischen dem gegen den Bescheid gerichteten Antrag (s. u. B und C) und einem Antrag auf Feststellung des Nichtbestehens einer Anleinpflicht (s. u. D) zu differenzieren.

B. Antrag auf einstweiligen Rechtsschutz gegen die im Bescheid angeordnete Anleinpflicht

Ein Antrag des H auf einstweiligen Rechtsschutz gegen den Bescheid des Ordnungs-amts hätte Erfolg, wenn er zulässig und begründet ist.

Vertiefung: Zum Prüfungsschema des einstweiligen Rechtsschutzes s. ÖffR NRW, § 5 Rn. 38 und 49.

I. Zulässigkeit

1. Verwaltungsrechtsweg

Zunächst müsste der Verwaltungsrechtsweg eröffnet sein.
Eine aufdrängende Sonderzuweisung zu den Verwaltungsgerichten besteht nicht.
Der Verwaltungsrechtsweg könnte über die Generalklausel des § 40 Abs. 1 S. 1 VwGO eröffnet sein.
Dann müsste eine öffentlich-rechtliche Streitigkeit nichtverfassungsrechtlicher Art vorliegen. Eine Streitigkeit ist öffentlich-rechtlicher Art, wenn die streitentscheidende Norm eine solche des öffentlichen Rechts ist, also notwendig einen Hoheitsträger in dieser Funktion berechtigt oder verpflichtet (modifizierte Subjektstheorie, „Sonder-rechtslehre"). Die für die Lösung des vorliegenden Konflikts einschlägigen Normen sind solche des nordrhein-westfälischen Ordnungsbehördengesetzes, des Verwaltungsvollstre-ckungsgesetzes sowie des Landeshundegesetzes. Diese Gesetze enthalten Handlungser-mächtigungen speziell für bestimmte Träger der öffentlichen Gewalt. Sie sind daher ausnahmslos dem öffentlichen Recht zuzuordnen. Gleiches gilt für die auf der Grund-lage dieser Gesetze erlassene ordnungsbehördliche Verordnung. Somit liegt eine öffent-lich-rechtliche Streitigkeit vor.
Da keine Verfassungsorgane über materielles Verfassungsrecht streiten und also keine „doppelte Verfassungsunmittelbarkeit" vorliegt, ist die Streitigkeit auch nichtverfas-sungsrechtlicher Art.
Eine abdrängende Sonderzuweisung ist nicht ersichtlich.
Der Verwaltungsrechtsweg ist gemäß § 40 Abs. 1 S. 1 VwGO eröffnet.

2. Statthafte Antragsart

Die statthafte Antragsart richtet sich nach dem Rechtsschutzziel bzw. dem Begehren (vgl. §§ 88, 122 Abs. 1 VwGO).
H begehrt einstweiligen Rechtsschutz gegen die Grundverfügung, die ihm das An-leinen seiner Hunde vorschreibt. Zu diesem Zweck kommt nur ein Antrag gemäß § 80 Abs. 5 S. 1 VwGO oder § 123 VwGO in Betracht.
Gemäß § 123 Abs. 5 VwGO ist ein Vorgehen nach § 123 Abs. 1 VwGO gegenüber Anträgen nach den §§ 80 und 80a VwGO nachrangig. Zunächst ist daher zu prüfen, ob ein Antrag nach § 80 Abs. 5 S. 1 VwGO statthaft ist. Das ist der Fall, wenn die Anord-nung oder Wiederherstellung der aufschiebenden Wirkung eines Rechtsbehelfs gegen einen Verwaltungsakt begehrt wird, im Hauptsacheverfahren also die Anfechtungsklage einschlägig ist. Die Verfügung des Ordnungsamts stellt einen Verwaltungsakt i. S. d. § 35

S. 1 VwVfG NRW dar, gegen den gemäß § 42 Abs. 1 S. 1 Var. 1 VwGO die Anfechtungsklage statthaft ist. Grundsätzlich kommt der Anfechtungsklage gemäß § 80 Abs. 1 VwGO aufschiebende Wirkung zu. Wegen der Anordnung der sofortigen Vollziehbarkeit nach § 80 Abs. 2 S. 1 Nr. 4 VwGO durch die örtliche Ordnungsbehörde entfällt jedoch die aufschiebende Wirkung einer Klage gegen die an H gerichtete Verfügung. Zur Wiederherstellung der aufschiebenden Wirkung wäre ein Antrag nach § 80 Abs. 5 S. 1 VwGO statthaft.

> **Klausurtipp:** Beachten Sie den Unterschied in der Terminologie: Entfällt die aufschiebende Wirkung des Widerspruchs bzw. der Anfechtungsklage nach § 80 Abs. 2 S. 1 Nr. 1–3 VwGO kraft Gesetzes, so ist gemäß § 80 Abs. 5 S. 1 VwGO zu beantragen, dass diese (erstmalig) **angeordnet** wird. Entfällt sie hingegen gemäß § 80 Abs. 2 S. 1 Nr. 4 VwGO aufgrund behördlicher Vollzugsanordnung, so muss der Antrag auf **Wiederherstellung** der aufschiebenden Wirkung lauten.

3. Antragsbefugnis

Ein Antrag nach § 80 Abs. 5 VwGO ist nur zulässig, wenn H in der Hauptsache klagebefugt, also durch den angegriffenen Verwaltungsakt oder durch die Anordnung der sofortigen Vollziehbarkeit möglicherweise in seinen Rechten verletzt ist (§ 42 Abs. 2 VwGO analog). Auch im Rahmen des einstweiligen Rechtsschutzes soll die Popularklage ausgeschlossen sein. Nach der „Möglichkeitstheorie" besteht die Antragsbefugnis nur dann nicht, wenn dem Antragsteller eindeutig und offensichtlich nach keiner denkbaren Betrachtungsweise die behaupteten Rechte zustehen können.

Da H Adressat eines belastenden Verwaltungsakts ist, erscheint eine Verletzung seiner allgemeinen Handlungsfreiheit aus Art. 2 Abs. 1 GG jedenfalls nicht von vornherein und nach jeder nur erdenklichen Betrachtungsweise ausgeschlossen. Die Antragsbefugnis ist gegeben.

4. Antragsgegner

Da in der Hauptsache die Anfechtungsklage der statthafte Rechtsbehelf ist, gilt auch im Verfahren nach § 80 Abs. 5 S. 1 VwGO analog § 78 Abs. 1 Nr. 1 VwGO das Rechtsträgerprinzip. Der Antrag ist daher gegen den Rechtsträger der Behörde zu richten, die den Verwaltungsakt erlassen und die sofortige Vollziehung angeordnet hat.

Vorliegend wurde die Verfügung durch das örtliche Ordnungsamt erlassen. Dieses gehört als unselbständiges Amt zum Bürgermeister, der gemäß § 63 Abs. 1 S. 1 GO NRW als Behörde für die Gemeinde G handelt.[1] Damit ist der Antrag gegen die Gemeinde G zu richten.

5. Beteiligten- und Prozessfähigkeit

H ist gemäß § 61 Nr. 1 VwGO als natürliche Person, die Gemeinde G nach § 61 Nr. 1 Var. 2 VwGO als juristische Person beteiligtenfähig.

H ist nach § 62 Abs. 1 Nr. 1 VwGO prozessfähig. Die G kann zwar nicht selbständig handeln, jedoch handelt gemäß § 62 Abs. 3 VwGO i. V. m. § 63 Abs. 1 S. 1 GO NRW für sie der Bürgermeister als gesetzlicher Vertreter.

---

[1] Dazu ÖffR NRW, § 2 Rn. 179, 184, 192.

6. Allgemeines Rechtsschutzbedürfnis

Die Zulässigkeit des Antrags setzt ein Rechtsschutzbedürfnis des H voraus.

a) Antrag nach § 80 Abs. 4 S. 1 VwGO

Dieses könnte insofern zweifelhaft sein, als H vor Anrufung des Verwaltungsgerichts bei der Behörde gemäß § 80 Abs. 4 S. 1 VwGO die Aussetzung der Vollziehung beantragen kann. Ein entsprechender Antrag könnte in dem Ersuchen des H beim Ordnungsamt liegen, seinen Hund „am liebsten sofort" wieder frei laufen lassen zu dürfen. Ob es sich bei diesem Ersuchen um einen Antrag nach § 80 Abs. 4 S. 1 VwGO oder lediglich um eine informelle Bitte um Aufhebung des Bescheids gehandelt hat, erscheint fraglich, kann aber letztlich offen bleiben. Denn § 80 Abs. 6 S. 1 VwGO stellt eine entsprechende Forderung nur für den Fall des § 80 Abs. 2 S. 1 Nr. 1 VwGO auf (Anforderung von öffentlichen Abgaben und Kosten). Dass der Gesetzgeber die übrigen Fälle des § 80 Abs. 2 S. 1 VwGO übersehen habe, wird sich kaum begründen lassen. Denn offensichtlich ist die Vorschrift fiskalisch motiviert. Demnach kann ein vorheriger Antrag an die Behörde auf Aussetzung der Vollziehung nicht verlangt werden.

b) Hauptsacherechtsbehelf

Ob die Zulässigkeit eines Aussetzungsantrages nach § 80 Abs. 5 VwGO die parallele Einlegung eines Hauptsacherechtsbehelfs erfordert, ist streitig. Die Frage kann hier offen bleiben. Denn H hat bereits fristgerecht Anfechtungsklage gegen den Bescheid erhoben. Ein Hauptsacherechtsbehelf ist damit eingelegt, so dass § 80 Abs. 5 S. 2 VwGO nicht erörtert zu werden braucht.

7. Antragsfrist

Eine Antragsfrist ist im Verfahren nach § 80 Abs. 5 S. 1 VwGO grundsätzlich nicht zu beachten.

8. Ergebnis

Ein Antrag des H auf Wiederherstellung der aufschiebenden Wirkung gemäß § 80 Abs. 5 VwGO wäre zulässig.

II. Begründetheit

Im Rahmen des Verfahrens gemäß § 80 Abs. 5 S. 1 VwGO hat das Verwaltungsgericht eine eigene Abwägungsentscheidung zwischen dem privaten Aussetzungsinteresse und dem öffentlichen Vollzugsinteresse zu treffen („kann"). Dem Antrag ist dabei stattzugeben, wenn das private Aussetzungsinteresse höher wiegt als das behördliche Vollzugsinteresse. Hierbei spielen die Erfolgsaussichten des Hauptsacherechtsbehelfs eine entscheidende Rolle. Denn ist ein Verwaltungsakt offensichtlich rechtswidrig, fehlt es von vornherein an einem öffentlichen Vollziehungsinteresse. Dem Aussetzungsantrag ist in diesem Falle stattzugeben. Umgekehrt rechtfertigt die offensichtliche Rechtmäßigkeit freilich noch nicht die sofortige Vollziehbarkeit, da die Rechtmäßigkeit eines Verwaltungsakts der rechtsstaatliche „Normalfall" sein sollte und die sofortige Vollziehbarkeitsanordnung daher stets ein besonderes Vollzugsinteresse voraussetzt.[2] Kann die Fra-

---

[2] BVerfG, NVwZ 1996, 58 (59).

ge der Rechtmäßigkeit des Verwaltungsakts nicht eindeutig beantwortet werden, wird vor allem die Folgenbewertung eine entscheidende Rolle spielen. Bei einer behördlichen Anordnung der sofortigen Vollziehbarkeit wird dem Antrag ebenfalls stattzugeben sein, wenn die erforderliche Begründung fehlt (§ 80 Abs. 3 VwGO).

Vertiefung: Vgl. Sie zum Ansatz der Begründetheitsprüfung ÖffR NRW, § 5 Rn. 45 f.

Insgesamt ergibt sich damit:
Ein Antrag ist begründet, wenn die behördliche Vollziehungsanordnung nach § 80 Abs. 2 S. 1 Nr. 4 VwGO formell rechtswidrig ist (sub 1.) oder wenn das Aussetzungsinteresse des H das öffentliche Vollziehungsinteresse überwiegt (sub 2.).

1. Formell ordnungsgemäße Vollziehungsanordnung

Die Anordnung der sofortigen Vollziehung gemäß § 80 Abs. 2 S. 1 Nr. 4 VwGO durch das Ordnungsamt ist laut Sachverhalt formell ordnungsgemäß, insbesondere also unter Wahrung des Begründungserfordernisses nach § 80 Abs. 3 VwGO erfolgt.

2. Materielle Interessenabwägung

Da die Abwägungsentscheidung des Gerichts vorrangig an der Frage der Rechtmäßigkeit des Verwaltungsakts ansetzt, bedarf diese der Prüfung.

a) Ermächtigungsgrundlage für den Bescheid

Zunächst ist fraglich, aufgrund welcher Ermächtigungsgrundlage der Bescheid an H ergangen ist.

Als Ermächtigungsgrundlage für ordnungsbehördliche Verfügungen kommen grundsätzlich spezialgesetzliche Ermächtigungen aus Sondergesetzen, die Standardermächtigungen des OBG NRW oder die Generalklausel des § 14 Abs. 1 OBG NRW in Betracht.

Für Anordnungen zur Abwehr von Gefahren, die von Hunden ausgehen, enthält § 12 Abs. 1 LHundG NRW eine sondergesetzliche Ermächtigung, die dem Zweck des LHundG NRW entsprechend (vgl. § 1 LHundG NRW) hier als lex specialis greifen könnte. Immerhin könnte gegen eine Anwendbarkeit des § 12 Abs. 1 LHundG NRW sprechen, dass es vorliegend um die Durchsetzung einer ordnungsbehördlichen Verordnung geht, die nicht auf das LHundG NRW gegründet ist (vgl. zu den in diesem Gesetz vorgesehenen Verordnungen § 16 Abs. 1 LHundG NRW), sondern auf die allgemeine ordnungsbehördliche Verordnungsermächtigung der §§ 25 ff. OBG NRW, deren Anwendbarkeit auch neben dem LHundG NRW zulässig bleibt (vgl. § 15 Abs. 2 LHundG NRW). Insofern lässt sich argumentieren, dass konsequenterweise auch die ordnungsbehördlichen Ermächtigungsgrundlagen anzuwenden sind, namentlich also § 14 OBG NRW. Gegen eine Verdrängung der ordnungsbehördlichen Eingriffsermächtigungen durch § 12 Abs. 1 LHundG NRW spricht nicht zuletzt § 15 Abs. 1 LHundG NRW, der von einer grundsätzlichen Anwendbarkeit des OBG NRW auch im Kontext des LHundG NRW ausgeht, soweit das LHundG oder hierauf ergangene Verordnungen nichts anderes bestimmen.

b) Formelle Rechtmäßigkeit des Bescheids

Ein Verwaltungsakt ist formell rechtmäßig, wenn er durch die zuständige Behörde im ordnungsgemäßen Verfahren und in der erforderlichen Form erlassen wurde.

aa) Zuständigkeit

Mit der Ordnungsbehörde der Gemeinde G hat gemäß § 3 Abs. 1, § 4 Abs. 1, § 5 Abs. 1 OBG NRW die örtlich und sachlich zuständige Behörde gehandelt.

bb) Verfahren

Das Verfahren müsste ordnungsgemäß durchgeführt worden sein.

Gemäß § 28 Abs. 1 VwVfG NRW ist eine Anhörung erforderlich. Ob eine solche Anhörung erfolgt ist, lässt der Sachverhalt nicht erkennen. Es entspricht den allgemeinen Regeln, in diesem Falle von einem ordnungsgemäß durchgeführten Anhörungsverfahren auszugehen.

Klausurtipp: Es dürfen keine Rechtsfehler in einen Sachverhalt hineingelesen werden. Wenn der Sachverhalt keine Hinweise zu Rechtsbehelfsbelehrungen, Zustellungen oder Anhörungen enthält, ist davon auszugehen, dass die gesetzlichen Anforderungen erfüllt wurden. Auf die Möglichkeit der Heilung einer etwa unterbliebenen Anhörung nach § 45 Abs. 1 Nr. 3, Abs. 2 VwVfG NRW sollte daher allenfalls „beiläufig" hingewiesen werden.

cc) Form

Hinsichtlich der nach § 20 OBG NRW erforderlichen Form bestehen keine Bedenken.

dd) Zwischenergebnis

Die Verfügung ist daher formell rechtmäßig.

c) Materielle Rechtmäßigkeit des Bescheids

Der Verwaltungsakt ist materiell rechtmäßig, wenn die tatbestandlichen Voraussetzungen des § 14 OBG NRW erfüllt sind, die Maßnahme gegen den richtigen Adressaten gerichtet und das der Behörde eingeräumte Ermessen fehlerfrei ausgeübt wurde.

Gemäß § 14 OBG NRW müsste zunächst eine konkrete Gefahr für die öffentliche Sicherheit oder Ordnung vorgelegen haben.

Hier könnte die öffentliche Sicherheit betroffen sein. Diese umfasst den Schutz von Individualrechtsgütern, die Unversehrtheit der objektiven Rechtsordnung sowie den Bestand und die Einrichtungen des Staates.[3] Eine Gefahr ist gegeben bei einem Sachverhalt, der bei ungehindertem Ablauf in absehbarer Zeit mit hinreichender Wahrscheinlichkeit zu einem Schaden an den polizeilichen Schutzgütern führt, wobei auch solche Situationen erfasst werden, in denen sich die Gefahr bereits realisiert hat, aber noch andauert.

---

[3] Dazu ÖffR NRW, § 3 Rn. 50 ff.

aa) Verstoß gegen § 1 der Rechtsverordnung

Hier könnte eine Verletzung der objektiven Rechtsordnung vorliegen, da H seinen Hund nicht anleint und damit gegen § 1 der Verordnung über die Anleinpflicht von Hunden in der Gemeinde G verstößt.

§ 1 der Verordnung ist jedoch nur dann Teil der objektiven Rechtsordnung und damit Schutzgut der Generalklausel, wenn diese Vorschrift ihrerseits rechtmäßig und damit wirksam ist. Denn anders als etwa bei Verwaltungsakten (§ 43 Abs. 2 VwVfG NRW) führen Rechtsfehler bei einer Rechtsverordnung zu deren Ungültigkeit. Zu prüfen ist damit die Rechtmäßigkeit der Verordnung. Gem. Art. 70 LV NRW ist die Verordnungsgebung als „delegierte" Normsetzung einem „Totalvorbehalt" des Gesetzes unterworfen.[4] Rechtsverordnungen des Landes sind also nur dann rechtmäßig und wirksam, wenn sie aufgrund einer gültigen Ermächtigungsgrundlage ergangen sind sowie formell und materiell ordnungsgemäß erlassen wurden.

Vertiefung: Zum Prüfungsschema für die ordnungsbehördliche Verordnung ÖffR NRW, § 3 Rn. 236.

(1) Ermächtigungsgrundlage für die Verordnung. Eine spezielle Ermächtigung zum Erlass von ordnungsbehördlichen Verordnungen zur Ausführung des LHundG findet sich in § 16 Abs. 1 S. 2 LHundG NRW. Diese Vorschrift ermächtigt aber nur zu einer Verordnungsgebung in den enumerativ aufgezählten Regelungsbereichen, die eine Anleinpflicht von Hunden nicht einschließen. Gemäß § 15 Abs. 2 LHundG NRW können daneben auch die örtlichen Ordnungsbehörden ordnungsbehördliche Verordnungen mit Bezug auf Hunde erlassen, soweit die darin enthaltenen Vorschriften zum LHundG NRW oder zu den aufgrund des LHundG NRW erlassenen Verordnungen nicht in Widerspruch stehen. Daher ist die Ermächtigung des § 27 Abs. 1 OBG NRW grundsätzlich einschlägig.

Immerhin stellt sich die Frage, ob die Regelungen der hier umstrittenen ordnungsbehördlichen Verordnung – wie von H vorgetragen – womöglich deshalb in Widerspruch zum LHundG NRW stehen, weil dieses selbst begrenzte Anleinpflichten normiert. Die Frage dürfte im Ergebnis zu verneinen sein, da sich das LHundG NRW der Regelung spezieller Konfliktsituationen, wie sie sich etwa in Kurorten stellen können, erkennbar nicht widmet und insoweit auch keine abschließenden Regelungen vorhält.

(2) Formelle Rechtmäßigkeit der Verordnung. Die Verordnung ist formell rechtmäßig, wenn die zuständige Behörde sie in ordnungsgemäßem Verfahren und in der vorgeschriebenen Form erlassen hat.

(a) Zuständigkeit. Gemäß § 27 Abs. 4 OBG NRW ist die Vertretung der Gemeinde zuständig für den Erlass von Verordnungen der örtlichen Ordnungsbehörden. Die Verordnung über die Anleinpflicht von Hunden in der Gemeinde G wurde durch den Rat der Gemeinde G und damit von der zuständigen Stelle erlassen.

(b) Verfahren. Das Verfahren wurde laut Sachverhalt ordnungsgemäß durchgeführt.

(c) Form. Die Formanforderungen an eine ordnungsbehördliche Verordnung ergeben sich aus § 30 OBG NRW.[5]

---

[4] Vgl. dazu ÖffR NRW, § 1 Rn. 135 ff. sowie § 3 Rn. 230 ff.
[5] Eingehend ÖffR NRW, § 3 Rn. 232.

Die Überschrift der Verordnung kennzeichnet deren Inhalt. Damit ist der Anforderung des § 30 Nr. 1 OBG NRW Genüge getan. Gemäß § 30 Nr. 2 OBG NRW muss die Verordnung eine Überschrift tragen, die sie als „ordnungsbehördliche Verordnung" ausweist. Die Bezeichnung als „Ordnungsbehördliche Verordnung über die Anleinpflicht von Hunden in der Gemeinde G" entspricht diesem Erfordernis. Die zutreffende Erwähnung der gesetzlichen Grundlagen in der Präambel wird dem § 30 Nr. 3 OBG NRW gerecht. Eine Zustimmung i. S. d. § 30 Nr. 4 OBG NRW ist nicht erforderlich und muss daher auch nicht erwähnt werden. Durch die Erwähnung in der Überschrift der Verordnung sowie in deren § 1 ist der örtliche Geltungsbereich angegeben und damit die Voraussetzung des § 30 Nr. 5 OBG NRW erfüllt. Schließlich werden Ausfertigungsdatum und die Behörde angegeben, die die Verordnung erlassen hat; damit wird den Anforderungen des § 30 Nr. 6 und 7 OBG NRW entsprochen. Die Verordnung genügt insgesamt den Voraussetzungen des § 30 OBG NRW.

(d) Zwischenergebnis. Die Verordnung ist damit formell rechtmäßig.

(3) Materielle Rechtmäßigkeit der Verordnung. Die ordnungsbehördliche Verordnung müsste auch materiell rechtmäßig sein. Das ist der Fall, wenn die tatbestandlichen Voraussetzungen des § 27 Abs. 1 OBG NRW erfüllt sind, die richtigen Adressaten in Anspruch genommen und das der Behörde eingeräumte Ermessen fehlerfrei ausgeübt wurden.

(a) Tatbestandliche Voraussetzungen des § 27 Abs. 1 OBG NRW. Gem. § 27 Abs. 1 OBG NRW muss die Verordnung der Abwehr einer Gefahr für die öffentliche Sicherheit und Ordnung dienen. Entsprechend dem „abstrakten" Ansatz der Verordnungsgebung wird hierbei nicht eine konkrete, sondern eine abstrakte Gefahr vorausgesetzt.[6] Diese unterscheidet sich von der konkreten Gefahr dadurch, dass ihr ein „hypothetischer" bzw. „gedachter" Sachverhalt zugrunde liegt, bei dessen Eintritt mit hinreichender Wahrscheinlichkeit in absehbarer Zeit ein Schaden an den ordnungsbehördlichen Schutzgütern zu erwarten ist.

Vertiefung: Damit liegt lediglich ein abweichender Modus der Gefahrermittlung vor, nicht aber eine Variation bezüglich des Grades der Wahrscheinlichkeit des Gefahreneintritts (vgl. ÖffR NRW, § 3 Rn. 233).

Das (gedachte) freie Umherlaufen von Hunden im Gemeindegebiet müsste eine (abstrakte) Gefahr für die Sicherheit oder Ordnung darstellen.

In Betracht kommt hier die Betroffenheit des Schutzguts der öffentlichen Sicherheit. Diese umfasst den Schutz von Individualrechtsgütern, die Unversehrtheit der objektiven Rechtsordnung sowie den Bestand und die Einrichtungen des Staates.[7]

Soweit sich Fußgänger oder Besucher von Straßencafés durch die Hunde belästigt fühlen, ist noch nicht von einer Gefährdung polizeilicher Schutzgüter auszugehen.[8] Soweit allerdings nicht angeleinte Hunde unvermittelt die Straße zu überqueren drohen, dürften Individualrechtsgüter betroffen sein. So können Autofahrer zu spontanen Bremsmanövern genötigt werden, die wiederum unfallträchtig sind. Bei derartigen Verkehrsunfällen sind sowohl Leben und Gesundheit der Fahrzeugführer als auch das Ei-

---

[6] ÖffR NRW, § 3 Rn. 233 f.
[7] Vgl. im Einzelnen ÖffR NRW, § 3 Rn. 50 ff.
[8] ÖffR NRW, § 3 Rn. 60.

gentum an den Fahrzeugen betroffen. Auch werden die Schutzgüter Leben und Gesundheit gefährdet, wenn etwa Passanten durch freilaufende Hunde vom Gehweg gedrängt werden.

Legt man diese (gedachten) Sachverhalte zugrunde, so ist jeweils mit hinreichender Wahrscheinlichkeit in absehbarer Zeit ein Schaden an den genannten Schutzgütern zu befürchten (a. A. vertretbar).

Insgesamt liegt eine abstrakte Gefahr für die öffentliche Sicherheit vor.

Klausurtipp: Auf das konkrete Verhalten der Hunde des H darf hier nicht eingegangen werden, da es um die Prüfung einer abstrakten Gefahr geht.
Eine Differenzierung zwischen Haupt- und Nebensaison wäre bereits an dieser Stelle vertretbar, eine Erörterung im Kontext der Verhältnismäßigkeitsprüfung erscheint aber vorzugswürdig.

(b) Verantwortlichkeit der Verpflichteten. Durch eine ordnungsbehördliche Verordnung dürfen nur Verantwortliche i. S. d. §§ 17–19 OBG NRW in Anspruch genommen werden.

Vertiefung: Die allgemeinen Regeln der Störerverantwortlichkeit finden im Fall der Verordnungsgebung gleichermaßen Anwendung wie bei dem Erlass einer Einzelfallmaßnahme, da es sich lediglich um eine abstrakt-generelle Variante der Gefahrenabwehr handelt (vgl. ÖffR NRW, § 3 Rn. 235).

Derjenige, der einen Hund unangeleint ausführt, ist gemäß § 17 Abs. 1 OBG NRW verhaltensverantwortlich. Nach der Theorie der unmittelbaren Verursachung wird die Gefahr unmittelbar durch das unangeleinte Ausführen der Tiere in der Öffentlichkeit bewirkt. Als Inhaber der tatsächlichen Gewalt ist derjenige, der einen Hund unangeleint ausführt, darüber hinaus nach § 18 Abs. 2 OBG NRW zustandsverantwortlich.

Die ordnungsbehördliche Verordnung nimmt daher einen Verantwortlichen in die Pflicht.

(c) Fehlerfreie Ermessensausübung. Schließlich müsste das von § 27 Abs. 1 OBG NRW eingeräumte Ermessen ordnungsgemäß ausgeübt worden sein. Dies setzt, wie bei Einzelmaßnahmen, voraus, dass das Entschließungs-, Störerauswahlermessen und Handlungsermessen sachgerecht ausgeübt wurden.[9]

(aa) Entschließungsermessen. Im Rahmen des Entschließungsermessens muss die Behörde, wie bei Einzelfallmaßnahmen, abwägen, ob sie überhaupt tätig wird.

Hinsichtlich der ordnungsgemäßen Ausübung des Entschließungsermessens bestehen keine Bedenken.

(bb) Störerauswahlermessen. Die Behörde muss eine Entscheidung über die Adressaten ihrer Maßnahme treffen.[10] Dem Wortlaut der Verordnung nach richtet sich diese gegen die Person, die einen Hund ausführt. Daneben kommt als (Zustands-) Verantwortlicher der Eigentümer der Tiere gemäß § 18 Abs. 1 OBG NRW in Betracht. Er ist als solcher

---

[9] Vgl. ÖffR NRW, § 3 Rn. 235 f.
[10] ÖffR NRW, § 3 Rn. 124–126.

nicht Adressat der Verordnung. Fraglich ist, ob die Störerauswahl damit womöglich ermessensfehlerhaft erfolgt ist. Dass die Gemeinde die Störereigenschaft des Eigentümers übersehen und somit ihr Ermessen hinsichtlich der möglichen Inanspruchnahme des Eigentümers gar nicht ausgeübt hätte (Ermessensnichtgebrauch), erscheint bei lebensnaher Sachverhaltsauslegung wenig wahrscheinlich. Fraglich bleibt damit nur, ob die Entscheidung für die Inanspruchnahme des Inhabers der tatsächlichen Gewalt möglicherweise als Ermessensfehlgebrauch einzustufen ist.

Die Gemeinde hat sich hier von dem Zweck leiten lassen, eine sichere und sofort exekutierbare Grundlage für die Gefahrenabwehr zu schaffen. Die Inpflichtnahme derjenigen Person, die mit dem Hund unterwegs ist, ist daher durchaus sachgerecht und damit ermessensfehlerfrei.

cc) Handlungsermessen. Fraglich ist, ob das Handlungsermessen ordnungsgemäß ausgeübt wurde. Die Verordnung müsste zur Vermeidung einer Ermessensüberschreitung insbesondere verhältnismäßig sein. Dazu muss sich die Verordnung als geeignet, erforderlich und zumutbar darstellen.

Geeignetheit bedeutet, dass eine Maßnahme den angestrebten Erfolg zu fördern vermag. Eine vollumfängliche Zweckerreichung kann nicht verlangt werden. Die Inanspruchnahme der Personen, die mit dem Hund unterwegs sind, ist geeignet, die Verkehrsteilnehmer zu schützen, da sie die Gefahren verhindert, die durch frei umherlaufende Hunde entstehen können. Von der Eignung ist auszugehen.

Eine Maßnahme ist erforderlich, wenn kein gleich geeignetes Mittel zur Verfügung steht, das weniger eingriffsintensiv wirkt: Es darf kein „milderes Mittel" geben. Die Verordnung zur Anleinpflicht von Hunden in der Gemeinde G könnte sich sowohl in räumlicher als auch in zeitlicher Hinsicht als nicht erforderlich darstellen.

In räumlicher Hinsicht erfasst die Verordnung das gesamte Gemeindegebiet. Die festgestellte (abstrakte) Gefahr besteht jedoch laut Sachverhalt nur auf Gemeindestraßen, auf denen Autoverkehr stattfindet bzw. in denen sich typischerweise Kurgäste aufhalten. Andere Bereiche der Gemeinde, wie beispielsweise am Ortsrand liegende Gebiete, müssen nicht in gleicher Weise vor umherlaufenden Hunden abgesichert werden. Erst recht gilt dies für Freiflächen im Gemeindegebiet, die keinerlei Verkehrsbezug aufweisen. Es stellte ein milderes, aber ebenso geeignetes Mittel dar, wenn die Leinenpflicht für Hunde auf diejenigen Gebiete begrenzt wird, die durch die Fahrzeuge und die Kurgäste frequentiert werden. Diese müssten dann allerdings konkret bestimmt werden. Eine Ausdehnung des Leinenzwangs auf das gesamte Gemeindegebiet ist nicht erforderlich.[11]

In zeitlicher Hinsicht sieht die Verordnung einen ganzjährigen Leinenzwang vor. Der Kurort wird in der Nebensaison jedoch nur wenig besucht. Die Gefährdungslage besteht in dieser Zeit nicht in demselben Maße wie in der Hauptsaison. Eine Beschränkung des Leinenzwangs auf die Hauptsaison stellt ein milderes Mittel mit gleicher Wirkung dar. Eine ganzjährige Anleinpflicht ist nicht erforderlich.[12] In der Anordnung einer unverhältnismäßigen Maßnahme liegt eine Ermessensüberschreitung (§ 40 VwVfG NRW).

(d) Zwischenergebnis. Das Ermessen wurde nicht ordnungsgemäß ausgeübt. Die Verordnung ist daher materiell rechtswidrig. Die Rechtswidrigkeit der ordnungsbehördlichen Verordnung hat deren Nichtigkeit zur Folge. Damit ist die Verordnung kein Bestandteil der objektiven Rechtsordnung.

---

[11] Vgl. etwa OLG Hamm, NVwZ 2002, 765.
[12] Vgl. OVG Lüneburg, NVwZ 1991, 693.

Der Verstoß des H gegen § 1 der Verordnung stellt daher keine Verletzung der objektiven Rechtsordnung dar. Eine konkrete Gefahr für die öffentliche Sicherheit besteht insoweit nicht.

bb) Verstoß gegen das LHundG

Die objektive Rechtsordnung könnte aber dann verletzt sein, wenn H gegen Vorschriften des LHundG NRW verstößt, indem er seinen Hund im Gemeindegebiet unangeleint ausführt. Das LHundG NRW enthält zunächst eine Anleinpflicht für „große Hunde" in § 11 Abs. 6 S. 1. Diese sind außerhalb eines befriedeten Besitztums innerhalb im Zusammenhang bebauter Ortsteile auf öffentlichen Straßen, Wegen und Plätzen angeleint zu führen. Fraglich ist aber, ob es sich bei Rufus um einen „großen Hund" handelt. Gemäß der Legaldefinition in § 11 Abs. 1 LHundG NRW hat ein „großer Hund" ausgewachsen eine Widerristhöhe von mindestens 40 cm oder ein Gewicht von mindestens 20 kg. Der Hund des H ist erkennbar kein „großer Hund" i. S. d. § 11 Abs. 1 LHundG NRW. Ein Verstoß gegen die Anleinpflicht des § 11 Abs. 6 S. 1 LHundG NRW kommt also nicht in Betracht.

Folglich ist hier nur die „allgemeine" Anleinpflicht des § 2 Abs. 2 LHundG NRW einschlägig. Danach sind Hunde unabhängig von ihrer Größe an verschiedenen enumerativ aufgeführten Orten an einer Leine zu führen, so etwa in Fußgängerzonen, Haupteinkaufsbereichen und anderen innerörtlichen Bereichen, Straßen und Plätzen mit vergleichbarem Publikumsverkehr (Nr. 1) sowie in der Allgemeinheit zugänglichen, umfriedeten Park-, Garten- und Grünanlagen (Nr. 2). Da H seine Hunde lediglich im unbebauten Randbereich des Gemeindegebietes ausführt, liegt insofern eine Verletzung der objektiven Rechtsordnung nicht vor.

cc) Sondergesetzliche Anleinpflichten (Landesforstgesetz NRW)

Auch eine Verletzung der sondergesetzlichen Anleinpflichten etwa des Landesforstgesetzes ist, da H auf den Wegen verbleibt, nicht ersichtlich.

dd) Anderweitige konkrete Gefahr für die öffentliche Sicherheit

Das Schutzgut der öffentlichen Sicherheit könnte unabhängig von einem Verstoß gegen die ordnungsbehördliche Verordnung oder gegen das LHundG NRW betroffen sein. Dies wäre dann der Fall, wenn die Spaziergänge des H entlang des „Tiefen Flurwegs" zu konkreten Gefährdungssituationen führen oder zu führen drohen, etwa indem PKW-Führer durch das Verhalten der Tiere zu abrupten Bremsmanövern gezwungen werden oder Passanten vom Gehweg gedrängt werden. Auch hierfür gibt der Sachverhalt indes keinerlei Anhaltspunkte. Eine Gefahr für die öffentliche Sicherheit ist damit nicht gegeben.

d) Zwischenergebnis

Die ordnungsbehördliche Verfügung ist rechtswidrig.

3. Interessenabwägung

Da der Verwaltungsakt offensichtlich rechtswidrig ist, besteht kein überwiegendes öffentliches Interesse an dessen sofortiger Vollziehung. Das Aussetzungsinteresse des H überwiegt.

III. Ergebnis

Ein Antrag nach § 80 Abs. 5 S. 1 VwGO auf Wiederherstellung der aufschiebenden Wirkung der Anfechtungsklage des H wäre zulässig und begründet. Er hätte Erfolg.

C. Antrag auf einstweiligen Rechtsschutz gegen die Zwangsgeldandrohung

Als Maßnahme der Verwaltungsvollstreckung stellt die Zwangsgeldandrohung einen eigenständigen Verwaltungsakt dar.[13] Die Auslegung des Antragsbegehrens des H lässt den Schluss zu, dass sich sowohl dessen Hauptsacheklage als auch sein einstweiliger Rechtsschutzantrag zusätzlich gegen die als Unrecht empfundene Zwangsgeldandrohung richten.[14]

I. Zulässigkeit

Es geht insoweit um einen parallelen Aussetzungsantrag nach § 80 Abs. 5 VwGO, dessen Zulässigkeitsvoraussetzungen weitgehend jenen des vorangegangenen (zulässigen) Antrages entsprechen.[15] Zu beachten ist allein, dass der Klage gegen Maßnahmen der Verwaltungsvollstreckung nach § 112 JustG NRW von vornherein keine aufschiebende Wirkung zukommt, so dass sich der einstweilige Rechtsschutzantrag des H nicht etwa auf „Wiederherstellung" der aufschiebenden Wirkung der Hauptsacheklage richtet, sondern auf die (erstmalige) gerichtliche „Anordnung" der aufschiebenden Wirkung.[16]

II. Begründetheit

Ebenso wie hinsichtlich des Antrages zu B. wird sich die Entscheidung des Verwaltungsgerichts über eine mögliche Aussetzung der sofortigen Vollziehbarkeit der Zwangsgeldandrohung zuvörderst nach den Erfolgsaussichten des Hauptsacherechtsbehelfs richten. Namentlich soweit ein Verwaltungsakt offensichtlich rechtswidrig und der gegen ihn gerichteten Klage daher stattzugeben ist, fehlt es von vornherein an einem öffentlichen Vollziehungsinteresse. Dem Aussetzungsantrag ist in diesem Falle ebenfalls stattzugeben. Zu prüfen sind damit die Erfolgsaussichten der Klage gegen die Zwangsgeldandrohung.

1. Ermächtigungsgrundlage

Als belastender Verwaltungsakt unterliegt die Zwangsgeldandrohung dem Vorbehalt des Gesetzes. Als Eingriffsermächtigung kommt § 55 Abs. 1 i. V. m. § 57 Abs. 1 Nr. 2, §§ 60, 63 VwVG NRW in Betracht.

---

[13] ÖffR NRW, § 3 Rn. 247.
[14] A. A. vertretbar.
[15] ÖffR NRW, § 5 Rn. 38.
[16] Hierzu ÖffR NRW, § 5 Rn. 40.

2. Formelle Rechtmäßigkeit

a) Zuständigkeit

Die Zuständigkeit der Ordnungsbehörde für die Einleitung von Vollstreckungs-maßnahmen ergibt sich aus § 56 Abs. 1 VwVG NRW.

b) Form und Verfahren

Form- oder Verfahrensfehler sind nicht erkennbar. Insbesondere war die Durchführung eines Anhörungsverfahrens gemäß § 28 Abs. 2 Nr. 5 VwVfG NRW nicht obligatorisch.

3. Materielle Rechtmäßigkeit

Fraglich ist indessen, ob die materiellen Rechtmäßigkeitsvoraussetzungen für die Zwangsgeldandrohung gegeben sind. Hierzu müssten zum einen die Tatbestandsvoraus-setzungen des § 55 Abs. 1 VwVG NRW vorliegen (sub a). Zum anderen müsste die Behörde von dem ihr eingeräumten Ermessen fehlerfrei Gebrauch gemacht haben (sub b).

a) Tatbestandsvoraussetzungen des § 55 Abs. 1 VwVG NRW

aa) Verfügender Verwaltungsakt

§ 55 Abs. 1 VwVG NRW verlangt zunächst das Vorliegen eines (Grund-)Verwal-tungsaktes, der auf ein Tun, Dulden oder Unterlassen gerichtet ist (sog. verfügender Verwaltungsakt). Diesem Erfordernis ist hier zum Zeitpunkt des Erlasses des Verwal-tungsaktes Genüge getan. Immerhin stellt sich die Frage, ob § 55 Abs. 1 VwVG NRW auch rechtswidrige Verwaltungsakte erfasst oder ob die Rechtmäßigkeit des Grundver-waltungsaktes – jedenfalls bei noch nicht bestandskräftigen Verwaltungsakten – als un-geschriebene Voraussetzung in § 55 Abs. 1 VwVG NRW hineingelesen werden muss.[17] Die Frage wird in Rechtsprechung und Literatur unterschiedlich beantwortet. Dabei spricht nach hiesiger Auffassung gerade die sog. „Bestandsfunktion" des Verwaltungsak-tes (§ 43 Abs. 2 VwVfG NRW) dafür, in § 55 Abs. 1 VwVG NRW jedenfalls keine systematische Rechtmäßigkeitsprüfung hinsichtlich des Grundverwaltungsaktes hinein-zulesen. Unabhängig hiervon kann indes die Vollstreckung eines zwar wirksamen, aber erkennbar rechtswidrigen Verwaltungsaktes in extremen Fällen unverhältnismäßig, weil unzumutbar sein (hierzu unten b).

bb) Unanfechtbarkeit oder sofortige Vollziehbarkeit der Grundverfügung

§ 55 Abs. 1 VwVG NRW knüpft die Zulässigkeit von Vollstreckungsmaßnahmen grundsätzlich an die Voraussetzung, dass der Grundverwaltungsakt unanfechtbar oder aber zumindest sofort vollziehbar ist. Allerdings geht § 63 Abs. 2 VwVG NRW, wie ins-besondere aus § 63 Abs. 1 S. 3 VwVG NRW gefolgert werden kann, augenscheinlich davon aus, dass die Unanfechtbarkeit oder sofortige Vollziehbarkeit der Grundverfü-gung im Falle der unmittelbaren Verbindung der Zwangsmittelandrohung mit dem Grundverwaltungsakt nicht erforderlich ist. Da ein solcher Fall hier vorliegt, bedarf es einer zusätzlichen Prüfung der Unanfechtbarkeit oder sofortigen Vollziehbarkeit der Grundverfügung – auch wenn diese zumindest anfänglich gegeben war – hier nicht. Dabei kommt es auf die umstrittene Frage, ob § 63 Abs. 2 VwVG NRW eine Ausnah-

---

[17] Hierzu ÖffR NRW, § 3 Rn. 252.

meregelung allein für den Fall der Verbindung von Zwangsmittelandrohung und Grundverfügung[18] oder aber eine generelle Absenkung der Rechtmäßigkeitsanforderungen für Zwangsmittelandrohungen enthält, nicht an.

cc) Änderungen der Sach- und Rechtslage

Fraglich ist indessen, ob bei der Prüfung der Tatbestandsvoraussetzungen des § 55 Abs. 1 VwVG NRW außer Betracht bleiben kann, dass das Gericht dem Aussetzungsantrag hinsichtlich der Grundverfügung stattzugeben hat. So ist zu berücksichtigen, dass die Zwangsgeldandrohung in die Zukunft gerichtete Rechtswirkungen entfaltet und entfalten soll. Dies aber legt den Schluss nahe, dass entscheidungserhebliche Veränderungen der Sach- und Rechtslage, die nach der Androhung und vor Abschluss des Vollstreckungsverfahrens eintreten, bei der Beurteilung der Rechtmäßigkeit mit zu berücksichtigen sind.[19] Soweit hierbei zunächst auf den Wegfall der nach § 55 Abs. 1 VwVG NRW geforderten sofortigen Vollziehbarkeit der Grundverfügung infolge des erfolgreichen Aussetzungsantrages rekurriert werden könnte, bleibt dieser für die rechtliche Bewertung hier freilich ohne Belang. Denn wie oben bb) dargestellt, ist das Erfordernis einer „unanfechtbaren" oder „sofort vollziehbaren" Grundverfügung gem. § 63 Abs. 2 VwVG NRW in dem hier vorliegenden Falle einer Zwangsmittelandrohung, die mit der Grundverfügung verbunden worden ist, gerade suspendiert.[20] Immerhin aber könnte erwogen werden, aus der Suspendierung des Grundverwaltungsaktes infolge des erfolgreichen Aussetzungsantrages (oben B) zu folgern, dass es – nach der maßgeblichen gegenwärtigen Rechtslage – bereits an einem (Grund-) Verwaltungsakt i. S. d. § 55 Abs. 1 VwVG NRW fehlt. Eine solche Auslegung erscheint jedenfalls dann zwingend, wenn man den Suspensiveffekt im Sinne einer (vorläufigen) „Wirksamkeitshemmung" für den betroffenen Verwaltungsakt interpretiert.[21] Dasselbe Ergebnis stellt sich ein, wenn man allein die Entscheidung im Hauptsacheverfahren zum Maßstab der gerichtlichen Abwägung macht. Denn da das VG die Grundverfügung im Hauptsacheverfahren aufheben und damit eine wesentliche Tatbestandsvoraussetzung für Vollstreckungsmaßnahmen[22] beseitigen wird (hierzu oben B II), wird in der Hauptsache auch die Zwangsgeldandrohung keinen Bestand haben können. Mit Blick hierauf aber erscheint es nur konsequent, diesem Entwicklungsverlauf bereits im Aussetzungsverfahren Rechnung zu tragen.

b) Ermessen

Mit Blick auf die oben B II dargelegte Rechtswidrigkeit der Grundverfügung könnte – wie bereits angedeutet – zudem die Verhältnismäßigkeit (Zumutbarkeit) der Zwangsgeldandrohung und damit die fehlerfreie Ermessensausübung seitens der Vollstreckungsbehörde (wegen Ermessensüberschreitung, § 40 VwVfG NRW) in Zweifel gezogen werden. Allerdings wird man aus der Fehlerhaftigkeit der Grundverfügung richtigerweise nur dort auf einen Ermessensfehler hinsichtlich der Anordnung von Vollstreckungsmaßnahmen folgern können, wo diese offenkundig bzw. der Behörde bekannt sind. Ob dies hier der Fall ist, erscheint eher fraglich.

---

[18] So für das VwVG des Bundes *App,* in: Engelhardt/App, VwVG, VwZG, 9. Aufl. 2011, § 13 VwVG, Rn. 2.

[19] So zu Recht VG Hamburg, BeckRS 2008, 40486.

[20] Anders insoweit VG Hamburg, a. a. O.

[21] Hierfür etwa *Schenke,* Verwaltungsprozessrecht, 16. Aufl. 2019, Rn. 950; *Schmidt,* in: Eyermann, VwGO, 13. Aufl. 2010, § 80 Rn. 6.

[22] S. § 55 Abs. 1 VwVG NRW.

c) Ergebnis

Da die Zwangsgeldandrohung rechtswidrig (geworden) ist, wird das Gericht dem Aussetzungsantrag des H auch insoweit stattgeben.

D. Antrag auf vorläufige Feststellung des Nichtbestehens einer (generellen) Anleinpflicht

Der Antrag des H, seine Befugnis zum unangeleinten Ausführen des Hundes Rufus auf dem „Tiefen Flurweg" auch über die vorläufige Suspendierung der „unselbständigen Verfügung" hinaus vorläufig festzustellen, hat Erfolg, wenn er zulässig und begründet ist.

I. Zulässigkeit

1. Verwaltungsrechtsweg

Der Verwaltungsrechtsweg ist gemäß § 40 Abs. 1 VwGO eröffnet (s. o. B I 1).

2. Statthafte Antragsart

Welche Rechtsschutzform statthaft ist, richtet sich nach dem Klagebegehren im Hauptsacheverfahren. H geht es im Ergebnis um die Klärung, dass er entgegen den Vorgaben der Verordnung berechtigt ist, seinen Hund unangeleint auszuführen. Dieses Begehren wäre in der Hauptsache auf unterschiedlichen Wegen erreichbar: So bestreitet H letztlich die Befugnis der Behörde, von ihm ein Anleinen des Hundes verlangen zu können. Dabei geht es um ein Rechtsverhältnis, das sich aus der Anwendung einer Norm – hier der Verordnung – auf einen konkreten Sachverhalt – hier die Spaziergänge des H – ergibt und das damit einer Feststellungsklage gemäß § 43 VwGO zugänglich ist. Ebenso möglich wäre seit der umfassenden Einführung des verwaltungsgerichtlichen Normenkontrollverfahrens nach § 47 VwGO durch § 109a iVm. § 133 Abs. 3 S. 2 JustizG NRW aber auch ein Antrag auf Ungültigerklärung der Verordnung durch das Oberverwaltungsgericht. Beide Rechtsschutzformen stehen unabhängig nebeneinander, insbesondere besteht keine Subsidiarität der als reine Verletztenklage konzipierten Feststellungsklage gegenüber der verwaltungsgerichtlichen Normenkontrolle als einem vorrangig objektiven Prüfungsverfahren.[23] Während einstweiliger Rechtsschutz bei der Feststellungsklage über § 123 VwGO gewährt wird, wird die Möglichkeit des Erlasses einer einstweiligen Anordnung im verwaltungsgerichtlichen Normenkontrollverfahren über § 47 Abs. 6 VwGO gewährleistet.

H hat insoweit also Wahlfreiheit, wobei an dieser Stelle der Weg über die Feststellungsklage mit dem hierauf bezogenen einstweiligen Rechtsschutz eingeschlagen werden soll. Als statthafte Rechtsschutzform kommt danach das Verfahren zum Erlass einer einstweiligen Anordnung gemäß § 123 Abs. 1 S. 1 VwGO in Gestalt einer Sicherungsanordnung (Sicherung des Rechts auf unangeleinte Ausführung des Hundes) in Betracht.

3. Antragsbefugnis

Für den Antrag nach § 123 VwGO ist in analoger Anwendung des § 42 Abs. 2 VwGO eine Antragsbefugnis erforderlich. Der Antragsteller muss die Möglichkeit des

---

[23] Vgl. hierzu eingehend *Giesberts*, in: BeckOK VwGO, 54. Edition 2020, § 47 Rn. 8 m. w. N.

Bestehens eines Anordnungsanspruchs und eines Anordnungsgrundes geltend machen und geltend machen können. H macht geltend, nach wie vor berechtigt zu sein, seinen Hund unangeleint auf dem „Tiefen Flurweg" auszuführen. Dabei kann er geltend machen, durch die abweichende Regelungsaussage in der ordnungsbehördlichen Verordnung in seiner allgemeinen Handlungsfreiheit gemäß Art. 2 Abs. 1 GG verletzt zu sein.

Die Antragsbefugnis ist damit gegeben.

4. Feststellungsinteresse

Auch im einstweiligen Rechtsschutz ist ein Feststellungsinteresse i. S. d. § 43 Abs. 1 VwGO notwendig.[23a] H muss also ein berechtigtes Interesse rechtlicher, wirtschaftlicher oder ideeller Art an der begehrten vorläufigen Feststellung darlegen. Jedenfalls der drohende (erneute) Erlass einer, zumal mit Zwangsgeldandrohung verbundenen, Verfügung, die dem H das leinenlose Führen des Hundes untersagt, ist für ein solches Interesse ausreichend.

5. Antragsgegner

Der Antragsgegner bestimmt sich nach dem Klagegegner in der Hauptsache. Da es sich in der Hauptsache um eine Feststellungsklage handelt, bestimmt sich der Antragsgegner nach dem Rechtsträgerprinzip. Antragsgegnerin wäre die Gemeinde G. Eine Verbindung des Verfahrens mit den Anträgen nach § 80 Abs. 5 VwGO ist analog § 44 VwGO gleichwohl möglich, da es materiell um denselben Antragsgegner geht.

6. Beteiligten- und Prozessfähigkeit

H ist gemäß § 61 Nr. 1 Var. 1 VwGO als natürliche Person, die Gemeinde G nach § 61 Nr. 1 Var. 2 VwGO als juristische Person beteiligtenfähig.

H ist nach § 62 Abs. 1 Nr. 1 VwGO prozessfähig. Für die Gemeinde G handelt gemäß § 62 Abs. 3 VwGO der Bürgermeister oder ein besonders Beauftragter.

7. Rechtsschutzbedürfnis

Das allgemeine Rechtsschutzbedürfnis für den Erlass einer einstweiligen Anordnung nach § 123 VwGO setzt grundsätzlich voraus, dass sich der Antragsteller zunächst erfolglos an die Behörde gewandt hat. H hat ein informelles, aber erfolgloses Ersuchen an die Behörde gerichtet. Damit ist diese Voraussetzung erfüllt.

Keine Voraussetzung für die Zulässigkeit eines Antrags auf Erlass einer einstweiligen Anordnung nach § 123 VwGO ist, dass das Hauptsacheverfahren bereits eingeleitet ist.[24] Allerdings darf das Hauptsacheverfahren nicht offensichtlich unzulässig sein. Anhaltspunkte für eine Unzulässigkeit des Hauptsacheverfahrens sind vorliegend nicht ersichtlich (s. o. 2.).

Immerhin könnte für das einstweilige Rechtsschutzverfahren die Frage aufgeworfen werden, ob dem H durch den erfolgreichen Aussetzungsantrag nach § 80 Abs. 5 VwGO nicht hinreichender Rechtsschutz gewährt wird, so dass es an einem Interesse für eine parallele einstweilige Anordnung fehlt. Dies wäre möglicherweise dann anzunehmen, wenn die Unwirksamkeit der ordnungsbehördlichen Verordnung im Rahmen der (ggf.

auch nur vorläufigen) Prüfung der unselbständigen Verfügung bereits inzident hinreichend geklärt würde. Dies kann indes nicht angenommen werden. Vielmehr bliebe auch nach der vorläufigen Suspendierung oder gar der endgültigen Aufhebung des Bescheides zumindest der äußere Schein einer Anleinpflicht. Vor diesem Hintergrund erscheint es folgerichtig, die Verfahrensarten der Anfechtungsklage und der Feststellungsklage im Hauptsacheverfahren für parallel zulässig zu erachten. Der Antrag auf Erlass einer einstweiligen Anordnung scheitert dann aber auch nicht an einer vermeintlichen Unzulässigkeit der Feststellungsklage.

Das allgemeine Rechtsschutzbedürfnis ist damit gegeben. Der Antrag ist zulässig.

II. Begründetheit

1. Anordnungsanspruch

Zunächst müsste ein Anordnungsanspruch (rechtlich) dargelegt und (in tatsächlicher Hinsicht) glaubhaft gemacht sein. Der jeweilige Anordnungsanspruch entspricht dem im Hauptsacheverfahren geltend zu machenden Anspruch bzw. Rechtsschutzziel. Da es sich in der Hauptsache um ein Feststellungsverfahren gemäß § 43 VwGO handelt, wird auch im einstweiligen Rechtsschutzverfahren hinsichtlich des Anordnungsanspruchs darauf abzustellen sein, ob H die fehlende Berechtigung der Behörde, vom ihm ein Anleinen der Hunde zu verlangen, darlegen und – hinsichtlich der Tatsachengrundlagen – glaubhaft machen kann. Wie bereits gezeigt, ist die für das gesamte Gemeindegebiet geltende ganzjährige Anleinpflicht unverhältnismäßig (s. o. B II 2c). Infolge der Nichtigkeit der ordnungsbehördlichen Verordnung ist H damit berechtigt, seine Hunde unangeleint auf dem „Tiefen Flurweg" auszuführen. Ein Anordnungsanspruch liegt vor.

2. Anordnungsgrund

Ferner müsste der Anordnungsgrund dargelegt und glaubhaft gemacht sein. Bei der Sicherungsanordnung muss die Gefahr bestehen, dass die Verwirklichung des Rechts durch eine drohende Veränderung des bestehenden Zustands vereitelt oder wesentlich erschwert werden könnte. Betroffen ist hier das Recht des H gemäß Art. 2 Abs. 1 GG, mit seinem Hund auf dem „Tiefen Flurweg" spazieren zu gehen, ohne dass dieser angeleint werden muss. Dieses Recht wird durch die von H zur Überprüfung gestellte Anleinpflicht erheblich beeinträchtigt; insbesondere besteht die Gefahr, dass ein Verstoß gegen die durch die ordnungsbehördliche Verordnung vorgeschriebene Anleinpflicht seitens der Behörde durch ein Bußgeld sanktioniert werden wird. Ein Anordnungsgrund ist glaubhaft gemacht.

3. Keine Vorwegnahme der Hauptsache

Klausurtipp: Dieser Prüfungspunkt kann auch im Rahmen der Zulässigkeit beim (allgemeinen) Rechtsschutzbedürfnis behandelt werden, vgl. *Hufen,* Verwaltungsprozessrecht, 11. Aufl. 2019, § 33 Rn. 17. Aus klausurtaktischen Gründen empfiehlt sich jedoch die Verortung erst in der Begründetheit.

Es bleibt zu prüfen, ob der Erlass einer einstweiligen Anordnung gemäß § 123 VwGO, die dem H das Recht zur unangeleinten Ausführung seines Hundes auf dem „Tiefen Flurweg" zuspricht, womöglich an dem grundsätzlichen Verbot einer Vorwegnahme der Hauptsache scheitert. Dieses Verbot rechtfertigt sich aus der Überlegung, dass das einstweilige Anordnungsverfahren nur der Überbrückung bis zur Entscheidung in der Hauptsache dient und daher dem Hauptverfahren nicht in der Weise vorgreifen darf, dass der Hauptsacheentscheidung keine Relevanz mehr zukommt.

Ob eine solche Vorwegnahme der Hauptsache hier überhaupt droht, erscheint indes keineswegs eindeutig. Denn einer einstweiligen Regelung fehlte es bereits an der zeitlichen Reichweite der Hauptsacheentscheidung, so dass das Hauptsacheverfahren keineswegs von vornherein überflüssig würde. Dessen ungeachtet besteht heute Einigkeit dahingehend, dass das Verbot der Vorwegnahme der Hauptsache nicht völlig „starr" angewandt werden darf, sondern die Rechtsschutzinteressen des Antragstellers zu berücksichtigen hat. Selbst eine Vorwegnahme der Hauptsache ist daher nach h. M. gestattet, wenn der Antragsteller ansonsten rechtsschutzlos bliebe (Art. 19 Abs. 4 GG) oder ihm bei einem Abwarten bis zur Hauptsacheentscheidung unzumutbare und schwerwiegende Nachteile drohen. H geht es um eine lediglich vorläufige Feststellung des Nichtbestehens einer Anleinpflicht auf dem „Tiefen Flurweg" der Gemeinde G. Zwar unterscheidet sich das damit Erlangte inhaltlich nicht vom potenziellen Ergebnis des Hauptsacheverfahrens; mit der bloß vorläufigen Feststellung wird aber noch keine endgültige Rechtsfolge gesetzt. Sie ermöglichte es dem H lediglich, bis zur verwaltungsgerichtlichen Klärung ohne Sorge vor einem Bußgeldbescheid mit seinem Hund spazieren zu gehen, ohne diesem eine Leine anzulegen.

Im Ergebnis spricht vieles dafür, den Antrag des H nicht wegen einer unzulässigen Vorwegnahme der Hauptsache als unbegründet einzustufen.

III. Ergebnis

Der Antrag des H auf vorläufige Feststellung, dass er nach wie vor berechtigt ist, seinen Hund unangeleint auf dem „Tiefen Flurweg" laufen zu lassen, ist gemäß § 123 VwGO zulässig und begründet.

Weiterführender Klausurtipp:

Gleichheitsrechtliche Fragen um „Rasselisten" für Hunde

Vormalige Diskussionen um die Zulässigkeit differenzierender Rasselisten bei Gefahrenabwehrverordnungen gegen Hundehalter (vgl. etwa VGH Bad.-Württ. NVwZ 1999, 1016) dürften sich mit Erlass des Hundegesetzes NRW erledigt haben (s. auch VG Düsseldorf, BeckRS 2010, 51073). Immerhin finden sich parallele Diskussionen auch weiterhin gelegentlich im Rahmen von Streitigkeiten um die Rechtmäßigkeit differenzierender Hundesteuersatzungen der Gemeinden. Die Rechtsprechung akzeptiert eine erhöhte Besteuerung speziell der in den Rasselisten des Hundegesetzes NRW aufgeführten Hunderassen, ohne dass von den Gemeinden dabei eigene Erhebungen über die Gefährlichkeit der erfassten Hunderassen verlangt werden (VG Düsseldorf, BeckRS 2012, 49734; s. hierzu auch BVerwG, NVwZ 2005, 1325).

Fall 18: „Verschneites Verkehrszeichen"

Behandelte Themen: Anfechtungsklage – Rechtmäßigkeit eines Kostenbescheids – Ersatzvornahme – „abgekürztes" Verfahren – Sonderprobleme bei der Vollstreckung eines Verkehrszeichens – Kostenermessen

Sachverhalt

An einem verschneiten Winterabend parkt A sein Auto vor dem Supermarkt am Rand einer Straße in der kreisfreien Stadt D in Nordrhein-Westfalen. Als er von dem Einkauf zurückkehrt, ist sein Fahrzeug nicht mehr auffindbar. Während er das Fahrzeug sucht, bemerkt A am Straßenrand ein verschneites Verkehrsschild. Nach einem leichten Stoß gegen das Schild offenbart sich dieses als Zeichen 283 gemäß § 41 Abs. 2 Nr. 8 StVO (absolutes Halteverbot). Durch das Verkehrszeichen soll, wie ein Zusatzschild verkündet, der Feuerwehr eine Bewegungszone eingerichtet werden. Als A sich daraufhin bei einigen umherstehenden Personen nach besonderen Vorkommnissen erkundigt, bestätigt sich seine Befürchtung, dass die Ordnungsbehörde seinen Wagen hat abschleppen lassen. A erhält einen Kostenbescheid der Ordnungsbehörde der Stadt D, mit dem ihm die entstandenen Auslagen in Höhe von 250 Euro in Rechnung gestellt werden.

Einige Tage später erwähnt er den Vorgang gegenüber einer Freundin, die Rechtswissenschaften studiert. Diese ist der Meinung, dass die Abschleppmaßnahme rechtswidrig gewesen sei, schließlich sei das Schild nicht lesbar und deshalb unwirksam gewesen. A möchte daher gerichtlich gegen den Kostenbescheid vorgehen.

Prüfen Sie gutachterlich die Erfolgsaussichten einer möglichen Klage des A gegen den Kostenbescheid.

Bearbeitungshinweis: Rechtsbehelfe des einstweiligen Rechtsschutzes sind nicht zu prüfen.

Gliederung

bb) Formelle Recht-
mäßigkeit
(1) Zuständig-
keit
(2) Anhörung
(3) Androhung
(§ 63 VwVG
NRW)
(4) Festsetzung
(§ 64 VwVG
NRW)
(5) Zwischen-
ergebnis
cc) Materielle
Rechtmäßigkeit
*Prüfe: Rechtliche
Einordnung Ver-
kehrszeichen;
Schneebedeckung als
Wirksamkeits- oder
Vollstreckungs-
hindernis*
(1) Vorliegen eines
wirksamen Ver-
waltungsakts
(2) Verfügungs-
charakter des
Verwaltungs-
akts
(3) Unanfecht-
barkeit oder
sofortige Voll-
ziehbarkeit
des Verwal-
tungsakts
(4) Unkenntlich-
keit als Voll-
streckungs-
hindernis?
(5) Rechtmäßig-
keit des Ver-
waltungsakts
(6) Nichtbefol-
gung der Ver-
fügung

(7) Fehlerfreie
Ermessens-
ausübung
dd) Zwischenergebnis
c) Ersatzvornahme im
Sofortvollzug als
Amtshandlung
aa) Ermächtigungs-
grundlage § 59
iVm. § 55 Abs. 2
VwVG NRW
bb) Formelle Recht-
mäßigkeit
cc) Materielle Recht-
mäßigkeit
(1) Fehlen einer
Grundverfü-
gung/Erst-
Recht-Schluss
(2) Vorliegen ei-
ner „gegen-
wärtigen Ge-
fahr"
(3) Notwendig-
keit des sofor-
tigen Vollzugs
zur Gefahren-
abwehr
(4) Handeln im
Rahmen der
Befugnisse
(5) Ordnungsge-
mäße Ermes-
sensausübung
hinsichtlich
des Zwangs-
mittels
dd) Zwischenergebnis
2. Kostenschuldner
3. Rechtsfolgenseite (Ermessensprüfung?)
*Prüfe: Verhältnismäßigkeit der
Kostenerhebung*
4. Zwischenergebnis
C. Ergebnis

Lösungsvorschlag

Ein gerichtliches Verfahren hätte Erfolg, wenn es zulässig und begründet wäre.

A. Zulässigkeit

I. Verwaltungsrechtsweg

Zunächst müsste der Verwaltungsrechtsweg eröffnet sein.

Eine aufdrängende Sonderzuweisung zu den Verwaltungsgerichten besteht nicht.

Der Verwaltungsrechtsweg könnte über die Generalklausel des § 40 Abs. 1 S. 1 VwGO eröffnet sein. Dann müsste eine öffentlich-rechtliche Streitigkeit nichtverfassungsrechtlicher Art vorliegen, die nicht durch abdrängende Sonderzuweisung einem anderen Rechtsweg zugewiesen ist.

Eine Streitigkeit ist öffentlich-rechtlicher Art, wenn die streitentscheidende Norm eine solche des öffentlichen Rechts ist, also notwendig einen Hoheitsträger in dieser Funktion berechtigt oder verpflichtet (modifizierte Subjektstheorie, „Sonderrechtslehre"). Streitentscheidende Normen sind hier die Bestimmungen des VwVG NRW sowie des hierzu ergangenen § 20 VO VwVG NRW, die ausschließlich Hoheitsträger zur Erhebung von Kosten für Zwangsmaßnahmen ermächtigen. Somit liegt eine öffentlich-rechtliche Streitigkeit vor. Es streiten keine Verfassungsorgane über materielles Verfassungsrecht, womit die Streitigkeit auch nichtverfassungsrechtlicher Art ist (keine „doppelte Verfassungsunmittelbarkeit").

Eine abdrängende Sonderzuweisung liegt nicht vor. Der Rechtsweg zu den Verwaltungsgerichten ist gemäß § 40 Abs. 1 S. 1 VwGO eröffnet.

II. Statthafte Klageart

Die statthafte Klageart richtet sich nach dem Rechtsschutzziel bzw. dem klägerischen Begehren (vgl. § 88 VwGO). A begehrt die Aufhebung des Kostenbescheids. Der Bescheid stellt als hoheitliche Regelung eines Einzelfalls einen Verwaltungsakt gemäß § 35 S. 1 VwVfG NRW dar. Statthaft ist somit die Anfechtungsklage nach § 42 Abs. 1 VwGO.

Hinweis: Nähere Ausführungen zur Verwaltungsaktsqualität des Kostenbescheides werden an dieser Stelle regelmäßig nicht erforderlich sein. Soweit im Sachverhalt der Begriff des „Bescheides" verwendet wird, kann bereits hierauf Bezug genommen werden. Wer auf die Merkmale des § 35 S. 1 VwVfG NRW Bezug nehmen will, was natürlich nicht falsch ist, der sollte indes nur kurz auf den einseitig autoritativen Charakter des Bescheides, dessen Außenwirkungsgerichtetheit sowie den Behördencharakter der handelnden örtlichen Ordnungsbehörde (Bürgermeister) hinweisen.

III. Klagebefugnis

Das prozessuale Erfordernis der Klagebefugnis ergibt sich für die Anfechtungsklage aus § 42 Abs. 2 VwGO. Danach muss der Kläger eine Rechtsverletzung behaupten und behaupten können. Die Klagebefugnis ist nur dann ausgeschlossen, wenn eine Rechtsverletzung des Klägers offensichtlich und nach jeder erdenklichen Betrachtungsweise ausscheidet. Dies ist vorliegend nicht der Fall. Angesichts des Umstandes, dass das Verkehrsschild zugeschneit war, ist es nicht von vornherein ausgeschlossen, dass die Abschleppmaßnahme unzulässig war.

A kann als Adressat des belastenden Bescheids geltend machen, möglicherweise in seinen Grundrechten, mangels einschlägiger Spezialgrundrechte hier also dem Grundrecht aus Art. 2 Abs. 1 GG, verletzt zu sein (sog. Adressatentheorie). A ist somit klagebefugt.

IV. Vorverfahren

Vor der Anfechtungsklage ist grundsätzlich gemäß § 68 Abs. 1 VwGO ein Vorverfahren durchzuführen. Eine Ausnahme besteht jedoch nach § 68 Abs. 1 S. 2 Var. 1 VwGO dann, wenn ein Gesetz bestimmt, dass ein Vorverfahren nicht durchzuführen ist. In Nordrhein-Westfalen ist die Durchführung eines Vorverfahrens nach § 110 Abs. 1 S. 1 JustG NRW grundsätzlich entbehrlich. Ein Ausnahmefall liegt nicht vor, sodass ein Vorverfahren hier nicht durchzuführen ist.

V. Klagefrist

Die Erhebung der Anfechtungsklage muss gemäß § 74 Abs. 1 S. 2 VwGO binnen Monatsfrist nach Bekanntgabe des Verwaltungsakts erfolgen. Mangels entgegenstehender Angaben im Sachverhalt ist davon auszugehen, dass A die Klagefrist einhalten kann.

VI. Klagegegner

Der Klagegegner einer Anfechtungsklage bestimmt sich nach § 78 Abs. 1 Nr. 1 VwGO. Richtiger Klagegegner ist danach die Stadt D als Rechtsträger der Ordnungsbehörde.

VII. Beteiligten- und Prozessfähigkeit

A ist gemäß § 61 Nr. 1 Var. 1 VwGO beteiligten- und nach § 62 Abs. 1 Nr. 1 VwGO i. V.m. §§ 2, 104 ff. BGB prozessfähig.
Die Stadt D ist nach § 61 Nr. 1 Var. 2 VwGO als juristische Person beteiligtenfähig. Für die Stadt D handelt gemäß § 62 Abs. 3 VwGO i. V.m. § 63 Abs. 1 S. 1 GO NRW der (Ober-)Bürgermeister.

VIII. Allgemeines Rechtsschutzbedürfnis

Ein einfacheres und schnelleres Mittel, mit dem A sein Begehren erreichen könnte, ist nicht ersichtlich. Das allgemeine Rechtsschutzbedürfnis des A ist daher gegeben.

IX. Zwischenergebnis

Die Anfechtungsklage ist zulässig.

B. Begründetheit

Die Anfechtungsklage ist gemäß § 113 Abs. 1 S. 1 VwGO begründet, wenn der Kostenbescheid rechtswidrig ist und A hierdurch in seinen Rechten verletzt wird.

Zu prüfen ist damit zunächst die Frage der Rechtmäßigkeit des Kostenbescheids.[1] Dieser ist rechtmäßig, wenn er sich auf eine wirksame Ermächtigungsgrundlage stützen kann und die formellen und materiellen Rechtmäßigkeitsvoraussetzungen wahrt.

I. Ermächtigungsgrundlage für den Erlass des Kostenbescheids

Als Ermächtigungsgrundlage für den Erlass des Kostenbescheids durch die Ordnungsbehörde der Stadt D kommt § 77 Abs. 1 S. 1 VwVG NRW in Betracht, der tatbestandlich vor allem der Abrechnung von Vollzugsmaßnahmen der Ordnungsbehörden dient, über das PolG NRW und das OBG NRW indes auch für die Abrechnung von Sicherstellungen gilt. Zu beachten bleibt freilich, dass § 77 Abs. 1 S. 1 VwVG NRW eine nähere Bestimmung der Kostenpflichten über eine „Ausführungsverordnung" vorsieht. Mit dem Erlass der VO VwVG NRW wurde von der Verordnungsermächtigung des § 77 Abs. 2 VwVG NRW Gebrauch gemacht. Die VO VwVG NRW stellt, anders als die nach früherem Recht maßgebliche „Kostenordnung", eine Rechtsverordnung und damit ein Gesetz im materiellen Sinne dar, so dass die dortigen Normen bei der Benennung der einschlägigen Ermächtigungsgrundlage mit heranzuziehen sind. Regelungen zur Erhebung von Gebühren finden sich dabei in §§ 8, 15 VO VwVG NRW. Hinsichtlich entstandener Auslagen der Ordnungsbehörde ist § 20 Abs. 2 VO VwVG NRW i. V. m. § 77 Abs. 1 S. 1 VwVG NRW als einschlägige Ermächtigungsgrundlage anzusehen.

Hinweis: Da die Normen der VO VwVG NRW in der Tradition der alten „Kostenordnung" eher der Konturierung der abrechnungsfähigen Kostenpositionen dienen, kann eine vollständige Verdrängung des § 77 VwVG NRW durch die VO VwVG NRW nicht ohne Weiteres angenommen werden. Vorzugswürdig erscheint daher eine gemeinsame Zitierung der Normen. Eine rechtliche Qualifizierung der zugrundeliegenden Vollzugsmaßnahme ist an dieser Stelle dagegen nicht erforderlich und genaugenommen auch nicht angezeigt, vgl. unten 3. a). Soweit es um die kostenrechtliche Relevanz von Maßnahmen der Polizeibehörden geht, sind § 77 VwVG NRW iVm. § 20 Abs. 2 VO VwVG NRW nicht unmittelbar anwendbar. Allerdings schlagen die wichtigsten Befugnisnormen des Polizeirechts eine kostenrechtliche „Brücke" zu § 77 VwVG NRW (vgl. etwa für die Sicherstellung § 46 Abs. 3 S. 3 PolG NRW und für die Ersatzvornahme § 52 Abs. 1 S. 2 PolG NRW).

II. Formelle Rechtmäßigkeit des Kostenbescheids

Ein Verwaltungsakt ist formell rechtmäßig, wenn er von der zuständigen Stelle in ordnungsgemäßem Verfahren und in der entsprechenden Form erlassen wurde.

---

[1] Vgl. zum Prüfungsaufbau ÖffR NRW, § 3 Rn. 262.

1. Zuständigkeit

Zunächst müsste die zuständige Behörde gehandelt haben.

Die Amtshandlung, hier also die Abschleppmaßnahme, wurde vom Ordnungsamt der Stadt D als Teil der Behörde Oberbürgermeister durchgeführt. Damit ist diese Behörde gemäß § 20 Abs. 2 S. 1 VO VwVG NRW i. V. m. § 77 Abs. 1 S. 2 VwVG NRW auch für den Erlass des Kostenbescheides zuständig. Es hat also die zuständige Behörde gehandelt.

2. Handlungsformvorbehalt

Keine Bedenken bestehen dagegen, dass die Behörde ihren Anspruch in Form eines Verwaltungsaktes geltend macht. Zwar unterliegt der Einsatz eines Verwaltungsaktes wegen der belastenden Wirkungen dieser Handlungsform (Titelfunktion, mögliches Erwachsen in Bestandskraft) einem „Handlungsformvorbehalt". Die erforderliche Handlungsermächtigung bedarf indes nicht notwendig einer expliziten Ausformulierung, sondern kann auch inzident erteilt werden. Nach h. M. ist von einer solchen inzidenten Ermächtigung namentlich dort auszugehen, wo – wie hier – die einschlägigen Regelwerke „subordinationsrechtlich", also durch ein Verhältnis der Über- und Unterordnung von Staat und Bürger geprägt sind.[2] Auch spricht der Wortlaut des § 77 VwVG NRW deutlich für die Zulässigkeit einer einseitig-autoritativen Durchsetzung von Kostenansprüchen („werden erhoben").

3. Verfahren und Form

Das Verfahren müsste ordnungsgemäß durchgeführt worden sein.

Gemäß § 28 Abs. 1 VwVfG NRW ist eine Anhörung erforderlich. Insbesondere liegt kein Ausnahmefall des § 28 Abs. 2 Nr. 5 VwVfG NRW vor, da es nicht um Vollstreckungsmaßnahmen, sondern um deren kostenrechtliche Abwicklung geht.[3] Mangels gegenteiliger Anhaltspunkte im Sachverhalt ist von einem ordnungsgemäß durchgeführten Anhörungsverfahren auszugehen.

> **Klausurtipp:** Es dürfen keine Verfahrensfehler in einen Sachverhalt hineingelesen werden. Wenn über Rechtsbehelfsbelehrungen, Zustellungen oder Anhörungen im Sachverhalt nichts gesagt wird, ist davon auszugehen, dass die gesetzlichen Anforderungen erfüllt wurden. Auf die Möglichkeit der Heilung einer etwa unterbliebenen Anhörung nach § 45 Abs. 1 Nr. 3, Abs. 2 VwVfG NRW sollte daher allenfalls „beiläufig" hingewiesen werden.

Im Übrigen bestehen keine Bedenken im Hinblick auf Verfahrens- und Formerfordernisse, der Kostenbescheid wurde insbesondere schriftlich erlassen, § 77 Abs. 4 VwVG NRW i. V. m. § 14 Abs. 1 S. 3 GebG NRW. Anhaltspunkte gegen eine ordnungsgemäße Begründung nach § 39 Abs. 1 VwVfG NRW liegen nicht vor.

4. Zwischenergebnis

Der Kostenbescheid wurde formell rechtmäßig erlassen.

---

[2] Hierzu *Dietlein/Dünchheim,* Examinatorium Allgemeines Verwaltungsrecht, 3. Aufl. 2007, S. 118.
[3] ÖffR NRW, § 3 Rn. 259.

III. Materielle Rechtmäßigkeit des Kostenbescheids

Die materielle Rechtmäßigkeit des Kostenbescheids richtet sich nach § 77 Abs. 1 VwVG NRW i. V. m. § 20 Abs. 2 VO VwVG NRW. Danach dürfen nur für „Amtshandlungen nach diesem Gesetz" (§ 77 Abs. 1 S. 1 VwVG NRW) Kosten erhoben werden (a). Ferner ist die Frage nach dem richtigen Kostenschuldner zu klären (b). Schließlich bedarf es zur Rechtmäßigkeit der Maßnahme der ordnungsgemäßen Ausübung des Ermessens, soweit dieses eingeräumt ist (hierzu c).

1. Rechtmäßige Amtshandlung

Entscheidende materielle Voraussetzung für den Erlass eines Kostenbescheides ist das Vorliegen einer „Amtshandlung nach diesem Gesetz", womit eine Amtshandlung gemeint ist, die entsprechend den gesetzlichen Vorgaben, also „rechtmäßig", erfolgt ist.[4]

a) Sicherstellung als Amtshandlung

Soweit hierbei zunächst an eine Sicherstellung nach § 24 Nr. 13 OBG NRW i. V. m. § 43 PolG NRW gedacht werden könnte, spricht hiergegen, dass es der Sicherstellung darum geht, die Herrschaftsgewalt des Betroffenen über einen bestimmten Gegenstand zu beenden und eine anderweitige, im Regelfall behördliche Herrschaftsgewalt („Verwahrung") zu begründen. Eben dies ist hier nicht der Fall. Der Behörde geht es allein darum, einen Parkverstoß zu beenden, nicht aber darum, dem A die Herrschaftsgewalt über das Fahrzeug zu entziehen, um dieses in Verwahrung zu nehmen. Es handelt sich daher nicht um eine Sicherstellung.

b) Ersatzvornahme im gestreckten Verfahren als Amtshandlung

Die „Amtshandlung nach diesem Gesetz" könnte weiter eine Ersatzvornahme im sog. „gestreckten Verfahren" des Verwaltungsvollstreckungsgesetzes sein.

aa) Ermächtigungsgrundlage § 59 i. V. m. § 55 Abs. 1 VwVG NRW

Die Maßnahme könnte eine Ersatzvornahme nach § 59 VwVG NRW darstellen, die im gestuften Verfahren nach § 55 Abs. 1 VwVG NRW erfolgte. Die Ersatzvornahme hat die Durchsetzung einer vertretbaren Handlung des Pflichtigen durch die Behörde zum Inhalt. Dabei muss die von der Behörde vorgenommene Handlung vollständig deckungsgleich[5] zu der Handlung sein, zu deren Vornahme der Adressat durch die Grundverfügung verpflichtet wurde. Gegen eine Ersatzvornahme könnte hier womöglich sprechen, dass die von A geschuldete Handlung in einem „Wegfahren" des Fahrzeugs aus dem Halteverbotsbereich lag, nicht aber in dem von der Behörde vorgenommenen „Wegschleppen". Die Abschleppmaßnahme setzte bei dieser Betrachtungsweise eine andere Handlung durch als die von A geschuldete. Folgte man dieser Sichtweise,[6] müsste die Abschleppmaßnahme konsequenterweise als Anwendung unmittelbaren Zwangs gedeutet werden. Bei Vorliegen eines Halteverbotsschildes erscheint es allerdings überzeugender, die geschuldete Handlung nicht formal im Sinne eines geforderten „Wegfahrens" zu deuten, sondern im Sinne einer nicht näher konkretisierten Pflicht zur Räumung des Parkverbotbereichs. Zwar wird der Adressat seiner Verpflichtung schon

---

[4] St. Rspr., vgl. zuletzt OVG NRW, DVBl. 2008, 803 (804); s. ÖffR NRW, § 3 Rn. 260.
[5] ÖffR NRW, § 3 Rn. 243.
[6] So etwa *Thiel*, Polizei- und Ordnungsrecht, 4. Aufl. 2020, § 12 Rn. 4.

aus Gründen der Praktikabilität in aller Regel durch „Wegfahren" nachkommen. Die Anordnung des Halteverbots zielt aber lediglich auf ein Freihalten bzw. Freimachen des erfassten Bereichs, ein darüber hinausgehender Regelungsgehalt lässt sich nicht entnehmen. Die so verstandene Pflicht zur Entfernung des Fahrzeugs hat die Ordnungsbehörde stellvertretend für A durchgeführt. Es handelt sich daher um eine Ersatzvornahme.

> **Klausurtipp:** Hinsichtlich der dogmatischen Einordnung behördlicher Abschleppmaßnahmen gibt es keine eindeutige Lösung; insofern wäre jede der angesprochenen Varianten mit entsprechender Begründung vertretbar (vgl. zu der Problematik ÖffR NRW, § 3 Rn. 199, 245). Die Einordnung als unmittelbarer Zwang wäre jedoch im Falle eines polizeilichen Handelns problematisch, da im PolG NRW beim unmittelbaren Zwang ein Verweis auf § 77 VwVG NRW i. V. m. § 20 Abs. 2 VO VwVG NRW fehlt. Daher ist es auch „klausurtaktisch" durchaus sinnvoll, hier von einer Ersatzvornahme auszugehen.

§ 59 i. V. m. § 55 Abs. 1 VwVG NRW ist daher als mögliche Eingriffsermächtigung zu prüfen.

bb) Formelle Rechtmäßigkeit

(1) Zuständigkeit. Die Handlung müsste durch die zuständige Behörde vorgenommen worden sein. Nach der allgemeinen Zuständigkeitsregel des § 56 Abs. 1 VwVG NRW wird ein Verwaltungsakt von der Behörde vollzogen, die ihn erlassen hat. Das Verkehrsschild wurde vom Straßenverkehrsamt der Stadt D aufgestellt, welches ein unselbstständiger Teil der Behörde des Oberbürgermeisters ist. Sieht man in dem Schild einen vollstreckungsfähigen Verwaltungsakt (hierzu unten B I 3 b cc (1)), hat die zuständige Behörde gehandelt.

(2) Anhörung. Die Pflicht zur Anhörung nach § 28 Abs. 1 VwVfG NRW gilt nur für belastende Verwaltungsakte. Fraglich ist, ob das Abschleppen einen Verwaltungsakt oder einen Realakt darstellt. Insoweit kommt es auf das Vorliegen eines Regelungscharakters gemäß § 35 S. 1 VwVfG NRW an. Möglicherweise ist mit dem Abschleppen die Verpflichtung verbunden, den Vorgang zu dulden, so dass ein Verwaltungsakt vorläge. Die Konstruktion einer derartigen „konkludenten Duldungsverfügung" ist allerdings nicht notwendig, da Rechtsschutz auch gegen schlicht hoheitliches Handeln erlangt werden kann. Zudem scheitert die Konstruktion eines inzidenten Verwaltungsaktes vorliegend schon daran, dass die Abschleppmaßnahme in Abwesenheit des A durchgeführt wurde, so dass ihm kein Verwaltungsakt bekanntgegeben werden konnte. Mangels Verwaltungsaktsqualität der Maßnahme besteht ein Anhörungserfordernis somit nicht. Auf dem Umstand, dass die Ersatzvornahme als Maßnahme der Verwaltungsvollstreckung ohnehin nach § 28 Abs. 2 Nr. 5 VwGO von einer Anhörungspflicht dispensiert ist, kommt es damit nicht an.

(3) Androhung (§ 63 VwVG NRW). Gemäß § 63 Abs. 1 S. 1 VwVG NRW ist grundsätzlich die Androhung von Vollstreckungsmaßnahmen erforderlich. Diese ist hier nicht erfolgt. Allerdings kann von der Androhung abgesehen werden, wenn die Umstände des Falles eine solche nicht zulassen, § 63 Abs. 1 S. 5 VwVG NRW. Hier war A für die Ordnungsbehörde nicht ohne Weiteres erreichbar, sodass von der Androhung abgesehen werden konnte.

(4) Festsetzung (§ 64 VwVG NRW). Unabdingbar im „gestuften Verfahren" nach § 55 Abs. 1 VwVG NRW ist die gesonderte Festsetzung des Zwangsmittels gegenüber dem Voll-

streckungsschuldner, § 64 S. 1 VwVG NRW. Die Festsetzung ist ein Verwaltungsakt, der daher wirksam bekanntgegeben werden muss. Diese Festsetzung ist hier schon wegen der Abwesenheit des A nicht erfolgt. Es fehlt somit an einer formellen Rechtmäßigkeitsvoraussetzung.

Klausurtipp: Die im Rahmen der formellen Rechtmäßigkeit geprüften Anforderungen gemäß §§ 63 f. VwVG NRW werden teilweise als materielle Vollstreckungsvoraussetzungen gedeutet. Richtigerweise sind sie aber verfahrensrechtlicher Art und daher bereits im Rahmen der formellen Rechtmäßigkeit zu prüfen.

(5) Zwischenergebnis. Die Ersatzvornahme im gestuften Verfahren ist formell rechtswidrig.

cc) Materielle Rechtmäßigkeit

Ungeachtet des Fehlens der formellen Rechtmäßigkeitsvoraussetzungen ist im Rahmen des zu erstellenden Gutachtens weiter zu prüfen, ob einer Rechtfertigung der Maßnahme als Ersatzvornahme im gestuften Verfahren womöglich auch materiellrechtliche Aspekte entgegenstehen.

Klausurtipp: Die gutachterliche Prüfung verlangt grundsätzlich die Erörterung *aller* formellen und materiellen Aspekte der Fallprüfung. Die Feststellung der formellen Rechtswidrigkeit einer Maßnahme wäre insoweit kein Grund, die Prüfung sogleich abzubrechen. Die Widrigkeiten scheinbar überflüssiger Schreibarbeit werden in aller Regel – so auch hier – durch die Möglichkeit späterer (Rück-) Verweisungen kompensiert!

(1) Vorliegen eines wirksamen Verwaltungsakts. Nach § 55 Abs. 1 VwVG NRW müsste zunächst ein wirksamer Verwaltungsakt vorliegen. So könnte das Verkehrszeichen als Verwaltungsakt i. S. d. § 35 S. 1 VwVfG NRW anzusehen sein. In Betracht kommt die Einordnung als Allgemeinverfügung gemäß § 35 S. 2 VwVfG NRW. Das Verkehrszeichen regelt die konkrete Situation des Haltens und Parkens eines Fahrzeugs in dem angegebenen Bereich. Diese Regelung richtet sich an alle Fahrzeugführer und damit an einen bestimmten Adressatenkreis. Es liegt eine konkret-generelle Regelung und damit eine Allgemeinverfügung vor. Ob das Verkehrszeichen eine sachbezogene Allgemeinverfügung gemäß § 35 S. 2 Var. 2 VwVfG NRW oder eine nutzungsregelnde Allgemeinverfügung gemäß § 35 S. 2 Var. 3 VwVfG NRW darstellt, bedarf keiner näheren Diskussion. Das Halteverbotsschild stellt in jedem Fall einen Verwaltungsakt dar.

Klausurtipp: Frühere Deutungen von Verkehrszeichen als Rechtsverordnungen können heute als endgültig überwunden angesehen werden und bedürfen zumindest in einer Klausur keiner Diskussion mehr.

Auch ist von einer wirksamen Bekanntgabe des Verwaltungsaktes auszugehen, § 41 VwVfG NRW. Verkehrszeichen werden mit dem Aufstellen nach §§ 39, 45 StVO öffentlich bekanntgegeben, sofern der durchschnittliche Verkehrsteilnehmer das Schild bei Einhaltung der nach § 1 StVO gebotenen Sorgfalt ohne Aufwand erkennen kann, sog. „Sichtbarkeitsgrundsatz".[7] Es gibt keine Anhaltspunkte dafür, dass das Halteverbotsschild etwa wegen seines Standortes oder der Eigenart der näheren Umgebung dieses Kriterium nicht erfüllt.

Zu überlegen bleibt allenfalls, ob das Verkehrsschild infolge des Zuschneiens seine Wirksamkeit verloren hat. Teilweise wird die Auffassung vertreten, dass ein Verkehrszeichen keine wirksame Anordnung mehr enthält, wenn es in solcher Weise mit Schnee bedeckt ist, dass sein Inhalt nicht mehr erkennbar ist.[8] Dagegen spricht aber, dass ein Verwaltungsakt gemäß § 43 Abs. 2 VwVfG NRW wirksam bleibt, solange er nicht aufgehoben oder erledigt ist. Da das Verkehrszeichen hier ohne Mitwirkung der Behörde unkenntlich geworden ist und die Unkenntlichkeit zudem auch nur vorübergehender Natur ist, liegt weder Aufhebung noch Erledigung vor. Das Verkehrszeichen ist damit auch im eingeschneiten Zustand wirksam.

(2) Verfügungscharakter des Verwaltungsakts. Gemäß § 55 Abs. 1 VwVG NRW müsste der Grundverwaltungsakt auf die Vornahme einer Handlung oder auf Duldung oder Unterlassung gerichtet sein, wobei im Wege der Ersatzvornahme lediglich ein „Tun" durchgesetzt werden kann. Das Verkehrszeichen enthält neben dem Verbot des Haltens auch das Gebot des Wegfahrens, mithin die Verpflichtung zur Vornahme einer Handlung.[9]

(3) Unanfechtbarkeit oder sofortige Vollziehbarkeit des Verwaltungsakts. Der Verwaltungsakt müsste weiterhin unanfechtbar sein oder Rechtsmittel dürften keine aufschiebende Wirkung haben.

Das Verkehrszeichen könnte bereits unanfechtbar sein. Grundsätzlich beginnt die Anfechtungsfrist gemäß § 74 Abs. 1 S. 2 VwGO mit der Bekanntgabe des Verwaltungsakts. Wann das Schild aufgestellt und damit bekanntgegeben wurde, geht aus dem Sachverhalt nicht hervor. Mit Blick auf Art. 19 Abs. 4 GG beginnt die Klagefrist bei Verkehrsschildern jedoch erst mit der individuellen Kenntnisnahmemöglichkeit zu laufen.[10] Mangels Rechtsbehelfsbelehrung sind Verkehrszeichen zudem innerhalb eines Jahres anfechtbar, § 58 Abs. 2 VwGO. Nach alledem ist das Halteverbotsschild noch nicht unanfechtbar geworden.

Allerdings sind Verkehrszeichen nach h. M. analog § 80 Abs. 2 S. 1 Nr. 2 VwGO wie unaufschiebbare Anordnungen und Maßnahmen von Polizeivollzugsbeamten sofort vollziehbar.[11]

(4) Unkenntlichkeit als Vollstreckungshindernis? Zu prüfen bleibt immerhin, ob die Unkenntlichkeit des Verkehrszeichens als (ungeschriebenes) vorübergehendes Vollstreckungshindernis einzustufen ist mit der Folge, dass Vollstreckungsmaßnahmen nicht hätten getroffen werden dürfen. Entsprechende Überlegungen können dort greifen, wo der Betroffene keine Möglichkeit hat, den Regelungsgehalt einer Verfügung zur Kenntnis zu nehmen, was etwa bei einem kompletten Verrosten von Verkehrsschildern der Fall ist. Vorliegend hätte A den Schnee – wie später auch geschehen – durch einen leichten Stoß beseitigen und sich vom Inhalt der Verfügung Kenntnis verschaffen kön-

---

[7] BVerwGE 102, 316; BVerwGE 138, 21; vgl. auch *Hong,* JURA 2012, 473 (475 f.).
[8] BayObLG, NJW 1984, 2110; OLG Hamm, SVR 2011, 112 (113).
[9] BVerwG, NJW 2018, 2910; vgl. auch *Remmert,* NVwZ 2000, 642 (643 f.).
[10] BVerwG, NJW 2011, 246 f.; vgl. auch BVerfG, NJW 2009, 3642.
[11] BVerwG, NJW 1978, 656 f.; NVwZ 1988, 623 (624); zu Recht krit. gegenüber dieser Analogie *Schoch,* in: Schoch/Schneider/Bier, VwGO, Losebl. (Stand: Juli 2019), § 80 Rn. 146–152, bes. 150.

nen. Eine entsprechende Maßnahme war ihm im stehenden Verkehr auch zuzumuten. Von einem (ungeschriebenen) Vollstreckungshindernis kann daher nicht ausgegangen werden.

(5) Rechtmäßigkeit des Verwaltungsakts. Nicht völlig unumstritten ist, ob über die Wirksamkeitsfrage hinaus auch die Rechtmäßigkeit des Grundverwaltungsakts als – gleichsam ungeschriebene – Tatbestandsvoraussetzung in die Ermächtigungsgrundlage des § 55 Abs. 1 VwVG NRW „hineinzulesen" ist.[12] Eine Streitlösung wäre indes allenfalls dann erforderlich, wenn die beiden Meinungen zu unterschiedlichen Ergebnissen kommen. Dies wäre vorliegend nur dann der Fall, wenn der behördlicherseits durchgesetzte Verwaltungsakt rechtswidrig gewesen ist. Für die Annahme der Rechtswidrigkeit des Verkehrsschildes gibt es indes keine Anhaltspunkte. Das Verkehrszeichen wurde auf der Grundlage des § 45 Abs. 1 S. 1 StVO erlassen. Formelle Fehler sind nicht erkennbar. Auch die materiellen (Tatbestands-) Voraussetzungen liegen vor. Ermessensfehler sind nicht ersichtlich. Die Aufstellung des Schildes war rechtmäßig. Daher kann der Streit hier dahinstehen.

Hinweis: In der neueren Literatur wird zunehmend davon ausgegangen, dass diese Streitfrage nicht zu prüfen ist (zu dieser Frage vgl. ÖffR NRW § 3 Rn. 252; vgl. andererseits zuletzt OVG Bremen, BeckRS 2019, 37845, das entsprechende Rechtmäßigkeitsanforderungen stellt).

(6) Nichtbefolgung der Verfügung. Indem A sein Auto im absoluten Halteverbot geparkt hat, hat er gegen die im Verkehrsschild enthaltenen Anordnungen verstoßen.

(7) Fehlerfreie Ermessensausübung. Auf Rechtsfolgenseite bleibt allein zu untersuchen, ob die Behörde ihr durch § 55 Abs. 1 VwVG NRW eingeräumtes Ermessen ordnungsgemäß ausgeübt hat.

Die Ersatzvornahme war zur Durchsetzung des absoluten Halteverbots sowie zur Räumung der Bewegungszone der Feuerwehr geeignet, erforderlich und angemessen, das Ermessen wurde somit fehlerfrei ausgeübt.

dd) Zwischenergebnis

In materieller Hinsicht stünden der Ersatzvornahme im „gestuften Verfahren" gemäß § 59 Abs. 1 i. V. m. § 55 Abs. 1 VwVG NRW keine Bedenken entgegen. Eine derartige Maßnahme bliebe indes – wie dargestellt – wegen fehlender Festsetzung rechtswidrig.

Hinweis: Auch § 46 VwVfG NRW führt insoweit zu keinem anderen Ergebnis. Diese Vorschrift regelt zunächst ohnehin nur die „Aufhebbarkeit" des Verwaltungsakts, nicht aber die Rechtmäßigkeit der Amtshandlung i. S. d. § 77 Abs. 1 S. 1 VwVG NRW. Überdies dürfte das Festsetzungserfordernis des § 64 S. 1 VwVG NRW einschließlich des in S. 2 vorgesehenen Dispenses als lex specialis gegenüber § 46 VwVfG NRW anzusehen sein. Schließlich fehlt auch die Voraussetzung des § 46 VwVfG NRW, dass der formelle Fehler die Entscheidung in der Sache offensichtlich nicht beeinflusst hat. Denn im Falle einer Festsetzung hätte sich A womöglich der Wegfahranordnung gebeugt.

---

[12] Vgl. ÖffR NRW, § 3 Rn. 252.

c) Ersatzvornahme im Sofortvollzug als Amtshandlung

Die Tatbestandsvoraussetzung einer „Amtshandlung nach diesem Gesetz" könnte dann erfüllt sein, wenn es sich bei der Maßnahme um eine rechtmäßige Ersatzvornahme im Sofortvollzug gehandelt hat.

aa) Ermächtigungsgrundlage § 59 i. V. m. § 55 Abs. 2 VwVG NRW

Die einschlägige Ermächtigungsgrundlage für eine Ersatzvornahme im sofortigen Vollzug liefert § 59 iVm. § 55 Abs. 2 VwVG NRW. Dass die Maßnahme eine Ersatzvornahme darstellte, wurde bereits oben eingehend dargestellt..

> **Vertiefung:** Beachten Sie das Schema zum Aufbau von Klausuren für die Verwaltungsvollstreckung im Sofortvollzug in ÖffR NRW, § 3 Rn. 255.

bb) Formelle Rechtmäßigkeit

Die Ausführungen zu Zuständigkeit und Anhörung im gestuften Verfahren sind hier gleichermaßen zutreffend. Die Androhung ist beim Sofortvollzug gemäß § 63 Abs. 1 S. 5 VwVG NRW entbehrlich. Im Unterschied zum gestuften Verfahren findet die Festsetzung beim Sofortvollzug gemäß § 64 S. 2 VwVG NRW nicht statt.

Als Ersatzvornahme im sofortigen Vollzug ist die Maßnahme demnach formell rechtmäßig.

cc) Materielle Rechtmäßigkeit

(1) Fehlen einer Grundverfügung/Erst-Recht-Schluss. § 55 Abs. 2 VwVG NRW betrifft den Fall der Vollziehung „ohne vorausgehenden Verwaltungsakt". Tatbestandliche Voraussetzung ist demnach, dass ein Grundverwaltungsakt nicht vorliegt. Ein solcher Grundverwaltungsakt liegt hier allerdings in Gestalt des Verkehrsschildes vor, so dass eine Rechtfertigung der Maßnahme über § 55 Abs. 2 VwVG NRW auf den ersten Blick ausgeschlossen erscheint. Bei näherem Hinsehen liegt der Norm des § 55 Abs. 2 VwVG NRW freilich das Konzept zugrunde, dass auf das Vorliegen einer Grundverfügung dann verzichtet werden kann, wenn eine solche Grundverfügung „hypothetisch" hätte erlassen werden können (vgl. die Vorgabe, dass die „*Vollzugsbehörde ... innerhalb ihrer Befugnisse handelt*"), dieser Erlass aber aufgrund der Dringlichkeit der Gefahrenabwehr (Sofortvollzug „*zur Abwehr einer gegenwärtigen Gefahr erforderlich*") nicht möglich ist. Wenn danach aber schon der hypothetisch mögliche Erlass des Grundverwaltungsaktes hinreichte, um sofortige Vollzugsmaßnahmen durchzuführen, stellt sich die Frage, weshalb dieselben Befugnisse nicht erst recht bestehen sollen, wenn ein solcher Grundverwaltungsakt sogar bereits vorliegt. Dies muss jedenfalls dann gelten, wenn diese Grundverfügung – wie hier – rechtmäßig ist. Ein solcher „Erst-Recht-Schluss" scheitert auch nicht an dem für das Eingriffsverwaltungsrecht geltenden Analogieverbot, da es nicht darum geht, eine „Gesetzeslücke" zu füllen, sondern darum, im Wege der Normauslegung den vom Gesetz selbst (unausgesprochen) vorgesehenen Anwendungsbereich für Maßnahmen des Sofortvollzugs freizulegen. Vor diesem Hintergrund spricht dann aber alles dafür, dass § 55 Abs. 2 VwVG NRW, wenn er schon den hypothetischen Erlass einer Grundverfügung für hinreichend erachtet, einen sofortigen Vollzug „erst recht" zulässt, wenn eine Grundverfügung sogar vorliegt.[13]

---

[13] Hierzu eingehend ÖffR NRW, § 3 Rn. 256.

Die sofortige Vollzugsmaßnahme scheitert mithin nicht an dem Fehlen eines Verwaltungsaktes; vielmehr wird dieses Erfordernis hier „erst recht" dadurch erfüllt, dass ein (rechtmäßiger) Verwaltungsakt vorliegt, der auf ein Tun, Dulden oder Unterlassen gerichtet ist. Aufgrund dieser Sonderkonstellation erübrigt sich dann zudem die (nur) im Falle des Fehlens einer Grundverfügung durchzuführende Prüfung, ob die Behörde „im Rahmen ihrer Befugnisse" gehandelt hat.

(2) Vorliegen einer „gegenwärtigen Gefahr". Zu prüfen bleibt weiter, ob die gem. § 55 Abs. 2 VwVG NRW erforderliche gegenwärtige Gefahr gegeben ist. Gefahr iS. des VwVG NRW ist – ebenso wie in § 14 OBG NRW – ein Lebenssachverhalt, der bei ungehindertem Ablauf mit hinreichender Wahrscheinlichkeit zu einem Schaden an den Schutzgütern der öffentlichen Sicherheit oder Ordnung führte. Dabei ist hier ein drohender Schaden an der Unversehrtheit der objektiven Rechtsordnung als Schutzgut der öffentlichen Sicherheit in Betracht zu ziehen. Das Parken im absoluten Halteverbot stellt eine bereits eingetretene und andauernde Verletzung von § 41 Abs. 2 Nr. 8 StVO dar, so dass sich die Gefahr bereits in einer Verletzung der objektiven Rechtsordnung manifestiert hat. Damit liegt zugleich eine „gegenwärtige" Gefahr vor.

(3) Notwendigkeit des sofortigen Vollzugs zur Gefahrenabwehr. Der Sofortvollzug der Ersatzvornahme müsste ferner zur Abwehr der Gefahr notwendig gewesen sein. Mit diesem Tatbestandsmerkmal werden die im Normalfall auf der Rechtsfolgenseite zu prüfenden Aspekte der Verhältnismäßigkeit auf die Tatbestandsseite gezogen. An der Geeignetheit der Maßnahme bestehen keine Zweifel. Zur Abwehr der Verletzung von § 41 Abs. 2 Nr. 8 StVO käme als milderes Mittel womöglich in Betracht, dass die Ordnungsbehörde den Aufenthaltsort von A ermittelt und diesen zum Wegfahren seines Fahrzeugs angewiesen hätte. Ein solches Vorgehen ist allerdings nicht gleichermaßen effektiv wie der Sofortvollzug, insbesondere kann der Behörde jedenfalls beim Fehlen konkreter Anhaltspunkte für den Aufenthaltsort des A keine Ermittlungspflicht auferlegt werden. Der Sofortvollzug ist somit als erforderlich anzusehen. Im Rahmen der Zumutbarkeit streitet die Nutzungsmöglichkeit des A an seinem Fahrzeug gegen die Wiederherstellung des rechtmäßigen Zustands im Straßenverkehr. Angesichts des Umstands, dass die Nutzungsmöglichkeit des A zeitlich begrenzt beeinträchtigt wird und auf der anderen Seite das absolute Halteverbot der Feuerwehr im Notfall eine Bewegungszone freihalten soll, steht die Maßnahme nicht außer Verhältnis zu dem verfolgten Zweck. Sie ist daher auch zumutbar.

Vertiefung: Ebenso vertretbar ist es, hier lediglich eine Erforderlichkeitsprüfung vorzunehmen und die Frage der Zumutbarkeit/Verhältnismäßigkeit im Rahmen der Ermessensprüfung zu behandeln.

(4) Handeln im Rahmen der Befugnisse: Soweit das von § 55 Abs. 2 VwVG NRW als Regelfall vorausgesetzte Fehlen einer Grundverfügung die kompensatorische Prüfung des Handelns der Behörde „im Rahmen ihrer Befugnisse", also die Rechtmäßigkeit eines hypothetisch erlassenen Grundverwaltungsakts notwendig macht, wird dieses Erfordernis im Rahmen des hier gegebenen „abgekürzten Verfahrens" bereits durch das reale Vorliegen eines (rechtmäßigen) Verwaltungsakts erfüllt (s. oben (a)). Eine weitergehende Prüfung ist hier nicht mehr angezeigt.

(5) Ordnungsgemäße Ermessensausübung hinsichtlich des Zwangsmittels. Soweit § 55 Abs. 2 VwVG NRW auf der Rechtsfolgenseite eine fehlerfreie Ermessensausübung hin-

sichtlich der Anwendung des Zwangsmittels verlangt, decken sich die dortigen Voraussetzungen nach der hier dargestellten Auslegung mit der auf der Tatbestandsseite verlangten „Notwendigkeit des sofortigen Vollzugs". Eine gesonderte Prüfung entfällt.

dd) Zwischenergebnis

Von der Rechtmäßigkeit der Amtshandlung als Ersatzvornahme im abgekürzten Verfahren nach § 55 Abs. 2, § 59 VwVG NRW ist damit auszugehen.

2. Kostenschuldner

Gemäß § 77 Abs. 1 S. 1 VwVG NRW i. V. m. § 20 Abs. 2 S. 1 VO VwVG NRW ist Kostenschuldner der Pflichtige. A ist somit richtiger Adressat des Kostenbescheides.

3. Rechtsfolgenseite (Ermessensprüfung?)

Auf Rechtsfolgenseite ordnet § 77 Abs. 1 S. 1 VwVG NRW i. V. m. § 20 Abs. 2 S. 1 VO VwVG NRW lediglich an, dass Auslagen „zu erstatten" sind. Dem Wortlaut nach wird der Behörde damit kein genuines Ermessen eingeräumt. Allerdings ist zu berücksichtigen, dass die Kostenerhebung nach Maßgabe der Vorgaben der VO VwVG NRW erfolgt. Zu berücksichtigen ist hiernach namentlich § 24 Abs. 2 der Verordnung. Danach kann die Vollzugsbehörde auf die Erhebung von Gebühren oder Auslagen unter anderem dann verzichten, wenn die Beitreibung der Kosten für den Schuldner eine unbillige Härte bedeuten würde. Diese Sonderregelung ist zugunsten des Bürgers analogiefähig, so dass im Grundsatz die Verhältnismäßigkeit der Kostenerhebung zu überprüfen ist.[14]

Im vorliegenden Fall war die Erhebung der Kosten zum Ausgleich der Auslagen der Behörde geeignet und erforderlich. Fraglich ist allerdings, ob die Kostenbelastung angesichts der Unkenntlichkeit des Verkehrszeichens auch zumutbar war. Hier ist zu berücksichtigen, dass an die Sichtbarkeit von Verkehrszeichen, die den ruhenden Verkehr betreffen, niedrigere Anforderungen zu stellen sind. Denn einen Verkehrsteilnehmer, der sein Fahrzeug abstellt, treffen besondere Sorgfalts- und Informationspflichten hinsichtlich der Beschilderung: Er ist grundsätzlich verpflichtet, sich über etwaige Halteverbotsschilder zu informieren.[15] Hier konnte das Verkehrszeichen durch einen leichten Stoß gegen das Schild freigelegt werden. Somit war die Kostenbelastung für A zumutbar.

4. Zwischenergebnis

Der Kostenbescheid wurde materiell rechtmäßig erlassen.

C. Ergebnis

Der Kostenbescheid ist damit insgesamt rechtmäßig; eine Verletzung des A in eigenen Rechten liegt nicht vor. Eine Anfechtungsklage wäre zulässig, aber unbegründet.

---

[14] Vgl. ÖffR NRW, § 3 Rn. 261; s. auch BVerwG, NJW 1997, 1021 (1022); a. A. noch OVG NRW, NVwZ-RR 1996, 59 (59 f.).
[15] Vgl. BVerwG NJW 2016, 2353 (2354 f.); ÖffR NRW, § 3 Rn. 257.

Weiterführende Klausurtipps:

Nachträglich aufgestellte Halteverbotszeichen

Schwierigkeiten birgt auch der Fall, dass ein Halteverbotszeichen erst nach dem Abstellen des Fahrzeugs in einem bis dahin als Parkplatz nutzbaren Bereich aufgestellt und das Fahrzeug daraufhin abgeschleppt wird, ohne dass der Halter das Verbotszeichen zur Kenntnis nehmen konnte. Auch hier ist die besondere öffentliche Bekanntgabe von Verkehrszeichen zu beachten, die ohne tatsächliche Wahrnehmung des einzelnen Verkehrsteilnehmers erfolgen kann, sofern das Zeichen bei Einhaltung der nach § 1 StVO erforderlichen Sorgfalt ohne Aufwand erkennbar ist (BVerwGE 138, 21 = JuS 2011, 953). Ebenso beginnt mangels individueller Kenntnisnahme die Klagefrist für den Betroffenen nicht zu laufen (BVerfG, NJW 2009, 3642; BVerwG, NJW 2011, 246 f.), die sofortige Vollziehbarkeit ergibt sich aber aus § 80 Abs. 2 S. 1 Nr. 2 VwGO analog.

Besonderheiten ergeben sich im Kostenermessen: Nach der jüngeren Rechtsprechung des BVerwG sind die Abschleppkosten bei nachträglich angeordnetem Halteverbot nur dann vom Pflichtigen zu tragen, wenn zwischen dem Aufstellen des Halteverbotszeichens und dem Abschleppen drei volle Tage liegen, das Fahrzeug also frühestens am vierten Tag nach der Anordnung abgeschleppt wird. Der Fahrzeughalter kann einerseits auf die grundsätzliche Möglichkeit des Parkens auf öffentlichen Straßen vertrauen, er muss aber auch mit notwendigen und mitunter kurzfristigen Änderungen der geltenden Verkehrsregeln rechnen. Nach Ansicht des BVerwG ist die Vorlaufzeit von drei Tagen ein zumutbarer Zeitraum, um die weiterhin bestehende Parkmöglichkeit überprüfen zu können (BVerwG, NJW 2018, 2910 (2911 f.)). Wichtig ist, dass diese Problematik auf kostenrechtlicher Ebene diskutiert wird – die ausgelöste Kostenfolge muss bei der Verhältnismäßigkeitsprüfung der Abschleppmaßnahme als solcher außer Acht bleiben.

Abschleppen durch die Polizei

Sofern nicht die Ordnungsbehörde, sondern die Polizei ein Fahrzeug abschleppen lässt, müssen die Besonderheiten der polizeigesetzlichen Zwangsregelungen beachtet werden. Das betrifft zunächst die Art des Zwangsverfahrens: Sofern der Pflichtige nicht erreichbar ist, scheitert bei Handeln der Ordnungsbehörde die Vollstreckung im gestuften Verfahren spätestens an der zwingend notwendigen Festsetzung gem. § 64 VwVG NRW. Das Polizeigesetz schreibt eine Festsetzung dagegen lediglich für ein Zwangsgeld, nicht aber für andere Vollstreckungsmaßnahmen vor. Auch bei Abwesenheit des Pflichtigen kann die Abschleppmaßnahme daher im gestuften Verfahren durchgeführt werden.

Ein Unterschied ergibt sich auch dann, wenn man das Abschleppen nicht als Ersatzvornahme, sondern als unmittelbaren Zwang ansieht. Die hierfür maßgebliche Regelung des § 54 PolG NRW verweist – anders als § 52 Abs. 1 S. 2 PolG NRW für die Ersatzvornahme – nicht auf § 77 VwVG NRW. Damit kann im Falle unmittelbaren Zwangs keine Kostenbelastung des Pflichtigen erfolgen.

Fall 19: „Bellender Hund"

Behandelte Themen: Anfechtungsklage – Rechtmäßigkeit eines Kostenbescheids – Voraussetzungen einer Sicherstellung – unrichtige Sachbehandlung nach § 24 Abs. 1 VO VwVG NRW – Anspruch nach § 39 OBG NRW – Amtshaftungsanspruch – Folgenbeseitigungsanspruch – Anspruch aus enteignendem oder enteignungsgleichem Eingriff.

Sachverhalt

An einem Sonntagabend meldet ein anonymer Anrufer bei der Polizeiwache in der kreisfreien Stadt S, dass in einem leerstehenden Wohnhaus in der S-Straße bereits seit mehreren Tagen ein Hund belle. Eine entsandte Polizeistreife findet das Haus wie beschrieben vor. Das Klingeln der Beamten an der Haustüre bleibt erfolglos. Immerhin können die Beamten durch ein kleines „Bullauge" in der Türe erkennen, dass im hinteren Teil des Hauses Licht brennt. Den unmittelbar hinter der Türe bellenden Hund selbst können sie durch die kleine Glasscheibe nicht erkennen. Auf der Straße treffen die Beamten zufällig auf den Nachbarn N. Er teilt mit, dass Eigentümer und Hundehalter E vor einigen Tagen ausgezogen sei und in Kürze nach Spanien auswandern wolle. E komme wohl täglich vorbei und werde vermutlich auch nach dem Hund sehen. Näheres wisse er aber nicht. N gibt den Beamten die Handynummer des E, ein Anrufversuch bleibt allerdings ohne Erfolg. Nachdem das Bellen des Hundes nicht aufhört, entschließen sich die Beamten, im Inneren des Hauses nach dem Rechten zu sehen. Es gelingt ihnen, gewaltsam ein kleines Seitenfenster zu öffnen und hierüber in das Hausinnere zu gelangen. Im Inneren des Hauses stellen sie fest, dass dieses weitgehend leer geräumt ist, gleichwohl die Heizung für wohlige Wärme sorgt. Auch der Hund, ein leicht hyperaktiver Terrier, macht einen durch und durch gepflegten Eindruck und ist reichlich mit Wasser, Futter und Spielzeug versorgt. Beruhigt verlassen die Beamten das Haus. Die eingeschlagene Seitenscheibe lassen sie umgehend durch ein beauftragtes Unternehmen provisorisch absichern. Die Kosten der provisorischen Sicherungsmaßnahme in Höhe von 70 Euro stellen sie dem E unter Bezugnahme auf § 46 Abs. 3 PolG NRW per Kostenbescheid in Rechnung.

E, der das zerstörte Fenster kurzfristig für 300 Euro hatte reparieren lassen, ist über das Vorgehen der Polizei massiv verärgert und nicht gewillt, irgendwelche Zahlungen zu entrichten. Im Gegenteil verlangt er von der Polizei die 300 Euro Reparaturkosten zurück. Der Hund sei bestens versorgt gewesen und von ihm mindestens zwei Mal am Tage ausgeführt worden. Für das gewaltsame Eindringen in das Haus habe es keinerlei Veranlassung gegeben. Ein Hund, der kräftig belle, befinde sich offenkundig nicht vor dem Verenden! Jedenfalls sei die Lage sicherlich nicht so dringend gewesen, als dass man nicht mehrere Anrufversuche auf dem Handy hätte durchführen können. Die Polizei beharrt auf ihrer Kostenforderung. Nach der Sachlage vor Ort habe man von einem Verstoß gegen tierschutzrechtliche Regelungen ausgehen müssen. Die von E geltend gemachten 300 Euro will die Polizei in keinem Falle zahlen.

Hätte eine Klage des E gegen den Kostenbescheid Aussicht auf Erfolg? Hat E einen (materiellen) Anspruch gegen die Polizei auf Zahlung der geforderten 300 Euro?

Auf folgende Vorschrift wird hingewiesen:

§ 8 TierSchHuV – Fütterung und Pflege

(1) Die Betreuungsperson hat dafür zu sorgen, dass dem Hund in seinem gewöhnlichen Aufenthaltsbereich jederzeit Wasser in ausreichender Menge und Qualität zur Verfügung steht. Sie hat den Hund mit artgemäßem Futter in ausreichender Menge und Qualität zu versorgen.

(2) Die Betreuungsperson hat

1. den Hund unter Berücksichtigung des der Rasse entsprechenden Bedarfs regelmäßig zu pflegen und für seine Gesundheit Sorge zu tragen;

2. die Unterbringung mindestens einmal täglich und die Anbindevorrichtung mindestens zweimal täglich zu überprüfen und Mängel unverzüglich abzustellen;

3. für ausreichende Frischluft und angemessene Lufttemperaturen zu sorgen, wenn ein Hund ohne Aufsicht in einem Fahrzeug verbleibt;

4. den Aufenthaltsbereich des Hundes sauber und ungezieferfrei zu halten; Kot ist täglich zu entfernen.

Gliederung

Lösungsvorschlag

Eine Klage des E gegen den Kostenbescheid hat Erfolg, wenn sie zulässig und begründet ist.

Teil 1: Klage gegen den Kostenbescheid

A. Zulässigkeit

I. Verwaltungsrechtsweg

Mangels aufdrängender Sonderzuweisung richtet sich die Eröffnung des Verwaltungsrechtswegs nach § 40 Abs. 1 S. 1 VwGO. Es müsste also zunächst eine öffentlich-rechtliche Streitigkeit vorliegen. Dies ist der Fall, wenn die streitentscheidenden Normen solche des öffentlichen Rechts sind. Eine Norm ist dann eine solche des öffentlichen Rechts, wenn sie einen Träger hoheitlicher Gewalt in dieser Funktion berechtigt oder verpflichtet (modifizierte Subjektstheorie). Streitentscheidende Normen sind hier § 77 VwVG NRW i.V.m. § 20 Abs. 2 VO VwVG NRW. Diese berechtigen ausschließlich die Vollstreckungs- bzw. Vollzugsbehörden zur Erhebung von Kosten, die durch eine Maßnahme des Verwaltungszwangs bzw. eine Sicherstellung entstehen. Mithin handelt es sich bei ihnen um solche des öffentlichen Rechts, womit eine öffentlich-rechtliche Streitigkeit gegeben ist. Ferner streiten keine Verfassungsorgane über materielles Verfassungsrecht. Mangels doppelter Verfassungsunmittelbarkeit ist die Streitigkeit damit auch nichtverfassungsrechtlicher Art. In Ermangelung einer abdrängenden Sonderzuweisung zu einem anderen Rechtsweg ist der Verwaltungsrechtsweg eröffnet.

II. Statthafte Klageart

Die statthafte Klageart richtet sich nach dem Begehren des Klägers, vgl. § 88 VwGO. E möchte die Aufhebung des Kostenbescheids erreichen, da dieser die Grundlage seiner Zahlungsverpflichtung darstellt. Der Kostenbescheid stellt eine hoheitliche Regelung mit Außenwirkung, mithin einen Verwaltungsakt im Sinne des § 35 S. 1 VwVfG NRW dar. Somit ist die Anfechtungsklage die statthafte Klageart.

III. Klagebefugnis

E müsste gemäß § 42 Abs. 2 VwGO auch klagebefugt sein, d.h. er müsste die Möglichkeit der Verletzung eigener Rechte geltend machen können. Hier ist E Adressat eines belastenden Verwaltungsaktes, der ihn im Falle seiner Rechtswidrigkeit – die hier nicht von vornherein und nach jeder nur erdenklichen Betrachtungsweise ausgeschlossen erscheint – jedenfalls in seinem Grundrecht aus Art. 2 Abs. 1 GG verletzen würde (sog. Adressatentheorie). Demgemäß ist E klagebefugt.

IV. Vorverfahren

Vor der Anfechtungsklage ist grundsätzlich gemäß § 68 Abs. 1 VwGO ein Vorverfahren durchzuführen. Eine Ausnahme besteht jedoch nach § 68 Abs. 1 S. 2 Var. 1 VwGO dann, wenn ein Gesetz bestimmt, dass ein Vorverfahren nicht durchzuführen ist. In Nordrhein-Westfalen ist die Pflicht zur Durchführung eines Vorverfahrens nach § 110 Abs. 1 S. 1 JustG NRW grundsätzlich ausgeschlossen. Ein Ausnahmefall liegt nicht vor, so dass ein Vorverfahren hier nicht durchzuführen ist.

V. Klagefrist

Die Klagefrist beträgt nach § 74 Abs. 1 S. 2 VwGO einen Monat ab der Bekanntgabe des Kostenbescheides gegenüber E. Mangels entgegenstehender Anhaltspunkte ist davon auszugehen, dass eine Verfristung nicht eingetreten ist.

VI. Richtiger Klagegegner

Richtiger Klagegegner ist nach § 78 Abs. 1 Nr. 1 VwGO die Körperschaft, deren Behörde den Verwaltungsakt erlassen hat (Rechtsträgerprinzip). Hier hat das Polizeipräsidium den Kostenbescheid erlassen, das als Kreispolizeibehörde i. S. d. § 2 Abs. 1 Nr. 1 POG NRW eine Behörde des Landes ist. Richtiger Klagegegner ist deshalb das Land Nordrhein-Westfalen.

VII. Beteiligten- und Prozessfähigkeit

E ist als natürliche Person nach § 61 Nr. 1 Var. 1 VwGO beteiligten- und nach § 62 Abs. 1 Nr. 1 VwGO i. V. m. §§ 2, 104 ff. BGB prozessfähig. Das Land ist als juristische Person nach § 61 Nr. 1 Var. 2 VwGO beteiligtenfähig und handelt vor Gericht gemäß § 62 Abs. 3 VwGO durch einen Vertreter.[1]

VIII. Zuständiges Gericht

Die Zuständigkeit des Verwaltungsgerichts ergibt sich aus den §§ 45, 52 Nr. 3 VwGO.

IX. Rechtsschutzbedürfnis

Mangels einfacherer und effektiverer Rechtsschutzmöglichkeiten ist das Rechtsschutzbedürfnis gegeben.

X. Zwischenergebnis

Dementsprechend ist die Klage zulässig.

B. Begründetheit

Die Klage ist begründet, soweit der angegriffene Verwaltungsakt rechtswidrig ist und der Kläger hierdurch in seinen Rechten verletzt wird, § 113 Abs. 1 S. 1 VwGO.

---

[1] Grds. vertritt nach Art. 57 LVerf. NRW die Landesregierung das Land nach außen. Gem. § 8 Abs. 1 LOG NRW wird diese ihrerseits durch die jeweiligen Bezirksregierungen allgemein vertreten. Davon abweichend sieht der Vertretungserlass des Landes NRW vom 28.2.2018 (Gem. RdErl. d. Ministerpräsidenten u.a. Ministerien) über Abschnitt 1.4 sowie 2.4 vor, dass eine Vertretung des Landes NRW in gerichtlichen Verfahren (auch) durch die für ihren Bereich zuständigen Polizeibehörden erfolgen kann. Somit kann hier ein mit der Vertretung in Rechtsstreitigkeiten beauftragter Beamter des Polizeipräsidiums der Stadt S als Vertreter vor Gericht auftreten.

I. Rechtswidrigkeit des Kostenbescheids

Zu prüfen ist die Rechtmäßigkeit bzw. Rechtswidrigkeit des Kostenbescheides. Er ist rechtmäßig, wenn er sich auf eine verfassungsgemäße Ermächtigungsgrundlage stützen kann sowie formell und materiell rechtmäßig ist.

1. Ermächtigungsgrundlage für den Erlass des Kostenbescheids

Als Eingriffsermächtigung für den Erlass des Kostenbescheides kommt zunächst § 46 Abs. 3 S. 3 PolG NRW i. V. m. § 77 VwVG NRW in Betracht. Zu beachten ist dabei allerdings, dass nach § 77 Abs. 2 VwVG NRW die nähere Bestimmung der Kostenerstattung über eine „Ausführungsverordnung" erfolgt. Von der Verordnungsermächtigung wurde mit dem Erlass der VO VwVG NRW Gebrauch gemacht. Als Rechtsverordnung ist die VO VwVG – anders als die frühere „Kostenordnung" zu § 77 VwVG – ein Gesetz im materiellen Sinne, sodass die in der Verordnung enthaltenen Regelungen als einschlägige Eingriffsermächtigung jedenfalls mit heranzuziehen sind.

Hinsichtlich solcher Auslagen, die durch eine Sicherstellung entstanden sind, ist somit § 20 Abs. 2 S. 2 Nr. 8 VO VwVG NRW i. V. m. § 77 Abs. 1 S. 1 VwVG NRW i. V. m. § 46 Abs. 3 S. 3 PolG NRW die einschlägige Ermächtigungsgrundlage.

2. Formelle Rechtmäßigkeit des Kostenbescheids

Der Kostenbescheid ist formell rechtmäßig, wenn die zuständige Behörde gehandelt hat und die Verfahrens- und Formvorschriften gewahrt wurden.

a) Zuständigkeit

Die Sicherungsmaßnahme wurde vom Polizeipräsidium als Kreispolizeibehörde nach § 2 Abs. 1 Nr. 1 POG NRW vorgenommen. Damit ist diese Behörde gemäß § 20 Abs. 2 S. 1 VO VwVG NRW i. V. m. § 77 Abs. 1 S. 2 VwVG NRW auch für den Erlass des Kostenbescheids zuständig. Es hat somit die zuständige Behörde gehandelt.

b) Handlungsformvorbehalt

Die Verwendung der Handlungsform des (verfügenden) Verwaltungsaktes unterliegt aufgrund der belastenden Wirkungen (Konkretisierungsfunktion, Bestandsfunktion und Titelfunktion) einem „Handlungsformvorbehalt". Anders als bei dem auf materielle Eingriffe bezogenen „Vorbehalt des Gesetzes" bedarf es dabei indes nicht notwendig einer expliziten formalgesetzlichen Regelung der behördlichen Handlungsermächtigung. Vielmehr geht die Rechtsprechung von einer hinreichenden konkludenten Ermächtigung aus, wenn das einschlägige Gesetz „subordinationsrechtlichen" Charakter hat, also ein Verhältnis der Über- und Unterordnung von Staat und Bürger normiert.[2] Dies ist für die Regelungen des VwVG NRW ohne Weiteres anzunehmen, so dass Vollstreckungskosten durch Kostenbescheid eingefordert werden können.

c) Verfahren und Form

Das Verfahren müsste ordnungsgemäß durchgeführt worden sein.

Gemäß § 28 Abs. 1 VwVfG NRW ist eine Anhörung erforderlich. Ein Ausnahmefall des § 28 Abs. 2 Nr. 5 VwVfG NRW liegt nicht vor; es handelt sich nicht

---

[2] Vgl. BVerwG, NJW 2013, 405 (406); NVwZ-RR 2017, 1018 (1019).

(mehr) um eine Vollstreckungsmaßnahme, sondern um deren kostenrechtliche Abwicklung.[3]

Mangels entgegenstehender Anhaltspunkte im Sachverhalt ist von einer ordnungsgemäßen Anhörung des E auszugehen.

Der Kostenbescheid wurde schriftlich erlassen, § 77 Abs. 4 VwVG NRW i. V. m. § 14 Abs. 1 S. 3 GebG NRW.

Auch hinsichtlich der Begründung und Bekanntgabe des Leistungsbescheides lässt der Sachverhalt keine Rechtsfehler erkennen.

d) Zwischenergebnis

Der Kostenbescheid ist formell rechtmäßig ergangen.

3. Materielle Rechtmäßigkeit

Im Rahmen der materiellen Rechtmäßigkeitsprüfung ist zu untersuchen, ob die sachlichen Voraussetzungen für eine kostenrechtliche Inanspruchnahme des E vorliegen, vgl. § 77 Abs. 1 S. 1 VwVG NRW i. V. m. § 20 Abs. 2 S. 2 Nr. 8 VO VwVG NRW. Hierzu müsste überhaupt eine Sicherstellungsmaßnahme i. S. d. § 43 PolG NRW vorliegen (a). Die Maßnahme müsste weiterhin eine „Amtshandlung nach diesem Gesetz" (§ 77 Abs. 1 S. 1 VwVG NRW) darstellen, also formell und materiell rechtmäßig gewesen sein (b). Weiterhin müsste E Verantwortlicher i. S. d. § 46 Abs. 3 S. 1 PolG NRW (c) sowie ein etwaiges kostenrechtliches Ermessen fehlerfrei ausgeübt worden sein (d). Dagegen scheidet der Rückgriff auf eine öffentlich-rechtliche Geschäftsführung ohne Auftrag aufgrund der Spezialregelungen des PolG NRW aus.[4]

a) Vorliegen einer (abrechnungsfähigen) Sicherstellung

Voraussetzung für die Heranziehung der kostenrechtlichen Eingriffsermächtigung über den Verweis in § 46 Abs. 3 PolG NRW ist zunächst, dass es sich bei der provisorischen Reparatur des Fensters überhaupt um eine Sicherstellung i. S. d. § 43 PolG NRW gehandelt hat. Ob dies der Fall war, erscheint durchaus fraglich.

aa) Sicherstellung als „Entsetzung" aus der Sachherrschaft

In Betracht käme zunächst eine Sicherstellung des Hausrates (Inventars), ggf. auch des Hauses selbst (Sicherung vor Vandalismus). Ob insoweit eine Sicherstellung vorliegt, ist allerdings zweifelhaft. So ist die Sicherstellung ihrer Konzeption nach darauf gerichtet, den Gewahrsam des bisherigen Gewahrsamsinhabers zu beenden[5] und regelmäßig durch ein behördliches Verwahrungsverhältnis über die sichergestellten Sachen zu ersetzen (§ 44 Abs. 1 S. 1 PolG NRW). Gerade aus dieser Besonderheit erklärt sich die Regelung des § 46 Abs. 1 PolG NRW, wonach eine sichergestellte Sache wieder „herauszugeben" ist, sobald die Voraussetzungen für die Sicherstellung entfallen sind. Von dieser Grundkonzeption weicht die vorliegende Konstellation insoweit ab, als es zu keiner Zeit dazu gekommen ist, dass die gesicherten Gegenstände (Haus/Hausrat) dem Zugriff des E entzogen wurden. Die Gegenstände sind vielmehr nicht nur faktisch im Zugriffsbereich des E verblieben, sondern auch rechtlich sollte die Stellung des Ge-

---

[3] ÖffR NRW, § 3 Rn. 259.
[4] ÖffR NRW, § 3 Rn. 259.
[5] OVG NRW, NVwZ-RR 1991, 556; Hess. VGH, NJW 1995, 2123 (2124); *Schoch*, in: Schoch, Besonderes Verwaltungsrecht, 2018, 1. Kap. Rn. 631.

wahrsamsinhabers unangetastet bleiben. Dementsprechend haben sich die Beamten mit der Durchführung der Maßnahme nicht einmal parallele eigene Zugriffsmöglichkeiten auf die gesicherten Gegenstände verschafft, sondern die ausschließliche Sachherrschaft des E über die vermeintlich sichergestellten Sachen zu keiner Zeit in Frage gestellt. Eine Deutung der Maßnahme als „Sicherstellung" erschiene insoweit nicht plausibel.

bb) Sonderfall der anderweitigen Sicherung

Anderes könnte sich immerhin mit Blick darauf ergeben, dass § 44 Abs. 1 S. 2 PolG NRW neben der Inverwahrungnahme durch die Polizei oder Dritte explizit die Möglichkeit vorsieht, sichergestellte Sachen „auf andere geeignete Weise (…) zu sichern".[6] Diese Alternative macht deutlich, dass die Sicherstellung nicht notwendig im Wege einer Inverwahrungnahme des sichergestellten Gegenstandes durch die Polizei erfolgen muss. Ob damit jede Form der „Sicherung" von Sachen als Sicherstellung angesehen werden kann, erscheint gleichwohl fraglich. Hiergegen spricht, dass die Handlungsalternative der „anderweitigen Sicherung" nach dem Gesetzeswortlaut ebenso eine vorangegangene „Sicherstellung" voraussetzt, wie dies beim Regelfall der Verwahrung der Fall ist (§ 44 Abs. 1 PolG NRW). Das Gesetz unterscheidet also streng zwischen der Sicherstellung als „Entsetzung" aus der Sachherrschaft und der weiteren Behandlung der sichergestellten Sache, die entweder in der Inverwahrungnahme dieses Gegenstandes liegen kann oder aber in deren anderweitiger Sicherung. Folgt man diesem Gesetzesverständnis, liegt allein in der Sicherung eines Gegenstandes, die die Herrschaftsgewalt des Eigentümers vollständig unberührt lässt, keine Sicherstellung.

Das provisorische Verschließen des Fensters ist danach keine Sicherstellung und kann damit auch nicht über § 46 Abs. 3 PolG NRW abgerechnet werden.

cc) Kosten der Sicherstellung und Verwahrung

Selbst wenn man entgegen dem hier vertretenen Ansatz von dem Vorliegen einer Sicherstellung ausginge, bliebe die Abwälzbarkeit der Kosten über § 46 Abs. 3 PolG NRW fraglich. So ist zu beachten, dass der Kostenerstattungsanspruch aus § 46 Abs. 3 PolG NRW speziell auf die „Kosten der Sicherstellung und Verwahrung" bezogen ist, es vorliegend aber um die Kosten einer (anderweitigen) „Sicherung" geht, die in § 44 Abs. 1 S. 2 PolG NRW explizit als Alternative zu der kostenrechtlich relevanten „Inverwahrungnahme" einer sichergestellten Sache genannt ist. Über die Kosten einer anderweitigen Sicherung trifft § 46 Abs. 3 S. 1 PolG NRW insoweit also keine Aussage. Ob hier von einem bloßen Redaktionsversehen ausgegangen und eine Kostenpflicht auch für eine anderweitige Sicherung sichergestellter Sachen angenommen werden kann, erscheint mit Blick auf den Grundsatz vom „Vorbehalt des Gesetzes" eher fraglich und ist nach hiesiger Auffassung zu verneinen.

Auch wenn man daher von dem Vorliegen einer Sicherstellung ausginge, findet sich damit in § 46 Abs. 3 PolG NRW keine Rechtsgrundlage für eine Abwälzung der Kosten einer anderweitigen Sicherung.

b) Rechtmäßigkeit einer (unterstellten) Sicherstellung

Soweit man – entgegen dem hier gefundenen Ergebnis – gleichwohl von der grundsätzlichen Möglichkeit einer Abwälzung der Kosten ausgeht, wird man diese in ent-

---

[6] So VG Düsseldorf, BeckRS 2011, 45332.

sprechender Anwendung der vollstreckungsrechtlichen Rechtsprechung[7] weiter davon abhängig machen müssen, dass die durchgeführte Sicherstellungsmaßnahme ihrerseits rechtmäßig war. Denn als (kostenpflichtige) Sicherstellung i. S. d. § 46 Abs. 3 S. 1 PolG NRW i. V. m. § 77 Abs. 1 S. 1 VwVG NRW wird man in entsprechender Anwendung des § 77 Abs. 1 S. 1 VwVG NRW („Amtshandlungen nach diesem Gesetz") allein rechtmäßige Sicherstellungen ansehen können. Für rechtswidrige Maßnahmen kommen Kostenforderungen dagegen nicht in Betracht (vgl. hierzu auch § 24 Abs. 1 VO VwVG NRW). Zu prüfen ist daher zunächst, ob die Maßnahme formell und materiell rechtmäßig war, insbesondere ob die Eingriffsvoraussetzungen des § 43 PolG NRW vorlagen und die Behörde ihr Ermessen fehlerfrei ausgeübt hat.

aa) Formelle Rechtmäßigkeit

(1) Zuständigkeit. Die Zuständigkeit der Beamten des Polizeipräsidiums zum Vollzug des Polizeigesetzes bzw. der dortigen Eingriffsermächtigungen ergibt sich aus § 2 Abs. 1, §§ 7 und 10 POG NRW.

Fraglich könnte sein, ob der Subsidiaritätsgrundsatz des § 1 Abs. 1 S. 3 PolG NRW dem Einsatz der Polizei entgegenstand. Hierzu müsste der Subsidiaritätsgrundsatz zunächst überhaupt einschlägig gewesen sein. Dies wäre dann nicht der Fall, wenn es um den Schutz allein privater Rechte gegangen sein sollte (§ 1 Abs. 2 PolG NRW). Denn der Subsidiaritätsgrundsatz erfasst allein die Konstellationen in Absatz 1; zudem ist der Schutz privater Rechte den Ordnungsbehörden nicht zugewiesen, so dass auch die Notwendigkeit einer Subsidiaritätsregelung zu Lasten der Polizei nicht besteht.

Soweit es um eine Maßnahme zum Schutz des Eigentums des E gegangen sein sollte (§ 43 Nr. 2 PolG NRW), ist dies eine Konstellation des Schutzes privater Rechte, so dass der Subsidiaritätsgrundsatz von vornherein nicht greift. Eine Zuständigkeit der Polizei läge danach vor.

Soweit – was im weiteren Verlauf der Prüfung zu klären ist – eine Maßnahme der klassischen Gefahrenabwehr vorgelegen haben sollte, wäre der Subsidiaritätsgrundsatz zwar einschlägig, ein vorrangiger Zugriff der Ordnungsbehörden aber aus zeitlichen Gründen (Sonntagabend) offensichtlich nicht möglich gewesen, so dass hier dann ebenfalls eine („Eil"-)Kompetenz der Polizei bestand.

(2) Verfahren. Zu prüfen ist, ob eine Anhörung des E erfolgen musste und erfolgt ist. Eine Anhörung ist gemäß § 28 Abs. 1 VwVfG NRW grundsätzlich erforderlich, soweit durch Verwaltungsakt in Rechte eines Beteiligten eingegriffen werden soll. Die Sicherstellung müsste dann ein Verwaltungsakt gewesen sein. Hiergegen spricht, dass die Maßnahme in Abwesenheit des E und damit gleichsam „adressatenlos" bzw. als „Realakt" durchgeführt wurde.[8]

Zwar wird teilweise auch eine analoge Anwendung des § 28 VwVfG NRW auf bloße Realakte erwogen.[9] Die diesbezügliche Streitfrage erlangte im hiesigen Kontext indes erst dann Relevanz, wenn es sich bei der (unterstellten) Sicherstellung um einen für E belastenden Realakt handeln würde. Denn nur vor dem Ergehen eingreifender Maßnahmen, d. h. solcher, bei denen der bestehende *status quo* in einen *status quo minus* verschlechtert wird[10], kann der rechtsstaatliche Zweck der Anhörung, dem Betroffenen zuvor Gelegenheit zur Äußerung zu verschaffen, Raum greifen. An dieser Stelle kommt

---

[7] Vgl. hierzu OVG NRW, NVwZ-RR 2008, 437.
[8] So auch OVG NRW, NVwZ-RR 2000, 429.
[9] Vgl. *Kallerhoff/Mayen,* in: Stelkens/Bonk/Sachs, VwVfG, 9. Aufl. 2018, § 28 Rn. 25 m. w. N.
[10] Vgl. BVerwGE 66, 184 (186).

jedoch erneut die Besonderheit der vorliegenden Maßnahme – die sich gerade dadurch von einer klassischen Sicherstellung unterscheidet – zum Tragen, dass durch die Abdichtung des Fensters dem E keinerlei Gewahrsam entzogen wird, sondern ihm vielmehr zusätzlich eine Sicherung seiner Hausratsgegenstände zuteil wird. Dann kann aber nicht davon gesprochen werden, dass die Sicherungsmaßnahme als solche belastenden Charakter hätte[11] und deshalb zuvor eine Anhörung erfordern würde.

(3) Zwischenergebnis. Die formelle Rechtmäßigkeit der Maßnahme ist gegeben.

bb) Materielle Rechtmäßigkeit

(1) Tatbestandliche Voraussetzungen des § 43 PolG NRW. Da § 43 Nr. 3 PolG NRW ersichtlich nicht in Betracht kommt, reduziert sich die Prüfung auf die Eingriffsvarianten der Nr. 1 und 2.

(a) Alternative der Nr. 1. Ein Einschreiten wäre nach Nr. 1 zunächst zur Abwehr einer „gegenwärtigen Gefahr" möglich gewesen. Fraglich ist, ob eine solche gegenwärtige Gefahr vorlag.

(aa) Gefahrenlage. Als Gefahr bezeichnet das Polizeirecht einen Lebenssachverhalt, der bei ungehindertem Ablauf in absehbarer Zeit mit hinreichender Wahrscheinlichkeit zu einem Schaden an den polizeilichen Schutzgütern der öffentlichen Sicherheit oder öffentlichen Ordnung führt. Je höher die Wertigkeit des betroffenen Schutzgutes einzustufen ist, desto geringer gestalten sich die Anforderungen an die Eintrittswahrscheinlichkeit.[12] Gegenwärtig ist eine Gefahr allerdings nur dann, wenn die Störung bereits eingetreten ist oder ihr Eintritt mit an Sicherheit grenzender Wahrscheinlichkeit unmittelbar bevorsteht.[13] Vorliegend bestand nach dem gewaltsamen Öffnen des Seitenfensters durch die Beamten unzweifelhaft ein gewisses Risiko, dass Diebe in das Haus einsteigen und noch verbliebende Einrichtungsgegenstände entwenden oder zerstören könnten bzw. auch der Hund durch die Öffnung entweichen könnte. Insofern standen der Schutz von Individualrechtsgütern des E sowie die Wahrung der Unversehrtheit der Rechtsordnung (§§ 242, 303 StGB) als Bestandteile der öffentlichen Sicherheit in Rede. Ob das festzustellende Risiko im Hinblick auf die „Eintrittswahrscheinlichkeit" bereits die Schwelle zur „Gefahr" überschritten hatte, erscheint indes fraglich. Das Risiko eines zerstörten und laut Sachverhalt „kleinen" Seitenfensters dürfte nämlich kaum höher zu bewerten sein als das eines jeden geöffneten (geklappten) Fensters. Zudem übte der an der Türe bellende Hund bei realitätsnaher Betrachtung des Sachverhalts eine erhöhte Abschreckungswirkung auf mögliche Diebe aus. Die Annahme einer polizeilichen „Gefahr" erscheint daher zweifelhaft und im Ergebnis eher nicht begründet. Fragwürdig wäre aber spätestens die Gegenwärtigkeit einer unterstellten Gefahr, da ein Zugriff von Einbrechern weder aktuell erfolgt war noch sonst unmittelbar bevorstand. Gleiches muss für die nur spekulative Möglichkeit eines Entweichens des Hundes gelten, zumal über die Lage der Fensteröffnung nichts Weiteres bekannt ist.

(bb) Sache als Gefahrenquelle. Unabhängig hiervon bleibt zu berücksichtigen, dass § 43 Nr. 1 PolG NRW nach Sinn und Zweck der Norm nur solche Gefahrenlagen meint, die von der Sache „ausgehen", wobei die Gefährlichkeit entweder der Sache selbst in-

---

[11] Anderes ergibt sich auch nicht aus dem Gesichtspunkt einer etwaigen Kostenbelastung aus der Maßnahme, da dies ein Aspekt ist, der erst auf der Kostenabwicklungsebene virulent wird und dort vor Ergehen eines Kostenbescheides ohnehin eine Anhörung erforderlich macht.

[12] Zur dynamischen Bestimmung der Gefahrenschwelle ausführlich ÖffR NRW, § 3 Rn. 61.

[13] S. *Schoch*, in: Schoch, Besonderes Verwaltungsrecht, 2018, 1. Kap. Rn. 301.

newohnen (Bombe), in den Verwendungsabsichten des Gewahrsamsinhabers begründet sein (Küchenmesser in der Hand des tobenden Ehemannes) oder sich aus der „Lage" der Sache „im Raum" ergeben kann (entlaufener Hund auf der Autobahn).[14] In der vorliegenden Konstellation aber sind Haus und Hausrat unzweifelhaft nicht selbst Quelle einer möglichen Gefahr, sondern im Gegenteil potentielles Ziel rechtswidriger Angriffe Dritter. Auch insoweit muss der Rückgriff auf § 43 Nr. 1 PolG NRW im Ergebnis scheitern.

(b) Alternative der Nr. 2. Die Sicherstellung könnte aber immerhin über § 43 Nr. 2 PolG NRW gerechtfertigt sein. Danach ist eine Sicherstellung von Sachen ferner möglich, „um den Eigentümer (…) vor Verlust oder Beschädigung der Sache zu schützen".

Wie diese Tatbestandsvoraussetzung zu verstehen ist, erscheint keineswegs eindeutig. Bei formaler Auslegung scheint allein die subjektive Zweckrichtung (Intention) der handelnden Beamten maßgeblich zu sein, die darauf gerichtet sein muss, die sichergestellten Sachen zu schützen. Ein solches Abstellen allein auf „innere Tatsachen" in der Person der handelnden Polizeibeamten würde freilich dem Zweck polizeilicher Eingriffsermächtigungen, polizeiliche Interventionen zu begrenzen, nicht gerecht. Stellt man auf die gefahrenpräventive Funktion des Polizeirechts ab, könnte alternativ erwogen werden, eine nach der (Legal-) Definition des § 8 PolG NRW zu bestimmende „Gefahr" des Verlustes oder der Beschädigung der sichergestellten Sachen zu verlangen.[15] Notwendig wäre dann eine Situation, die bei ungehindertem Ablauf in absehbarer Zeit mit hinreichender Wahrscheinlichkeit zum Verlust oder zur Beschädigung der Sache führen wird. Eine solche Auslegung stünde zunächst gewiss nicht in Widerspruch zu der Konstellation der Nr. 1, da hier sogar eine „gegenwärtige Gefahr" verlangt, vor allem aber vorausgesetzt wird, dass die Gefahr von der Sache selbst ausgeht,[16] während in der Konstellation der Nr. 2 die Sache durch externe Einwirkungen – z. B. Wetterunbilden oder Diebstahl – „bedroht" wird, ohne selbst gefahrenträchtig zu sein. Auch dieser gefahrenspezifische Auslegungsansatz erscheint indes fragwürdig. Denn der Zugriff nach § 43 Nr. 2 PolG NRW soll letztlich den Interessen des Eigentümers oder Besitzers dienen, dessen Sachen einem erhöhten Verlust- oder Beschädigungsrisiko ausgesetzt sind. Dem entspricht die im Schrifttum vorherrschende Auslegung der Zugriffsvariante in § 43 Nr. 2 PolG NRW als kodifizierter Fall einer „öffentlich-rechtlichen Geschäftsführung ohne Auftrag"[17] bzw. als „Sonderleistung" der Polizei.[18] Dieser spezifische Hintergrund spricht dafür, Sicherungsmaßnahmen nach Nr. 2 nicht erst dann für zulässig zu erachten, wenn eine konkrete „Gefahr" des Verlustes besteht, sondern – ggf. unter herabgesetzten Anforderungen – immer schon dann, wenn eine Sicherung im tatsächlichen oder mutmaßlichen Interesse des Eigentümers liegt, insbesondere eine besondere „Risikosituation" für die betroffenen Sachen vorliegt, die der Eigentümer nicht vorausgesehen hat und deren Fortdauer er tatsächlich oder mutmaßlich entgegen treten will.[19]

Legt man dieses Verständnis zugrunde, erscheint gleichwohl höchst fraglich, ob sich die Beamten hier auf ein mutmaßliches Schutzinteresse des E berufen konnten. Denn aus der Ankoppelung der polizeilichen Zugriffsbefugnisse an das tatsächliche bzw.

---

[14] ÖffR NRW, § 3 Rn. 201.
[15] VG Stuttgart, NVwZ-RR 2000, 591 (592).
[16] Vgl. *Graulich*, in: Lisken/Denninger, Hdb. des Polizeirechts, 6. Aufl. 2018, E 646 ff.
[17] Vgl. OLG Hamm, NZV 1998, 374; VG Stuttgart, NVwZ-RR 2000, 591 (592).
[18] OVG RP, DVBl. 1989, 1011 (1012); *Graulich*, in: Lisken/Denninger, Hdb. des Polizeirechts, 6. Aufl. 2018, E 662.; *Schoch*, in: Schoch, Besonderes Verwaltungsrecht, 2018, 1. Kap. Rn. 637.
[19] ÖffR NRW, § 3 Rn. 203.

mutmaßliche Interesse des Eigentümers folgt, dass die Polizei vor einer eigenständigen Bewertung der Interessenlage des Eigentümers („Geschäftsherrn") die bestehenden Möglichkeiten einer Rückfrage bei diesem nutzen muss, um – soweit möglich – dessen tatsächlichen Willen zu ermitteln.[20] Ein entsprechender Versuch der Rückfrage ist hier nicht erfolgt. Zwar hatte die Polizei *vor* dem gewaltsamen Eindringen in das Haus einen (einmaligen) Versuch unternommen, per Handy Kontakt mit dem Hauseigentümer aufzunehmen. Vor der zeitlich nachfolgenden Sicherung des gewaltsam geöffneten Fensters hat es indes weitere Versuche der Kontaktaufnahme nicht mehr gegeben. Solche Versuche waren auch nicht wegen des einmaligen Scheiterns der Kontaktaufnahme entbehrlich, da aus dem einmaligen Fehlschlagen des Anrufs vor dem Eindringen in das Haus nicht gefolgert werden konnte, dass E auch in der Folgezeit über das Handy nicht erreichbar sein würde. Das unabgestimmte Vorgehen der Polizeibeamten genügte damit den rechtlichen Anforderungen an die Beachtung primär des tatsächlichen Willens des Eigentümers nicht. Vor diesem Hintergrund konnte sich die Polizei auch nicht ersatzweise auf einen „mutmaßlichen" Willen des E berufen.

Die Zugriffsvoraussetzungen der Nr. 2 waren danach nicht erfüllt. Auch insoweit erscheint die Maßnahme der Beamten rechtswidrig.

(c) Sicherstellung und Störerverantwortlichkeit. Im Rahmen der Prüfung der (materiellen) Rechtmäßigkeit der Sicherstellung stellt sich weiter die Frage, ob die Sicherstellung nach § 43 Nr. 2 PolG NRW eine „Verantwortlichkeit" des E voraussetzt, die hier fraglich sein könnte.

Eine Verantwortlichkeit ist nach § 4 Abs. 4 bzw. § 5 Abs. 4 PolG NRW ausnahmsweise nicht zu prüfen, „soweit Vorschriften dieses Gesetzes (…) bestimmen, gegen wen die Maßnahme zu richten ist". Im Rahmen des § 43 Nr. 2 PolG NRW ergibt sich insoweit die Besonderheit, dass die Sicherstellung im Interesse des Eigentümers oder Besitzers erfolgt und daher gerade nicht an eine polizeiliche Verantwortlichkeit des Eigentümers oder Besitzers anknüpft.

Entsprechendes dürfte hier anzunehmen sein, so dass sich die Frage einer Verantwortlichkeit des E – zumindest an dieser Stelle – nicht stellt.[21]

(2) Ermessensprüfung. Schließlich müssten die Beamten im Rahmen der (hilfsweise unterstellten) Sicherstellung das ihnen in § 43 PolG NRW eingeräumte Ermessen fehlerfrei ausgeübt haben. Hier könnte eine Ermessensüberschreitung dadurch erfolgt sein, dass die Beamten die Grenzen der Verhältnismäßigkeit überschritten haben, ihre Maßnahme also entweder ungeeignet, nicht erforderlich oder aber unzumutbar war.

Von der Geeignetheit der Sicherungsmaßnahme als Mittel zum Schutz vor einem Abhandenkommen des Inventars bzw. einer Beschädigung des Hauses ist auszugehen.

Fraglich erscheint allerdings die Erforderlichkeit der Maßnahme. Die Erforderlichkeit, eine Sicherung des Hausinventars im mutmaßlichen Willen des E durchzuführen, wäre nämlich dann zu verneinen, wenn man – als minder schweres Mittel – vorab eine eigene Entscheidung des E hätte einholen können. Hier hatten die Beamten nach Betreten und Kontrolle des Hauses – wie bereits dargestellt – nicht mehr versucht, mit E fernmündlich Kontakt aufzunehmen, sondern sogleich ihre Sicherungsmaßnahme durchgeführt. Hatte dies oben dazu geführt, dass sich die Beamten nicht mehr auf einen „mutmaßlichen Willen" des E berufen konnten, bedeutet dies im hiesigen Kon-

---

[20] So auch VG Berlin, LKV 2002, 293: Halternachfrage vor Sicherstellung eines Fahrzeugs mit eingeschlagener Seitenscheibe.

[21] Freilich könnte auch erwogen werden, hier eine „Duldungspflicht" des E zu unterstellen und diese mit einer (Zustands-) Verantwortlichkeit des E zu begründen.

text, dass die Maßnahme nicht „erforderlich" war und damit den Anforderungen des Erforderlichkeitsgrundsatzes nicht genügen kann.

Zusätzlich würde die Zumutbarkeit (Verhältnismäßigkeit i. e. S.) fehlen, wenn die Nachteile der Maßnahme außer Verhältnis zu dem verfolgten Zweck gestanden hätten. Dies ist indes nicht erkennbar.

Insofern ist die Maßnahme also wegen Verletzung des Erforderlichkeitsgrundsatzes unverhältnismäßig und damit materiell rechtswidrig.

c) Störereigenschaft des E

Eine kostenrechtliche Inanspruchnahme des E würde zudem nach § 46 Abs. 3 S. 1 PolG NRW voraussetzen, dass dieser „Verantwortlicher" nach den §§ 4 und 5 PolG NRW war. Ob dies der Fall ist, erscheint ebenfalls fraglich.

aa) Zustandsverantwortlichkeit

Zu denken wäre zunächst an eine Zustandsverantwortlichkeit des E als Eigentümer und Inhaber der tatsächlichen Gewalt über das Haus sowie das Hausinventar (§ 5 Abs. 1 und 2 PolG NRW). Eine Zustandsverantwortlichkeit würde allerdings voraussetzen, dass gerade von dem Haus bzw. dem Inventar i. S. d. § 5 Abs. 1 PolG NRW eine Gefahr ausging. Die Gefahr muss hierbei der Sache immanent bzw. durch deren „Lage im Raum" begründet sein. Soweit es hier um das Risiko von Diebstählen aus dem unzureichend gesicherten Haus geht, besteht eine solche Gefahr nicht. Denn zum einen kann nach den Ausführungen oben nicht davon ausgegangen werden, dass überhaupt eine „konkrete Gefahr" vorlag. Zum anderen ginge – selbst wenn man dies entgegen hier vertretener Auffassung annähme – diese Gefahr nicht von dem Haus bzw. dem Inventar aus, sondern von einem unbekannten Dritten (Dieb/Einbrecher) als freiverantwortlich handelnder Person.

Vor diesem Hintergrund kann von einer Zustandsverantwortlichkeit des E nicht ausgegangen werden.[22]

bb) Handlungsverantwortlichkeit

Auch eine Handlungsverantwortlichkeit i. S. einer Ursächlichkeit des E für das Vorliegen einer Gefahr ist aus den genannten Gründen nicht gegeben. So fehlt es – wie oben dargestellt – richtigerweise bereits an einer Gefahr im polizeirechtlichen Sinne. Soweit eine solche gleichwohl angenommen wird, wäre diese auch hier wiederum dem jeweiligen Täter als freiverantwortlich handelnder Person zuzuordnen.[23]

Auch eine Handlungsverantwortlichkeit des E liegt damit nicht vor. Eine kostenrechtliche Inanspruchnahme kommt nach dem Normwortlaut somit nicht in Betracht.

cc) Beschränkung der Kostenhaftung des Störers auf Fälle des § 43 Nr. 1 PolG NRW?

Auch wenn E danach nicht als Verantwortlicher eingestuft werden kann, bliebe zu überlegen, ob die Kostenpflicht des § 46 Abs. 3 PolG NRW in dem hier maßgeblichen Fall des § 43 Nr. 2 PolG NRW nicht ausnahmsweise losgelöst von einer Störereigenschaft greifen muss. Denn in der dortigen Konstellation der „öffentlich-rechtlichen Geschäftsführung ohne Auftrag" wird es vielfach gar keinen Störer geben. Insofern ist zu überle-

---

[22] A. A. VG Düsseldorf, BeckRS 2011, 45332, das eine Zustandsverantwortlichkeit des Eigentümers unterstellt und damit die gesetzlichen Voraussetzungen verfehlt.

[23] Anders als etwa für PKW gibt es auch keine formale Rechtspflicht des Eigentümers (Halters), unbefugten Dritten durch Verschließen der Türen den Zugang zu verwehren.

gen, ob § 46 Abs. 3 PolG NRW nicht möglicherweise tatbestandlich zu weit gefasst ist („verdeckte Lücke") und die Forderung einer Störereigenschaft des Kostenschuldners nur auf Konstellationen einer Sicherstellung nach § 43 Nr. 1 PolG NRW bezogen sein soll.[24] Es läge dann eine „verdeckte Lücke" vor, die im Wege einer teleologischen Reduktion des § 46 Abs. 3 S. 1 PolG NRW zu schließen ist. Ob eine solche Gesetzeskorrektur im Wege einer teleologischen Reduktion begründbar ist, erscheint gleichwohl fraglich. Denn auch in den Fällen des § 43 Nr. 2 PolG NRW ist eine (Handlungs-)Verantwortlichkeit Dritter keineswegs ausgeschlossen, so etwa bei der Verursachung eines Verkehrsunfalls, in dessen Folge Sachen des verletzt abtransportierten Opfers zur Vermeidung eines Verlustes in Verwahrung genommen werden. Insofern bleibt die Beschränkung der Kostenpflicht auf Verantwortliche auch im Falle des § 43 Nr. 2 PolG NRW durchaus sinnvoll und praktikabel. Der Nachweis einer verdeckten Lücke ist nicht zu führen. Ein Verzicht auf den Nachweis der Verantwortlichkeit im Falle von Sicherstellungen nach § 43 Nr. 2 PolG NRW ist damit nicht gerechtfertigt und als faktische Haftungserweiterung mit dem Grundsatz vom Vorbehalt des Gesetzes unvereinbar.

Eine kostenrechtliche Inanspruchnahme des E scheitert mithin auch daran, dass E nicht Verantwortlicher i. S. d. §§ 4 und 5 PolG NRW ist.

d) Kostenrechtliche Ermessensausübung

Zu prüfen bleibt schlussendlich, ob die kostenrechtliche Inanspruchnahme des E – von den bislang festgestellten Fehlern abgesehen – den rechtlichen Anforderungen an eine fehlerfreie Ermessensausübung genügt.

Hierzu ist zunächst zu klären, ob § 46 Abs. 3 PolG NRW überhaupt eine Ermessensnorm darstellt.[25] Hiergegen könnte der Normwortlaut sprechen, der im Sinne einer „gebundenen Entscheidung" festlegt, dass die Kosten der Sicherstellung dem Verantwortlichen „zur Last fallen". In die gleiche Richtung scheint § 77 Abs. 1 S. 1 VwVG NRW zu weisen, den § 46 Abs. 3 S. 3 PolG NRW für anwendbar erklärt, wenn dort festgelegt wird, dass Kosten „erhoben werden". Andererseits ist aber auch zu sehen, dass § 24 VO VwVG NRW neben einem obligatorischen Absehen von der Kostenerhebung im Falle einer unrichtigen Sachbehandlung (Abs. 1) die im behördlichen Ermessen stehende Möglichkeit eines Absehens von der Kostenerhebung in bestimmten Einzelfällen (Abs. 2) vorsieht.[26] Auch wenn die Regelung des Abs. 2 angesichts ihres begrenzten Anwendungsbereiches gewiss keine allgemeine „Ermessensnorm" darstellt, dürfte gleichwohl eine analoge Anwendung der Norm auch auf solche Fälle nahe liegen, in denen die Inanspruchnahme eines Kostenschuldners aus sonstigen Gründen als unbillige Härte bzw. unverhältnismäßig anzusehen wäre.[27] Insofern kann nach hiesiger Auffassung nicht von einer statischen „gebundenen" Entscheidung ausgegangen werden.[28]

---

[24] In diese Richtung *Tegtmeyer/Vahle*, PolG NRW, 12. Aufl. 2018, § 46 Rn. 6.

[25] Zum Streitstand generell *Muckel*, JA 2012, 355 (360 f.).

[26] Auch dort bestimmen allerdings § 20 Abs. 2 und 4 der VO zunächst ganz im Sinne eines gebundenen Verständnisses eine *Pflicht* zur Erstattung von Auslagen, die der Behörde i. R. einer Sicherstellung entstanden sind.

[27] S. ÖffR NRW, § 3 Rn. 261; a.A. *Muckel,* a. a. O., der aufgrund der engen Fassung des § 24 Abs. 2 VO VwVG NRW annimmt, dass das ins behördliche Ermessen gestellte Absehen von der Kostenbeitreibung die Ausnahme sein soll und dementsprechend wohl nicht analogiefähig ist.

[28] Selbst wenn man aber diesen kostenrechtsspezifischen Punkt anders sähe, bliebe gleichwohl ein Ausschluss des Kostenerstattungsanspruchs nach allgemeinen Grundsätzen von Treu und Glauben zu prüfen, die auch im öffentlichen Recht in analoger Anwendung des § 242 BGB zu beachten sind, vgl. dazu sogleich.

Hier könnte bereits der (obligatorische) Ausschlussgrund einer „unrichtigen Behandlung der Sache" (§ 24 Abs. 1 VO VwVG NRW) vorliegen mit der Folge, dass die gleichwohl vorgenommene Kostenüberwälzung zulasten des E – ungeachtet der Frage, ob man von einer Ermessensentscheidung ausgeht oder nicht – als rechtswidrig anzusehen wäre. Dies nämlich dann, wenn man das gewaltsame Öffnen des Fensters, welches den Grund für die spätere Sicherungsmaßnahme darstellte, als Teilelement der „Sachbehandlung" i. S. d. § 24 Abs. 1 VO VwVG NRW ansähe und dieses Öffnen des Fensters als rechtswidrig einzustufen gewesen wäre.

Vor diesem Hintergrund ist zu prüfen, ob das gewaltsame Öffnen des Fensters durch die Polizei rechtmäßig war oder nicht. Rechtmäßig wäre die Maßnahme dann gewesen, wenn es eine Eingriffsermächtigung gab (aa) und das Handeln der Polizei formell (bb) und materiell (cc) rechtmäßig war.

aa) Eingriffsermächtigung

(1) § 41 PolG NRW. Soweit es um das Eindringen der Beamten in das Haus des E geht, könnte die Standardermächtigung des § 41 Abs. 1 PolG NRW die spezielle Eingriffsermächtigung sein. Von der Rechtsfolgenseite her erfasst die Norm das Betreten und Durchsuchen einer Wohnung. Problematisch ist, dass die hier zu prüfende Maßnahme des gewaltsamen Öffnens eines Fensters kein „Betreten" darstellt, da sich die Beamten auch anschließend noch außerhalb der Wohnung befanden. Auch ist das gewaltsame Öffnen von Türen und Fenstern keineswegs notwendig „integraler Bestandteil" eines Betretens einer Wohnung; dies selbst dann nicht, wenn dieses Betreten ohne Einwilligung des Inhabers der Wohnung erfolgt. Denn auch in dieser Situation ist vom Regelfall auszugehen, dass der Wohnungsinhaber die Haustüre öffnet, um anschließend den Beamten den Zutritt zur Wohnung zu gestatten oder zu verweigern. Das gewaltsame Aufbrechen von Fenstern und Türen ist somit richtigerweise als zusätzlicher Eingriffsakt in die Rechtssphäre des Wohnungseigentümers zu werten, der von § 41 PolG NRW nicht erfasst ist.[29]

(2) § 50 Abs. 2 i. V. m. § 52 PolG NRW. Das gewaltsame Öffnen des Fensters könnte aber eine Ersatzvornahme im sofortigen Vollzug gewesen sein, die ihre Rechtsgrundlage in § 50 Abs. 2 i. V. m. § 52 PolG NRW findet. Dies würde freilich voraussetzen, dass mit der Polizeimaßnahme eine von E geforderte bzw. (hypothetisch) einforderbare vertretbare Handlung ersatzweise vorgenommen wurde, die dieser nicht erfüllt hat. Zwischen der durchgesetzten und der eingeforderten bzw. einforderbaren Handlung müsste dabei Identität bestehen. Insofern käme eine Ersatzvornahme hier in Betracht, wenn die Polizei eine dem E obliegende Pflicht durchgesetzt hätte, das Fenster „aufzubrechen". Eine solche Pflicht bestand aber nicht und hätte E aus Gründen der Verhältnismäßigkeit auch nicht auferlegt werden können. Denn gegenüber dem Hauseigentümer reicht es regelmäßig aus, diesen zur regulären Öffnung der Türe oder eines Fensters zu verpflichten, sodass weitergehende Anordnungen zur Zerstörung dieser Einrichtungsbestandteile als nicht erforderlich und damit unverhältnismäßig anzusehen wären. Eine Ersatzvornahme (im sofortigen Vollzug) liegt daher ebenfalls nicht vor.

(3) § 50 Abs. 2 i. V. m. §§ 55, 57 ff. PolG NRW. Vor diesem Hintergrund ist davon auszugehen, dass es sich bei der durchgeführten Maßnahme rechtlich um eine Maßnahme des unmittelbaren Zwanges im sofortigen Vollzug handelte.

---

[29] ÖffR NRW, § 3 Rn. 192; a. A. *Schenke*, Polizei- und Ordnungsrecht, 10. Aufl. 2018, Rn. 152.

bb) Formelle Rechtmäßigkeit

(1) Zuständige Behörde. Zur Durchführung unmittelbaren Zwangs sind die Polizei-beamten des Polizeipräsidiums als Kreispolizeibehörde nach Maßgabe des § 2 Abs. 1 Nr. 1 i.V.m. § 7 Abs. 1 und § 11 Abs. 1 Nr. 1 POG NRW zuständig.

(2) Anhörung. Fraglich erscheint, ob die Beamten vor Durchführung der Maßnahme gehalten waren, E anzuhören. § 28 VwVfG NRW schreibt dies vor dem Ergehen eines Eingriffsverwaltungsaktes grundsätzlich vor, weshalb zu prüfen ist, ob sich das gewalt-same Öffnen des Fensters hier als solcher darstellt. Dagegen spricht bereits, dass auch diese Maßnahme in Abwesenheit des E und damit „adressatenlos" erfolgt ist, es mithin schon an der für die Wirksamkeit eines Verwaltungsaktes konstitutiven Bekanntgabe i.S.d. § 43 Abs. 1 VwVfG NRW fehlt.

Ist das Aufbrechen des Fensters somit als Realhandeln zu qualifizieren, stellt sich le-diglich noch die Frage, ob das Anhörungserfordernis des § 28 VwVfG NRW analog auch auf belastende Realakte zu beziehen ist.

Dafür könnte angeführt werden, dass der Zweck einer Anhörung, dem von einer be-lastenden Maßnahme Betroffenen zuvor eine Deliberationsfrist zu gewähren, um ver-ständig auf eine Behördenentscheidung Einfluss zu nehmen,[30] bei einem Realakt wo-möglich ebenso zum Tragen kommen könnte wie bei einem Verwaltungsakt. Für die inhaltliche Belastungswirkung beim Maßnahmenadressaten macht die rechtliche Quali-tät des Behördenhandelns häufig keinen Unterschied. Maßgebliche und vorrangige Voraussetzung für eine analoge Normanwendung ist allerdings das Vorliegen einer planwidrigen Lücke. Von einer solchen unbeabsichtigten Regelungslücke wird man in Anbetracht der ausdrücklichen Begrenzung der Norm auf den Erlass belastender Ver-waltungsakte nicht ausgehen können. Auch verfassungsrechtliche Gründe können die-sem Ergebnis nicht entgegen gestellt werden.

Dies gilt namentlich für den von Befürwortern einer analogen Anwendung des § 28 Abs. 1 VwVfG NRW vereinzelt herangezogenen Grundsatz der Gewährung rechtlichen Gehörs.[31] Denn dieser Grundsatz gilt gemäß Art. 103 Abs. 1 GG nur vor Gericht und ist dementsprechend nicht ohne Weiteres verallgemeinerungsfähig.

Eine analoge Anwendung des § 28 Abs. 1 VwVfG NRW auf belastende Realakte ist daher abzulehnen. Überdies wäre selbst bei abweichender Sicht dann auch § 28 Abs. 2 Nr. 5 VwVfG NRW analog anzuwenden, der eine Anhörung im Vollstreckungsverfah-ren entbehrlich macht. Einer Anhörung des E bedurfte es folglich hier nicht.[32]

(3) Androhung des Zwangsmittels. Die grundsätzlich erforderliche Androhung des Zwangsmittels als Verfahrensvoraussetzung für die Anwendung auch des unmittelbaren Zwangs (vgl. § 56 Abs. 1 S. 1 PolG NRW) ist i.R.d. Sofortvollzuges typischerweise entbehrlich. Unabhängig davon, ob hier eine sofort abzuwehrende gegenwärtige Gefahr vorliegt,[33] konnte in Anbetracht der Abwesenheit des E angenommen werden, dass die Umstände eine Androhung des Zwangsmittels nicht zuließen.

(4) Festsetzung des Zwangsmittels. Eine Festsetzung des Zwangsmittels findet im Poli-zeirecht − anders als nach § 64 VwVG NRW − nicht statt. Dementsprechend wurden die Verfahrensvoraussetzungen der Zwangsvollstreckung eingehalten.

---

[30] Vgl. *Kopp/Ramsauer*, VwVfG, 20. Aufl. 2019, § 28 Rn. 1 ff.

[31] Vgl. dazu BGH, NJW 1992, 2769 (2770); *Herrmann*, in: Bader/Ronellenfitsch, BeckOK-VwVfG, 48. Ed. 2020, § 28 Rn. 18.

[32] Soweit der Gegenmeinung gefolgt wird, entfiele das Anhörungserfordernis aber im Ergebnis gleichsam jedenfalls nach § 28 Abs. 2 Nr. 5 VwVfG NRW analog.

[33] Vgl. dazu sogleich unter cc) (1) (a).

cc) Materielle Rechtmäßigkeit

In materieller Hinsicht wäre tatbestandlich zunächst zu prüfen, ob die Maßnahme „zur Abwehr einer gegenwärtigen Gefahr notwendig" war (1) und die Polizei „innerhalb ihrer Befugnisse" gehandelt hat (2); ferner müsste die Durchführung der Zwangsmaßnahme auf der Rechtsfolgenseite („*kann*") ermessensfehlerfrei erfolgt sein (3).

(1) Zur Abwehr einer gegenwärtigen Gefahr notwendig.

(a) Gegenwärtige Gefahr. Fraglich ist zunächst, ob die Situation bei Eintreffen der Beamten vor dem Hause – aus der ex-ante-Perspektive der Beamten vor Ort – eine „gegenwärtige Gefahr" darstellte. Eine solche Gefahr hätte vorgelegen, wenn die Beamten davon ausgehen durften, dass tierschutzrechtliche Regelungen zum Halten von Hunden verletzt wurden oder deren Verletzung unmittelbar bevorstand. In Betracht kommt hier insbesondere § 8 TierSchHuV, wonach Hunde ordnungsgemäß betreut und versorgt werden müssen. Ob die Beamten von einer solchen Situation ausgehen durften, erscheint indes fraglich. So ergab sich keine eindeutige Erkenntnislage, die das Vorliegen einer tatsächlichen Gefahr (aus der ex-ante-Sicht) belegte. Für die Beamten bestand vielmehr eine völlig ungeklärte Erkenntnislage, die systematisch mit dem Begriff des „Gefahrenverdachts" bezeichnet wird. Ob der Gefahrenverdacht als Gefahr anzusehen ist, ist streitig.[34] Vielfach wird es nur um Risikolagen im Vorfeld einer Gefahr gehen, die weitere Gefahrenerforschungsmaßnahmen (von Amts wegen) notwendig machen. Die Einordnung einer Situation als „Gefahrenverdacht" schließt es freilich nicht aus, dass es sich im Einzelfall doch um einen Sachverhalt handelt, der bei ungehindertem Ablauf in absehbarer Zeit mit hinreichender Wahrscheinlichkeit zu einem Schaden an den polizeilichen Schutzgütern führt und daher polizeirechtlich als Gefahr zu subsumieren ist. Dies erscheint insbesondere in solchen Fällen denkbar, in denen ein hohes Schadensausmaß droht und ein Zuwarten trotz ungesicherter Sachlage nicht vertretbar ist.[35]

Ob dies hier der Fall ist, erscheint indes fraglich. Zwar wäre eine mögliche Tierquälerei durchaus ein denkbarer Ansatzpunkt, um trotz verbleibender Unsicherheiten von einem Überschreiten der Gefahrenschwelle auszugehen. Da der Hund erkennbar äußerst lebhaft und aktiv war, konnte indes kaum davon ausgegangen werden, dass dem Hund kurzfristig ein Schaden an Leib und Leben drohte. Der Gefahrenverdacht hatte hier daher die Schwelle zur Gefahr im polizeirechtlichen Sinne nicht überschritten. Eine gegenwärtige Gefahr lag nicht vor.

Das Eindringen der Beamten in die Wohnung war insofern nicht zulässig.

(b) Zur Abwehr notwendig. Ebenfalls fraglich ist, ob die Maßnahme zur Abwehr der (unterstellten) Gefahr i. S. d. § 50 Abs. 2 PolG NRW „notwendig" war. Die Prüfung der Notwendigkeit einer polizeilichen Maßnahme bildet gemeinhin einen Aspekt der Ermessensprüfung auf der Rechtsfolgenseite, indem nicht notwendige (nicht erforderliche) Maßnahmen als unverhältnismäßig einzustufen und ihre Durchführung als Ermessensüberschreitung anzusehen sind.[36] In § 50 Abs. 2 PolG NRW wird die Frage der „Notwendigkeit" einer Maßnahme zur Gefahrenabwehr auf die Tatbestandsseite gezogen und soll dementsprechend – als umfassende Verhältnismäßigkeitsprüfung – hier beantwortet werden.

An der grundsätzlichen Eignung des Einsteigens in die Wohnung des E bestehen keine Zweifel. Immerhin aber ergibt sich hinsichtlich der Notwendigkeit der Zwangs-

---

[34] ÖffR NRW, § 3 Rn. 64.

[35] Vgl. etwa die Situation einer Bombendrohung für eine Kinoveranstaltung, hierzu ÖffR NRW, § 3 Rn. 64 m. w. N.

[36] Eingehend ÖffR NRW, § 3 Rn. 138.

maßnahme in der vorliegenden Konstellation die Besonderheit, dass die Beamten lediglich einen einzigen Versuch unternommen haben, um mit E fernmündlich Kontakt aufzunehmen. Es ist aber nicht ersichtlich, weshalb es die Sachlage nicht gestattet hätte, vor dem Einsatz von Zwangsmitteln weitere Versuche der Kontaktaufnahme – u.U. im Abstand von mehreren Stunden – zu unternehmen. Denn nachdem der Hund offenkundig bereits mehrere Tage in dem von den Beamten vorgefundenen Zustand gelebt hatte, konnte kaum davon ausgegangen werden, dass nunmehr ein Einschreiten binnen weniger Minuten notwendig war. Insofern wären durchaus weitere Versuche einer telefonischen Abklärung als milderes Mittel in Betracht gekommen. Unabhängig hiervon[37] spricht viel dafür, dass es hinsichtlich des gewaltsamen Zugriffs an der Proportionalität fehlt, da die Nachteile außer Verhältnis standen zu dem Erfolg, ein (hier zu unterstellendes) bereits länger währendes Fehlverhalten des Hundehalters abzustellen.

(2) Handeln innerhalb der Befugnisse. Die Tatbestandsvoraussetzung des „Handelns innerhalb der Befugnisse" verlangt, dass die Beamten den Verwaltungsakt, der aus Zeitgründen nicht mehr erlassen werden konnte, aber über § 50 Abs. 2 PolG NRW faktisch durchgesetzt wurde, rechtlich hätten erlassen können. Zu prüfen ist damit die Rechtmäßigkeit einer „fiktiven Grundverfügung", die über die Zwangsmaßnahme durchgesetzt wurde. Diese hätte hier gegenständlich in der Verpflichtung des E bestanden, den Beamten Zutritt zur Wohnung zu gewähren.

(a) Ermächtigungsgrundlage. Als Ermächtigungsgrundlage käme hier erneut § 41 PolG NRW in Betracht, sofern man davon neben dem Betreten der Wohnung auch die Ermächtigung erfasst sieht, den Beamten die Wohnung zu öffnen. Nach hiesiger Ansicht wäre dieser vorgelagerte Akt der Wohnungsöffnung nicht unmittelbar von § 41 erfasst und dann auf § 8 PolG NRW zu gründen.[38]

(b) Formelle Rechtmäßigkeit.

(aa) Zuständigkeit. Die Zuständigkeit der Polizeibeamten des Polizeipräsidiums als Kreispolizeibehörde ergibt sich auch i.R.d. Maßnahme aus § 2 Abs. 1 Nr. 1 i.V.m. §§ 7, 11 Nr. 1 POG NRW.

(bb) Anhörung. Wegen des fiktiven Charakters der Grundverfügung ist das Anhörungserfordernis hier nicht zu prüfen.

(c) Materielle Rechtmäßigkeit. Auch insoweit wäre allerdings eine Gefahr für die öffentliche Sicherheit oder Ordnung zu verlangen, die nach den Ausführungen oben nicht vorliegt. Eine Prüfung der Verantwortlichkeit des E erübrigt sich damit. Sonstige Fehler – insbesondere bei der Ermessensausübung – sind nicht ersichtlich. Insgesamt ergibt sich damit, dass die Beamten nicht innerhalb ihrer Befugnisse gehandelt haben.

dd) Zwischenergebnis

In der Gesamtschau ist damit von der Rechtswidrigkeit des gewaltsamen Öffnens des Fensters auszugehen. Es liegt damit eine unrichtige Sachbehandlung i.S.d. § 24 VO VwVG NRW vor, die eine Abwälzung der nachfolgenden Kosten der Sicherung des zerstörten Fensters ausschließt.

Der Kostenbescheid ist damit auch insoweit rechtswidrig.

---

[37] An der Erforderlichkeit des Sofortvollzuges kann es im Einzelfall auch fehlen, wenn auf das gestreckte Verfahren nach § 50 Abs. 1 PolG NRW zurückgegriffen werden kann; das ist insb. bei Anwesenheit des Polizeipflichtigen der Fall, vgl. OVG NRW, NVwZ-RR 2008, 437.

[38] Die gegenteilige Auslegung ist gut vertretbar.

4. Zwischenergebnis

Der Kostenbescheid ist materiell rechtswidrig und damit insgesamt rechtswidrig.

II. Verletzung des E in seinen Rechten

Der rechtswidrige Kostenbescheid verletzt den E auch in seinen Rechten.

III. Zwischenergebnis

Die Klage des E ist begründet.

C. Ergebnis

Die Klage des E ist zulässig und begründet und hat daher Erfolg.

Teil 2: Haftungsansprüche des E gegen die Polizei (bzw. das Land)

A. Anspruch aus § 39 OBG NRW i. V. m. § 67 PolG NRW

E könnte einen Anspruch auf Entschädigung der 300 € Reparaturkosten aus § 39 Abs. 1 lit. b) OBG NRW i. V. m. § 67 PolG NRW haben.

I. Rechtswidrige Maßnahme der Polizei- oder Ordnungsbehörde

Eine rechtswidrige Maßnahme der Polizeibehörde liegt wie oben gezeigt vor. Ein Verschulden ist dafür i. R. d. § 39 Abs.1 lit. b OBG NRW nicht erforderlich.

II. Kausaler Schaden

Der Schaden liegt hier in der Beschädigung des Fensters bzw. den Reparaturkosten, die durch die rechtswidrige Öffnung des Fensters kausal entstanden sind.

III. Kein anderweitiger Ersatz/Kein Mitverschulden

E hat hier keinen anderen Ersatz für die Reparaturkosten erlangt, § 39 Abs. 2 lit. a OBG NRW. Mitverschulden liegt mangels Verantwortlichkeit des E ebenfalls nicht vor.

IV. Kein tatsächlicher Schutzerfolg durch die Maßnahme

E dürfte aber durch das Öffnen des Fensters nicht tatsächlich selbst oder in seinem Vermögen geschützt worden sein, § 39 Abs. 2 lit. b OBG NRW. Eine entsprechende Zielsetzung der Maßnahme war hier zwar vorhanden, reicht aber nicht aus; das Schutzziel muss tatsächlich erreicht worden sein.[39] Hier wurde der Hund des E durch die

---

[39] ÖffR NRW, § 3 Rn. 279.

rechtswidrige Maßnahme nicht geschützt, sondern war die gesamte Zeit wohlauf. Damit war eine Erreichung des Schutzziels unmöglich und ein tatsächlicher Schutzerfolg ausgeschlossen.

V. Anspruchsgegner

Entschädigungspflichtiger ist nach § 42 Abs. 1 S. 1, § 45 Abs. 1 S. 1 OBG NRW i. V. m. § 67 PolG NRW („entsprechende Anwendung") das Land.

VI. Ergebnis

E hat einen Anspruch auf Entschädigung in Höhe von 300 € nach § 39 Abs. 1 lit. b OBG NRW i. V. m. § 67 PolG NRW.

B. Anspruch aus § 839 BGB i. V. m. Art. 34 GG

E könnte einen Amtshaftungsanspruch auf Entschädigung der 300 € für die Reparatur des Fensters gemäß § 839 BGB i. V. m. Art. 34 GG haben.

I. Handeln in Ausübung eines anvertrauten Amtes

Die Beamteneigenschaft der handelnden Polizeibeamten ist sowohl nach dem statusrechtlichen als auch nach dem hier maßgeblichen „haftungsrechtlichen Beamtenbegriff" zu bejahen, da die Polizeibeamten in Ausübung eines ihnen anvertrauten Amtes gehandelt haben.

II. Verletzung einer einem Dritten gegenüber obliegenden Amtspflicht

Es müsste weiter eine drittschützende Amtspflicht verletzt worden sein. Der Beamte muss die Aufgaben und Befugnisse der juristischen Person des öffentlichen Rechts, in deren Namen und Rechtskreis er tätig wird, im Einklang mit dem objektiven Recht wahrnehmen. Es besteht also eine Amtspflicht zu gesetzmäßigem Verhalten.[40] Hier liegt eine Verletzung der Vorgaben für polizeiliche Vollstreckungsmaßnahmen vor. Diese Vorgaben dienen dem Schutz der betroffenen Adressaten und sind drittschützend. Im Übrigen wird E hier durch die Zerstörung in seinem Eigentumsrecht aus Art. 14 Abs. 1 GG direkt betroffen. Damit liegt die Verletzung einer drittgerichteten Amtspflicht vor.

III. Verschulden

Die Amtshaftung verlangt schuldhaftes Handeln. Hiernach hätten die Beamten vorsätzlich oder fahrlässig pflichtwidrig handeln müssen. Vorsatz ist dann anzunehmen, wenn der Beamte die Tatsachen, die die Pflichtwidrigkeit begründen, kennt und sich dieser Pflichtwidrigkeit bewusst ist, zumindest eine solche Pflichtwidrigkeit in Kauf nimmt. Dies kann hier nicht angenommen werden, da die Beamten von der Rechtmäßigkeit ihres Handelns überzeugt waren.

---

[40] *Papier/Shirvani*, in: MüKo BGB, 7. Aufl. 2017, 6. Band, § 839 Rn. 193.

In Betracht kommt aber ein fahrlässiges Handeln. Dieses liegt gemeinhin vor, wenn die im Verkehr erforderliche Sorgfalt außer Acht gelassen wurde. In der fehlerhaften Rechtsanwendung könnte ein entsprechender Verstoß liegen. Insoweit bleibt allerdings zu beachten, dass nicht jeder Rechtsanwendungsfehler einen Fahrlässigkeitsvorwurf begründet. So schließt etwa ein entschuldbarer Irrtum Fahrlässigkeit aus. Insbesondere bei neuartigen Problemen der Rechtsanwendung schließt eine spätere abweichende Bewertung den Fahrlässigkeitsvorwurf aus, wenn der Beamte nach gewissenhafter Prüfung zwar zu einer unzutreffenden, gleichwohl aber vertretbaren Lösung gelangt ist.[41] In diesem Sinne wird auch die kollegialgerichtliche Bestätigung einer später verworfenen Auslegung regelmäßig als Entlastung von dem Verschuldensvorwurf verstanden.[42] Ob sich in dem vorliegenden Falle die Normauslegung der Beamten noch in dem hiermit vorgezeichneten Rahmen gehalten hat, erscheint fraglich und dürfte eher zu verneinen sein.[43]

IV. Schaden

Ein Schaden ist in Höhe von 300 € entstanden.

V. Keine anderweitige Ersatzmöglichkeit

Eine anderweitige Ersatzmöglichkeit besteht nicht. Keine anderweitige Ersatzmöglichkeit ist insbesondere der Entschädigungsanspruch nach § 39 OBG NRW; vielmehr stehen beide Ansprüche nebeneinander, § 40 Abs. 5 OBG NRW.

VI. Kein Versäumnis von Rechtsbehelfen

E hat hier auch keinen Rechtsbehelf versäumt.

VII. Kein Mitverschulden

Ein Mitverschulden des E liegt mangels Verantwortlichkeit nicht vor.

VIII. Anspruchsgegner

Als Anspruchsgegner benennt Art. 34 GG „den Staat oder die Körperschaft, in deren Dienst er steht" (der Beamte). Die Beamten des Polizeipräsidenten in einer kreisfreien Stadt stehen stets im Dienst des Landes (§ 2 Abs. 1 Nr. 1 POG). Anspruchsgegner ist demnach das Land als Anstellungskörperschaft der handelnden Polizeibeamten.

IX. Zwischenergebnis

Ein Amtshaftungsanspruch ist somit gegeben.

---

[41] BGH, NJW 1994, 3158.
[42] BGHZ 117, 240, 250 – st. Rspr.
[43] Vgl. aber auch die bestätigende Ausgangsentscheidung des VG Düsseldorf, BeckRS 2011, 45332, die in concreto zu einem Ausschluss des Verschuldensvorwurfs geführt hätte.

C. Folgenbeseitigungsanspruch[44]

Möglicherweise könnte E einen Anspruch auf Erstattung der Reparaturkosten gegen das Land auch aus dem (ungeschriebenen) Folgenbeseitigungsanspruch haben. Dieser Anspruch auf Beseitigung der rechtswidrigen Folgen hoheitlichen Handelns wird aus dem Rechtsstaatsprinzip des Art. 20 Abs. 3 GG bzw. aus der abwehrrechtlichen Funktion der Freiheitsgrundrechte abgeleitet. Teilweise wird eine einfachrechtliche Begründung in den in §§ 862, 1004 BGB zum Ausdruck kommenden Rechtsgedanken gesehen.[45] Die Existenz des Folgenbeseitigungsanspruchs ist unabhängig von seiner rechtsdogmatischen Begründung gewohnheitsrechtlich anerkannt, sodass eine abschließende Festlegung letztlich dahinstehen kann.

Ob das Anspruchsziel des E im Wege des Folgenbeseitigungsanspruchs erreicht werden kann, erscheint fraglich. E verlangt nicht die Wiederherstellung des status quo ante, d.h. die Reparatur des Fensters. Vielmehr hat er das Fenster bereits selbst reparieren lassen und möchte die von ihm hierfür entrichteten Kosten ersetzt bekommen. Es geht mithin nicht um die Beseitigung der (unmittelbaren) rechtswidrigen Folgen hoheitlichen Handelns, sondern um die Liquidierung der Kosten der vom Geschädigten selbst vorgenommenen Folgenbeseitigung.

Ob dem Folgenbeseitigungsanspruch auch ein solcher „Folgenentschädigungsanspruch" entnommen werden kann, ist nicht abschließend geklärt. Teilweise wird angenommen, der Anspruch auf Folgenbeseitigung wandle sich in einen auf Geldersatz gerichteten Folgenentschädigungsanspruch, etwa wenn die Folgenbeseitigung (tatsächlich) unmöglich oder unzumutbar ist[46] oder ein Mitverschulden des Geschädigten vorliegt.[47] Andere Stimmen wollen eine Verwirklichung von Entschädigungszahlungen in Geld nur nach Maßgabe der allgemeinen öffentlich-rechtlichen Entschädigungsansprüche zulassen und lehnen eine Erstreckung des Folgenbeseitigungsanspruchs auf eine Folgenentschädigung ab.[48] Hier war die Instandsetzung des Fensters des E weder unmöglich, noch wäre der Aufwand der Folgenbeseitigung unzumutbar gewesen. Damit liegt nach keiner Ansicht eine Konstellation vor, in der ein Umschlagen des Folgenbeseitigungsanspruchs in einen Folgenentschädigungsanspruch angenommen werden könnte. Mangels Kompatibilität mit dem Anspruchsziel des E scheidet ein Folgenbeseitigungsanspruch aus.

D. Anspruch aus enteignendem oder enteignungsgleichem Eingriff

Ein Anspruch des E auf Erstattung der Reparaturkosten des Fensters könnte sich aus enteignendem Eingriff ergeben. Hierbei handelt es sich um einen „echten Aufopferungsanspruch", der Nebenfolgen rechtmäßigen Hoheitshandelns umfasst. Vorliegend war das Handeln der Behörde aber nicht rechtmäßig, so dass ein Anspruch nicht in Betracht kommt.

---

[44] Dazu: *Dietlein/Peters*, Ad Legendum, 2014, 39 (43).

[45] Vgl. zu den verschiedenen Ansätzen zusammenfassend *Dietlein*, in: Stern, Staatsrecht, Band IV/2, 2121 f. m.w.N.

[46] VGH Bayern, NVwZ 1999, 1237 f.; *Dietlein*, in: Stern, Staatsrecht, Band IV/2, 2121 f.; *Ossenbühl/Cornils*, Staatshaftungsrecht, S. 388 u. 398; wohl auch *Maurer/Waldhoff*, Allgemeines Verwaltungsrecht, 19. Aufl. 2017, § 30 Rn. 19.

[47] Vgl. BVerwG NJW 1989, 2484 (2485 f.); *Mehde*, JURA 2017, 783 (789).

[48] Etwa *Haack*, DVBl. 2010, 1482 f.

Auch ein Anspruch aus enteignungsgleichem Eingriff scheitert vorliegend daran, dass bezüglich der Zerstörung des Fensters keine unbeabsichtigte Nebenfolge staatlichen Handelns vorliegt, sondern eine zielgerichtete Aktion der Polizei. Im Übrigen ist der ungeschriebene Anspruch gegenüber den normierten Amtshaftungsansprüchen subsidiär.

E. Ergebnis

E hat einen Anspruch auf Zahlung der 300 € aus § 39 OBG NRW i. V. m. § 67 PolG NRW sowie § 839 BGB i. V m. Art. 34 GG.

Weiterführender Klausurtipp:

Herausgabeanspruch bei sichergestellten Sachen

Die Sicherstellung löst die Sache aus dem Gewahrsam des Betroffenen heraus und mündet im Regelfall in ein öffentlich-rechtliches Verwahrungsverhältnis. Sobald die Voraussetzungen für die Sicherstellung nicht mehr bestehen, etwa weil die Gefahr abgewehrt wurde oder kein weiterer Schutz des Eigentümers mehr nötig ist, besteht nach § 46 Abs. 1 S. 1 PolG NRW ein Herausgabeanspruch des Betroffenen. Zur Entstehung dieses Herausgabeanspruchs bedarf es keiner vorangehenden Aufhebung der Sicherstellung. Der Herausgabeanspruch aus § 46 Abs. 1 S. 1 PolG NRW bezieht sich allerdings nur auf rechtmäßig erfolgte Sicherstellungen, da der Wegfall der Voraussetzungen denklogisch nur eintreten kann, wenn diese Voraussetzungen ursprünglich vorlagen (OVG Münster, NWVBl. 2017, 166 (167)). Im Falle einer rechtswidrig erfolgten Sicher-stellung ist § 46 Abs. 1 S. 1 PolG NRW nicht einschlägig. Die Herausgabe der Sache gründet sich in diesem Falle auf den allgemeinen Folgenbeseitigungsanspruch (OVG Münster, NWVBl 2017, 166 (167)). Zu beachten bleibt hierbei freilich, dass eine rechtswidrige Sicherstellung, die in der Form eines Verwaltungsakts ergangen ist, gleichwohl in der Regel wirksam und damit fortdauernder Rechtsgrund für die Verwahrung der Sache sein wird (vgl. § 43 Abs. 2 VwVfG NRW). Folgerichtig muss der Betroffene die rechtswidrige Sicherstellung mit der Anfechtungsklage angreifen und seinen Herausgabeanspruch über einen Annexantrag nach § 113 Abs. 1 S. 2 VwGO damit verbinden.

Fall 20: „Anti-Atom-Demo"

Behandelte Themen: Fortsetzungsfeststellungsklage – qualifiziertes Feststellungsinteresse – Polizeifestigkeit des Versammlungsrechts – Auflage im Versammlungsrecht – „Minusmaßnahmen" – Ausschluss aus einer Versammlung – Ingewahrsamnahme

Sachverhalt

Aus Protest gegen bevorstehende sog. Castor-Transporte in ein Zwischenlager auf dem Gebiet der nordrhein-westfälischen kreisfreien Stadt L ruft eine „Vereinigung gegen Atomkraft" durch ihren Vorsitzenden A als Versammlungsleiter zu einer Großkundgebung in der Nähe des Zwischenlagers auf. Der zuständige Bundesminister, der in der Öffentlichkeit als Befürworter des Atomausstiegs bekannt ist und auch Verständnis für Proteste zeigt, zieht dennoch den Zorn der Demonstranten auf sich, da er im Zusammenhang mit den Castor-Transporten auf die Notwendigkeit einer geordneten Abwicklung der noch laufenden Kernkraftwerke hingewiesen hatte. Bei der Veranstaltung soll ihm deshalb in symbolischer Weise „der Prozess gemacht" und er wegen „Verbrechen gegen die Natur und die Menschheit" symbolisch zum Tode verurteilt werden. Nach Anmeldung der Versammlung durch A erteilt das zuständige Polizeipräsidium wenige Tage vor der Veranstaltung die Auflage, den geplanten „Prozess" sowie strafbare Verunglimpfungen des Bundesministers zu unterlassen.

Aufgrund zu erwartender gewalttätiger Ausschreitungen sollen am Veranstaltungstag die Autos der anreisenden Demonstranten stichprobenartig auf Waffen und Schutzwaffen durchsucht werden. Dies geschieht an einer Kontrollstelle, die das Polizeipräsidium zu diesem Zweck mit Zustimmung des Innenministeriums auf der Zufahrtsstraße zu dem Gelände errichtet hat. Auch B muss die Durchsuchung seines Fahrzeugs dulden.

Während der insgesamt friedlich verlaufenden Demonstration entrollen C und D ein Transparent, auf dem der zuständige Bundesminister als „Menschheitsfeind, der hingerichtet gehört" bezeichnet wird. Die zuständigen Polizeibeamten versuchen zunächst, den Konflikt friedlich zu lösen. Doch nachdem C und D trotz mehrfacher Aufforderung nicht bereit sind, das Transparent einzurollen, nehmen die Polizisten dieses kurzerhand an sich. Daraufhin gehen C und D dazu über, die auf dem Transparent abgedruckten Parolen in die Menge zu rufen. Um weitere Störungen zu vermeiden, schließen die Polizisten C und D von der Versammlung aus und führen sie ab, ohne deren Reaktion abzuwarten. Erst nach Abschluss der Demonstration werden beide wieder auf freien Fuß gesetzt.

A, B, C und D halten die gegen sie gerichteten Maßnahmen für rechtswidrig und erwägen eine Klage.

Hätten etwaige Klagen Aussicht auf Erfolg?

Gliederung

A. Zulässigkeit
   I. Eröffnung des Verwaltungs-
      rechtswegs
     Prüfe: Gefahrenabwehr vs. Straf-
     verfolgung

II. Statthafte Klageart
   1. Anfechtungsklage
     Prüfe: Rechtscharakter „Auf-
     lage"; sonstige Maßnahmen
     erledigt

Lösungsvorschlag

Die Klagen haben Erfolg, wenn sie zulässig und begründet sind.

Hintergrund: Prozessual handelt es sich um vier selbstständige Klagen, die jeweils auch gesondert auf ihre Zulässigkeit und Begründetheit geprüft werden
könnten. Im Folgenden soll aus Gründen der Übersichtlichkeit eine „integrierte"

Prüfung zumindest der Zulässigkeit aller Klagen erfolgen. Ebenso gut ist es vertretbar, die Klagen jeweils mit eigener Zulässigkeits- und Begründetheitsprüfung zu bearbeiten und gegebenenfalls nach oben zu verweisen.

A. Zulässigkeit

I. Eröffnung des Verwaltungsrechtswegs

Zunächst müsste der Verwaltungsrechtsweg eröffnet sein.

Eine aufdrängende Sonderzuweisung zu den Verwaltungsgerichten ist nicht ersichtlich. Der Verwaltungsrechtsweg könnte nach der Generalklausel des § 40 Abs. 1 S. 1 VwGO eröffnet sein. Dann müssten öffentlich-rechtliche Streitigkeiten nichtverfassungsrechtlicher Art vorliegen. Eine Streitigkeit ist öffentlich-rechtlicher Art, wenn die streitentscheidende Norm eine solche des öffentlichen Rechts ist, also notwendig einen staatlichen Hoheitsträger in dieser Funktion berechtigt oder verpflichtet (modifizierte Subjektstheorie, „Sonderrechtslehre"). Bei der „Auflage" und der Durchsuchung handelt es sich um Maßnahmen nach dem VersG bzw. dem PolG NRW. Hinsichtlich der Wegnahme des Transparents und des Abführens von C und D könnte es sich hingegen auch um Maßnahmen nach der StPO handeln, gegen die der ordentliche Rechtsweg gegeben wäre, § 23 EG GVG. Jedoch erfolgte das Einschreiten der Polizei ausdrücklich zu dem Zweck, „weitere Störungen zu vermeiden". Die Maßnahmen sind daher der Gefahrenabwehr zuzuordnen und finden somit ihre Rechtsgrundlage ebenfalls im VersG oder im PolG NRW. Beide Normenkomplexe berechtigen speziell die Versammlungs- bzw. Polizeibehörden als Träger hoheitlicher Gewalt und sind damit dem öffentlichen Recht zuzuordnen. Somit liegen öffentlich-rechtliche Streitigkeiten vor. Die Streitigkeiten sind auch nichtverfassungsrechtlicher Art, da keine Verfassungsorgane über materielles Verfassungsrecht streiten.

Abdrängende Sonderzuweisungen sind nicht ersichtlich. Für sämtliche Klagen ist daher der Verwaltungsrechtsweg nach § 40 Abs. 1 S. 1 VwGO eröffnet.

II. Statthafte Klageart

Die statthafte Klageart richtet sich nach dem jeweiligen Rechtsschutzziel bzw. dem klägerischen Begehren (vgl. § 88 VwGO).

1. Anfechtungsklage

Einschlägig könnte zunächst die Anfechtungsklage nach § 42 Abs. 1 Var. 1 VwGO sein.

Dazu müssten die Maßnahmen, denen A, B, C und D ausgesetzt sind, Verwaltungsakte i. S. v. § 35 S. 1 VwVfG NRW sein. Das wäre möglicherweise nicht der Fall, wenn es bei der „Auflage", die an A als Versammlungsleiter adressiert wurde, entsprechend der Diktion des § 36 VwVfG NRW um eine bloße „Nebenbestimmung" handelte. Bei der hier relevanten „Auflage" handelt es sich indes schon mangels vorgelagerten Hauptverwaltungsaktes nicht um eine „Nebenbestimmung" i. S. d. § 36 VwVfG, sondern – der Diktion des § 15 VersG folgend – um einen selbstständigen Verwaltungsakt.[1] Insbeson-

---

[1] *Dietel/Gintzel/Kniesel*, VersG, 18. Aufl. 2019, § 15 Rn. 7.

dere zielt die Anmeldung einer Versammlung nicht auf den Erlass einer behördlichen „Genehmigung", der die Auflage als Nebenbestimmung beigefügt wäre. Versammlungen sind vielmehr genehmigungsfrei zulässig und bedürfen nach Maßgabe des VersG und unter Beachtung der verfassungsrechtlich gebotenen Einschränkungen für Spontan- und Eilversammlungen[2] lediglich einer vorherigen Anmeldung. Somit ist die „Auflage" ein eigenständiger Verwaltungsakt.

Eine Einordnung als Verwaltungsakt ergibt sich auch für die Ingewahrsamnahme[3] sowie für die Durchsuchung und die Sicherstellung, die jedenfalls im vorliegenden Kontext nicht bloß als „Realakt" begriffen werden können.[4]

Die Verwaltungsakte könnten allerdings infolge Erledigung unwirksam geworden sein, § 43 Abs. 2 VwVfG NRW, was zur Unanwendbarkeit der Klageart einer Anfechtungsklage führte. Eine Erledigung liegt vor, wenn ein Verwaltungsakt in keinerlei Hinsicht mehr – auch nicht in kostenrechtlicher Hinsicht – Rechtsfolgen setzt. Von einer derartigen Situation ist hier nach Ablauf der Versammlung auszugehen. Eine Anfechtungsklage gegen erledigte und damit unwirksame Verwaltungsakte ist nicht möglich.

2. Fortsetzungsfeststellungsklage

In Betracht kommt insoweit eine Fortsetzungsfeststellungsklage nach § 113 Abs. 1 S. 4 VwGO. Problematisch ist jedoch, dass der Wortlaut des § 113 Abs. 1 S. 4 VwGO den hier vorliegenden Fall einer Erledigung des Verwaltungsaktes vor Klageerhebung nicht erfasst. Mit Blick auf die Rechtsschutzgarantie des Art. 19 Abs. 4 GG besteht freilich Einigkeit dahingehend, dass in analoger Anwendung des § 113 Abs. 1 S. 4 VwGO eine Fortsetzungsfeststellungsklage gleichwohl auch dann erhoben werden kann, wenn die Anfechtungsklage zum Zeitpunkt der Erledigung des Verwaltungsakts noch nicht erhoben war. Ansonsten läge offenkundig eine ungewollte Rechtsschutzlücke vor, die mit Art. 19 Abs. 4 GG nicht vereinbar wäre.

Statthafte Klageart ist damit die Fortsetzungsfeststellungsklage nach § 113 Abs. 1 S. 4 VwGO analog.

Vertiefung: Vergegenwärtigen Sie sich die vier Konstellationen, in denen eine Fortsetzungsfeststellungsklage möglich ist (hierzu ÖffR NRW, § 5 Rn. 12), nämlich:
- Der Verwaltungsakt hat sich nach Erhebung der Anfechtungsklage, aber vor dem Urteilsausspruch erledigt.
- Zur Zeit der Erledigung war die Anfechtungsklage noch nicht erhoben.
- Das im Rahmen einer Verpflichtungsklage ursprüngliche Klagebegehren auf Erlass eines Verwaltungsaktes hat sich nach Klageerhebung, aber vor dem Urteilsausspruch erledigt.
- Zur Zeit der Erledigung war die Verpflichtungsklage noch nicht erhoben.

---

[2] ÖffR NRW, § 3 Rn. 229.
[3] Hierzu ÖffR NRW, § 3 Rn. 171.
[4] Vgl. OVG Schleswig-Holstein, BeckRS 2018, 4002: Fortsetzungsfeststellungsklage.

III. Klagebefugnis

Auch im Rahmen der Fortsetzungsfeststellungsklage nach § 113 Abs. 1 S. 4 VwGO analog muss in entsprechender Anwendung des § 42 Abs. 2 VwGO eine Klagebefugnis bestehen. Dies ergibt sich bereits aus dem System der „Verletztenklage", wie es der VwGO zugrunde liegt. Außerdem setzt die Fortsetzungsfeststellungsklage die Ausgangsklage fort („kupierte Anfechtungsklage"), sodass durch die Erledigung eines Verwaltungsaktes eine ursprünglich unzulässige Anfechtungsklage nicht als Fortsetzungsfeststellungsklage zulässig werden kann. Daher müssen auch die übrigen Zulässigkeitsvoraussetzungen der ursprünglichen Klageart weiterhin vorliegen.

Als Adressaten belastender versammlungs- bzw. polizeirechtlicher Verfügungen sind A, B, C und D möglicherweise in ihren Grundrechten aus Art. 8 Abs. 1, Art. 5 Abs. 1 S. 1 oder Art. 2 Abs. 1 GG verletzt worden (sog. Adressatentheorie).

Eine Klagebefugnis von A, B, C und D gem. § 42 Abs. 2 VwGO analog ist gegeben.

IV. Qualifiziertes Feststellungsinteresse

Die Fortsetzungsfeststellungsklage bedarf in analoger Anwendung des § 113 Abs. 1 S. 4 VwGO eines besonderen, „qualifizierten" Feststellungsinteresses. Dieses Feststellungsinteresse deckt sich in seiner Zielrichtung nicht mit den Anforderungen an die Klagebefugnis, da auch bei einer nicht auszuschließenden Rechtsverletzung durch den erledigten Verwaltungsakt ein berechtigtes Interesse an der nachträglichen Feststellung der Rechtswidrigkeit des Verwaltungsaktes fehlen kann.

Für die nach Eintritt der Erledigung des Verwaltungsaktes erhobene Fortsetzungsfeststellungsklage wird ein besonderes Feststellungsinteresse zumindest dann bejaht, wenn Wiederholungsgefahr besteht oder der Betroffene aufgrund der diskriminierenden Wirkung des Verwaltungsaktes ein Rehabilitationsinteresse geltend machen kann. Hingegen begründet die Vorbereitung einer Amtshaftungsklage im Falle der vor Klageerhebung eintretenden Erledigung kein qualifiziertes Feststellungsinteresse, da der Betroffene sich sogleich an die zuständigen ordentlichen Gerichte wenden kann und muss.[5]

Moderne Ansätze sehen ein qualifiziertes Feststellungsinteresse schließlich auch im Falle einer schwerwiegenden Grundrechtsbetroffenheit für gegeben an, aber auch dann, wenn aufgrund einer typischerweise kurzfristigen Erledigung der umstrittenen Verwaltungsakte ansonsten gerichtlicher Rechtsschutz nicht erlangt werden könnte.[6]

In den vorliegenden Konstellationen erscheint zunächst der Aspekt der Wiederholungsgefahr naheliegend, auch wenn der Sachverhalt keine genaueren Hinweise über geplante Wiederholungen entsprechender Demonstrationen gibt. Auch ein Rehabilitationsinteresse erscheint keineswegs ausgeschlossen, da jedenfalls die gegen B, C und D ergangenen Maßnahmen die öffentliche Wahrnehmung der Betroffenen negativ beeinflusst haben. Vor allem aber dürften die Aspekte der schwerwiegenden Grundrechtsbeeinträchtigung sowie der typischerweise kurzfristigen Erledigung versammlungs- und polizeibehördlicher Maßnahmen für die Anerkennung eines qualifizierten Rechtsschutzinteresses sprechen.

---

[5] Grundlegend BVerwGE 81, 226; jüngst OVG Saarland; BeckRS 2019, 18176.
[6] BVerwGE 146, 303 (306 ff.); BVerwG, NVwZ-RR 2019, 443, 444; *Riese*, in: Schoch/Schneider/Bier, VwGO, Losebl. (Stand: Juli 2019), § 113 Rn. 141 ff.

Vertiefung: Vgl. zum Aspekt der kurzfristigen Erledigung *Kopp/Schenke*, VwGO, 25. Aufl. 2019, § 113 Rn. 145; zum qualifizierten Feststellungsinteresse aufgrund schwerwiegender Grundrechtsbeeinträchtigung BVerfGE 110, 77 (86); BVerfG NJW 2017, 545 (546); BayVGH, NJW 2017, 2779 (2780).

V. Vorverfahren

Nach § 68 Abs. 1 S. 2 Var. 1 VwGO i. V. m. § 110 Abs. 1 S. 1 JustG NRW ist ein Vorverfahren nicht durchzuführen.

VI. Klagegegner

Die Bestimmung des Klagegegners erfolgt bei der Fortsetzungsfeststellungsklage in analoger Anwendung des § 78 Abs. 1 Nr. 1 VwGO. Richtiger Klagegegner ist daher die Körperschaft, deren Behörde den angefochtenen Verwaltungsakt erlassen hat. Handelnde Behörde war hier sowohl im Hinblick auf spezifisch versammlungsrechtliche Maßnahmen (vgl. § 1 VersG - ZuständigkeitsVO NRW) wie auch im Hinblick auf polizeirechtliche Maßnahmen (vgl. §§ 7, 11 POG) das Polizeipräsidium. Danach ist nach § 1 POG NRW Klagegegner das Land als Träger der Polizei.

VII. Beteiligten- und Prozessfähigkeit

A, B, C und D sind nach § 61 Nr. 1 Var. 1 VwGO als natürliche Personen beteiligtenfähig. Die Beteiligtenfähigkeit des Landes ergibt sich aus § 61 Nr. 1 Var. 2 VwGO.

A, B, C und D sind nach § 62 Abs. 1 Nr. 1 VwGO i. V. m. §§ 2, 104 ff. BGB prozessfähig. Für das Land handelt gemäß § 62 Abs. 3 VwGO der zuständige Fachminister;[7] in Nordrhein-Westfalen ist dies der für die Polizei zuständige Innenminister (vgl. § 5 POG NRW), der kraft interner Delegation durch den jeweiligen Polizeipräsidenten vertreten wird.[8]

VIII. Klagefrist

Streitig ist, ob der Kläger im Rahmen einer Fortsetzungsfeststellungsklage in analoger Anwendung des § 74 Abs. 1 S. 2 VwGO an die Einhaltung einer Klagefrist gebunden ist. Eine Entscheidung kann im vorliegenden Fall dahinstehen, da die Monatsfrist des § 74 Abs. 1 S. 2 VwGO eingehalten werden kann.

Vertiefung: Vgl. zu dem Streitstand der analogen Anwendung des § 74 VwGO im Rahmen der Fortsetzungsfeststellungsklage exemplarisch einerseits BVerwGE 109, 203 (207 f.) gegen eine Klagefrist, andererseits *Kopp/Schenke,* VwGO, 25. Aufl. 2019, § 113 Rn. 128 für die Anwendung einer Klagefrist analog §§ 74, 58 VwGO.

[7] Vgl. *Kintz*, in: Posser/Wolf, BeckOK-VwGO, 54. Ed. 2020, § 62 Rn. 15.
[8] Vgl. Vertretungserlass NRW (Gem. RdErl.) vom 28.2.2018, Abschn. 2, Nr. 4.

IX. Zwischenergebnis

Die Klagen von A, B, C und D sind zulässig.

B. Begründetheit

Die Fortsetzungsfeststellungsklagen sind gemäß § 113 Abs. 1 S. 4 VwGO begründet, wenn der jeweilige Verwaltungsakt rechtswidrig gewesen ist und die Kläger dadurch in seinen Rechten verletzt wurden.

Klausurtipp: Die hiernach erforderliche Rechtmäßigkeitsprüfung setzt ein differenzierendes Vorgehen nach Maßgabe der jeweiligen Eingriffsmaßnahme voraus.

I. Auflage der Versammlungsbehörde gegenüber A

1. Ermächtigungsgrundlage

Die Anordnung einer Auflage für eine angezeigte Versammlung stellt, auch wenn sie zeitlich im „Vorfeld" der Versammlung erfolgt, eine versammlungsspezifische Maßnahme dar, deren Rechtmäßigkeit sich nach dem VersG bestimmt. Als Ermächtigungsgrundlage ist insoweit § 15 Abs. 1 VersG heranzuziehen.

Vertiefung: Mit der Föderalismusreform I ist die Gesetzgebungskompetenz für das Versammlungswesen auf die Länder übergegangen (ÖffR NRW, § 3 Rn. 295). Da das Land Nordrhein-Westfalen von dieser Kompetenz bislang keinen Gebrauch gemacht hat, gilt das Versammlungsgesetz des Bundes nach Art. 125a Abs. 1 GG fort.

2. Formelle Rechtmäßigkeit

An der Zuständigkeit der Behörde sowie an der Einhaltung der Verfahrens- und Formvorschriften bestehen keine Zweifel. Mangels gegenteiliger Angaben im Sachverhalt ist von der Durchführung einer Anhörung nach § 28 Abs. 1 VwVfG NRW auszugehen.

Klausurtipp: Es dürfen keine Rechtsfehler in einen Sachverhalt hineingelesen werden. Wenn über Rechtsbehelfsbelehrungen, Zustellungen oder Anhörungen im Sachverhalt nichts gesagt wird, ist davon auszugehen, dass die gesetzlichen Anforderungen erfüllt wurden. Auf die Möglichkeit der Heilung einer etwa unterbliebenen Anhörung nach § 45 Abs. 1 Nr. 3, Abs. 2 VwVfG NRW sollte daher allenfalls „beiläufig" hingewiesen werden.

Die Auflage ist formell rechtmäßig.

3. Materielle Rechtmäßigkeit

Die Auflage ist materiell rechtmäßig, wenn die tatbestandlichen Voraussetzungen des § 15 Abs. 1 VersG erfüllt sind, die Auflage an den richtigen Adressaten gerichtet war und das der Behörde eingeräumte Ermessen fehlerfrei ausgeübt wurde.

a) Tatbestandsvoraussetzungen des § 15 Abs. 1 VersG

§ 15 Abs. 1 VersG setzt voraus, dass nach den zur Zeit des Erlasses der Auflage erkennbaren Umständen bei der Durchführung der Versammlung eine unmittelbare Gefahr für die öffentliche Sicherheit oder Ordnung drohte.

Die öffentliche Sicherheit umfasst den Schutz von Individualrechtsgütern, die Unversehrtheit der objektiven Rechtsordnung sowie den Bestand und die Veranstaltungen des Staates.[9] Durch den geplanten „Prozess" könnte eine unmittelbare Gefahr für die Ehre des Bundesministers als Individualrechtsgut und – über § 185 StGB (Beleidigung) – als Bestandteil der objektiven Rechtsordnung gedroht haben.

Eine Gefahr setzt einen Lebenssachverhalt voraus, der bei ungehindertem Ablauf in absehbarer Zeit mit hinreichender Wahrscheinlichkeit zum Schaden an den geschützten Gütern führt. Hier ist zudem eine unmittelbare Gefahr erforderlich, die – wie die gegenwärtige Gefahr – eine besondere zeitliche Nähe des Schadensereignisses verlangt. Die Realisierung der befürchteten Rechtsverletzung muss also unmittelbar bevorstehen.

Hier lag die erkennbare Absicht der Versammlungsteilnehmer vor, den Bundesminister als Verbrechen an Natur und Menschheit begehenden Politiker darzustellen und mit dem symbolischen Prozess zugleich zum Tode zu verurteilen. Insoweit scheinen (strafbare) Ehrverletzungen durch die Versammlungsteilnehmer denkbar.

Für eine Beleidigung i. S. d. § 185 StGB ist die ehrenrührige Behauptung einer unwahren Tatsache oder eines ehrverletzenden Werturteils, d.h. die Kundgabe der Missachtung, Geringschätzung oder Nichtachtung, Tatbestandsvoraussetzung.[10] Ob die Diskreditierung des Ministers als Verantwortlicher für Verbrechen gegen Natur und Menschheit diesen Tatbestand erfüllt, ist nicht eindeutig. Nach der Wechselwirkungslehre des Bundesverfassungsgerichts[11] ist das allgemeine Gesetz des § 185 StGB als Schranke der Meinungsfreiheit im Lichte des Art. 5 Abs. 1 S. 1 GG auszulegen. Die Annahme einer strafbaren Beleidigung scheidet dabei grundsätzlich aus, wenn die Aussage von der Meinungsfreiheit gedeckt ist. Vom Schutzbereich der Meinungsfreiheit nicht erfasst werden lediglich Schmähkritik, unwahre Tatsachenbehauptungen und Menschenwürdeverletzungen. Schmähkritik setzt dabei voraus, es bei der Äußerung in erster Linie nicht mehr um die Auseinandersetzung mit der Sache, sondern um die Difamierung einer Person geht, die mittels überspitzer Kritik herabgesetzt wird. Diese Schwelle dürfte hier nicht überschritten sein, da die Äußerung letztlich als Beitrag in der Diskussion um eine Angelegenheit von allgemeiner Bedeutung gedacht ist.

Immerhin könnte die symbolische Verurteilung des Ministers „zum Tode" als Schmähkritik oder sogar Menschenwürdeverletzung anzusehen sein. Denn mit ihr wird die Person des Ministers in den Fokus gerückt und diesem gleichsam sein physisches Existenzrecht abgesprochen, also seine Subjektqualität grundsätzlich infrage gestellt. Ob hier eine alternative Deutung der Äußerung i. S. eines befürworteten lediglich „politi-

---

[9] ÖffR NRW, § 3 Rn. 50–54.
[10] *Valerius* in: BeckOK StGB, 47. Edition 2020, § 185 Rn. 21.
[11] BVerfGE 7, 198 (208 ff.); zum Umgang mit der Wechselwirkungslehre in der Fallbearbeitung instruktiv *Epping*, Grundrechte, 8. Aufl. 2019, Kap. 5 Rn. 255.

schen Todes" des Ministers möglich wäre, die dann womöglich zur Rechtskonformität der Äußerung führte, erscheint eher fraglich und dürfte im Ergebnis zu verneinen sein.

> **Hinweis:** Nach der Rspr. des BVerfG ist für die strafrechtliche Bewertung von Äußerungen stets zu prüfen, ob eine Äußerung auch alternative, nicht strafbare Auslegungen zulässt und dann im Zweifel die günstigere Auslegung zugrunde zu legen. In jedem Fall muss sich das Strafgericht daher mit den in Frage kommenden Deutungsmöglichkeiten auseinandersetzen und in nachvollziehbarer Weise diejenigen ausscheiden, die nicht zur Bestrafung führen würden; BVerfGE 82, 43 ff.; beispielhaft insoweit OLG Karlsruhe, BeckRS 2019, 27662.

Der Minister hat gegenüber den Versammlungsteilnehmern auch nicht selbst diffamierend agiert und damit ein etwaiges „Recht zum Gegenschlag" eröffnet.[12] Vielmehr äußerte er sich sogar verständnisvoll und wies lediglich auf die Notwendigkeit einer geordneten Abwicklung der noch laufenden Kernkraftwerke hin. Auch wenn in politischen Auseinandersetzungen grundsätzlich eine Vermutung für die freie Rede gilt[13], überschreiten die Versammlungsteilnehmer mit den hier geplanten Äußerungen, die den Minister schwerster Verbrechen beschuldigen und ihm deswegen das Lebensrecht absprechen, den Rahmen zulässiger Meinungsäußerungen. Die diesbezüglichen Äußerungen wären damit als strafbare Beleidigung einzuordnen.

Damit standen nach der zur Zeit des Erlasses der Verfügung erkennbaren Absicht der Versammlungsteilnehmer Beleidigungen des Bundesministers unmittelbar bevor.

Es lag somit insgesamt eine unmittelbare Gefahr für die öffentliche Sicherheit vor.

b) Adressatenfrage

Der richtige Adressat für die Auflage gemäß § 15 Abs. 1 VersG ergibt sich aus § 14 Abs. 1 VersG. Die Auflage ist danach gegen den Veranstalter zu richten.[14] Dies ist hier geschehen.

c) Ermessen

Fraglich ist, ob die Behörde ihr Ermessen ordnungsgemäß ausgeübt hat.

Hinsichtlich der Ausübung des Entschließungs- und Störerauswahlermessens bestehen keine Bedenken. Soweit das Handlungsermessen in Rede steht, ist die Auflage als geeignet, erforderlich und zumutbar anzusehen. Sie war damit verhältnismäßig. Das Ermessen wurde fehlerfrei ausgeübt.

4. Zwischenergebnis

Die Auflage ist formell und materiell rechtmäßig.

---

[12] Zur Berücksichtigung vorangegangener Äußerungen des Gegenübers vgl. BVerfG, NVwZ 2016, 761 (763); NJW 2017, 1460 (1461).

[13] BVerfGE 7, 198 (208); BVerfG NJW 2009, 3016 (3019).

[14] Vgl. dazu *Dietel/Gintzel/Kniesel,* VersG, 18. Aufl. 2019, § 15 Rn. 121.

II. Durchsuchung des Fahrzeugs des B

1. Ermächtigungsgrundlage

Als Ermächtigungsgrundlage für die Durchsuchung des Fahrzeugs des B könnte zunächst die polizeiliche Standardermächtigung des § 40 Abs. 1 Nr. 6 i. V. m. § 12 Abs. 1 Nr. 4 PolG NRW in Betracht kommen. Fraglich ist allerdings, ob das PolG NRW überhaupt anwendbar ist. Zunächst kann daraus, dass Maßnahmen nach § 12 Abs. 1 Nr. 4 PolG NRW ausweislich des Wortlauts dazu durchgeführt werden können, um Straftaten nach § 27 VersG zu verhindern, geschlossen werden, dass § 12 Abs. 1 Nr. 4 PolG NRW nicht durch das Versammlungsgesetz gänzlich gesperrt sein kann. Entscheidendes Kriterium für die Sperrwirkung des VersG ist, ob es sich bei der Durchsuchung um eine spezifisch versammlungsbezogene und damit dem VersG zuzuordnende Maßnahme handelt. Als versammlungsbezogener bzw. versammlungsspezifischer Eingriff ist eine Maßnahme dann zu bewerten, wenn sie speziell dem Zugriff auf eine Versammlung dient. Dies kann ausnahmsweise auch im Vorfeld einer Versammlung der Fall sein, wenn durch die Maßnahme etwa die Durchführung der Versammlung oder die Teilnahme einzelner Personen hieran verhindert werden soll.[15] Stichprobenartige Fahrzeugkontrollen auf Waffen verfolgen keine solche Zielsetzung und verhindern die Teilnahme an einer Demonstration nicht. Auch kommt es, die Gesamtzahl der Versammlungsteilnehmer betrachtend, nicht zu derartigen Verzögerungen, dass dies der Verhinderung einer Teilnahme gleichstehen könnte. Somit ist das PolG NRW anwendbar.

2. Formelle Rechtmäßigkeit

An der Zuständigkeit der Behörde sowie an der Einhaltung der Verfahrens- und Formvorschriften bestehen keine Zweifel.

Die Durchsuchung ist formell rechtmäßig.

3. Materielle Rechtmäßigkeit

Die Durchsuchung ist materiell rechtmäßig, wenn die tatbestandlichen Voraussetzungen des § 40 Abs. 1 Nr. 6 i. V. m. § 12 Abs. 1 Nr. 4 PolG NRW erfüllt sind, der richtige Adressat in Anspruch genommen wurde und keine Ermessensfehler vorliegen.

a) Tatbestandsvoraussetzungen des § 40 Abs. 1 Nr. 6 i. V. m. § 12 Abs. 1 Nr. 4 PolG NRW

Die Rechtmäßigkeit einer Durchsuchung nach § 40 Abs. 1 Nr. 6 PolG NRW setzt zunächst voraus, dass es sich um ein Land-, Wasser- oder Luftfahrzeug handelt, in dem sich eine Person befindet, deren Identität nach § 12 Abs. 1 Nr. 4 PolG NRW festgestellt werden darf. Nach der in Bezug genommenen Regelung des § 12 Abs. 1 Nr. 4 PolG NRW wiederum darf die Maßnahme nur an einer Kontrollstelle vorgenommen werden, die von der Polizei eingerichtet worden ist, um Straftaten u. a. nach § 27 VersG zu verhüten. Diese Strafnorm erfasst vor allem das Verbot von Waffen und Schutzwaffen bei Versammlungen.

Hier hat die Polizei die Kontrollstelle genau zu diesem Zweck auf der Zufahrtsstraße zum Versammlungsgelände errichtet. Ob die Rechtmäßigkeit der Kontrollstelle Voraussetzung für die Rechtmäßigkeit der Durchsuchung ist, kann offenbleiben, denn es bestehen keine Anhaltspunkte dafür, dass die Kontrollstelle nicht ordnungsgemäß nach

---

[15] ÖffR NRW, § 3 Rn. 307.

§ 12 Abs. 1 Nr. 4 S. 2 PolG NRW errichtet wurde; insbesondere lag die Zustimmung des Innenministeriums vor.

Als B mit seinem Auto auf dem Weg zu der Veranstaltung in die Kontrollstelle fuhr, lagen somit die Tatbestandsvoraussetzungen des § 40 Abs. 1 Nr. 6 i. V. m. § 12 Abs. 1 Nr. 4 PolG NRW vor.

b) Adressatenfrage

Der richtige Adressat ergibt sich hier bereits aus der Ermächtigungsgrundlage. Als Fahrzeugführer auf dem Weg zu der Veranstaltung konnte A in Anspruch genommen werden, als er die Kontrollstelle erreichte.

c) Ermessen

Fraglich ist, ob die Behörde ihr Ermessen ordnungsgemäß ausgeübt hat.

Hinsichtlich der Ausübung des Entschließungs- und Störerauswahlermessens bestehen keine Bedenken. Soweit das Handlungsermessen in Rede steht, müsste die Durchsuchung des B geeignet, erforderlich und zumutbar sein. Die stichprobenartige Durchsuchung der anreisenden Fahrzeuge förderte die Verhütung von Straftaten in Bezug auf Waffen und Schutzwaffen und ist mithin geeignet. Aufgrund der zu erwartenden Ausschreitungen war ein derartiges Vorgehen mildestes, gleichsam wirksames Mittel und daher erforderlich. Schließlich ist nicht erkennbar, dass der Nachteil des B außer Verhältnis zum Schutzziel der Maßnahme gestanden hätte.

Die Durchsuchung war damit verhältnismäßig. Das Ermessen wurde fehlerfrei ausgeübt.

4. Zwischenergebnis

Die Durchsuchung ist ebenfalls formell und materiell rechtmäßig.

III. Sicherstellung des Transparents

1. Ermächtigungsgrundlage

Mit der Sicherstellung des Transparentes haben die Beamten unmittelbar in den Ablauf einer Versammlung eingegriffen. Es liegt eine versammlungsspezifische Maßnahme vor, die aufgrund der sog. „Polizeifestigkeit" des Versammlungsrechts[16] nicht auf das allgemeine Polizeirecht gestützt werden kann.

a) Versammlungsrechtliche Ermächtigungsgrundlage

Als maßgebliche versammlungsrechtliche Eingriffsermächtigung könnte § 15 Abs. 3 VersG in Betracht kommen. Allerdings gewährt § 15 Abs. 3 VersG seinem Wortlaut nach allein die Befugnis zur „Auflösung" einer Versammlung, nicht aber zu sonstigen beschränkenden Maßnahmen im Rahmen einer laufenden Versammlung. Bei rein wortlautbezogener Auslegung würde dies bedeuten, dass die Behörde zur Abwehr der in § 15 Abs. 3 VersG genannten Gefahren allein zum Mittel der Auflösung schreiten könnte, wohingegen mildere Maßnahmen wie die hier durchgeführte Sicherstellung nicht zur Verfügung stünden. Ein solches Ergebnis ist in Rechtsprechung und Schrifttum zu Recht schon früh verworfen worden.[17] Vielmehr ist davon auszugehen, dass § 15 Abs. 3

---

[16] ÖffR NRW § 3 Rn. 295.
[17] BVerwG, NJW 1982, 1008; BVerfGE 69, 315, 353.

VersG, wenn er sogar Versammlungsauflösungen ermöglicht, erst recht sämtliche minder schweren Eingriffe (Minusmaßnahmen) zulässt.

> **Beachte:** Es handelt sich hierbei nicht um eine im Bereich des Gesetzesvorbehalts unzulässige Analogie, sondern um eine Normauslegung nach Maßgabe des sog. „Erst-Recht-Schlusses" (arg. a maiore ad minus), vgl. ÖffR NRW, § 3 Rn. 304.

Über § 15 Abs. 3 VersG erfolgt eine „integrierte Anwendung" der polizeirechtlichen Standardermächtigungen, um zu gewährleisten, dass die Anforderungen an Eingriffe während der grundrechtlich geschützten Versammlung keinesfalls niedriger sind als an sonstige polizeiliche Eingriffe. Daher wird zugleich die (kumulative) Beachtung der tatbestandlichen Voraussetzungen der jeweiligen, polizeilichen Standardermächtigungen verlangt.

b) Einschlägige polizeiliche Standardermächtigung

Als einschlägige polizeirechtliche Standardermächtigung kommt hier die Sicherstellung nach § 43 PolG NRW in Betracht. Fraglich bleibt dabei immerhin, ob die Durchführung der Sicherstellung durch § 43 PolG NRW geregelt wird oder aber als Maßnahme der Verwaltungsvollstreckung über § 50 PolG NRW gerechtfertigt werden muss. Die Lösung dieser Streitfrage hängt davon ab, ob man § 43 PolG NRW lediglich als Ermächtigung für ein (ggf. vollstreckungsbedürftiges) polizeiliches Herausgabeverlangen ansieht oder ob man die Sicherstellung als eine sich selbst vollstreckende („self-executing") Zugriffsmaßnahme betrachtet.

> **Beachte:** Der Streit ist auch in vorliegendem Kontext nicht nur von akademischer Natur, da eine vollstreckungsrechtliche Einordnung des polizeilichen Zugriffs grundsätzlich die kumulative Beachtung sämtlicher Voraussetzung des gestuften Vollstreckungsverfahrens (Androhung!) erforderlich machte.

Für die letztere Ansicht spricht, dass es ansonsten bei Sicherstellungen von Sachen in Abwesenheit des Eigentümers zu einer systemwidrigen Verschärfung der Eingriffsvoraussetzungen auf eine „gegenwärtige Gefahr" kommen würde.

Denn dogmatisch wäre dies nach erster Ansicht nur als eine Vollstreckungsmaßnahme (unmittelbarer Zwang) im sofortigen Vollzug (§ 50 Abs. 2 PolG) zu erklären, wodurch in diesen Fällen auch für Maßnahmen nach § 43 Nr. 2 PolG eine „gegenwärtige Gefahr" erforderlich wäre. Zudem gibt es systematisch im Vergleich zur StPO gerade keine Unterscheidung zwischen freiwilliger Sicherstellung und zwangsweiser Beschlagnahme, sodass sich eine Übertragung der strafprozessualen Unterscheidung auf das Polizeirecht verbietet.[18] Somit bedürfen im Rahmen der Anwendung des § 15 Abs. 3 VersG allein die Vorgaben des § 43 PolG NRW einer Prüfung.

2. Formelle Rechtmäßigkeit

An der Zuständigkeit der Behörde sowie an der Einhaltung der Verfahrens- und Formvorschriften bestehen keine Zweifel.
Die Sicherstellung ist formell rechtmäßig.

---

[18] Eingehend ÖffR NRW, § 3 Rn. 198.

3. Materielle Rechtmäßigkeit

Die Sicherstellung ist materiell rechtmäßig, wenn die Tatbestandsvoraussetzungen des § 15 Abs. 3 VersG i. V. m. § 43 Nr. 1 PolG NRW vorlagen, sie an den richtigen Adressaten gerichtet war und das der Behörde eingeräumte Ermessen fehlerfrei ausgeübt wurde.

a) Tatbestandsvoraussetzungen des § 15 Abs. 3 VersG i. V. m. § 43 Nr. 1 PolG NRW

§ 15 Abs. 3 VersG ist unter anderem dann anwendbar, wenn einer Auflage zuwidergehandelt wird oder wenn die Voraussetzungen zu einem Verbot nach § 15 Abs. 1 VersG gegeben sind.

Das Transparent, auf dem der zuständige Bundesminister als „Menschheitsfeind, der hingerichtet gehört" bezeichnet wird, verlässt durch seinen gezielt auf die Person des Ministers gerichteten diffamierenden, ihm das physische Existenzrecht absprechenden Charakter den Rahmen zulässiger Meinungsäußerung und ist als strafbare Verunglimpfung anzusehen.[19] Insofern wurde zugleich gegen die Auflage, strafbare Verunglimpfungen des Bundesministers zu unterlassen, verstoßen. Bereits oben wurde festgestellt (s. o. B I 3a), dass durch die Beleidigung des Bundesministers die Voraussetzungen des § 15 Abs. 1 VersG vorliegen. Insoweit ist hier bereits eine Störung der öffentlichen Sicherheit eingetreten. Somit durfte die Behörde zur Beseitigung dieser Störung auf § 43 Nr. 1 PolG NRW zurückgreifen.

Der Rückgriff auf § 43 Nr. 1 PolG NRW setzt tatbestandlich wiederum eine gegenwärtige Gefahr für die öffentliche Sicherheit voraus.[20] Eine gegenwärtige Gefahr besteht auch dort, wo sich die Gefahr bereits realisiert hat, aber noch fortdauert.[21] Hier war zur Zeit des polizeilichen Einschreitens bereits eine Beleidigung erfolgt, diese dauerte indes noch an. Demnach ist hier eine gegenwärtige Gefahr für die öffentliche Sicherheit gegeben.

b) Adressatenfrage

Die behördliche Maßnahme müsste weiterhin gegen den richtigen Adressaten gerichtet sein. Mangels einschlägiger Regelungen im VersG muss diesbezüglich auf das Polizeigesetz NRW zurückgegriffen werden. C und D müssten Verantwortliche im Sinne des Polizeigesetzes sein.

Durch das Entrollen des beleidigenden Transparents sind C und D Verhaltensverantwortliche i. S. d. § 4 Abs. 1 PolG NRW. Wegen ihrer tatsächlichen Sachherrschaft über das Transparent können sie – ohne dass eine Klärung der Eigentumsfrage notwendig wäre – darüber hinaus auch als Zustandsverantwortliche gemäß § 5 Abs. 1 PolG NRW in Anspruch genommen werden.

Die Sicherstellung des Transparents war somit gegen die richtigen Adressaten gerichtet.

c) Ermessen

Sowohl § 15 Abs. 3 VersG als auch § 43 Nr. 1 PolG NRW ordnen eine Ermessensentscheidung an. Die Ermessenausübung müsste fehlerfrei erfolgt sein. Dazu müsste sich die Sicherstellung insbesondere als verhältnismäßig darstellen.

---

[19] Hierzu oben B.I.3.a).
[20] Vgl. die Legaldefinition der Gefahr in § 8 Abs. 1 PolG NRW.
[21] ÖffR NRW, § 3 Rn. 66.

Zur Beseitigung des beleidigenden Transparents war die Sicherstellung geeignet und nach Scheitern einer friedlichen Konfliktlösung in Form einer Aufforderung, das Transparent einzurollen, erforderlich. Der Eingriff in ihre Meinungsfreiheit gemäß Art. 5 Abs. 1 S. 1 Var. 1 GG stand auch nicht außer Verhältnis zum Schutz der Ehre des Bundesministers, dessen allgemeines Persönlichkeitsrecht aus Art. 2 Abs. 1 i. V. m. Art. 1 Abs. 1 GG in die Beurteilung einzubeziehen ist. Mithin war die Sicherstellung auch verhältnismäßig.

4. Zwischenergebnis

Die Sicherstellung ist formell und materiell rechtmäßig.

IV. Ausschluss von C und D aus der Versammlung

1. Ermächtigungsgrundlage

Soweit C und D aus der Versammlung ausgeschlossen wurden, handelt es sich, da die Versammlung nicht zuvor aufgelöst worden ist, ebenfalls um versammlungsspezifische Eingriffe, die nur über eine versammlungsrechtliche Eingriffsermächtigung gerechtfertigt werden können. Einschlägig könnte insoweit § 18 Abs. 3 VersG sein, der der Polizei eine eigenständige Eingriffsermächtigung neben dem Versammlungsleiter gibt. Die anschließende Ingewahrsamnahme von C und D wäre, wenn und soweit diese zuvor wirksam aus der Versammlung ausgeschlossen worden sein sollten, dagegen nicht mehr als versammlungsspezifische Maßnahme einzuordnen (vgl. § 18 Abs. 1 i. V. m. § 13 Abs. 2 VersG: Entfernungpflicht!) und folglich nach allgemeinem Gefahrenabwehrrecht (Polizeirecht) zu bewerten.

2. Formelle Rechtmäßigkeit

An der Zuständigkeit der Behörde sowie an der Einhaltung der Verfahrens- und Formvorschriften bestehen keine Zweifel. Von der formellen Rechtmäßigkeit der Maßnahme ist auszugehen.

3. Materielle Rechtmäßigkeit

Der Ausschluss ist materiell rechtmäßig, wenn die tatbestandlichen Voraussetzungen des § 18 Abs. 3 VersG erfüllt sind, der richtige Adressat in Anspruch genommen wurde und keine Ermessensfehler vorliegen.

a) Tatbestandsvoraussetzungen des § 18 Abs. 3 VersG

Tatbestandliche Voraussetzung für den Ausschluss von C und D aus der Versammlung ist das Vorliegen einer gröblichen Ordnungsstörung durch die betreffenden Personen. C und D haben den Bundesminister zunächst auf ihrem Transparent, später durch das Ausrufen entsprechender Parolen in beleidigender Weise angegriffen. Es liegt keine rechtmäßige Meinungsäußerung vor, sondern eine strafrechtlich relevante Beleidigung (§ 185 StGB). Die Erfüllung eines Straftatbestandes ist stets als gröbliche Ordnungsstörung zu bewerten. Die Tatbestandsvoraussetzungen des § 18 Abs. 3 VersG lagen mithin vor.

b) Adressatenfrage

Die Ermächtigungsgrundlage des § 18 Abs. 3 VersG beschreibt bereits die richtigen Adressaten, nämlich diejenigen, die die Ordnung gröblich stören. Daher sind C und D richtige Adressaten der Maßnahme.

c) Ermessen

Schließlich müsste der Ausschluss ermessensfehlerfrei sein. Anhaltspunkte für eine zweckwidrige Ermessensausübung liegen nicht vor (§ 40 VwVfG NRW). Insbesondere war die Maßnahme geeignet und erforderlich, um die Ausführung weiterer Beleidigungen durch C und D zu verhindern. Der Ausschluss stand im Übrigen nicht außer Verhältnis zum Schutzziel der Maßnahme und war somit auch zumutbar.

4. Zwischenergebnis

Der Ausschluss ist formell und materiell rechtmäßig.

V. Ingewahrsamnahme von C und D

1. Ermächtigungsgrundlage

Wie oben (B IV 1) dargestellt, handelt es sich bei der Ingewahrsamnahme der beiden aus der Versammlung ausgeschlossenen C und D nicht um eine versammlungsbezogene Maßnahme, da beide nach ihrem Ausschluss nicht mehr Teilnehmer der Versammlung waren. Einschlägig ist mithin § 35 Nr. 2 PolG NRW.

2. Formelle Rechtmäßigkeit

An der Zuständigkeit der Behörde sowie an der Einhaltung der Verfahrens- und Formvorschriften bestehen keine Zweifel. Insbesondere war die Polizei ungeachtet ihrer hier nicht maßgeblichen versammlungsrechtlichen Sonderzuständigkeit zuständig, auch das Polizeigesetz zu vollziehen, da ein Eingreifen anderer Behörden nicht gewährleistet war (§ 1 Abs. 1 S. 3 PolG NRW). Auch etwaige Anhörungspflichten waren nach § 28 Abs. 2 Nr. 1 VwVfG NRW aufgrund von Gefahr im Verzuge dispensiert. Die Ingewahrsamnahme ist formell rechtmäßig.

3. Materielle Rechtmäßigkeit

Der Ausschluss ist materiell rechtmäßig, wenn die tatbestandlichen Voraussetzungen des § 35 Nr. 2 PolG NRW erfüllt sind, der richtige Adressat in Anspruch genommen wurde und keine Ermessensfehler vorliegen.

Die präventive Ingewahrsamnahme nach § 35 Nr. 2 PolG NRW setzt voraus, dass die Begehung oder Fortsetzung einer Straftat oder einer Ordnungswidrigkeit von erheblicher Bedeutung bevorstand.

Das Verbleiben am Versammlungsort nach dem Ausschluss aus einer Versammlung ist gem. § 29 Abs. 1 Nr. 5 VersG ordnungswidrig. Selbst wenn man hierbei von einer Ordnungswidrigkeit von erheblicher Bedeutung ausgehen würde,[22] kann vorliegend gleichwohl nicht ohne Weiteres davon ausgegangen werden, dass C und D gegen die Pflicht verstoßen hätten, sich zu entfernen. Denn die Polizisten haben hier gar nicht erst abgewartet, ob sich C und D aus freien Stücken entfernen würden, sondern zugleich zur Maßnahme der Ingewahrsamnahme gegriffen. Indizien für die Annahme einer Gefahr durch Missachtung der Entfernungspflicht gab es zum Zeitpunkt des Zugriffs keine. Die tatbestandlichen Voraussetzungen des § 35 Nr. 2 PolG NRW liegen somit nicht vor.

---

[22] So etwa OLG Celle, NVwZ-RR 2006, 254 für § 29 Abs. 1 Nr. 2 VersG.

4. Zwischenergebnis

Die Ingewahrsamnahme ist rechtswidrig und verletzt C und D in ihren Rechten.

C. Ergebnis

Nur die Klagen von C und D sind insoweit begründet, als sie sich gegen die erfolgte Ingewahrsamnahme richten. Im Übrigen sind die Klagen von A, B, C und D unbegründet.

Weiterführende Klausurtipps:

Bild- und Tonaufnahmen von Versammlungen

Eine in jüngerer Zeit vermehrt ins Blickfeld gerückte Frage betrifft die Rechtmäßigkeit polizeilicher Bild- und Tonaufzeichnungen von Versammlungen. Das VersG hält hier mit den §§ 12a, 19a VersG spezialgesetzliche Ermächtigungsgrundlagen bereit, die das Anfertigen solcher Aufnahmen (nur) dann gestatten, wenn tatsächliche Anhaltspunkte die Annahme rechtfertigen, dass von den aufgezeichneten Personen erhebliche Gefahren für die öffentliche Sicherheit oder Ordnung ausgehen. „Vorfeldhandlungen" wie das Bereithalten und Ausrichten von Kameras sind von der Rspr. – da für den Versammlungsteilnehmer nicht ersichtlich ist, ob bereits aufgenommen wird – als eigenständige Eingriffe in die Versammlungsfreiheit aus Art. 8 Abs. 1 GG gewertet worden (vgl. OVG Lüneburg, NVwZ-RR 2016, 98 zum Ausfahren eines Kameramasts auf einem Einsatzfahrzeug). Diese Eingriffe können aber als Vorbereitungshandlungen auf die Ermächtigungsgrundlagen der §§ 12a, 19a VersG gestützt werden, wenn sie nach den Umständen des Einzelfalls verhältnismäßig sind. Neben den nach Maßgabe der §§ 12a, 19a VersG zulässigen Aufzeichnungen bleibt kein Raum für das Fotografieren von Versammlungsteilnehmern zu Zwecken der eigenständigen polizeilichen Berichterstattung oder Öffentlichkeitsarbeit (bspw. auf Socialmedia-Plattformen). Solche Aufnahmen stellen einen Eingriff in Art. 8 Abs. 1 GG dar, die in Ermangelung einer entsprechenden Ermächtigungsgrundlage rechtswidrig sind (OVG NRW, NWVBl. 2020, 127).

Versammlungsrechtlicher Notstand

Zu beachten ist, dass sich auch in versammlungsrechtlichen Fallgestaltungen die Situation ergeben kann, dass polizeiliche Gefahrenabwehrmaßnahmen aufgrund eines polizeilichen Notstandes gegen „Nichtstörer" gerichtet werden müssen. Der „Klassiker" ist hierbei das Verbot einer (friedlichen) Versammlung aufgrund drohender Ausschreitungen durch gewaltbereite Gegendemonstranten. Freilich kommen Maßnahmen gegen Nichtstörer hierbei nur in Betracht, wenn Maßnahmen gegen die Störer – etwa mangels Verfügbarkeit der erforderlichen Einsatzkräfte – keinen Erfolg versprechen. Aus Gründen der Verhältnismäßigkeit wird hierbei zugleich ein polizeiliches Verbot der betreffenden Gegendemonstration notwendig sein (zum Ganzen ÖffR NRW, § 3 Rn. 302). Ein vom versammlungsrechtlichen Notstand zu trennender polizeilicher Notstand kann sich ergeben, wenn eine im Kontext einer Versammlung drohende gegenwärtige Gefahr durch Inanspruchnahme eines unbeteiligten Dritten abgewendet werden soll (vgl. OVG NRW, BeckRS 1997, 16656: Gefahrenabwehr durch den polizeilichen Zugriff auf private Flächen als alternativen Versammlungsort).

§ 4. Öffentliches Baurecht

Fall 21: „Der ungeduldige Erwerber" (Vortrag)

Behandelte Themen: Bauvorbescheid – Amtshaftung – Haftung nach § 39 OBG

Sachverhalt

Der Eigentümer E beabsichtigt, eine im unbeplanten Innenbereich der Stadt S (NRW) gelegene größere Grundfläche an den Bauträger B zu veräußern. B ist am Erwerb interessiert, weil er auf der bislang unbebauten Fläche ein größeres Wohnbauvorhaben in Gestalt von drei Reihenhauszeilen realisieren möchte. Um die Voraussetzungen für eine Veräußerung an B sicherzustellen, stellt E bei S einen mit allen nötigen Unterlagen versehenen Antrag auf Erteilung eines Bauvorbescheids, der die bauplanungsrechtliche Zulässigkeit der Bebauung mit drei Reihenhauszeilen feststellen soll.

Wenige Wochen später spricht E beim Bauordnungsamt der S vor, um sich nach dem Stand des Verfahrens zu erkundigen. Der damit befasste Sachbearbeiter, Oberinspektor O, teilt dem E mit, alle beteiligten Ämter hätten dem Vorhaben zugestimmt, die beantragte Bebauungsgenehmigung sei von ihm im Entwurf bereits vorbereitet und der dafür zuständige Amtsleiter werde den Bescheid alsbald unterzeichnen. Tatsächlich hatte der Amtsleiter in einer vorangegangenen Dienstbesprechung allerdings, was O nicht richtig wahrgenommen hatte, wesentliche Änderungen des Planungskonzepts für bauplanungsrechtlich notwendig gehalten.

Auf Grund der erlangten Auskunft, die E dem B gleich mitgeteilt hat, ist der hocherfreute B sicher, dass sein Bauvorhaben realisiert werden kann. Er beauftragt seinen Architekten mit der weiteren Planung und schließt mit einem Bauunternehmen einen Generalunternehmervertrag, der als erste Maßnahme die – mit Zustimmung des E erfolgende – baufertige Herrichtung des Geländes vorsieht.

Als der Vorgang bald darauf dem Amtsleiter des Bauordnungsamts vorgelegt wird, kommt dieser zu dem Schluss, dass der Bauausschuss des Rates mit dem Verfahren befasst werden müsse. Nachdem der Bauausschuss in seiner nachfolgenden Sitzung die geplante Bebauung abgelehnt hat, bescheidet das Bauordnungsamt die Bauvoranfrage des E abschlägig.

E und B müssen nach einer anwaltlichen Überprüfung akzeptieren, dass der Ablehnungsbescheid rechtmäßig ist. B meint jedoch, die S dürfe ihn nicht auf dem ihm verursachten Schaden sitzen lassen; auf Grund des Architekten- und des Generalunternehmervertrages seien ihm Aufwendungen in Höhe von 50.000 Euro entstanden, die sich jetzt als nutzlos erwiesen.

Hat B gegen S Anspruch auf finanziellen Ausgleich hierfür?

Gliederung

Lösungsvorschlag

A. Amtshaftungsanspruch (Art. 34 GG, § 839 BGB)

B könnte gegen S einen Anspruch auf Schadensersatz gemäß Art. 34 GG, § 839 BGB haben.

I. Handeln eines „jemand" in Ausübung eines öffentlichen Amtes

Als den Schadensersatzanspruch auslösendes Verhalten kommt hier die Erteilung der Auskunft – und nicht etwa die Versagung des Bauvorbescheids – in Betracht. Bei der Auskunftserteilung müsste „jemand" in Ausübung eines öffentlichen Amtes gehandelt haben. Jemand i. S. v. Art. 34 S. 1 GG, d. h. ein sog. Beamter im haftungsrechtlichen Sinn, ist – ohne Rücksicht auf organisatorische Eingliederung oder Status – jeder, dem die Wahrnehmung hoheitlicher Aufgaben anvertraut ist; dazu zählt auch der Sachbearbeiter der Bauaufsichtsbehörde der S. Handeln in Ausübung des öffentlichen Amtes verlangt öffentlich-rechtliches Handeln; weil die erteilte Auskunft zwar ihrerseits kein als öffentlich-rechtlich zu qualifizierender Rechtsakt gewesen ist, jedoch in einem inneren und äußeren Zusammenhang mit dem öffentlich-rechtlichen Bauvorbescheids-verfahren (vgl. § 77 BauO NRW) gestanden hat, ist das hier zu bejahen. Es liegt auch ein Handeln „in Ausübung" des Amtes, d.h. ein Handeln in innerem und äußerem Zusammenhang mit der Amtsausübung, nicht nur bei Gelegenheit des öffentlich-rechtlichen Handelns vor.

II. Verletzung einer drittgerichteten Amtspflicht

Weiterhin müsste der Sachbearbeiter im Bauordnungsamt der S bei Erteilung der Auskunft eine einem Dritten gegenüber bestehende Amtspflicht verletzt haben.

1. Amtspflichtverletzung

Amtspflichten sind alle Pflichten, die einem Beamten (im haftungsrechtlichen Sinn) gegenüber seinem staatlichen Dienstherrn im Innenverhältnis in Bezug auf seine Dienstausübung obliegen.[1] Eine solche – hier in Betracht zu ziehende – Amtspflicht ist die Pflicht, Auskünfte und Belehrungen richtig, klar, unmissverständlich, eindeutig und vollständig zu erteilen, so dass der um sie nachsuchende Bürger als Empfänger der Auskunft entsprechend disponieren kann; diese Pflicht trifft den Beamten so wie in anderen Rechtsgebieten auch im Baurecht.[2]

---

[1] *Maurer/Waldhoff*, Allgemeines Verwaltungsrecht, 19. Aufl. 2017, § 26 Rn. 16.
[2] BGH, NJW 1992, 1230 (1231); NJW 1994, 2087 (2090).

Diese Amtspflicht könnte O mit seiner dem E erteilten Auskunft verletzt haben. Seine Ankündigung, der hierfür zuständige Amtsleiter werde den Bauvorbescheid alsbald unterzeichnen, so dass er dem E erteilt werde, entsprach nicht dem Stand der Meinungsbildung im Bauordnungsamt. Der Amtsleiter hatte zuvor wesentliche Änderungen des Planungskonzepts für bauplanungsrechtlich notwendig erklärt. Danach war nach dem gegebenen Stand nicht mit der Erteilung des Bauvorbescheids zu rechnen. Die Auskunft des O war insoweit unzutreffend und verletzte die Amtspflicht zur Erteilung zutreffender Auskünfte.

2. Drittgerichtetheit der verletzten Amtspflicht

Weiterhin müsste die verletzte Amtspflicht – zumindest auch – dem B als einem Dritten gegenüber bestanden haben (vgl. § 839 Abs. 1 S. 1 BGB).

a) Drittgerichtetheit in persönlicher Hinsicht

Dies setzt zunächst voraus, dass B als Geschädigter zu dem von der Amtspflicht geschützten Personenkreis gehört. Dazu muss sich aus den die Amtspflicht begründenden und sie umreißenden Bestimmungen sowie aus der Natur des Amtsgeschäfts ergeben, dass der Geschädigte zu dem Personenkreis gehört, dessen Belange nach dem Zweck und der rechtlichen Bestimmung des Amtsgeschäfts – zumindest auch – geschützt und gefördert sein sollen; erforderlich ist eine besondere Beziehung zwischen der verletzten Amtspflicht und dem geschädigten „Dritten".[3]

Dies ist im Rahmen eines Verfahrens auf Erteilung einer Bebauungsgenehmigung für Amtshandlungen, die die Bebauungsmöglichkeit bestätigen, jedenfalls gegenüber dem antragstellenden Grundeigentümer, hier also dem E, zu bejahen. Fraglich ist allerdings, ob auch B, der weder Antragsteller noch Grundeigentümer ist, zu dem durch die Amtspflicht geschützten Personenkreis zählt. Die mit dem Antrag auf eine Bebauungsgenehmigung angestrebte Feststellung, dass das Vorhaben planungsrechtlich zulässig ist, ist jedoch nicht lediglich personenbezogen, sondern – wie auch in der Anordnung der Rechtsnachfolge (§§ 58 Abs. 3, 77 Abs. 1 S. 4 BauO NRW) zum Ausdruck kommt – objektbezogen. Deshalb ist bei der Erteilung eines Vorbescheides nicht nur auf die Interessen des Antragstellers, sondern – jedenfalls in den Grenzen eines überschaubaren zeitlichen und sachlichen Zusammenhangs – auch auf die Interessen weiterer Personen in individualisierter und qualifizierter Weise Rücksicht zu nehmen, für die die Rechtswirkungen des angestrebten Bescheides bedeutsam sind.[4] Damit zählt auch B als vorgesehener Erwerber und Bauherr zu dem geschützten Personenkreis.

b) Drittgerichtetheit in sachlicher Hinsicht

Darüber hinaus muss die verletzte Amtspflicht jedoch auch in sachlicher Hinsicht drittgerichtet sein; daher ist zu prüfen, ob gerade das im Einzelfall berührte Interesse nach dem Zweck und der rechtlichen Bestimmung des Amtsgeschäfts geschützt werden soll.[5]

Dazu ist hier zunächst das verletzte Interesse genauer zu bestimmen. Dieses ist nicht das Interesse des B daran, dass die von ihm getätigten Aufwendungen nutzbringend sind und bleiben, denn die Versagung des Bauvorbescheids ist laut Sachverhalt rechtmä-

---

[3] BGH, NVwZ 1999, 689.
[4] BGH, NJW 1993, 2303 (2304); NJW 1994, 2087 (2088).
[5] BGH, NVwZ 1999, 689.

ßig erfolgt; B hat in ein bauplanungsrechtlich unzulässiges Vorhaben investiert. Verletzt worden ist das Interesse des B daran, nicht durch eine Amtshandlung, hier in Gestalt der Auskunft des O, zu einer nutzlosen, frustrierten Investition veranlasst zu werden. Für die Frage, ob dieses Interesse vom Schutzzweck der verletzten Amtspflicht zur Erteilung zutreffender Auskünfte in einem Bebauungsgenehmigungsverfahren erfasst ist, kommt es entscheidend darauf an, ob die fragliche Amtshandlung eine hinreichende Vertrauensgrundlage darstellt, so dass der Antragsteller oder weitere einbezogene Personen, hier der B, im berechtigten, schutzwürdigen Vertrauen darauf die Verwirklichung des Bauvorhabens in Angriff nehmen und dafür konkrete Aufwendungen tätigen können.

Klausurtipp: Die präzise Bestimmung des verletzten Interesses ist für die Lösung des Falles von zentraler Bedeutung.
Die Besonderheit ist, dass das verletzte Interesse nicht darin begründet ist, dass durch die Amtshandlung in eine bestehende Position des Geschädigten eingegriffen worden ist; vielmehr geht es darum, dass die Amtshandlung den Geschädigten zu einer von ihm selbst vorgenommenen Vermögensdisposition veranlasst hat, die sich nachher als nutzlos erweist. In solchen Konstellationen ist die Drittgerichtetheit der Amtspflichtverletzung in sachlicher Hinsicht besonders sorgfältig zu prüfen. In der Sache geht es um eine Abgrenzung der Verantwortung des Betroffenen, der ja selbst die Disposition getroffen hat, von der der Behörde, die ihn dazu veranlasst hat. Ausschlaggebend ist, ob die fragliche Amtshandlung ein berechtigtes, schutzwürdiges Vertrauen begründet hat.

Zweifelhaft ist das, weil die Auskunft jedenfalls keine rechtsverbindliche Feststellung der bauplanungsrechtlichen Zulässigkeit des Bauvorhabens, auf die B seine Dispositionen hätte stützen können, beinhaltet. Ein Bauvorbescheid ist mit der Auskunft gerade nicht erteilt, sondern lediglich in Aussicht gestellt worden. Auch eine rechtsverbindliche Zusage einer Behörde, den Bauvorbescheid, der ein Verwaltungsakt ist, später zu erlassen, ist mit der Auskunft des O nicht gegeben worden; für eine Zusicherung, durch die eine solche rechtverbindliche Zusage erfolgen könnte, fehlt es bereits an einem entsprechenden Aussagegehalt, jedenfalls aber an der Schriftform als gesetzlich vorgeschriebener Wirksamkeitsvoraussetzung (§ 38 Abs. 1 S. 1 VwVfG NRW). Die Auskunft stellt eine bloße, rein informative Mitteilung über tatsächliche Umstände oder rechtliche Verhältnisse dar.

Das führt zu der Frage, ob E, obgleich die Auskunft keinen rechtsverbindlichen Charakter besaß und eine bloße Information in einem laufenden Bebauungsgenehmigungsverfahren war, in schutzwürdiger Weise auf deren Richtigkeit und Verbindlichkeit vertrauen und diese zur Grundlage für die getroffenen Vermögensdispositionen machen durfte. Dies kann auf Grund besonderer Umstände der Fall sein. Schutzwürdiges Vertrauen ist etwa einer behördlichen Auskunft, deren Unverbindlichkeit nicht klar und unmissverständlich zum Ausdruck gebracht worden ist, in einem Verwaltungsverfahren beigemessen worden, in dem vom unerfahrenen Antragsteller die nötigen verfahrensrechtlichen Kenntnisse nicht vorausgesetzt werden können;[6] das ist vorliegend jedoch nicht der Fall. Weiterhin kann auch ein vom Amtsleiter unterschriebenes Schriftstück,

---

[6] OLG Karlsruhe, NJW 1997, 1992 (zur Auskunft in einem BAföG-Verfahren).

das der Sache nach eine amtliche Bescheinigung über die baurechtliche Zulässigkeit des Vorhabens darstellt und nach Anlass, äußerer Gestaltung und Inhalt erkennbar für eine Verwendung durch den Baubewerber „nach außen" bestimmt ist, um ihm anstelle eines Vorbescheids eine Grundlage für Vermögensdispositionen an die Hand zu geben, eine einem Bauvorbescheid jedenfalls annähernd vergleichbare Vertrauensgrundlage darstellen.[7] Im vorliegenden Fall ist aber nur eine mündliche Auskunft gegeben worden und ausdrücklich bemerkt worden, dass der schriftliche Bescheid erst im Entwurf vorliegt. Zudem hat die Auskunft ein Sachbearbeiter erteilt, der selbst zu erkennen gegeben hat, dass er zur abschließenden Entscheidung über den Erlass des Vorbescheids nicht befugt ist. Danach lag hier erkennbar eine bloße Zwischenauskunft in einem noch abzuschließenden Verfahren vor, die allenfalls über den aktuellen Stand der behördeninternen Willensbildung informieren konnte. Auch wenn O dabei den Anschein erweckt hat, mit der Erteilung des Bescheids sei sicher zu rechnen, durfte B diese Auskunft nicht zur Grundlage seiner Vermögensdispositionen zur Verwirklichung des Bauvorhabens machen und ist sein Vertrauen hierauf nicht schützenswert.[8] Es fehlt somit an der Drittbezogenheit der Amtspflichtverletzung in sachlicher Hinsicht.

III. Zwischenergebnis

B steht ein Amtshaftungsanspruch (Art. 34 GG, § 839 BGB) gegen S nicht zu.

B. Anspruch gemäß § 39 Abs. 1 lit. b OBG NRW

B könnte wegen der von O erteilten Auskunft weiterhin einen Entschädigungsanspruch gemäß § 39 Abs. 1 lit. b OBG NRW gegen S haben.

Vertiefung: Der ordnungsbehördliche Entschädigungsanspruch aus § 39 Abs. 1 lit. b OBG NRW ist eine spezialgesetzliche Ausprägung des Entschädigungsanspruchs wegen enteignungs- (und aufopferungs-)gleichen Eingriffs und schließt den Rückgriff auf dieses richterrechtlich begründete, auf den allgemeinen Aufopferungsgedanken gestützte Haftungsinstitut aus (vgl. *Maurer/Waldhoff*, Allgemeines Verwaltungsrecht, 19. Aufl. 2017, § 27 Rn. 103).
§ 39 Abs. 1 lit. b OBG NRW ist neben dem Amtshaftungsanspruch anwendbar. Die Reihenfolge der Prüfung beider Anspruchsgrundlagen ist nicht zwingend.

I. Anwendbarkeit

Die Anwendbarkeit des § 39 Abs. 1 lit. b OBG NRW setzt voraus, dass O für die Stadt S als Ordnungsbehörde gehandelt hat. In dem Verfahren zur Erteilung eines Bauvorbescheids wird die S zwar nicht als allgemeine Ordnungsbehörde, jedoch als (untere) Bauaufsichtsbehörde und damit als (Sonder-)Ordnungsbehörde tätig (vgl. § 57 Abs. 1 BauO NRW). Für diese gelten nach § 12 OBG NRW die Vorschriften des OBG NRW und damit auch § 39 Abs. 1 lit. b OBG NRW.

---

[7] BGH, NJW 1994, 2087 (2090).
[8] BGH, NJW 1992, 1230 (1231).

II. Ordnungsbehördliche Maßnahme

Tatbestandlich ist nach § 39 Abs. 1 lit. b OBG NRW zunächst Voraussetzung, dass es sich bei der von O erteilten Auskunft um eine (rechtswidrige) ordnungsbehördliche Maßnahme gehandelt hat.

Der Begriff der Maßnahme wird weit verstanden. Insbesondere erfasst er nicht nur förmlich erlassene Verwaltungsakte, sondern auch Realakte. Er kann deshalb auch ordnungsbehördliche Auskünfte erfassen. Die Rechtsprechung bejaht den Maßnahmecharakter von Auskünften allerdings nur insoweit, wie der Bürger auf die Richtigkeit der Auskunft vertrauen darf.[9] Dies ist insbesondere für mündliche Auskünfte bejaht worden, die als verselbständigte, außengerichtete Mitteilungen außerhalb eines laufenden förmlichen Verwaltungsverfahrens oder auch an dessen Stelle erteilt worden sind.[10] Für Zwischenauskünfte in einem laufenden Verwaltungsverfahren wird man dies hingegen allenfalls unter besonderen Umständen, wie sie auch für die sachliche Drittgerichtetheit der Amtspflicht zur Erteilung zutreffender Auskünfte vorauszusetzen sind, annehmen dürfen. Die mündliche Auskunft des O ist danach nicht als Maßnahme im Sinne von § 39 Abs. 1 lit. b OBG NRW zu qualifizieren.

Vertiefung: Der BGH legt es ersichtlich – und überzeugend – darauf an, bei unzutreffenden Auskünften in einem ordnungsbehördlichen Verwaltungsverfahren die Kriterien für die sachliche Drittgerichtetheit der verletzten Amtspflicht zur Erteilung zutreffender Auskünfte und die Qualifikation der Auskunft als Maßnahme zu harmonisieren.

Es liegt demnach keine haftungsbegründende Maßnahme im Sinne von § 39 Abs. 1 lit. b OBG NRW vor.

III. Ergebnis

B hat keinen Anspruch gegen S auf Entschädigung gemäß § 39 Abs. 1 lit. b OBG NRW.

C. Gesamtergebnis

B hat keinen Ersatzanspruch aus § 39 Abs. 1 lit. b OBG NRW und aus § 839 BGB i. V. m. Art. 34 S. 1 GG gegen S.

Weiterführende Klausurentipps: Gerade in baurechtlichem Kontext ist die Reichweite der sachlichen Drittgerichtetheit von Amtspflichten auch in weiteren Amtshaftungsfällen bedeutsam. Hervorzuheben ist die Frage danach, inwieweit der Erlass von – abwägungsfehlerhaften – Bebauungsplänen berechtigtes, schützenswertes Vertrauen von Bauherrn begründet. Grundlegend für die sog. Altlastenfälle

[9] BGH, NJW 1978, 1522 (1523); NJW 1992, 1230; OLG Düsseldorf, BauR 2017, 753 (755).
[10] BGH, NJW 1978, 1522 (1523); NJW 1992, 1230.

ist BGHZ 106, 323, wonach der Erlass eines Wohnbebauung zulassenden Bebauungsplans für ein Gebiet, auf dem sich früher eine Mülldeponie befand, Amtshaftungsansprüche gegenüber Grundstückserwerbern im Hinblick auf Vermögensschäden begründet, die diese dadurch erleiden, dass sie im Vertrauen auf eine ordnungsgemäße Planung Wohnungen errichten oder kaufen, die nicht bewohnbar sind.

Fall 22: „Bebauungsplan für einen Hypermarkt"

Behandelte Themen: Bebauungsgenehmigung – Bauen im Vorgriff auf künftigen Bebauungsplan – verwaltungsgerichtliche Normenkontrolle – Präklusion – Verfahrensfehler im Bebauungsplanverfahren – Sondergebiet – Entwicklungsgebot – interkommunales Abstimmungsgebot

Sachverhalt

Der Handelskonzern T-AG sucht einen Standort für ein geplantes großes SB-Warenhaus, einen sog. Hypermarkt, mit einer Geschossfläche von ca. 15.000 m². Die nordrhein-westfälische Stadt S hat großes Interesse an einer Ansiedlung der T-AG und bietet dem Unternehmen daher ein passendes, bislang brachliegendes Grundstück an. Das Grundstück liegt, an seiner West-, Süd- und Ostgrenze von einer schon länger bestehenden Bebauung umgeben, am nördlichen Stadtrand von S.

Dieses Ansiedlungsvorhaben vorbereitend hat die Stadt S ein Gutachten in Auftrag gegeben, das – methodisch einwandfrei und sachlich zutreffend – u. a. zu dem Ergebnis kommt, dass für einen solchen Hypermarkt im vorgesehenen Gebiet Bedarf besteht, da im weiteren Umkreis Einkaufsmöglichkeiten für die zentrumsnahe Versorgung nicht vorhanden sind; den durch den neuen Einzelhandelsbetrieb künftig verursachten Kaufkraftabfluss aus der im Norden an S angrenzenden Gemeinde N prognostiziert das Gutachten auf ca. 4 Prozent.

Der Stadtrat von S fasst einen – ortsüblich bekanntgemachten – Beschluss zur Aufstellung eines Bebauungsplans für das bislang unbeplante Gebiet, das nun als „Sondergebiet großflächiger Einzelhandel" festgesetzt werden soll. Außerdem soll der Bebauungsplan eine großzügig konzipierte Zufahrtsstraße vorsehen, um den zu erwartenden starken Zu- und Abfahrtsverkehr aufzunehmen, der sich sonst durch die vorhandenen schmalen Straßen quälen müsste und vorhersehbar schon bei der Zufahrt zum und Abfahrt vom künftigen Betriebsgrundstück sowie im angrenzenden Gebiet regelmäßig länger anhaltende Verkehrsstauungen verursachen würde.

Weil die T-AG gleichzeitig nach alternativen Standorten in Nachbarstädten Ausschau hält, erwägt der Oberbürgermeister von S, der T-AG nach Stellung eines entsprechenden Antrags schon jetzt, ohne den weiteren Fortgang und Abschluss des Bebauungsplanverfahrens abzuwarten, eine sog. Bebauungsgenehmigung (d. h. einen die bauplanungsrechtliche Zulässigkeit des Vorhabens feststellenden Bauvorbescheid) für den Hypermarkt zu erteilen. Das Bauordnungsamt hat dazu die – sachlich zutreffende – Auskunft gegeben, dass die ringsum vorhandene Bebauung der Nutzungsart nach den Charakter eines Gewerbegebietes i. S. v. § 8 BauNVO aufweise. Nunmehr bittet der Oberbürgermeister das Rechtsamt um eine Stellungnahme zu der Frage, ob die Erteilung einer Bebauungsgenehmigung materiellrechtlich zulässig wäre.

Frage 1:

Erstatten Sie die vom Rechtsamt erbetene gutachtliche Stellungnahme!

Um kommunalpolitische Querelen und eine Rufschädigung zu vermeiden, hat die T-AG zunächst davon Abstand genommen, eine Bebauungsgenehmigung zu beantragen. Das Bebauungsplanverfahren wird fortgeführt. Die frühzeitige Öffentlichkeits- und Behördenbeteiligung, an der die N sich nicht beteiligt hat, wird durchgeführt und der vorgeschriebene Umweltbericht erstellt, der für die fragliche Brachfläche keine nennenswerten Umweltbelange zu Tage fördert. Daraufhin stimmt der Rat der Stadt S dem Bebauungsplanentwurf zu, der ein „Sondergebiet großflächiger Einzelhandel" mit einer maximal überbaubaren Fläche von 25.000 m² und einer maximalen Verkaufsfläche von 15.000 m² sowie die Zufahrtsstraßenplanung vorsieht. Der Planentwurf wird daraufhin ordnungsgemäß öffentlich ausgelegt. Im Rahmen der förmlichen Öffentlichkeitsbeteiligung erfährt auch die Nachbargemeinde N, die bei der förmlichen Beteiligung der Behörden und Träger öffentlicher Belange von S nicht einbezogen worden ist, von dem Planungsvorhaben der S. Sie macht fristgemäß geltend, dass der geltende Flächennutzungsplan der S die beabsichtigte Bebauungsplanung nicht zulasse, weil dort die zu überplanende Fläche nur zu etwa vier Fünfteln als „Sonderbaufläche großflächiger Einzelhandel", im Übrigen aber ein Streifen am südlichen Grundstücksrand als gewerbliche Baufläche dargestellt sei; außerdem handele es sich um eine rücksichtslose Planung auf Kosten einer Nachbargemeinde, deren Einzelhandel durch Abzug von Umsatzchancen geschädigt werde.

Bei der anschließenden Beratung im Stadtrat von S werden die eingegangenen Stellungnahmen erörtert. Hinsichtlich der Einwendung der N kommt der Stadtrat mehrheitlich zu der Einschätzung, dass diese unerheblich sei, weil die gewerbliche Baufläche, insbesondere soweit sie die zur Beplanung anstehende Fläche umgibt, sich in den letzten Jahren zunehmend in Richtung von Einzelhandelsnutzungen entwickelt habe. Den zu erwartenden Kaufkraftabzug von N im Umfang von 4 % hält er für eine ganz normale, hinzunehmende Kaufkraftschwankung. Sonstige Abwägungsprobleme sieht der Stadtrat nach ordnungsgemäßer Ermittlung, Bewertung und Ausgleichung der relevanten Belange – zutreffend – nicht. Der Bebauungsplan wird in der öffentlich ausgelegten Fassung vom Rat der Stadt S beschlossen, ausgefertigt und ortsüblich bekanntgemacht.

Inzwischen ist in der Nachbargemeinde N der Widerstand gegen diese Bauleitplanung der S immer stärker geworden. Die N meint, der Stadt S sei schon im Planaufstellungsverfahren ein Fehler unterlaufen; zudem hält sie den Bebauungsplan auch aus materiellrechtlichen Gründen für nichtig.

Frage 2:

Erstellen Sie ein Gutachten zu den Erfolgsaussichten eines gerichtlichen Vorgehens der N gegen den Bebauungsplan der S!

Gliederung

Lösungsvorschlag

Frage 1: Materielle Rechtmäßigkeit einer Bebauungsgenehmigung

Die Erteilung einer sog. Bebauungsgenehmigung ist nach §§ 77 Abs. 1, 74 Abs. 1 BauO NRW materiellrechtlich zulässig, wenn dem beantragten Vorhaben keine bauplanungsrechtlichen Vorschriften entgegenstehen.

A. Anwendbarkeit der §§ 30 bis 37 BauGB

Fraglich ist zunächst die Anwendbarkeit der bauplanungsrechtlichen Bestimmungen der §§ 30 bis 37 BauGB. Sie folgt aus § 29 Abs. 1 BauGB, da die Errichtung eines Einzelhandelszentrums die Errichtung einer baulichen Anlage darstellt. Auch greift § 38 BauGB nicht ein.

B. Vereinbarkeit mit §§ 30 bis 37 BauGB

Fraglich ist somit die Vereinbarkeit mit den bauplanungsrechtlichen Vorgaben der §§ 30 bis 37 BauGB.

I. § 34 BauGB

Maßgeblich könnte § 34 BauGB sein.

1. Anwendbarkeit von § 34 BauGB

Die Anwendbarkeit von § 34 BauGB setzt zunächst voraus, dass das fragliche Baugrundstück nicht im räumlichen Geltungsbereich eines i.S.v. § 30 Abs. 1 BauGB qualifizierten Bebauungsplans liegt. Dies ist, da das Gelände laut Sachverhalt bislang unbeplant ist, der Fall.

Weiterhin müsste das Baugrundstück sich innerhalb eines im Zusammenhang bebauten Ortsteils befinden. Da laut Sachverhalt das Grundstück an drei Seiten von Bebauung umgeben ist, ist dies anzunehmen.

Klausurtipp: Angesichts der Sachverhaltsangaben ist hier eine nähere Prüfung des Tatbestandsmerkmals weder möglich noch erforderlich.

Vertiefung: Ein im Zusammenhang bebauter Ortsteil erfordert in einer allgemeinen Definition eine gegebene Bebauung, die nach der Zahl der vorhandenen Bauten ein gewisses Gewicht hat und Ausdruck einer organischen Siedlungsstruktur ist. Die äußere Begrenzung des so definierten Innenbereichs liegt grundsätzlich unmittelbar hinter dem letzten Haus des im Zusammenhang bebauten Ortsteils (vgl. näher ÖffR NRW, § 4 Rn. 150 ff.).

2. Zulässigkeit nach § 34 BauGB

Nach § 34 Abs. 1 (i. V.m. Abs. 2) BauGB setzt die Zulässigkeit eines Vorhabens im unbeplanten Innenbereich voraus, dass es sich nach Art und Maß der baulichen Nutzung, nach Bauweise und zu überbauender Grundstücksfläche in die nähere Umgebung einfügt. Dabei beurteilt sich die Zulässigkeit im Hinblick auf die Nutzungsart allein nach den Vorschriften der BauNVO, wenn die Eigenart der näheren Umgebung einem der dort geregelten Baugebiete entspricht (§ 34 Abs. 2 BauGB). Hier entspricht die Eigenart der näheren Umgebung einem Gewerbegebiet i.S.v. § 8 BauNVO. Zulässig sind danach Vorhaben nach § 8 Abs. 2 BauNVO, d.h. u.a. Gewerbebetriebe aller Art (§ 8 Abs. 2 Nr. 1 BauNVO), worunter auch Einzelhandelsbetriebe fallen. Nach § 11 Abs. 3 S. 1 BauNVO sind jedoch großflächige Einzelhandelsbetriebe, die nicht nur unwesentliche Auswirkungen auf die städtebauliche Entwicklung und Ordnung haben können, nur in Kern- oder für sie festgesetzten Sondergebieten zulässig. Der Hypermarkt ist ein großflächiger Einzelhandelsbetrieb i.S.v. § 11 Abs. 3 S. 1 Nr. 2 BauNVO. Nicht nur unwesentliche Auswirkungen sind nach der Vermutungsregel des § 11 Abs. 3 S. 3 BauNVO, die diese bei solchen Betrieben mit einer Geschoßfläche von mehr als 1.200 m² regelmäßig annimmt, zu unterstellen. Demnach wäre der geplante Hypermarkt nur in einem Kern- oder Sondergebiet, nicht aber in einem Gewerbegebiet zulässig. Angesichts der einem Gewerbegebiet entsprechenden näheren Umgebung ist er deshalb nach § 34 Abs. 1, 2 BauGB unzulässig.

Vertiefung: Da das Vorhaben sich hier schon in die nähere Umgebung nicht i.S.v. § 34 Abs. 1 S. 1, Abs. 2 BauGB einfügt, kommt es nicht mehr darauf an, ob es nach § 34 Abs. 3 BauGB unzulässige sog. Fernwirkungen – hier wegen der möglichen Beeinträchtigung des zentralen Versorgungsbereichs der Nachbargemeinde N – entfalten würde (vgl. ÖffR NRW, § 4 Rn. 160). Entscheidend käme es insoweit darauf an, ob die zu erwartende Kaufkraftabschöpfung in einem vertretbaren Rahmen bleibt (vgl. näher *Uechtritz*, NVwZ 2004, 1025 [1031 f.]).

Das Vorhaben ist nach § 34 BauGB unzulässig.

II. § 33 BauGB

Als weiterer Zulässigkeitstatbestand könnte § 33 BauGB in Betracht kommen.

Vertiefung: §§ 30, 34, 35 BauGB umschreiben abschließend die planungsrechtlichen Bereiche i. S. d. BauGB; hiernach beurteilt sich zunächst die bauplanungsrechtliche Zulässigkeit von Vorhaben. Ein danach derzeit unzulässiges Vorhaben kann jedoch nach § 33 BauGB bereits im Vorgriff auf die Festsetzungen eines zukünftigen, im Aufstellungsverfahren befindlichen Bebauungsplans, in dessen räumlichen Geltungsbereich das Grundstück sich befindet, zulässig sein. In dieser Konstellation kann § 33 BauGB als zusätzlicher Zulässigkeitstatbestand – und nur als solcher – ergänzend hinzutreten (vgl. näher ÖffR NRW, § 4 Rn. 186).

Das setzt zunächst voraus, dass für das fragliche Gebiet ein Beschluss über die Aufstellung eines Bebauungsplans vorliegt. Das ist hier der Fall.

Weiter muss grundsätzlich die sog. formelle Planreife gegeben sein, d. h. die förmliche Öffentlichkeits- und Behördenbeteiligung nach §§ 3 Abs. 2, 4 Abs. 2 BauGB durchgeführt worden sein (§ 33 Abs. 1 Nr. 1 BauGB). Das ist hier noch nicht geschehen. Zuvor kann ein Vorhaben nach § 33 Abs. 2 und 3 BauGB nur in den in § 4a Abs. 3 S. 1 BauGB bzw. §§ 13, 13a BauGB geregelten Fällen zugelassen werden. Es liegt jedoch weder der Fall der Änderung oder Ergänzung eines Bebauungsplanentwurfs nach der förmlichen Öffentlichkeits- und Behördenbeteiligung (§ 4a Abs. 3 S. 1 BauGB) noch eine Änderung oder Ergänzung eines bestehenden Bebauungsplans im vereinfachten Verfahren (§ 13 BauGB) noch auch die Aufstellung eines Bebauungsplans der Innenentwicklung im beschleunigten Verfahren (§ 13a BauGB) vor. Mangels formeller Planreife ist deshalb eine Zulassung des Vorhabens nach § 33 BauGB ausgeschlossen.

Vertiefung: Darüber hinaus könnte dem Vorhaben derzeit entgegenstehen, dass die Erschließung nicht gesichert ist (§ 33 Abs. 1 Nr. 4 BauGB). Die grundstücksbezogene Erschließung verlangt mindestens den Anschluss des Grundstücks an das öffentliche Straßennetz, die Energie- und Wasserversorgung sowie die Abwasserbeseitigung (vgl. ÖffR NRW, § 4 Rn. 194). Diese Erschließung muss im Zeitpunkt der Beurteilung des Vorhabens noch nicht vorhanden sein, es muss jedoch nach objektiven Kriterien nach aller Erfahrung damit gerechnet werden können, dass die Erschließungsanlagen bis zur Fertigstellung des Vorhabens benutzbar sein werden (vgl. ÖffR NRW, § 4 Rn. 195). Hieran könnte es vorliegend – allein – mit Blick auf die wegemäßige Erschließung fehlen. Sie setzt näher voraus, dass öffentliche Fahrzeuge das Grundstück erreichen können und weiter der zu erwartende Verkehr nicht zu einer Überlastung der Straße führt. Letzteres verlangt, dass die vorhandene Straße den durch das Vorhaben ausgelösten Verkehr im Regelfall bewältigen kann (vgl. BVerwG, NVwZ 1997, 389). Daran fehlt es hier, weil der zu erwartende starke Zu- und Abfahrtsverkehr auf den vorhandenen Straßen vorhersehbar regelmäßig länger anhaltende Verkehrsstauungen verursachen würde. Die vorhandenen Straßen bieten deshalb keine ausreichende wegemäßige Erschließung. Diese könnte erst durch die in dem beabsichtigten Bebauungsplan vorgesehene Zufahrtstraße geschaffen werden; deren rechtzeitige Benutzbarkeit ist derzeit aber noch nicht gesichert anzunehmen. Es fehlt also in wegemäßiger Hinsicht an der gesicherten Erschließung.

Die Erteilung einer Bebauungsgenehmigung kommt also auch nach § 33 BauGB und damit aus materiellrechtlichen Gründen insgesamt nicht in Betracht.

Frage 2: Erfolgsaussichten eines gerichtlichen Vorgehens gegen den Bebauungsplan

Das Begehren der N ist darauf gerichtet, gegen den Bebauungsplan der Stadt S gerichtlich vorzugehen. Für ein solches gerichtliches Vorgehen kommt – allein – eine verwaltungsgerichtliche Normenkontrolle (§ 47 VwGO) in Betracht. Ein solcher Antrag der N hat Aussicht auf Erfolg, wenn er zulässig und begründet ist.

A. Zulässigkeit

I. Verwaltungsrechtsweg

Es müsste zunächst der Verwaltungsrechtsweg eröffnet sein. Da eine aufdrängende Sonderzuweisung nicht in Betracht kommt, könnte dieser nach der verwaltungsgerichtlichen Generalklausel des § 40 Abs. 1 VwGO eröffnet sein. Die danach zunächst erforderliche öffentlich-rechtliche Streitigkeit soll grundsätzlich vorliegen, wenn die streitentscheidenden Normen dem öffentlichen Recht zuzurechnen sind; wenn der Streitgegenstand in der Gültigkeit einer Rechtsnorm, hier einer Satzungsnorm besteht, gilt die Streitigkeit – in einer diesen Obersatz modifizierenden Formulierung – dann als öffentlich-rechtlich, wenn es um einen Rechtssatz geht, zu dessen Vollzug im Verwaltungsrechtsweg anfechtbare Verwaltungsakte ergehen oder aus dessen Anwendung sich sonstige öffentlich-rechtliche Streitigkeiten ergeben können.[1] Da der hier streitige Bebauungsplan eine Satzung ist, deren Vollzug durch Verwaltungsakte, etwa Baugenehmigungen, erfolgt und die deshalb dem öffentlichen Recht zuzurechnen ist, liegt hier eine öffentlich-rechtliche Streitigkeit vor. Diese ist, da keine Streitigkeit zwischen Verfassungsorganen über Verfassungsrecht vorliegt, auch nichtverfassungsrechtlicher Art. Da keine abdrängende Sonderzuweisung eingreift, ist der Verwaltungsrechtsweg eröffnet.

II. Statthafte Antragsart

Nach dem maßgeblichen Begehren der N, das auf die Überprüfung der Gültigkeit des Bebauungsplans der S gerichtet ist, kommt als Verfahrensart die verwaltungsgericht-

---

[1] BVerwGE 99, 88 (96); vgl. *Kahl*, JA 2005, 280 (281).

liche Normenkontrolle gemäß § 47 VwGO in Betracht. Ein Antrag in dieser Verfahrensart ist statthaft, wenn der Bebauungsplan insoweit ein tauglicher Antragsgegenstand ist. Dies ergibt sich, da der Bebauungsplan eine nach den Vorschriften des BauGB erlassene Satzung (vgl. § 10 Abs. 1 BauGB) ist, schon aus § 47 Abs. 1 Nr. 1 VwGO.

Vertiefung: Nach § 47 Abs. 1 Nr. 1 VwGO sind schon kraft Bundesrechts auf der Grundlage des BauGB erlassene Satzungen (insbesondere Bebauungspläne, Veränderungssperren) sowie Rechtsverordnungen nach § 246 Abs. 2 BauGB mit der verwaltungsgerichtlichen Normenkontrolle angreifbar. Flächennutzungspläne, die nicht als Satzungen erlassen werden, fallen grundsätzlich nicht hierunter; davon abweichend unterliegen Darstellungen im Flächennutzungsplan mit Ausschlusswirkung i. S. v. § 35 Abs. 3 S. 3 BauGB, denen wegen dieser Rechtswirkungen Rechtsnormqualität zuerkannt wird, danach jedoch der Normenkontrolle (vgl. ÖffR NRW, § 4 Rn. 30, 109).
Von der Option des § 47 Abs. 1 Nr. 2 VwGO, durch Landesrecht die Normenkontrolle auch gegen sonstige im Rang unter dem Landesgesetz stehende Rechtsvorschriften zuzulassen, hat der Landesgesetzgeber durch den am 1. Januar 2019 in Kraft getretenen § 109a JustG NRW Gebrauch gemacht, so dass im Rang unter dem Landesgesetz stehende Rechtsvorschriften, soweit sie nicht vor dem 1. Januar 2019 bekannt gemacht worden sind (§ 133 Abs. 3 S. 2 JustG NRW), nunmehr umfassend der Normenkontrolle durch das OVG unterliegen (vgl. ÖffR NRW, § 2 Rn. 244; § 5 Rn. 14a).

III. Antragsberechtigung

Im Normenkontrollverfahren antragsberechtigt sind natürliche und juristische Personen und darüber hinaus auch Behörden (§ 47 Abs. 2 S. 1 VwGO). Eine Gemeinde kann danach sowohl als juristische Person, da sie Gebietskörperschaft (§ 1 Abs. 2 GO NRW) und damit juristische Person des öffentlichen Rechts ist. wie auch als Behörde i. S. v. § 1 Abs. 4 VwVfG NRW antragsberechtigt sein.

IV. Antragsbefugnis

1. Antragsbefugnis als Behörde

Nach § 47 Abs. 2 S. 1 Hs. 2 VwGO ist eine Behörde im Normenkontrollverfahren antragsberechtigt, ohne – wie natürliche und juristische Personen – eine mögliche Rechtsverletzung geltend machen zu müssen. Allein die Behördeneigenschaft reicht jedoch nicht aus. Vielmehr muss die Behörde auch mit dem Vollzug der Norm befasst sein oder die Norm bei Erfüllung der eigenen öffentlichen Aufgaben beachten müssen.[2] Die Festsetzungen des Bebauungsplans der Nachbarstadt S gelten jedoch nicht auf dem Gemeindegebiet der N und treten ihr gegenüber auch nicht mit dem Anspruch auf Verbindlichkeit für die gemeindliche Aufgabenerfüllung auf, weshalb N nicht bereits nach § 47 Abs. 2 S. 1 Hs. 1 VwGO antragsbefugt ist.[3]

---

[2] BVerwG, NVwZ 1989, 654; NVwZ 1990, 57.
[3] Vgl. BVerwG, NVwZ 1989, 654 (654 f.); *Hufen*, Verwaltungsprozessrecht, 11. Aufl. 2019, § 19 Rn. 33.

Klausurtipp: Diese ungeschriebene Einschränkung der Antragsberechtigung von Behörden wird teils bei der Klagebefugnis, teils beim Rechtschutzinteresse verortet.

2. Antragsbefugnis als juristische Person

a) Mögliche Verletzung von subjektiven Rechten des Antragstellers

Die N könnte jedoch nach § 47 Abs. 2 S. 1 Hs. 1 VwGO antragsbefugt sein. Danach ist jede juristische Person, die geltend macht, durch die Rechtsvorschrift oder deren Anwendung in ihren Rechten verletzt zu sein oder in absehbarer Zeit verletzt zu werden, antragsbefugt. Zu prüfen ist somit, ob hier Rechtspositionen der N möglicherweise verletzt sind.

Vertiefung: Während die Antragsbefugnis natürlicher oder juristischer Personen früher lediglich einen möglichen Nachteil voraussetzte, verlangt § 47 Abs. 2 S. 1 VwGO seit 1997 – in Anlehnung an § 42 Abs. 2 VwGO – die Geltendmachung einer möglichen Verletzung in subjektiv-öffentlichen Rechten, ohne dass damit freilich eine erkennbare sachliche Verschärfung eingetreten wäre. Das beruht vor allem darauf, dass die Rspr. ein aus § 1 Abs. 7 BauGB folgendes subjektiv-öffentliches Recht auf fehlerfreie Abwägung eines eigenen (privaten), in der konkreten Planungssituation städtebaulich relevanten Belangs anerkennt, so dass die hinreichend substantiierte Darlegung der Möglichkeit der fehlerhaften Abwägung eines solchen eigenen – nicht geringfügigen und schutzwürdigen – privaten Belangs für die Begründung der Antragsbefugnis hinreicht (BVerwGE 107, 215 [220 ff.]; OVG NRW, NVwZ 2005, 1201 [1202]).

a) § 4 Abs. 2 S. 1 BauGB

Die Antragsbefugnis könnte zunächst schon aus einer möglichen Verletzung von Vorschriften über das Verfahren zur Aufstellung eines Bebauungsplans, nämlich einem Verstoß gegen § 4 Abs. 2 S. 1 BauGB wegen der Nichtbeteiligung der N an der förmlichen Behördenbeteiligung folgen. Eine Verletzung dieser Vorschrift erscheint möglich. Fraglich ist jedoch, ob dieser Verfahrensvorschrift subjektive Rechte der N zu entnehmen sind. Nach der h.M. dienen die Verfahrensvorschriften des BauGB lediglich im öffentlichen Interesse der Informationsgewinnung der Behörden, so dass sie kein subjektives Recht begründen. Anderes soll nur gelten können, wo Verfahrensregelungen dem betroffenen Bürger in spezifischer Weise und unabhängig vom materiellen Recht eine eigene, selbstständig durchsetzbare verfahrensrechtliche Rechtsposition gewähren sollen.[4] Danach kann insbesondere den Regelungen über die Öffentlichkeitsbeteiligung nachbarschützende Wirkung zuerkannt werden. Für die Regelung über die förmliche Beteiligung von Behörden und Trägern öffentlicher Belange kommt hingegen die Annahme eines Drittschutzes nicht in Betracht.

---

[4] OVG NRW, NWVBl. 1993, 179 (179).

b) Entwicklungsgebot (§ 8 Abs. 2 S. 1 BauGB)

Weiter könnte die Antragsbefugnis aus einer möglichen Verletzung des sog. Entwicklungsgebots (§ 8 Abs. 2 S. 1 BauGB) folgen. Ein Verstoß gegen dieses Gebot erscheint möglich, weil der Bebauungsplan mit der Festsetzung eines Sondergebiets „Großflächiger Einzelhandel" durch die Inanspruchnahme einer im Flächennutzungsplan als gewerbliche Baufläche dargestellten Teilfläche von der räumlichen Abgrenzung der Bauflächen im Flächennutzungsplan abweicht. Jedoch fehlt es auch hier an der drittschützenden Wirkung der Norm, so dass die Antragsbefugnis hierauf nicht gestützt werden kann.

c) § 2 Abs. 2 S. 1 BauGB

Die Antragsbefugnis der N könnte sich jedoch aus einer möglichen Verletzung in einem subjektiven Recht aus § 2 Abs. 2 S. 1 BauGB ergeben.

Das setzt zunächst voraus, dass ein Verstoß gegen § 2 Abs. 2 S. 1 BauGB nicht ausgeschlossen ist. Das sog. interkommunale Abstimmungsgebot des § 2 Abs. 2 S. 1 BauGB, das sich als eine besondere Ausprägung des Abwägungsgebots darstellt, ist verletzt, wenn ein Bebauungsplan nicht die gebotene planerische Rücksichtnahme auf berechtigte Interessen von Nachbargemeinden walten lässt. Eine mögliche Verletzung der Rechte benachbarter Kommunen, die auf einem qualifizierten Abstimmungsbedarf beruhen, soll sich bei der Planung großflächiger Einzelhandelsvorhaben und Einkaufzentren bereits unmittelbar aus der Regelung des § 11 Abs. 3 BauNVO ergeben,[5] weil diese Bestimmung zum Ausdruck bringt, dass Einkaufszentren und sonstige großflächige Einzelhandelsbetriebe unter den dort genannten Voraussetzungen regelmäßig geeignet sind, Nachbargemeinden in gewichtiger Weise zu beeinträchtigen; als mögliche Beeinträchtigungen nennt § 11 Abs. 3 S. 2 BauNVO beispielhaft nachteilige Auswirkungen auf die Versorgung der Bevölkerung im Einzugsbereich des jeweiligen Betriebs sowie auf die Entwicklung zentraler Versorgungsbereiche in der Gemeinde oder in anderen Gemeinden.[6] Danach ist auch hier die Verletzung der N in ihrem Recht aus § 2 Abs. 2 S. 1 BauGB nicht ausgeschlossen.

Das möglicherweise verletzte interkommunale Abstimmungsgebot entfaltet darüber hinaus, da es gerade den Interessen der Nachbargemeinden zu dienen bestimmt ist, zu ihren Gunsten drittschützende Wirkung.[7]

Die N kann somit eine mögliche Verletzung von § 2 Abs. 2 S. 1 BauGB als subjektives Recht rügen.

d) Abwägungsgebot (§ 1 Abs. 7 BauGB)

Schließlich könnte die Antragsbefugnis sich auch aus einer möglichen Verletzung des Abwägungsgebots nach § 1 Abs. 7 BauGB ergeben. Da sich jedoch das interkommunale Abstimmungsgebot des § 2 Abs. 2 BauGB als eine besondere Ausprägung des allgemeinen Abwägungsgebots darstellt,[8] kommt für die Geltendmachung nachbargemeindlicher Interessen eine Berufung hierauf nicht in Betracht. Die Nachbargemeinde N kann somit nicht die Verletzung von § 1 Abs. 7 BauGB rügen und ist allein wegen der möglichen Verletzung von § 2 Abs. 2 S. 1 BauGB antragsbefugt.

---

[5] Vgl. dazu BVerwG, NVwZ 2003, 86.
[6] Vgl. OVG NRW, NVwZ 2005, 1201 (1202).
[7] Vgl. BVerwGE 84, 209 (214 f.); 117, 25 (33); OVG NRW, NVwZ 2005, 1201 (1202); BauR 2014, 221 (222).
[8] OVG NRW, BauR 2014, 221 (224).

Vertiefung: Nach dem zum 1. Januar 2007 eingeführten § 47 Abs. 2a VwGO a.F. war ein (u. a.) gegen einen Bebauungsplan gerichteter Normenkontrollantrag unzulässig, wenn die ortsübliche Bekanntmachung ordnungsgemäß erfolgt und auf diese Rechtsfolge hingewiesen worden war und wenn der Antragsteller nur Einwendungen geltend machte, die er im Rahmen der Öffentlichkeitsbeteiligung nach §§ 3 Abs. 2, 13 Abs. 2 Nr. 2, 13a Abs. 2 Nr. 1 BauGB hätte geltend machen können, aber nicht oder nur verspätet geltend gemacht hatte. Diese Präklusionsvorschrift ist mit Wirkung zum 2. Juni 2017 aufgehoben worden.

V. Beteiligten- und Prozessfähigkeit

Die N ist nach § 47 Abs. 2 S. 1 VwGO beteiligtenfähig. Die Stadt S ist als die Körperschaft, die die Rechtsvorschrift erlassen hat, nach § 47 Abs. 2 S. 2 VwGO beteiligtenfähig.

Die Beteiligten müssen sich im Verfahren vor dem Oberverwaltungsgericht nach § 67 Abs. 4 S. 1 VwGO durch Prozessbevollmächtigte vertreten lassen, die nach § 67 Abs. 4 S. 4 VwGO jedoch auch Beschäftigte der Gemeinde sein können, sofern sie die Befähigung zum Richteramt haben.

VI. Zuständiges Gericht

Zuständiges Gericht ist nach § 47 Abs. 1 VwGO i.V.m. § 109a JustG NRW das Oberverwaltungsgericht Münster.

VII. Antragsfrist und Form

Nach § 47 Abs. 2 S. 1 VwGO ist der Antrag binnen eines Jahres nach Bekanntmachung zu stellen. Diese Jahresfrist kann hier noch eingehalten werden.

Vertiefung: Anstelle der 1997 eingeführten Antragsfrist von zwei Jahren besteht seit dem 1. Januar 2007 für den Normenkontrollantrag eine Antragsfrist von einem Jahr ab Bekanntmachung, die mit der Rügefrist in § 215 BauGB korrespondiert (vgl. ÖffR NRW, § 4 Rn. 113).

Der Normenkontrollantrag ist nach § 81 Abs. 1 S. 1 VwGO schriftlich beim OVG Münster zu erheben.

VIII. Rechtsschutzbedürfnis

Für ein Fehlen des Rechtsschutzbedürfnisses bestehen keine Anhaltspunkte.

Ein Normenkontrollantrag der Nachbargemeinde N gegen den Bebauungsplan der Stadt S wäre vor dem OVG Münster zulässig.

B. Begründetheit

Der Normenkontrollantrag der N ist nach § 47 Abs. 5 VwGO begründet, wenn der angegriffene Bebauungsplan der Stadt S formell oder materiell rechtswidrig ist und der Fehler auch beachtlich ist.

> **Vertiefung:** Als objektives Kontrollverfahren ist das Normenkontrollverfahren nach § 47 VwGO – anders als etwa die Anfechtungsklage (vgl. §§ 42 Abs. 1 und 2, 113 Abs. 1 S. 1 VwGO) – nicht allein auf die Überprüfung der Verletzung subjektiver Rechte des Antragstellers beschränkt. Der Prüfungsumfang erstreckt sich vielmehr auf alle formellen oder materiellen Fehler des Bebauungsplans.

I. Formelle Rechtmäßigkeit

Der hier angegriffene Bebauungsplan der Stadt S könnte bereits formell rechtswidrig sein.

1. Zuständigkeit

Die Zuständigkeit für die Aufstellung von Bebauungsplänen ist zunächst im Hinblick auf die sog. Verbandskompetenz der Gemeinde festzustellen. Diese folgt aus § 2 Abs. 1 S. 1 BauGB.
Innerhalb der Gemeinde ergibt sich die sog. Organkompetenz des Rates für den Beschluss über den Bebauungsplan aus § 41 Abs. 1 S. 2 lit. g GO NRW.

2. Verfahren

a) Frühzeitige Öffentlichkeits- und Behördenbeteiligung (§§ 3 Abs. 1, 4 Abs. 1 BauGB)

Die frühzeitige Öffentlichkeitsbeteiligung nach § 3 Abs. 1 S. 1 BauGB ist ebenso wie die frühzeitige Behördenbeteiligung nach § 4 Abs. 1 S. 1 BauGB ordnungsgemäß vorgenommen worden.

b) Förmliche Öffentlichkeitsbeteiligung (§ 3 Abs. 2 BauGB)

Auch die in §§ 3 Abs. 2 BauGB vorgeschriebene förmliche Öffentlichkeitsbeteiligung, an der auch die Nachbarstadt N als Trägerin eigener Rechte aus Art. 28 Abs. 2 GG zu beteiligen war,[9] ist – soweit aus dem Sachverhalt ersichtlich – ordnungsgemäß durchgeführt worden.

c) Förmliche Behördenbeteiligung (§ 4 Abs. 2 BauGB)

Ein Verfahrensfehler könnte jedoch darin liegen, dass im Rahmen des nach § 4 Abs. 2 S. 1 BauGB vorgeschriebenen Verfahrens der förmlichen Behördenbeteiligung die S keine Stellungnahme der N eingeholt hat. Die Nachbargemeinde N ist nicht nur Trägerin eigener Rechte, sondern zugleich auch Trägerin öffentlicher Belange,[10] deren

---

[9] OVG NRW, NVwZ 2005, 1201 (1202).
[10] *Battis*, in: Battis/Krautzberger/Löhr, BauGB, 14. Aufl. 2019, § 2 Rn. 22.

Aufgabenbereich hier durch die fragliche Bauleitplanung der S berührt werden kann. In der Nichtbeteiligung der N liegt daher ein Verstoß gegen § 4 Abs. 2 S. 1 BauGB.

Dieser Verstoß könnte jedoch nach § 214 Abs. 1 S. 1 BauGB unbeachtlich sein. Danach ist ein Verstoß gegen Verfahrens- oder Formvorschriften des BauGB für die Rechtswirksamkeit eines Bebauungsplans nur beachtlich, soweit dies in § 214 Abs. 1 S. 1 Nr. 1 bis 4 BauGB angeordnet ist. Die Regelung ist, da der hier verletzte § 4 Abs. 2 S. 1 BauGB Verfahrensvorschrift des BauGB ist, einschlägig. Ein Verstoß gegen § 4 Abs. 2 BauGB ist nach § 214 Abs. 1 S. 1 Nr. 2 BauGB grundsätzlich beachtlich; jedoch soll der in der Nichtbeteiligung einzelner Träger öffentlicher Belange liegende Verstoß u.a. dann unbeachtlich sein, wenn die entsprechen Belange in der Entscheidung berücksichtigt worden sind. Das ist, da die Auswirkungen auf die N bei der Beschlussfassung über den Bebauungsplan Berücksichtigung gefunden haben, der Fall gewesen. Dieser Verfahrensverstoß ist daher gemäß § 214 Abs. 1 S. 1 Nr. 2 BauGB für die Rechtswirksamkeit des Bebauungsplans unbeachtlich.

d) Ordnungsgemäßer Ratsbeschluss

Auch die Beschlussfassung über den Bebauungsplan, für die insbesondere die einschlägigen Regelungen der GO NRW maßgeblich sind, ist laut Sachverhalt formell fehlerfrei gewesen.

e) Sonstige formell-rechtliche Anforderungen

Hinsichtlich sonstiger formell-rechtlicher Anforderungen an den Bebauungsplan, etwa im Hinblick auf Form und Begründung (§ 9 Abs. 8 BauGB), das Anzeigeverfahren, die Ausfertigung und ortsübliche Bekanntmachung, bestehen keine Bedenken.

II. Materielle Rechtmäßigkeit

1. Erforderlichkeit (§ 1 Abs. 3 BauGB)

Zunächst müsste dem Erfordernis der Planrechtfertigung gemäß § 1 Abs. 3 BauGB genüge getan worden sein. Das ist der Fall, wenn hinreichende städtebauliche Belange erkennbar sind, die für den Erlass des Bebauungsplans sprechen. Da es hier um die Wiedernutzbarmachung eines brachliegenden Grundstücks, also die Erneuerung, Fortentwicklung, Anpassung und den Umbau eines vorhandenen Ortsteils (vgl. § 1 Abs. 6 Nr. 4 BauGB) und weiter um Belange der Wirtschaft im Interesse einer verbrauchernahen Versorgung der Bevölkerung und der Erhaltung, Sicherung und Schaffung von Arbeitsplätzen (vgl. § 1 Abs. 6 Nr. 8 lit. a und c BauGB) geht, ist der Bebauungsplan in diesem Sinne erforderlich.

2. Beachtung der strikt zu beachtenden Planungsleitsätze

Anhaltspunkte dafür, dass strikt zu beachtende Planungsleitsätze[11] wie die Gebote konkreter und positiver Planung missachtet wären, gibt es nicht.

3. Zulässigkeit und hinreichende Bestimmtheit der Festsetzungen

Festsetzungen in Bebauungsplänen sind nur zulässig, soweit sie sich auf eine gesetzliche Ermächtigung durch den Katalog zulässiger Festsetzungen in § 9 Abs. 1 bis 4 BauGB stützen können.

---

[11] Vgl. ÖffR NRW, § 4 Rn. 56 ff.

Für die Zufahrtsstraßenplanung ergibt sich diese Ermächtigung aus § 9 Abs. 1 Nr. 11 BauGB, wonach Verkehrsflächen festgesetzt, also auch Straßenplanungen vorgenommen werden können.

Näherer Untersuchung bedarf die Zulässigkeit der Festsetzungen bzgl. des „Sondergebiets großflächiger Einzelhandel". Es handelt sich insoweit um Festsetzungen von Art und auch Maß der baulichen Nutzung i. S. v. § 9 Abs. 1 Nr. 1 BauGB, deren Zulässigkeit durch die auf § 9a BauGB beruhende BauNVO näher bestimmt wird. Für die – die Art der Nutzung betreffende – Sondergebietsfestsetzung kommt, da § 10 BauNVO sich auf der Erholung dienende Sondergebiete beschränkt und darum hier nicht einschlägig ist, allein § 11 BauNVO in Betracht. Voraussetzung für die Festsetzung eines sonstigen Sondergebietes ist, dass das geplante Sondergebiet sich von anderen Baugebieten nach den §§ 2 bis 10 BauNVO wesentlich unterscheidet.[12] Nach der beispielhaften Aufzählung in § 11 Abs. 2 S. 2 BauNVO kommen insbesondere Sondergebiete für Einkaufszentren und großflächige Handelsbetriebe in Betracht. Konkretisierend regelt § 11 Abs. 3 BauNVO, dass großflächige Einzelhandelsbetriebe – außer in Kerngebieten – nur in für sie festgesetzten Sondergebieten zulässig sind, sofern sie sich auf die Verwirklichung der Ziele der Raumordnung und Landesplanung oder auf die städtebauliche Entwicklung und Ordnung nicht nur unwesentlich auswirken (§ 11 Abs. 3 S. 1 Nr. 2 BauNVO); für diese Auswirkungen besteht nach § 11 Abs. 3 S. 3 BauNVO eine (widerlegliche) Regelvermutung hinsichtlich Betrieben mit einer Geschossfläche von mehr als 1200 m² und einer Verkaufsfläche von mehr als 800 m². Soll – wie hier – ein Gebiet für eine großflächige Einzelhandelsnutzung mit einer maximalen Verkaufsfläche von 15.000 m² vorgesehen werden, ist danach die Festsetzung eines Sondergebiets nach § 11 BauNVO, sofern kein Kerngebiet in Betracht kommt, zwingend und zulässig. Mit der Festsetzung eines „Sondergebiets großflächiger Einzelhandel" ist auch die Anforderung des § 11 Abs. 2 S. 1 BauNVO, die Zweckbestimmung und die Art der Nutzung im Bebauungsplan mit hinreichender Bestimmtheit festzusetzen, erfüllt. Dabei ist es auch zulässig, die Art der baulichen Nutzung durch nach Quadratmetergrenzen bestimmte Regelungen über die höchstzulässige Verkaufs- oder Geschoßfläche, die nicht etwa – unzulässige – Regelungen des Maßes der baulichen Nutzung sind, zu konkretisieren.[13] Hinsichtlich der Festsetzungen über die Art der baulichen Nutzung ist der Bebauungsplan folglich nicht zu beanstanden. Auch mit Blick auf die Festsetzungen über das Maß der baulichen Nutzung (vgl. §§ 16 ff. BauNVO) bestehen keine Bedenken.

4. Verhältnis zum Flächennutzungsplan (§ 8 Abs. 2 BauGB)

Der Bebauungsplan könnte jedoch gegen das sog. Entwicklungsgebot (§ 8 Abs. 2 S. 1 BauGB) verstoßen. Danach ist ein Bebauungsplan aus dem Flächennutzungsplan zu entwickeln. „Entwickeln" bedeutet, dass der Bebauungsplan durch seine Festsetzungen die zu Grunde liegenden Darstellungen des Flächennutzungsplans konkreter ausgestaltet und damit zugleich verdeutlicht.[14] Zu den dabei zu beachtenden Darstellungen gehört gerade auch die Zuordnung der einzelnen Bauflächen zueinander und zu den von Bebauung freizuhaltenden Gebieten.[15] Danach könnte hier ein Verstoß gegen das Entwicklungsgebot vorliegen, weil der Bebauungsplan die im Flächennutzungsplan

---

[12] NdsOVG, BauR 2002, 447 (448).
[13] Vgl. BVerwG, NVwZ 1990, 1071 (1173).
[14] Vgl. BVerwGE 48, 70 (73 ff.); 56, 283 (285 f.).
[15] Vgl. BVerwGE 48, 70 (75).

vorgegebene räumliche Abgrenzung von gewerblicher und Sonderbaufläche verschiebt, indem er ein Sondergebiet teilweise auch für ein als gewerbliche Baufläche dargestelltes Gebiet festsetzt. Diese Festsetzung entspricht in der Sache nicht der Eigenart der gewerblichen Baufläche i.S.v. § 1 Abs. 1 Nr. 3 BauNVO, die allein durch gewerbliche Nutzungen, wie sie sich insbesondere in Gewerbe- und Industriegebieten (§§ 8, 9 BauNVO) finden, geprägt wird.[16] Die im Bebauungsplan vorgenommene Konkretisierung schließt jedoch Abweichungen von vorgegebenen Darstellungen des Flächennutzungsplans nicht aus, solange sie sich aus dem Übergang in eine konkretere Planungsstufe rechtfertigen und die Grundkonzeption des Flächennutzungsplans – bezogen auf den engeren Bereich des fraglichen Bebauungsplangebiets – unberührt lassen.[17] Unter diesen Voraussetzungen muss ein Bebauungsplan sich deshalb auch nicht notwendig strikt an die im Flächennutzungsplan dargestellten räumlichen Grenzen halten.[18] Für die Wahrung der Grundkonzeption spricht im vorliegenden Fall zunächst der Umstand, dass die Abweichung nur eine Teilfläche von untergeordneter Größe erfasst. Hinzu kommt, dass in der Umgebung dieser Teilfläche sich – zulässigerweise – eine Einzelhandelsnutzung entwickelt hat, die mit der im Bebauungsplan vorgesehenen großflächigen Einzelhandelsnutzung verwandt und mit ihr verträglich erscheint. Danach liegt hier ein Verstoß gegen das Entwicklungsgebot nicht vor.

Vertiefung: Angesichts der notwendig unvollständigen Schilderung im Sachverhalt erscheint es nicht unvertretbar, auch einen Verstoß gegen § 8 Abs. 2 S. 1 BauGB anzunehmen. Ein solcher Verstoß könnte dann jedoch nach § 214 Abs. 2 Nr. 2 BauGB unbeachtlich sein, sofern hierdurch die sich aus dem Flächennutzungsplan ergebende geordnete städtebauliche Entwicklung nicht beeinträchtigt worden ist. Daraus ergibt sich, dass eine Verletzung des Entwicklungsgebots rechtlich nicht gleichbedeutend mit einer Beeinträchtigung der sich aus dem Flächennutzungsplan ergebenden geordneten städtebaulichen Entwicklung ist; vielmehr sollen aus Gründen der Planerhaltung Abweichungen des Bebauungsplans von dem Flächennutzungsplan in einer Größenordnung, die keine Auswirkungen auf das städtebauliche Gesamtkonzept des Flächennutzungsplans haben, unbeachtlich sein. Für diese Frage ist nicht auf den engeren Bereich des Bebauungsplangebiets abzustellen, sondern die planerische Konzeption des Flächennutzungsplans für den größeren Raum, d.h. für das gesamte Gemeindegebiet oder einen über das Bebauungsplangebiet hinausreichenden Ortsteil in den Blick zu nehmen und zu fragen, ob die über den Bereich des Bebauungsplans hinausgehenden, übergeordneten Darstellungen des Flächennutzungsplans beeinträchtigt werden; maßgeblich ist, ob der Flächennutzungsplan seine Bedeutung als kommunales Steuerungsinstrument der städtebaulichen Entwicklung „im Großen und Ganzen" behalten oder verloren hat (BVerwG, NVwZ 2000, 197 [198]). Jedenfalls für eine solche Beeinträchtigung der übergeordneten städtebaulichen Steuerungsfunktion des Flächennutzungsplans gibt es hier keine Anhaltspunkte.

---

[16] Vgl. *Söfker*, in: Ernst/Zinkahn/Bielenberg/Krautzberger, BauGB (Stand: Februar 2018), § 1 BauNVO Rn. 35.

[17] BVerwG, NVwZ 2000, 197 (198).

[18] Vgl. BVerwGE 48, 70 (72 ff.); BauR 1979, 206 (208); NVwZ 2000, 197 (198); OVG NRW, BauR 2000, 358 (359).

5. Beachtung des interkommunalen Abstimmungsgebotes

Der Bebauungsplan könnte gegen das interkommunale Abstimmungsgebot aus § 2 Abs. 2 S. 1 BauGB verstoßen. Es verlangt, dass – wenn benachbarte Gemeinden sich objektiv in einer Konkurrenzsituation befinden – keine von ihrer Planungshoheit rücksichtslos zum Nachteil der anderen Gebrauch macht. Vielmehr sind eine Koordination und ein Interessenausgleich zwischen den Gemeinden notwendig.

> **Vertiefung:** Die Vorschrift betrifft das materielle Verhältnis der Bauleitplanungen benachbarter Gemeinden zueinander. Sie dient dem Schutz des in Art. 28 Abs. 2 S. 1 GG gewährleisteten gemeindlichen Selbstverwaltungsrechts, das dem Interesse der Nachbargemeinde, vor Nachteilen bewahrt zu werden, besonderes Gewicht verleiht. Ihr liegt die Vorstellung zugrunde, dass benachbarte Gemeinden sich mit ihrer Planungsbefugnis im Verhältnis der Gleichordnung gegenüber stehen.
> Das Gebot des § 2 Abs. 2 S. 1 BauGB steht in engem sachlichen Zusammenhang mit § 1 Abs. 7 BauGB; das interkommunale Abstimmungsgebot stellt sich als eine besondere Ausprägung des Abwägungsgebots dar (vgl. BVerwGE 117, 25 [32]; OVG NRW, NVwZ 2005, 1201 [1203]).

Ein Verstoß gegen das kommunale Abstimmungsgebot könnte hier allein in den Auswirkungen der Bebauungsplanung der S auf den Einzelhandel der N begründet sein. Dass solche Auswirkungen auf den Einzelhandel von Nachbarstädten beachtenswerte und zu berücksichtigende Belange sein können, verdeutlichen bereits §§ 1 Abs. 6 Nr. 8 lit. a, 2 Abs. 2 S. 2 BauGB, 11 Abs. 3 BauNVO, die die Beachtung der Auswirkungen auf den Versorgungshandel – auch übergemeindlich – vorschreiben. Städtebaulich geht es jedoch nicht um rein wettbewerbliche bzw. wirtschaftliche Auswirkungen; das interkommunale Abstimmungsgebot schützt nicht, wie die N mit dem bloßen Hinweis auf Umsatzeinbußen geltend macht, den in der Nachbargemeinde vorhandenen Einzelhandel vor Konkurrenz. Vielmehr schützt das BauGB nur die Nachbargemeinde als Selbstverwaltungskörperschaft und Trägerin eigener Planungshoheit; die befürchteten Auswirkungen müssen sich folglich auf die städtebauliche Ordnung und Entwicklung in der Nachbargemeinde beziehen.[19] Solche nachteiligen Auswirkungen auf die städtebauliche Ordnung und Entwicklung in der Nachbargemeinde können etwa eintreten, wenn eine Schädigung des Einzelhandels in der Nachbargemeinde die verbrauchernahe Versorgung der dortigen Bevölkerung in Frage stellt oder die Zentrenstruktur der Nachbargemeinde nachteilig verändert.[20] Die städtebauliche Relevanzschwelle ist daher erst dann überschritten, wenn ein Umschlag von rein wirtschaftlichen zu städtebaulichen Auswirkungen stattzufinden droht. Als ein wesentlicher Indikator hierfür kann der Abfluss bisher in der Nachbargemeinde absorbierter Kaufkraft, der typischerweise die Kerngröße für die Ermittlung der Intensität der Belastung der Nachbarkommunen ist, herangezogen werden. Die Bandbreite der angenommenen Werte für die städtebauliche Relevanzschwelle reicht in der Rechtsprechung von mindestens 10 Prozent über 10 bis 20 Prozent bis hin zu etwa 30 Prozent, doch ist die Tendenz erkennbar, erst Umsatzverluste ab einer Größenordnung von 10 Prozent als

---

[19] Vgl. BVerwG, NVwZ 1995, 266 (267); OVG NRW, NVwZ 2005, 1201 (1203).
[20] OVG NRW, NVwZ 2005, 1201 (1203).

gewichtig anzusehen.[21] Auch wenn ungeklärt ist, ob ein Schwellenwert von 10 Prozent für alle Fallkonstellationen gelten kann, sind danach jedenfalls dann städtebaulich relevante Beeinträchtigungen nicht zu befürchten, wenn der Kaufkraftabfluss nach einem methodisch und sachlich einwandfreien Einzelhandelsgutachten unter 5 Prozent bleibt. Da im vorliegenden Fall durch ein zutreffendes Gutachten ein Kaufkraftabfluss aus N von 4 Prozent prognostiziert wird, ist demnach von städtebaulich relevanten Auswirkungen auf N nicht auszugehen.

Das interkommunale Abstimmungsgebot ist daher nicht verletzt.

6. Abwägungsgebot (§ 1 Abs. 7 BauGB)

Dass im Übrigen das Gebot des § 1 Abs. 7 BauGB, die betroffenen öffentlichen und privaten Belange gegeneinander und untereinander gerecht abzuwägen, beachtet worden ist, ergibt sich aus dem Sachverhalt.

Der Bebauungsplan der Stadt S ist somit auch materiell rechtmäßig.

Ein hiergegen gerichteter Normenkontrollantrag der N wäre danach zwar zulässig, aber unbegründet.

Weiterführende Klausurentipps: Einkaufszentren und großflächige Einzelhandelsbetriebe gelten als ein spezifisches städtebauliches Problem und sind deshalb speziellen Regelungen unterworfen worden. In beplanten Gebieten (§ 30 BauGB) ist zu beachten, dass sie nach näherer Maßgabe von § 11 Abs. 3 BauNVO außer in Kerngebieten nur in für sie festgesetzten Sondergebieten i. S. v. § 11 BauNVO zulässig sind, also nicht als Einzelhandels- oder Gewerbebetriebe in sonstigen Gebieten, z. B. Gewerbegebieten, zulässig sind. Im unbeplanten Innenbereich (§ 34 BauGB) ist die besondere Regelung des § 34 Abs. 3 BauGB zu beachten, die über das Einfügen in die nähere Umgebung hinaus auch Fernwirkungen auf zentrale Versorgungsbereiche für beachtlich erklärt.

---

[21] Vgl. OVG NRW, NVwZ 2005, 1201 (1203 ff.); BauR 2014, 221 (225).

Fall 23: „Gemeindezentrum mit angeschlossener Pension"

> **Behandelte Themen:** Einstweiliger Nachbarrechtsschutz – Einfügen in die Eigenart der näheren Umgebung nach der Art der Nutzung – Abstandsfläche – Baulast – Bauvorbescheid – Widerruf eines Bauvorbescheids – Veränderungssperre

Sachverhalt

Die im Gebiet der nordrhein-westfälischen kreisfreien Stadt S ansässige, als eingetragener Verein organisierte Religionsgemeinschaft R plant zur Erweiterung ihres Gemeindelebens ein Gemeindezentrum einzurichten, das Gläubigen aus ganz Nordrhein-Westfalen zur Verfügung stehen soll. Zu diesem Zweck hat sie ein Grundstück an der A-Straße in S erworben, auf dem sich ein leer stehendes Wohnhaus befindet. Die A-Straße befindet sich in einem dem Innenbereich der Stadt S zuzuordnenden Gebiet, für das ein Bebauungsplan nicht existiert. In der näheren Umgebung befinden sich zwei- und dreigeschossige Wohnhäuser.

Das auf dem von R erworbenen Grundstück befindliche Wohnhaus wurde im Jahr 1960 errichtet. Dabei wurde bei der Errichtung der westlichen Hauswand der zum östlichen Nachbargrundstück erforderliche Grenzabstand von drei Metern um einen Meter unterschritten. Aus diesem Grund hatte der Rechtsvorgänger des heutigen Eigentümers N des Nachbargrundstückes seinerzeit eine Baulast zugunsten des nachbarlichen Grundstücks bewilligt; in der Bewilligungserklärung, auf die im Baulastenverzeichnis verwiesen wird, hieß es, dass die Baulast für die Errichtung des Wohnhauses auf dem Nachbargrundstück bewilligt werde.

R beantragt nunmehr beim Oberbürgermeister von S, ihr die Genehmigung zur Nutzungsänderung des Erdgeschosses des von ihr erworbenen Wohnhauses in ein religiöses Gemeindezentrum zu erteilen; ferner beantragt sie, hiermit einhergehende bauliche Veränderungen zu genehmigen, bei denen die Außenwände des Gebäudes allerdings nicht verändert werden sollen. Der Oberbürgermeister erteilt mit Bescheid vom 7. Januar 2020 die begehrte Genehmigung. In der Begründung heißt es unter anderem, der Grenzabstand des Gebäudes der R müsse zwar – was zutrifft – nach § 6 Abs. 5 BauO NRW drei Meter betragen; N müsse sich aber die von seinem Rechtsvorgänger bewilligte Baulast entgegenhalten lassen, so dass die von R beantragte Nutzungsänderung zu genehmigen sei.

Als R am 10. März 2020 mit den Bauarbeiten beginnt, erfährt auch N von der erteilten Baugenehmigung. Er ist hierüber empört und meint, ein religiöses Gemeindezentrum passe nicht in das sonst so ruhige Wohngebiet. Außerdem habe er für das Zentrum keine Baulast bewilligt, und für eine Befreiung von den Vorschriften über die Abstandsflächen sei kein Raum. Er möchte daher so schnell wie möglich gegen die Baugenehmigung vorgehen, damit R nicht vollendete Tatsachen schaffen kann.

Frage 1:

Was ist N zu raten?

R hat auf einem nahegelegenen Grundstück in demselben Wohngebiet ein weiteres Wohnhaus erworben und plant, dieses in eine kleine Pension für ihre auswärtigen Mitglieder umzuwandeln. Hierfür erteilt ihr der Oberbürgermeister von S zunächst am 10. März 2020 einen Bauvorbescheid, in dem festgestellt wird, dass das Vorhaben der R bauplanungsrechtlich zulässig ist. Nachdem dies bekannt geworden ist, kommt es zu einer kontroversen Diskussion im Stadtrat. Die Gegner der R setzen sich dort schließlich durch, so dass der Stadtrat am 1. April 2020 – formell ordnungsgemäß – beschließt, für das fragliche Gebiet einen Bebauungsplan aufzustellen, der unter anderem vorsehen soll, dass Beherbergungsbetriebe dort unzulässig sein sollen. Zugleich wird für das Gebiet des künftigen Bebauungsplans – ebenfalls formell ordnungsgemäß – eine Veränderungssperre beschlossen, die Vorhaben im Sinne von § 29 BauGB für unzulässig erklärt.

Angesichts dieser Beschlussfassung im Stadtrat, mit Rücksicht auf die schützenswerte Eigenart des Gebiets, möchte der Oberbürgermeister auch den der R bereits erteilten Bauvorbescheid wieder aufheben.

Frage 2:
Wäre eine Aufhebung dieses Bauvorbescheids materiell rechtmäßig?

Gliederung

Lösungsvorschlag

Frage 1: Gutachten zum Vorgehen des N

N geht es um ein möglichst schnelles Vorgehen gegen die der R erteilte Baugenehmigung. Die Erhebung einer Anfechtungsklage wäre zwar möglich, führte allein jedoch nicht zu dem gewünschten schnellen Erfolg des N. Darüber hinaus hätte die Anfechtungsklage gegen die Baugenehmigung gemäß § 80 Abs. 2 S. 1 Nr. 3 VwGO i. V. m. § 212a Abs. 1 BauGB keine aufschiebende Wirkung, so dass R wie geplant mit dem Bau beginnen könnte. N wird daher die Möglichkeiten des vorläufigen Rechtsschutzes zu prüfen haben.

In Betracht kommt vor diesem Hintergrund ein Antrag nach §§ 80a Abs. 3, 80 Abs. 5 VwGO auf Anordnung der aufschiebenden Wirkung einer noch zu erhebenden Anfechtungsklage gegen die Baugenehmigung. Ein solcher ist erfolgreich, wenn er zulässig und begründet ist.

A. Zulässigkeit

I. Verwaltungsrechtsweg

Der Verwaltungsrechtsweg ist für den einstweiligen Rechtsschutz nach §§ 80a, 80 VwGO eröffnet, wenn dies auch im Hauptsacheverfahren der Fall ist. Vorliegend wendet sich N in der Hauptsache gegen eine dem Nachbarn erteilte Baugenehmigung. Hierfür ist eine aufdrängende Sonderzuweisung nicht einschlägig, jedoch liegt eine öffentlich-rechtliche Streitigkeit nichtverfassungsrechtlicher Art vor, so dass, da auch keine abdrängende Sonderzuweisung eingreift, der Verwaltungsrechtsweg nach § 40 Abs. 1 S. 1 VwGO eröffnet ist.

II. Statthafte Antragsart

Nach dem Begehren des N, das auf einstweiligen Rechtsschutz gegen den Vollzug der Baugenehmigung durch R gerichtet ist, kommt als statthafte Antragsart ein Antrag nach §§ 80a Abs. 3, 80 Abs. 5 VwGO in Betracht. Dieser Antrag ist statthaft und vor demjenigen nach § 123 VwGO vorrangig (vgl. § 123 Abs. 5 VwGO), wenn der Antragsteller die Anordnung oder Wiederherstellung der aufschiebenden Wirkung von Widerspruch oder Anfechtungsklage gegen einen Verwaltungsakt mit Doppelwirkung (vgl. § 80 Abs. 1 S. 2 VwGO) begehrt. Die Baugenehmigung begünstigt den Bauherrn, belastet aber den Nachbarn; es handelt sich daher um einen Verwaltungsakt mit Doppelwirkung nach § 80a Abs. 1 VwGO. Mit Blick auf eine hiergegen gerichtete Anfechtungsklage, die wegen § 212a Abs. 1 BauGB i. V. m. § 80 Abs. 2 S. 1 Nr. 3 VwGO keine aufschiebende Wirkung hat, begehrt N die Anordnung der aufschiebenden Wirkung. Der Antrag nach §§ 80a Abs. 3, 80 Abs. 5 VwGO ist statthaft.

Vertiefung: Für Konstellationen wie die vorliegende ist streitig, ob es sich um einen Antrag auf Aussetzung der Vollziehung nach §§ 80a Abs. 3 S. 1, Abs. 1 Nr. 2 VwGO oder – wohl vorzugswürdig – um einen Antrag auf Anordnung der aufschiebenden Wirkung nach §§ 80a Abs. 3 S. 2, 80 Abs. 5 S. 1 VwGO handelt (vgl. *Kopp/Schenke*, VwGO, 25. Aufl. 2019, § 80a Rn. 17). Dieser Streit ist jedoch eher akademischer und terminologischer Natur und für die Fallbearbeitung und die rechtliche Lösung hier ohne weitere Bedeutung.

III. Antragsbefugnis

N müsste analog § 42 Abs. 2 VwGO antragsbefugt sein. Dies ist er als Dritter, der sich gegen die einem anderen erteilte Baugenehmigung wendet, nur dann, wenn er die mögliche Verletzung dritt- oder nachbarschützender Normen durch die Baugenehmigung geltend machen kann.

Vertiefung: Für die dritt- oder nachbarschützende Wirkung einer Rechtsnorm ist nach der Schutznormtheorie grundsätzlich maßgeblich, ob eine Norm nicht nur dem Interesse der Allgemeinheit, sondern zumindest auch dem Interesse eines Personenkreises, der sich aus individualisierenden Merkmalen der Norm entnehmen lässt und von der Allgemeinheit unterscheidet, zu dienen bestimmt ist (vgl. ÖffR NRW, § 4 Rn. 314).

Eine mögliche Verletzung subjektiv-öffentlicher Rechte des N könnte zum einen mit Blick auf die von N gerügte Verletzung der Regelungen über die Abstandsflächen in § 6 BauO NRW gegeben sein. Für diese Regelungen ist, weil sie jedenfalls auch den Interessen der Nachbarn zu dienen bestimmt sind, anerkannt, dass sie drittschützenden Charakter haben.[1] Wegen der – nach dem Sachverhalt feststehenden – Unterschreitung der grundsätzlich vorgeschriebenen Abstandsfläche von drei Metern erscheint deren Verletzung auch nicht ausgeschlossen, so dass N sich insoweit auf eine drittschützende Norm (§ 6 BauO NRW) stützen kann.

Zum anderen könnte die Antragsbefugnis auch aus dem Einwand des N abzuleiten sein, das Gemeindezentrum sei bauplanungsrechtlich in dem fraglichen Gebiet unzulässig. In Betracht käme insoweit, da das Grundstück im unbeplanten Innenbereich liegt, ein Verstoß gegen Regelungen des § 34 BauGB, und zwar im Hinblick auf die zulässige Art der baulichen Nutzung; weil die Eigenart der näheren Umgebung einem in der BauNVO definierten Baugebiet, nämlich wegen der ausschließlichen Wohnnutzung dem reinen Wohngebiet entsprechen und mit den dafür einschlägigen Vorgaben des § 3 BauNVO nicht vereinbar sein könnte, erscheint es möglich, dass das Vorhaben insoweit gegen § 34 Abs. 2 BauGB i.V.m. den einschlägigen Regelungen der BauNVO verstößt. Die möglicherweise verletzte Regelung des § 34 Abs. 2 BauGB i.V.m. § 3 BauNVO müsste weiter auch nachbarschützend sein. Insoweit gilt zunächst, dass die im Rahmen von § 34 Abs. 2 BauGB heranzuziehenden Regelungen der BauNVO auch hier insoweit nachbarschützend sind, wie sie es in einem beplanten Baugebiet wären.[2] Weiterhin

---

[1] OVG NRW, NWVBl. 1994, 418 (420).
[2] BVerwG, DVBl. 1994, 284 (286).

begründen die Regelungen der BauNVO über die Art der baulichen Nutzung schon kraft Bundesrechts, ohne Rücksicht auf die Regelungsintention des Satzungsgebers, die nachbarschützende Wirkung der Festsetzung der zulässigen Art der baulichen Nutzung.[3] § 34 Abs. 2 BauGB i.V.m. § 3 BauNVO wirkt damit zugunsten der näheren Umgebung, also auch zugunsten des N nachbarschützend.

N ist daher wegen der möglichen Verletzung seiner Rechte sowohl aus § 6 BauO NRW wie auch aus § 34 Abs. 2 BauGB i.V.m. § 3 BauNVO antragsbefugt.

IV. Antragsgegner

Der Antrag ist analog § 78 Abs. 1 Nr. 1 VwGO gegen die Körperschaft zu richten, deren Behörde den angegriffenen Verwaltungsakt erlassen hat, hier also gegen S.

V. Beteiligten- und Prozessfähigkeit

Antragsteller N ist als natürliche Person nach § 61 Nr. 1 Alt. 1 VwGO beteiligten- und nach § 62 Abs. 1 Nr. 1 VwGO prozessfähig. S ist als juristische Person nach § 61 Nr. 1 Alt. 2 VwGO beteiligten- und gemäß § 62 Abs. 3 VwGO, vertreten durch den Oberbürgermeister, prozessfähig.

VI. Frist

Der Antrag nach §§ 80a, 80 Abs. 5 VwGO ist selbst nicht fristgebunden.

VII. Rechtsschutzbedürfnis

1. Erhebung des Hauptsacherechtsbehelfs

Der Antragsteller muss zunächst in der Hauptsache Widerspruch oder Anfechtungsklage erhoben haben. Dies wird zwar unter Verweis auf § 80 Abs. 5 S. 2 VwGO teilweise anders gesehen. Richtigerweise gilt die Norm aber dann nicht, wenn der betreffende Verwaltungsakt direkt mit der Anfechtungsklage anzugreifen, das Widerspruchsverfahren also nicht statthaft ist. Dies ist vorliegend wegen § 110 Abs. 1 S. 1, Abs. 3 S. 1 und 2 Nr. 7 JustG NRW i.V.m. § 68 Abs. 1 S. 2 Hs. 1 VwGO der Fall. Erhebt der Antragsteller nicht zugleich Anfechtungsklage, gibt es keinen Rechtsbehelf, dessen aufschiebende Wirkung das Gericht anordnen oder wiederherstellen könnte.

N ist daher zu raten, zeitgleich mit dem Antrag nach §§ 80a, 80 VwGO auch Anfechtungsklage gegen die der R erteilte Baugenehmigung zu erheben.

2. Keine offensichtliche Unzulässigkeit des Hauptsacherechtsbehelfs

Die von N zu erhebende Anfechtungsklage dürfte nicht offensichtlich unzulässig sein. Problematisch ist vorliegend allein die Einhaltung der Klagefrist gemäß § 74 Abs. 1 S. 2 VwGO. Diese beträgt einen Monat und beginnt mit der Bekanntgabe des anzufechtenden Verwaltungsaktes. Die von N im Hauptsacheverfahren anzufechtende Baugenehmigung ist ihm bisher nicht bekannt gegeben worden; folglich läuft für ihn auch keine Anfechtungsfrist. In Betracht zu ziehen ist allenfalls eine Verwirkung des

---

[3] Vgl. BVerwGE 94, 151 (155 ff.).

Abwehranspruches des N. Diese wird insbesondere von der Rechtsprechung dann angenommen, wenn der Kläger, obwohl er den Klagegrund bereits über einen längeren Zeitraum kannte, seine Klage erst zu einem Zeitpunkt erhebt, da der Beklagte mit einer Klage nicht mehr rechnen musste. Vor Ablauf der in § 58 Abs. 2 VwGO für fehlerhafte oder unterbliebene Rechtsbehelfsbelehrungen normierten Jahresfrist wird eine Verwirkung indes auch von der Rechtsprechung in der Regel nicht angenommen.[4] Diese ist, da R die Baugenehmigung erst im Januar 2020 erteilt wurde, im März 2020 noch nicht abgelaufen; N hat auch durch sein Verhalten nicht den Eindruck erweckt, dass er das Vorhaben der R hinnehmen werde, so dass auch insofern eine Verwirkung seines Klagerechts nicht eingetreten sein kann. Die von N in der Hauptsache zu erhebende Anfechtungsklage wäre damit nicht verfristet und nicht offensichtlich unzulässig.

3. Vorheriger Antrag bei der Behörde

Umstritten ist des Weiteren die Frage, ob der Antragsteller eines Verfahrens nach § 80a VwGO verpflichtet ist, nach §§ 80a Abs. 3 S. 2, 80 Abs. 6 VwGO zunächst einen Antrag bei der Behörde auf Anordnung der aufschiebenden Wirkung des Hauptsacherechtsbehelfs zu stellen. Dies wird von einem Teil der obergerichtlichen Rechtsprechung unter Verweis auf den Wortlaut des § 80a Abs. 3 S. 2 VwGO bejaht.[5] Nach der wohl überzeugenderen Gegenauffassung[6] bedarf es eines solchen Antrags nicht, da die Verweisung in § 80a Abs. 3 S. 2 VwGO ein Redaktionsversehen und als Rechtsgrundverweisung zu verstehen sei; danach bedarf es zwingend eines vorherigen Antrages nur im Falle der Anforderung von Kosten und Abgaben.

Der Streit kann im vorliegenden Fall allerdings dahinstehen, wenn zugunsten des N jedenfalls die Sonderregelung des § 80 Abs. 6 S. 2 Nr. 2 VwGO eingreift, d.h. wenn eine Vollstreckung droht. Bei Erlaubnissen fällt auch der bevorstehende oder bereits begonnene Gebrauch unter den Begriff der „Vollstreckung".[7] Da N erst mit Baubeginn von der Existenz der Baugenehmigung erfahren hat, droht nunmehr unmittelbar deren Inanspruchnahme und damit deren Vollstreckung i. S. d. § 80 Abs. 6 S. 2 Nr. 2 VwGO.

N kann sich daher unmittelbar an das Verwaltungsgericht wenden und braucht nicht zuvor einen Antrag beim Oberbürgermeister zu stellen.

VIII. Ergebnis

Ein Antrag des N auf Anordnung der aufschiebenden Wirkung seiner noch zu erhebenden Anfechtungsklage gegen die der R erteilte Baugenehmigung wäre zulässig.

B. Beiladung

Die R ist gemäß § 65 Abs. 2 VwGO beizuladen, da die gerichtliche Entscheidung in ihre Rechte eingreifen kann. Die Regelungen über die Beiladung sind auch im vorläufigen Rechtsschutzverfahren anwendbar.

---

[4] Vgl. BVerwG, NVwZ 1991, 1182 (1183 f.).

[5] Vgl. NdsOVG, NVwZ-RR 2005, 69; NVwZ-RR 2011, 185; OVG Bbg., LKV 1998, 489; ThürOVG, ThürVBl. 1995, 64.

[6] OVG RLP, NVwZ-RR 2004, 224; VGH Bad.-Württ., NVwZ 1998, 766 (767); HessVGH, NVwZ 1993, 491 (492).

[7] *Kopp/Schenke*, VwGO, 25. Aufl. 2019, § 80 Rn. 186.

Vertiefung: Die Beiladung wird verbreitet unter den Zulässigkeitsvoraussetzungen erörtert. Sie stellt genau genommen jedoch keine Zulässigkeitsvoraussetzung für die verwaltungsgerichtliche Klage dar. Vielmehr handelt es sich um eine vom Gericht zu beachtende Verfahrensvorschrift.

C. Begründetheit

Der Antrag auf Anordnung der aufschiebenden Wirkung ist begründet, wenn das Aussetzungsinteresse des Antragstellers das Vollzugsinteresse überwiegt. Das Gericht hat folglich eine Interessenabwägung zu treffen, bei der es sich regelmäßig an den Erfolgsaussichten des Hauptsacheverfahrens orientiert. An dem Vollzug eines offensichtlich rechtswidrigen Verwaltungsaktes kann nämlich ein öffentliches Interesse grundsätzlich nicht bestehen.

Folglich kommt es maßgeblich darauf an, ob die von N gleichzeitig zu erhebende Anfechtungsklage begründet wäre. Dies wäre der Fall, wenn die angefochtene Baugenehmigung rechtswidrig wäre und N in seinen Rechten verletzte (vgl. § 113 Abs. 1 S. 1 VwGO).

Klausurtipp: Dem Gesichtspunkt der Rechtsverletzung kommt hier eine besondere Bedeutung zu, da es sich um die Anfechtung eines für den Adressaten begünstigenden Verwaltungsaktes durch einen Dritten handelt. In der Prüfung ist dieser Punkt daher besonders zu erörtern.

Es kommen grundsätzlich zwei – prinzipiell gleichwertige – Aufbauvarianten in Betracht:

(1) Es kann – in einem zweistufigen Aufbau – zunächst umfassend die Rechtmäßigkeit des angefochtenen Verwaltungsakts geprüft und erst dann untersucht werden, ob auch eine Rechtsverletzung vorliegt, d.h. ob eine der verletzten Normen nachbarschützend ist.

(2) Es kann aber auch – in einem einstufigen Aufbau – unmittelbar nach der Verletzung nachbarschützender Normen durch den angefochtenen Verwaltungsakt gefragt werden; dann ist bei jeder einzelnen herangezogenen Norm jeweils zu klären, ob sie nachbarschützend und ob sie verletzt ist.

I. Rechtmäßigkeit der Baugenehmigung

Die Baugenehmigung ist nach § 74 Abs. 1 S. 1 BauO NRW zu erteilen, wenn öffentlich-rechtliche Vorschriften nicht entgegenstehen. Grundsätzlich sind danach sämtliche öffentlich-rechtlichen Zulässigkeitsvoraussetzungen des Bauvorhabens zu prüfen.[8] Als entgegenstehende Normen kommen hier solche des Bauplanungs- und Bauordnungsrechtes in Betracht.

[8] OVG NRW, DÖV 2004, 302 (303).

1. Bauplanungsrecht

Die der R erteilte Baugenehmigung könnte gegen Bauplanungsrecht verstoßen, und zwar, da das Grundstück im unbeplanten Innenbereich liegt, gegen § 34 BauGB. Im Hinblick auf die allein fragliche Zulässigkeit der Art der baulichen Nutzung ist dabei vorrangig ein Verstoß gegen § 34 Abs. 2 BauGB i. V. m. § 3 BauNVO zu untersuchen.

a) Anwendbarkeit von § 34 Abs. 2 BauGB i. V.Sm. § 3 BauNVO

Gemäß § 34 Abs. 2 Hs. 1 BauGB beurteilt sich die Zulässigkeit eines Vorhabens im Hinblick auf seine Art nach der aufgrund von § 9a BauGB erlassenen BauNVO, wenn die Eigenart der näheren Umgebung einem der in der BauNVO aufgelisteten Baugebiete entspricht. Die nähere Umgebung der Grundstücke von N und R könnte den Vorgaben des § 3 BauNVO über reine Wohngebiete entsprechen. Diese dienen nach § 3 Abs. 1 BauNVO dem Wohnen; uneingeschränkt zulässig sind dort dementsprechend nach § 3 Abs. 2 BauNVO nur Wohnhäuser. Da sich in der näheren Umgebung der Grundstücke von N und R ausschließlich Wohnhäuser befinden, entspricht diese einem reinen Wohngebiet nach § 3 BauNVO. Die Zulässigkeit des von R geplanten Vorhabens richtet sich seiner Art nach folglich nach § 34 Abs. 2 BauGB i. V. m. § 3 BauNVO.

b) Zulässigkeit des Vorhabens nach § 3 BauNVO

Nach § 3 Abs. 2 BauNVO sind in einem reinen Wohngebiet Wohnhäuser zulässig. Bei dem von R geplanten Vorhaben handelt es sich nicht um ein Wohnhaus, sondern um ein der Religionsausübung dienendes Gebäude.

Nach § 3 Abs. 3 Nr. 2 BauNVO können in einem reinen Wohngebiet ausnahmsweise Anlagen für den Bedürfnissen der Bewohner dienende Anlagen für kirchliche Zwecke zugelassen werden. Um eine Anlage für kirchliche Zwecke handelt es sich vorliegend. Diese wäre ausnahmsweise zulässig, wenn sie den Bedürfnissen der Bewohner „des Gebiets" diente. Unter das Tatbestandsmerkmal „Gebiet" fallen dabei nicht das Gemeindegebiet oder ganze Gebietsteile der politischen Gemeinde, da die Einschränkung in 3 Abs. 3 Nr. 2 BauNVO leer liefe, wenn ein solch weiter Einzugsbereich gemeint wäre.[9] Vielmehr ist, wie sich auch aus einem Vergleich mit § 4 Abs. 2 Nr. 2 BauNVO ergibt, das konkrete reine Wohngebiet gemeint. Das von R geplante Gemeindezentrum soll Gläubigen aus ganz Nordrhein-Westfalen als Anlaufstelle dienen. Damit geht der Einzugsbereich weit über den des konkreten Wohngebietes hinaus. Dies hat zur Folge, dass das von R geplante Gemeindezentrum in dem reinen Wohngebiet auch ausnahmsweise nicht zugelassen werden kann.

Die der R erteilte Baugenehmigung verstößt somit gegen bauplanungsrechtliche Vorschriften.

2. Bauordnungsrecht

In Betracht kommt des Weiteren ein Verstoß gegen § 6 BauO NRW wegen Nichtbeachtung der Abstandsflächenvorschriften.

a) Verpflichtung zur Einhaltung von Abstandsflächen

Nach § 6 Abs. 1 S. 1 BauO NRW besteht die Verpflichtung zur Einhaltung der Abstandsflächen vor den Außenwänden von Gebäuden, hier also des Wohnhauses von R. Eine Ausnahme nach § 6 Abs. 1 S. 3 BauO NRW ist nicht gegeben.

---

[9] Vgl. BVerwG, NJW 1998, 3792 (3792 f.).

Fraglich ist allein, ob die Einhaltung der notwendigen Abstandsflächen auch dann zu prüfen ist, wenn lediglich die Änderung der Nutzung eines hinsichtlich seiner Außenwände unverändert gebliebenen Gebäudes beabsichtigt wird. Dies ist aber jedenfalls dann der Fall, wenn die neue Nutzung sich auf die nachbarlichen Belange nachteiliger auswirkt als die bisherige Nutzung; in diesem Fall wird die Genehmigungsfrage auch im Hinblick auf die Abstandsvorschriften neu aufgeworfen.[10] Das ist bei der hier beabsichtigten Umnutzung der Fall.

b) Einhaltung der gesetzlich vorgegebenen Abstandsflächen

Die Tiefe der erforderlichen Abstandsfläche beträgt vorliegend nach § 6 Abs. 5 BauO NRW drei Meter, wobei die Abstandsflächen grundsätzlich gemäß § 6 Abs. 2 S. 1 BauO NRW auf dem zu bebauenden Grundstück selbst liegen müssen. Diese Vorgabe wird um einen Meter unterschritten.

c) Baulast (§ 6 Abs. 2 S. 3 BauO NRW)

Allerdings könnte die vom Rechtsvorgänger des N erteilte Baulast nach § 6 Abs. 2 S. 3 BauO NRW sicherstellen, dass die erforderliche Abstandsfläche von drei Metern unter Hinzurechnung einer Fläche auf dem Grundstück des N erreicht wird.

> **Vertiefung:** Die Baulast (vgl. § 85 BauO NRW) ist ein bauordnungsrechtliches Instrument zur dinglichen, öffentlich-rechtlichen Sicherung grundstücksbezogener, nicht schon gesetzlich begründeter Verpflichtungen des Grundstückseigentümers. Sie wird herbeigeführt durch eine öffentlich-rechtliche Willenserklärung des Grundstückseigentümers gegenüber der Bauaufsichtsbehörde; mit der Eintragung in das von der Bauaufsichtsbehörde geführte Baulastenverzeichnis wird sie wirksam (vgl. ÖffR NRW, § 4 Rn. 261).

In persönlicher Hinsicht steht der Umstand, dass die Baulast von dem Rechtsvorgänger des N erteilt worden ist, nicht entgegen. Die Baulast bindet auch den Rechtsnachfolger, hier den N (§ 85 Abs. 1 S. 3 BauO NRW).
In sachlicher Hinsicht ist auf Grund der Baulast die Abstandsfläche mit Blick auf die bisherige Nutzung des Gebäudes als Wohnhaus gemäß § 6 Abs. 2 S. 3 BauO NRW gewahrt gewesen. Fraglich ist aber, ob die erteilte Baulast auch das neue Vorhaben der R abdeckt. Dies hängt maßgeblich davon ab, inwieweit Baulasten nur auf ein konkretes Vorhaben bezogen bewilligt und herangezogen werden oder aber auch etwaige spätere Nutzungsänderungen abdecken können. Letzteres wäre ausgeschlossen, wenn Baulasten nach nordrhein-westfälischem Landesrecht stets nur konkret vorhabenbezogen bewilligt würden.[11] Dies ist jedoch landesgesetzlich nicht vorgegeben. Eine Baulast, die aus Anlass der Errichtung eines bestimmten Bauvorhabens übernommen wurde, muss nicht stets nur die Errichtung eben dieses Vorhabens sichern. Eine Einschränkung der Baulast auf die Sicherung eines konkreten Vorhabens setzt vielmehr voraus, dass das Vorhaben in der Baulasterklärung unmissverständlich und eindeutig so konkret bezeichnet wird, dass sich die Rechtswirkungen der Baulast hinreichend verlässlich ein-

---

[10] OVG NRW, NVwZ-RR 1998, 614 (615).
[11] Zur älteren, die Vorhabenbezogenheit betonenden Rechtsprechung vgl. OVG NRW BRS 49 Nr. 130; OVG NRW BRS 54 Nr. 158.

grenzen lassen.[12] Eine Baulast kann aber auch mit dem Inhalt übernommen werden, dass sie über die Errichtung des ihren Anlass bildenden Vorhabens hinaus auch künftige Änderungen eben dieses Vorhabens deckt, wenn und soweit solche Änderungen mit dem Inhalt der übernommenen Verpflichtung vereinbar sind.[13] Auch nach diesen Vorgaben dürfte die vom Rechtsvorgänger des N erteilte Baulast die von R angestrebte Nutzungsänderung jedoch nicht mehr abdecken. Denn in der Baulasterklärung heißt es, dass diese für die Errichtung des Wohnhauses auf dem Nachbargrundstück bewilligt werde. Die nunmehr geplante Nutzung weicht so wesentlich von der vormaligen Wohnnutzung ab, dass nicht davon ausgegangen werden kann, dass die damalige Baulast auch diese Nutzungsänderung abdecken könnte. Dies kommt in der Baulasterklärung auch hinreichend deutlich zum Ausdruck, da dort auf das konkrete Bauvorhaben Bezug genommen wird. N ist der Einwand, dass der Grenzabstand zu gering sei, daher nicht wegen der vorhandenen Baulast verwehrt.

d) Zulässigkeit bzw. Gestattung nach § 6 Abs. 11 BauO NRW

Unter den Voraussetzungen des § 6 Abs. 11 S. 1 BauO NRW sind bestimmte Änderungen und Nutzungsänderungen bei Gebäuden, die bereits mit einem zu geringen Grenzabstand errichtet wurden, zulässig. Die nach § 6 Abs. 11 S. 1 Nr. 2 und 3 BauO NRW für das Vorhaben der R in Betracht kommenden zulässigen Nutzungsänderungen setzen allerdings voraus, dass der Grenzabstand mindestens 2,50 Meter beträgt. Diese Voraussetzung ist bei dem Vorhaben der R nicht gegeben, da der Grenzabstand hier nur 2,00 Meter beträgt.

Nach § 6 Abs. 11 S. 2 BauO NRW können über § 6 Abs. 11 S. 1 BauO NRW hinausgehende Nutzungsänderungen sowie geringfügige bauliche Änderungen bestehender Gebäude, die Länge und Höhe der den Nachbargrenzen zugekehrten Wände unverändert lassen, unter Würdigung nachbarlicher Belange und der Belange des Brandschutzes gestattet werden. Um eine bloße Nutzungsänderung bzw. geringfügige bauliche Änderung handelt es sich bei dem Vorhaben der R. Die ausnahmsweise Zulassung durch die Bauaufsichtsbehörde setzt aber eine Würdigung der nachbarlichen Belange und der Belange des Brandschutzes voraus. Die Bauaufsichtsbehörde hat demnach eine Ermessensentscheidung zu treffen. Maßgeblich ist dabei eine am Grundsatz der Verhältnismäßigkeit orientierte Abwägung der Interessen des Bauherrn an der geänderten Nutzung mit der Schutzbedürftigkeit nachbarlicher Belange.[14] Eine solche Abwägung hat der Oberbürgermeister von S nicht vorgenommen, da er lediglich auf die existierende Baulast verwiesen hat; auch insoweit ist die erteilte Baugenehmigung daher fehlerhaft. Überdies ist fraglich, ob die Verringerung des Grenzabstandes unter Würdigung nachbarlicher Belange überhaupt ermessensfehlerfrei zugelassen werden könnte, da ein religiöses Gemeindezentrum eine intensivere Nutzung als ein Wohnhaus darstellt. Hiergegen spricht, dass die Abstandsflächen gerade auch dazu dienen, dem Nachbarn eine „Sozialsphäre" zu erhalten. Diese wäre bei der Vielzahl der zu erwartenden Besucher des Gemeindezentrums im Fall des N voraussichtlich erheblich beeinträchtigt, so dass eine fehlerfreie Ermessensausübung wohl nur zu dem Ergebnis gelangen könnte, dass eine Ausnahme nicht zuzulassen wäre.

e) Abweichung nach § 69 Abs. 1 S. 1 BauO NRW

Nach § 69 Abs. 1 S. 1 BauO NRW kann die Bauaufsichtsbehörde Abweichungen von bauaufsichtlichen Anforderungen der BauO NRW zulassen, wenn sie unter Be-

---

[12] OVG NRW, NVwZ-RR 2005, 459 (460).
[13] OVG NRW, NVwZ-RR 2005, 459 (460); ebenso VGH Bad.-Württ., BauR 2001, 759 (763).
[14] OVG NRW, BauR 2007, 1023.

rücksichtigung des Zwecks der jeweiligen Anforderungen und unter Würdigung der nachbarlichen Interessen mit den öffentlichen Belangen vereinbar sind.

Problematisch ist allerdings, ob die Vorschrift hier Anwendung findet, da insoweit § 6 Abs. 11 BauO NRW eine abschließende Sonderregelung darstellen könnte. Dies dürfte jedoch, auch nachdem eine § 73 Abs. 1 S. 2 BauO NRW a.F. entsprechende, ausdrücklich Abweichungen von § 6 BauO NRW ansprechende Regelung sich in § 69 BauO NRW nicht mehr findet, nicht der Fall sein. Vielmehr besteht lediglich ein Vorrang des § 6 Abs. 11 BauO NRW vor § 69 Abs. 1 BauO NRW insofern, als es keiner Abweichung danach mehr bedarf, wenn eine Baugenehmigung auf § 6 Abs. 11 BauO NRW gestützt werden kann.[15]

Allerdings setzt § 69 Abs. 1 BauO NRW wiederum die Würdigung nachbarlicher Interessen voraus, die der Oberbürgermeister von S nicht vorgenommen hat. Zudem ist § 69 Abs. 1 BauO NRW restriktiv anzuwenden und kommt grundsätzlich nur dann in Betracht, wenn eine atypische Grundstückssituation vorliegt, in der es bei strikter Anwendung der bauordnungsrechtlichen Regelungen zu einer nicht beabsichtigten Härte käme. Hierfür ist vorliegend nichts ersichtlich.

Die erteilte Baugenehmigung verstößt somit auch gegen bauordnungsrechtliche Vorschriften.

II. Rechtsverletzung

N wird durch die rechtswidrige Baugenehmigung auch in seinen Rechten verletzt. Sowohl § 34 Abs. 2 BauGB als auch § 6 BauO NRW vermitteln – wie oben gesehen – dem Nachbarn Rechte, die durch eine rechtswidrig erteilte Baugenehmigung verletzt werden können.

III. Ergebnis

Ein Antrag auf Anordnung der aufschiebenden Wirkung einer Anfechtungsklage wäre zulässig und begründet. N ist daher zu raten, eine Anfechtungsklage gegen die der R erteilte Baugenehmigung zu erheben und einen entsprechenden Antrag zu stellen.

Frage 2: Gutachten zur materiellen Rechtmäßigkeit der Aufhebung des Bauvorbescheids

Als gesetzliche Ermächtigungsgrundlage für eine Aufhebung des Bauvorbescheids kommen allein die allgemeinen verwaltungsverfahrensrechtlichen Vorschriften der §§ 48 oder 49 VwVfG NRW in Betracht. Vorrangig zu untersuchen ist hier § 49 VwVfG NRW. Ein hierauf gestützter Widerruf des Bauvorbescheids wäre materiell rechtmäßig, wenn die Tatbestandsvoraussetzungen von § 49 VwVfG NRW vorliegen und die gewählte Rechtsfolge nicht fehlerhaft ist.

---

[15] Vgl *Schulte*, in: Boeddinghaus/Hahn/Schulte, Bauordnung für das Land NRW (Stand: Febr. 2016), § 73 Rn. 40.

A. Tatbestandsvoraussetzungen von § 49 VwVfG NRW

I. Rechtmäßigkeit des Ausgangs-Verwaltungsakts

Für die tatbestandliche Anwendbarkeit von § 49 VwVfG NRW ist – in Abgrenzung zu § 48 VwVfG NRW – ausschlaggebend, ob der aufgehobene Bauvorbescheid ursprünglich rechtmäßig war. Da es sich bei dem Bauvorbescheid um eine sog. Bebauungsgenehmigung handelt, die das Vorhaben für bauplanungsrechtlich zulässig erklärt, ist hierfür maßgeblich allein die bauplanungsrechtliche Zulässigkeit des Vorhabens. Auch in reinen Wohngebieten können nach § 3 Abs. 3 Nr. 1 BauNVO i. V. m. § 34 Abs. 2 BauGB kleine Betriebe des Beherbergungsgewerbes bauplanungsrechtlich zugelassen werden. Hierunter fällt die von R vorgesehene kleine Pension. Der Bauvorbescheid war also rechtmäßig, und § 49 VwVfG NRW ist die einschlägige Aufhebungsvorschrift.

II. Begünstigender Verwaltungsakt

Der Bauvorbescheid ist auch ein begünstigender Verwaltungsakt (vgl. § 48 Abs. 1 S. 2 VwVfG NRW), da er einen rechtlich erheblichen Vorteil begründet. Er dürfte daher nur unter den Voraussetzungen des § 49 Abs. 2 bis 4 VwVfG NRW widerrufen werden.

III. Vorliegen eines Widerrufsgrundes

Da der Bauvorbescheid keine (einmalige oder laufende) Geld- oder Sachleistung gewährt oder hierfür Voraussetzung ist, gilt für seinen Widerruf § 49 Abs. 2 VwVfG NRW. Es bedarf daher eines dort geregelten Widerrufsgrundes.

1. § 49 Abs. 2 Nr. 3 VwVfG NRW

In Betracht kommt zunächst der in § 49 Abs. 2 Nr. 3 VwVfG NRW normierte Widerrufsgrund des nachträglichen Eintritts von Tatsachen, aufgrund derer die Behörde berechtigt wäre, den Verwaltungsakt nicht zu erlassen; ferner müsste ohne den Widerruf das öffentliche Interesse gefährdet sein.

Fraglich ist, ob der nachträglich gefasste Entschluss zur Aufstellung eines Bebauungsplanes, der Beherbergungsbetriebe ausschließt, eine nachträglich eingetretene Tatsache darstellt. Auch der nachträgliche Erlass einer Veränderungssperre könnte als nachträglich eingetretene Tatsache aufgefasst werden. § 49 Abs. 2 Nr. 3 VwVfG NRW kommt als Widerrufsgrund allerdings nur dann in Frage, wenn sich die zugrunde liegende Rechtslage nicht verändert hat; ist insoweit eine Änderung eingetreten, ist § 49 Abs. 2 Nr. 4 VwVfG NRW als Spezialregelung vorrangig.[16] § 49 Abs. 2 Nr. 3 VwVfG NRW tritt daher hier zurück und ist nicht anwendbar.

2. § 49 Abs. 2 Nr. 4 VwVfG NRW

In Betracht kommt nur ein Widerruf nach § 49 Abs. 2 Nr. 4 VwVfG NRW. Als Widerrufsgrund ist dort vorgesehen, dass die Behörde aufgrund einer geänderten Rechts-

---

[16] *Sachs*, in: Stelkens/Bonk/Sachs, VwVfG, 9. Aufl. 2018, § 49 Rn. 68.

vorschrift berechtigt wäre, den Verwaltungsakt nicht zu erlassen, dass der Begünstigte von dem aufzuhebenden Verwaltungsakt noch keinen Gebrauch gemacht hat und dass ohne den Widerruf das öffentliche Interesse gefährdet wäre.

a) Bebauungsplan als geänderte Rechtsvorschrift

Als geänderte Rechtsvorschrift könnte der als Satzung zu erlassende Bebauungsplan (vgl. § 10 Abs. 1 BauGB) in Betracht kommen. Auch Satzungen als Rechtsnormen sind Rechtsvorschriften i. S. v. § 49 Abs. 2 Nr. 4 VwVfG NRW. Der von der Stadt S geplante Bebauungsplan ist allerdings noch nicht förmlich verabschiedet worden; es existiert vielmehr bisher lediglich ein Planaufstellungsbeschluss nach § 2 Abs. 1 S. 2 BauGB. Rechtswirkungen entfaltet der angestrebte Bebauungsplan aus diesem Grunde noch nicht. Auf den Erlass eines Bebauungsplans kann ein Widerruf daher jedenfalls zum jetzigen Zeitpunkt nicht gestützt werden.

b) Veränderungssperre als geänderte Rechtsvorschrift

Als eine veränderte Rechtsvorschrift kommt jedoch auch die von S erlassene Veränderungssperre in Betracht. Da auch die Veränderungssperre in Gestalt einer Satzung (§ 16 Abs. 1 BauGB) erlassen wird, handelt es sich um eine Rechtsvorschrift i.S.v. § 49 Abs. 2 Nr. 4 VwVfG NRW.

Der Wortlaut des § 49 Abs. 2 Nr. 4 VwVfG NRW scheint allerdings nahezulegen, dass diese Norm nur dann eingreift, wenn eine bereits bestehende Rechtsvorschrift nachträglich geändert wird, nicht hingegen im Fall des Neuerlasses einer bisher nicht existenten Rechtsnorm. Durch diesen ändert sich nicht eine Rechtsvorschrift, sondern allein die Rechtslage, auf die § 49 Abs. 2 Nr. 4 VwVfG NRW gerade nicht Bezug nimmt; insoweit lässt sich – auch unter Verweis auf § 51 Abs. 1 Nr. 1 VwVfG NRW und § 48 Abs. 1 S. 1 SGB X, die auf eine veränderte „Rechtslage" abstellen – vertreten, dass der Fall des nachträglichen Erlasses einer Rechtsvorschrift nicht unter den Wortlaut des § 49 Abs. 2 Nr. 4 VwVfG NRW zu subsumieren ist.[17] Dieses Wortlautargument kann jedoch angesichts der Vergleichbarkeit der Interessenlagen bei Änderung einer bestehenden und bei Erlass einer neuen Rechtsnorm nicht überzeugen; daher ist § 49 Abs. 2 Nr. 4 VwVfG NRW so zu lesen, dass auch der Neuerlass einer Rechtsvorschrift als maßgebliche Änderung anzusehen ist.[18] Auch der Umstand, dass durch die Veränderungssperre nicht eine bestehende Rechtsnorm geändert, sondern eine neue Rechtsnorm erlassen wird, steht also der Anwendung von § 49 Abs. 2 Nr. 4 VwVfG NRW nicht entgegen.

c) Kein Gebrauchmachen

Die R hat von dem Bauvorbescheid bislang noch keinen Gebrauch gemacht.

d) Gefährdung öffentlicher Interessen

Eine Gefährdung öffentlicher Interessen könnte ohne den Widerruf eintreten, wenn R auf der Basis des Bauvorbescheides ihr Vorhaben umsetzen und damit eine zulässige Planung der Gemeinde vereiteln könnte. Dies könnte geschehen, indem R auf der Grundlage der bestandskräftigen Bebauungsgenehmigung ohne erneute bauplanungsrechtliche Prüfung eine Baugenehmigung erlangen und auf dieser Grundlage ihr Vor-

---

[17] In diesem Sinne etwa VG Arnsberg, NVwZ 1990, 592.
[18] *Sachs*, in: Stelkens/Bonk/Sachs, VwVfG, 9. Aufl. 2018, § 49 Rn. 79.

haben verwirklichen könnte. Dies wiederum könnte die Planungsabsichten der S, die durch die Veränderungssperre vorläufig geschützt und in der in Angriff genommenen Bebauungsplanänderung verbindlich gemacht werden sollen, vereiteln. Eine Gefährdung öffentlicher Interessen lässt sich somit bejahen.

> **Klausurtipp:** Es ist auch vertretbar anzunehmen, dass eine Gefährdung öffentlicher Interessen allein auf Grund des Erlasses einer Veränderungssperre noch nicht angenommen werden könne, da der Ausgang des Bebauungsplan(änderungs)-verfahrens noch ungewiss sei. Danach wäre schon tatbestandlich ein Widerruf nicht bereits nach Erlass einer Veränderungssperre, sondern erst nach Erlass des Bebauungsplans möglich (vgl. *Gailus*, NVwZ 1990, 536 [538]).

3. Ergebnis

Ein Widerruf könnte grundsätzlich auf § 49 Abs. 2 Nr. 4 VwVfG NRW gestützt werden.

B. Rechtsfolge: Ermessen

Der Widerruf nach § 49 Abs. 2 VwVfG NRW steht im Ermessen der zuständigen Behörde. Ermessensfehler sind insoweit nicht ersichtlich.

C. Ausschluss des § 49 Abs. 2 Nr. 4 VwVfG NRW durch § 14 Abs. 3 BauGB

Ein Widerruf nach § 49 Abs. 2 Nr. 4 VwVfG NRW könnte aber durch § 14 Abs. 3 BauGB ausgeschlossen sein, wenn § 14 Abs. 3 BauGB auf Bauvorbescheide anwendbar ist und eine abschließende, insbesondere die Anwendbarkeit von § 49 VwVfG NRW ausschließende Sonderregelung darstellt.

I. Anwendbarkeit von § 14 Abs. 3 BauGB auf Bauvorbescheide

Voraussetzung für die Anwendbarkeit von § 14 Abs. 3 BauGB ist zunächst, dass Vorhaben, für die ein Bauvorbescheid in Gestalt eines Bebauungsgenehmigung erteilt worden ist, i.S.v. § 14 Abs. 3 Alt. 1 BauGB als genehmigt anzusehen sind. Während früher § 14 Abs. 3 BauGB lediglich auf die förmlich erteilte Baugenehmigung angewandt wurde, erstreckt die Rechtsprechung heute zu Recht den Anwendungsbereich der Norm auch auf Bauvorbescheide, sofern es sich um eine „Bebauungsgenehmigung" handelt.[19] Dies rechtfertigt sich insbesondere aus der Funktion eines Bauvorbescheides, der gemäß § 77 Abs. 1 S. 1 BauO NRW verbindlich bestimmte Fragen des Bauvorhabens entscheidet und somit mit bindender Wirkung für das Baugenehmigungsverfahren vorwegnimmt; für den von dem Bauvorbescheid umfassten Teil des Vorhabens tritt daher dieselbe Bindungswirkung ein wie durch eine Baugenehmigung. Wenn – wie hier – durch den Bauvorbescheid abschließend über die bauplanungsrechtliche Zuläs-

---

[19] BVerwGE 69, 1 (3f.); BGHZ 96, 385.

sigkeit eines Vorhabens entschieden wird, ist daher die Anwendbarkeit von § 14 Abs. 3 BauGB auf den Bauvorbescheid zu bejahen.

II. Verhältnis von § 14 Abs. 3 BauGB zu § 49 Abs. 2 Nr. 4 VwVfG NRW

Fraglich ist, ob der somit anwendbare § 14 Abs. 3 BauGB einen Widerruf des Bauvorbescheides nach § 49 Abs. 2 Nr. 4 VwVfG NRW ausschließt. Diese Frage ist umstritten.[20] Für die Widerrufsmöglichkeit wird geltend gemacht, dass die Bebauungsgenehmigung keine Privilegierung gegenüber anderen begünstigenden Verwaltungsakten verdiene, § 14 Abs. 3 BauGB deshalb nur als deklaratorische Bekräftigung der allgemeinen Bestandskraftregeln anzusehen sei und der Begünstigte durch § 49 VwVfG NRW, insb. den Entschädigungsanspruch nach § 49 Abs. 5 VwVfG NRW, hinreichend geschützt sei; umgekehrt würde der Ausschluss der Widerrufsmöglichkeit die planerische Gestaltungsfreiheit der Gemeinde übermäßig einschränken. Dem wird entgegengehalten, dass § 14 Abs. 3 BauGB einen besonderen Bestandsschutz intendiere, der auch über die Anwendbarkeit von § 49 Abs. 2 Nr. 4 VwVfG NRW nicht ausgehöhlt werden dürfe; ihren sachlichen Grund soll diese besondere Regelung gerade bei der Veränderungssperre darin haben, dass die Veränderungssperre – anders als der Bebauungsplan – noch keine definitive Rechtsänderung bewirke, sondern bloß einen vorläufigen Zustand regele und der Bauherr von den Unsicherheiten des Bebauungsplanverfahrens entlastet werden solle. Folgt man dieser Auffassung, ist der Widerruf der Bebauungsgenehmigung über § 49 Abs. 2 Nr. 4 VwVfG NRW nicht möglich.

Der Widerruf der Bebauungsgenehmigung durch den Oberbürgermeister wäre daher materiell rechtswidrig.

Vertiefung: Das Verhältnis von § 14 Abs. 3 BauGB und § 49 Abs. 2 Nr. 4 VwVfG NRW ist in Rechtsprechung und Literatur nicht abschließend geklärt. Es wird teilweise als Problem des möglichen Ausschlusses der Anwendbarkeit von § 49 Abs. 2 Nr. 4 VwVfG NRW, teilweise aber auch als im Rahmen der Tatbestandsmerkmale dieser Norm zu bearbeitendes Problem (etwa: Begründet bereits die Veränderungssperre ein öffentliches Interesse i.S.v. § 49 Abs. 2 Nr. 4 VwVfG NRW?) behandelt. Auch im Ergebnis besteht Uneinigkeit. An dieser Stelle sind deshalb sowohl ein abweichender Aufbau wie auch ein anderes Ergebnis als gleichermaßen vertretbar anzusehen.

Weiterführende Klausurentipps: Bei baurechtlichen Streitigkeiten um religiöse Bauten kann sich die Frage nach der Einwirkung des Grundrechts der Religionsfreiheit (Art. 4 Abs. 1 und 2 GG) auf das Baurecht stellen. Ein bekanntes Beispiel aus der Rechtsprechung ist der Streit um die Gebietsverträglichkeit der Errichtung einer Kirche mit einer Krypta in einem Industriegebiet (vgl. BVerwG, NVwZ 2011, 748, sowie BVerfG, NVwZ 2016, 1804).

---

[20] Zum Streitstand vgl. *Sennekamp*, in: Brügelmann, BauGB (Stand: 113. Lfg. Januar 2020), § 14 Rn. 85; *Gailus*, NVwZ 1990, 536.

Fall 24: „Strukturwandel auf dem Land"

Behandelte Themen: Anfechtung einer Baugenehmigung durch Gemeinde – Ersetzung des gemeindlichen Einvernehmens – privilegierte Vorhaben im Außenbereich – Teilbegünstigung von Vorhaben – Haftung für bauaufsichtliche Maßnahmen – Verhältnis der Baugenehmigung zu Genehmigungserfordernissen nach sonstigen öffentlich-rechtlichen Bestimmungen

Sachverhalt

Die ländlich gelegene Gemeinde G (Landkreis K, NRW) befindet sich schon seit einigen Jahren in einem Strukturwandel. Betroffen davon ist auch A. Er ist Eigentümer eines einsam gelegenen ehemaligen Gehöftes in einem Randgebiet von G, für das der Flächennutzungsplan der G als Nutzungsart „Flächen für die Landwirtschaft" vorsieht; ein Bebauungsplan besteht nicht. Im Jahr 2012 hat A die landwirtschaftliche Nutzung seines Hofes eingestellt.

Nach einigen Überlegungen entschloss sich A, in den ehemals landwirtschaftlich genutzten Gebäuden seines Hofes nunmehr ein Sägewerk zu betreiben. Die ihm hierfür Ende 2013 erteilte – formell und materiell rechtmäßige – Baugenehmigung begründete die zuständige Bauaufsichtsbehörde B damit, dass ein Sägewerk zwar grundsätzlich in einem der beiden Industriegebiete der G unterzubringen sei, mit Rücksicht auf die angestrebte Umnutzung des landwirtschaftlichen Betriebs aber zugelassen werde. Mitte 2015 beantragte A bei der B eine Genehmigung für die Vergrößerung seiner als Holzlagerhalle für das Sägewerk genutzten ehemaligen Scheune, da diese – was bereits bei Errichtung des Sägewerkes absehbar war – für einen rentablen Betrieb des Sägewerkes erheblich zu klein war. Die Baugenehmigung wurde ihm einige Wochen später mit der Begründung erteilt, die durch den Ausbau bewirkte Vergrößerung der Betriebsfläche des Sägewerkes um knapp 25 Prozent halte sich nach den üblichen Maßstäben und auch nach den Umständen des Einzelfalles in einer vertretbaren Relation zum vorhandenen Betrieb. Mitte 2016 erhielt A eine weitere Genehmigung für bauliche Erweiterungen, die die vorhandene Betriebsfläche noch einmal um etwa 15 Prozent vergrößerten.

Im August 2019 beantragte A erneut die Genehmigung für eine Erweiterung seiner Lagerhalle um weitere knapp 15 Prozent der jetzt vorhandenen Betriebsgröße. Die um die Erteilung ihres Einvernehmens gebetene G versagte im September 2019 jedoch ihr Einvernehmen zu diesem Vorhaben des A; sie hält das erneute Erweiterungsvorhaben für bauplanungsrechtlich unzulässig, da zwar – was zutrifft – sonstige öffentliche Belange nicht beeinträchtigt seien, jedoch der Flächennutzungsplan entgegenstehe. Mitte November 2019 erteilte die Bauaufsichtsbehörde B nach rechtzeitiger Anhörung der G dem A unter Ersetzung des fehlenden Einvernehmens der G die beantragte Baugenehmigung. G möchte gegen die Entscheidung der B verwaltungsgerichtlich vorgehen. Sie wendet sich unmittelbar nach Zugang des auch die Ersetzungsentscheidung enthaltenden Baugenehmigungsbescheides an ihren Rechtsanwalt und bittet diesen um eine gutachtliche Einschätzung ihrer Chancen in der Hauptsache, um über ihr weiteres Vorgehen entscheiden zu können.

Frage 1:

Erstatten Sie das von dem Rechtsanwalt erbetene, auf alle aufgeworfenen Rechtsfragen – erforderlichenfalls hilfsgutachtlich – eingehende Gutachten zu den Erfolgsaussichten einer verwaltungsgerichtlichen Klage der G!

Ebenso wie A ist auch C Eigentümer eines – im Außenbereich der mittleren kreisangehörigen Stadt S (Landkreis K, NRW) gelegenen – Bauernhofes. Auch C hat die landwirtschaftliche Nutzung seines Hofes im Jahre 2012 eingestellt. Die vormals landwirtschaftlich genutzten Gebäude standen seitdem zunächst leer.

Nachdem die Nachfrage nach ökologisch erzeugten Lebensmitteln in den letzten Jahren immer weiter angestiegen ist, fasste C Anfang 2019 den Entschluss, seinen landwirtschaftlichen Betrieb nunmehr als „Biohof" wieder aufzunehmen. Hierfür beabsichtigte er den Bau eines größeren neuen Stallgebäudes, um den geänderten Erfordernissen einer artgerechten Tierhaltung gerecht zu werden. Die Stadt S (Bauaufsichtsbehörde) wies ihn – zutreffend – darauf hin, dass für dieses Vorhaben eine im sog. vereinfachten Genehmigungsverfahren zu erteilende Baugenehmigung erforderlich sei. Im Februar 2019 beantragte C bei der Stadt S die Baugenehmigung unter Einschluss aller weiter evtl. erforderlichen Genehmigungen.

Nachdem gut vier Monate vergangen waren, erkundigte sich C bei der Bauaufsichtsbehörde nach dem Stand seines Verfahrens. Ein Mitarbeiter der Bauaufsichtsbehörde teilte ihm daraufhin mit, dass ihm eine Baugenehmigung nicht erteilt werden könne. Zwar sei die Bauaufsichtsbehörde zu dem – rechtlich zutreffenden – Ergebnis gekommen, dass dem Erweiterungsvorhaben keine bauplanungsrechtlichen Gründe entgegenstünden. Das Vorhaben bedürfe jedoch einer naturschutzrechtlichen Befreiung. Man habe seinen auch hierauf bezogenen Antrag an den Kreis als die zuständige untere Naturschutzbehörde weitergeleitet, diese habe die Befreiung jedoch verweigert. Diese Ablehnung sei zwar nach der – als rechtlich zutreffend zu unterstellenden – Prüfung durch die Bauaufsichtsbehörde unberechtigt, da dem C die nötige Befreiung gewährt werden müsse, doch sehe sie sich solange an der Erteilung der Baugenehmigung gehindert, wie die zuständige Naturschutzbehörde diese Befreiung nicht ausgesprochen habe.

C ist über diese Auskunft empört. Wenn nach Auffassung der Bauaufsichtsbehörde in der Sache keinerlei rechtliche Bedenken gegen sein Vorhaben bestünden, habe er einen Anspruch auf sofortige Erteilung der Baugenehmigung, mit der er angesichts der klaren Rechtslage wohl binnen drei Monaten habe rechnen dürfen. Durch deren Vorenthaltung, die den Baubeginn bereits erheblich verzögert habe, seien ihm schon jetzt Mehrkosten (Bereitstellungszinsen, Kosten der Stornierung von Aufträgen an Handwerker etc.) entstanden, und weitere erhebliche Mehrkosten drohten. Wenn die Baugenehmigung nicht unverzüglich gewährt werde, werde er sämtliche weitere Mehrkosten von der Stadt S einfordern.

Frage 2:
Erstatten Sie ein Gutachten darüber, ob C einen Anspruch auf Ersatz der ihm entstehenden Mehrkosten gegen die Stadt S hat!

Gliederung

Lösungsvorschlag

Frage 1: Erfolgsaussichten einer verwaltungsgerichtlichen Klage der G gegen die dem A erteilte Baugenehmigung

Die Klage der G gegen die dem A erteilte Baugenehmigung hat Aussicht auf Erfolg, wenn sie zulässig und begründet ist.

A. Zulässigkeit

I. Verwaltungsrechtsweg

In Ermangelung einer sog. aufdrängenden Sonderzuweisung könnte der Verwaltungsrechtsweg nach § 40 Abs. 1 S. 1 VwGO eröffnet sein. Eine öffentlich-rechtliche Streitigkeit liegt vor, da die streitentscheidenden Normen, hier namentlich §§ 35, 36 BauGB, öffentlich-rechtlicher Natur sind; die Streitigkeit ist auch nichtverfassungsrechtlicher Art. Da auch keine abdrängende Sonderzuweisung eingreift, ist der Verwaltungsrechtsweg eröffnet.

II. Statthafte Klageart

Die statthafte Klageart richtet sich nach dem Klagebegehren der G, das auf Aufhebung des Bescheids der B gerichtet ist.

1. Anfechtungsklage gegen die Ersetzungsentscheidung

Danach könnte zunächst eine gegen die Ersetzung des gemeindlichen Einvernehmens gerichtete Anfechtungsklage nach § 42 Abs. 1 VwGO in Betracht kommen.

Dann müsste die Ersetzungsentscheidung nach § 36 Abs. 2 S. 3 BauGB ein Verwaltungsakt i.S.v. § 35 VwVfG NRW sein. Fraglich ist, da eine hoheitliche Maßnahme einer Behörde auf dem Gebiet des öffentlichen Rechts zur Regelung eines Einzelfalls vorliegt, allein deren Außenwirkung. Da die Regelung die Gemeinde in ihrem eigenen Wirkungskreis, nämlich in ihrer einfachgesetzlich in § 36 Abs. 1 S. 1 BauGB, verfassungsrechtlich durch Art. 28 Abs. 2 S. 1 GG geschützte Planungshoheit berührt, ist auch diese zu bejahen.[1] Die Ersetzung ist also ein Verwaltungsakt.

Der Statthaftigkeit einer hiergegen gerichteten Anfechtungsklage könnte jedoch § 73 Abs. 3 S. 4 BauO NRW entgegenstehen. Danach kann die erteilte Baugenehmigung, die nach § 73 Abs. 3 S. 1 BauO NRW zugleich als Ersatzvornahme im Sinne des § 123 GO NRW gilt, insoweit nicht gesondert nach § 126 GO NRW angefochten werden. Da gemäß § 73 Abs. 1 S. 1 BauO NRW die Ersetzung des gemeindlichen Einvernehmens durch die zuständige Bauaufsichtsbehörde nach Maßgabe von § 73 Abs. 2 bis 4 BauO NRW zu erfolgen hat, also im Wege einer zugleich als Ersatzvornahme geltenden Baugenehmigung, ist daraus zu folgern, dass eine gesonderte Anfechtung der auf diese Weise erfolgten Ersetzungsentscheidung ausgeschlossen ist.[2] Deren isolierter Anfechtung könnte zudem auch schon § 44a S. 1 VwGO entgegengehalten werden mit der Begründung, dass die Ersetzungsentscheidung eine nur im Zusammenhang mit der eigentlichen Sachentscheidung zu überprüfende Verfahrenshandlung darstellt. Dem steht nicht entgegen, dass es sich dabei um einen Verwaltungsakt handelt.[3] Für die Annahme einer bloßen Verfahrenshandlung im Rahmen des Baugenehmigungsverfahrens spricht insbesondere, dass es andernfalls zu einer problematischen Doppelspurigkeit des Rechtsschutzes kommen könnte. Deshalb sprechen die besseren Gründe dafür, eine Anfechtungsklage unmittelbar gegen die Ersetzung des Einvernehmens auch schon nach § 44a S. 1 VwGO als unzulässig anzusehen.[4]

2. Anfechtungsklage gegen die Baugenehmigung

In Betracht kommt danach nur noch eine Anfechtungsklage gegen die dem A erteilte Baugenehmigung. Da diese eine Maßnahme einer Behörde auf dem Gebiet des öffentlichen Rechts ist, die einen Einzelfall mit Außenwirkung regelt, ist sie ein Verwaltungsakt i.S.v. § 35 VwVfG NRW, so dass die hiergegen gerichtete Anfechtungsklage die statthafte Klageart ist.

III. Klagebefugnis

Die Klagebefugnis (§ 42 Abs. 2 VwGO) der G liegt vor, da sie geltend machen kann, durch eine Baugenehmigung, die auf einer rechtswidrigen Ersetzung des gemeindlichen Einvernehmens nach § 36 Abs. 2 S. 3 BauGB beruht, möglicherweise in ihrem Recht auf gemeindliche Planungshoheit aus Art. 28 Abs. 2 S. 1 GG verletzt zu sein.

---

[1] *Söfker*, in: Ernst/Zinkahn/Bielenberg/Krautzberger, BauGB, (Stand: Oktober 2016), § 36 Rn. 43; *Krüper*, ZJS 2010, 582 (585), a. A. *Klinger*, BayVBl. 2002, 481 (484).

[2] *Vietmeier*, NWVBl. 2017, 177 (183).

[3] *Stelkens/Schenk*, in: Schoch/Schneider/Bier, VwGO (37. EL. Juli 2019), § 44a Rn. 16.

[4] VGH Bad.-Württ., KommJur 2017, 151 (152); *Scheidler* ZfBR 2019, 543 (548); *Kopp/Schenke*, VwGO, 25. Aufl. 2019, § 44a Rn. 6; die Zulässigkeit einer Anfechtungsklage demgegenüber bejahend *Lasotta*, BayVBl. 1998, 609 (615); i. Erg. ebenso NdsOVG, NVwZ 1999, 1005; BayVGH, NVwZ-RR 2001, 364.

IV. Vorverfahren

Der Durchführung eines Vorverfahrens bedarf es gemäß § 110 Abs. 1 S. 1 JustG NRW nicht.

V. Klagefrist

Die Klagefrist des § 74 Abs. 1 VwGO ist zu beachten.

VI. Zwischenergebnis

Die Klage der G ist damit zulässig.

B. Begründetheit

Die Klage der G ist begründet, wenn die erteilte Baugenehmigung rechtswidrig ist und die G in ihren Rechten verletzt (§ 113 Abs. 1 S. 1 VwGO).

I. Rechtswidrigkeit der erteilten Baugenehmigung

Zu prüfen ist zunächst, ob die Baugenehmigung formell und materiell rechtmäßig ist.

1. Formelle Rechtmäßigkeit der Baugenehmigung

a) Zuständigkeit

Nach den Angaben des Sachverhalts wurde die Baugenehmigung von B als der zuständigen Bauaufsichtsbehörde erlassen. Gemäß § 57 Abs. 1 Nr. 3 lit. b BauO NRW ist dies der Kreis K als Ordnungsbehörde.

b) Verfahren

Als besonderes Verfahrenserfordernis verlangt § 36 Abs. 1 S. 1 BauGB, dass über die Zulässigkeit von Vorhaben nach den §§ 31, 33 bis 35 BauGB im bauaufsichtlichen Verfahren im Einvernehmen mit der Gemeinde entschieden wird. Die bauplanungsrechtliche Zulässigkeit der Erweiterung der als Lagerhalle genutzten ehemaligen Scheune des A richtet sich, da es sich um die Errichtung einer baulichen Anlage und damit ein Vorhaben im Sinne von § 29 Abs. 1 S. 1 BauGB handelt, nach den §§ 30 bis 37 BauGB. Da das Vorhaben des A sich nicht im Geltungsbereich eines Bebauungsplans befindet und damit nicht nach § 30 BauGB, sondern nach §§ 34, 35 BauGB zu beurteilen ist, ist zur Erteilung der Baugenehmigung das Einvernehmen der G nach § 36 Abs. 1 BauGB erforderlich gewesen. Zwar hat die G ihr Einvernehmen zu dem Vorhaben der M versagt. Dieses ist jedoch durch L gemäß § 36 Abs. 2 S. 3 BauGB mit der Erteilung der Baugenehmigung, die nach § 73 Abs. 3 S. 1 BauO NRW zugleich als Ersatzvornahme in Bezug auf die Einvernehmenserteilung gilt, ersetzt worden. Damit gilt das Einvernehmen, solange die Baugenehmigung wirksam ist, als ersetzt und das Verfahrenserfordernis des gemeindlichen Einvernehmens ist erfüllt.

Auch ansonsten sind Verstöße gegen Verfahrensvorschriften nicht ersichtlich.

c) Form

Das Schriftformerfordernis nach § 74 Abs. 2 S. 1 BauO NRW ist durch den Bescheid der B gewahrt worden.

2. Materielle Rechtmäßigkeit der Baugenehmigung

Weiter ist zu prüfen, ob die Baugenehmigung auch materiell rechtmäßig ist.

a) Genehmigungsbedürftigkeit

Die erforderliche Baugenehmigungsbedürftigkeit ist nach § 60 Abs. 1 BauO NRW gegeben, da es um die Änderung einer Anlage (vgl. § 2 Abs. 1 S. 4 BauO NRW) geht, worunter insbesondere auch bauliche Anlagen, d.h. mit dem Erdboden verbundene, aus Bauprodukten hergestellte Anlagen (§ 2 Abs. 1 S. 1 BauO NRW) fallen. Die Lagerhalle ist eine solche bauliche Anlage. Es ist auch keine andere Regelung in den §§ 61 bis 63, 78,79 BauO NRW einschlägig.

b) Genehmigungsvoraussetzungen

Die Baugenehmigung ist zu erteilen, wenn dem Vorhaben keine öffentlich-rechtlichen Vorschriften entgegenstehen (§ 74 Abs. 1 BauO NRW). Entgegenstehen könnten ihm allein die bauplanungsrechtlichen Vorschriften der §§ 30 ff. BauGB. Die §§ 30 bis 37 BauGB sind – wie bereits mit Blick auf das Einvernehmenserfordernis festgestellt – auf das Vorhaben des A anwendbar, da es um die Änderung einer baulichen Anlage i.S.v. § 29 Abs. 1 BauGB geht. Für die Zulässigkeit des Vorhabens ist, da es einsam in einem Randbereich der G und damit nicht im sog. – unbeplanten – Innenbereich (§ 34 BauGB) gelegen ist, § 35 BauGB maßgeblich. Materiellrechtlich könnten somit allein Gründe aus § 35 BauGB entgegenstehen.

aa) Zulässigkeit als privilegiertes Vorhaben (§ 35 Abs. 1 BauGB)

Die Erweiterung der Lagerhalle des von A betriebenen Sägewerks könnte zunächst als privilegiertes Vorhaben nach § 35 Abs. 1 Nr. 1 BauGB zulässig sein. Die Erweiterung des Sägewerks dient jedoch zum einen nicht mehr einem landwirtschaftlichen Betrieb. Zum anderen dient die Erweiterung auch keinem forstwirtschaftlichen Betrieb, da hierunter die auf Dauer angelegte, planmäßige Bewirtschaftung, d.h. Pflege, Nutzung und Wiederaufforstung größerer Waldflächen zu verstehen ist; der Betrieb eines Sägewerks erfüllt diese Voraussetzungen nicht.[5]

Für die Zulässigkeit des Vorhabens nach § 35 Abs. 1 Nr. 3 BauGB fehlt es bei einem Sägewerk an der Voraussetzung für die Annahme eines ortsgebundenen gewerblichen Betriebs. Hierfür wird verlangt, dass das betreffende Gewerbe aus geographischen und geologischen Gründen auf den konkreten Standort angewiesen ist, weil es unmittelbar nach seinem Gegenstand und Wesen nur an der fraglichen Stelle betrieben werden kann.[6] Nicht ausreichend ist, dass der fragliche Betrieb an der Stelle, insbesondere aus Gründen der Rentabilität, besonders gut zu betreiben oder zweckmäßig unterzubringen ist.[7]

---

[5] *Mitschang/Reidt*, in: Battis/Krautzberger/Löhr, BauGB, 14. Aufl. 2019, § 35 Rn. 16, 67.
[6] BVerwGE, NJW 1975, 550.
[7] *Mitschang/Reidt*, in: Battis/Krautzberger/Löhr, BauGB, 14. Aufl. 2019, § 35 Rn. 30.

Schließlich scheidet auch eine privilegierte Zulassung des Vorhabens nach § 35 Abs. 1 Nr. 4 BauGB aus, weil das Sägewerk ebenso gut in einem Industrie- oder Gewerbegebiet der G untergebracht werden kann und daher kein Betrieb ist, der wegen seiner besonderen Anforderungen an die Umgebung oder wegen nachteiliger Wirkungen, hier insbesondere anzunehmender Geräuschemissionen, nur im Außenbereich ausgeführt werden soll.[8]

bb) Zulässigkeit als nichtprivilegiertes Vorhaben (§ 35 Abs. 2, 4 BauGB)

Das Vorhaben des A könnte daher nur als sog. nichtprivilegiertes Vorhaben i. S. v. § 35 Abs. 2 BauGB zulässig sein. Das setzt voraus, dass durch seine Ausführung oder Benutzung öffentliche Belange nicht beeinträchtigt werden und weiterhin die Erschließung gesichert ist.

(1) Widerspruch zum Flächennutzungsplan. Eine Beeinträchtigung öffentlicher Belange könnte hier aus einem Widerspruch zu den Darstellungen des einschlägigen Flächennutzungsplans folgen (vgl. § 35 Abs. 3 S. 1 Nr. 1 BauGB). Dieser sieht für das konkrete Gebiet Flächen für die Landwirtschaft vor. Mit dieser Darstellung ist das Vorhaben des A sachlich nicht vereinbar. Wegen des Widerspruchs zu Darstellungen des Flächennutzungsplans sind somit öffentliche Belange beeinträchtigt und ist das Vorhaben des A nach § 35 Abs. 2, 3 S. 1 Nr. 1 BauGB nicht zulässig.

(2) Zulässigkeit nach § 35 Abs. 2, 4 S. 1 Nr. 6 BauGB. Die Zulässigkeit des Vorhabens könnte sich jedoch aus § 35 Abs. 2, 4 S. 1 Nr. 6 BauGB ergeben. Danach könnte dem Vorhaben, das laut Sachverhalt andere öffentliche Belange nicht beeinträchtigt, der Widerspruch zu den Darstellungen des Flächennutzungsplans nicht entgegengehalten werden, wenn es unter § 35 Abs. 4 S. 1 Nr. 6 BauGB fällt. Dazu müsste es sich um die bauliche Erweiterung eines zulässigerweise errichteten gewerblichen Betriebs handeln, die im Verhältnis zum vorhandenen Gebäude und Betrieb angemessen ist. Die Vergrößerung der Lagerhalle ist die bauliche Erweiterung eines zulässigerweise errichteten gewerblichen Betriebs. Auch der erforderliche funktionale Zusammenhang zwischen den vorhandenen baulichen Anlagen und der fraglichen Erweiterung[9] liegt vor. Problematisch ist allein die Angemessenheit der beabsichtigten Erweiterung im Verhältnis zum vorhandenen Gebäude.

Um dieser Voraussetzung zu genügen, darf die hinzutretende Erweiterung in Relation zum vorhandenen Baubestand nicht unverhältnismäßig sein und nicht zu einer erheblichen zusätzlichen Beeinträchtigung führen.[10] Dabei ist eine schematische Begrenzung nicht möglich, sondern letztlich auf die Beurteilung des jeweiligen Einzelfalls abzustellen.[11] Ein wichtiges Indiz für die Ermittlung der Angemessenheit ist der Umfang der – unter Berücksichtigung der jeweiligen Art des Gewerbebetriebs zu beurteilenden – Erweiterung.[12] Hinsichtlich des danach im Einzelfall möglichen Umfangs zulässiger Betriebserweiterung gehen die Auffassungen in Rechtsprechung und Literatur relativ weit auseinander; Zulässigkeit ist für Erweiterungen bis etwa 25 Prozent, Unzulässigkeit für Erweiterungen schon um 30 Prozent oder um 42 Prozent, vereinzelt auch

---

[8] *Mitschang/Reidt,* in: Battis/Krautzberger/Löhr, BauGB, 14. Aufl. 2019, § 35 Rn. 33.
[9] BVerwG, NVwZ 1992, 477.
[10] *Söfker,* in: Ernst/Zinkahn/Bielenberg/Krautzberger, BauGB (Stand: Oktober 2019), § 35 Rn. 162b.
[11] Vgl. *Roeser,* in: Berliner Kommentar zum BauGB, 41. Aufl. (Stand: April 2018), § 35 Rn. 126, der deshalb etwa prozentuale Festlegungen ablehnt.
[12] *Söfker,* in: Ernst/Zinkahn/Bielenberg/Krautzberger, BauGB (Stand: Oktober 2019), § 35 Rn. 162b.

erst ab 50 Prozent angenommen worden.[13] Danach ist die von A nunmehr beabsichtigte Erweiterung in Relation zum derzeit vorhandenen Bestand, die knapp 15 Prozent
ausmacht, bei separater Betrachtung als angemessen zu beurteilen. Das Vorhaben könnte
jedoch anders zu beurteilen sein, wenn auch die beiden in den Vorjahren vorgenommenen Erweiterungen in die Beurteilung mit einzubeziehen sind. Bei einer zusam-
menfassenden Betrachtung wäre die Erweiterung um mittlerweile etwa zwei Drittel
der ursprünglichen Betriebsgröße, auch unter Berücksichtigung der Besonderheiten
der Betriebsart wie evtl. eines größeren Platzbedarfs, der sich bei dem Betrieb eines Sägewerkes ergeben mag, nämlich nicht mehr als angemessene Betriebserweiterung zu
bewerten. Ausschlaggebend ist somit, ob auch die beiden in den Vorjahren vorgenommenen Erweiterungen in die Beurteilung mit einzubeziehen sind. Der Wortlaut von
§ 35 Abs. 4 S. 1 Nr. 6 BauGB trifft zu mehrmaligen Erweiterungen keine Aussage.
Aus dem Zweck des § 35 BauGB lässt sich jedoch – wie auch die Gesetzesmaterialien
bestätigen[14] – erschließen, dass mehrmalige Erweiterungen, soweit sie einen Missbrauch
der Vorschrift darstellen, nicht von der Teilbegünstigung nach § 35 Abs. 4 S. 1 Nr. 6
BauGB erfasst werden können. Daraus folgt zunächst, dass bei wiederholten Erweiterungen für die Angemessenheitsprüfung nicht immer und nur die jeweilige Einzel-
maßnahme zugrunde zu legen ist. Nicht ganz unumstritten ist allerdings, unter welchen
Voraussetzungen bei mehrmaligen Erweiterungen eine als Gesamtvorhaben zusam-
mengefasst zu beurteilende Erweiterung vorliegt. Dies wird teilweise ohne weitere Einschränkung für jede mehrmalige Erweiterung angenommen;[15] teilweise wird einschränkend darauf abgestellt, ob es dem Betriebsinhaber von Anfang an um eine
Ausweitung des Betriebs über das Angemessene hinaus im Wege der „Salamitaktik"
ging oder ob ein hinreichender zeitlicher Abstand zwischen den mehreren Erweite-
rungsmaßnahmen, für den manche deutlich mehr als zwei Jahre, andere gar zehn Jahre
fordern, gelegen hat.[16] Auch nach diesen einschränkenden Auffassungen sprechen die
besseren Gründe dafür, dass die mehrfache Erweiterung des Sägewerks hier als Gesamtvorhaben anzusehen ist. Es war von vornherein absehbar, dass die Holzlagerhalle in ihrer ursprünglichen Größe für den Betrieb des Sägewerkes erheblich zu klein war; das
legt jedenfalls nahe, dass auch bei A von Anfang ein Wille zur Gesamterweiterung bestand. Zudem erfolgten die drei Erweiterungen, die neuerlich beantragte Erweiterung
mit einbezogen, jeweils in einem zeitlichen Abstand von weniger als zwei Jahren. Daraus wird man auch auf einen einheitlichen Lebenssachverhalt schließen können. Das
Vorhaben des A ist daher nicht nach § 35 Abs. 2, 4 S. 1 Nr. 6 BauGB zulässig.

Klausurtipp: Eine abweichende Beurteilung ist bei entsprechendem Begründungsaufwand nicht völlig unvertretbar. Sie könnte sich vor allem auf das Erfordernis eines anfänglichen Vorsatzes des Bauherrn berufen und diesen hier für A –
angesichts des insoweit nicht deutlichen Sachverhalts – bestreiten. In diesem Falle
müsste die Klage im Ergebnis als unbegründet angesehen werden.

---

[13] Vgl. *Dürr*, in: Brügelmann, BauGB (Stand: Okt. 2013), § 35 Rn. 165; *Söfker*, in: Ernst/
Zinkahn/Bielenberg/Krautzberger, BauGB (Stand: Oktober 2019), § 35 Rn. 162b f., jeweils
m. w. N.

[14] Vgl. *Guldi*, NVwZ 1996, 849 (851).

[15] *Mitschang/Reidt* in: Battis/Krautzberger/Löhr, BauGB, 14. Aufl. 2019, § 35 Rn. 163; *Söfker*,
in: Ernst/Zinkahn/Bielenberg/Krautzberger, BauGB (Stand: Oktober 2019), § 35 Rn. 162b.

[16] Vgl. *Dürr*, in: Brügelmann, BauGB (Stand: Oktober 2013), § 35 Rn. 167; *Guldi*, NVwZ
1996, 849 (852).

Damit stehen aus § 35 BauGB folgende Gründe dem Vorhaben des A entgegen, so dass die Baugenehmigung materiell rechtswidrig ist.

II. Rechtsverletzung

Durch die auf eine rechtswidrige Ersetzung des zuvor von G versagten Einvernehmens gestützte Baugenehmigung wird die G in ihrem Recht auf gemeindliche Planungshoheit aus Art. 28 Abs. 2 S. 1 GG verletzt.

Die Klage der G ist somit begründet.

Frage 2: Anspruch des C auf Ersatz der Mehrkosten gegen die Stadt S

A. Amtshaftungsanspruch (Art. 34 GG, § 839 BGB)

C könnte einen Anspruch auf Ersatz der Mehrkosten gegen die Stadt S gemäß Art. 34 GG, § 839 BGB haben.

I. Handeln eines „jemand" in Ausübung eines öffentlichen Amtes

Dann müsste bei der Verweigerung der Erteilung der Baugenehmigung durch die Bauaufsichtsbehörde „jemand" in Ausübung eines öffentlichen Amtes gehandelt haben. Jemand i.S.v. Art. 34 S. 1 GG, d.h. ein sog. Beamter im haftungsrechtlichen Sinn, ist – ohne Rücksicht auf organisatorische Eingliederung oder Status – jeder, dem die Wahrnehmung hoheitlicher Aufgaben anvertraut ist; darunter fallen auch die handelnden Mitarbeiter der Bauaufsichtsbehörde der S. Handeln in Ausübung des öffentlichen Amtes verlangt öffentlich-rechtliches Handeln, was bei einem Handeln nach Maßgabe der BauO NRW der Fall ist. Als Handeln kommt dabei auch ein Unterlassen in Betracht. In Rede steht hier auch ein Handeln „in Ausübung" des Amtes, d.h. ein Handeln in innerem und äußerem Zusammenhang mit der Amtsausübung, nicht nur bei Gelegenheit des öffentlich-rechtlichen Handelns.

II. Verletzung einer drittgerichteten Amtspflicht

Fraglich ist, ob die Bauaufsichtsbehörde der S dadurch, dass sie bis zur vorherigen Gewährung der Befreiung durch die Naturschutzbehörde die Baugenehmigung verweigert, eine – einem Dritten gegenüber bestehende – Amtspflicht verletzt. In Betracht kommt eine Verletzung der Amtspflicht zur Bearbeitung und – positiven – Bescheidung eines Antrags innerhalb angemessener Frist. Sie wäre verletzt, wenn C zum jetzigen Zeitpunkt einen Anspruch nach § 74 Abs. 1 BauO NRW auf Erteilung der Baugenehmigung hätte. Die Bauaufsichtsbehörde hat hier eine angemessene Bearbeitungszeit ausgeschöpft und in dieser Zeit eine abschließende Prüfung der Rechtslage vorgenommen, die zu dem zutreffenden Ergebnis geführt hat, dass dem Vorhaben des C keine bauplanungs- und bauordnungsrechtlichen Vorschriften entgegenstehen.

Klausurtipp: Eine weitere Prüfung insbesondere der bauplanungsrechtlichen Zulässigkeit ist demgemäß entbehrlich und nicht angezeigt. In der Sache lässt sich die Annahme der bauplanungsrechtlichen Zulässigkeit des Vorhabens damit begründen, dass das Bauvorhaben als privilegiertes Vorhaben nach § 35 Abs. 1 Nr. 1 BauGB eingestuft werden kann. Ein Entgegenstehen öffentlicher Belange, namentlich das Entgegenstehen von Darstellungen in einem Landschaftsplan oder die Beeinträchtigung von Belangen des Naturschutzes und der Landschaftspflege (vgl. § 35 Abs. 3 S. 1 Nr. 2 und 5 BauGB), konnte von der Bauaufsichtsbehörde deshalb verneint werden, weil das Naturschutzrecht nicht absolut entgegensteht; vielmehr sieht es einen Befreiungsvorbehalt vor, dessen Voraussetzungen die Bauaufsichtsbehörde nach dem Sachverhalt vorliegend zu Recht bejaht.

Danach könnte allenfalls noch die fehlende naturschutzrechtliche Befreiung dem Vorhaben entgegenstehen. Eine Amtspflichtverletzung scheidet daher nur dann aus, wenn die Baugenehmigung nach § 74 Abs. 1 NRW mit Rücksicht auf die bislang nicht erteilte naturschutzrechtliche Befreiung vorläufig verweigert werden darf, weil bis zu deren Gewährung öffentlich-rechtliche Vorschriften dem Vorhaben i. S. v. § 74 Abs. 1 BauO NRW entgegenstehen.

1. Naturschutzrecht als entgegenstehendes öffentliches Recht

Das setzt zunächst voraus, dass naturschutzrechtliche Regelungen überhaupt als öffentlich-rechtliche Vorschriften nach § 74 Abs. 1 BauO NRW heranzuziehen sind. § 74 Abs. 1 BauO NRW enthält – anders als Parallelvorschriften in anderen Bundesländern – keine Einschränkungen im Hinblick auf die im Rahmen der Zulässigkeitsprüfung eines Bauvorhabens zu berücksichtigenden öffentlich-rechtlichen Vorschriften. Daher sind grundsätzlich sämtliche öffentlich-rechtliche Zulässigkeitsvoraussetzungen, auch die über das Bauordnungs- und Bauplanungsrecht hinausreichenden öffentlich-rechtlichen Vorschriften zu prüfen.[17] Damit handelt es sich auch bei den Vorschriften des Naturschutzrechts, die das Erfordernis einer Befreiung begründen, um sonstige öffentlich-rechtliche Vorschriften i. S. v. § 74 Abs. 1 BauO NRW.

2. Entgegenstehen der fehlenden Befreiung durch die Naturschutzbehörde

Materiellrechtlich stehen dem Vorhaben des C auch unter Einschluss des Naturschutzrechts, da nach der – zutreffenden – Feststellung der Bauaufsichtsbehörde die danach erforderliche Befreiung zu erteilen ist, keine öffentlich-rechtlichen Vorschriften entgegen. Die Befreiung ist jedoch durch die zuständige Naturschutzbehörde nicht erteilt worden, und auch die Fiktion nach § 71 Abs. 2 S. 2 BauO NRW scheidet von vornherein aus, weil es nicht bloß um Zustimmung, Einvernehmen oder Benehmen einer anderen Behörde, sondern um einen dem Antragsteller zu erteilenden Verwaltungsakt geht. Fraglich ist deshalb, ob aus formellrechtlichen Gründen die Baugenehmigung wegen der fehlenden Befreiung durch die Naturschutzbehörde vorläufig zu verweigern ist.

Die Baugenehmigung wäre zu erteilen, wenn – nach dem sog. Konzentrationsmodell – die Bauaufsichtsbehörde über die Kompetenz verfügte, im Rahmen der Entschei-

---

[17] OVG NRW, DÖV 2004, 302 (303) zu § 75 Abs. 1 S. 1 BauO NRW a.F.; vgl. ÖffR NRW, § 4 Rn. 271.

dung über die Erteilung der Baugenehmigung auch über die Erteilung der nach sonstigen öffentlich-rechtlichen Vorschriften erforderlichen Genehmigungen zu entscheiden, so dass die erteilte Baugenehmigung die nach anderen Vorschriften erforderlichen Genehmigungen für das Vorhaben einschlösse. Danach könnte die Bauaufsichtsbehörde die Baugenehmigung für das Vorhaben des C erlassen, sofern sie nach eigener Prüfung zu dem Ergebnis gelangt, dass dem Vorhaben des C eine naturschutzrechtliche Befreiung erteilt werden kann. Nach diesem Modell käme der sodann erteilten Baugenehmigung die sog. Konzentrationswirkung dergestalt zu, dass die Baugenehmigung auch die nach dem Naturschutzrecht erforderliche Befreiung enthält. Der Annahme des Konzentrationsmodells stehen jedoch die Vorschriften der BauO NRW entgegen. Nach § 74 Abs. 3 S. 2 BauO NRW lässt die Baugenehmigung die aufgrund anderer Vorschriften bestehenden Verpflichtungen zum Einholen von Genehmigungen etc. unberührt. Die Baugenehmigung ersetzt danach also nicht die nach anderen Vorschriften erforderlichen Genehmigungen. Nach § 71 Abs. 1 S. 1 Nr. 2 BauO NRW hat die Bauaufsichtsbehörde innerhalb einer Woche nach Eingang des Bauantrages zu prüfen, ob die Erteilung der Baugenehmigung von der Erteilung einer weiteren Genehmigung oder Erlaubnis einer anderen Behörde abhängig ist. Danach hat die Bauaufsichtsbehörde lediglich eine sog. Vorprüfungskompetenz, sie darf nicht selbst prüfen und entscheiden, ob die Voraussetzungen für die Erteilung der anderen Genehmigungen vorliegen, bzw. gar die Genehmigungen selbst erteilen, da ihr hierzu die Kompetenz fehlt. In NRW scheidet das Konzentrationsmodell damit aus.

Die Baugenehmigung könnte jedoch, ohne i. S. d. Konzentrationsmodells diesen anderen Verwaltungsakt mit zu umfassen, ungeachtet der fehlenden naturschutzrechtlichen Befreiung zu erteilen sein. Dies könnte der Fall sein nach dem sog. Separationsmodell, wonach die Baugenehmigung die Erforderlichkeit etwaiger nach sonstigen öffentlich-rechtlichen Vorschriften erforderlicher Genehmigungen usw. unberührt lässt, jedoch ohne Rücksicht auf deren Erteilung durch die hierfür zuständige Behörde zu erteilen ist.[18] Für die Geltung des Separationsmodells in NRW ist die Vorschrift des § 74 Abs. 3 S. 2 BauO NRW geltend gemacht worden, wonach die Baugenehmigung die aufgrund anderer Vorschriften bestehenden Verpflichtungen zum Einholen von Genehmigungen etc. unberührt lässt; aus dieser Norm solle sich ergeben, dass die nach anderen Vorschriften erforderlichen Genehmigungen im Baugenehmigungsverfahren keinerlei Bedeutung haben, so dass eine Baugenehmigung unabhängig vom Vorhandensein der sonstigen Genehmigungen erteilt werden könne. Dieser Begründung wird allerdings entgegengehalten,[19] dass § 74 Abs. 3 S. 2 BauO NRW lediglich das Verhältnis der nach anderen Vorschriften erforderlichen Genehmigungen zur bereits erteilten Baugenehmigung regele, nicht aber das Verhältnis dieser Genehmigungen zu der im laufenden Baugenehmigungsverfahren zu erteilenden Baugenehmigung. Während sich aus § 74 Abs. 3 S. 2 BauO ausschließlich ergebe, dass einer erteilten Baugenehmigung keine Konzentrationswirkung zukomme, erläutere § 71 Abs. 1 S. 1 Nr. 2 BauO NRW den Prüfauftrag der Bauaufsichtsbehörde im Baugenehmigungsverfahren. Aus der hiernach begründeten Pflicht der Bauaufsichtsbehörde zur Prüfung, ob eine weitere Genehmigung einzuholen sei, ergebe sich, dass die Bauaufsichtsbehörde die Baugenehmigung gerade nicht unabhängig vom Vorliegen der sonstigen Genehmigungen erteilen dürfe. Etwas anderes soll sich auch nicht für das sog. einfache Genehmigungsverfahren aus § 64 Abs. 1 S. 1 Nr. 5 BauO NRW ergeben, der hier die Prüfung der Verein-

---

[18] So früher OVG NRW, NVwZ-RR 2002, 564 (567).
[19] Zum Folgenden vgl. OVG NRW, DÖV 2004, 302 (303 f.).

barkeit mit in anderen Genehmigungs-, Erlaubnis- oder sonstigen Zulassungsverfahren zu prüfenden öffentlich-rechtlichen Vorschriften durch die Bauaufsichtsbehörde ausdrücklich ausschließt; hierdurch soll die Bauaufsichtsbehörde nicht ihrer Pflicht zur Prüfung der Genehmigungsbedürftigkeit nach anderen Vorschriften enthoben sein. Schließlich spricht auch der Wortlaut des § 74 Abs. 1 BauO NRW gegen die Annahme des Separationsmodells, da dieser – anders als in anderen Bundesländern – keine Einschränkungen auf das Entgegenstehen lediglich baurechtlicher Vorschriften enthält, so dass die Bauaufsichtsbehörde eine Baugenehmigung bei Entgegenstehen sonstiger öffentlich-rechtlicher Genehmigungserfordernisse in NRW nicht erteilen darf.

Danach dürfte für die BauO NRW das sog. Koordinationsmodell gelten, wonach die Baugenehmigung erst bei Vorliegen der für die Zulässigkeit des Vorhabens nach sonstigen öffentlich-rechtlichen Vorschriften erforderlichen Genehmigungen erteilt werden darf und damit den Schlusspunkt der für Bauvorhaben durchzuführenden öffentlich-rechtlichen Zulässigkeitsprüfung bildet.[20] Diese Auffassung steht im Einklang mit § 74 Abs. 1 BauO NRW, wonach die Baugenehmigung nur zu erteilen ist, wenn dem Vorhaben keine öffentlich-rechtlichen Vorschriften entgegenstehen. Sie entspricht damit dem traditionellen Verständnis, wonach die Baugenehmigung die öffentlich-rechtliche Zulässigkeit des Vorhabens umfassend und abschließend feststellt. Zudem wird diese Auffassung durch die Vorschrift des § 71 Abs. 1 S. 1 Nr. 2 BauO NRW gestützt. Der Verpflichtung zur Prüfung, ob die Erteilung der Baugenehmigung von der Erteilung einer weiteren Genehmigung oder Erlaubnis einer anderen Behörde abhängig ist, bedürfte es nicht, wenn etwaige weitere Genehmigungen nicht rechtliche Voraussetzung für die Erteilung der Baugenehmigung wären. Der Bauaufsichtsbehörde kommt damit im baurechtlichen Genehmigungsverfahren eine Koordinierungsfunktion zu. Sie darf die nach anderen öffentlich-rechtlichen Vorschriften für die Zulässigkeit eines Vorhabens erforderlichen Genehmigungen nicht selbst einholen, hat aber die Einholung der weiteren Genehmigungen im Wege eines „Sternverfahrens" zu veranlassen, und darf erst anschließend, bei Vorliegen der Genehmigungen, auch nicht schon vorher, etwa unter der aufschiebenden Bedingung des Vorliegens der erforderlichen sonstigen Genehmigung, die Baugenehmigung erteilen.

Danach durfte die Bauaufsichtsbehörde, dem Koordinationsmodell entsprechend, C die von diesem begehrte Baugenehmigung bislang nicht erteilen. Mit der vorläufigen Verweigerung der Baugenehmigung hat sie damit keine Amtspflichtverletzung begangen.

Ein Amtshaftungsanspruch des C gegen die Stadt S scheidet damit aus.

Klausurtipp: Ein Amtshaftungsanspruch dürfte im Übrigen auch dann ausscheiden, wenn man mit der früheren Rechtsprechung des OVG NRW (NVwZ-RR 2002, 564 [567]) dem sog. Separationsmodell folgt. In diesem Fall hätte die Bauaufsichtsbehörde zwar mit der – vorläufigen – Verweigerung der Baugenehmigung gegen die Amtspflicht zur (positiven) Bescheidung des Antrags binnen angemessener Frist verstoßen. Die Verletzung dieser drittgerichteten Amtspflicht dürfte jedoch nicht kausal werden für etwaige weitere Verzögerungsschäden, weil auch bei Erteilung der Baugenehmigung mit der Ausführung des Vorhabens erst nach Erteilung der weiter erforderlichen Genehmigung, hier der landschaftsrechtlichen Befreiung, begonnen werden dürfte.

---

[20] So OVG NRW, DÖV 2004, 302 (303 f.); vgl. zum Ganzen ÖffR NRW, § 4 Rn. 271.

Ein etwaiger Ersatzanspruch könnte sich daher nur gegen den Rechtsträger der Behörde richten, die für die verzögerte Erteilung dieser anderen Genehmigung verantwortlich ist.

B. Anspruch gemäß § 39 Abs. 1 lit. b OBG NRW

Als Anspruchsgrundlage für einen Anspruch des C auf Ersatz der Mehrkosten gegen die Stadt S kommt weiter § 39 Abs. 1 lit. b OBG NRW in Betracht. Der Ersatzanspruch wäre begründet, wenn C durch eine rechtwidrige Maßnahme einer Ordnungsbehörde einen Schaden erlitten hätte.

Vertiefung: Der ordnungsbehördliche Entschädigungsanspruch aus § 39 Abs. 1 lit. b OBG NRW ist eine spezialgesetzliche Ausprägung des Entschädigungsanspruchs wegen enteignungs- (und aufopferungs-)gleichen Eingriffs und schließt den Rückgriff auf dieses richterrechtlich begründete, auf den allgemeinen Aufopferungsgedanken gestützte Haftungsinstitut aus (vgl. *Maurer/Waldhoff*, Allgemeines Verwaltungsrecht, 19. Aufl. 2017, § 27 Rn. 103).

Die Stadt S müsste also zunächst als Ordnungsbehörde gehandelt haben. Bei der Behandlung des Bauantrags des C hat sie als (untere) Bauaufsichtsbehörde und damit, wie § 57 Abs. 1 BauO NRW ausdrücklich anordnet, als (Sonder-)Ordnungsbehörde fungiert, für die nach § 12 OBG NRW die Vorschriften des OBG NRW gelten.

Die ordnungsbehördliche Maßnahme könnte hier in der Verweigerung der Baugenehmigung gelegen haben. Das setzt voraus, dass auch ein Unterlassen eine Maßnahme i. S. v. § 39 Abs. 1 OBG NRW sein kann. Das wird für die schlichte Untätigkeit der Behörde verneint,[21] für ein sog. qualifiziertes Unterlassen, d. h. bei einem in den Rechtskreis des Betroffenen eingreifenden Handeln, jedoch bejaht. Danach wird jedenfalls für die förmliche Versagung einer beantragten Baugenehmigung das Vorliegen einer ordnungsbehördlichen Maßnahme angenommen.[22] Dem gleich gestellt wird aber auch ihre faktische Vorenthaltung jedenfalls dann, wenn nicht bloße Untätigkeit der Behörde, sondern ein eindeutiges, als Ausdruck endgültig ablehnender Haltung aufzufassendes Verhalten vorliegt.[23] Danach liegt hier auf Grund der eindeutigen Erklärung der Stadt S, die Baugenehmigung bis auf Weiteres nicht erteilen zu wollen, eine ordnungsbehördliche Maßnahme vor.

Es fehlt jedoch auch hier, weil – wie gesehen – für die Erteilung der Baugenehmigung nach der BauO NRW die sog. Schlusspunkttheorie gilt, an der Rechtswidrigkeit der ordnungsbehördlichen Maßnahme.

---

[21] *Prior*, BauR 1987, 157 (159).
[22] Vgl. BGHZ 102, 350 (364); 125, 258 (261 f., 264).
[23] Vgl. *Ossenbühl/Cornils*, Staatshaftungsrecht, 6. Aufl. 2019, S. 309, der i. Ü. für eine weitergehende Anerkennung von Unterlassen als Maßnahme eintritt.

Klausurtipp: Wollte man unter Zugrundelegung des sog. Separationsmodells die Rechtswidrigkeit annehmen, würde es im Übrigen auch hier an der Kausalität für den Schaden fehlen (s. o.).

Auch nach § 39 Abs. 1 lit. b OBG NRW besteht somit kein Anspruch des C auf Ersatz der ihm entstehenden Verzögerungsschäden gegen die Stadt S.

Im Ergebnis steht C ein Anspruch auf Ersatz der Verzögerungsschäden gegen die Stadt S nicht zu.

Weiterführende Klausurentipps:

Das gemeindliche Einvernehmen nach § 36 BauGB ist ein beliebter Aufhänger in baurechtlichen Klausuren.

Weitere Einzelfragen sind etwa, ob das Einvernehmenserfordernis auch bei Identität von Bauaufsichtsbehörde und Gemeinde besteht (vgl. BVerwG, DVBl. 2005, 192) und ob der Ersetzungsbehörde Ermessen zusteht, was zu § 36 Abs. 2 S. 3 BauGB streitig diskutiert worden ist, durch § 73 Abs. 1 S. 1 BauO NRW jetzt allerdings im Sinne einer strikten Verpflichtung geregelt wird.

Interessant ist v. a. auch die staatshaftungsrechtliche Frage, wer in Fällen der rechtswidrigen Verweigerung des gemeindlichen Einvernehmens haftet. Der BGH (NVwZ 2011, 249 [250 f.]; NVwZ 2013, 167 [168]) sieht die Gemeinde nicht (mehr) amtshaftungspflichtig; der Gemeinde obliege keine den Bauwilligen schützende Amtspflicht, wenn die Baugenehmigungsbehörde das rechtswidrig verweigerte Einvernehmen ersetzen kann. Auch im Hinblick auf das Institut des enteignungsgleichen Eingriffs liege der Eingriffstatbestand allein im außengerichteten Handeln der Baugenehmigungsbehörde, nämlich in der Ablehnung des Bauantrags und der unterlassenen Ersetzung des Einvernehmens, so dass diese alleinverantwortlich sei.

Fall 25: „60ies Lifestyle"

Behandelte Themen: Bauaufsichtliche Beseitigungsverfügung – bauliche Anlage im bauordnungs- und bauplanungsrechtlichen Sinne – Werbeanlagen – formelle und materielle Illegalität – Miteigentümer als Störer – Vollstreckung bauaufsichtlicher Verfügungen – Rechtsnachfolge

Sachverhalt

Ausgangsfall:

A und B betreiben schon seit langem gemeinsam als gleichberechtigte Eigentümerinnen die Produktion ausgefallener Kleidung im Stil der 1960er Jahre. In der kreisangehörigen Stadt S (35.000 Einwohner) in Nordrhein-Westfalen haben sie ihre Produktionsstätte in einem als Mischgebiet festgesetzten Gebiet an einer viel befahrenen Bundesstraße. Das Grundstück, auf dem sich die Produktionshalle befindet, steht im gemeinsamen Eigentum von A und B.

Nachdem die Geschäfte anfangs gut liefen, stellen A und B fest, dass sich Mode im Stil der 60er Jahre nicht mehr gut verkaufen lässt. Um diesen Umstand zu ändern, planen sie eine groß angelegte Werbeoffensive. Zum einen greifen sie ein Vorhaben auf, für das sie sich bereits vor vier Jahren eine Baugenehmigung haben erteilen lassen, von dem sie dann aber vorläufig wieder Abstand genommen hatten; auf dem Dach ihrer 5 m hohen Produktionshalle errichten sie in den Maßen 6 × 3 m einen Leuchtschriftzug „60ies Lifestyle" in blauer Farbe, der alle zwei Minuten pinkfarben aufblitzt. Zum anderen mieten A und B, um auswärtige Besucher der Stadt S für das Angebot ausgefallener Mode in S zu sensibilisieren, von einem Bekannten einen alten, aber noch zum Straßenverkehr zugelassenen Bauwagen, lassen diesen – ihrem Mode-Label entsprechend – hellblau anstreichen und mit pinkfarbenen Blumen bemalen; einen weiteren Hinweis auf das Modelabel lassen A und B nicht an dem Bauwagen anbringen. Für diesen Bauwagen schließen A und B mit einem Bauern einen Vertrag, der ihnen erlaubt, den Bauwagen auf dessen im Außenbereich liegende und weiter nur von Acker und Wiesen umgebene, an die Bundesstraße angrenzende Wiese für die Dauer von fünf Jahren zu Werbezwecken aufzustellen.

Schon nach einigen Wochen fallen dem Bauamt der Stadt S die umfangreichen Werbemaßnahmen auf. Es sendet an die A ein Schreiben, in dem ihr mitgeteilt wird, dass gegen sie eine auf Bauplanungs- und Bauordnungsrecht gestützte Ordnungsverfügung ergehen solle, mit der ihr aufgegeben werde, sowohl den Leuchtschriftzug wie auch den Bauwagen zu entfernen. Die A ist empört über dieses Schreiben und antwortet der Stadt S, dass diese Werbemaßnahmen die Baubehörde doch gar nicht zu interessieren hätten, jedenfalls nicht zu beanstanden wären und schon gar nicht sie allein verantwortlich gemacht werden könnte. Bald darauf ergeht die angekündigte Ordnungsverfügung der Stadt S, die im Übrigen auch eine ordnungsgemäße Rechtsbehelfsbelehrung enthält.

Die A sucht einen Rechtsanwalt auf und bittet um ein Rechtsgutachten zu den Erfolgsaussichten einer verwaltungsgerichtlichen Klage gegen die Verfügung. Erstatten Sie dieses Gutachten!

Abwandlung:

A ist gegen die Ordnungsverfügungen nicht vorgegangen, hat sie aber auch nicht befolgt. Das Bauamt der Stadt S hat dies sechs Wochen später festgestellt und ist in seinen internen Beratungen über das weitere Vorgehen zu dem Entschluss gekommen, dass zunächst die auf Beseitigung des Leuchtschriftzugs gerichtete Ordnungsverfügung zwangsweise vollstreckt werden soll, weil dieser als besonders störend empfunden wird. Zwischenzeitlich ist A jedoch verstorben; ihr gesamtes Vermögen einschließlich ihrer Beteiligung an dem Modelabel hat sie ihrem Ehemann E hinterlassen. Die Stadt S will gleichwohl nun endlich ordnungsgemäße Zustände herbeiführen und droht nunmehr dem E ein Zwangsgeld in Höhe von 1000 Euro für den Fall an, dass er die Leuchtschrift nicht binnen einer Frist von drei Wochen beseitigt.

Prüfen Sie die Rechtmäßigkeit der Zwangsgeldandrohung!

Gliederung

Lösungsvorschlag

Ausgangsfall

A könnte gegen die Beseitigungsverfügungen im Wege einer verwaltungsgerichtlichen Anfechtungsklage vorgehen. Diese Klage hat Erfolg, wenn sie zulässig und begründet ist.

A. Zulässigkeit

I. Eröffnung des Verwaltungsrechtswegs

Da keine aufdrängende Sonderzuweisung ersichtlich ist, könnte der Verwaltungsrechtsweg nach der Generalklausel des § 40 Abs. 1 S. 1 VwGO eröffnet sein. Das setzt zunächst eine öffentlich-rechtliche Streitigkeit voraus, die gegeben ist, wenn die streitentscheidenden Normen öffentlich-rechtlicher Natur sind. Dies ist nach der modifizierten Subjektstheorie der Fall, wenn durch die fragliche Norm Träger hoheitlicher Gewalt gerade als solche berechtigt oder verpflichtet werden. Bei der hier in Betracht kommenden Norm des § 58 Abs. 2 S. 2 BauO NRW ist das der Fall, so dass eine öffentlich-rechtliche Streitigkeit vorliegt. Diese ist keine Streitigkeit von Verfassungsorganen über verfassungsrechtliche Rechte und Pflichten und daher auch nichtverfassungsrechtlicher Art. Da auch keine abdrängende Sonderzuweisung einschlägig ist, ist der Verwaltungsrechtsweg gemäß § 40 Abs. 1 S. 1 VwGO eröffnet.

II. Statthafte Klageart

A müsste ihr Begehren mit der statthaften Klageart verfolgen. Diese wird bestimmt durch das i.S.v. § 88 VwGO maßgebliche Begehren des Klägers. Das Begehren der A ist auf Aufhebung der Beseitigungsverfügungen gerichtet. Danach ist die Anfechtungsklage statthaft, wenn es sich bei diesen Beseitigungsverfügungen um Verwaltungsakte i.S.v. § 35 S. 1 VwVfG NRW handelt. Dies ist der Fall, so dass die Anfechtungsklage statthaft ist.

III. Klagebefugnis

Die Anfechtungsklage ist nur zulässig, soweit die Klägerin geltend machen kann, durch die Beseitigungsverfügungen in einem ihrer Rechte verletzt zu sein (§ 42 Abs. 2 VwGO), d.h. soweit eine Verletzung von subjektiv-öffentlichen Rechten der A möglich erscheint. Eine solche mögliche Rechtsverletzung folgt hier bereits daraus, dass die A Adressatin mehrerer belastender Verwaltungsakte ist (sog. Adressatentheorie).

Klausurtipp: Ob die A *richtiger Adressat* der Ordnungsverfügung ist, ob die Beseitigungsverfügung gegen sie allein ergehen durfte bzw. die A allein dagegen vorgehen kann, ist für die Frage der Klagebefugnis unerheblich. Es wäre deshalb verfehlt, auf diese Fragen bereits im Rahmen der Klagebefugnis einzugehen.

IV. Vorverfahren

Das gemäß § 68 Abs. 1 S. 1 VwGO vor Erhebung der Anfechtungsklage grundsätzlich durchzuführende Vorverfahren entfällt in Nordrhein-Westfalen gemäß § 68 Abs. 1
S. 2 VwGO, § 110 Abs. 1 S. 1 JustG NRW.

V. Klagefrist

Der Rechtsanwalt müsste die Anfechtungsklage fristwahrend erheben, also binnen eines Monates nach Bekanntgabe der Beseitigungsverfügungen (§ 74 Abs. 1 S. 2 VwGO).

VI. Klagegegner

Richtiger Klagegegner ist gemäß § 78 Abs. 1 Nr. 1 VwGO die Körperschaft, deren
Behörde den angegriffenen Verwaltungsakt erlassen hat, hier also die S.

VII. Beteiligten- und Prozessfähigkeit

A ist als natürliche Person beteiligten- und prozessfähig gemäß §§ 61 Nr. 1, 62 Abs. 1
Nr. 1 VwGO.
S ist als juristische Person nach § 61 Nr. 1 Alt. 2 VwGO beteiligten- und gemäß § 62
Abs. 3 VwGO, vertreten durch den Bürgermeister (§ 63 Abs. 1 GO NRW), prozess-
fähig.

B. Objektive Klagehäufung

Da A die Aufhebung von zwei Beseitigungsverfügungen begehrt, stellt sich die Frage
nach der Zulässigkeit einer objektiven Klagehäufung. Die Verfolgung mehrerer Klagebegehren mit einer Klage ist nach § 44 VwGO zulässig, wenn sich diese gegen denselben Beklagten richten, im Zusammenhang stehen und dasselbe Gericht zuständig ist.
Das ist hier der Fall.

C. Begründetheit

Die Anfechtungsklage ist begründet, soweit die angegriffenen Verwaltungsakte rechtswidrig sind und die A in ihren Rechten verletzen (§ 113 Abs. 1 S. 1 VwGO).

Klausurtipp: Für die Begründetheitsprüfung bestehen mehrere Aufbaumöglich-
keiten. Es kann von vornherein die Begründetheit der einzelnen Klagebegehren
getrennt untersucht werden; dies erscheint bei objektiver Klagehäufung insbesondere da zwingend, wo jeweils unterschiedliche Rechtsgrundlagen in Betracht
kommen und heranzuziehen sind. Wenn die mehreren Klagebegehren nach Maßgabe derselben Rechtsgrundlage zu beurteilen sind, kann es gutachtlich geschick-
ter, weil Wiederholungen vermeidend sein, zunächst die mehreren Klagebegehren
gemeinsam zu prüfen und erst später zwischen ihnen zu differenzieren.

I. Rechtmäßigkeit der Beseitigungsverfügungen

Die angefochtenen Verwaltungsakte sind rechtmäßig, wenn sie auf einer Ermächtigungsgrundlage beruhen und in formell und materiell rechtmäßiger Weise ergangen sind.

1. Ermächtigungsgrundlage

Als Ermächtigungsgrundlage für beide Beseitigungsverfügungen kommt allein § 82 S. 1 BauO NRW in Betracht, der die Bauaufsichtsbehörde zur Anordnung der Beseitigung baurechtswidrig errichteter oder geänderter Anlagen ermächtigt.

Vertiefung: Die bis zum 31. Dezember 2018 geltende BauO NRW a.F. enthielt in § 61 S. 2 BauO NRW a.F. nur eine generalklauselartige Regelung, die zum einen sämtliche bauaufsichtliche Maßnahmen abdeckte und zum anderen auf Grund ihres nicht ganz eindeutigen Wortlauts die – richtigerweise zu bejahende (vgl. OVG NRW, NVwZ-RR 1998, 159) – Frage aufwarf, ob sie selbst eine Ermächtigungsgrundlage war, so dass sich der ergänzende Rückgriff auf die ordnungsbehördliche Generalklausel des § 14 OBG NRW erübrigte. Die zum 1. Januar 2019 in Kraft getretene Neufassung der BauO NRW enthält nunmehr differenzierte, besondere Ermächtigungsgrundlagen für die Stilllegungsverfügung (§ 81 Abs. 1 BauO NRW), die Nutzungsuntersagung (§ 82 S. 2 BauO NRW) und die Beseitigungsverfügung (§ 82 S. 1 BauO NRW) sowie für sonstige Eingriffe weiterhin eine bauordnungsrechtliche Generalklausel (§ 58 Abs. 2 S. 2 BauO NRW).

2. Formelle Rechtmäßigkeit

Die formelle Rechtmäßigkeit der Beseitigungsverfügungen setzt insbesondere voraus, dass sie von der zuständigen Behörde, nach ordnungsgemäßem Verfahren und in der richtigen Form erlassen worden sind.

a) Zuständigkeit

Die Stadt S war gemäß § 57 Abs. 1 S. 2, 3 BauO NRW sachlich zuständig, wenn sie untere Bauaufsichtsbehörde ist. Untere Bauaufsichtsbehörde sind gemäß § 57 Abs. 1 Nr. 3 lit. b BauO NRW u.a. die mittleren kreisangehörigen Städte. Nach der Definition in § 4 Abs. 2 GO NRW ist davon auszugehen, dass die Stadt S mit ihren 35.000 Einwohnern mittlere kreisangehörige Stadt ist. Sie ist somit sachlich zuständig gewesen.

Die örtliche Zuständigkeit der Stadt S ergibt sich aus §§ 12 Abs. 2, 4 Abs. 1 OBG NRW und lässt sich im Übrigen vertretbar auch auf § 3 Abs. 1 Nr. 1 VwVfG NRW stützen.

b) Verfahren

Nach § 28 Abs. 1 VwVfG NRW war, da es sich bei den Beseitigungsverfügungen um belastende Verwaltungsakte handelt, die Verfahrensvorschrift der Anhörungspflicht zu beachten. Die Stadt S hat der A im Vorfeld Gelegenheit gegeben, sich zu den in Aussicht gestellten Ordnungsverfügungen zu äußern, so dass die vorgeschriebene Anhörung erfolgt ist.

c) Form

Das Schriftformerfordernis, das aus §§ 12 Abs. 2, 20 Abs. 1 OBG NRW folgt, da die Bauaufsicht dem besonderen Ordnungsrecht zugehört, ist beachtet worden; die Beseitigungsverfügungen sind schriftlich ergangen.

3. Materielle Rechtmäßigkeit

Die Beseitigungsverfügungen sind materiell rechtmäßig, wenn die Tatbestandsvoraussetzungen des § 82 S. 1 BauO NRW erfüllt sind und die Behörde die richtige Rechtsfolge gesetzt hat.

a) Baurechtswidrigkeit

Tatbestandlich setzt § 82 S. 1 BauO NRW einen beachtlichen Verstoß gegen öffentlich-rechtliche Vorschriften, die sog. Baurechtswidrigkeit voraus.

aa) Baurechtswidrigkeit der Dachinstallation

(1) Formelle Illegalität. Die Dachinstallation könnte zunächst formell illegal sein. Dies ist der Fall, wenn sie ohne eine baurechtlich erforderliche Genehmigung errichtet worden ist. Die baurechtliche Genehmigungspflichtigkeit könnte sich aus § 60 Abs. 1 BauO NRW ergeben. Dann müsste es sich bei der Anbringung der Dachinstallation um die Errichtung einer Anlage i. S. d. § 2 Abs. 1 S. 4 BauO NRW, d. h. einer baulichen Anlage i. S. d. § 2 Abs. 1 S. 1 BauO NRW oder einer sonstigen Anlage oder Einrichtung, an die nach oder auf Grund der BauO NRW Anforderungen gestellt werden (§ 1 Abs. 1 S. 2 BauO NRW), gehandelt haben. Ob eine bauliche Anlage vorliegt, kann hier dahin stehen, wenn der Leuchtschriftzug eine Werbeanlage, an die § 10 BauO NRW Anforderungen stellt, ist. Da er eine vom öffentlichen Verkehrsraum aus sichtbare, ortsfeste Einrichtung darstellt, der der Anpreisung dient bzw. dem Hinweis auf das Gewerbe von A und B dient (vgl. § 10 Abs. 1 S. 1 BauO NRW) und weiter Lichtwerbung in § 10 Abs. 1 S. 2 BauO NRW ausdrücklich genannt ist, ist das der Fall. Weiter dürfte keine Ausnahme von der Genehmigungspflicht gemäß §§ 61 bis 63, 78 und 79 BauO NRW gegeben sein. Die Ausnahme für Werbeanlagen nach § 62 Abs. 1 Nr. 12 lit. a BauO NRW greift, da die Dachinstallation größer als 1 m² ist, ebensowenig ein wie die Ausnahme nach § 62 Abs. 1 Nr. 12 lit. c BauO NRW, da die Werbeanlage nicht ihrem Zweck nach nur vorübergehend für max. 2 Monate angebracht worden ist. Da andere Ausnahmen nicht in Betracht kommen, bestand also Genehmigungspflichtigkeit.

Die somit erforderliche Genehmigung könnte in Gestalt der vor vier Jahren für die Anlage erteilten Baugenehmigung vorliegen. Nach § 75 Abs. 1 BauO NRW erlischt eine Baugenehmigung jedoch nach drei Jahren, wenn mit der Ausführung des Vorhabens nicht begonnen worden und auch keine Verlängerung nach § 75 Abs. 2 BauO NRW erfolgt ist. Da die Baugenehmigung hier vier Jahre ungenutzt geblieben ist, ist sie erloschen und besteht nicht mehr.

Die Anlage ist also formell illegal.

(2) Materielle Illegalität. Die Anlage ist darüber hinaus auch materiell illegal, wenn sie gegen materiell-rechtliche Vorschriften des öffentlichen Rechts verstößt. Hier kommt ein Verstoß gegen die nach § 10 BauO NRW für Werbeanlagen geltenden bauordnungsrechtlichen Vorschriften in Betracht.

Welche Vorschriften anwendbar sind, hängt davon ab, ob die Dachinstallation eine bauliche Anlage i. S. d. § 2 Abs. 1 S. 1 BauO NRW ist, da dann nach § 10 Abs. 2 S. 1

BauO NRW diedaran gestellten Anforderungen gelten, während andernfalls § 10 Abs. 2 S. 2 BauO NRW einschlägig ist. Da es sich um eine aus Bauprodukten hergestellte Anlage handelt, die als Aufbau auf dem Gebäude mittelbar mit dem Erdboden verbunden ist, was der Definition genügt,[1] liegt eine bauliche Anlage vor.

Erwägenswert ist ein Verstoß gegen das auch für bauliche Anlagen geltende Verunstaltungsverbot nach § 9 BauO NRW. Für eine verunstaltete Wirkung oder Verunstaltung des Straßen-, Orts- oder Landschaftsbildes gibt der Sachverhalt jedoch keine hinreichenden Anhaltspunkte.

Es könnte jedoch eine nach § 16 Abs. 2 BauO NRW unzulässige Gefährdung der Sicherheit und Ordnung des Straßenverkehrs vorliegen. Diese ist insbesondere dann gegeben, wenn die Anlage durch ihre Auffälligkeit zu einer Ablenkung der Verkehrsteilnehmer führt. Fraglich ist, ob hier ein solcher Ablenkungseffekt besteht. Die Möglichkeit einer Straßenverkehrgefährdung ist zunächst dadurch grundsätzlich eröffnet, dass die Anlage sich an einer viel befahrenen Bundesstraße befindet. Das Gebäude, auf dem sich die Anlage befindet, ist auch nur 5 m hoch, so dass der Schriftzug auch in das Blickfeld der Autofahrer gerät. Allerdings dürfte der blaue Schriftzug allein noch nicht zu einer Verkehrsgefährdung führen. Etwas anderes könnte freilich daraus folgen, dass die Leuchtschrift alle zwei Minuten pinkfarben aufblitzt. Das ist zunächst eine auffällige Farbgebung. Zudem sind die zeitlichen Intervalle so gestaltet, dass ein sich nähernder Verkehrsteilnehmer nicht schon von weitem erahnen kann, dass eine Anlage mit Farbwechsel an der Straße liegt; das Aufblitzen geschieht für die Autofahrer und auch für andere Verkehrsteilnehmer unerwartet und führt insbesondere zu einem Überraschen und Erschrecken. Das überraschende Aufblitzen einer auffällig farbigen Leuchtschrift begründet deshalb einen Ablenkungseffekt und damit eine Gefährdung der Sicherheit und Ordnung des Straßenverkehrs.

Die Dachinstallation ist deshalb nach § 10 Abs. 2 S. 1 i. V. m. § 16 Abs. 2 BauO NRW materiell baurechtswidrig.

(3) Zwischenergebnis. Abschließend bleibt zu fragen, ob damit die von § 82 S. 1 BauO NRW tatbestandlich geforderte Baurechtswidrigkeit gegeben ist. Dieser Begriff der Baurechtswidrigkeit ist mit Rücksicht auf das verfassungsrechtliche Verhältnismäßigkeitsgebot restriktiv auszulegen; zumindest grundsätzlich soll weder die bloß formelle noch die bloß materielle Baurechtswidrigkeit hinreichen, vielmehr soll die sog. doppelte, formelle und materielle Baurechtswidrigkeit gefordert sein, so dass eine Beseitigungs- oder Abrissverfügung tatbestandlich nur zugelassen ist, wenn ein Vorhaben seit seiner Errichtung im Widerspruch zu materiellem Baurecht steht und nicht durch eine Baugenehmigung gedeckt ist.[2] Wie soeben gesehen ist die Dachinstallation jedenfalls materiell baurechtswidrig. Mit Blick auf die formelle Baurechtswidrigkeit bleibt zu erwägen, ob unter Verhältnismäßigkeitsgesichtspunkten die früher erteilte, dann jedoch erloschene Baugenehmigung für die Anlage einer Beseitigungsverfügung entgegensteht. Die Unzulässigkeit einer Beseitigungsverfügung in der Situation materieller Illegalität, aber formeller Legalität wird damit begründet, dass die rechtsverbindliche Feststellung vorliegt oder vorgelegen hat, dass die Anlage mit den öffentlich-rechtlichen Vorschriften übereinstimmt. Auch in solchen Konstellationen soll jedoch, wenn die Baugenehmigung zuvor bestandskräftig oder zumindest sofort vollziehbar zurückgenommen worden ist, eine Beseitigungsverfügung möglich sein.[3] Entsprechend kann auch eine

---

[1] Vgl. OVG Hbg., NVwZ-RR 2002, 562 (563).
[2] Vgl. ÖffR NRW, § 4 Rn. 294.
[3] OVG NRW, NVwZ 1988, 942 (943 f.).

zwischenzeitlich erteilte, jedoch durch Zeitablauf nach § 75 Abs. 1 BauO NRW erloschene Baugenehmigung der Annahme formeller Illegalität und der tatbestandlichen Zulässigkeit einer Beseitigungsverfügung nicht entgegenstehen. Damit ist die von § 82 S. 1 BauO NRW geforderte doppelte, sowohl formelle wie auch materielle Baurechtswidrigkeit gegeben.

Vertiefung: Mit Blick auf die unterschiedlichen Eingriffsmaßnahmen der Baurechtsbehörden, namentlich die Stilllegungsverfügung, die Nutzungsuntersagung sowie die Abriss- oder Beseitigungsverfügung werden die Anforderungen an die Baurechtswidrigkeit mit Rücksicht auf den verfassungsrechtlichen Grundsatz der Verhältnismäßigkeit unterschiedlich ausgelegt und angewandt (vgl. näher ÖffR NRW, § 4 Rn. 290 ff.):

(1) Für die Stilllegungsverfügung und für die Nutzungsuntersagung soll tatbestandlich (mit Blick auf das Merkmal der Baurechtswidrigkeit) und grundsätzlich auch im Rahmen des Ermessens die formelle Illegalität zureichen.

(2) Für die Abrissverfügung wird hingegen grundsätzlich die sog. doppelte Baurechtswidrigkeit, also die formelle und materielle Illegalität gefordert; sie soll – nur – zulässig sein, wenn das Vorhaben seit seiner Errichtung im Widerspruch zum materiellen Baurecht steht und nicht durch eine Baugenehmigung gedeckt ist.

bb) Baurechtswidrigkeit des Bauwagens

Mit Blick auf die zweite Beseitigungsverfügung ist weiter fraglich, ob auch der Bauwagen formell und materiell baurechtswidrig ist.

(1) Formelle Illegalität. Formelle Illegalität setzt – wie gesehen – zunächst voraus, dass das Aufstellen des Bauwagens nach § 60 Abs. 1 S. 1 BauO NRW baugenehmigungspflichtig gewesen ist.

Die Genehmigungspflichtigkeit könnte auch hier schon daraus folgen, dass eine Werbeanlage i. S. v. § 10 Abs. 1 BauO NRW errichtet worden ist. Eine ortsfeste Einrichtung ist der Bauwagen. Ferner müsste er eine werbliche Funktion erfüllen. Dies ist der Fall, wenn sein Zweck darin besteht, Aufmerksamkeit zu erregen und das Verhalten des Betrachters zu beeinflussen. Ein Schriftzug als Werbung ist dafür nicht erforderlich. Jedoch ist eine abstrakte Darstellung – wie die Blumenbemalung ohne einen Schriftzug – nur dann Werbung, wenn sie für den Betrachter verständlich ist. Ein buntbemalter Bauwagen lässt nicht den sicheren Schluss zu, dass er auf das Modelabel hinweist, insbesondere weil kein weiterer örtlicher Zusammenhang, etwa Nähe zu einer Verkaufsstelle, besteht. Mithin liegt keine Werbeanlage i. S. v. § 10 Abs. 1 BauO NRW vor.

Danach kommt es darauf an, ob das Aufstellen des Bauwagens die Errichtung einer baulichen Anlage i. S. v. § 2 Abs. 1 S. 1 und 2 BauO NRW darstellt. Gemäß § 2 Abs. 1 S. 1 BauO NRW erfordert dies zunächst, dass die fragliche Anlage aus Bauprodukten i. S. v. § 2 Abs. 11 BauO NRW hergestellt ist; dies ist bei einem Bauwagen der Fall. Weiter müsste die Anlage mit dem Erdboden verbunden sein, wobei die Erdverbundenheit hier nur gemäß § 2 Abs. 1 S. 2 BauO NRW dadurch begründet sein kann, dass die Anlage durch eigene Schwere auf der Erde ruht oder nach ihrem Verwendungszweck dazu bestimmt ist, überwiegend ortsfest benutzt zu werden. Ein Ruhen durch eigene Schwere auf dem Boden setzt eine gewisse Verfestigung voraus, so dass nur solche Anlagen erfasst werden, die nicht ohne technische Hilfsmittel wegbewegt werden können; da es irgendeines Zuggeräts, etwa eines Traktors bedarf, um einen Bauwagen zu bewegen, ist schon dieses Kriterium des Ruhens durch eigene Schwere erfüllt. Ferner könnte auch der Verwendungszweck einer ortsfesten Benutzung vorliegen; dies ist, da der Bauwagen für einen längeren Zeitraum von 5 Jahren aufgestellt worden ist, zu bejahen.[4] Also liegt eine bauliche Anlage vor. Diese ist auch nicht gemäß §§ 61 bis 63, 78 und 79 BauO NRW genehmigungsfrei (vgl. § 60 Abs. 1 S. 1 BauO NRW).

Die somit erforderliche Baugenehmigung für das Aufstellen des Bauwagens ist nicht erteilt worden.

Mithin liegt formelle Illegalität vor.

(2) Materielle Illegalität. Materielle Illegalität könnte hier durch einen Verstoß gegen materiell-rechtliche Vorschriften des Bauplanungs- oder des Bauordnungsrechts begründet sein.

Ein in Betracht zu ziehender Verstoß gegen § 10 Abs. 3 BauO NRW scheidet aus, weil der Bauwagen – wie gesehen – keine Werbeanlage i. S. v. § 10 Abs. 1 BauO NRW ist.

Das Aufstellen des Bauwagens könnte aber bauplanungsrechtlich unzulässig sein, insbesondere gegen § 35 BauGB verstoßen. Die Anwendbarkeit von § 35 BauGB setzt zunächst voraus, dass es sich bei dem Bauwagen um eine bauliche Anlage im bauplanungsrechtlichen Sinne handelt (§ 29 Abs. 1 BauGB). Für diesen Begriff der baulichen Anlage enthält das BauGB keine Legaldefinition, und aus kompetenzrechtlichen Gründen kann für das Bauplanungsrecht auch nicht ohne weiteres der in der BauO NRW definierte Begriff der baulichen Anlage (im bauordnungsrechtlichen Sinne) herangezogen werden. Die bauliche Anlage im bauplanungsrechtlichen Sinn ist durch die beiden Merkmale des Bauens und der bodenrechtliche Relevanz definiert.[5] Bauen wird definiert als das Schaffen einer künstlichen Anlage, die auf Dauer mit dem Erdboden verbunden ist, wobei auch hier ein Ruhen auf dem Erdboden durch eigene Schwere als ausreichend angenommen wird; dieses Merkmal erfüllt der Bauwagen. Bodenrechtliche Relevanz ist gegeben, wenn Belange des § 1 Abs. 6 BauGB in einer Weise berührt werden können, die geeignet ist, ein Bedürfnis nach einer die Zulässigkeit eines derartigen Vorhabens regelnden verbindlichen Bauleitplanung hervorzurufen; auch eine solche planungsrechtliche Relevanz kommt einem Bauwagen auf einer Wiese im Außenbereich angesichts seiner Wirkung auf die Umgebung zu. Auf das Aufstellen des Bauwagens sind somit §§ 30 bis 37 BauGB anwendbar, hier namentlich § 35 BauGB, da der Bauwagen im Außenbereich aufgestellt werden soll. Zu prüfen ist somit die Zulässigkeit nach § 35 BauGB. Da ein privilegiertes Vorhaben i. S. v. § 35 Abs. 1 BauGB nicht vorliegt, ist § 35 Abs. 2 BauGB maßgeblich. Es dürften also keine öffentlichen Belange, insbesondere des § 35 Abs. 3 BauGB, durch das Aufstellen des Bauwagens beeinträchtigt sein. In Betracht kommt eine Beeinträchtigung der Belange nach § 35 Abs. 3 Nr. 5 BauGB durch Verunstaltung des Landschaftsbildes. Eine ausschließlich durch Acker und Wiesen geprägte Landschaft wird durch das Aufstellen eines hellblau angestrichenen und mit pinkfarbenen Blumen bemalten Bauwagens verunstaltet, so dass eine Beeinträchtigung dieses öffentlichen Belangs vorliegt. Da insoweit auch eine Teilprivilegierung nach § 35 Abs. 4 BauGB ausscheidet, ist das Vorhaben mit § 35 BauGB unvereinbar, also bauplanungsrechtswidrig und daher auch materiell rechtswidrig.

Klausurtipp: Bei einem solchen Sachverhalt würde in einer Klausurbearbeitung bei entsprechender Begründung auch eine andere Beurteilung bzgl. der Verunstaltung des Landschaftsbildes als vertretbar akzeptiert.

[4] Vgl. auch OVG NRW, BRS 60 Nr. 130.
[5] Vgl. ÖffR NRW, § 4 Rn. 127 ff.

cc) Zwischenergebnis

Da sowohl bzgl. der Dachinstallation wie auch bzgl. des Bauwagens formelle und materielle Illegalität gegeben ist, liegen insoweit die Voraussetzungen für eine Beseitigungsverfügung vor.

b) Richtiger Adressat

Die Behörde müsste sich mit ihrer Ordnungsverfügung an den richtigen, d.h. den ordnungspflichtigen Adressaten gewandt haben. Maßgeblich sind insoweit, da es im Bauordnungsrecht an eigenen Regelungen mangelt und es sich bei dem Bauordnungsrecht um besonderes Ordnungsrecht handelt, die allgemeinen Regelungen zur ordnungsrechtlichen Verantwortlichkeit in §§ 17 ff. OBG.[6]

aa) Dachinstallation

Hinsichtlich des auf dem Dach installierten Leuchtschriftzuges ist die A als (Mit-) Eigentümerin Zustandsstörerin i.S.v. § 18 OBG NRW.

Problematisch könnte sein, dass A allein in Anspruch genommen wurde, gegen die Miteigentümerin B, die insoweit ebenfalls Zustandsstörerin i.S.v. § 18 OBG NRW ist, hingegen keine Ordnungsverfügung ergangen ist. Die gleichzeitige Störereigenschaft mehrerer Personen lässt jedoch die Verantwortlichkeit jedes einzelnen Störers unberührt; die Ordnungsbehörde kann daher auch nur einen von mehreren Miteigentümern und Störern in Anspruch nehmen.[7]

bb) Bauwagen

Als Mieterin und Aufstellerin des Bauwagens ist die A Verhaltensstörerin i.S.v. § 17 OBG NRW.

c) Ermessensausübung der Behörde

Da somit die tatbestandlichen Voraussetzungen erfüllt sind, bleibt die Entscheidung der Baubehörde auf Ermessensfehler zu überprüfen (vgl. § 114 VwGO).

Dafür, dass das – dem „Ob" des Einschreitens geltende – Entschließungsermessen rechtsfehlerhaft ausgeübt worden wäre, gibt es keinen Anhaltspunkt.

Weiter müsste auch das Störerauswahlermessen, das die Behörde bei mehreren Störern grundsätzlich hat, rechtsfehlerfrei ausgeübt worden sein. Auch hinsichtlich der Entscheidung, die A und nicht (auch) die B als Störerin in Anspruch zu nehmen, sind keine Anhaltspunkte für einen Ermessensfehler ersichtlich.

Schließlich müsste auch das sog. Handlungsermessen fehlerfrei ausgeübt worden sein, d.h. die Entscheidung über die getroffenen Maßnahmen ermessensfehlerfrei gewesen sein. Das hierauf bezogene Ermessen könnte insoweit fehlerhaft ausgeübt worden sein, wie der A mit der Beseitigungsverfügung eine Handlung aufgegeben worden ist, die sie zu einem Eingreifen in das Eigentum anderer verpflichtet. Mit der Anordnung der Beseitigung des Bauwagens ist dies nicht geschehen; diese Anordnung beinhaltet keine Verpflichtung zu substanzverletzenden Eingriffen in das Eigentum anderer, namentlich des Eigentümers des Bauwagens oder der Wiese. Die allein an die A adressierte Anordnung zur Beseitigung des Leuchtschriftzuges verpflichtet diese hingegen zu einer Handlung, mit der sie in das (Mit-)Eigentum der B eingreifen würde. Fraglich ist, ob

---

[6] Vgl. ÖffR NRW, § 4 Rn. 283.
[7] ÖffR NRW, § 3 Rn. 124.

die Behörde auch die B insoweit öffentlich-rechtlich in die Pflicht hätte nehmen, d.h. auch gegenüber B eine Beseitigungsverfügung oder aber eine Duldungsverfügung hätte erlassen müssen, die sie zur Duldung der Beseitigung durch A verpflichtet hätte. Die fehlende Duldungsverfügung gegen B hindert jedoch lediglich die Vollstreckbarkeit der gegen A ausgesprochenen Beseitigungsverfügung durch die Behörde, führt jedoch nicht zur Rechtswidrigkeit und Ermessensfehlerhaftigkeit der ausgesprochenen Ordnungsverfügung.[8] Diese ist also ermessensfehlerfrei.

II. Rechtsverletzung und Ergebnis

Da die Ordnungsverfügung somit insgesamt, hinsichtlich der beiden Beseitigungsverfügungen, rechtmäßig ist, ist die Klägerin A auch nicht in ihren Rechten verletzt.

Die Klage gegen die beiden Beseitigungsverfügungen ist somit zwar zulässig, aber unbegründet.

Abwandlung

Zu untersuchen ist, ob die gegen E gerichtete Zwangsgeldandrohung rechtmäßig ist.

I. Ermächtigungsgrundlage

Als Ermächtigungsgrundlage für die Zwangsgeldandrohung kommen, da das VwVG NRW auch auf die Vollstreckung von Maßnahmen der unteren Bauaufsichtsbehörden als Sonderordnungsbehörden anwendbar ist,[9] §§ 55 Abs. 1, 57 Abs. 1 Nr. 2, 60, 63 Abs. 1 VwVG NRW in Betracht.

II. Formelle Rechtmäßigkeit

1. Zuständigkeit

Die untere Bauaufsichtsbehörde ist als die Behörde, die den Grundverwaltungsakt erlassen hat, für die Zwangsgeldandrohung gemäß § 56 Abs. 1 VwVG NRW zuständig.

2. Verfahren

Eine Anhörung ist vor der Zwangsgeldandrohung, da diese eine Maßnahme in der Zwangsvollstreckung ist, gemäß § 28 Abs. 2 Nr. 5 VwVfG NRW nicht erforderlich gewesen.

3. Form

Es ist davon auszugehen, dass das für die Zwangsgeldandrohung bestehende Schriftformerfordernis (§ 63 Abs. 1 S. 1 VwVG NRW) beachtet worden ist.

---

[8] BVerwGE 40, 101 (103).
[9] Vgl. ÖffR NRW, § 3 Rn. 239.

III. Materielle Rechtmäßigkeit

1. Allgemeine Vollstreckungsvoraussetzungen

a) Wirksamer Grundverwaltungsakt

Es müsste ein wirksamer Grundverwaltungsakt vorliegen (§ 55 Abs. 1 VwVfG NRW).

Dieser könnte hier gegeben sein in Gestalt der Ordnungsverfügung, die gegen A ergangen ist. Ihr gegenüber ist der Verwaltungsakt bekannt gegeben worden, mithin auch wirksam geworden (§ 43 Abs. 1 VwVfG NRW). Die Wirksamkeit entfällt auch nicht wegen Nichtigkeit (§ 44 VwVfG NRW).

Fraglich ist jedoch, ob dieser Verwaltungsakt auch Wirksamkeit gegenüber E entfaltet und als Grundlage einer gegen ihn gerichteten Verwaltungsvollstreckungsmaßnahme tauglich ist. Das könnte der Fall sein, wenn E als Gesamtrechtsnachfolger der A auch in die durch die Ordnungsverfügung begründete Verpflichtung der A eingetreten ist. Eine solche Rechtsnachfolge wird für solche Verwaltungsakte angenommen, die keine auf eine konkrete Person bezogene, sondern sachbezogene Anordnungen treffen.[10] Bei der gegenüber A ergangenen bauaufsichtlichen Ordnungsverfügung handelt es sich nicht um einen personen-, sondern um einen sachbezogenen Verwaltungsakt, dem deshalb auch Geltung gegenüber dem Rechtsnachfolger zukommt. Die gegen A als frühere Eigentümerin gerichtete Verfügung ist daher auch für E als deren Gesamtrechtsnachfolger rechtsverbindlich und tauglicher Grundverwaltungsakt für eine gegen ihn gerichtete Verwaltungsvollstreckungsmaßnahme.[11]

b) Befehlender Charakter des Grundverwaltungsakts

Als Grundverwaltungsakt kommt nach § 55 Abs. 1 VwVG NRW nur ein Verwaltungsakt in Betracht, der auf die Vornahme einer Handlung oder auf Duldung oder Unterlassung gerichtet ist. Die Ordnungsverfügung ist hier auf Beseitigung der Leuchtschrift und damit auf Vornahme einer Handlung gerichtet.

c) Unanfechtbarkeit oder sofortige Vollziehbarkeit

Der Grundverwaltungsakt müsste unanfechtbar oder sofort vollziehbar sein (§ 55 Abs. 1 VwVG NRW). Unanfechtbar ist er geworden, wenn die Rechtsbehelfsfrist, hier also die Frist für die Anfechtungsklage abgelaufen ist. Diese Frist betrug hier, da der Ordnungsverfügung eine ordnungsgemäße Rechtsbehelfsbelehrung beigefügt war (vgl. § 58 Abs. 1 VwGO), einen Monat ab Bekanntgabe des Verwaltungsakts (§ 74 Abs. 1 S. 2 VwGO). In dieser Frist ist kein Rechtsbehelf eingelegt worden und damit Unanfechtbarkeit eingetreten.

Die Frage, ob der Grundverwaltungsakt darüber hinaus auch rechtmäßig sein muss, kann hier schon deshalb dahinstehen, weil dieser – wie bei der gutachtlichen Untersuchung der gegen sie gerichteten Anfechtungsklage (s. Ausgangsfall) gesehen – rechtmäßig ist. Im Übrigen kommt es auch auf die Rechtmäßigkeit des Grundverwaltungsaktes

---

[10] Vgl. *Maurer/Waldhoff*, Allg. Verwaltungsrecht, 19. Aufl. 2017, § 9 Rn. 57; *Kingreen/Poscher*, Polizei- und Ordnungsrecht, 10. Aufl. 2018, § 9 Rn. 53 ff.; ausführlich und krit. ÖffR NRW, § 3 Rn. 109 ff.

[11] Vgl. ÖffR NRW, § 4 Rn. 289.

nach h. M. schon im Falle sofortiger Vollziehbarkeit,[12] nach wohl einhelliger Auffassung jedenfalls aber dann nicht an, wenn der Verwaltungsakt – wie hier der Fall – bestandskräftig geworden ist.[13]

d) Nichtbefolgung der Verfügung

Die Verhängung von Verwaltungsvollstreckungsmaßnahmen, auch die Zwangsgeldandrohung, kommt nur in Betracht, wenn der Grundverwaltungsakt vom Pflichtigen nicht befolgt worden ist, hier also die aufgegebene Handlung noch nicht vorgenommen worden ist. Dies ist der Fall.

e) Fehlen von Vollstreckungshindernissen

Der Zwangsgeldandrohung könnte jedoch ein Vollstreckungshindernis entgegenstehen. Ein solches Vollstreckungshindernis liegt vor allem dann vor, wenn dem Pflichtigen die Befolgung des Grundverwaltungsakts aus tatsächlichen oder rechtlichen Gründen nicht mehr möglich ist.[14] Hier könnte der Vollstreckung der Ordnungsverfügung rechtliche Unmöglichkeit deshalb entgegenstehen, weil früher A, jetzt E nicht Alleineigentümer des Grundstücks mit der Produktionshalle bzw. des zu entfernenden Leuchtschriftzuges ist und E deshalb zur Umsetzung der Ordnungsverfügung in eine Rechtsposition eines Dritten, der Miteigentümerin B eingreifen müsste; durch ein Entfernen des Leuchtschriftzuges würde E in der Tat in deren Eigentum eingreifen. B ist jedoch ihrerseits rechtlich nicht verpflichtet, diesen Leuchtschriftzug zu entfernen bzw. seine Entfernung durch den Miteigentümer E zu dulden. Erst durch eine gegen B gerichtete behördliche Duldungsverfügung könnte B zur Duldung dieser Beseitigung verpflichtet werden. Solange eine solche Duldungsverfügung nicht vorliegt, ist es E folglich rechtlich unmöglich, die aufgegebene Handlung vorzunehmen. Der Durchsetzung seiner Verpflichtung im Wege des Verwaltungszwangs steht deshalb ein Vollstreckungshindernis entgegen.

2. Ergebnis

Aufgrund fehlender Vollstreckungsvoraussetzungen ist die Zwangsgeldandrohung rechtswidrig.

Weiterführende Klausurentipps:

Bei Werbeanlagen sind die Unterschiede in der Regelung der Baugenehmigungspflichtigkeit und der materiellrechtlichen Anforderungen nach § 10 BauO NRW zu beachten. Letztere können auch dann anwendbar sein, wenn eine nach § 62 Abs. 1 S. 1 Nr. 12 BauO genehmigungsfreie Anlage zu Werbezwecken aufgestellt wird (vgl. OVG NRW, NWVBl. 2007, 57).

Werbeanlagen können über § 10 BauO NRW hinaus weitergehenden bauordnungsrechtlichen Anforderungen durch örtliche Bauvorschriften (§ 89 Abs. 1 Nr. 1, 2 BauO) unterworfen werden. Außerhalb des Bauordnungsrechts finden sich einschränkende Regelungen z. B. in § 9 Abs. 6 FStrG (Anbauverbot entlang Bundes-

---

[12] A. A. HessVGH, NVwZ 1982, 514 (515).

[13] Vgl. ÖffR NRW, § 3 Rn. 252; *Kingreen/Poscher*, Polizei- und Ordnungsrecht, 10. Aufl. 2018, § 24 Rn. 32f.

[14] *Kingreen/Poscher*, Polizei- und Ordnungsrecht, 10. Aufl. 2018, § 24 Rn. 34.

autobahnen und Bundesfernstraßen) und in § 33 Abs. 1 StVO (Verbote mit Blick auf Störungen des Verkehrs).

Eine andere prüfungsgeeignete Frage ist, ob das Abstellen eines PKW mit Werbeaufschriften im Straßenraum straßenrechtlich eine erlaubnispflichtige Sondernutzung in der Form einer mobilen Werbeanlage (Werbefahrzeug) ist (s. OVG NRW, NWVBl 2018, 62).

Fall 26: „Power-Paintball-Halle"

Behandelte Themen: Einstweiliger Rechtsschutz – Regelungsanordnung – Baugenehmigung – Nutzungsänderung – Bauordnungsrecht – Gefährdung der öffentlichen Sicherheit

Sachverhalt

E ist Eigentümer einer gewerblich genutzten Sportanlage. Die Anlage befindet sich, umgeben von sonstigen baulichen Anlagen mit gewerblicher Nutzung (Bürogebäude, Lagerhallen etc.), in einem Gewerbegebiet der kreisfreien Stadt B, für das ein Bebauungsplan nicht existiert. Bislang ist die Nutzung der Sportanlage durch einen Fitnessbereich, Hallentennisplätze und eine Saftbar geprägt. Hinter den aktuell genutzten Gebäudeteilen liegt ein Anbau, der über einen separaten Eingang verfügt und nur über eine Zuwegung erreichbar ist, die über ein anderes Grundstück führt. Weil dieser Anbau von den sonstigen Bereichen der Sportanlage aus nicht zugänglich ist, hat er bislang ungenutzt leergestanden.

Da die Geschäfte schlecht laufen, möchte E nun auch diesen Anbau einer Nutzung zuführen. Dazu möchte er ihn dem in der Umgebung ansässigen „Power-Paintball e. V." zum Paintballspielen zur Verfügung stellen. E beantragt bei der zuständigen Bauaufsichtsbehörde die Nutzungsänderung. Die zum Bauantrag eingereichte Betriebsbeschreibung enthält hinsichtlich des Paintballspiels die folgenden Angaben: „Zugang zu dem Paintballspiel erhalten allein die Mitglieder des Vereins „Power-Paintball e. V.". Diese sind allesamt erwachsen. Sie erkennen das Regelwerk des Vereins an und halten ihr Spiel ausschließlich nach dem offiziellen Paintballregelwerk ab. Die mit Farbmarkierern und Schutzkleidung ausgestatteten beiden gegnerischen Mannschaften sollen versuchen, die gegnerische Flagge der anderen Mannschaft zu erobern. Dies geschieht auf einer speziellen Spielfläche, wobei die beiden Mannschaften versuchen werden, einerseits die jeweils gegnerische Flagge zu erobern und andererseits den Versuch der Eroberung der eigenen Flagge durch die gegnerische Mannschaft durch den Einsatz von Schüssen mit Farbkugeln auf den Körper der anderen Gegner zu verhindern. Sowohl die Eroberung der gegnerischen Fahne als auch jeder getroffene Gegenspieler werden mit einer Punktvergabe belohnt. Die Mitglieder der beiden Mannschaften dürfen weder Tarnanzüge noch kriegsähnliche Uniformierungen bei der Ausführung des Paintballspiels tragen. Es werden ausschließlich blaue und grüne Farbkugeln verwendet." Die vorgesehene Spielfläche befindet sich in einem nur den Mitgliedern des Vereins zugänglichen und von außen nicht einsehbaren Bereich.

Die Bauaufsichtsbehörde lehnt die beantragte Nutzungsänderung des E ab und begründet dies damit, dass das Vorhaben nicht den Vorschriften der Bauordnung NRW genüge, insbesondere einen Verstoß gegen § 3 Abs. 1 S. 1 BauO NRW darstelle, da das Paintballspielen nicht mit der Menschenwürde vereinbar sei. So werde der Spielteilnehmer durch den Abschuss gegen Punkte zum bloßen Objekt des Punktesammelns gemacht, was seine Subjektqualität prinzipiell in Frage stelle. Der Schutz der Menschenwürde sei Verpflichtung aller staatlichen Gewalt, so dass die Bauaufsichtsbehörde daran gehindert sei, dem Antrag auf Nutzungsänderung stattzugeben. Darüber hinaus sei die für ein solches Vorhaben nötige Zuwegung nicht ausreichend vorhanden, da durch die zusätzliche Nutzung des bisher leerstehenden Hallenanbaus zeitweise mit einem erhöhten Verkehrsaufkommen durch die Vereinsmitglieder und mit hoher Wahrscheinlichkeit zu zeitweiligen Staubildungen zu rechnen sei.

E sieht sich durch die ablehnende Entscheidung in seinen Rechten verletzt. Er meint, er habe einen Anspruch auf Erteilung der Baugenehmigung. Die Betriebsbeschreibung verdeutliche, dass sein Vorhaben nicht gegen Rechtsvorschriften verstoße und er hinreichende Vorkehrungen zur Einhaltung der bauordnungsrechtlichen Vorschriften getroffen habe. Weiterhin sei die Zuwegung zu der Paintballhalle über das davor liegende Privatgrundstück ausreichend, da diese durch eine Baulast gesichert sei. Die Zufahrt sei – was zutrifft – selbst für einen Lastwagen hinreichend breit, nur ca. 30 Meter lang und von beiden Enden aus vollständig einsehbar. Ein zeitweise erhöhtes Verkehrsaufkommen sei nicht schädlich, zumal die Nutzung der Paintballhalle durch die Vereinsmitglieder sich vorwiegend auf werktägliche Abendstunden und Wochenendzeiten beschränke.

E begehrt Eilrechtsschutz bei dem zuständigen Verwaltungsgericht. Das Abwarten auf den Ausgang eines Hauptsacheverfahrens sei ihm nicht zuzumuten, da sich dieses über einen langen Zeitraum hinziehen werde und die ihm zugemutete Rechtsbeeinträchtigung rückwirkend nicht mehr auszugleichen sei; er wäre finanziell ruiniert, müsste er auf ein Ergebnis im Hauptsacheverfahren warten.

Hat der Antrag des E Aussicht auf Erfolg?

Gliederung

A. Zulässigkeit
  I. Verwaltungsrechtsweg
  II. Statthafte Antragsart
  III. Antragsbefugnis
  IV. Antragsgegner
  V. Beteiligten- und Prozessfähigkeit
  VI. Rechtsschutzbedürfnis
  VII. Zwischenergebnis
B. Begründetheit
  I. Anordnungsanspruch
    1. Formelle Anspruchsvoraussetzungen
    2. Materielle Anspruchsvoraussetzungen
      a) Verstoß gegen §§ 29 ff. BauGB
        aa) Anwendbarkeit von §§ 30 ff. BauGB

      bb) Vereinbarkeit mit §§ 30 ff. BauGB
    b) Verstoß gegen bauordnungsrechtliche Vorschriften
      aa) Verstoß gegen § 4 Abs. 1 Nr. 1 BauO NRW
      bb) § 3 Abs. 1 S. 1 BauO NRW
  3. Zwischenergebnis
  II. Anordnungsgrund
  III. Gerichtliche Entscheidung
    1. Grundsätzlicher Anspruch auf Erlass einer einstweiligen Anordnung
    2. Verbot der Vorwegnahme der Hauptsache
C. Ergebnis

Lösungsvorschlag

Der Antrag des E hat Aussicht auf Erfolg, soweit er zulässig und begründet ist.

A. Zulässigkeit

Der Antrag des E müsste zulässig sein.

I. Verwaltungsrechtsweg

In dem von E angestrebten Verfahren des einstweiligen Rechtsschutzes richtet sich die Eröffnung des Verwaltungsrechtswegs nach dem Rechtsweg des Hauptsacheverfahrens. Ist in der Hauptsache der Verwaltungsrechtsweg eröffnet, so gilt dies auch für das einstweilige Rechtsschutzverfahren. In der Hauptsache begehrt E die Aufhebung der ablehnenden Entscheidung der Bauaufsichtsbehörde und die bauaufsichtliche Genehmigung der beabsichtigten Nutzungsänderung. Da eine aufdrängende Sonderzuweisung nicht in Betracht kommt, müsste die Streitigkeit nach § 40 Abs. 1 S. 1 VwGO öffentlich-rechtlicher und nichtverfassungsrechtlicher Art sein, was bei dem nach § 74 Abs. 1 BauO NRW zu beurteilenden Anspruch auf Erlass einer Nutzungsänderungsgenehmigung der Fall ist. Darüber hinaus liegt in diesem Fall keine abdrängende Sonderzuweisung vor, so dass der Verwaltungsrechtsweg gemäß § 40 Abs. 1 S. 1 VwGO eröffnet ist.

II. Statthafte Antragsart

Die statthafte Antragsart richtet sich nach dem gemäß §§ 122 Abs. 1, 88 VwGO maßgeblichen Begehren des Klägers. E begehrt einstweiligen Rechtsschutz im Hinblick auf eine ihm verweigerte bauaufsichtliche Nutzungsänderungsgenehmigung. In Betracht kommt insoweit ein Antrag nach § 80 Abs. 5 VwGO oder einer nach § 123 VwGO. Beide Anträge stehen, wie sich aus § 123 Abs. 5 VwGO ergibt, in einem Exklusivitätsverhältnis zueinander; danach ist der Antrag nach § 123 VwGO nur statthaft, sofern in der Hauptsache keine Anfechtungsklage gegeben ist. Das Klagebegehren des E ist im Hauptsacheverfahren auf die Erteilung einer Nutzungsänderungsgenehmigung, also auf den Erlass eines Verwaltungsaktes i. S. d. § 35 S. 1 VwVfG gerichtet. Da dieses Begehren mit der Verpflichtungsklage gemäß § 42 Abs. 1 Alt. 2 VwGO zu verfolgen ist, kommt als statthafte Antragsart nur die einstweilige Anordnung nach § 123 VwGO in Betracht.

Weiterhin ist zu unterscheiden, ob eine Sicherungsanordnung (§ 123 Abs. 1 S. 1 VwGO) oder eine Regelungsanordnung (§ 123 Abs. 1 S. 2 VwGO) vorliegt. Die Sicherungsanordnung hat das Ziel, die Sicherung eines bestehenden Zustands sicherzustellen, während mit der Regelungsanordnung das Ziel der Erweiterung einer Rechtsposition verfolgt werden soll.[1] Da E hier das Ziel der Genehmigung einer Nutzungsänderung durch die Bauaufsichtsbehörde verfolgt, also eine Erweiterung seiner Rechtsposition anstrebt, ist vorliegend die Regelungsanordnung die statthafte Antragsart.

III. Antragsbefugnis

Analog § 42 Abs. 2 VwGO muss der Antragsteller im Verfahren der einstweiligen Anordnung nach § 123 VwGO antragsbefugt sein. Das verlangt zunächst, dass er geltend machen kann, dass die Ablehnung des begehrten Verwaltungsakts rechtswidrig gewesen ist und ihn in einem eigenen Recht verletzt hat, d.h. dass er einen möglichen Anspruch auf Erteilung des Verwaltungsaktes hat. Ein solcher Anspruch könnte hier aus § 74 Abs. 1 BauO NRW folgen. Danach hat E als Bauherr einen gebundenen Anspruch auf die Erteilung einer Nutzungsänderungsgenehmigung, sofern seinem Vorhaben kei-

---

[1] *Kopp/Schenke*, VwGO, 25. Aufl. 2019, § 123 Rn. 6.

ne öffentlich-rechtlichen Vorschriften entgegenstehen. Das Bestehen eines solchen Anspruchs des E gemäß § 74 Abs. 1 BauO NRW ist nicht ausgeschlossen. Weiterhin ist auch ein Anordnungsgrund hinreichend dargetan, so dass E antragsbefugt ist.

IV. Antragsgegner

Der Antrag ist gemäß § 78 Abs. 1 Nr. 1 VwGO analog gegen den Bund, das Land oder die Körperschaft zu richten, die den beantragten Verwaltungsakt unterlassen hat. Das ist hier die Stadt B.

V. Beteiligten- und Prozessfähigkeit

E ist gemäß § 61 Nr. 1, § 62 Abs. 1 Nr. 1 VwGO beteiligten- und prozessfähig.
Die Stadt B ist gemäß § 61 Nr. 1 VwGO beteiligten- und gemäß § 62 Abs. 3 VwGO, vertreten durch den Bürgermeister (§ 63 Abs. 1 GO NRW), prozessfähig.

VI. Rechtsschutzbedürfnis

Das Rechtsschutzbedürfnis könnte fraglich sein, wenn E sich zuvor an die Behörde hätte wenden müssen. Im Gegensatz zu dem Antrag nach § 80 Abs. 5 VwGO hat der Antrag nach § 123 VwGO jedoch grundsätzlich nicht zur Voraussetzung, dass eine vorherige Befassung der Behörde mit der Sache stattgefunden haben muss.[2] Die Frage kann vorliegend zudem mit Blick auf die von E beantragte und von B abgelehnte Nutzungsänderungsgenehmigung dahinstehen. Darüber hinaus macht E geltend, dass er ein besonderes Interesse an der Vorabentscheidung hat, da ihm ansonsten wirtschaftliche, unumkehrbar existenzbedrohende Konsequenzen aus dem Abwarten auf eine Entscheidung in der Hauptsache drohen. Das allgemeine Rechtsschutzbedürfnis des E ist daher zu bejahen.

VII. Zwischenergebnis

Der Antrag des E auf Erlass einer einstweiligen Anordnung nach § 123 VwGO ist zulässig.

B. Begründetheit

Der Antrag auf Erlass einer einstweiligen Anordnung i. S. d. § 123 VwGO ist begründet, wenn und soweit der Antragsteller einen Anordnungsgrund und einen Anordnungsanspruch darlegen und die zugrunde liegenden Tatsachen gemäß § 123 Abs. 3 VwGO i. V. m. §§ 920 Abs. 2, 294 ZPO glaubhaft machen kann.

I. Anordnungsanspruch

Ein Anordnungsanspruch des E ist gegeben, sofern er einen Anspruch auf Erteilung der begehrten Nutzungsänderungsgenehmigung hat. Dieser kann sich aus § 74 Abs. 1 BauO NRW ergeben.

---

[2] *Kopp/Schenke*, VwGO, 25. Aufl. 2019, § 123 Rn. 22, m. w. N. auch zur a. A.

1. Formelle Anspruchsvoraussetzungen

Den erforderlichen Antrag bei der zuständigen Behörde hat E gestellt.

2. Materielle Anspruchsvoraussetzungen

E hat einen Anspruch auf Erteilung der Nutzungsänderungsgenehmigung gemäß § 74 Abs. 1 BauO NRW, sofern seinem Vorhaben keine öffentlich-rechtlichen Vorschriften entgegenstehen. Der Prüfungsumfang erstreckt sich daher auf sämtliche öffentlich-rechtlichen Vorschriften.[3] Vorliegend kommen als entgegenstehende Vorschriften solche des Bauplanungs- und des Bauordnungsrechts in Betracht.

a) Verstoß gegen §§ 29 ff. BauGB

Zunächst könnte ein Verstoß gegen die bauplanungsrechtlichen Vorschriften der §§ 29 ff. BauGB in Betracht kommen.

aa) Anwendbarkeit von §§ 30 ff. BauGB

Nach § 29 Abs. 1 BauGB könnten die §§ 30 ff. BauGB anwendbar sein, weil das Vorhaben des E die Nutzungsänderung einer baulichen Anlage zum Inhalt hat. Bei der Paintballhalle handelt es sich um eine bauliche Anlage im Sinne dieser Vorschrift. Ob eine Nutzungsänderung in ihrem Sinne vorliegt, hängt von deren bodenrechtlicher Relevanz ab; sie ist zu bejahen, wenn die Funktion der Anlage in einer Weise geändert wird, die zu einer anderen planungsrechtlichen Beurteilung führt, so dass die Genehmigungsfrage sich neu stellt.[4] Dies ist bei der Umnutzung eines bislang ungenutzten Gebäudeteils in eine Paintball-Halle zu bejahen. Damit sind die §§ 30 bis 37 BauGB anwendbar.

> **Klausurtipp:** Dass es sich bei der Paintballhalle um eine bauliche Anlage i. S. d. § 29 Abs. 1 BauGB handelt, ist unproblematisch und hier nicht näher zu erörtern. Maßgeblich sind die Merkmale des Bauens und der bodenrechtlichen Relevanz. Bei dem Begriff des Bauens wird eine Anlage gefordert, die mit einer gewissen Dauerhaftigkeit mit dem Erdboden verbunden ist. Das Merkmal der bodenrechtlichen Relevanz liegt vor, sofern das Vorhaben die in § 1 Abs. 5 und 6 BauGB genannten Belange in einer Weise berührt oder berühren kann, die geeignet ist, das Bedürfnis nach einer ihre Zulässigkeit regelnden verbindlichen Bauleitplanung hervorzurufen (vgl. ÖffR NRW, § 4 Rn. 127 ff.).

bb) Vereinbarkeit mit §§ 30 ff. BauGB

Mangels Vorliegens eines Bebauungsplans findet die Regelung des § 30 BauGB keine Anwendung, so dass sich die bauplanungsrechtliche Zulässigkeit der Nutzungsänderung zu einer Paintballhalle entweder nach § 34 BauGB oder nach § 35 BauGB richtet. In Betracht kommt zunächst die Regelung des § 34 BauGB. Dessen Anwendbarkeit setzt voraus, dass das Vorhaben innerhalb eines im Zusammenhang bebauten Ortsteils liegt. Der Sachverhalt gibt an, dass die Sportanlage umgeben von baulichen Anlagen

---

[3] OVG NRW, ZfBR 2004, 384.
[4] BVerwGE 47, 185 (188).

mit gewerblicher Nutzung ist; daher ist eine zusammenhängende Bebauung anzunehmen.

Im Anwendungsbereich des § 34 BauGB ist ein Vorhaben nach § 34 Abs. 1 S. 1 BauGB nur zulässig, wenn es sich nach Art und Maß der baulichen Nutzung, der Bauweise und der Grundstücksfläche, die überbaut werden soll, in die Eigenart der näheren Umgebung einfügt. Entspricht die Eigenart der näheren Umgebung einem der Baugebiete nach den Vorschriften der BauNVO, so bestimmt sich die Zulässigkeit des Vorhabens nach seiner Art alleine nach deren Vorschriften (§ 34 Abs. 2 BauGB). Die Eigenart der näheren Umgebung ist vorliegend durch ein Gewerbegebiet geprägt und entspricht daher der Regelung des § 8 BauNVO. Gemäß § 8 Abs. 2 Nr. 4 BauNVO sind Anlagen für sportliche Zwecke in einem Gewerbegebiet zulässig. Als eine solche ist die vorhandene Anlage einzuordnen. Die Nutzungsänderung in eine Paintballhalle ist daher gemäß § 34 Abs. 2 BauGB i. V. m. § 8 Abs. 2 Nr. 4 BauNVO bauplanungsrechtlich zulässig. Sonstige Bedenken sind nicht ersichtlich.

Darüber hinaus muss die Erschließung gesichert sein (§ 34 Abs. 1 S. 1 BauGB). Dies ist allgemein der Fall, sofern die Gewährleistung einer der geordneten städtebaulichen Entwicklung entsprechenden Benutzbarkeit bebaubarer und bebauter Grundstücke sichergestellt ist.[5] Dies ist hier allein im Hinblick auf die wegemäßige Erschließung fraglich. Bauplanungsrechtlich gefordert ist insoweit mindestens ein mit Rücksicht auf die Lage des Baugrundstücks und das konkrete Vorhaben zureichender Anschluss an das öffentliche Wegenetz; insbesondere müssen die vorhandenen Zuwegungen und Straßen in der Lage sein, den durch das Bauvorhaben ausgelösten zusätzlichen Verkehr im Regelfall zu bewältigen.[6] Das könnte hier fraglich sein, weil nur ein eher schmaler Weg das Grundstück mit dem öffentlichen Verkehrsnetz verbindet und laut Sachverhalt mit einem erhöhten Verkehrsaufkommen durch die Zu- und Abfahrt der Vereinsmitglieder zu rechnen ist. Jedoch ergibt sich aus dem Sachverhalt auch, dass dieses Verkehrsaufkommen vor allem zu werktäglichen Abendstunden und Wochenendzeiten zu erwarten ist; zu diesen Zeiten ist in dem Gebiet nach den vorhandenen Nutzungen ansonsten kein starkes Verkehrsaufkommen zu erwarten. Im Ergebnis bestehen deshalb hinsichtlich der wegemäßigen Anbindung keine durchschlagenden städtebaulichen Bedenken. Weiterhin muss die Zuwegung auch dauerhaft gesichert sein, was hier zweifelhaft sein könnte, weil die Anbindung an das öffentliche Wegenetz nur über ein anderes Privatgrundstück gegeben ist; wenn diese Anbindung nicht bloß schuldrechtlich vereinbart ist, sondern – wie hier – durch die Eintragung einer Baulast im Baulastenverzeichnis öffentlich-rechtlich gesichert ist, ist das zureichend.[7] Auch die Erschließung genügt somit den bauplanungsrechtlichen Anforderungen.

b) Verstoß gegen bauordnungsrechtliche Vorschriften

Weiterhin kommt ein Verstoß gegen bauordnungsrechtliche Vorschriften in Betracht.

aa) Verstoß gegen § 4 Abs. 1 BauO NRW

Insofern könnten die Anforderungen des § 4 Abs. 1 S. 1 BauO NRW, wonach ein Gebäude nur errichtet werden darf, wenn gesichert ist, dass zum Beginn der Benutzung das Grundstück in angemessener Breite an einer befahrbaren öffentlichen Verkehrsfläche liegt oder das Grundstück eine befahrbare, öffentlich-rechtlich gesicherte

---

[5] *Söfker*, in: Ernst/Zinkhahn/Bielenberg/Krautzberger, BauGB (Stand: August 2019), § 30 Rn. 40.

[6] *Mitschang/Reidt*, in: Battis/Krautzberger/Löhr, BauGB, 14. Aufl. 2019, § 34 Rn. 37.

[7] *Mitschang*, in: Battis/Krautzberger/Löhr, BauGB, 14. Aufl. 2019, § 30 Rn. 26.

Zufahrt zu einer befahrbaren öffentlichen Verkehrsfläche hat, nicht erfüllt sein. Wegen der Hinterliegereigenschaft der bisher ungenutzten Halle könnte hier die zweite Alternative dieser Vorschrift verletzt sein.

Jedoch richten sich die Anforderungen des § 4 Abs. 1 S. 1 BauO NRW an die Errichtung von Gebäuden, nicht an die die hier in Rede stehenden Änderung der Nutzung. Zum anderen sind die Anforderungen aber auch erfüllt. Eine befahrbare, öffentlich-rechtlich gesicherte Zufahrt zu der Halle besteht. Das Bedenken der Bauaufsichtsbehörde, die Zufahrt könne das durch die aufgenommene Nutzung erhöhte Verkehrsaufkommen nicht mehr aufnehmen, ist allein bauplanungs-, nicht bauordnungsrechtlich relevant. Bauordnungsrechtlich relevante sicherheitsrechtliche Bedenken, die sich auf die Sicherheit der Zu- und Abfahrt oder die Erreichbarkeit des Grundstücks für Rettungs- und Einsatzfahrzeuge richten könnten,[8] sind angesichts der begrenzten Länge des Weges sowie seiner hinreichenden Breite und vollständigen Einsehbarkeit nicht erkennbar. Ein Verstoß gegen die Regelung des § 4 Abs. 1 S. 1 BauO NRW kommt daher nicht in Betracht.

Vertiefung: Sowohl das Bauplanungs- wie auch das Bauordnungsrecht stellen Anforderungen an die wegemäßige Erschließung. Diese sind jedoch – der grundsätzlichen Unterschiedlichkeit der zugrunde liegenden Gesetzgebungskompetenzen und Regelungszwecke entsprechend – zu unterscheiden. Die bauplanungsrechtlichen Anforderungen orientieren sich an dem Zweck, eine geordnete Bodennutzung des einzelnen Grundstücks sicherzustellen. Bauordnungsrechtlich geht es hingegen um gefahrenabwehrrechtliche Anforderungen im Hinblick auf die Sicherheit der Zufahrt zum Grundstück oder die Erreichbarkeit des Grundstücks für Rettungs- und Einsatzfahrzeuge insbesondere im Brandfall.

bb) § 3 Abs. 1 S. 1 BauO NRW

Das Vorhaben des E könnte schließlich gegen die allgemeinen Anforderungen des § 3 Abs. 1 S. 1 BauO NRW an die Errichtung, Änderung und Instandhaltung von baulichen Anlagen, die sinngemäß auch bei einer Nutzungsänderung gelten (§ 3 Abs. 3 BauO NRW), verstoßen. Danach darf durch die Nutzungsänderung die öffentliche Sicherheit oder Ordnung nicht gefährdet werden. In Betracht kommt hier eine Gefährdung der öffentlichen Sicherheit. Darunter ist die Unverletzlichkeit der Rechtsordnung, der subjektiven Rechte und Rechtsgüter des Einzelnen sowie der Einrichtungen und Veranstaltungen des Staates und sonstiger Träger der Hoheitsgewalt zu verstehen.[9] Eine Gefahr besteht, wenn eine Sachlage oder ein Verhalten bei ungehindertem Ablauf des objektiv zu erwartenden Geschehens mit hinreichender Wahrscheinlichkeit ein polizeilich geschütztes Rechtsgut schädigen wird.[10] Hier könnte durch die Nutzungsänderung, die die Nutzung zum Zweck des Paintballspiels zulässt, die Gefahr einer Verletzung der öffentlichen Sicherheit in Gestalt des Art. 1 Abs. 1 GG, der zum Schutz der Menschenwürde verpflichtet, bestehen. Die entscheidende Frage ist, ob das Paintballspiel gegen den Schutzauftrag des Art. 1 Abs. 1 GG verstößt.

---

[8] Vgl. *Dreesen*, in: Spannowsky/Saurenhaus, BeckOK Bauordnungsrecht Nordrhein-Westfalen (4. Ed. 1. Dez. 2019), § 4 Rn. 14.

[9] *Gusy*, Polizei- und Ordnungsrecht, 10. Aufl. 2017, Rn. 79.

[10] *Gusy*, Polizei- und Ordnungsrecht, 10. Aufl. 2017, Rn. 108 m. w. N.

Das setzt zunächst voraus, dass Art. 1 Abs. 1 GG nicht nur staatliche Beeinträchtigungen der Menschenwürde untersagt, sondern darüber hinaus den Staat zum Schutz der Menschenwürde gegenüber deren Beeinträchtigung durch andere Private verpflichtet, denn das Paintballspiel wird nicht vom Staat veranstaltet, sondern ggf. lediglich zugunsten Privater, nämlich des E bzw. des „Power-Paintball e. V." und seiner Mitglieder zugelassen. Art. 1 Abs. 1 S. 2 GG enthält jedoch die ausdrückliche Verpflichtung aller staatlichen Gewalt, die Menschenwürde nicht nur zu achten, sondern auch zu schützen. Dieser an den Staat gerichtete Schutzauftrag verpflichtet die staatliche Gewalt dazu, Würdeverletzungen durch Private mittels Ergreifung entsprechender Schutzvorkehrungen zu verhindern.[11] Diesen Schutzauftrag des Art. 1 Abs. 1 GG würde der Staat verletzen, wenn er mit der bauaufsichtlichen Zulassung des Paintballspiels eine Menschenwürdeverletzung durch Private zuließe.

Damit wird zur entscheidenden Frage, ob das Paintballspiel, dessen bauaufsichtliche Zulassung E anstrebt, im Verhältnis der privaten Mitspieler untereinander eine Menschenwürdeverletzung darstellt. Eine Menschenwürdeverletzung soll nach der sog. Objektformel gegeben sein, wenn ein Mensch zum bloßen Objekt staatlichen bzw. fremden Handelns gemacht oder einer Behandlung ausgesetzt wird, die seine Subjektqualität prinzipiell in Frage stellt.[12] Für die Annahme, dass dem beabsichtigten Paintballspiel die Qualität einer solchen Menschenwürde verletzenden Handlung zukommt, könnte sprechen, dass beim Paintballspiel die beiden gegnerischen Mannschaften mit Gewehrattrappen, die mit Farbmunition geladen sind, ausgestattet sind und versuchen, indem sie mit diesen „Waffen" auf die Körper der Gegner schießen, die Eroberung ihrer eigenen Flagge zu verhindern bzw. die Flagge der anderen Mannschaft zu erobern und Punkte zu gewinnen. Das Paintballspiel beinhaltet insofern im Rahmen eines gewerblichen Unterhaltungsspiels den gezielten (simulierten) Abschuss von Teilnehmern. Darin könnte man eine Missachtung der Subjektqualität des anderen sehen und die Gefahr einer Herabsetzung der Hemmschwelle und einer Verharmlosung der Gewalt, darüber hinaus gar einer Verrohung der Gesellschaft erblicken. Gegen die Annahme einer Verletzung der Menschenwürde spricht allerdings, dass bei der regelkonformen Ausübung des Paintballspiels das gezielte Abschießen der gegnerischen Spielteilnehmer nicht der eigentliche Zweck ist und damit das Vergnügen an simulierten Tötungshandlungen auch nicht im Zentrum steht. Vielmehr geht es um eine zeitlich und räumlich eingegrenzte, durch Spielregeln bestimmte und durch einen Schiedsrichter auf Regelkonformität überwachte Spielsituation. Die Teilnahme an dem Paintballspiel beruht auf einer autonomen Entscheidung erwachsener Spielteilnehmer, die sich ohne Einwirkung von Zwang auf gewisse wechselseitige Verhaltensweisen einlassen. Die Spieler stehen sich dabei chancengleich gegenüber, so dass eine entwürdigende Behandlung der Mitspieler untereinander nicht angelegt ist; keiner der Spieler wird im Verhältnis zu den anderen Mitspielern zur bloßen Zielscheibe degradiert. Durch die Umstände wird das Spielerische der Situation im Bewusstsein gehalten: Die Mitspieler dürfen weder Tarnanzüge noch kriegsähnliche Uniformen tragen, und die verwendeten Farbkugeln sind entweder grün oder blau, also namentlich nicht blutrot. Damit bleibt insgesamt die Distanz zum „wirklichen Leben" sichtbar und wird die Gefahr vermindert, dass bei den Spielteilnehmern ein beherrschendes oder menschliches Leben verachtendes Gefühl hervorgerufen, Gewaltbereitschaft gegenüber Mitmenschen gefördert oder gar Tötungslust hervorgerufen wird. Im Verhältnis der Mitspieler untereinander ist deshalb ein

---

[11] BVerfG, NJW 1952, 297.
[12] BVerfG, NJW 2006, 751 m.w.N.; BayVGH, ZfBR 2013, 271.

menschenunwürdiges Verhalten, bei dem der eine zum bloßen Objekt des Handelns des anderen gemacht und seiner Subjektqualität beraubt würde, nicht zu erkennen. Darüber hinaus ist zu beachten, dass die Sporthalle, in der das Paintballspiel stattfinden soll, von den anderen Nutzungsbereichen räumlich abgetrennt und von außen nicht einsehbar ist, so dass die Spielsituation auf die Beteiligten beschränkt bleibt und Dritte an dem Paintballspiel nicht als Beobachter teilhaben; das schließt die Gefahr aus, dass an dem Paintballspiel selbst unbeteiligte Dritte sich an dem Spiel mit seinen wechselseitigen Tötungshandlungssimulationen in menschenverachtender Weise ergötzen und die Beteiligten auf diese Weise in ihrer Subjektqualität in Frage gestellt werden.

Eine Verletzung der Menschenwürde gemäß Art. 1 Abs. 1 GG ist deshalb nicht anzunehmen, so dass eine Gefahr für die öffentliche Sicherheit nicht in Betracht kommt. Daher ist ein Verstoß gegen § 3 Abs. 1 S. 1 BauO NRW zu verneinen.

2. Zwischenergebnis

Da sonstige Verstöße nicht ersichtlich sind, steht das Vorhaben des E mit den öffentlich-rechtlichen Vorschriften im Einklang, so dass E gemäß § 74 Abs. 1 BauO NRW einen Anspruch auf Erteilung einer Nutzungsänderungsgenehmigung hat und somit ein Anordnungsanspruch gegeben ist.

II. Anordnungsgrund

Darüber hinaus müsste ein Anordnungsgrund vorliegen. Dies ist der Fall, wenn dem Antragsteller unter Berücksichtigung seiner Interessen, aber auch der öffentlichen Interessen und der Interessen anderer Personen nicht zumutbar ist, die Hauptsacheentscheidung abzuwarten.[13] Maßgeblich ist damit eine Interessenabwägung; abgewogen werden einerseits die Folgen in dem Falle, dass die einstweilige Anordnung nicht ergeht und sich in der Hauptsache herausstellt, dass der Antragsteller bzw. Kläger Recht hatte, und andererseits die Folgen in dem umgekehrten Fall, dass dem Antrag im einstweiligen Rechtsschutz stattgegeben wird und die Hauptsache später keinen Erfolg hat. E macht vorliegend geltend, dass ihm ein Abwarten auf die Entscheidung in der Hauptsache wegen der langen Verfahrensdauer bis zur Entscheidung über seine Nutzungsänderungsgenehmigung nicht zuzumuten sei, da er ansonsten finanziell ruiniert wäre. Grundsätzlich scheint fraglich, ob finanzielle Negativauswirkungen eine ausreichende Begründung für den Erlass einer einstweiligen Anordnung sein können. Zu beachten ist aber in diesem Zusammenhang, dass der Antragsteller so lange die leerstehende Halle nicht nutzen kann, bis er die beantragte Nutzungsänderungsgenehmigung erhält. Bis dahin besteht eine nicht unerhebliche Gefahr, dass es bei E zu existenzbedrohlichen finanziellen Umständen wegen der fehlenden zusätzlichen Einnahmen aus der Nutzung der Halle kommt. In dem vorliegenden Fall dürfte der Anordnungsgrund für den Erlass einer einstweiligen Anordnung aus den dargestellten Gründen vorliegen.

III. Gerichtliche Entscheidung

Für die gerichtliche Entscheidung über den Antrag auf Erlass einer einstweiligen Anordnung ist § 123 Abs. 1 und 3 VwGO i. V. m. § 938 ZPO maßgeblich.

---

[13] *Kopp/Schenke*, VwGO, 25. Aufl. 2019, § 123 Rn. 26.

1. Grundsätzlicher Anspruch auf Erlass einer einstweiligen Anordnung

Aus § 123 Abs. 1 und 3 VwGO i. V. m. § 938 ZPO wird abgeleitet, dass der Antragsteller einen Anspruch auf Erlass einer einstweiligen Anordnung hat, wenn Anordnungsanspruch und Anordnungsgrund vorliegen und die zugrunde liegenden Tatsachen gemäß § 123 Abs. 3 VwGO i. V. m. § 920 Abs. 2 ZPO glaubhaft gemacht sind. Das in § 123 Abs. 1 VwGO begründete Ermessen des Gerichts bezieht sich nicht auf den Erlass einer einstweiligen Anordnung an sich, sondern nur auf deren Inhalt.[14] Da diese Voraussetzungen hier erfüllt sind, hat E grundsätzlich einen Anspruch auf Erlass der begehrten einstweiligen Anordnung.

2. Verbot der Vorwegnahme der Hauptsache

Dem Erlass einer einstweiligen Anordnung könnte jedoch das von der h. M. angenommene grundsätzliche Verbot der Vorwegnahme der Hauptsache[15] entgegenstehen.

Dieses Verbot wird dem Antrag des Bauherrn, der seinen Anspruch auf Erteilung einer Baugenehmigung im Verfahren gemäß § 123 VwGO sichern will, regelmäßig entgegengehalten. Hier könnte E entgegengehalten werden, dass sein Begehren im Hauptsacheverfahren auf Aufhebung der ablehnenden Entscheidung der Bauaufsichtsbehörde und Verpflichtung der Behörde zur Erteilung der beantragten Nutzungsänderungsgenehmigung zielt und der Antrag auf Erlass der einstweiligen Anordnung auf das gleiche Ziel der (vorläufigen) bauaufsichtlichen Genehmigung der Nutzungsänderung gerichtet ist. Mit der Verwirklichung eines so vorläufig genehmigten Vorhabens könnte, solange die Baurechtmäßigkeit im Klageverfahren noch umstritten ist, die Hauptsache unzulässigerweise vorweggenommen werden.[16]

Das auf Erlass einer Baugenehmigung gerichtete Hauptsachebegehren wird jedoch durch den Erlass einer einstweiligen Anordnung rechtlich nicht vorweggenommen, da diese nicht die Erteilung einer Baugenehmigung beinhaltet; allenfalls faktisch wird die Hauptsacheentscheidung mit der vorläufig zugelassenen Verwirklichung des Vorhabens vorweggenommen. Dieses Bedenken ist jedoch – anders als mit Blick auf die Errichtung von baulichen Anlagen – mit Blick auf Nutzungsänderungen nicht zwingend, da die Nutzungsänderung faktisch leichter wieder zu beenden ist. Deshalb steht jedenfalls dem Erlass von einstweiligen Anordnungen, die der vorläufigen Sicherung eines Anspruchs auf bauaufsichtliche Nutzungsänderungsgenehmigung dienen, das Verbot der Vorwegnahme der Hauptsache nicht notwendig entgegen.[17] Vielmehr erscheint hier in Fällen, in denen die Versagung des vorläufigen Rechtsschutzes zu schweren, nicht zumutbaren und irreparablen Ergebnissen und Schäden führen würde, ausnahmsweise der Erlass einer einstweiligen Anordnung möglich.[18] Im vorliegenden Fall würde die bis zur Entscheidung im Hauptsacheverfahren andauernde fehlende Nutzbarkeit der Halle den E existenziell bedrohen; sollte in der Folge Zahlungsunfähigkeit eintreten, wären die Folgen durch die spätere Erteilung einer Nutzungsänderungsgenehmigung nicht mehr abwendbar. Insofern drohen E schwere, unzumutbare und irreparable Schäden, sollte der Antrag auf einstweiligen Rechtsschutz abgelehnt werden und das Hauptsacheverfahren später erfolgreich sein. In diesem Einzelfall steht deshalb das Verbot der Vorwegnahme

---

[14] *Kuhla*, in: Posser/Wolff, BeckOK-VwGO, 53. Ed. (Stand: Juli 2019), § 123 Rn. 140 f.
[15] Vgl. dazu *Hufen*, Verwaltungsprozessrecht, 11. Aufl. 2019, § 33 Rn. 17 f.
[16] Vgl. HessVGH, BRS 27 Nr. 150; BayVGH, BRS 30 Nr. 130; BayVGH, VerwRspr 29 Nr. 44.
[17] *Kuhla*, in: Posser/Wolff, BeckOK-VwGO, 53. Ed. (Stand: Juli 2019), § 123 Rn. 88.1.
[18] So z. B. OVG Bremen, NJW 1990, 780.

der Hauptsache ausnahmsweise dem Erlass einer einstweiligen Anordnung nicht entgegen.

Vertiefung: Eine abweichende Beurteilung ist hier gut vertretbar. Das gilt insbesondere mit Blick auf die restriktive einschlägige Rechtsprechung des OVG NRW, das in einer einschlägigen Entscheidung bereits einen Anordnungsanspruch mit der Begründung verneint hat, es gebe keinen materiellen Anspruch auf eine lediglich vorläufige Baugenehmigung (OVG NRW, BauR 2004, 313). Dem ist allerdings überzeugend entgegengehalten worden, dass mit der einstweiligen Anordnung eine solche „vorläufige Genehmigung" im Sinne der Verleihung einer materiellen Rechtsposition nicht begehrt werde, sondern lediglich die einstweilige, auf Prozessrecht beruhende Gestattung zur Wahrnehmung tatsächlicher Interessen, soweit das zur Gewährleistung effektiven Rechtsschutzes notwendig sei (OVG Bremen, NVwZ 1990, 780; NordÖR 2005, 252). Über die Zulässigkeit des Erlasses einer einstweiligen Anordnung ist danach richtigerweise erst unter dem Aspekt der Vorwegnahme der Hauptsache zu entscheiden.

C. Ergebnis

Der Antrag des E auf Erlass einer einstweiligen Anordnung ist zulässig und begründet und hat daher Aussicht auf Erfolg.

Weiterführende Klausurentipps:

Die – hier in baurechtlicher Einkleidung zu prüfende – Vereinbarkeit von Paintball- und ähnlichen Spielen mit der öffentlichen Sicherheit und Ordnung und in deren Rahmen mit der Menschenwürdegarantie ist schon länger und häufiger in Zusammenhang mit gewerbe- bzw. ordnungsrechtlichen Untersagungsverfügungen nach § 14 Abs. 1 OBG NRW erörtert und entschieden worden (vgl. etwa BVerwG, GewArch 2007, 247).

Prüfungsrelevant ist auch die Frage der Vereinbarkeit mitgliedstaatlicher Verbote solcher Spiele mit den Grundfreiheiten des AEUV (vgl. dazu EuGH, NVwZ 2004, 1471).

Sachverzeichnis

Die fett gedruckten Zahlen kennzeichnen die Klausurnummer,
die mageren Ziffern benennen die betreffende Seitenzahl.